Wine
Episodes

윤영지 · 이경호 · 천승민 · 김지윤
장서연 · 이동승 · 김준철

(주)백산출판사

머리말

　와인과 음식의 조화를 '마리아주'라고 하면서 와인 좀 안다는 사람들이 가장 많이 들먹이는 단어지만, 최고의 마리아주는 사람입니다. 아무리 좋은 와인과 음식이 있다 해도 누구와 같이 마시느냐가 그 와인과 음식 맛을 결정짓는다는 점은 익히 알고 계시리라 믿습니다. 맨체스터에서 런던까지 가장 빨리 가는 방법은 무엇일까? 영국 BBC 방송국은 이 질문에 가장 현명한 대답을 한 사람에게 1만 파운드의 상금을 주기로 했습니다. 기발한 아이디어가 나왔지만, 1등은 '좋은 사람과 함께 가는 것'이었습니다. 여기에 유머와 웃음소리가 함께한다면, 말 그대로 금상첨화가 될 것입니다.

　와인을 잘 모를 때는 격식에 연연합니다. 와인 잔을 잡을 때는 가지를 잡아야 하고, 그냥 삼키지 말고 음미해야 한다면서 이를 와인 마시는 법이라고 떠들지만, 익숙해지면 자기 편한 방법으로 마시게 됩니다. 와인은 격식으로 마시는 술이 아니고 지식으로 마시는 술이라고 합니다. 지금 마시는 와인에 대해 잘 알고 그 와인에 대한 에피소드를 한마디한다면 그 자리는 내 자리가 되며, 거기에 걸맞은 유머를 살짝 던져 딱딱한 분위기를 부드럽게 만든다면 어느 자리에서나 환영받는 사람이 될 수 있습니다.

　이렇게 되려면 해박한 와인지식 외에 임기응변도 뛰어나야 합니다. 이 책에서는 주제에 맞는 와인에피소드 및 이에 관련된 유머를 함께 소개하여 당신을 어디서나 환영받는 사람으로 만들고자 합니다. 그러나 입맛이 천차만별이듯이 유머도 사람과 분위기에 따라 그 반응이 천차만별입니다. 분명히 그때는 많은 사람이 박장대소를 했는데, 내가 하니까 '이런~', 서늘한 분위기를 만드는 유머는 분위기 파악이 서툴기 때문입니다. 청중의 수준과 분위기를 잘 파악하여 타이밍과 수위 조절을 잘 해야 합니다. 가장 좋은 반응은 내가 유머를 던졌을 때, 청중의 반이 그 자리에서 웃고, 나머지 반 중의 반은 옆 사람에게 물어서 잠시 후에 산발적으로 웃음이 터져 나오고, 나머지는 이해를 못하고 집에 가다가 깨닫고 버스나 전철 안에서 함부로 웃지 못하고 난처해 하는 정도라고 할 수 있습니다. 즉 시간차 공격이 되어야 합니다.

이 책은 '와인 인문학 코스'를 개설하면서 딱딱한 와인지식보다는 에피소드 위주의 강의를 하고자 지난 삼십 년 동안 와인업계에서 와인을 만들고 강의를 하면서, 미처 책에 담지 못한 내용과 유머 그리고 공동저자들의 여러 이야기를 섞어서 주제에 맞게 편집한 것입니다. 그러니까 이 책은 와인지식이 어느 정도는 있어야 그 뜻을 알고 재미를 느낄 수 있기 때문에, 와인을 강의하는 사람은 꼭 읽어야 합니다. 또한 수입업체의 마케팅 담당자나 와인 숍 매니저, 소믈리에에게도 도움을 주는 많은 정보를 담고 있습니다. 와인의 에피소드와 유머는 대화에 활기를 불어넣고, 커뮤니케이션을 원활하게 해주며, 서로 허물없는 사이로 발전시켜, 보다 큰 즐거움을 만끽할 수 있는 자리를 만들어줍니다. 이 책을 잘 활용하면 풍부한 와인지식에 자기만의 유머를 따로 만들어 품위 있는 유머를 구사할 수 있으며, 즉석에서의 박장대소보다는 한 박자 쉰 다음에 웃음을 선사할 수 있을 것입니다. 끝으로 이 책을 출간할 때까지 물심양면으로 지원을 아끼지 않으신 김순중 주류수입협회장님께 감사 말씀드립니다.

Contents

Wine Episodes 1   와인의 존재 이유는 즐거움_ 7

Wine Episodes 2   태초에 와인이 있었느니라_ 25

Wine Episodes 3   소를 잘 몰고 다니는 사람을 소믈리에라고 해!_ 55

Wine Episodes 4   마리아주(Mariage)? 걔들 이야기야!_ 81

Wine Episodes 5   마누라한테 맞아죽을 100대 와인_ 111

Wine Episodes 6   김치가 맛있어야 김치찌개가 맛있다_ 131

Wine Episodes 7   원숭이도 만드는 와인_ 153

Wine Episodes 8   와인 맛을 알아맞힌다고?_ 191

Wine Episodes 9   와인은 프랑스 와인과 프랑스 와인 아닌 것으로 나뉜다_ 229

Wine Episodes 10   프랑스보다 와인을 먼저 만든 나라들_ 269

Wine Episodes 11   좋은 와인을 못 만들 이유가 없는 나라들_ 301

Wine Episodes 12   홀아비 손에서 태어나 과부 손에서 완성된 와인_ 323

Wine Episodes 13   와인과 여자와 노래를 사랑하는 자_ 349

Wine Episodes 14   술은 와인과 와인 아닌 것으로 나뉜다_ 369

Wine Episodes 15   현실이란 알코올 결핍이 빚어낸 환상이다_ 413

Wine Episodes 16   건강이란 쓰러지기 직전까지 술 마실 수 있는 상태를 말한다_ 431

Wine Episodes

와인의 존재 이유는 즐거움

1 와인의 존재 이유는 즐거움

기원전 수천 년 전 발효된 포도주스에서 코르크 마개로 밀봉한 세련된 모습의 현대 와인에 이르기까지 와인은 단순한 음료가 아닌 다양한 형태로 우리에게 나타난다. 와인은 신의 선물인 동시에 악마의 유혹도 되며, 사회질서를 바로잡는 예절과 교양의 상징인가 하면 술주정과 환락의 세계로 빠져들게 만든다. 성스러운 종교의식에 사용되는가 하면 관능적인 유혹의 수단으로도 사용된다. 또 와인이 건강에 좋다지만, 와인 때문에 건강을 해친 사람이 더 많다는 사실도 알아야 한다. 와인 중에는 몇 푼 안 될 정도로 싼 것도 있고 상상도 못할 정도로 비싼 것도 있다. 이처럼 와인은 여러 얼굴을 가지고 있고, 한마디로 이야기할 수 없을 만큼 미묘하고 복잡하기 때문에 더 매력적인 것이다.

– 로더릭 필립스(Roderick Phillips, 캐나다 역사학자)

와인 마시는 법?

우리나라에서 와인 좀 안다는 사람들이 와인 마시는 태도를 보면 가관이다. 와인 마시는 법이라면서 글라스의 볼을 잡으면 체온 때문에 온도가 올라간다고 반드시 가지를 잡아야 하고, 글라스를 기울여 색깔을 감상하고, 바로 마시지 말고 입안에서 와인을 머금고 돌려야한다는 등 갖은 폼을 다 잡는다. 그러면서 에티켓, 매너가 어쩌고저쩌고, 프랑스에서는 어떻게 한다는 등 온갖 호들갑을 다 떨면서 마신다. 또 와인의 향을 많이 나게 한답시고 이야기하면서도 한쪽 손으로 계속 와인글라스를 흔들면서 아까운 향을 전부 날려보내고, 마실 때는 '후루룩 쩝쩝 짭짭' 요란스럽기 그지없다. 주변 사람에 대한 배려라고는 조금도 찾아볼 수가 없다. 과연 와인 마시는 법이란 게 이런 걸까? 매너라는 것을 조금이라도 아는 사람들일까? 와인을 잘 모르는 사람 앞에서 잘난 척하는 재미로 와인을 배운 사람들이다.

> **와인은 즐겁게 마시는 술**
> 매너 위주의 짧은 교육을 받고, 와인을 아는 척하면서 와인 매너를 모르면 국제적으로 촌놈 취급을 받는다는 말도 안 되는 거짓말을 퍼뜨린다든지, 기본지식이 없는 채로 비싼 돈을 지불하고 여행하면서 화려한 와인을 마셔보았다는 이야기로 초보자들의 판단을 흐리게 해서는 안 된다. 와인교육기관이나 책에서 '와인을 즐겁게 마시는 법'을 가르쳐야 한다.
> – JCK

와인은 격식보다 지식으로 마시는 술

와인을 마실 때는 몸에 밴 바르고 깔끔한 매너도 중요하지만, 어떤 와인이나 음식이 나왔을 때는 그에 얽힌 이야기를 하면서 대화를 이끌어갈 수 있는 해박한 지식을 갖추는 것이 더 중요하다. 예를 들어 '샹베르탱(Chambertin Clos de Bèze)'이란 와인이 나왔다면, "이 와인은 나폴레옹이 가장 즐겨 마시던 와인으로 전쟁터에 나갈 때마다 가지고 다녔으며, 모스크바를 점령하고 크렘린에서 이 와인을 마셨는데, 나중에 워털루 전쟁에서는 이 와인을 준비하지 못해서 패배했다더라"라는 이야기를 한다면 나는 그 자리의 주인공이 된다. 이렇게 자리의 주인공이 되려면, 매너보다는 와인의 속성을 먼저 알아야 한다.

와인의 속성은 모르고 격식만 알고 있을 경우, 외국에 나가서 우리나라 와인 책에 나온 대로 와인글라스의 가지를 잡고 기울여 색깔을 감상하고, 글라스를 흔들어서 향을 음미하며, 입안에서 혀를 굴려 마시다가, 옆 사람이 한국에서 온 와인 전문가로 착각하여 그 와인에 대해서 묻는다면 어떻게 할 것인가? 차라리 와인을 잘 모르는데 설명해 달라고 하면, 옆 사람은 신이 나서 친절하게 설명을 잘 해줄 것이다. 어떤 쪽이 매너가 더 좋다는 말을 들을까? 생각해 보면 금방 답이 나온다.

- 와인은 즐거움의 술이라기보다는 지식의 술이다. 왜냐면, 와인의 즐거움은 지식에 비례하기 때문이다. – 로저 스크러턴(Roger Scruton, 영국의 철학자 및 작가)
- 훌륭한 동반자, 좋은 와인, 따뜻한 분위기에 둘러싸이면 누구든 좋은 사람이 된다. – 윌리엄 셰익스피어(William Shakespeare)의 『헨리 8세』 중에서

택시기사의 영어

올림픽과 월드컵 등 대규모 국제행사를 앞두고 택시기사에게 영어회화를 가르쳐야 한다고 난리를 친 적이 있다. 영어를 어설프게 구사하는 기사가 공항에서 외국인을 태웠다고 가정할 때, How are you? I am fine thank you. 어쩌고저쩌고 영어를 지껄이면 외국인은 이 사람 영어를 잘 하는 줄 알고 한강의 길이는 어느 정도 되느냐, 남대문은 언제부터 있었느냐 등을 물어보면 아무 대답을 할 수 없다. 차라리 아무 말 하지 말고 트렁크에 큰 짐 실어주고, 목적지나 확실하게 알아듣고, 목적지에 도착하면 손가락으로 미터기를 가리키면 된다. 어느 기사가 더 친절한 기사일까? 와인도 어설프게 아는 척하는 것보다는 모를 때는 물어 보는 것이 더 낫다.

> **와인에 미쳐가는 사람의 증세**
> - ID에 wine, vino, vin 등의 글자가 들어간다.
> - 몇 년생이냐고 묻지 않고 빈티지(Vintage)가 어떻게 되는지 묻는다.
> - 사람의 됨됨이를 테루아르(Terroir)라고 한다.
> - 먹을 것만 보면 냄새부터 킁킁 맡는다.
> - 와인글라스를 가만히 두지 않고, 대화하면서도 흔들어대고 있다.
> - 다른 술, 특히 소주 이야기가 나오면 완전히 무시한다. – JCK

화려한 포장으로 둘러싸인 와인

우리나라도 와인에 대한 관심도가 높아지면서, 와인 관련 책자도 많이 나오고 인터넷을 통한 그룹도 많아졌으며, 이제는 와인을 가르치는 곳이나 동호회도 꽤 많아졌다. 그런데 와인 관련 책자나 사이트를 보면 와인에 대한 본질적인 이야기보다는 와인 마시는 법이라든지, 아무도 모르는 과일 이름을 대면서 와인의 맛을 표현한다든지, 아니면 프랑스 어디를 가서 어떤 와인을 석양을 바라보면서 마셨는데 환상적이었다는 등 본질보다는 뜬구름 지식을 전달하기 바쁘다. 경치 좋은 곳에서 비싼 와인을 마시는데 맛이 없을 리가 없다. 누구는 이걸 몰라서 안 하나? 돈과 시간이 없어서 못 하지. 와인을 안다는 사람들이 이런 식으로 와인이란 것에 거품을 넣고, 안개로 뿌옇게 둘러싸서 무언가 신비한 것으로 보이게 만들어, 와인 초보자들은 화려한 포장만 보고 감탄하거나, 솔직한 사람들은 차라리 소주를 마시겠다고 이야기할 정도니, 진정 와인에 대해서는 아무것도 얻어가지 못하고 혼란만 더할 뿐이다.

와인통, 김 대리 이야기

허영만 화백의 『식객』에 보면 와인에 대한 이야기가 잠깐 나온다. 어느 회사의 김 대리는 와인스쿨도 다녔고, 집에 와인도 많이 가지고 있는 와인통으로 소문이 나 있었다. 직원들이 소주 마시는 자리에 와인을 가지고 가서 와인에 대해 장황한 설명을 늘어놓을 정도지만, 와인에 관심이 없는 동료나 상사들에게 썩 환영을 받는 처지는 아니었다. 그러나 그는 '우리 회사도 해외업무가 많은데 언젠가는 내 와인지식이 빛을 볼 날이 있으리라'라는 기대 속에 와인에 대해 열심히 떠들어댔다.

그러다가 마침내 기회가 왔다. 프랑스에서 귀한 손님이 온다는 것이다. 바짝 긴장한 사장은 회사에서 누가 와인을 잘 아는지 수소문한 끝에 김 대리가 물망에 오른 것이다. 사장실까지 들어간 김 대리는 사장에게 중요한 상황이라는 설명을 듣고 만찬에 필요한 와인을 준비하도록 지시를 받았다. 모든 동료들의 부러움을 한 몸에 받으면서, 김 대리는 목에 상당한 힘이 들어간 상태로 와인 선정에 온 힘을 다 쏟았다.

드디어 접대의 날, 아페리티프로 나온 와인은 '동페리뇽'이었다. 이를 본 프랑스 손님은 깜짝 놀랐다. 기대 이상의 반응에 사장은 흐뭇해 하고, 이에 김 대리는 회심의 미소를 머금으면서 어깨가 들썩거렸다. 다음 생선요리가 나올 때는 알렉상드르 뒤마가 모자를 벗고 무릎을 꿇고 마시라는 '몽라셰'가 나오니까 프랑스 손님은 거의 뒤로 넘어갈 뻔한다. 이윽고 메인 요리인 스테이크에 '페트뤼스'가 나오자 프랑스 손님은 기절할 지경에 이른다. 그리고 마무리인 디저트 와인으로 '샤토 디켐' 출현, 프랑스 손님은 정말 감동을 먹었다. 사장은 대만족이었고, 김 대리에게는 승진의 고속도로가 보이는 것 같았다. 식사 후, 프랑스 손님은 오늘 저녁 만찬은 일생일대 최고의 것이었다고 찬사를 늘어놓으면서, 그러나 두 가지가 빠졌다면서 귀국하기 전에 자기가 한번 접대를 하겠다고 찝찝한 여운을 남기고 갔다.

프랑스 손님은 귀국 하루를 남기고 김 대리를 포함한 임원을 한식집으로 초청했다. 값싼 와인을 상당히 많이 준비했다. 그러면서 전번에 대접받은 고급와인은 프랑스 사람인 자기도 어쩌다가 한번 마실까 말까 하는 와인이고, 프랑스에서는 값싸고 평범한 와인이라도 그에 어울리는 음식과 좋은 사람들이 함께 즐기는 것이라며, 한식 요리를 시키면서 음미해 보라는 것이다. 그러면서 두 가지를 이야기한다. 첫째, 한국 사람들은 형식에 매여 와인에 쉽게 접근하지 못하게 만든다는 것이다. 와인을 지나치게 공부하면서 마시는 나라는 한국과 일본뿐이며, 와인애호가들이 거의 프랑스 소믈리에 수준으로 와인을 감정하려고 애쓴다는 것이다. 둘째, 가격대가 낮은 와인이라도 분위기와 음식과 잘 맞는다면 훌륭한 와인이 된다는 것이다. 와인으로 잘난 척했던 김 대리는 그동안의 와인공부가 한방에 날아가 버리고, 이미 그전에 사장한테서 하루 저녁 식사비가 천만 원이 나왔다고 혼나기도 했다는 슬픈 이야기다.

와인의 존재 이유는 즐거움

음악이나 미술은 시각과 청각을 사용하여 새로운 세계를 느끼고, 알면 알수록 거기서 더 많은 즐거움을 얻는다. 좋은 음악을 들으면 그 제목을 알고 싶어 하고, 제목을 알면 작곡자가 누구인지 알고 싶고, 작곡자나 연주자의 생애와 철학까지 알면 그 음악이 더 좋아지면서 깊이가 더해진다. 와인을 배우면 미술이나 음악과 마찬가지로 미각과 후각을 사용하여 또 하나의 세계를 깨닫고, 인생의 즐거움을 더하게 된다. 세계의 모든 와인을 섭렵할 수는 없어도 와인이 어떤 것인지 그 기본 지식을 알아두고, 병을 보고 고급인지 아닌지 구분할 정도의 실력을 갖추면 된다. 더 나아가 그 자리에 있는 와인을 빌미로 간단한 유머나 그에 얽힌 이야기를 잠깐 할 정도의 실력을 갖춘다면 금상첨화라 하겠다. 와인은 우리를 즐겁게 하기 위해 있는 것이다. 일찍이 공자님도 다음과 같은 이야기를 하셨다.

知之者 不如好之者, 好之者 不如樂之者(지지자 불여호지자, 호지자 불여락지자) – 공자

글 그대로 해석한다면, "아는 사람은 좋아하는 사람만 못하고, 좋아하는 사람은 즐기는 사람만 못하다"라는 뜻이다. 와인에 응용한다면, "와인은 아는 사람보다 좋아하는 사람이 낫고, 좋아하는 사람보다 즐기는 사람이 낫다"라는 뜻이 된다.

와인을 배우는 목적

와인을 배우는 목적은 다른 사람의 결정에서 자유로워지는 것이다. 어떤 와인 전문가가 "육류 요리에는 화이트와인을 마시는 것이 아니다"라고 하면, 이에 자신 있게 "나는 그렇지 않다"라고 대응할 수 있어야 한다. 즉 남의 눈치 보지 않고 소신껏 행동하는 것이 좋다. 맛의 세계는 나만의 것이다. 이름난 전문가가 아무리 맛이 좋다고 추천해도 나에게는 맞지 않다고 과감하게 이야기할 수 있어야 하며, 나에게 맞는 와인을 찾아내야 한다. 그러면서 이것저것 많이 마셔보면, 어느 정도 와인에 대한 주관이 확립된다. 와인이 아니더라도 발효 식품은 처음부터 친해지지 않는다. 그러나 한번 맛을 들이면 평생 없어서는 안 될 것으로 자리를 잡는다. 좋은 와인의 맛을 즐기고 자신의 입맛을 최고라고 생각하면 와인을 잘 아는 사람이다. "진리를 알지니 진리가 너희를 자유케 하리라"라는 말은 와인에도 통한다.

- 와인은 우리에게 자유를 주고, 사랑은 그것을 빼앗아 가버린다. 와인은 우리를 왕자로 만들고, 사랑은 우리를 거지로 만든다. – 윌리엄 위철리(William Wycherley, 영국의 극작가 겸 시인)

한 손에 잡히지 않는 와인

『한 손에 잡히는 와인』이란 책도 있지만, 와인은 한 손에 절대 잡히지 않는다. "와인을 단시간에 배울 수는 없을까?" 많은 사람들이 이렇게 묻는다. 그렇게만 된다면 얼마나 좋을까, 그러나 와인을 단시간에 배운다는 것은 불가능한 일이라는 것을 와인을 공부해 본 사람이라면 몸소 깨달았을 것이다. 포도의 종류, 재배방법, 발효, 숙성, 유통, 서비스, 테이스팅 등 그 분야가 다양하기도 하지만, 각 지역의 명칭과 그 역사, 문화, 지리, 기후, 토양, 메이커, 관련 규정 등이 다르니 와인을 공부한다는 것이 그렇게 만만한 일은 아니다.

남다른 호기심이나 관심을 가지고 탐험하는 자세로 하나 둘 알아가면서 그 희열을 느끼지 못하는 사람은 와인을 공부할 수 없다. 상당한 시간과 돈을 투자해 가면서 기초부터 차근차근 배우는 것이 원칙이다. 혼자서도 와인공부가 안 되는 것은 아니지만, 수많은 시행착오를 거친 전문가의 안내를 받으면 시간과 노력이 훨씬 단축될 수 있다.

> **와인 배울 때 무시할 것, 세 가지**
> - 언어 무시: 프랑스어, 이탈리아어, 스페인어, 독일어 등 수많은 외국어를 어떻게 바르게 읽을 수 있을까? 불가능하다. 아무렇게나 읽어도 된다.
> - 향 무시: 와인에서 나오는 향이란 노골적인 것이 아니고, 스쳐 지나가는 느낌이기 때문에 아무렇게나 이야기해도 틀렸다고 할 수는 없다.
> - 전문가 무시: 입맛이란 천차만별이기 때문에 전문가가 맛있다고 해도 나에게는 아닌 것이 많다. 내 나름대로 세계를 만들어야 한다. 와인 전문가란 여러분보다 와인을 조금 먼저 배운 사람이다.
>
> – JCK

언어 무시

유럽이나 아메리카 대륙의 언어는 나라에 따라 다르지만, 동일한 로마글자를 사용하기 때문에 이들 사이에서는 'Chardonnay'라는 글자를 보고, 무의식적으로 자기들 방식대로 '샤르도네', '샤도네이', '차도네이' 등 여러 가지 발음이 나오게 된다. 게다가 이들은 한 나라에서도 민족이나 언어가 다양하기 때문에 지방에 따라 읽는 방식에 꽤 차이가 있을 수 있다. 아무렇게나 읽어도 문제가 되지는 않는다. 우리는 와인이 나오는 나라의 언어를 모두 알 수는 없다. 언제 프랑스, 독일, 이탈리아, 스페인의 언어를 마스터할 것인가? 대충 읽다가 제대로 된 발음을 알면 그때 고쳐 쓰면 된다. 읽기에 연연하다 보면 와인 공부가 어려워진다.

국립국어원의 외국 와인용어 표기

2009년 국립국어원에서 '포도주 상표명의 한글표기'에 대해서 정부·언론외래어심의 공동위원회의 검토를 거쳐, 프랑스, 이탈리아, 스페인 등지에서 수입되는 와인의 상표명 4,600여 개에 대한 표기 시안을 공개했다. 그동안 혼란스럽게 여러 가지로 표기하던 것을 하나의 통일안으로 결정했다는 데 의미가 크다고 할 수 있다. 그러나 지금도 와인업계나 애호가 등 일부, 특히 외국에 오래 살았던 사람들은 이 규칙을 의식하지도 않고, 나름대로 원음에 가깝다고 생각나는 표기법을 고집하고 있다. 이는 다음과 같은 이유가 있음을 모르기 때문인 것 같다.

- **외래어와 외국어 발음:** 외국의 땅, 사람 이름 등을 한글로 적는 법을 규정한 것이 '외래어 표기법'이다. '로마네 콩티'라고 했더니 못 알아들으니까 '호마네 꽁띠'라고 표기해야 한다고 주장하는 사람이 있지만, 외래어 표기법은 우리나라 안에서 한국어로 말하고 한글로 적기 위해 정한 것이지, 외국인과 말할 때 쓰기 위한 것은 아니다. 아무리 한글이 뛰어난 글자라 하더라도 외국 발음을 100% 만족스럽게 표기하지는 못한다. 즉 외래어는 외국어 발음이 그대로 유지되지 못하고 우리말 음운체계에 맞게 바꿔서 표기할 수밖에 없다. 따라서 원어 발음에 너무 집착할 필요는 없다.

- **된소리 표기:** 외래어 표기법에 "파열음 표기에는 된소리를 쓰지 않는다"는 조항이 있다. 물론, 프랑스나 스페인어의 경우는 된소리가 나는 것이 원음에 가깝고, 영어도 S 발음은 된소리가 원음에 가깝지만, 된소리를 쓰면 표기가 불안정해지고 혼란스러워지기 때문에 발음에 관계없이 예사소리로 적는 것이다. 예를 들면, '스키'를 '쓰키'로, '서비스'를 '써비스', 더 나아가 '나쁠레옹', '떼제베', '삐까쏘'라고 적는다면 언어생활에 큰 혼란이 일어난다. 그래서 '카베르네 소비뇽'으로 적는다.

- **주스와 쥬스:** '포도 쥬스'나 '사과 쥬스' 등으로 표기하는 곳이 많지만, 'ㅇㅇ 주스'라고 표기한다. 외래어 표기법을 참고하지 않더라도, ㅈ과 ㅊ에는 ㅑ, ㅕ, ㅛ, ㅠ가 붙어봐야 소리 낼 때는 ㅏ, ㅓ, ㅗ, ㅜ로 변해 버린다. 그렇지 않아도 '쥬스'를 소리 나는 대로 써보면 '주쓰'가 된다. 그래서 '앙쥬'가 아니고 '앙주'가 되며, '산죠베제'는 '산조베제'가 된다.

- **외래어에 쓰는 받침:** 외래어에서는 'ㄱ, ㄴ, ㄹ, ㅁ, ㅂ, ㅅ, ㅇ' 일곱 자만을 받침으로 쓴다. '커피숍'을 '커피숖'으로 적은 곳이 있는데, 이는 마지막 글자가 'P'로 끝나니까 이렇게

존중해 준 것 같지만, 간편하게 '커피숍'으로 표기한다. 이는 소리 나는 대로 적어보면 알 수 있다. "커피숍에 가자"는 읽을 때 "커피쇼페 가자"가 아니고 "커피쇼베 가자"가 된다. 원음에 가깝게 쓴다고 구태여 복잡하게 표기할 필요도 없고, 우리끼리의 약속이니까 간편하고 알아듣기 쉽게 표기하자는 것이다.

- **용어의 통일:** 용어의 통일이 별 거 아닌 것 같지만, 대외적으로 문장의 품위를 높이고, 대내적으로는 소통을 원활하게 해준다. 국립국어원의 한글표기가 마음에 안 들고, 모든 것을 표기한 것은 아니지만, 이제는 와인업계도 이러한 통일안을 존중하고 그렇게 표기해야 한다.

통역 무시, 꼴불견

외국의 와인메이커가 와서 설명을 하거나 와인 세미나 등 행사 때 보면, 외국어 특히 프랑스어를 좀 한다는 사람들은 통역하는 사람이 분명히 있는데도, 프랑스어로 질문을 하면서 프랑스어 실력을 자랑하고자 한다. 게다가 현재 프랑스 사람이 영어로 이야기하고 영어를 통역하는 사람이 있는 자리에서 프랑스어로 질문을 한다면, 통역하는 사람은 붕 뜨게 되고 프랑스 사람도 할 말을 못하게 된다. 보통 이런 자리에서 프랑스 사람은 통역하는 사람이 있으니까 한국어로 이야기하라고 한다. 그러면 속이 시원해지기는 한다. 하여간 시간이 너무 낭비된다. 통역하는 사람이 있을 때는 통역하는 사람의 역할을 존중할 줄 알아야 한다. 비싼 돈을 지불하면서 외국에서 공부를 했으면 겸손할 줄도 알아야 하는데, "너희들 프랑스어 모르지? 나는 안다!" 누가 이런 사람을 좋다고 하겠는가? 하여간 와인업계는 잘난 척하는 사람이 너무나 많다.

드링킹(Drinking)과 테이스팅(Tasting)은 다르다

왜 와인에 대해서 아는 척하는 사람들이 와인을 마실 때 색깔을 보고, 향을 맡고, 입에 넣고 삼키지 않고 혀를 굴리면서 맛을 보라고 까다롭게 구는 것일까? 이는 사람들이 와인을 '마시는 경우(Drinking)'와 '와인을 감정 혹은 평가하는 일(Tasting)'을 구분하지 못하기 때문이다. 식사 때나 모임에서 아는 사람들과 와인을 마실 때는 즐겁고 편하게 마시면 된다. 글라스를 어떻게 잡든 문제 될 것도 없고, 향과 맛을 감정할 필요도 없다. 상대방에게 실례가 안 될 정도의 융통성을 발휘하면서 웃고 떠들면서 즐겁게 마시는 아무런 격식이 없는 자리다.

그런데 와인을 감정한다는 것은 전문가들이 와인을 객관적인 입장에서 그 맛과 향을 엄밀하게 평가하는 것이다. 그래서 와인을 감정할 때는 정해진 장소에서 정해진 방법대로 규격에 맞는 글라스를 선택하고, 글라스의 아랫부분을 잡고 색깔을 보고, 글라스를 격렬하게 흔들어서 향을 감상하고, 입에 머금고 가글하듯이 음미하면서 맛과 향 그리고 감촉까지 감상하고, 그 느낌을 명확한 언어나 수치로 표현해야 한다. 이런 전문가들이 와인을 감정하는 방법을 '와인 마시는 법'이라고 떠들면서 와인애호가들에게 강요하고 있으니 모두들 와인을 까다로운 술로 인식할 수밖에 없다.

그렇지만 아주 고급와인이 나왔을 때는 어떻게 될까? 한 병에 100만 원짜리 와인이라면 글라스에 따라 놓은 것이 십만 원 이상이고, 한 모금 마실 때마다 만 원씩 넘어가는데 그냥 꿀꺽 마실 수는 없다. 이런 와인을 마실 때는 자연히 감정하는 태도로 신중하게 색깔과 향을 따지고 감상하게 된다. 반대로 값싼 와인이 나왔는데, 따라준 와인을 밝은 곳에 대고 색깔을 살펴보고, 코를 깊숙이 집어넣어 냄새를 맡는다면, 좋은 것인지 아닌지 따지는 셈이 되어 상대에게 실례가 될 수 있다. 한 병에 백만 원짜리 와인을 마실 때와 만 원짜리 와인을 마실 때는 태도가 전혀 다르다는 말이다. 와인에 대한 분별력 즉 지식이 있어야 그에 맞는 태도를 취할 수 있다. 그러니까 우리나라에서 나온 대부분의 와인 책 1페이지에는 백만 원짜리 와인을 마시는 법이 적혀 있는 셈이다.

[
• 어떤 자리든 나온 와인이 고급인지 아닌지 파악하는 능력을 갖추는 것이 최고의 매너라고 할 수 있다. – JCK
]

힐튼호텔 부사장

힐튼호텔의 아시아태평양 담당 부사장으로 홍콩에서 근무하는 영국 사람과 저녁식사를 할 때 이야기다. 한식을 좋아한다고 해서 회의가 끝나고 한식집으로 갔다. 그런데 김치에 대해서 아는 척하면서 식탁에 나온 김치보다는 길게 생긴 포기김치를 갖다 달라는 것이다. 당시는 식당에서 배추를 처음부터 잘라서 담갔기 때문에 모두 잘라진 김치만 있었다. 그래서 직원 집에서 김장김치를 가져와 식탁에 올렸더니, 이것이 최고라면서 엄지를 치켜 올리며 우리보다 더 많이씩 먹는다.

약간 오버하는 것이 아닌가 생각도 들었지만, 우리 측의 기분을 좋게 만들어주려고 그러려니 했는데, 식사 후 수정과가 나오자 식혜를 달라는 것이다. 어떻게 식혜까지 아느냐고 물어봤더니, 홍콩에서 근무하려면 동양 삼국의 음식에 대해서는 다 알아야 한다면서 따로 공부했다고 한다. 그러면서 청국장의 역사까지 이야기하는데 감탄할 수밖에 없었다. 우리도 모르는 우리 음식에 대한 해박한 지식을 가지고 있으니 자연스레 존경심이 생길 수밖에 없다.

프랑스 사람이라고 와인을 잘 아는 것은 아니다. 자기들도 모르는 체계적인 와인지식을 우리가 가지고 있으면 자연스레 존경스러운 눈으로 보게 되어 있다. 특히 미국사람들은 와인을 잘 아는 사람에게는 감탄할 정도로 대우가 달라진다. 그래서 와인이 만국 공통어가 되는 것이고, 국제무대에서 말 없는 언어가 되는 것이라고 할 수 있다.

- 식탁의 와인만큼 대화를 도와주는 것이 있을까? 와인에 대한 지식은 문화의 일부분으로 예술, 음악, 문학과 마찬가지이다. 와인은 세상에서 가장 문화적인 것으로 완벽한 자연의 산물이며, 다른 어느 것보다 커다란 즐거움과 감흥을 불러일으킨다. – 헤밍웨이(Ernest Miller Hemingway, 미국의 소설가)

이 대령 이야기

와인스쿨 초창기 때 현역 대령이 등록을 했다. 전역을 앞두고 사회적응기간 중 와인스쿨에 온 것이다. 프랑스에서 몇 년간 근무한 적이 있어서 와인을 많이 마셔봤고, 와인지식도 어느 정도 가지고 있었다. 와인스쿨에 온 연유를 물으니 프랑스 와인만 많이 마셔봤고, 와인에 대해 정리가 안 되어 이를 전체적으로 알고 싶어서 왔다고 한다. 그러면서 와인 때문에 대접을 잘 받았던 다음과 같은 이야기를 해준다.

프랑스에서 정해진 근무기간을 끝내고 돌아와, 우리나라에서 무기구입 업무를 맡아 미국으로 갔는데, 미국의 무기상과 장성들의 태도는 건방지기 짝이 없었다. 수억이 아닌 수조의 금액이 움직이는 거래인데도 미국 무기상은 "어차피 너희들은 우리한테 살 거 아냐?"라는 태도란다. 바이어로 대접도 못 받고 며칠 동안 회의장을 다니다가 우연히 프랑스 레스토랑을 발견하고 반짝 생각이 떠올랐다. '이들을 여기에 불러놓고 보자.'

이 대령은 바이어지만 무기상과 장성들을 이 레스토랑으로 초대했다. 그러면서 주인을 불러 일부러 프랑스어로 대화하고, 나오는 프랑스 음식과 와인에 대해 하나씩 설명을 덧붙였다. 그 다음날 어떻게 됐을까? 와인을 잘 모르는 미국인들은 이 대령의 프랑스어 실력과 와인지식에 감탄하면서 "미스터 리 최고!"라고 하면서 태도가 완전히 변해버렸다.

와인만큼 대단한 음료는 없다

우연히 발견된 포도주스 썩은 것이라고 할 수 있는 와인이 수많은 문화권의 중심에서 오랜 세월 동안 중요한 위치를 차지하고 있는 것을 보면, 와인만큼 대단한 음료는 없다. 와인에 빠진 사람들은 그저 와인을 마시는 데 그치지 않고, 좋은 와인을 수집하는 데 열을 올리고, 그에 대한 정보를 얻기 위해 책과 자료를 구해서 읽고, 수입의 상당 부분을 와인을 구매하는 데 소비하고 있으며, 또 보수가 좋은 직업을 포기하고 예술적인 가치를 지닌 좋은 와인을 만드는 데 매달리는 사람도 많다. 그리고 우리나라와 같이 와인을 본격적으로 생산하지 않는 곳에서도 이러한 사람들이 꽤 있으며, 와인을 만들지 않더라도 와인의 강한 엘리트적 이미지를 부러워하면서 와인을 마시고 그것을 배우기도 한다.

유명 인사의 와이너리

유명 인사들이 최근에 와서 와이너리를 소유한 것은 아니다. 역사적으로 그리스, 로마시대에도 철학자, 정치가 등 유명 인사들은 자가 수요를 위해서 혹은 사업의 일환으로 포도밭이나 와이너리를 가지고 있었다. 이들 중에는 와인에 열정을 가지고 우수한 와인을 만드는 데 노력을 기울이는 사람도 있고, 단순히 자가 수요를 위해서 또는 유명세를 이용하여 사업을 확장하는 데 그치는 사람도 있다.

- **프랜시스 포드 코폴라**(Francis Ford Coppola, 미국 영화감독): 캘리포니아 나파의 '인글눅 빈야즈(Inglenook Vineyards)', '니봄 코폴라(Niebaum-Coppola)'
- **제라르 드파르디외**(Gérard Depardieu, 프랑스 배우): 루아르 앙주의 '샤토 드 티뉴(Chateau de Tigne)' 외 보르도, 랑그도크, 스페인, 시칠리아 등 와이너리 소유
- **마돈나**(Madonna, 미국 가수 및 댄서): 펜실베이니아의 '시콘 빈야드 앤 와이너리(Ciccone Vineyard and Winery)'

- 댄 애크로이드(Dan Aykroyd, 미국 영화배우): 캐나다 온타리오의 '댄 애크로이드 와인스(Dan Aykroyd Wines)'
- 안토니오 반데라스(Antonio Banderas, 스페인 영화배우): 스페인 리베라 델 두에로의 '안타 반데라스(Anta Banderas)'
- 카롤 부케(Carole Bouquet, 프랑스 영화배우): 이탈리아 시칠리아의 '상귀에 도로(Sangue d'oro)'
- 에밀리오 에스테베즈(Emilio Estevez, 미국 영화배우): 캘리포니아 말리부의 '카사 더메츠(Casa Dumetz)'
- 안드레스 이니에스타(Andres Iniesta, 스페인 축구선수): 스페인 카스티야 라만차의 '보데가 이니에스타(Bodega Iniesta)'
- 카일 맥라클란(Kyle Maclachlan, 미국 영화배우): 워싱턴 컬럼비아 밸리의 '퍼슈드 바이 비어 와인(Pursued by Bear Wine)'
- 샘 닐(Sam Neill, 영국 출신 뉴질랜드 배우): 뉴질랜드 센트럴 오타고의 '투 패독스(Two Paddocks)'
- 올리비아 뉴턴 존(Olivia Newton-John, 영국 가수 및 영화배우): 사우스오스트레일리아의 코알라 블루 와인스(Coala Blue Wines)
- 그렉 노먼(Greg Norman, 오스트레일리아 골퍼): 사우스오스트레일리아 및 캘리포니아의 '그렉 노먼 에스테이트(Greg Norman Estates)'
- 아놀드 파머(Arnold Daniel Palmer, 미국 전 골퍼): 캘리포니아의 '아놀드 파머 와인스(Arnold Palmer Wines)'
- 로버트 파커(Robert M. Parker, Jr., 미국의 와인평론가): 오리건 윌람미트 밸리의 '보프레르스 빈야즈 앤 와이너리(Beaux-Freres Vineyards & Winery)'
- 브래드 피트 & 안젤리나 졸리(Brad Pitt & Angelina Jolie, 미국 배우): 프랑스 프로방스의 '샤토 미라벨(Chateau Miraval)'
- 클리프 리처드(Cliff Richard, 영국 가수): 포르투갈 알가르베의 '아데가 두 칸토르(Adega do Cantor)'
- 스팅(Sting, 영국 가수): 이탈리아 토스카나의 '테누타 일 팔라조(Tenuta il Palagio)'

- 도널드 트럼프(Donald Jo Trump, 미국 대통령): 버지니아의 '트럼프 와이너리(Trump Winery)'

와인 라벨에 모든 정보가 있다고?

"와인 라벨을 쉽게 알 수는 없을까요?" 이렇게 묻는 사람이 많다. 수많은 책자나 사이트를 보면, ① ② ③ ④ 번호를 붙여가며 라벨 읽는 법에 대해 친절하게 설명하고 있지만, 참으로 도움이 안 되는 짓이다. 그때는 고개를 끄떡이다가 라벨이 바뀌면 다시 난감해지는 것이 현실이다. 왜냐면 전반적인 와인지식이 없는 상태에서는 아무리 설명을 들어도 와인 라벨을 이해할 수 없기 때문이다.

흔히들 라벨에는 와인에 대한 모든 정보가 들어 있다고 하지만, 아무리 자세히 훑어봐도 얻을 것은 아무것도 없다. 왜냐면, 필요한 정보가 숨어 있기 때문이다. 'Chablis(샤블리)'라는 와인 라벨을 보면, 품종이 표시되어 있지 않다. 그러나 와인을 잘 아는 사람은 'Chablis'라는 글씨만 보고, 품종이 샤르도네라고 알 수 있다. 와인 라벨이란 이런 식이니까 초보자는 아무리 봐도 알 수가 없다.

그래서 와인 라벨을 잘 이해하려면 세계 와인산지의 명칭, 그것도 세밀한 지역 명칭까지, 그리고 포도품종도 수십 종 이상, 또 웬만한 업자의 명칭이나 포도밭의 명칭까지 알아야 한다. 그러면 그 해당 국가의 언어를 모른다 해도 쉽게 라벨이 눈에 들어온다. 그러니까 와인 라벨을 잘 이해하는 사람은 와인을 상당히 아는 사람이 될 수밖에 없으며, 초보자는 아무래도 와인 라벨을 이해할 수 없는 것이 현실이다.

와인 라벨 읽는 법은 와인 공부의 최종 단계이며 와인에 대한 지식을 쌓는 것이 와인 라벨을 이해하는 길이라고 말할 수밖에 없다. 지명도 품종도 메이커도 아무것도 모르면 까막눈이 될 수밖에 없다. 외국 사람이 한국에서는 진로 소주가 가장 잘 팔린다는 소문을 듣고 와서 찾아보니, 보이는 것이 '참이슬'밖에 없다고 이상하게 생각하는 것과 똑같다. 결국 아는 만큼 보이는 것이다.

- 포도품종, 라벨 표기법, 와인양조 등에 관한 지식을 모르면서 라벨 읽는 법을 배우는 것은 한 나라의 문화를 모르면서 그 언어를 배우는 것과 같다. – 미상

라벨이 불친절할수록 고급

경험 있는 사람들은 잘 알겠지만, 라벨이 불친절할수록 유명한 와인이다. 유명한 와인은 사족이 없다. 그 이름만으로 모두가 다 알기 때문이다. 그러나 잘 알려지지 않은 와인은 뒤에다 지도를 그려놓고, 어울리는 음식은 어떤 것이고, 서비스 온도는 몇 도가 좋다는 등 친절한 설명을 곁들인다. '샤토 디켐' 라벨을 보면 연도와 가문 명칭만 있고 법적으로 표기해야 할 문구는 따로 표기하고, '로마네 콩티'는 '그랑 크뤼'라는 표기도 앞에 하지 않고 뒤에 조그맣게 마지못해 표기하고 있다. 세상이 우리를 다 안다는 식으로 건방지다.

배운 사람을 황당하게 만드는 이야기

- 아끼던 와인을 좋아하는 친구가 왔다고 내놓았는데, 소주처럼 마실 때
- 무조건 오래되면 좋은 와인인 줄 아는 친구들이 오래된 싸구려 와인을 들고, "오! 96년산이군." 하면서 감탄할 때
- '보졸레 누보'가 굉장한 와인인 줄 알고, 3년 이상 보관하고 있는 친구를 볼 때
- 일본인 지인에게 큰 맘 먹고 와인 사갔는데 '한국 인삼주'가 마시고 싶다고 할 때
- 설에 큰집에 갔더니, 큰어머니가 지난 추석에 우리가 남기고 간 와인을 잘 보관해 놓았다고 하면서 1/3 남은 와인 병을 의기양양하게 냉장고에서 꺼내 오실 때
- 평소 와인을 많이 아는 척하던 상사가 집에서 와인 파티를 한다고 해서 기대하고 갔는데, 만 원도 안 되는 싸구려 와인만 내놓았을 때 - 더 슬픈 건 그래도 상사라서 "맛있네요", "빛깔이 좋네요", "향이 다르네요"라고 거짓말해야 했을 때. - 더더욱 슬픈 건 그 말을 듣고 정말 기뻐하던 상사의 얼굴
- 와인스쿨 다닌다고 했더니, "그러면 TV에 나와서 어느 나라 몇 년도 어떤 와인이라고 맞히는 거냐?"라는 무식한 질문을 받았을 때
- 할인점에서 7,000원짜리 와인 사왔는데, 신의 물방울처럼 디캔팅해 보라고 할 때
- 와인 얘기할 때 "어 취한다!"라고 농담했더니, 정색하고 "와인은 취하려고 마시는 술이 아닙니다"라고 비수가 날아올 때
- 와인글라스를 잡을 때 볼을 잡았더니, "와인 잔은 그렇게 잡는 것이 아니고 가지를 잡아야 합니다"라고 친절하게 설명해 줄 때

— 샤프트레이딩 조필수님 이야기

와인은 클래식 음악

　우리가 클래식이라고 부르는 서양의 고전음악은 고대 종교의식에서 시작하여, 중세를 거치면서 왕족이나 귀족들의 취향에 따라 발전하고, 시민사회가 성숙하면서 위대한 음악가들이 완성시킨 깊이 있는 음악이다. 서양 술의 고전이라 할 수 있는 와인도 신화시대부터 등장하여 종교의식에 사용한 술로서, 역시 왕족이나 귀족들의 입맛에 맞게 발전하였다. 그래서 와인은 주로 상류층이 마시고 가난한 서민들은 맥주를 마시는 것이 보통이었다. 물론 유럽에서 포도재배가 잘된 곳은 와인이 발달하고 그렇지 않은 곳에서는 맥주가 발달했지만, 어디서나 상류층은 와인을 선호하여, 포도재배가 잘 안 되는 영국이나 북유럽의 귀족들이 와인의 품질과 가격에 상당한 영향력을 행사하였다. 그래서 아직까지 와인과 클래식 음악은 우리가 쉽게 접근하기 어려운 인상을 풍기는지도 모른다.

- 음악이란 침묵이라는 빈 잔을 채우는 와인이다. – 로버트 프립(Robert Fripp, 영국의 기타리스트 및 작곡가)
- 와인이란 침묵이라는 빈 잔을 채우는 음악이다. – 와인애호가

　클래식 음악은 한 번으로 친해지지 않는다. 이 음악을 이해하는 데는 몇 번씩 들어보고 작곡가의 사상과 배경 등을 알아두면 도움이 되듯이, 와인도 고급일수록 그 탄생지와 품종, 수확연도 등을 알아두면 많은 도움이 된다. 우리가 미술이나 음악을 이해하려면 많이 접해보고, 거기에 대해서 잘 알아야 그 가치를 알고 느낀 점을 이야기할 수 있듯이, 와인도 많이 마셔보고 주변 이야기를 많이 알아야 그 가치를 알고 남에게 이야기할 수 있다. 처음 오페라를 볼 때 음악과 스토리가 뒤섞인 것같이 느끼지만, 클래식 음악을 배우고 즐기게 되면 오페라를 좋아하게 된다. 많이 알면 알수록 그것을 즐기게 된다.

- 클래식은 모르면서 아는 척하고, 포르노는 알면서 모른 척한다. – 미상

　그러나 아직까지 우리나라에서는 와인이나 클래식 음악은 잘난 척하기 좋다는 점도 많이 작용한다. 음악회 프로그램은 와인 라벨과 마찬가지로 모두 외국어 일색이고, 우리가 잘 아는 음악은 연주하지도 않는다. 그래도 근엄한 척 앉아서 지루한 음악을 듣듯이 와인

도 아주 비싼 거라면서 맛과 향이 환상적이라고 떠들어대는 사람이 많다. 잘 모르는 사람에게 고급와인은 '돼지에게 진주'나 마찬가지다. 와인은 알아야 마시고, 알아야 팔 수 있다. 물론 마시는 데 무엇을 알아야 하느냐고 반문할 수도 있지만, 아무것도 모른 채로 그냥 마신다는 것은 제목을 모르고 음악을 듣는 것과 같이 답답한 것이 사실이다.

와인은 클래식 음악 연주회와 같다

- 연주가 끝난 건지 아닌지, 박수를 쳐야 할지 아닌지 잘 모르면, 다른 사람이 박수 칠 때 같이 치면 된다. – 남이 맛있다고 하면 그때 맞장구치면 된다.
- 연주회 프로그램을 봐도 아는 게 하나도 없다. – 와인 라벨도 아무것도 안 보인다.
- 오페라는 더욱 뭐라고 떠드는지 몰라도, 사람들은 오페라를 보고 나서 남들과는 뭔가 다르다고 느낀다. – 와인도 고급와인으로 알고 마시고 나면 뭔가 남다르다고 느낀다.
- 음악회는 내 돈 내고 가는 것보다는 초대권을 구해야 있어 보인다. – 와인메이커스 디너도 초대 받아서 가야 있어 보인다.
- 그리고 연주가 끝나면 연주자를 만나야 직성이 풀리고, 무조건 좋았다고 칭찬한다. – 와인메이커가 왔을 때는 시음 후에 기어이 만나보고, 맛이 환상적이라고 해야 한다.
- 클래식 음악은 알면 알수록 빠져들면서 즐거움이 더해진다. 모든 클래식 음악을 섭렵하려다 보면 다른 음악을 즐길 시간이 없다. – 와인에 빠지면 와인의 세계를 섭렵하는 데 시간을 다 보내니까 다른 술을 마실 기회가 없다.
- 단, 와인은 상표를 보고 마시고, 음악은 듣다가 제목을 떠올리게 된다는 점이 다를 뿐이다.

– JCK

와인과 자유

와인은 자유라는 토양에서 풍요라는 햇볕을 먹고 자란다. 독재국가에서는 좋은 와인이 나올 수 없고, 잘 팔리지도 않는다. 그루지야(Gruziya), 우크라이나(Ukraine), 아르메니아(Armenia), 몰도바(Moldova) 등 흑해와 카스피해 연안이 와인의 원산지이지만, 그동안 잘 살아본 적이 없고, 공산주의 50년 동안 이런 나라의 와인을 기억하는 사람들조차 없어졌다. 헝가리와 같은 왕년의 와인 선진국도 이제야 제대로 된 토카이를 만들려고 열심히 노력하고 있다. 흑해 연안의 국가들이 공산주의 체제를 벗어나 자유스런 경쟁체제에서 와인을 만들려고 노력하지만, 아직은 풍요라는 햇볕이 부족하다. 칠레와 아르헨티나 와인도 오랜 군사독재가 끝난 1990년대부터 풍부한 외국 자본이 유입되면서 자유라는 토양과 풍요라는 햇볕이 동시에 작용하여 급격하게 성장하기 시작했다. 또 남아공 와인이 세계적으로 알려지게 된 것도 역시 1994년 만델라 대통령이 나오고 나서의 일이다. 자유스러운 분위기가 조성되지 않은 곳에서는 좋은 와인이 나올 수 없다.

와인은 문화를 표현하는 수단으로 정치적·경제적·문화적인 요소가 모두 잘 갖추어졌을 때 꽃을 피우며 발전한다. 와인의 품질은 맛과 향으로 평가되는데, 이 맛과 향의 좋고 나쁨은 자유경쟁에서 얻어진다. 시장 경쟁에서 살아남기 위해서 맛있게 만들어야 한다. 그러므로 자유경쟁체제라야 맛있는 와인이 나올 수 있으며, 독재국가에서는 좋은 와인이 나올 수 없다.

격언을 와인으로
- 아침에 와인 맛을 깨달을 수 있다면 저녁에 죽어도 좋다. – 공자
- 하루라도 와인을 안 마시면 입안에 가시가 돋는다. – 안중근
- 내가 와인 마셨다는 사실을 소주파에게 알리지 마라. – 이순신
- 그래도 와인은 맛있다. – 갈릴레이
- 비록 내일 지구의 종말이 올지라도, 나는 오늘 한 잔의 와인을 마시겠다. – 스피노자
- 니들이 와인 맛을 알아? – 신구

Wine Episodes ②

태초에 와인이 있었느니라

② 태초에 와인이 있었느니라

서양 문화사에는 두 가지의 큰 흐름이 있다. 하나는 그리스로마 문화를 일컫는 '헬레니즘(Hellenism)'으로 다신교에 인간 중심적인 문화이며, 다른 하나는 기독교에서 나온 '헤브라이즘(Hebraism)'으로 유일신을 중심으로 하는 세계관을 말한다. 이 두 흐름은 서로 화합하기도 하고 대립하기도 하면서 서양 문화사를 이끌어왔다. 와인에는 이 두 가지 문화가 모두 녹아 있으므로 와인을 알아가면서 자연스럽게 서양 문화사를 익힐 수 있다.

헬레니즘(Hellenism)과 헤브라이즘(Hebraism)

동양은 서양에 비해 나라별로 교류가 활발하지 않아 고유의 풍습에 차이가 많이 나지만, 서양은 기독교 문화나 그리스로마 문화에 바탕을 둔 공통된 뿌리를 가지고 있기 때문에 오히려 그들의 전통문화권에 접근하기는 더 쉬울 수도 있다. 그래서 서양을 잘 이해하려면 성경과 그리스로마 신화를 잘 알아두는 것이 좋다고 이야기하는 것이다. 그렇다고 사교적인 모임에서 성경이나 그리스로마 신화를 이야기하라는 것은 아니다. 가장 실질적이고 재미있는 방법은 기독교와 그리스로마 문화에 뿌리를 둔 와인에 대해 이야기를 하고 마시면 그보다 더 좋은 것은 없다는 말이다. 사교적인 모임에서 서양 술의 원조인 와인에 대해서 잘 안다면 가장 좋은 매개체가 될 수 있다.

노가리의 어원

요즈음에는 잘 쓰이지 않는 단어지만, 1970년대 젊은 사람들이 많이 지껄이던 '노가리'라는 단어는 어떻게 나온 말일까? 일설에 의하면 다음과 같이 헤브라이즘과 헬레니즘에서 나온 것이라는 설이 있다.

"태초에 노가리가 있었느니라.
노가리는 썰을 낳고,
썰은 구라를 낳고,

구라는 공갈과 그 형제 사기를 낳으니,
이 모든 것이 거짓말의 시작이라"
  – 헤브라이즘

그리스로마 신화에서는 거짓말의 신을 '노가리우스(Nogarius)'라고 한다.
그런 사상을 '노가리즘(Nogarism)',
그런 학문을 '노가리올로지(Nogariology)',
그런 학자들을 '노가리스트(Nogarist)'라고 한다.
  – 헬레니즘

정의를 내린다면, '썰'은 논리적이든 아니든 이론을 장황하게 전개하는 것이고, '구라'는 이론을 전개하되 악의 없는 거짓이 약간 섞인 것이고, '사기'란 거짓말을 함으로써 상대방에게 금전적인 피해를 주는 것이며, '공갈'은 거짓말을 함으로써 상대방에게 정신적인 피해를 주는 것을 말한다. 그렇다면, '노가리'는 거짓말을 함으로써 상대방에게 즐거움을 주는 것이라고 할 수 있다. 이렇게 학술적인 배경을 둔 노가리는 항상 논리적이고, 이론상 모순이 없어야 한다.

참새 잡는 방법

가을은 참새 잡기에 아주 좋은 계절이다. 참새도 많아지지만, 살이 통통 올라서 먹을 만하다. 먼저, 하루 전에 준비를 해야 하는데, 갈색으로 물든 감나무 잎을 물에 담가두고, 쌀을 소주에 불려둔다. 다음날 오후 햇볕이 좋을 때, 물먹은 감나무 잎을 장독 위에 펴두고, 소주에 불린 쌀을 1~2g 정도 감나무 잎에 올려두고, 바로 옆에 누에고치를 놓는다.

그러면 가을날 오후, 지나가는 참새는 쌀이 있으니까 와서 쪼아 먹는데, 이 쌀에는 소주가 들어 있어서 참새는 바로 취하게 되고, 잠이 와서 누우려니까 누에고치 베개가 있는 것이다. 누에고치의 움푹 들어간 부분은 참새 머리의 크기와 일치한다.

스르르 잠이 들 무렵, 햇볕은 약해지고, 바람이 불어서 추운데, 물먹은 감나무 잎이 건조되어 두루마리가 되기 시작하니까 따뜻하게 잠을 잘 수 있다. 이 감나무 잎 두루마리를 그대로 불에 넣으면 참새, 번데기, 쌀이 한꺼번에 익혀진 맛있는 요리가 될 수 있다.

노아가 농업을 시작하여 포도나무를 심었더니…

"노아가 농업을 시작하여 포도나무를 심었더니 포도주를 마시고 취하여 그 장막 안에서 벌거벗은지라.(창세기 9장 20-21절)" 이 구절은 신구약을 통하여 수없이 많은 비유로 사용되는 포도와 와인에 대한 최초의 언급이다. 그리고 기원전 6000년 전 수메르 문명의 점토판에 기록되어 있는 내용도 이와 거의 비슷하다. 노아는 그의 식구들과 함께 홍수가 끝난 뒤에 농업을 시작하였는데, 성경에는 다른 농업에 대해서는 구체적으로 밝히지 않고 포도나무를 심었다는 사실은 확실하게 나타내고 있다. 물론 그 다음 취한 후에 일어날 사건의 중요성 때문이기도 하지만, 이 구절로 미루어 다음과 같은 가설을 내세울 수 있다. 즉 노아 이전의 고대 인류도 포도를 재배하고 와인을 마셨으며, 이들 생활에서 와인은 필수적이었거나 적어도 보편적인 위치를 차지하고 있었을 것이라는 점과, 노아의 방주에는 포도 묘목 아니면 포도 씨앗 정도는 보관되어 있었으리라는 추측이 가능하다. 그리고 포도의 원산지를 노아의 방주가 도착한 아라라트(Ararat, 성경에는 아라랏)산이 있는 소아시아로 보는 학계의 견해도 이를 어느 정도 뒷받침한다.

주석산(Tartaric acid) 검출

주석산은 온대지방 과일 중에서 포도에서만 다량 발견되는 산이다. 그래서 고대 유적지에서 발견된 항아리 등에서 주석산이 검출되면, 그 당시에 와인을 양조했다고 단정 지을 수 있다. 즉 주석산은 와인양조의 지표가 되는 물질이다.

아라라트(Ararat)산

노아의 방주가 머물렀다는 아라라트산은 현재 터키에 속하지만, 이란과 아르메니아(Armenia), 그루지야(Gruziya) 국경에 위치하고 있어서 '아르메니아', '그루지야' 두 나라 모두 이 전설의 산을 근거로 와인의 종주국임을 주장한다. 그루지야인들은 자신들의 거주지를 포도나무의 원산지로 생각하고, 고유의 포도종을 갖고 있을 뿐만 아니라, 8000년 전에 와인을 담근 항아리를 가지고 있으며, 현재도 와인을 항아리에서 발효하고 숙성하는 기술을 자랑하고 있다. 크베브리(Kvevri/Qvevri) 항아리를 우리의 김장독과 같이 땅속에 묻고 와인을 넣은 다음 나무뚜껑을 덮고 진흙으로 밀봉하는 방식을 아직도 고수하는 곳이 있다. 그루지야는 "와인이 없으면 그루지야도 없다"라는 식으로 와인은 거의 신앙 수준이다.

노아의 직계 후손이 세운 국가라는 아르메니아 역시 와인의 원조로 그 역사적 근거가 많이 남아 있는데, 2011년 아라라트산 근처의 '아레니 동굴'에서 기원전 4000년경 제작된 것으로 추정되는 가죽신과 의류가 발견되었으며, 이와 함께 포도 씨앗(Vitis. vinifera)과 착즙기를 비롯한 와이너리 설비가 발견되어, 당시에 상당한 규모로 와인을 제조했음을 보여주고 있다.

아라라트산은 터키어로는 '아리다기'산이라고도 하는데, 대 아라라트산은 높이 5,137m, 소 아라라트산은 3,896m이다. 산 전체가 화산암으로 이루어져 있으며 용암과 화산의 부스러기들로 덮여 있다. 산의 정상은 '노아의 방주'가 도착한 장소로 알려져 있지만, 아라라트라는 이름은 후대 서유럽사람들이 지은 것이라는 설이 유력하다. 그리고 북쪽 아라스의 골짜기가 '에덴동산'이었다는 전설도 가지고 있다.

• 와인이 있다는 것은 신이 인간을 사랑하고 인간에게 행복이 있기를 바라는 증거다. - 벤저민 프랭클린 (Benjamin Franklin, 미국의 정치가, 과학자)

성경의 포도주

지혜의 왕 솔로몬이 쓴 전도서의 한 구절을 보면 "너는 가서 네 식물을 먹고 즐거운 마음으로 네 포도주를 마실지어다. 이는 너의 하는 일을 벌써 기쁘게 받으셨음이니라.(전도서 9: 7)" 즉 하나님의 축복 속에서 즐겁게 포도주를 마실 것을 권유하고 있는 문구이다. 그렇지만 역시 솔로몬이 쓴 잠언에서는 이렇게 충고하고 있다. "포도주는 붉고 잔에서 번쩍이며 순하게 내려가나니 너는 그것을 보지도 말지어다.(잠언 23: 31)" 동일한 인물이 포도주에 대해서 이렇게 극단적으로 시선이 다른 이유는 무엇일까? 앞뒤 구절을 생각하지 않고 단편적인 문구만으로 해석하기에는 무리가 있는 것이 성경이기는 하다.

> **엿새 동안은 힘써 와인을 마시고, 제 칠일은 쉬어라**
>
> 1. 와인 외에 다른 술들을 있게 하지 말지니라.
> 2. 어설픈 와인 전문가를 우상으로 섬기지 마라. 이들은 혼란만 더할 뿐이니라.
> 3. 와인이란 이름을 헛되이 사용하여, 와인을 망령되이 부르지 마라.
> 4. 엿새 동안은 힘써 와인을 마시고, 제 칠일은 쉬어라.
> 5. 포도나무를 공경하라. 여기서 와인이 나옴이니라.
> 6. 와인을 버리지 마라. 이는 바로 살인과 같으니라.
> 7. 와인으로 남의 여자를 유혹하지 마라.
> 8. 와인의 맛과 향도 모르면서 거짓으로 이야기하지 마라.
> 9. 와인을 잘 보관하라. 그 생명이 길리라.
> 10. 네 이웃의 고급와인을 탐내지 마라.
>
> — JCK

예수의 생애는 와인으로 시작하여 와인으로 끝났다

예수의 첫 번째 기적은 갈릴리 가나의 결혼식 잔치에서 와인이 다 떨어지자, 물을 와인으로 변화시키는 사건으로, 이 와인을 마신 연회장은 신랑을 불러서, 보통 처음에 좋은 와인을 내놓고, 취한 후에 나쁜 와인을 주는데, 이렇게 좋은 와인을 나중까지 두었다고 칭찬하는 장면이 나온다(요한복음 2장 1-11절). 예수야말로 최고의 와인메이커였다고 볼 수 있다.

그리고 최후의 만찬에서 예수는 빵과 와인으로 축복하고 와인을 '언약의 피'라고 하면서 자신의 희생에 대해 제자들에게 넌지시 암시하지만 제자들은 눈치를 채지 못한다(마태복음 26장 27-29절). 그러나 더 결정적인 것은 십자가에 매달려 있을 때, 긴 갈대 끝에 스펀지와 같은 풀을 묶어서 이를 신 와인에 적셔 예수의 입에 대주니, 예수는 신 와인을 받은 후 머리를 숙이고 생을 마감한다(요한복음 19장 29-30절). 예수의 생애는 와인으로 시작하여 와인으로 끝났다고 해도 틀린 말은 아니다.

> **또 하나의 기적**
>
> 목사가 경찰의 음주운전 단속에 걸렸다. 더군다나 발밑에는 와인 반병이 있었다.
> "실례합니다. 술을 드셨군요"
> "아니오. 이건 물입니다"
> 경찰은 병마개를 연 다음에 냄새를 맡았다.
> "이건 분명히 와인입니다"
> 그러자 목사는 와인 병을 들고 마시더니,
> "오 하나님, 주께서 다시 기적을 베푸셨군요. 아멘!"이라고 기도를 했다.

포도주스는 아니다

술 이야기가 나오면 기독교인들이 거북스럽게 생각하는 부분이 있는데, 성경에 '포도주'라는 단어가 이백 번 나오고 예수까지 포도주를 만들고 마시는 장면이 상당히 걸림돌이 되는 것 같다. 그래서 일부 기독교인들은 '포도주스'를 '포도주'로 잘못 번역하였다고 주장하기도 하지만, 옛날에는 포도주스라는 것이 있을 수 없었다. 포도는 그 껍질에 발효를 일으키는 이스트가 묻어 있기 때문에 포도를 으깨어 주스를 짜내면 하루 이틀 만에 알코올발효가 일어나 결국 와인이 되어버린다. 포도주스는 적절한 살균방법이나 첨가제 그리고 밀폐된 용기를 개발한 근대 과학의 혜택을 받고 난 다음에 생긴 것이다.

웰치(Welch's) 포도주스

최초의 포도주스는 1869년 미국의 감리교 신학자 '웰치(Thomas Bramwell Welch) 박사가 파스퇴르의 저온살균법을 이용하여 만든 '웰치 포도주스'다. 감리교는 철저한 금주론자들로 미사용 와인도 건포도를 끓이거나 방부제를 첨가하여 만들었는데, 이를 웰치 박사가 포도주스를 만들어 '알코올 없는 와인'이라고 한 것이다. 처음에는 라벨에 '웰치 박사의 비발효 와인'이라 하여 판매하다가, 1893년부터 '웰치 포도주스'로 개명했다. 1800년대 후반부터 일어나기 시작한 '금주운동' 덕을 많이 본 상품이다.

새 술은 새 부대에

'새 술은 새 부대에'라는 말은 성경에서 나온 것으로 비유로 많이 사용되지만, 왜 그런지 그 이유를 명확하게 아는 사람은 별로 없다. 보통 새 기분에 새 것을 쓰는 정도로 알고 있지만, 실제 성경에는 새 술이 아니고 새 포도주라고 되어 있다. 즉 "새 포도주는 새 부대에 넣느니라"라고 쓰여 있다. 지금은 기술이 발달하여 와인 담는 용기가 다양하지만, 예수가 살았던 시절에는 포도를 항아리 같은 큰 그릇에 넣어 발효시켰고, 완성된 술은 가죽부대에 넣고 다니면서 필요할 때 마시거나 운반하는 수단으로 쓰였다.

옛날에는 발효가 다 됐는지 판단하는 측정기술이 발달되지 않아 감각적으로 판단했는데, 이때 발효가 덜 된 채로 가죽부대에 담으면 거기서 다시 발효가 일어나 탄산가스가 나오는 경우가 많았다. 그러면 새 가죽부대는 신축성이 좋아 발생하는 가스를 어느 정도 수용할 수 있지만, 딱딱한 헌 가죽부대는 가스가 나오면 터지는 경우가 많았기 때문에 '새 포도주는 새 부대에' 담으라고 했던 것이다. 이 말을 이해할 수 있다면 와인양조에 대해 이해한 것이라고 볼 수 있다.

와인은 신이 인간에게 준 최고의 선물

일찍이 플라톤은 "신이 인간에게 내려준 선물 중 와인만큼 위대한 가치를 지닌 것은 없다"라고 했다. 이 말은 현대인의 생각으로는 이해가 되지 않는다. 어떻게 와인과 같은 술을 "신이 인간에게 준 최고의 선물"이라고 표현할 수 있을까? 그러나 고대 인류(서양에서)에게는 와인만큼 신비스럽고 영험한 음료는 없었다. 우선, 와인은 성경에서 그리고 디오니소스 즉 바쿠스 신화에서 등장하기 때문에 그 기원부터 성스럽게 생각되었고, 알코올음료로써 그 매력은 당시 사람들에게 큰 즐거움을 안겨주는 좋은 선물이었을 것이다.

또 포도를 으깨면 새로운 생명 즉 와인이 태어나는 현상은 새로운 부활을 의미했고, 발효 중에 불을 대지 않아도 열이 발생하는 현상을 물과 불의 결합으로 알았다. 그리고 곡식은 껍질을 벗기고 불에 구워야 음식이 되지만, 포도는 밟아서 그릇에 넣으면 신의 음료가 되는 것이었다. 고대인에게 와인은 신비한 힘을 지닌 것으로 인식될 수밖에 없었다.

그리고 옛날 사람들은 비위생적인 환경에서 물만 갈아 먹어도 배가 아프고, 부패된 식품을 섭취함으로써 발생되는 식중독 등의 질병으로 많은 고통을 겪었을 것이다. 그러나 우연히 발견된 오래된 포도즙 즉 와인은 이러한 문제를 완벽하게 해결해 주는 신비한 힘을 지니고 있었다. 왜냐면 와인은 발효과정을 거치는 동안 포도껍질에 묻어 있는 이스트 이외의 미생물이 자랄 수 없기 때문에 병원균의 침투가 있을 수 없었고, 또 발효 후에는 생성된 알코올로 인하여 거의 무균상태에 가까운 위생적인 음료였기 때문이다. 어떤 원료로 술을 만들거나, 술은 위생적으로 뛰어난 음료였고, 취하면 하늘에 있는 누군가와 가까워지는 것 같은 착각을 일으켰기 때문에 동서양을 막론하고 제사를 지낼 때는 이게 필요했을 것이다.

게다가 옛날 사람들은 부자나 가난한 자나 별다른 즐거움이 없었고, 더군다나 긴 겨울을 지내는 것은 무척이나 어려운 일이었다. 요즈음 사람이야 텔레비전, 라디오, 인터넷 등 혼자서도 즐길 것이 많고, 특히, 텔레비전에서 남들이 노는 것을 보며 즐거워하지만, 옛날 사람들은 자기들끼리만 즐겁게 놀아야 한다. 이럴 때 와인은 즐거움을 불어 넣어주는 활력소로 작용하였으며, 그 당시 대중음료이던 맥주에 비하여 고농도의 알코올을 가지고 있어서 그 효과는 더했을 것이다. 와인은 현대 인류보다는 옛날 사람에게 더욱 필수불가결한 요소였는지도 모른다.

• 누군가와 함께 와인을 마시는 것은 그 대상 인물을 가장 간단하고 빠르게 그리고 믿을 만하게 시험하는 것이다. - 플라톤(Plato, 그리스 철학자)

디오니소스(Dionysos)

헬레니즘 세계에서 포도나무의 역사는 신화에 나오는 '디오니소스(Dionysos)'의 전설과 함께한다. 그리스 신화의 디오니소스는 술의 시조로서 로마에서는 '바쿠스(Bacchus)'라고 부른다. '제우스(Zeus)'와 '세멜레(Semele)'의 사랑으로 잉태된 디오니소스, 그러나 세멜레가 제우스의 아이를 임신했을 때 질투심에 불탄 '헤라(Hera 제우스의 아내)'는 계략으로 그녀를 죽여버리자, 제우스는 디오니소스를 그녀의 배 속에서 꺼내 자신의 허벅지 안에 넣어두었다가 세상 밖으로 내보냈다. 제우스는 디오니소스를 님프들에게 맡겨 기르게 했다. 그러나 헤라의 응징은 여기서 끝나지 않고 계속 디오니소스에게 저주를 내려 미치게 만들었다. 디오니소스는 여기저기서 방황을 하다가 할머니 레아에게 치료를 받은 뒤 신성을 지니게 되었고, 디오니소스라는 종교의식도 행할 수 있게 되었다.

질병에서 치유된 청년 디오니소스는 뉘사산에서 포도를 발견했고, 이를 와인으로 만들어내는 지혜를 발휘했다. 그가 뉘사산에서 수업을 마치고 그리스로 왔을 때, 아티카주의 '이카리오스(Icarios/Icarius/Ikarios)'가 그를 환대하였다. 그래서 디오니소스는 그에게 포도나무를 주고 그 재배법과 와인 담그는 법을 가르쳐주었다. 이카리오스는 와인을 마시고 여태까지 알지 못했던 황홀한 기분에 빠졌고, 그 와인 맛을 함께 즐기려는 마음으로 와인을 다른 목동들에게도 나누어주었다. 그러나 처음으로 와인을 마신 정신이 몽롱해지고 어지러워지는 것에 놀라, 이카리오스가 자신들에게 독을 먹인 것으로 생각하고, 곧바로 이카리오스에게 덤벼들어 그를 찢어 죽여버린다. 이카리오스는 자기가 만든 와인 때문에 비참한 최후를 맞게 되는데, 어떻게 보면 최초의 '와인 순교자'가 된 셈이다.

박카스

피로회복제로 유명한 '박카스'도 여기서 유래된 것이다. 동아제약 '강신호' 회장이 독일 유학시절에 함부르크 시청의 지하홀 입구에 서 있는 석고상 '바쿠스'를 눈여겨봤다가 수첩에 기록해 놓은 것에서 비롯된 제품명이다. 박카스는 처음에 간장약인 정제(알약)로 나왔다가, 나중에 드링크제로 변경시킨 것이다. - 신인섭의 『박카스 40년』 중에서

축제의 술, 와인

디오니소스 혹은 바쿠스에 대한 숭배는 최초로 와인을 만든 사람 그 이상의 것이었다. 초창기 오르페우스교(고대 그리스의 밀의적 종교)에서 디오니소스는 최고의 신이었으며, 디오니소스에 대한 예배는 포도나무와 와인에 대한 기념행사로 발전하게 된다. 아테네에서는 '디오니시아'라는 대규모 축제로 발전하였고, 로마에서는 매년 10월 '포도 수확의 신'으로 바쿠스 축제를 개최하여 결국 광란의 잔치와 무질서로 변하게 된다. 그래서 원로원에서는 기원전 186년 바쿠스 축제를 폐지하기에 이른다. 그래도 그리스에서는 아직도 디오니소스 축제가 있어 매년 봄에 다채로운 행사를 벌이고 있다.

그러므로 와인은 그 자신의 신을 가지고 있는 것이다. 그 결과 와인은 신성하다는 명성을 지니게 되면서, 많은 종교의식에 사용되었으며 계속해서 많은 그림이나 기록에 나타나게 된다. 기원전 수세기 전에 호머는 고대 그리스에서 가장 유명한 포도밭을 이야기했고, 와인 제조와 음주습관에 대해 자세히 기록하였다. 수세기를 거치는 동안 수많은 시인이 그들의 영감으로 와인을 노래했으며, 이들은 풍요로운 생활을 바탕으로 시와 음악, 그리고 미술 등 예술의 발달과 공연, 집회, 축제 등 문화적인 환경으로 인하여, 많은 사람들이 와인과 함께 시와 음악 그리고 철학을 이야기하게 된다.

- 술의 신 디오니소스? 그건 그리스 사람들이 자기들이 술 마시고 취하는 것에 대해 핑계를 대고자 꾸며낸 이야기라고 할 수 있다. – 앰브로즈 비어스(Ambrose Gwinnett Bierce, 미국의 저널리스트)

심포지엄(Symposium)은 함께 마신다는 뜻

플라톤은 와인을 인간이 만든 가장 이지적인 음료로 정하고, 와인을 마시면서 나누는 대화가 가지는 교육적인 의미를 높이 평가했다. 흔히 '향연'이라고 번역되는 심포지엄은 그리스어로 '심포시온(Symposion)'에서 나온 말로 '함께 마신다'라는 뜻에서 유래된 것이다. 원래는 여러 명이 의자에 앉아서 와인을 마시며 대화를 주고받는 자리로서, 다양한 주제를 놓고 토론을 벌이는 것이었지만, 위트와 시 또는 재치 있는 화술로 상대방을 제압하기도 했다.

그래서 소크라테스와 같이 당시 유명한 사람들은 이런 심포지엄에 자주 초대되었다.

참석자는 목욕을 하고 깨끗한 옷차림으로 단장을 하고, 참석자는 호화스럽게 꾸며진 방에서 소파에 비스듬히 누운 자세로 밤새도록 토론을 하였다. 공간 때문에 토론 참석자는 7~9명 정도로 제한했으며, 전체 인원은 14~27명이 되었다. 단, 젊은이는 기대어 있지 못하고 똑바로 앉아야 했다. 음식과 와인이 나오고, 게임, 노래, 플루트 부는 소녀나 소년, 연극하는 노예 등 유흥도 준비되어 있었다. 참석자는 사랑이나 남녀의 차이 등과 같은 철학적인 주제를 놓고 토론하였고, 주최자가 와인을 얼마나 준비하느냐에 따라 심도 있는 토론이 되기도 하고, 단순한 관능적인 유희의 자리로 변하기도 했다.

음식은 치즈, 양파, 올리브, 무화과, 마늘 등에 한입 정도의 고기도 서비스되었으며, 후식으로 포도나 꿀로 만든 단 음식도 나왔다. 그리고 이 모든 음식은 물과 혼합한 와인으로 마무리하였는데, 당시 와인은 가죽주머니나 항아리에서 숙성되어 산도가 높았고 알코올도 상당히 높았다고 한다. 그래서 여기에 물을 섞으면 쓴맛과 신맛이 감소되어 좀 더 부드러운 맛을 지니게 되어, 그리스와 로마에서는 습관적으로 와인에 물을 섞어서 마셨다. 심지어 와인을 그대로 마시면 야만인의 습관으로 간주되었다.

그리스와 로마의 심포지엄이 다른 것은 로마 심포지엄은 와인이 먼저 나왔고, 음식이 나온 후 여자들이 합류할 수 있었지만, 그리스 심포지엄은 식사 후에 와인이 나왔으며 여자들은 참석할 수 없었다. 그러나 미모와 지성을 갖추고 손님과 대화가 가능한 고급 매춘부나 행사에 고용되어 흥을 돋우는 여자, 참석자의 배우자는 허용되었고, 이들은 모두 손님과 대화가 가능할 정도의 교양을 갖추어야 했다.

현대적인 의미로 특정한 의제에 관해 토의할 때, 다른 입장과 각도에서 여러 명의 전문가를 선발하여, 참가자가 자기 견해를 발표하고, 그들의 전문적인 지식에 바탕을 둔 전체토론회(질의와 응답이 주가 됨)로 이행하는 형식을 취한다. 그러니까 심포지엄(Symposium)은 와인을 함께 마시면서 토의를 해야 되는데, 요즈음은 떠들기만 하고 와인 마시는 일은 없이, 이제는 그 이름만 남아 있게 되었다.

- 빨리 와인 잔을 가져오라. 내 그것으로 마음을 적시고 현명하게 말하는 방법을 배우리라. - 아리스토파네스 (Aristopanes, 그리스 시인)

와인의 전성기, 로마시대

와인 책을 읽다 보면 모든 포도밭이 로마시대부터 있었다고 자랑한다. 서양 사람들에게 로마제국은 마음의 고향이다. 그도 그럴 것이 로마인들은 우리가 지금도 우러러 보는 도로와 다리를 만들었고, 모든 길은 로마로 통한다는 최고의 국가였다. 이들은 와인에 있어서도 포도품종의 분류, 재배방법, 담는 방법에 이르기까지 획기적인 발전을 이룩하여 와인의 질을 향상시키고, 나무통을 사용하여 와인을 보관하고 운반하기 시작하였다.

와인양조에서 획기적인 발전은 바로 로마시대에 사용한 오크통이다. 이 오크통은 원래 갈리아 지방의 켈트인이 맥주 저장에 이용했던 것으로, 시저의 갈리아 정복으로 도입되었다. 그전에 사용된 항아리인 '암포라(Amphora)'에 비하면 오크통은 취급하기 편리할 뿐 아니라, 거의 완벽하게 내용물을 밀폐시킬 수 있었고, 이로 인해 저장 중 와인의 숙성에 관여하는 기능을 발휘하여 와인의 품질개선에 큰 공헌을 한다. 로마인은 또 착즙기를 발명했다. 이 착즙기는 통 위에 추를 올리고 이것을 끈으로 위아래로 움직이게 만든 것으로 9세기에 나오는 지레를 이용한 착즙기의 원형이라 할 수 있다.

이때부터 와인은 로마의 군수품과 중요한 무역상품으로 유럽 전역에 퍼지기 시작했고 당시 식민지이던 프랑스, 스페인, 독일 남부까지 포도재배가 시작되었다. 그리고 1세기에 태어난 라틴의 농경학자 '콜루멜라(Columella)'가 쓴 책에는 오늘날에도 통용되는 경작, 식목, 시비, 삽목에 의한 번식, 접목, 휘묻이, 비료 등 포도재배와 와인양조 방법이 상세하게 적혀 있다.

맥주를 와인으로 바꾸면, 개종

그리스 시대부터 와인은 세련되고 발달된 문명을 상징하는 음료였다. 와인 마시는 절차를 만들고, 와인 마시는 데 필요한 비품을 준비하여, 와인 마시는 사람들의 세련미를 강조하였다. 로마는 그리스를 포함한 지중해를 군사적으로는 장악했지만, 로마는 그리스 문명을 숭앙한 나머지, 그리스 신화를 도입하고, 그리스 글자를 변형하여 로마문자를 만들고, 그리스 건축물, 그리스 법률 등 모든 것을 그대로 모방하였다. 로마의 와인 역시 그리스의 세련된 문화를 받아들이는 상징이었다. 귀족들은 포도밭을 가꾸고 와인을 만들어 그리스 양식의 집과 정원에서 와인 파티를 여는 것을 큰 자랑으로 생각했다. 로마의 영토가 확장되면서 와인 마시는 관습이 널리 전달되어, 영국에서는 맥주와 미드를 제치고 와인을 마시기 시작하였고, 북쪽의 게르만족 역시 맥주를 와인으로 바꾸면서 기독교를 받아들이게 된다. 즉 와인을 마시는 것은 개종의 상징이었다.

> **술이 종교보다 나은 점**
> - 특정 종교를 믿지 않는다고 화형이나 고문을 당한 사람은 많지만, 특정 술을 안 마신다는 이유로 화형이나 고문을 당한 사람은 없다.
> - 종교가 다르다는 이유로 전쟁을 수없이 일으켰지만, 마시는 술이 다르다는 이유로 전쟁이 일어난 적은 없다.
> - 개종했다고 비난을 많이 받지만, 마시는 술의 종류를 바꿨다고 배신자로 취급당하지 않는다.
> - 종교는 판단력이 없는 미성년자에게 강요하는 사례가 빈번하지만, 음주는 19세 미만의 미성년자에게 강요하는 것은 법으로 금지되어 있다.
> - 신의 존재와 그 능력을 객관적으로 증명하려면 어렵지만, 술의 존재와 그 능력은 바로 증명이 된다.
> - 종교는 죽은 후 불확실한 환상을 심어주지만, 술은 현실에서 바로 환상을 보여준다.
> - 고로, 종교는 술을 멀리하라고 가르칠 수밖에 없다.
>
> - 요네하라 마리(米原万里, 일본의 작가)

로마제국의 멸망은 와인산업의 몰락

로마제국의 멸망으로 이슬람 세력이 지중해 연안의 북아프리카, 이베리아반도, 프랑스 남서부 지방까지 세력을 확장하면서, 와인산업도 사양길로 접어들게 된다. 포도밭이 황폐화되고 와인거래도 감소되어, 그야말로 중세 암흑시대로 들어간 것이다. 로마라는 큰 와인 시장이 사라져버렸기 때문에 와인의 침체기로 볼 수도 있지만, 로마를 대신하여 북유럽의 새로운 주인이 된 게르만족의 와인에 대한 집착은 대단했다. 이들은 맥주를 대신하여 와인을 마시기 시작하였고, 이를 세련된 문화로 생각했다. 그리고 유럽의 남부를 지배한 이슬람교도들도 포도를 좋아하고 간혹 와인을 즐기기도 해서 소아시아 포도품종을 새로 소개하기도 했지만, 전반적으로 포도밭이 감소되면서 와인거래는 주춤하기 시작한다.

이슬람교의 시작

이슬람교의 창시자인 '마호메트(Mahomet/Muhammad)'는 570년 메카의 지배부족이자 구약에 등장하는 아브라함의 아들 이스마일의 자손이라고 주장하는 쿠라이시족의 하심 가문에서 유복자로 출생했다. 어머니도 일찍 세상을 떠나 여섯 살 때 고아가 되어 할아버지와 숙부의 손에서 양치기를 하면서 평범하게 성장하였다. 청년기 때 시리아를 왕래하며 무역상을 하던 부유한 미망인 '카디자(Khadijah)'의 대상으로 들어가 일하다가, 마호메트의 정직하고 성실한 성품에 반한 카디자가 구혼하여, 스물다섯의 나이로 마흔 살의 미망인 카디자와 결혼한다.

마흔 살에 메카 근처의 히라산에서 명상을 하던 중 천사 가브리엘로부터 알라의 계시를 받았지만, 622년 자신을 박해하는 귀족들을 피해 메디나(Medina)로 피신하여, 그곳에서 이슬람교의 교리를 정리하고, 정치와 종교가 일치하는 이슬람 공동체를 만들어 세력을 형성하였다. 그는 한 종교의 창시자인 동시에 이슬람교 이전 시대의 고대 아랍 유목민 사회에 만연되어 있던 악습과 부도덕한 관습을 타파한 사회개혁 운동가였으며, 또한 모든 인간이 신 앞에 평등하다는 주장하에 일생 동안 박애정신과 인도주의를 실천한 행동가이기도 했다.

이슬람권 용어 정리

- 이슬람(Islam, 순종이란 뜻)교: 마호메트가 창시한 종교
- 무슬림(Muslim, 절대 순종하는 이): 이슬람교 신자
- 회교(回敎)/회회교: 이슬람교의 중국식 명칭
- 사라센(Saracen): 비잔티움에서 이슬람교도 전반을 가리키는 용어로 사용되어, 십자군을 통하여 서유럽 전역에서 이 호칭을 사용
- 무어(Moor)족/모르(Maure)족: 북아프리카 일부 지역에서 이슬람교로 개종한 유목 민족
- 모스크(Mosque): 이슬람교의 예배당

- 모리스코(Morisco): 이베리아반도에서 기독교로 개종한 무슬림. 1492년 그라나다 함락 직후부터 이베리아반도에서 추방당함
- 할랄(Halal): 아랍어로 '허용된 것'이라는 뜻으로, 이슬람 세계에서 이들이 먹고 쓸 수 있도록 허용된 제품(주로 식품)을 총칭하는 용어다. 술이나 돼지고기 등은 먹을 수 없게 되어 있으며, 이렇게 금지된 음식은 '하람(Haram)' 푸드라고 한다.
- 라마단(Ramadan): 아랍어로 '더운 달'이라는 뜻으로 한 달 동안 일출부터 일몰까지 단식하는 기간이다. 이슬람력으로 9번째 달 첫날에 시작 되는데 이 기간은 해마다 열흘씩 빨라진다.

막강한 이슬람권, 남부 유럽을 지배

이슬람권은 메디나를 선두로 아라비아반도, 메소포타미아, 북아프리카 및 이베리아반도를 점령하여 서유럽의 핵심인 프랑크 왕국과 국경을 접하게 되었으며, 723년 크레타, 870년 몰타를 수중에 넣고 마침내 지중해를 지배하는 데 성공하게 된다. 심지어는 프랑스 깊숙이 루아르강까지 진출하지만, 아랍의 군대는 프랑크 왕국의 카리스마 군주였던 '샤를 마르텔(Charles Martel)'에게 막히고 만다. 그러나 이슬람권이 지배하던 지중해, 이베리아반도를 비롯한 남부 유럽은 800년 가까운 세월이 흐른 다음, 1492년 스페인의 그라나다를 마지막으로 그들의 거점이 서유럽에서 지워지게 된다. 그러니까 스페인을 비롯한 남부 유럽은 거의 800년 동안 이슬람 세력권에 있었던 것이다.

이들은 시칠리아섬을 근거로 해상무역을 활발하게 전개시키고, 동쪽으로는 인도양을 거쳐서 고려시대에는 우리나라까지 교역 대상이 되었으며, 제지공업, 문학, 의학, 연금술 등 자연과학을 발전시키는 데 큰 공헌을 한다. 서기 1000년경 서부 유럽에서 가장 규모가 크고 문화가 발달한 도시는 로마나 런던이 아니고, 아랍권에 있던 동쪽의 '바그다드(Baghdad)'와 서쪽의 '코르도바(Cordoba)'였다. 바그다드는 '천일야화'에서 보듯이 아프리카, 아시아, 유럽 대륙의 문물과 물자의 집산지로 학문과 예술의 중심 도시였고, 서쪽 제국의 중심인 스페인 남부 안달루시아 지방의 수도인 코르도바 역시 학문과 예술의 중심지였다.

여기서 아랍의 학자들은 그리스, 페르시아, 인도의 지식을 바탕으로 천문학, 수학, 의학, 숫자, 더 나아가 중국의 나침반을 이용하여 항해지도까지 만들었다. 예를 들면, 아리스토

텔레스가 저술한 책을 아랍 사람들이 코르도바에서 라틴어로 번역하여 르네상스라는 것을 탄생시키는 계기가 된다. 이렇게 코르도바와 바그다드 중심의 이슬람 문화는 그리스로마 문화를 보존하여 이를 유럽에 전달하는 중개 역할뿐 아니라, 이슬람교, 유대교, 기독교가 공존하는 독특한 종교적 환경에서 찬란한 문화를 이루어놓았다는 창의성에서도 세계문화사적 의의가 크다고 할 수 있다.

샤를 마르텔(Charles Martel)/카를 마르텔(Carle Martel, 690?~741)

샤를 마르텔은 클로비스(Clovis) 왕 사후, 궁재직을 둘러싼 권력 투쟁에서 승리하며 프랑크 왕국의 실권을 장악하여 서유럽의 기반을 닦은 왕 아닌 왕으로 보고 있다. 정복으로 유럽을 지배하고, 스스로를 '대공' 또는 '공작'이라 칭하면서 실제로는 왕과 다름이 없었다. 특히 732년 푸아티에 전투에서 이슬람군을 격퇴하여 프랑크 왕국의 통일적 지배력을 강화하였다. 이슬람군에 대한 승리가 망치로 내려치는 행위로 묘사되기 시작하면서, 그에게 남부 프랑스어로 '망치'를 뜻하는 '마르텔'이라는 별칭이 붙었다고 한다.

샤를 마르텔은 허수아비 왕이 사망한 후 왕위를 공석으로 두면서 기회를 엿봤지만, 741년에 사망하고, 그 아들인 피핀(Pipin)이 751년 마지막 꼭두각시 왕 킬데리크 3세를 폐위시키고 자신이 프랑크 왕국의 왕위에 올라 새로운 왕조를 세우면서 '카롤루스(카롤링거)' 왕조가 시작된다.

이슬람교는 금주를 했지만

이슬람교도의 의무는 기도와 자선 그리고 알코올음료를 금기시하는 것으로, "악마는 와인과 도박으로 사람들의 반목과 증오를 선동한다"라고 이야기하였지만, 부분적으로 음주가 허용된 사례는 많다. 마호메트 자신도 가볍게 발효된 대추야자 와인을 즐겼고, 아랍 시인들 사이에서는 와인을 칭송하기도 했으며, 이베리아반도를 지배할 때 스페인과 포르투갈의 와인 생산은 지속되었다. 특히, 이베리아반도는 이슬람권이 지배적이긴 했지만, 유대교와 기독교를 박대하지 않고 그들의 관습을 받아들여 찬란한 문화의 꽃을 피웠기 때문에 어느 정도 알코올음료가 허용된 것이다.

> **아버지와 아들**
>
> 어느 날 예수가 천국의 문을 지키는 베드로를 만나러 갔다. 베드로는 예수를 반기며 잠깐 자리를 비워야 하니까 자리를 지켜달라고 부탁했다. 곧이어 어떤 늙은 남자가 천국의 문으로 오더니 안으로 들어가고 싶다고 했다.
>
> 예수: "좋습니다. 우선 당신이 살아온 인생 이야기를 해보시오"
>
> 노인: "내가 어떻게 살았는지 기억나는 것은 별로 없지만, 나는 평생 목수였고, 세계적으로 유명해진 아들이 있었습니다. 그 아들을 제 친자식이라고 할 수는 없지만…"
>
> 예수: "아니, 아버님이세요?"
>
> .
> .
> .
>
> 노인: "오, 피노키오구나!"

수도원과 와인

로마제국의 멸망과 이슬람의 유럽 진출로 와인산업이 침체기에 이르렀지만, 교회의식에 필요한 와인은 명맥을 유지하고 있었다. 그리고 긴 동면상태에서 십자군 원정과 수도원의 활발한 움직임으로 와인산업이 다시 빛을 보게 되었다. 십자군은 중동지방에서 포도나무를 들여와 오늘날 유럽포도가 주종을 이루게 하였고, 수도승들은 풍부한 노동력과 안정된 조직력을 바탕으로 포도를 재배하고, 와인을 만들었다.

와인의 역사에서 빼놓을 수 없는 것이 '수도원의 와인양조'라고 할 수 있다. 중세시대 시들어가는 와인산업을 유지하고 발전시킨 수도원은 와인뿐 아니라 과학과 신학, 농업까지 획기적인 발전을 이루는 데 큰 공을 세웠다고 볼 수 있다. 수도승들은 자급자족으로 수도원에서 사용하는 물품을 조달해야 했고, 성찬식에 꼭 필요한 와인은 특별한 노력의 산물이었다. 당시 유럽에는 황무지가 많았고, 수도원은 세금이 면제되었기 때문에, 이들이 만든 와인은 교회의식에 필요한 수요를 충당하고, 판매수입원으로도 상당한 비중을 차지하게 되었다. 그리고 합리적이고 과학적인 관리방법을 도입하여 근대 와인제조의 기초를 확립하였고, 로마제국 붕괴 이후 와인 수요를 지속적으로 늘린 것은 바로 수도원과 교회였다.

교회는 대규모의 포도밭을 소유했으며, 와인의 생산과 소비의 중심이 되었다.

- 와인 한 통은 성인으로 가득 찬 교회보다 더 많은 기적을 이룰 수 있다. – 로마 속담

수도원은 두뇌집단인 국립연구소

수도승은 포교보다는 자신의 도를 닦는 사람으로 볼 수 있다. 이들은 아침에 일찍 일어나 기도하고 성경을 읽지만, 하루 종일 각자 맡은 일에 충실하게 종사하는 사람이다. 와인을 만드는 수도승이 있는가 하면, 치즈를 만드는 수도승도 있으며, 구두를 만드는 수도승도 있었다. 이렇게 전문적인 일을 하면서 자기 일에 대해 연구하고 기록하여, 후배 수도승에게 물려주는 자세로 일을 하므로, 그 일은 세월을 거듭하면서 발전할 수밖에 없다.

당시 수도승은 현대로 보면 두뇌집단으로, 수도원은 국립연구소라고 할 수 있다. 국민 대다수가 글을 모르던 시절에 글을 읽고 쓸 수 있는 사람이다. 게다가 잔소리하는 마누라도 없고 부양할 가족도 없이 수도원이라는 울타리에 갇혀 있으니, 모든 정보를 흡수하여 천문학, 의학에 이르기까지 폭 넓은 지식을 쌓을 수 있었다. 당시에 글을 아는 사람과 모르는 사람의 정보력 차이는 어마어마했을 것이다.

- 이렇게 기록을 남겨 후세에 전하는 방식에서 "적는 자만이 살아남는다"라는 말이 생긴 것이고, 이를 '적자생존'이라고 한다.

프레스(Press)

수도승들이 가장 공들여 한 할 일은 성경을 옮겨 적는 일이었다. 인쇄술이 없던 시절에는 성경을 써서 그 내용을 전파할 수밖에 없었다. 이 수고를 덜어준 사람이 금속활자와 인쇄술을 개발한 '구텐베르크(Johannes Gutenberg, 1397~1468)'이다. 디스커버리 채널에서 지난 천 년간 최고의 인물로 선발된 구텐베르크는 주형으로 제작한 금속활자를 나무틀에 하나씩 심어서 조판하는 방법을 고안했다. 기존의 목판인쇄는 나무에 글씨를 하나씩 새겨 넣어야 하지만, 금속활자는 금속 펀치를 사용하여 구리로 만든 막대기에 활자를 새겨 모형을 만든 다음에 여기에 금속을 녹여서 붓고, 식으면 모형을 들어내고 활자를 떼어내는 방법이었으니까 동일한 금속활자를 여러 개 만들 수 있었다. 게다가 목판인쇄는 두꺼운 유럽 종이에 찍

어내는 데 상당한 압력이 필요했기 때문에 수명이 짧았고, 글씨도 선명하지 않았다.

구텐베르크가 고안한 자유롭게 배치가 가능한 금속활자는 매우 신속하고 경제적인 방법이었다. 이렇게 만든 활판을 인쇄기에 놓고 압착해서 종이에 찍어냈다. 오늘날 '인쇄기'를 가리키는 '프레스(Press)'란 단어는 와인을 만들 때 포도를 으깨어 즙을 짜는 '포도 압착기(Press)'나 올리브유 압착기와 동일한 원리로 활자에 잉크를 묻혀 종이에 압착한다고 해서 그렇게 부른 것이다. 그리고 더 나아가 인쇄술이 발달하면서 생긴 신문이나 잡지, 기자 그리고 언론계를 '프레스(The Press)'라 부르게 된다. 이렇게 '프레스'는 와인에서 나온 말이다.

수도회와 수도원

수도회는 기독교에서 합법적인 교회의 권위에 의해서 인가되고, 회원이 공통의 규칙을 지키면서 수도생활을 영위하는 조직을 말한다. 수도원은 오래전부터 존재하였지만 조직적인 수도회가 생긴 것은 8세기경으로 더 나중이다. 수도원은 그리스도교의 수도사(Monk)나 수도녀(Sister)가 일정한 계율에 의해서 청빈, 정결, 복종의 서약을 맺고 공동생활을 하는 장소를 말하며, 라틴어로 모나스터리움(Monasterium), 영어로 모나스터리(Monastery)라고 하며, 아베이(Abbey)는 큰 수도원, 프라이어리(Priory)는 작은 수도원을 가리킨다. 수도원은 공동생활을 영위하는 몇 개의 건물로 이루어지고, 부지 내에는 별도로 교회, 식당, 외빈용 숙사, 정원이 설치되어 있다. 그리고 수도사들은 청빈, 정결, 복종의 덕목 외에 노동을 중요시하고, 농작물이나 가공품 등을 직접 생산하고, 주변에서 토지나 물품을 기증받아 자급자족을 할 수 있었다.

- **카르투지오(Carthusians) 수도회:** 1084년 프랑스의 샤르트뢰즈(Chartreus)에서 '성 브루노(St. Bruno)'가 창설한 수도회로, 초기에는 특별한 회칙 없이 완전한 관상수도회였으나, 나중에 베네딕트 수도회의 제도를 받아들여 엄격한 금욕생활 속에서 신과의 합일을 추구한다. 많은 신비사상가를 배출하였으며, 개척과 자선 사업에도 큰 업적을 남겼다. 스페인 카탈루냐 지방의 '프리오라토(Priorato)'는 카르투지오 수도원이 설립된 곳이다.
- **베네딕트(Benedictine) 수도회:** 529년에 이탈리아의 '베네딕투스(Benedictus)'가 중부 몬테 카시노(Montecassino)에서 창건하였으며, 그가 수도원 생활의 규범으로 세운 계율(베네딕도 규칙서)을 따르는 남녀 수도회들의 연합체를 일컫는다. 모토는 '평화(Pax)'와

'기도하고 일하라(Ora et labora)'이다. 관련된 와인은 부르고뉴의 '제브레 샹베르탱', 루아르의 '앙주', 론의 '코르나스', 샹파뉴의 '랭스(동페리뇽)'를 들 수 있다.

- **프란치스코(Franciscan) 수도회**: 프란치스코회는 '성 프란치스코의 수도규칙'을 따르는 기독교의 수도회(Ordo)를 부르는 총칭이다. 프란치스코회의 일원과 성 프란치스코의 수도규칙을 따르는 무리를 간단히 '프란치스칸'이라 부른다. 거리의 설교자로서 우선적으로 일을 하고, 가난한 사람이나 병이 든 사람, 특히 한센병 환자들을 돌보는 데 주력하였다. 개인으로서도 공동체로서도 재산을 지니지 않고, 오로지 신자의 희사로 생활하였기 때문에 탁발수도회나 걸식수도회라고 하였다. 1769년 캘리포니아 샌디에이고에 미사용 포도를 심은 '주니페로 세라(Junipero Serra)'라는 수도사가 프란치스코 수도회 소속이었다.

- **시토(Cistercian) 수도회**: 시토 수도회는 1098년에 베네딕트 수도회에서 엄격하지 않은 회칙 적용에 불만을 품고 분리된 혁신적인 수도회이다. 12세기에 전성기를 맞은 시토 수도회는 유럽에서 압도적인 지위를 확보하며 유럽 전역에 많은 수도원을 거느렸으나, 종교개혁 이후 북유럽에서는 시토 수도원이 사라지기 시작하였고, 1664년에는 시토회의 개혁수도회인 '트라피스트(Trappist)회'가 파생되었다 부르고뉴의 '클로 드 부조', 독일 라인가우의 '하텐하임', 옛 동독의 '자알레 운스트루트', 오스트리아 니더외스트라이히의 '캄프탈(Kamptal)' 등은 시토 수도회에서 개척한 와인이다.

Oh My God!

천주교 신자 다섯 명이 커피를 마시면서 대화를 나누고 있다.

한 신자가 "내 아들이 신부인데 그 애가 나타나면 사람들은 'Father(신부님)'라고 부르지요"

또 다른 신자는 "내 아들은 주교인데 그 애가 나타나면 사람들은 'Your Grace(각하, 閣下)'라고 불러요"

또 다른 신자는 "내 아들이 추기경인데 그 애가 나타나면 사람들은 머리를 숙이고 'Your Eminence(예하, 猊下)'라고 부른답니다"

네 번째 신자는 "내 아들이 교황인데 그 애가 나타나면 사람들은 허리를 숙이고 'Your

Holiness(성하, 聖下)'라고 부르지요"

이들은 어깨를 으쓱하며 다섯 번째 신자를 쳐다본다.

다섯 번째 신자는 "나는 아들은 없지만 38-24-36 몸매를 가진 딸이 있는데 그 애가 나타나면 사람들은 'Oh My God!'이라고 외친답니다"

교회 명칭

- **카테드랄(Cathedral)**: 주교나 추기경이 있는 대성당을 말하지만, 개신교나 러시아 정교회에서도 역사가 깊고 규모가 큰 경우에 이 용어를 사용하기도 한다. 프랑스어로는 '카테드랄(Cathedrale)', 이탈리아어는 '두오모(Duomo)', 독일어로는 '돔(Dom)'이나 '뮌스터(Münster)'라고 한다.

- **채플(Chapel)**: 학교, 병원, 병영, 교도소 등의 부속 예배당을 말한다. 프랑스어로는 '샤펠(Chapelle)'이다.

- **처치(Church)**: 일반적으로 처치(Church)를 개신교의 '교회'로, 구교의 대성당(Cathedral)과 구분하여 사용하지만, 그 나라의 종교가 구교인지 신교인지에 따라 다르므로 뚜렷하게 구분되지 않는다. 영어의 '처치(Church)'와 독일어의 '키르헤(Kirche)'는 '주에 속하는 것'이라는 뜻에서 나온 것이고, 프랑스의 '에글리즈(Église)'나 스페인어의 '이글레시아(Iglesia)', 이탈리아의 '키에사(Chiesa)'는 '집회, 소집된 것'이란 뜻의 그리스어에서 나온 것이다.

- **성(聖)**: 영어의 '세인트(Saint)', 프랑스어는 '생(Saint)', 이탈리아에서는 '산토스(Santos)', '산타(Santa)', '산(San)' 등 여러 가지가 되고, 스페인에서는 '산토(Santo)'가 된다. 보통 St. 또는 S.로 생략해서 사용하며, 이탈리아에서는 '산(San)'으로 많이 쓴다. 성인뿐 아니라, 성당, 수도원, 도시 이름 앞에도 붙인다.

- **노트르담(Notre-Dame)**: 영어로 'Our Lady'라는 의미로 '성모 마리아'를 뜻하며, 특정 성당 하나만을 지칭하는 것은 아니다. 노트르담 성당은 프랑스 곳곳에 있는 것으로 성당 이름에 붙는 수식어로 보면 된다.

없어질 뻔한 파리의 노트르담 성당

1163년에 시작하여 1320년에 완공된 파리의 명소 노트르담 성당은 프랑스 대혁명 이후 헐릴 위기에 처했다. 왕정을 뒤엎은 혁명시대에 왕실의 큰 행사를 치르는 절대왕정의 상징인 노트르담 성당을 없애야 한다는 주장이 많았기 때문이다. 혁명이 일어나고 나서 이미 종과 조각 등이 파괴되었고, 와인과 식량 창고로 쓴 적도 있었다. 그러나 나폴레옹 1세가 부활시켜 대관식을 거행했고, 결정적으로는 1831년 빅토르 위고(Victor-Marie Hugo)의 『노트르담의 꼽추(Notre-Dame de Paris)』라는 작품이 나온 뒤에 파리 사람들의 인식이 바뀌어 1845년에 복원을 시작하여 오늘에 이르고 있다. 빅토르 위고의 작품이 없었더라면 우리는 노트르담 성당을 상상이나 그림으로 대신했을 것이다.

1인당 와인 소비량이 가장 많은 나라는?

프랑스나 이탈리아가 아니다. 2015년 통계를 보면, 프랑스는 연간 국민 1인당 42.5ℓ를 마시고, 그 다음으로 포르투갈은 41.7ℓ, 스위스 40.5ℓ, 이탈리아는 33.3ℓ이다. 1위는 바티칸시티로 프랑스보다 10ℓ 이상 많은 54.3ℓ를 마신다. 왜 성직자들이 이렇게 와인을 많이 마실까?

수녀원에서도 와인을

수녀원에서도 포도재배와 와인양조에 큰 공헌을 했다. '지공다스(Gigondas)'는 프로방스 생탕드레(Saint-André)의 베네딕트 수녀원에서 만든 것이고, 쥐라 지방의 '뱅 드 파유(Vin de Paille)'와 '뱅 존(Vin Jaune)'은 샤토 샬롱(Château-Chalon)의 수녀들이 만들었다. 당시 가장 넓은 토지를 가지고 있었던 로렌 지방의 르미르몽(Remiremont) 수녀들은 알자스 지방에서 가장 좋은 포도원과 운송수단을 가지고 있었다. 작은 수도원에서는 수녀들이 직접 포도밭에서 일을 했지만, 큰 수녀원에서는 노동자를 고용하여 포도를 재배하고 와인을 담그기도 했다.

가장 좋은 와인과 여자

독실한 기독교 신자이며, 와인애호가인 철수가 무인도에 표류되었으나, 다행히 먹을

> 것은 많아서 잘 먹고 잘 지내고 있었다. 그러나 오랜 시간이 지나자 무료하고 적적하여 하느님께 기도를 하였다. "주여! 가장 좋은 와인과 여자를 보내주시면 감사하겠습니다" 다음날 철수 옆에는 '빈 산토(Vin Santo)'와 '테레사 수녀'가 있었다.

전쟁에는 술이 필요하다

전쟁이란 나라를 위해서 싸운다는 명목으로 나가지만, 실제 전쟁터는 잔인한 살인이 정당화될 뿐 아니라, 파괴, 방화, 절도, 강간 등 온갖 범죄가 다 저질러지면서 인간의 존엄성이 철저하게 파괴되는 곳이다. 즉 정상적인 상태에서 견딜 수 없는 곳이다. 동료가 죽으면 그 때는 물불 안 가리고 뛰어들지만, 두려움을 없애고, 사람을 죽이고, 자기가 한 일을 잊어버리려면 술의 힘이 필요하다. 옛날부터 술은 군인들의 두려움을 쫓아주고, 사기를 진작시키는 수단으로 사용되었으며, 와인은 군인들에게 이런 용도는 물론, 주식이었고 약이었다. 게다가 전쟁터의 식수는 오염되기 십상이었는데 이때 와인은 물을 소독하는 수단이었다. 그래서 로마시대부터 군인들은 전투식량으로 일정량의 와인을 지급받아, 외지에 갈 때는 이를 물과 함께 섞어 마셨다.

> **정로환(正露丸)**
>
> 정로환은 1903년 일본군이 만주로 진출할 때, 가는 곳마다 배탈과 설사에 시달려서 전투력이 저하되자, 군인들의 설사병을 막으려고 만든 일종의 지사제이다. 러일전쟁 때 상당한 효과를 본 일본은 이 약의 이름을 러시아(露西亞)와의 전쟁에서 승리한 뒤 정복했다는 뜻으로 '정로환(征露丸)'이라고 했다. 그러다가 1949년에 제2차 세계대전 승전국인 소련의 눈치를 보면서 앞 글자를 '바를 정(正)'으로 바꾸어 오늘날 '정로환(正露丸)'이 된 것이다.

전쟁과 와인

고대 로마와 프랑스는 전쟁에 와인은 필수품이었고, 맥주를 주로 마시는 잉글랜드와 그의 앙숙 스코틀랜드 군대도 전쟁터에서는 와인을 받았다. 와인은 반드시 군수품에 포함되었고, 군은 전쟁 때 많은 와인을 확보해야 했다. 노르만족이 잉글랜드를 정복할 때도 배에 와인을 가득 싣고 영국 해협을 건너갔다. 이렇게 와인이 잘 나오지 않는 노르만, 잉글랜드, 스코틀랜드의 군대에서도 와인 확보에 열을 올릴 정도였으니, 프랑스를 비롯한 와인 생산국은 더 말할 것도 없다. 루이 14세 때 기록을 보면, 장교들에게 지급되는 와인이 하루에 1.25ℓ, 일반 사병에게는 그 절반이 지급되었다고 한다.

20세기에 들어와서야 와인도 알코올이 들어 있는 술이라는 인식이 일반인에게 알려졌지만, 제1차 세계대전 중에도 프랑스 랑그도크의 양조업자들은 군 병원에 많은 와인을 기증했다. 독일은 군인들의 음주가 사격에 영향이 있는지 실험하여 별 영향이 없다는 결론을 내렸지만, 프랑스군은 프랑스답게 와인과 맥주를 마신 병사를 비교하여, 와인이 전투력을 더 향상시킨다는 결론을 내리기도 했다. 이 기간에 프랑스 병사들은 1/2ℓ를 무상으로 지급받을 수 있었고, 추가로 1/4ℓ를 싼값에 사먹을 수 있었으니까 하루에 1병을 마실 수 있었다. 전후 프랑스에서는 제1차 세계대전의 승리가 와인 때문이라는 소문을 만들어내기도 했다.

제2차 세계대전 때 프랑스를 점령한 독일군은 프랑스의 맛있는 와인과 음식을 마음껏 맛보고, 날씬한 여자들을 보니 환상이었다. 처음에는 점령군으로 와인을 강탈했지만, 나중에는 일정한 규율을 세워 구매하도록 했다. 유명한 '오브리옹(Ch. Haut-Brion)'은 독일 공군 휴양소로 사용되었을 정도였다. 독일군은 고급와인을 많이 챙겼고, 히틀러의 벙커에는 고급 프랑스 와인이 가득했다고 한다. 제2차 세계대전 말기, 이탈리아에서 철수하던 독일군과 와인을 지키려는 마을 사람들 이야기를 다룬 옛날 영화 '산타 빅토리아의 비밀(The Secret of Santa Vittoria)'이라는 영화를 보면 독일군의 와인에 대한 욕심을 알 수 있다.

시민계급의 성장

역사적으로 와인은 대중적인 술은 아니었다. 옛날부터 없는 사람은 맥주를 마시고, 있는 사람들은 와인을 마셨다. 그러다 중세 이후 봉건사회가 붕괴되고 새로운 중산층 즉 부르주아 시대가 오면서, 우리도 와인을 마시자는 식으로 와인 수요가 증가한다. 그리고 지리상 발견으로 대항해시대가 오면서 와인은 장거리 항해에 필수품이 되었고, 덕분에 세계가 하나로 묶이면서 와인은 중요한 무역상품으로 자리 잡게 된다.

산업사회가 시작된 이후 와인은 노동자들에게도 필수품이었다. 우리와 같이 논이나 밭에서 일하면서 막걸리를 마시고, 건설현장에서 노동자들이 소주를 마시듯이, 당시 유럽에서도 공장에서 근무하는 노동자들은 물 탄 와인을 하루에 얼마씩 지급받았다. 이들은 와인이 없으면 일을 하지 않았고, 감독관들은 와인 수급에 최선을 다해야 했다고 한다. 물론 이들 와인은 물을 섞은 것이었다. 이때부터 와인 수요가 증가하고, 기술의 발달로 생산량도 급속하게 증가하기 시작하여, 유럽에서 와인은 대중적인 음료가 될 수 있었다. 대저택에서 일하는 하인들도 식량과 함께 와인을 지급받았고, 북유럽의 어부들도 일하고 와인을 받았다. 부르고뉴의 그랑 크뤼(Grand Cru)인 '라타쉬(La Tâche)'는 원래 임무, 과업이란 뜻으로, 옛날 부르고뉴에서 노동의 대가로 주인이 일군에게 작물로 보상했던 관습에서 유래된 말이다.

와인의 용도

인간이 마시는 음료 중에서 와인과 같이 향미가 다양하고, 용도가 많은 것은 없다. "와인은 성스러운 미사에 사용되는가 하면, 노동자의 식량으로도 중요하다. 또 소중한 날을 기념하기 위해, 시상을 떠올리기 위해, 병을 치료하기 위해, 손님을 환영하기 위해, 요리의 맛을 돋우기 위해 사용되며, 더운 여름에는 시원한 음료로, 추운 겨울 저녁에는 따뜻한 음료로 마실 수 있다. 그리고 화려한 연회를 훨씬 세련되게 만들기 위해, 혹은 배 진수식에도 빠질 수 없다. 거지도 와인을 마시고, 왕도 와인을 마신다. 전쟁터에서도 와인은 필수다. 어떤 음료도 와인과 같이 신분의 고하를 막론하고, 시대를 초월하여 사용되는 것은 없다" - 레온 아담스(Leon D. Adams, 미국 와인 전문가)

근대의 와인

그러나 16~17세기에 프랑스에서 마시는 와인이라고 해야 조악하고 겉보기에도 탁했으며 거칠었고 오래 가지 못했기 때문에, 예외가 있긴 하지만, 다음 해 와인을 담그기 전에 모두 마셔야 했다. 즉 와인의 수명은 수십 년이 아니고 1년을 목표로 담그는 것이었다. 그래서 당시에는 보다 투명하고 풍미가 섬세한 와인이 가장 귀한 와인으로 평가받았고, 와인은 다음 해 6월 이전에 모두 소모해야 된다는 믿음이 지배적일 때였다. 이들은 이때를 넘기면 와인의 질이 급격히 떨어진다고 생각했고, 실제로 여름이 되면 와인 질이 떨어지기도 했던 때다. 프랑스 역사학자 '페르낭 브로델(Fernand Braudel)'은 "1500년대에는 오래된 보르도 와인이 담긴 오크통 하나가 6리브르밖에 안 됐지만, 갓 담근 와인이 담긴 오크통 하나는 50리브르나 되었다"라고 기술하고 있다.

현대적 와인의 시대가 열린 1600년대 후반부터라고 볼 수 있다. 그때까지만 해도 와인은 다른 작물과 구별되지 않는 농작물에 불과했다. 와인의 생산지는 전혀 중요하지 않았으며, 와인 가격은 수확한 해가 지나고 햇와인이 나오면 폭락했다. 이렇게 대부분의 와인은 오래될수록 질이 떨어지는 것이었으나, 특정 지역의 것은 3년, 5년, 10년을 두어도 맛이 유지되는 것이 있었으니, 이들이 오늘날 '그랑 크뤼(Grand Cru)'가 된 것이다.

그러다가 산업혁명 덕분에 단단한 유리병과 코르크 마개가 등장하고, 귀족들이 소유한 보르도의 화려한 저택과 포도밭에서 질 좋은 와인이 생산되고, 좋은 와인을 원하는 부유한 시민 계층의 출현 등으로 와인의 품질이 좋아지기 시작하였다. 이렇게 근세에 와서 와인의 수요가 증가하고 거래가 활발해졌지만, 당시의 와인은 품질이 불안정하여 장기간 보관이나 운반이 어려워서 테이블와인보다는 알코올(브랜디)을 섞은 '강화와인(Fortified wine)'의 인기가 더 좋았다. 이때까지만 해도 와인의 발효원리와 오염의 원인을 아무도 알지 못했기 때문이다.

와인도 술이다

고대부터 근세에 이르기까지 와인은 엘리트 음료였다. 가난한 사람들은 가까이 하기엔 너무 먼 당신이었다. 그러다 1800년대 후반에 이르러서 주로 저급 와인이 노동자, 농민들의 상용 음료가 되었다. 산업화로 인한 인구의 도시집중으로 열악한 환경에서 일하는 노동자들에게 와인은 현실에서 일탈할 수 있는 피난처가 되었다. 제2차 세계대전 직전 프랑스의 1인당 와인 소비량은 200ℓ (2015년은 42.5ℓ)에 육박하였다. 당시 사람들은 와인을 술로 생각하지 않고 식사 때 습관적으로 마시는 것이었다. 그렇지만 와인도 알코올음료로 취급되기 시작하고, 생활양식이 복잡해지다 보니 1인당 소비량이 급격하게 감소되었다. 그리고 당시에는 알코올중독자가 많았지만, '알코올중독'이란 단어가 없었다. 1849년 스웨덴 의사인 '마그너스 후스(Magnus Huss)'가 '알코올중독'이란 단어를 학계에 발표하면서, 유럽 각국에서 주목을 끌기 시작하여 알코올중독의 문제가 사회문제로 대두되기 시작하였다.

자유의 술, 와인

1700년대 파리의 카페에는 지적인 철학자들이 많이 찾아왔다. 이들은 낮에는 커피를 마시며 정치와 학문을 이야기했지만, 저녁때는 와인을 마시면서 예술과 문학을 이야기했다. 와인은 이들에게 활력과 창조력을 제공해 주는 샘물이 된 것이다. 그리고 미모와 지성을 갖춘 귀부인의 살롱에서 열린 파티에서는 밤새도록 와인을 마시면서 자유스럽게 대화를 나누고 유토피아를 향한 상상의 나래를 마음껏 펼치기 시작했다. 즉 낡은 체제를 무너뜨리고 모두가 함께 자유를 누리는 새로운 세계를 꿈꾸면서 프랑스대혁명으로 다가갔다.

특히, 계몽주의 철학자들은 정치와 종교가 억압하는 숨겨진 자유를 찾아내면서 와인을 마시면서 정신적·육체적 자유를 추구하게 된다. '볼테르(Voltaire)'는 자신의 영지에서 와인 파티를 자주 열어 철학자들과 토론을 했고, '루소(Jean Jacques Rousseau)'에게 와인은 함께 공유할 수 있는 평등의 음료였으며, '디드로(Denis Diderot)' 역시 미식가에 와인애호가였다. 이들은 와인이 떨어지면 대화도 끝난다고 생각할 정도로 와인을 마시면서 재치 있는 대화를 하고, 반짝이는 영감을 떠올렸던 것이다. 또 이 시대는 도덕적·종교적 구속에서 벗어나 육체적인 욕망과 쾌락을 추구하는 시대이기도 했다. 남녀가 어우러진 파티에 샴페인이 등장하고, 유명한 바람둥이 카사노바(Casanova)와 '사디즘'이란 단어의 유래가 된 사드 후작(Marquis de Sade)에게 와인은 성적인 억압에서 인간을 해방시키는 수단으로 사용되었다.

- 1862년 나폴레옹 3세는 파스퇴르에게 와인의 오염 원인에 대해서 밝히도록 지시하면서 "비싼 와인을 만드는 곳이든 형편없는 곳이든 프랑스에서는 오염된 와인이 없는 곳을 찾아보기 어렵다"라고 한탄한 적이 있다. – 에드워드 스타인버그의 『산로렌조의 포도와 위대한 와인의 탄생(박원숙 옮김)』 중에서

파스퇴르(Pasteur)의 발견

1700년대 후반 프랑스대혁명이 일어나기 전에 화학의 아버지인 '라부아지에(Lavoisier, 1743~1794)'는 "와인이란 포도당이 알코올과 탄산가스로 변하는 화학반응의 결과"라고 밝히면서 와인의 과학적인 연구에 실마리를 제공한다. 즉 와인을 과학적인 관점으로 보기 시작한 것이다. 이윽고 1860년대에 이르러 파스퇴르가 "미생물에 의해서 발효와 부패가 일어난다"라는 당시로서는 획기적인 이론을 주장하여, 와인제조에 새로운 장을 열게 되었다.

그는 포도를 으깨면 자연히 발효가 일어나는 것은 껍질에 있는 이스트(Yeast) 때문이며, 이스트를 따로 분리하기도 했다. 또 이스트의 성질에 따라 맛이 달라지고, 산소의 영향력에 대해서 언급하였으며, 부산물로서 글리세롤과 탄산가스가 나온다고 밝혔다.

> **백신(Vaccine)은 알코올발효 연구의 산물**
>
> 질병의 원인이 미생물의 작용임을 밝혀내고 백신을 개발한 파스퇴르는 먼저 술, 즉 와인의 변질과 맥주의 산패 등을 해결하고자 연구하면서 발효를 일으키는 주체가 이스트임을 발견했고, 이스트와 함께 있는 세균이 와인 맛을 변하게 만든다는 사실도 발견했다. 이들 세균을 없애기 위해 '저온살균법(Pasteurization)'을 개발하여 와인과 맥주, 우유의 보존성을 향상시켰다.
>
> 이때부터 파스퇴르는 미생물 연구에 몰두하여 '자연발생설'이 잘못된 것임을 증명하고, 이어서 특정 미생물이 특정 질환을 일으킨다는 사실을 밝히고, 이를 예방하는 백신도 개발하였다. 즉 미생물에 의한 질병의 원인과 예방법을 발견한 것이다. 이렇게 보면 백신은 술을 연구하다 발견한 것이 된다.

와인의 과학화, 1960년대부터

이러한 과학적인 발견으로 순수이스트의 배양, 살균, 그리고 숙성에 이르는 제조방법을 개선하게 되었고, 산업혁명 이후 발달된 기계공업을 도입하여, 비교적 싼값으로 와인을 대량 생산하게 되어, 와인은 일반대중의 생활 깊숙이 침투하게 되었다. 그러나 유럽은 20세기 두 번의 큰 전쟁을 치르면서 이러한 과학적인 업적을 와인양조에 적용할 겨를이 없었다. 제2차 세계대전이 끝나고 전쟁으로 파괴된 모든 것을 복구하면서 1950년대를 보내고 1960년대에 와서야 여유를 갖게 된 유럽은 와인양조에 과학적인 방법을 사용하기 시작했다. 1960년대는 세계적으로 양에서 질로 전환되는 시기로 스테인리스스틸(Stainless still) 탱크의 도입, 작은 오크통에서 숙성, 발효온도 조절, 아황산 사용 등 획기적인 조치가 이루어졌다. 소위 말하는 '슈퍼 세컨드(Super second)' 즉 보르도의 그랑 크뤼 2등급이나 3등급 와인이 1등급보다 더 비싼 가격으로 거래된 시점이 바로 이 무렵이다.

더 나아가, 1900년대 후반부터 와인을 생산하는 나라들은 대학에 와인양조학(Enology)

과를 신설하여 전문인력을 배출하고, 와인을 과학적으로 연구하여 바로 현장에 적용시키면서 뛰어난 와인들이 나오기 시작하였다. 교육받은 신세대들은 지도를 펼쳐 놓고, 지형과 기후를 따져서 와이너리를 선정하고 풍토에 맞는 품종과 클론을 선택하여 재배하면서 비로소 와인양조보다는 포도가 좋아야 한다는 믿음이 퍼져 나갔다. 와인양조가 안정된 다음에는 누가 좋은 포도를 확보하느냐가 좋은 와인을 만드는 지름길이기 때문이다. 오늘날 와인은 이러한 오랜 전통과 과학이 빚어낸 걸작으로, 그 가치를 더욱 빛내고 있다고 할 수 있다.

1900년대를 왜 20세기라고 할까?

연대를 표시하다 보면 "1900년대를 왜 20세기라고 할까?"라는 의문이 생긴다. 1900년대를 19세기라 하고, 2000년대를 20세기라고 하면 편할 텐데, 세기(Century)에서 의식적으로 숫자를 하나씩 빼야 하는 어려움이 있다. 서기 1년 1월 1일부터 100년 12월 31일까지를 0세기라 하고, 101년부터 200년을 2세기로 했다면 헷갈리지 않을 텐데, 이는 초기 그레고리력(Gregorian calendar)에서 이렇게 표시할 때 수학적으로 '0'이란 개념이 없었기 때문이다. 수학적으로 0이란 개념은 고대 인도에서 시작하여 11세기 아라비아를 거쳐 유럽으로 전달되었다고 한다. 건축물의 층수도 사실은 0층이 있느냐 없느냐에 따라 달라지니까, 영국에 가면 엘리베이터를 탈 때 상당한 혼란이 온다. 참고로, 20세기는 1901년부터 2000년까지니까 2001년 1월부터 21세기라고 해야 하는데, 우리는 2000년 1월부터 21세기가 왔다고 떠든 적이 있다.

Wine Episodes 3

소를 잘 몰고 다니는 사람을 소믈리에라고 해!

3. 소를 잘 몰고 다니는 사람을 소믈리에라고 해!

여~자들이 와인 마시는 것 자체가 문제야! 어디, 여자들이 건방지게 와인을 마시려고 그래?

우리 때 여자들이 마시는 술은 막걸리 짜고 남은 지게미밖에 없었어. 그것도 술이라고 먹고 나서 얼굴이 빨개지면 시어머니가 "너, 또 먹었구나, 이 시어미 입은 입이 아니냐?" 하고 구박받고 그랬어. 그래도 잘 사는 집은 남편이 경치 좋은 곳에서 기생들하고 술 마실 때 술심부름하면서 주전자 꼭지나 한 모금 빨고 그랬지. 요즈음 여자들 와인 마시는 것 보면 가~관이야! 와인을 따라주면 고맙다고 그냥 마실 일이지 뭐~ 어? 디캔팅 ~ , 디~캔~팅~~~ 어디, 여자가 건방지게 디캔팅을 해달라고 그래? 디캔팅하면 맛이 좋아진다고? 그러면 잔에 놓고 흔들어! 그렇지 않으면 입에 넣고 후루룩하든가.

이렇게 디캔팅할 것 다하고, 폼 다 잡으면 소는 누가 키워? 여자들이 소를 안 키우니까 구제역이 온 나라를 돌아다니잖아! 소를 잘 몰고 다니는 사람을 '소믈리에'라고 그래!

— JCK

예,~ 예,~ 와인 마시다가 사레 걸려서 콧구멍으로 분출하게 만드는 말… 잘 들었습니다.

자-… 남자들 와인 마실 때 어떻습니까…??

여친에게 좀 있어 보이려고 퐈인 레스토랑에 갑니다. 그러면서 하는 말이 "와인은 말이야, 음식과 함께하는 술이야" 하며, 온갖 똥 폼 다 잡으면서 하우스 와인을 글라스로 하나 시킵니다. 아니, 그런데 왜 글라스 꼭 안 채웠다고 컴플레인하는 건데…?? 와인이 뭐 느그들이 부어라 마셔라 하는 소주 나부랭이라고 생각하는 모양인데, 참 기가 막히고 코가 막힌다. 그쵸…??

무슨 기념일이 되면, 그래도 기념일 챙겨준다는 티는 내고 싶은지, 꼴에 와인 한 병 덜렁 들고 옵니다. 그러면서 하는 말이 "이거 내가 뿌랑스에서 유학할 때 옆집에 살던 뿌랑수와가 내 부탁 때문에 아주 힘들게 구해서 부쳐준 거야…" 어이구 놀고들 있네. 언제부터 무통카데가 구하기 힘든 와인이 된 건데… 그리고 너! 네 집 밖을 벗어난 건 중딩 때 수학여행으로 불국사 다녀온 게 전부란 거 다 알거든.

그렇다면 우리 여자들, 어떻습니까? 남자들보다 뛰어난 미각과 후각으로 그들보다 와인을 더 감별해 낼 수 있고, 여성 특유의 섬세함과 표현력으로 와인의 아름다움을 잘 설명할 수 있습니다. 허나, 여자들끼리 모여서 조용히 시음회 좀 하려고 하면, 어디서 소문을 들었는지, 남자들이 개떼처럼 우르르르… 우르르르… 몰려오고, 이런 남자들 때문에 우린 맘 놓고 테이스팅도 할 수 없습니다.

이제 와인의 와짜도 모르면서 여자를 꼬시거나, 좀 있는 척하기 위해 와인을 이용하려는 남자들은 평생 포도주스에 소주 타서 마시게 해야 한다고 생각합니다!!!!

  － 네이버 와인카페 여본봄(blog.naver.com/wineholic01)님의 댓글

소믈리에(Sommelier), 와인 감별사?

"소를 잘 몰고 다니는 사람을 소믈리에라고 그래"라는 말은 어느 정도 맞는 말이다. '소믈리에(Sommelier)'라는 단어를 한영사전에서 찾아보면, 불어로서 '(레스토랑의) 포도주 담당 웨이터', 불한사전에는 '(큰 집, 호텔, 기숙사 따위의) 식료품 담당자', '(카페, 요리점 따위의) 술 담당 보이'라고 되어 있다.

그 어원을 보면 고대 불어인 'Bête de Somme'에서 나온 말이다. 이 말은 영어로 한다면, 'Beast of Burden', 즉 짐을 나르는 동물이며, 'Sommelier'는 '목부', '목동'이 된다. 그러면서 이 명칭은 공식적으로 프랑스 왕실의 짐을 운반하는 직책이 되었고, 어떤 곳의 세탁, 식품 저장, 지하 저장고를 관리하는 사람이 된 것이다.

1700년대 이전의 왕궁에서 소믈리에(Sommelier)는 '식탁을 차리고 와인과 음식을 준비하는 사람' 혹은 연회 따위에서 '술잔을 따라 올리는 사람'의 뜻으로 사용되었고, 나중에는 후자의 개념만 남아 오늘날 레스토랑에서 와인을 책임지는 사람의 뜻으로 발전한 것이다. 그러니까 장난 삼아 '소몰리에'라고 해도 틀린 말은 아니다.

그런데 누군가 '와인 감별사'라는 명칭을 사용하여 이 뜻이 널리 통용되고 있는데, '감별'이란 식별한다는 뜻으로 병아리의 암놈, 수놈을 가리거나, 예술품 등의 진위 여부를 가리는 것을 말하지만, 예술품 등의 판단에는 감별이란 말보다는 감정이란 말이 더 일반적이다. 그렇다고 소믈리에를 '와인 감정사'라고 부르는 것도 적합한 표현은 아니다. 와인을 감정하는 직업은 따로 있는 것이 아니고, 대개는 다른 직업에 종사하다가 기회가 있으면 모여서 와인을 감정하는 정도다.

소믈리에는 와인 저장실(Cellar)과 레스토랑 일을 맡아보고, 모든 음료수에 대한 책임을 지는 사람이다. 화려한 제복을 입고 목에 은빛 장식품을 걸치고, 손님에게 예의바른 사람으로만 인식되어서는 안 된다. 식사주문이 끝나자마자 주문한 음식을 알고, 바로 와인을 추천하거나 와인 리스트를 보일 수 있어야 한다. 그는 레스토랑의 모든 와인에 대해서 알고 있어야 하며, 나아가서는 와인의 세일즈맨이 되어야 한다.

조선소믈리에협회

그러면 소믈리에 자격증을 따려면 어떻게 해야 될까? 소믈리에는 사람을 접대하는 직업이라서 와인에 대한 지식도 중요하지만, 무엇보다도 경험이 풍부해야 한다. 아직까지 우리나라에는 국가공인 소믈리에 자격제도는 없고, 이런저런 단체에서 자격증을 주고 있는 실정이다. 게다가 이 좁은 와인시장에 소믈리에협회도 몇 개나 되고, 그 외 와인관련 단체도 많이 있으니까 누군가 '조선소믈리에협회'도 만들자는 말이 나올 정도가 된 것이다. 모두 자기 것이 정통이라고 떠들고 있으니까, 소믈리에 자격증에 매달릴 필요는 없다. 그러니까 소믈리에가 되려면 어느 정도 실력을 쌓은 후 자신을 소믈리에라고 하든가, 주변에서 소믈리에라고 불러주면 된다.

> **소믈리에라면 이 정도 일은 해야**
> - 하루에 10km 이상을 걸을 수 있어야 한다.
> - 하루에 와인 열 상자 이상 나르고, 저녁에 수십 병을 꺼내 올 수 있어야 한다.
> - 새벽 2~3시까지 일할 수 있어야 한다.
> - 친한 친구들과 와인 한잔이나 저녁 모임에는 거의 참석 못 한다.
> - 2~3만 원짜리 와인도 디캔팅해 달라면 해줘야 한다.
> - '샤르도네'는 이제 지겹다고 '샤블리'를 시킨 사람의 비위도 맞춰야 한다.

유능한 소믈리에는 와인을 잘 팔아야

외국 젊은이들은 소믈리에라는 직업을 썩 좋아하지 않는다. 위와 같이 새벽까지 일하고, 친구도 못 만나고, 별별 사람의 비위도 다 맞춰야 하기 때문이다. 또 '샤르도네'는 이제 지겁다고 '샤블리'를 시킨 사람에게 "아하! 그렇습니까? 좋은 샤블리 하나 추천해 드리죠"라고 맞장구칠 수 있어야 한다. 그러니까 이런 고생을 각오하고 소믈리에라는 직업을 선택해야 한다. 결코 편한 직업은 아니다. 그러나 어느 경지에 이르면 와인 전문가로서 명성이 쌓이고, 사람들의 존경을 받을 수도 있다. 그러기 위해서는 한 우물만 파고, 오랜 세월 동안 상당한 경험 혹은 고생과 공부가 필요하다.

소믈리에에 대한 다소 과장된 인식 때문에 와인에 대한 관심도가 높아지고, 젊은 사람들이 이 직업을 선호하는 긍정적인 측면을 낳기도 했지만, 유능한 소믈리에는 자격여부로 결정되는 것이 아니고, 더군다나 와인 맛을 잘 알아맞힌다고 되는 것도 아니다. 그 레스토랑에서 와인을 얼마나 많이 파느냐에 달렸다고 봐야 한다. 어떤 소믈리에 때문에 와인 매출이 요리 매출보다 더 많다면 그가 바로 유능한 소믈리에이며, 다른 레스토랑에서 유혹의 눈길이 많아질 것이다.

요즈음은 소믈리에보다 더 많은 지식을 가진 손님들도 많아서 소믈리에들이 아는 척하기 힘들다는 이야기를 많이 한다. 또 이런 손님들은 밤새도록 인터넷을 뒤져서(그 시간 있으면 잠이나 더 잘 일이지) 겨우 몇 천 원 싼 곳을 찾아가기도 한다. 사실 와인애호가 중에는 까다로운 사람이 많기 때문에 소믈리에는 더 많은 공부와 아량이 필요하다.

소믈리에나 와인 판매상의 거짓말

- 프랑스에서 가장 인기 좋은 와인입니다. - (그냥 하는 소리지만…)
- 우리나라 음식과도 잘 어울립니다. - (우리나라 음식이 한 가지만 있는 것은 아니지만…)
- 이 정도 가격이면 다른 곳에서 절대 살 수 없는 가격입니다. - (인터넷 뒤지면 더 싼 곳도 있겠지만…)
- 와인을 어떻게 그렇게 잘 아십니까? - (와인을 어설프게 알면서 잘난 척하기는…)
- '빈티지'도 좋고, '테라 로사' 토양에 '마이크로 클라이밋'이 뛰어난 '테루아르'가 아주 좋은 곳으로, '블라인드 테이스팅'에서 '프르미에 그랑 크뤼'를 이긴 와인입니다. - (그만 아는 척하고 빨리 주문하면 좋겠는데…)

까다로운 테이블 매너

오늘날 테이블 매너는 산업혁명 이후에 생긴 신흥 부유층이 귀족사회를 본보기로 삼아 테이블 세팅을 비롯하여 올바른 매너와 행동양식을 익히는 데 열중한 데서 나온 것이지만, 한편 몰락해 가는 귀족들이 '우리는 너희들과 근본이 달라'라는 생각에서 복잡한 상황을 연출한 데서 나온 것이기도 하다. 우리나라도 갑오경장 이후에 몰락해 가는 양반들의 엘리트 의식과 신흥 부자들의 양반 흉내 때문에 제사가 더 까다로운 격식으로 변했다고 하는 얘기나 비슷한 상황이다. 현대의 테이블 매너는 1800년대 후반 영국의 빅토리아 왕조 때 완성된 것으로 그렇게 오래된 것은 아니다.

식사하면서 와인 좀 마시려는데 지켜야 할 것이 너무 많다. 와인의 중요성을 강조하면서 "국제화시대에는 영어뿐 아니라 와인도 비즈니스맨의 공통어다"라는 식으로 이야기하는 것까지는 좋지만, 레드와인 글라스에 화이트와인을 따랐다는 이유로 어떤 기업의 파리지점장이 해고됐다거나, 와인을 원샷해서 비즈니스가 깨졌다는 등, 이런 것을 테이블 매너라고 겁을 주는 책이 시중에 한두 권이 아니다.

그러나 국제화시대에 세련된 매너를 가진 사람이라면, "한국의 전통 음주문화란 이런 것인가 보다"라고 생각하면서 그 나라의 습관을 존중할 줄도 알아야 한다. 다른 나라의 습관을 무시하는 사람은 국제적인 감각이 없는 사람이라고 봐야 한다. 아무리 그렇다고 외국에 가서 상담할 정도의 사람이라면 테이블 매너에 대한 기본 상식 정도는 있을 테니까, 여기에 와인 상식만 얹어서 행동하면 무난하다. 그러나 어떤 입장에 있느냐에 따라 매너는 달라질 수밖에 없다. 와인을 구매하기 위해 프랑스에 갔다면, 파는 입장에서는 꼼짝을 못하지만, 대신 물건을 팔러 갈 경우에는 상당한 와인지식과 함께 세련된 매너를 갖춰야 한다.

고객 만족이 아니고 고객 감동

영국이 인도를 지배할 때 있었던 얘기다. 영국총독이 주민들의 존경을 받는 고집 센 촌장을 자기편으로 만들려고 노력하던 끝에, 드디어 촌장을 초대하여 같이 식사를 하기로 했다. 초대받은 촌장은 부하들과 함께 약속된 시간에 연회장에 도착했다. 더운 날씨에 땀을 흘리고 들어온 촌장은 생전 처음 보는 화려한 요리보다는 우선 목이 말랐다. 그래서 자리에 앉자마자 앞에 있는 물 잔을 들어 쭉 들이켰다. 그러나 그것은 물 잔이 아니고 손을 씻는 '핑거볼'이었다. 그러자 맞은편에 앉은 총독도 핑거볼을 들어 들이켰다. 그래서 아무 일 없이 식사를 하고 이야기를 나눌 수 있었다. 그러나 고집 센 촌장은 총독이 요구하는 사항을 하나도 들어주지 않았다. 총독은 비즈니스에 실패한 것이다.

돌아가는 길에 통역을 맡았던 영국 유학파 출신의 촌장 부하가 귀띔을 했다. "아까, 촌장님께서 처음에 마시던 물은 사실은 마시는 물이 아니고, 걔들 손 씻는 물입니다" 그러자 촌장은 깜짝 놀라며 "그래? 그러면 미리 알려줘야지!" 그러자 부하는 "뭐, 앉으시자마자 드시니까 말릴 틈이 없었죠" 촌장은 약이 바짝 올랐지만, 곰곰이 생각하더니 이렇게 이야기했다. "그런데 총독도 그 물을 마셨잖아?" 그러니까 부하는 "아마도 총독은 촌장님께서 어색해 하실까봐 그렇게 한 것 같습니다"라고 대답했다. 이 순간, "아하! 총독, 된 사람이구나"라고 존경하는 마음이 생기면서 잔잔한 감동의 물결이 일기 시작했다.

그 후 총독과 촌장이 다시 만났을 때, 어떻게 되었을까? 매너란 상대를 배려하는 마음에서 출발한다. 촌장은 마시고 있는데 자기는 손을 씻었다면 어떻게 되었을까? 아니면, 촌장이 마시려고 하는데 "그건 마시는 물이 아닌데요"라고 작은 목소리와 눈짓으로 얘기했다 해도 상대의 기분은 언짢았을 것이다. 상대가 마시니까 나도 마신다는 간단한 생각 하나로 총독은 촌장의 마음을 사로잡을 수 있었던 것이다. 아무리 세련된 매너라도 상대가 기분 나쁘면 진정한 매너가 아니다.

상대가 기분 나쁘면 매너가 아니다

매너를 지키자는 것은 상대방을 배려하자는 것이니까, 아무리 엄한 예법이라 하더라도 상대가 기분이 나쁘다면 그것은 실례가 된다. 매너는 때와 장소에 따라 그 기준이 바뀌는 것이므로 기본적인 상식선에서 상대에게 실례가 안 되는 범위에서 융통성을 발휘하면 되는 것이다. 양식을 먹을 때 오른손에 나이프, 왼손에 포크를 반드시 지켜야 하는 것은 아니다. 또 식사 중에는 포크와 나이프를 이렇게 두고, 식사가 끝나면 저렇게 둔다고 하지만, 웨이터가 접시를 가져가려고 하면 아직 덜 먹었다고 말하면 되고, 덜 먹었더라도 치우라고 하면 될 것이다. 아무리 봐도 외국어를 잘 모르던 시절에 신호의 수단으로 한 것 같은 생각이 든다. 모든 것이 익숙해지면 별 문제가 없다.

상대방 배려란?

이등병이 몹시 추운 겨울날 밖에서 찬물로 빨래를 하고 있었다. 마침 그곳을 지나던 소대장이 그것을 보고 안쓰러워하며 한마디를 건넸다. "김 이병, 저기 취사장에 가서 뜨거운 물 좀 얻어다가 하지" 김 이병은 소대장의 말을 듣고 취사장에 뜨거운 물을 얻으러 갔지만, 선임들에게 군기가 빠졌다는 핀잔과 함께 한바탕 고된 얼차려만 받아야 했다.

빈손으로 돌아와 찬물로 빨래를 계속하고 있을 때, 이번에는 중대장이 지나가면서, "김 이병, 그러다 손에 동상 걸리겠다. 저기 취사장에 가서 뜨거운 물 좀 얻어다 해라" 김 이병은 그렇게 하겠다고 대답은 했지만, 이번에는 취사장에 가지 않았다. 가 봐야 뜨거운 물은 고사하고, 혼나기만 할 것을 알고 있었기 때문이다.

그렇게 계속 빨래를 하고 있는데, 이번에는 인사계가 그 곁을 지나다가 찬물로 빨래하고 있는 모습을 보고, "김 이병, 내가 세수를 좀 하려고 하니까 지금 취사장에 가서 그 대야에 더운물 좀 받아와라!" 이등병은 취사장으로 뛰어가서 취사병에게 보고했고, 금방 뜨거운 물을 한가득 받아왔다. 그러자 인사계가 다시 말했다. "김 이병! 그 물로 언 손을 녹여가며 빨래해라"

에티켓(Etiquette)과 매너(Manner)

영어의 에티켓(Etiquette)은 프랑스어에서 온 거니까 프랑스어와 동일한 스펠링이다. 불한사전에는 '상표'나 '꼬리표'라는 뜻과 '예의범절'의 두 가지 뜻으로 나온다. 독일어는 에티케트(Etikett), 이탈리아어는 에티케타(Etichetta), 스페인어는 에티케타(Etiqueta)로 표시된다. Etiqueter(에티크테)란 말은 "꼬리표를 붙이다", Etiqueteur(에티크퇴르)는 "꼬리표를 다는 사람"이란 뜻이다. 기타 독일어, 스페인어 등 유럽 언어 모두 이런 뜻이다.

원래 에티켓은 팻말이나 꼬리표란 뜻이었는데, 루이 14세 때 예의범절이란 뜻으로 바뀌었다고 한다. 유럽 최고의 궁전인 베르사유궁이 완성되었지만, 당시는 화장실이 없어서 지위 고하를 막론하고 궁 안에 사는 사람들 모두 정원에 볼일을 봤던 시기다. 가장 골탕 먹는 사람들이 정원사인지라, 정원에 'XX 금지'라는 팻말(에티켓)을 세웠다. 그러나 화장실이 없으니까 결과는 별 성과가 없었다.

이래서 정원사는 왕에게 청원을 하기에 이르렀고, 왕도 듣고 보니 일리가 있는지라,

부하를 모아놓고 "모두들 에티켓대로 하라!"라는 명령을 내리게 되었다. 이때부터 에티켓이 예의범절을 의미하게 되었다고 한다. 그래서 에티켓은 주로 금기조항으로 이루어져 있다. 그러니까 에티켓은 지켜야 할 도리가 된다.

반면 Manner(매너)는 라틴어 Maus(손)와 Arius(방식)의 합성어로서 몸가짐으로 해석할 수 있으며, 보통 "매너가 좋다. 혹은 나쁘다"라고 이야기한다. 와인 분야에서는 에티켓을 지키는 사람은 많아도 매너 좋은 사람은 찾아보기가 어렵다.

와인은 한 손으로 따른다고?

와인은 한 손으로 따른다고 하지만, 외국에서 들어온 술이라도 우리나라에서는 우리나라 예법에 맞게 행동해야 한다. 윗사람에게 따를 때는 두 손으로 공손하게 따라야지, 와인은 한 손으로 따른다는 말도 안 되는 격식에 매달릴 필요는 없다. 서양 사람들은 모든 물건을 나이가 많건 적건 '한 손'으로 주고받고, 물을 비롯한 모든 음료를 전부 한 손으로 따른다. 그러니까 와인도 한 손으로 따른다고 하는 것이다. 며느리가 시아버지한테 와인을 한 손으로 따른다면서 한 손으로 따르면 어떻게 될까? 받을 때도 윗분이 따라준다면 당연히 두 손으로 받아야 한다. 심지어 두 손으로 받으려고 하면 한 손으로 받아야 한다고 충고까지 하는 사람도 있지만, 우리나라에 들어온 술은 우리 식으로 대접하는 것이 옳다.

똑같이 서양에서 들어온 맥주나 위스키를 마실 때는 우리식으로 두 손으로 따르고 받다가, 새삼스럽게 와인은 한 손으로 따른다고 하는 것은 크게 잘못된 것이다. 이런 것을 테이블 매너라고 떠들고 다니는 사람들도 많은데, 서구식 습관을 잘못 받아들이는 사례라고 할 수 있다. 소주나 맥주에서 와인으로 바뀐 것밖에 없다.

그러나 격식 있는 레스토랑에서 웨이터나 소믈리에가 따라준다면 그대로 가만히 앉아서 받고 고맙다는 말이나 눈인사 정도만 하면 되고, 또 더 이상 마시고 싶지 않을 때는 잔을 손바닥으로 가리고 거부 의사를 표현하는 정도면 무난하다. 왜냐면 이런 자리에서 웨이터나 소믈리에는 우리가 돈을 지불하고 와인을 따라달라고 부탁한 사람이기 때문이다. 대화에 방해되지 않도록 이 사람들을 고용한 것이니까 이 사람이 와인을 따를 때는 아무런 동작을 하지 않는 것이다.

레스토랑(Restaurant)

고대 그리스, 로마시대부터 식당이 있었지만, '레스토랑(Restaurant)'이라는 단어는 1765년 '불랑제(Boulanger)'라는 사람이 파리의 루브르 궁전 근처에서 고기와 달걀로 만든 수프를 만들어 팔면서, 라틴어 '레스타우라레(Restaurare)' 즉 "원기를 회복시킨다"라는 뜻으로 '레스토랑'이라고 판매한 데서 유래한 것이다. 원래 레스토랑은 이 수프를 말한 것이다. 이 수프가 인기를 끌자 식당 이름을 아예 '레스토랑'으로 바꿔버렸고 지금도 여러 나라에서 이 명칭을 사용하고 있다.

파리 최초의 럭셔리한 레스토랑은 1786년 프랑스대혁명 직전에 '앙투안 보빌리에(Antoine Beauvilliers)'가 차린 '타베른 앙글레즈(Taverne Anglaise)'로 여기에는 정부 주요 인사가 드나들었다고 한다. 그러다가 프랑스대혁명 이후 왕정이 무너지면서 궁중이나 귀족의 요리사들이 거리로 나오면서 레스토랑이 유행하게 된다. 이때부터 레스토랑은 식사를 즐거운 경험으로 바꾸는 장소가 된다.

좋은 와인 있으면 추천해 주세요

전망 좋은 근사한 레스토랑에서 와인을 마시면서 식사하고 싶은데, 어떻게 와인을 주문할까? 와인 리스트는 고사하고, 메뉴판도 사실은 어렵다. 아예, 외국어로만 써놓은 곳도 있고, 게다가 요리란 요리사의 작품이라서 레스토랑마다 다르기 때문에 메뉴판을 보고 그 요리의 특성을 파악하기란 쉽지 않다. 결국은 가격 위주로 선택하게 된다. 메뉴판을 근엄하게 보는 척하지만, 사실은 "A코스가 55,000원인데, 너무 비싼가? 아니면 더 이상 해야 되나? 우리가 일곱 명이면 얼만가?" 등의 복잡한 계산을 하느라 바쁘다.

중국집 메뉴도 탕수육 이상은 잘 모르는 게 많은데, 모처럼 간 고급 레스토랑의 메뉴야 주눅 들 수밖에 없다. 하물며 와인리스트야 더 말할 것도 없다. 그러나 와인 리스트가 너무 복잡하고 어렵다고 생각되면 소믈리에의 도움을 받으면 된다. 또 좋아하는 스타일을 이야기하거나 가격위주로 "얼마짜리 범위로 주세요" 해도 잘못될 것이 없다. 오히려 "좋은 와인 있으면 추천해 주세요"라고 말했다가 백만 원짜리 와인을 갖다 주면 어떻게 할 것인가? 가격을 지정하면 주문받는 사람이나 주문하는 사람 서로가 편하다.

메뉴판의 진실

레스토랑에서 와인 리스트를 보고 와인을 고를 때는 두 번째로 싼 것이 레스토랑 측에서 가장 이익을 많이 붙인다고 한다. 왜냐면 가장 싼 와인을 시키면 돈이 없는 사람으로 알까봐 싼 와인을 시키는 사람은 항상 두 번째로 싼 것을 시키기 때문이다. 메뉴도 A, B, C, 세 가지 코스가 있다면 B코스를 가장 많이 시키기 때문에 레스토랑에서 가장 많이 신경 쓰는 것이 B코스이다. 사람들은 보통 상황에서는 극단적인 선택을 피하는 경향이 있다.

좌빵우술

레스토랑이란 손님에게 즐거운 분위기에서 식사할 수 있도록 도와주는 일이 최우선이다. 와인을 주문하는 간단한 일을 까다롭게 만들어, 복잡한 상황을 연출하는 격식이나 절차는 손님에게 부담을 줄 뿐이다. 좋은 레스토랑이란 훈련된 소믈리에의 도움으로 모든 사람이 즐거운 마음으로 와인과 요리를 주문하고, 그 맛을 분위기와 함께 즐길 수 있는 곳이라야 한다. 레스토랑에서 먼저 알아야 할 것은 왼쪽에 있는 빵 접시가 내 것이고, 오른쪽에 있는 와인 잔이 내 것인 것만 알아도 훌륭한 매너가 된다. 만약, 잘못하여 왼쪽에 있는 잔을 잡는다면 도미노 현상으로 대혼란이 일어날 수 있다. 이를 사자성어로 '좌빵우술'이라고 한다.

카렘(Marie-Antoine Carême, 1784~1833)

'요리사의 왕이며 왕의 요리사'로 유명한 카렘은 요리사라는 직업을 예술가의 영역으로 끌어올린 사람이다. 요리사로서 최초로 명사의 대열에서 이름을 올렸으며, 프랑스 '최고급 요리(Haute cuisine)'를 완성하였다. 6살 때 가난한 부모에게 버림받고, 요리사 손에서 자라면서 레스토랑에서 일하게 되었고, 현대 요리사라는 직업을 완성하여 대중에게 찬사를 받은 요리사가 되었다. 그는 코스 요리를 개발하고, 요리사에게 유니폼과 모자를 쓰게 만들고, 요리의 맛도 중요하지만, 멋도 중요하다는 점을 강조하여, 요리를 예술의 경지로 승화시켰다. 영국의 왕자(후에 조지 4세), 러시아의 알렉산드르 1세 등 유럽 각국의 왕을 위한 요리를 했고, 프랑스의 정치가이자 외교관으로 유명한 '탈레랑'의 전속 요리사로서 12년간 일을 했다. 건축에도 관심이 많았으며, 요리 이론가로 저서도 5권이나 남겼다.

호스트 테이스팅(Host tasting)

주문한 와인이 나오면 그날의 호스트, 즉 와인을 시킨 사람(대개는 돈을 낼 사람)이 먼저 맛을 보게 된다. 맛을 보는 목적은 이 와인을 내 손님에게 접대해도 좋은가 살펴보는 것이니까, 번거로우면 하지 않아도 된다. 만약 맛에 이상이 있으면 바로 다른 와인으로 바꿔주도록 이야기해야 하는데, 이때는 맛이 다르거나 맛이 없다는 이유가 아니고, 와인이 부패되어 마시기 부적합한 경우에만 해당되니까, 소믈리에도 수긍할 만한 상태여야 한다.

호스트 테이스팅은 중세 때 서로 적대하던 성주끼리 화해하는 자리에서 상대 성주의 잔에 독약을 타서 독살하는 일이 많았기 때문에, 주인 측이 이 와인에 독이 없다는 것을 증명하기 위해서 시작한 것이니까, 그 유래가 썩 좋은 것은 아니다. 그 후 지금까지도 와인의 품질은 코르크를 열기 전에는 알 수 없으니까, 손님을 초대한 호스트가 자기 손님에게 이 와인을 서비스해도 좋은지 알기 위해서 이 관습이 전해 내려오는 것이다.

호스트 테이스팅의 역이용

귀한 손님을 접대할 경우, 레스토랑에서 와인을 시키고, 가져온 와인을 면밀하게 테이스팅하고 고개를 좌우로 흔든다. 그러면 소믈리에는 두말없이 와인을 다시 가지고 간다. 또 다른 와인을 가져오면, 테이스팅을 하고 다시 고개를 흔든다. 이번 와인도 마음에 들지 않는다는 얘기다. 그러면 맞은편에 앉은 손님은 감탄할 수밖에 없다. "아하! 이 사람 와인 테이스팅 기가 막히게 잘 하는구나. 그리고 이 레스토랑은 손님이 마음에 들어하지 않으면 바로 가져가는구나!" 그러나 나갈 때 계산은 물리친 와인 두 병 값을 다 지불한다. 물론 사전에 레스토랑과 공모를 해야 쇼가 제대로 진행된다. - JCK

레이디 퍼스트(Ladies First)

프랑스의 음식문화는 잘 알다시피 1553년 이탈리아 메디치가의 카트린(교황의 조카딸)이 프랑스로 시집가면서 이탈리아의 우아한 예법이 전달되어 발전한 것이다. 1400년대까지만 해도 프랑스 궁정에서는 귀부인조차도 여자들은 음식먹는 모습이 흉하대서 숨어서 먹어야만 했다. 카트린이 이들을 불러내서 함께 식사하게 만들면서 남녀가 함께 식사하며 대화를 나누는 풍습이 자리를 잡았고, 오늘날 서양식 파티의 기원이 된 것이다.

이렇게 옛날에는 여자를 사람으로 취급하지 않았던 때가 많았다. 그래서 쇼펜하우어는 "여자란 사람이 사는 곳에 가까이 서식하는 동물로서, 어쩌고저쩌고…" 했던 것 같다. 여자를 먼저 챙겨주는 '레이디 퍼스트'의 관습도 여자를 소유물로 여겼던 시절에 갑작스런 적의 습격으로부터 여자를 보호하려는 의식에서 비롯된 것이라고 한다. 이후 로맨스 문학의 태동과 더불어 여자를 우대하는 신사도의 한 부분으로 인식되면서 유럽에 확고히 뿌리를 내렸지만, 사실 여자들이 투표를 할 수 있게 된 것은 대부분 제2차 세계대전이 끝나고 나서다. 뉴질랜드만 1893년에 여성에게 투표권이 주어졌지만, 미국의 백인 여성은 1920년으로 흑인 남성(1870년)보다 50년 뒤에 투표장에 갈 수 있었고, 영국은 1928년, 인권과 평등의 나라라는 프랑스도 1946년에야 허용했으니까 우리나라보다 고작 2년 앞섰다. 중립국가인 스위스는 1971년, 사우디아라비아 여성은 2015년에 처음으로 투표할 수 있었다.

어쨌든, 와인도 '레이디 퍼스트'다. 호스트가 맛을 보고 따르라고 하면 소믈리에는 여자 손님의 잔부터 채운다. 그리고 남자들 잔에 따르고, 호스트에게는 아까 맛을 보라고 조금만 따랐으니까 이제 적당히 채워주면 된다. 우리나라 남자들은 아직도 여자를 대하는 매너가 몸에 배지 않아 서투른 면이 많은데, 여성이 들어올 때 문을 열어주고, 의자를 빼서 앉은 다음에 밀어주고, 옷을 받아주는 정도는 해야 한다.

• 와인은 점잖은 사람을 떠들게 만들고, 진지한 사람을 웃게 만드는 재능이 있다. – 호머(Homer, 그리스 시인)

즐기는 것이 테이블 매너

이렇게 맛있는 와인과 요리가 나왔고, 계산은 호스트가 할 것이고, 이제는 즐기기만 하면 된다. 상대방을 배려하면서 요리와 함께 와인을 마시고, 즐거운 대화와 웃음을 나누면서 즐기는 것이 테이블 매너다. 까다로운 격식이나 절차를 지키느라고 진정 와인과 요리의 맛을 느끼지 못하면 안 된다. 정해진 에티켓을 지키지 않았다고 삼 년 이하의 징역이나 천만 원 이하의 벌금을 물지는 않으니까, 와인과 요리는 우리를 즐겁게 하기 위해 존재한다는 사실을 알아야 한다.

미셸린 가이드(Michelin Guides)

보통 '미슐랭 가이드'라고 부르지만, 미슐랭은 프랑스어, 가이드는 영어니까, 영어식으로 읽으려면 '미셸린 가이드', 프랑스어 식으로 읽으려면 '기드 미슐랭(Guide Michelin)'이라고 읽어주는 것이 맞다. 미슐랭은 우리가 잘 아는 타이어 회사다. 이 회사는 1900년 파리박람회 때 고객을 대상으로 지도, 타이어 교체 방법, 자동차 관리 등을 담은 안내 책자를 무료로 배포했지만 별 인기를 끌지 못하였다. 그러다가 프랑스 사람들이 레스토랑을 자주 찾는 데서 힌트를 얻어, 운전자를 위한 '레스토랑 안내'를 실으면서, 1926년부터 레스토랑에 별의 개수(최대 세 개)로 등급을 표시하여 사람들의 관심을 끌기 시작한 것이다. 우리나라 '기사식당 소개'와 비슷하게 출발한 것이지만, 별 하나만 표시되어도 요리사들은 영광으로 생각한다.

체온 때문에 온도가 올라간다고?

와인글라스의 윗부분(볼)을 잡으면 체온 때문에 온도가 올라가기 때문에 반드시 가지를 잡아야 한다고 하면서 글라스 잡을 줄도 모른다고 핀잔을 주는 사람이 많지만, 실제로 그 짧은 시간에 온도가 올라간다는 것은 말도 안 된다. 가든파티가 아닌 이상, 와인은 테이블에 앉아서 마시게 된다. 올렸다 내리는데 불과 2~3초도 안 걸리는데, 그 사이에 무슨 온도가 올라갈까? 올라가면 얼마나 올라갈까? 와인의 맛에는 아무런 영향력도 없다. 와인글라스를 이렇게 잡든 저렇게 잡든 체온 때문에 와인의 온도가 올라간다는 얘기는 있을 수 없다. 요즈음은 유명한 글라스 메이커에서 아예 가지가 없는 와인글라스도 만들어서 광고를 많이 하고 있다. 서양 사람들은 편하게 잡고 마신다. 와인은 우리에게 즐거움을 주어야 한다. 와인 마시는 격식 때문에 와인 마시는 자리가 부담이 되어서는 안 된다.

토스트(Toast)

엘리자베스 여왕 시절에는 질 낮은 와인이 많았기 때문에 와인의 향을 개선하기 위해 와인 잔에 토스트를 띄워서 마시는 습관이 있었다. 어느 날 이름난 미녀가 어디선가 목욕을 하고 있었는데, 한 사람의 추종자가 그 물을 잔에 넣은 후 미녀의 건강을 위해 건배를 했다. 그러자 옆에 있던 남자는 술을 좋아하지는 않지만, 자신은 "토스트(욕조 속의 미녀)"를 갖고 싶다고 했다. 이때부터 욕조 속의 미녀를 토스트라 부르게 되었고, 런던 신사들이 식사 때 와인을 마시면서 "토스트!"라고 외치게 된 것이다. 영한사전에도 '평판이 자자한 미인'이란 뜻이 나온다.

코르크 차지(Cork charge)/코르키지(Corkage)

레스토랑에 와인을 가져갈 경우는 '코르크 차지(Cork charge)'를 병당 얼마씩 내야 한다. 아주 비싸게 받는 곳도 있고, 잘 아는 곳이면 공짜로 눈감아주는 곳도 있다. 소비자 입장에서는 코르크 차지가 없으면 좋겠지만, 우아한 레스토랑에서 좋은 음악을 들으면서 고급 글라스에 와인을 따라주는데, 와인을 들고 온다면 그만한 대가를 받아야 한다. 그런데 갈수록 와인애호가들은 좋은 와인을 싸게 구입하는 요령을 터득하여, 싸게 산 와인을 가져가 좋은 레스토랑에서 마시려고 한다.

코르크 차지를 병당 얼마라고 받는 곳이 많지만, 가만히 생각해 보면 두 명이나 열 명이나 값을 동일하게 받는 것은 잘못이다. 사람 수에 따라서 종업원들의 일감이 달라지니까 글라스 하나에 얼마씩 '글라스 차지(Glass charge)'로 받는 것이 더 합리적인 방법이다. 그러면 아무리 까다로운 사람이라도 글라스를 바꿔달라는 이야기는 안 할 것이다. 또 일정 액수 이상 요리를 주문하면 코르크 차지를 받지 않는다고 공고를 해도 좋을 것 같다. 코르크 차지를 받는 레스토랑에 스크루 캡으로 된 와인을 가지고 가면 코르크 차지를 안 받나?

• 당신의 사랑하는 연인을 훌륭한 와인을 대하듯 하라. 그러면 시간이 지날수록 사랑이 더 커질 것이다. – 미상

명주실 뽑으라고?

디캔팅(Decanting)의 목적은 어디까지나 침전물 제거에 있다. 와인 병에 남아 있는 침전물은 입안에서 나쁜 감촉을 주며 쓰거나 떫은맛을 내기 때문에 와이너리에서는 이런 찌꺼기를 미리 제거하여 병에 넣지만, 오래 보관한 와인은 또 침전물이 가라앉아 있을 수 있으므로, 이러한 와인을 접대할 때는 침전물을 제거할 수 있는 '디캔터(Decanter)'라는 우아한 유리용기를 미리 준비하여, 침전물을 제외한 맑은 와인을 조심스럽게 디캔터로 옮긴 후에 글라스에 따라 마신다. 그래서 촛불을 켜서 병목에 침전물이 딸려 나가는지 살피는 것이다.

그러나 요즈음은 디캔팅을 하면 와인이 공기와 접촉하여 부케가 훨씬 더 좋아진다는 소문을 듣고, 레스토랑이나 바에서 디캔팅을 요구하는 사람이 많아졌다고 한다. 숙성이 덜 된 거친 와인은 공기와 접촉하면서 맛이 부드러워진다는 것인데, 과학적으로 따져봤을 때

와인을 미리 개봉하거나 디캔팅하여 바람직한 향이 증가한다는 것은 실질적으로 있을 수 없는 일이다. 10분도 안 되는 짧은 시간에 무슨 화학반응이 일어나 우리가 인식할 만한 좋은 향이 나올 수 있을까? 오히려 디캔팅한다면 바람직한 향이 유실될 우려가 훨씬 더 많다.

물론 바람직한 변화도 있을 수 있다. 병 안에 나쁜 향이 가득 차 있을 경우는 그 향이 없어지니까 좋게 느낄 수 있을 테고, 이런 조작을 하는 동안 셀러에서 꺼내 올 때보다 온도가 더 올라가서 쓰고 떫은맛을 덜 느끼기 때문에 와인이 부드럽게 느껴지는 긍정적인 면도 있다. 그러나 아주 오래된 고급 레드와인을 공기와 활발하게 접촉시키면 오히려 급격하게 그 질이 떨어질 수 있다. 미라가 발굴 당시는 제 색깔을 유지하지만, 공기와 접촉하거나 온도가 달라지면 급격하게 퇴색되는 이치나 마찬가지다. 정말 공기와 접촉하여 와인 향이 더 좋아진다면 차라리 와인을 글라스에 따른 뒤에 흔들어주는 것이 공기 접촉을 더 활발하게 만들 것이다.

침전물을 제거하려면 병목의 캡슐까지 완전히 제거해야 하는데, 그대로 두면 침전물이 따라가는지 어떻게 살필 수 있으며, 공기와 접촉시킨다면 와인을 콸콸 거칠게 부어야지 왜 명주실 뽑듯이 가늘게 따르라고 강조하는 것인지 곰곰이 따져보면 그 답이 나올 것이다. 이런 식의 디캔팅은 쇼일 뿐이다. 디캔팅을 하면 손님은 귀빈 대접을 받기 때문에 기분이 좋아지고, 그에 따라 와인 맛도 좋게 느끼는 것이 당연하다. 주방에서 미리 디캔팅해서 "이거 디캔팅한 겁니다"라고 하면서 따라준다면 과연 맛이 더 좋아질까? 와인은 그 자체의 맛보다는 누구와 언제 어떤 분위기에서 마셨는가에 따라서 맛이 달라지기 때문이다.

- 혼자 마시는 와인은 아무런 흔적을 남기지 않은 인생과 같다. – 프랑스 속담

서비스하기 전에 코르크를 미리 개봉해 놓고 기다리면 맛이 더 좋아진다?

레드와인의 경우, 맛을 개선하기 위해 서비스하기 30분 전 내지 한 시간 전에 코르크를 따 놓으면 좋다고 이야기하면서 이를 와인의 '숨쉬기' 혹은 '브리딩(Breathing)'이라는 것으로 아는 사람이 많지만, 실제로 와인의 공기접촉에 대해서 이야기해 본다면, 코르크를 따서 둔다고 했을 때 공기와 접촉하는 표면적은 병구의 직경만한 면적인데, 여기서 무슨 반응이 일어날 수 있을지 상식적으로 생각해 볼 문제다.

와인을 서비스하기 전에 개봉해 두면 맛이 좋아진다는 말은 다음과 같은 경우에는 맞을 수도 있다. 스틸 와인이면서 탄산가스가 헤드 스페이스에 가득 차 있을 때는 이 가스를 없앨 수 있으며, 또 와인에 좋지 않은 발효취가 남아 있을 경우, 특히 겨우 감지할 만한 적은 농도일 경우는 탄산가스와 같이 날아갈 수 있다. 그리고 숙성 중에 미생물에 의한 변화 때문에 나쁜 냄새가 나는 경우도 개선될 수 있고, 또 와인에 아황산이 너무 많을 경우도 이 가스가 날아가므로 개선될 수 있다. 결론적으로 질이 나쁜 와인은 미리 코르크를 열어두면 나쁜 냄새가 사라지면서 맛이 개선될 수 있다는 것이다. 그러니까 와인의 숨쉬기는 와인양조에 과학이 적용되기 전 19세기 이론이라고 할 수 있다.

그래도 경험적으로 미리 따두면 맛이 좋아진다고 주장하는 사람이 많은데, 이는 셀러에서 꺼내 올 때보다 온도가 더 올라가서 와인이 부드럽게 느껴지는 것이다. 와인이 무슨 '잠자는 공주'도 아닌데, "와인을 깨운다"라든지, "덜 열렸다"라는 표현 등을 사용하지만, 정말 공기와 접촉하여 와인 향이 더 좋아진다면 이 역시 와인을 글라스에 따르고 난 다음에 흔들어 주는 것이 훨씬 효과적일 것이다.

브리딩(Breathing)의 진실

이탈리아 명품와인 가야(Gaja)의 와인메이커 '구이도(Guido Rivella)'는 "1940년대 바롤로나 바르바레스코의 라벨을 보면 마시기 몇 시간이나 하루 전에 뚜껑을 따두라는 문구가 있었는데, 당시 와인에서 나는 악취의 95%가 병 안에서 불완전한 말로락트발효가 일어났기 때문이었다. 특히 와인을 저장하는 장소의 온도가 높으면 병 안에서 이 발효가 잘 일어났다"라고 회상한 적이 있다. - 에드워드 스타인버그의 『산로렌조의 포도와 위대한 와인의 탄생』(박원숙 옮김) 중에서

와인과 온도

와인을 마실 때 적절한 온도를 유지해야 하는 이유는 온도에 따라 맛의 차이가 아주 크기 때문이다. 우리는 음식을 먹을 때 그에 맞는 적당한 온도를 유지해야 맛있다는 사실을 알면서도 그것을 의식하지 못할 뿐이다. 차디찬 삼계탕이나 식은 설렁탕이 맛있을 리 없고, 뜨뜻한 맥주는 거의 오줌 수준이다. 이렇게 온도가 음료의 맛에 미치는 영향이 크기 때문

에 더욱 예민한 맛을 지닌 와인에 있어서 적정 온도를 지키는 것은 지극히 당연한 일이다. 특히 고급와인은 제 온도에서 마셔야 그 와인의 가치를 잘 느낄 수 있다.

화이트와인의 온도가 너무 높으면 생동감이 없어지고 밋밋하고 무덤덤하게 느껴지고, 레드와인이 너무 차면 거칠고 전체적으로 부케나 부드러운 맛이 없어진다. 일반적으로 와인은 온도가 낮으면 신선하고 생동감 있는 맛이 생기며, 신맛이 예민하게 느껴지고, 쓴맛, 떫은맛이 강해지지만, 온도가 높으면 향을 보다 더 느낄 수 있으며, 숙성감이나 복합성, 단맛이 강해지고, 신맛은 부드럽게, 쓴맛, 떫은맛은 상쾌하게 느껴지지만, 섬세한 맛은 사라진다.

레드와인은 몇 도, 화이트와인은 몇 도, 이렇게 지정하는 것보다는 타닌 함량이 많을수록 높은 온도(그래도 20℃ 이하)로 서비스하고, 타닌 함량이 적은 와인은 차게 마신다고 보면 된다. 그러니까 보졸레 누보와 같이 레드와인이지만 타닌이 약한 와인은 차게 마신다. 그리고 최근 연구 결과를 보면, 화이트와인의 과일 향을 이루는 에스테르 성분은 낮은 온도에서도 향을 감지할 수 있는 농도에 도달하는 시간이 빠르고, 레드와인의 향을 이루는 휘발성 페놀 분자는 온도가 더 높아야 감지될 수 있다. 이렇게 와인의 온도는 에티켓에 관한 사항이 아니고 실질적인 것이라는 점을 명심해야 한다.

[
- 실온이란 그 방이 어떠냐에 따라 다르다. 레드와인은 실온으로 마시는 것이 가장 좋다고 하지만, 중세 고성의 실내온도로 18℃ 정도의 온도를 말한다. 요즈음 우리나라도 웬만한 곳은 실내온도가 25℃ 정도로 높다. – JCK
]

글라스, 와인을 맑게 만들다

와인을 비롯한 음료의 색깔과 투명도가 좋아진 것은 아름다운 유리잔(글라스)이 나온 다음부터라고 볼 수 있다. 가장 좋은 예가 샴페인으로, 샴페인은 1600년대 말부터 나오기 시작했는데, 당시 샴페인은 찌꺼기가 많았고 점도가 있었으며 단 것이었다. 이를 당시 새로 유행하기 시작한 글라스에 따라 놓으면 부유물질 때문에 보기에 좋지 않았던 것이다. 그래서 샴페인의 제조방법을 개선한 결과, 찌꺼기를 제거하여 훨씬 아름다운 모습을 갖추게 되었고, 샴페인이 맑아지니까 글라스도 더 아름답게 만들게 되어, 샴페인의 멋을 자랑할 수 있었다.

테이블에서 지금같이 와인 잔을 하나의 모양으로 갖추는 풍습은 1700년대에 들어와 영국 상류층에서 시작된 것이다. 그전에는 한자리에서도 여러 가지 모양의 잔을 사용할 수밖에 없었다. 유리잔 즉 글라스는 귀했고, 대개는 불투명한 금속이나 투박한 토기, 동물의 뿔로 만든 잔을 사용했다. 그러다가 산업혁명 때 석탄을 연료로 사용하여 높은 온도로 유리를 가공하면서 단단한 유리가 나와 실용화 단계로 접어들었고, 비교적 저렴한 가격으로 투명하고 아름다운 글라스를 얻을 수 있어서 대중적으로 퍼지기 시작했다. 1800년대 초까지 글라스는 주로 궁중에서만 사용되었으며 특별한 행사에만 쓰였다. 글라스를 구입한다는 것은 대단한 투자였으며, 아주 이름난 연회에서도 글라스 하나로 여러 명의 손님이 사용하였다. 이윽고 유리로 아름답게 만든 글라스는 신분의 상징이 되었고, 모든 고급 파티에서는 각 손님에게 여러 형태의 글라스가 제공되어, 샴페인, 레드, 화이트, 셰리 등 와인의 종류에 따라서 다양해지기 시작한 것이다.

또 만찬도 뷔페식으로 모든 음식을 차려놓고 먹던 방식에서 식탁으로 하나씩 서비스하는 방식으로 변하면서, 주최 측에서 음식과 와인에 대해 세심하게 준비를 했고, 준비한 와인과 음식의 특징을 살리고자 여러 가지 유리그릇이 필요하게 되었다. 그러면서 이를 시각적으로 표현할 수 있는 과시욕구도 생기게 되고, 와인도 투명한 글라스 덕분에 맑고 깨끗하지 않으면 안 되어 여과나 정제 방법이 발달하였고, 이때부터 와인의 투명도와 색깔을 중요하게 생각하기 시작하였다.

그러니까 식탁에서 유리그릇을 보편적으로 사용하게 된 것은 비교적 최근의 일이다. 두 사람 이상이 건배를 하면서 잔을 부딪치는 관습은 옛날 잔이 투명하지 않았을 때 생긴 것이며, 이는 서로 잔을 권하는 흉내를 내는 사회적인 의식이었고, 예의이기도 했다. 잔을 들어 보여주는 이유는 술을 마신다는 것을 손님에게 보여주고, 잔을 다시 채워준다는 약속이기도 하다.

- 마누라 잔소리는 듣기 싫지만, 와인 잔이 부딪힐 때 나는 '잔소리'는 가장 아름다운 소리다. - JCK

와인글라스는 시각, 미각, 후각을 만족시켜야

와인글라스는 무색투명하면서 볼이 넓고 입구가 좁은 튤립 모양, 즉 달걀을 위에서 1/3

정도 자른 듯한 모양이면 된다. 색깔이나 무늬가 있으면 와인의 색깔을 보는 데 방해를 받고, 입구가 좁아야 와인의 향이 밖으로 분산되지 않는다. 결혼 선물로 받은 무늬나 색깔이 있는 글라스는 선반에 있을 때는 화려하게 보일지 모르지만, 좋은 와인 마시는 데는 도움이 안 된다.

즉 와인글라스는 시각과 후각을 만족시켜야 한다. 특히, 샴페인은 시각을 만족시키는 형태라야 하는데, 바닥에 있는 작은 돌출부에서 와인의 거품이 위로 올라오는 재미를 느낄 수 있어야 한다. 긴 튤립 모양이나 플루트 모양 어느 것이나 상관없지만, 어떤 것이든 품위가 있어야 한다. 대접같이 생긴 샴페인 글라스 쿠프(Coupe, 트로이의 헬레네 유방 모형이라고 알려진 것)는 쉽게 넘칠 우려가 있고, 오래 지속되어야 하는 샴페인의 부케와 거품이 빨리 사라져 버린다. 또 까다로운 사람들은 보르도, 부르고뉴, 소테른 등 와인 종류에 따라 각각 글라스를 다르게 준비해야 한다는 주장도 있지만, 옛날에 그랬다는 것이고, 구태여 거기에 구애받을 필요는 없다.

글라스 모양에 따라 맛이 달라질까?

글라스가 다르다고 맛이 달라지는 것은 아니다. 글라스 모양에 따라 와인이 혀에 닿는 위치가 달라진다고 주장하지만, 가만히 생각해 보면 말도 안 된다는 것을 알 수 있다. 사람의 얼굴 모양이 가지각색인 만큼, 입이 큰 사람, 작은 사람, 입이 튀어 나온 사람, 입이 들어간 사람, 입이 넓은 사람, 입이 좁은 사람… 이렇게 입 구조가 사람마다 다르니까, 동일한 모양의 글라스라도 사람에 따라 와인이 혀에 닿는 위치가 달라질 수밖에 없다. 단, 글라스의 길이가 길고 입구 지름이 작을수록 향을 더 많이 느낄 수 있는 것은 확실하다.

그리고 우리가 학교에서 배운 단맛, 신맛, 짠맛 등을 느끼는 혀의 부위가 정해져 있다는 '혀 지도'는 엉터리로 밝혀졌으며, 음식의 맛이란 혀가 아니고 코에서 느낀다. 또 품종이나 지방에 따라 글라스 형태가 달라야 한다고 주장하지만, 와인 테이스팅에 사용하는 글라스는 국제규격(ISO, INAO)으로 그 모양과 사이즈, 테이스팅 용량(50㎖) 등이 정해져 있는데, 이는 무용지물이 된다. 그럴싸한 이야기에 현혹되어서는 안 된다.

그러나 좋은 글라스에 와인을 마시면 확실히 맛있게 느껴지는 것은 사실인데, 이것은 기분 때문이다. 글라스가 좋은지 모르고 마신다면 별로라고 느낄 텐데, 비싼 글라스라고 알고 마시니까 와인이 맛있게 느껴지는 것이다. 와인을 비롯한 기호식품은 기분에 따라서 맛이 달라진다. 단, 종이컵에 와인을 넣으면 종이 냄새가 나는 것은 확실하다. - JCK

다음으로 중요한 것은 글라스의 크기다. 와인글라스에는 어느 정도의 와인이 들어갈 수 있어야 한다. 너무 작으면 한입에 다 마시고 기다리게 되므로 분위기가 어색해지며, 또 따라야 하는 번거로움이 있다. 요즈음 우리나라에서는 요강만한 크기의 큰 와인글라스가 유행하고 있다. 꼴불견이지만, 이야기하면서도 글라스를 흔들어 향을 음미해야 한다는 사람이 많아졌기 때문이다.

리델(Riedel) 글라스

리델은 오스트리아에서 11대째 내려오는 세계 최고의 크리스털 메이커로서 와인의 맛과 향이 최대로 우러나도록 설계하는 것으로 유명하며, 세계 최고급 레스토랑에서 가장 많이 애용하는 글라스이기도 하다.

리델 가문이 글라스 사업에 뛰어든 역사는 1673년 보헤미아에서 태어난 1대 '요한 크리스토프 리델(Johann Christoph Riedel)'로부터 시작된다. 그는 유럽 전역을 누비며 보헤미아 글라스 사업을 했다. 현재 리델이 창립연도로 삼는 1756년은 3대째 '요한 레오폴드 리델(Johann Leopold Riedel)'이 보헤미아에 공장을 세우고 제품을 생산한 때를 말한다. 마침 이 때는 천재 음악가 모차르트가 태어난 해이기도 하다.

그 후 전쟁과 정치적인 소용돌이를 겪은 후, 1955년 오스트리아 '쿠프슈타인(Kufstein)'에 새롭게 공장을 차려서 1956년부터 제품을 생산한다. 리델이 와인글라스로 성공하게 된 때는 9대째인 '클라우스 요셉 리델(Claus Josef Riedel)'이 1961년 당시 무늬 있는 글라스가 유행하던 시절에 긴 다리에 얇고 무늬 없는 글라스를 내놓아 세계적인 이목을 받기 시작한 때부터이다. 그러면서 여기저기서 디자인상도 받고 유명해지면서, 1973년에는 와인의 종류에 따라 디자인을 달리한 글라스 '소믈리에' 시리즈를 내놓는다. 현재는 품종별로 글라스를 개발하여 카베르네 소비뇽, 피노 누아, 시라 등의 글라스, 지역별로도 보르도, 부르고뉴 글라스 등 와인글라스 종류가 수십 종이 넘는다. 2004년에는 리델보다 더 큰 독일 최대의 '크리스털 나흐트만(Nachtmann)'과 그 자회사 '슈피겔라우(Spiegelau)'까지 인수하였고, 현재는 11대째인 '맥시밀리언 리델(Maximilian Riedel)'이 운영하고 있다.

참고로, 유럽에서 나오는 유명한 글라스를 보면, 오스트리아의 '인 크리스털(Inn crystal)', 독일의 '쇼트 츠비젤(Schott Zwiesel)', 이탈리아의 RCR, 프랑스 아르크 앵테르나시오날(ARC international)에서 나오는 '셰프 앤 소믈리에(Chef & Sommelier)'와 '크리스털 다르크(Crystal d'Arques)' 등이 있다.

여왕의 남자

엘리자베스 1세가 평생을 처녀로 지냈다는 사실은 잘 알려져 있다. 그동안 어찌 남자들의 유혹이 없었을까? 언젠가부터 여왕을 사모하는 장군이 자꾸 치근대는지라, 어느 날 저녁 여왕은 이 장군을 집으로 초대했다. "드디어 꿈이 이루어지는구나" 설레는 마음으로 여왕을 기다리고 있는데, 화사하게 차려입은 여왕이 금 쟁반에 사과를 깎아서 가져오더니, 잠깐 사과를 들면서 기다리라는 것이었다.

사과를 다 먹고 나니까, 이번에는 은쟁반에 사과를 가져와서 들라고 하고 또 사라져버리는 것이었다. 바쁜 일이 있나 보다 생각하고 사과를 먹어치웠다. 한참을 기다렸더니 이번에는 구리쟁반에 사과를 가져와서 좀 더 기다리라는 말을 남기고 안으로 들어가버렸다. '내가 사과를 대접받기 위해서 온 것은 아닌데…' 투덜대면서도, 왕의 명령인지라 사과를 먹으면서 기다릴 수밖에 없었다. 연거푸 사과를 세 접시나 먹고 한참 기다리면서 인내의 한계를 느낄 무렵, 드디어 여왕이 웃으면서 자리에 앉는 것이었다.

여왕은 "어느 쟁반의 사과가 가장 맛있던가요?"라고 물었다. 마음속으로 여러 가지 상상을 하면서 여왕을 기다리다 지친 장군에게 사과는 관심 밖에 있었다. "사과야 어느 것이나 맛이 똑같지요" 장군은 약간 신경질적으로 이야기했다. 이에 여왕은 "여자도 마찬가지입니다" 간단하게 이야기했다. 금 쟁반에 있는 사과나 은 쟁반에 있는 사과나 맛이 똑같은 것처럼, 여자도 왕이든 평범한 여인이든 별 다를 것이 없다는 얘기다. 장군이 금 쟁반에 있는 사과가 가장 맛있더라고 얘기했더라면 역사가 바뀌었을지도 모른다. 와인글라스도 마찬가지다.

술집의 유래

- **인(Inn)**: 서양에서 술집은 로마시대 카이사르가 갈리아를 정벌할 때 전선에 물자를 공급하거나 소식을 전하는 전령들이 쉬어가는 숙박시설로 '인(Inn, 비와 이슬을 막을 수 있는 장소)'이 생기면서 시작되었는데, 이는 점차 여행자에게 먹을 것과 잠자리를 제공하는 장소가 된다. 그러다 보니까 자연히 그 주변에는 많은 사람들이 모여 살게 되고, 여행자에게 술과 음식을 제공할 뿐 아니라, 한 마을의 커뮤니티를 형성하여 서로 이야기를 나누고, 결혼식장도 되는 등 소통의 장소가 된다. 특히 청동기시대부터 맥주를 마셨다는

영국에서는 로마 이후, 앵글로색슨족이 오면서 '에일하우스(Alehouse)'가 등장하는데, 이곳이 가장 대표적인 사례라고 할 수 있다. 중세에는 여행자에게 수도원에서 숙소를 제공하였지만, 여행자들이 증가하고 화물 운송도 증가하게 되면서 인(Inn)은 운송체계의 중심이 된다. 이에 여행객을 위한 여관(Hostelry)의 필요성이 절실해지면서 1400년대 말부터는 사업형태를 갖추면서 오늘날 호텔의 전신이 된다.

- **펍(Pub)**: 영국에서 에일하우스(Alehouse)는 '퍼블릭 하우스(Public house)'가 되고 보통 줄여서 '펍(Pub)'이라 부르는데, 여기가 술 마시는 장소가 되고, 숙박을 주 업무로 하는 인(Inn)과 구분되기 시작한다. 그러나 펍에서도 'ㅇㅇ인(ㅇㅇ Inn)'이라는 명칭을 사용하는 등 명확한 구분은 어렵다. 이 펍은 각 마을에 한 개 이상이 있을 정도로 유행하게 되며, 역시 한 마을의 소통을 위한 장소에 더해서 여흥의 장소가 된다. 당시 영국에서 술은 전매제로서 펍 이외에서는 팔지 못했고, 펍을 개업하기 위해서는 면허가 필요했다.

- **태번(Tavern)**: 선술집의 뜻을 가진 태번은 주점이면서 여행객을 위한 숙박시설을 갖춘 곳으로 인과 비슷하지만, 인은 정식 면허가 부여된 고급 숙박업소였고, 태번은 와인을 팔고, 인은 맥주를 파는 곳으로 구분하기도 했지만, 태번과 인은 곧 동의어가 된다. 이들 모두 술을 파는 여흥공간으로 사용되면서 소비의 쾌락을 공유하는 공간이 된다. 태번(Tavern)은 라틴어 '타베르나(Taberna)'에서 유래된 것으로 '마구간'이나 '헛간'을 뜻한다. 마리아와 요셉이 호적 때문에 고향으로 가면서 베들레헴의 마구간에서 예수를 낳았다는 성경 구절을 보면, 여행자들의 숙소로 마구간을 사용하는 사례가 흔히 있었을 것으로 추측할 수 있다. 1577년 영국의 기록을 보면, 에일하우스 14,202개, 인 1,631개, 태번 329개가 있었던 것으로 나타난다.

- **카바레(Cabaret)**: 1200년대부터 마시거나 먹는 것을 전문으로 하는 선술집이 분리되는데, 태번(Tavern)에서 네덜란드어로 '방'을 의미하는 '캄브레트(Cambret)'가 되고, 이것이 다시 '카바레(Cabaret)'가 된다. 그래서 프랑스에서는 선술집을 '카바레' 또는 '타베른(Taverne)'이라고 한다. 1600년대에 커피가 유입되면서 카바레에서도 커피를 취급하였으나 점차 분리되어 카바레는 주류를, 카페는 커피를 파는 곳이 되었다가, 산업혁명 후 쇼를 즐길 수 있는 대형업소가 출현하여 먹고 마시는 것은 물론, 음악과 춤을 즐기는 장소가 되었다. 이에 카페도 주류를 취급하게 되어 술집으로 변해갔다.

- **살롱(Salon)**: 살롱은 이탈리아의 '살로네(Salone, 대저택의 큰 방)'에서 유래된 것으로 사람들이 모여서 사귀고 의견을 교환하는 장소였다. 가끔은 미모와 지성을 갖춘 여성 후원자들이 나타나 분위기를 고조시키기도 했다. 1600년대 프랑스에서는 루브르궁의 미술품을 전시하던 화랑이 나타나면서 프랑스 귀부인들이 루브르궁의 살롱을 흉내 내어 미술품 전시 공간을 만들었고, 나중에 귀족의 사교공간이 되었다. 프랑스어 살롱(Salon)의 단수형은 '편하게 쉬는 장소나 객실'이지만, 복수형은 '사교계'라는 뜻이 된다. 살롱에서는 노래, 카드 등 게임, 간단한 스포츠 등을 즐길 수 있었다. 미국에서는 서부개척 시대에 이 살롱(Salon)이 변해서 설룬(Saloon)이 되어 술집의 뜻도 갖게 된다.
- **바(Bar)**: 1500년대 영국의 술집에서는 쉬는 공간(혹은 숙박시설)과 술이나 음식을 제공하는 카운터를 구분하는 의미로 후자를 바(Bar)라고 했다는 설이 있고, 미국의 서부개척시대에는 나무통에 들어 있는 위스키를 잔으로 파는데, 술 취한 손님들이 주인 몰래 술통에 있는 술을 마시는 일이 많아서 들어오지 못하도록 봉(Bar)을 걸쳐 놓은 데서 바가 생겼다는 설이 있다. 그러면서 바에서 일하는 사람을 '바텐더(Bartender)'라고 부르는데, 이는 술통에 사람들이 접근하지 못하도록 감시하는 사람을 뜻하는 것으로 이들을 바(Bar)와 텐더(Tender, 망을 보는 사람)를 결합하여 바텐더(Bartender)라고 부르게 된다. 이 바텐더를 이탈리아에서는 '바리스타(Barista)'라고 부르면서 커피 전문가의 뜻으로 발전한다. 1800년대 후반부터 바텐더는 술집을 관리하는 사람이 되었고, 바맨(Barmen)이나 바키퍼(Barkeeper) 등으로도 부르게 된다. 나중에 이 봉은 긴 테이블 모양으로 대치되어 안쪽에 있는 바텐더와 대화가 가능하도록 구조가 변한다.

- 남자는 그의 여자와 함께 와인을 마실 때 더욱 즐거워진다. – 코르시카 속담

온(On) 혹은 오프(Off) 시장?

"요즈음은 온(On) 시장보다는 오프(Off) 시장이 더 커지고 있다" 와인 영업사원들의 이야기를 들어보면 흔히 이런 문장이 나온다. 무슨 뜻일까? '온(On) 시장'이란 "To be drunk(consumed) on the premises"라는 문구에서 나온 말로 '정해진 구역 안에서 마실 것'이란 뜻이다. 그러므로 온(On) 시장이란 레스토랑이나 바 등에서 소비되는 와인시장을,

오프(Off) 시장이란 마트나 소매점에서 구매하여 집에 가서 소비되는 시장을 말한다. 오프(Off) 시장이 커졌다는 말은 예전에는 와인을 레스토랑이나 바에서 마셨지만, 요즈음 와인 애호가들은 그 가격 때문에 와인을 사서 집에서 마시는 경우가 많아지고 있다는 말이다.

'가정용' 표시는 왜?

위에서 말한 온(On) 시장은 식품접객업으로 다음과 같이 구분하는데, 각 형태에 따라 세율이 다르다. 그리고 이런 업소들은 주류구매 장부를 바탕으로 세금이 계산되기 때문에, 유흥음식점에서 대형마트의 술을 구매하여 손님에게 팔면 쉽게 탈세할 수 있다. 그래서 병에 '가정용'이라는 표시를 한다. 가정용은 '오프(Off) 시장'인 것이다. 이 표시가 된 와인을 음식점에서 팔면 큰일 난다. 「식품위생법」에서 식품접객업은 다음과 같이 구분한다.

- **휴게음식점영업**: 주로 다류(茶類), 아이스크림류 등을 조리·판매하거나 패스트푸드점, 분식점 형태의 영업 등 음식류를 조리·판매하는 영업으로서 음주행위가 허용되지 아니하는 영업
- **제과점영업**: 주로 빵, 떡, 과자 등을 제조·판매하는 영업으로서 음주행위가 허용되지 아니하는 영업으로 술을 판매할 수는 있지만, 마시지는 못한다.
- **일반음식점영업**: 음식류를 조리·판매하는 영업. 식사+음주 허용
- **단란주점영업**: 주로 주류를 조리·판매하는 영업. 식사+음주+노래 허용
- **유흥주점영업**: 주로 주류를 조리·판매하는 영업으로 유흥종사자를 두거나 유흥시설을 설치할 수 있고, 식사+음주+노래+춤 허용

Wine Episodes 4

마리아주(Mariage)? 걔들 이야기야!

4 마리아주(Mariage)? 걔들 이야기야!

[외국의 와인업체들이 와인을 소개하면서 한식과 잘 어울린다고 떠드는 경우가 많다. 어디 한식이 한 가지 요리만 있나? 차라리 파커 점수가 90점이라고 하는 것이 더 잘 팔릴 것이다. 우리나라 사람들은 와인만 맛있으면 그만이다. 웬만한 와인 바도 저녁 9시가 넘어야 손님이 오기 시작한다. 이는 '술 따로, 밥 따로'라는 말이다. - JCK]

와인과 요리의 궁합

박찬일의 『와인스캔들』을 보면 이런 이야기가 나온다. "들판에서 사냥한 멧비둘기를 바롤로(Barolo)에 푹 잠기게 한 후 낮은 불에 오랫동안 끓여 맛이 배게 한 다음 익혀서 그 소스를 뿌려 바롤로를 곁들이면 환상적인 맛이다" 그래, 바롤로는 한국에서 구할 수 있지만, 피에몬테 멧비둘기를 어디서 찾을 수가 있느냐는 말이다. 그러니까 서양 사람들이 쓴 책에 나오는 와인과 요리의 궁합이란 그 사람들 기준이다.

와인과 요리는 자기 판단이 최고

얼마 전 프랑스 와인 여행 중에 '푸아그라'가 첫날 저녁 때 나왔다. 모두들 좋아하면서 와인과 함께 먹었는데, 그 다음 점심에도 또 나오자 표정들이 시원찮았다. 저녁때 일행 중 누군가 장난을 쳤다. 호텔 레스토랑에 가기 전에 "오늘 저녁도 푸아그라래" 모두들 "씨~ 또 푸아그라야?" 이렇게 우리나라에서 와인을 마신다는 사람들도 진정으로 서양 음식을 좋아하지는 않는다. 와인 마실 때 치즈를 내놓으면 항상 남으면 남았지 모자라지는 않는다. 그러나 '레드와인에는 육류, 화이트와인에는 생선'이란 공식이 있듯이, 와인과 친숙해지면 대다수가 좋다는 공식에 익숙해지면서 그 이유를 깨닫게 된다.

와인은 요리의 맛을 돋우기 위한 소스라고 할 수 있을 정도로 와인과 요리의 관계는 아주 중요하다. 맛있는 스테이크와 좋은 카베르네 소비뇽 한 병이 있다면 환상의 조화를 이룬다. 그러나 스테이크에 소주가 좋다는 사람도 있을 수 있고, 생선회에 레드와인을 마시는 사람이 있을 수 있다. 술과 요리는 자신의 기호에 따라 자신 있게 선택하면 된다. 좋은 술과 그에 어울리는 요리를 맛볼 수 있다는 것은 인생의 가장 큰 즐거움이라고 할 수 있다. 와인과 요리의 관계도 자신의 판단이 우선이므로, 자신이 좋다고 생각하는 것이 최고다. 이 세상에서 가장 좋은 와인도 자기 자신이 맛있다고 느끼는 와인이다.

- 음식 없는 와인이야 좋지만, 와인 없는 음식은 재앙이다.(Wine without food is fine, but food without wine is a disaster.) – 앨런 리치맨(Alan Richman, 미국의 음식평론가)

한식과 어울리는 와인

어떤 요리에 어떤 술이 잘 어울릴까? 이 대답은 간단하다. 그 지방 요리에 그 지방 술이 가장 잘 어울린다. 수많은 세월 동안 어떤 술과 어떤 요리가 어울리지 않았다면 이미 도태되었을 것이고, 현재 둘이 남아 있다는 것은 가장 잘 어울린다는 사실을 증명하는 셈이다. 구태여 한식과 어울리는 와인을 애써 찾을 필요는 없다. 또 양식은 식탁에서 자기 구역이 정해져 있어서 모든 것을 자기 구역 안에서 해결하지만, 한식은 밥과 국만 '내 것'이고, 나머지는 '우리 것'이기 때문에 젓가락을 들고 멀리 원정을 가야 하고, 식사 중에 이야기할 때도 손동작이 심해서 높은 와인 병과 글라스를 엎지르기 쉽다. 즉 물리적으로도 한식과 와인의 조화는 힘들다. 그래서 한식에서 술잔의 높이는 대접 높이를 초과하지 못한다.

한식과 와인의 조화에 대해서 요즈음 많이 연구하여 한식에 어울리는 와인을 추천하지만, 한식은 코스로 나오지 않고, 온갖 요리를 한 번에 차려놓고 먹기 때문에 한식과 어울리는 와인이란 모든 요리와 잘 어울리는 와인을 찾는 셈이 된다. 그러나 내용은 한식, 겉모양은 양식인 퓨전 한식 중에서 잘 선택하면 와인과 잘 어울릴 수 있다. 한상 차려놓은 한식과 어울릴 수 있는 와인을 찾기는 어렵지만, 안주 개념으로 한두 가지 요리가 코스로 나온다면 그 조화를 경험할 수 있다. 와인과 안 어울릴 것 같으면서도 어울리는 한식이 의외로 많기도 하다. 경험해 본 사람은 알겠지만, 와인과 동치미는 잘 어울린다. 고춧가루가 빠진 것뿐인데 의외로 와인과 잘 어울린다. 이런 식으로 하나둘 찾아가면 와인과 한식에서도 큰 즐거움을 발견할 수 있다.

레드와인과 생선이 어울리지 않은 이유

레드와인에 마른 멸치나 쥐포 등을 함께하면 어떻게 될까? 짠맛이 나는 생선에 레드와인을 마시면 시큼하면서 쓴맛과 비린내가 더 강해진다. 이는 소금의 짠맛이 레드와인의 타닌을 더 쓰게 만들고, 레드와인의 철 이온이 생선의 비린내를 강화시키기 때문이다. 일본 학자가 발표한 바에 의하면, 2009년 38종의 레드와인과 26종의 화이트와인을 말린 조개와 함께 마시고 그 결과를 발표하도록 했는데, 특정 레드와인은 시고 비린내가 더 나며 금속성 냄새가 난다고 밝혔다. 역시 레드와인은 육류, 화이트와인은 해산물과 잘 맞는다는 철칙이 과학적으로 증명된 것이다. 범인은 와인 속의 철분으로 밝혀졌는데, 철분 함량이 2mg/ℓ 이상인 와인은 생선요리와 어울리기 어렵다는 것이다. 일반적으로 화이트와인보다 레드와인에 철분이 많기 때문에 생선과 레드와인이 만났을 때 비린맛이 발생할 가능성이 높다.

와인의 연육작용

프랑스 클레르몽페랑 소재 국립농학연구소(INRA) 연구에 의하면, 쇠고기를 와인 등 산성 수용액에 오래 담가두면 연해지는 이유는 와인이 생고기를 질기게 만드는 주범인 콜라겐과 그 밖의 다른 단백질을 용해하고, 단백질이 이온화되면서 동시에 수분 보유량이 증가하기 때문이라고 밝혔다.

푸아그라(Foie gras)

푸아그라에 대한 프랑스의 규정을 보면, 특수한 관을 통해 옥수수를 강제로 투입하여 살찌게 만든 거위나 오리의 지방간을 말한다. 알자스와 남서부 지방에서 많이 생산하며, 보통은 4개월 된 거위나 오리에게 약 20일 동안 관을 통해 옥수수를 대량으로 먹인 뒤 움직임이 둔해질 정도로 살이 쪘을 때 도축해서 얻은 '지방간'을 그대로 유통하거나, 이것을 익히고 가공해서 판매하기도 한다.

거위에게 억지로 먹이를 먹이는 습관은 기원전 2500년 고대 이집트인들이 처음 시작한 것이다. 야생 기러기가 이동할 때는 수천 킬로미터를 날아가는데 이때 아무것도 먹지 못하기 때문에 이동하기 전에 엄청난 양의 먹이를 먹어서 간에 지방형태로 에너지를 축적한다.

이 때 잡은 기러기는 이집트인들에게 아주 맛있는 식품이었다. 그러다가 이 야생종의 후손인 오리와 거위에게 이렇게 억지로 먹이를 먹이는 방법을 고안해 낸 것이다. 그리고 로마인들도 거위에게 무화과를 경관 투여했다고 한다.

지금까지는 푸아그라는 도축 후 여러 시간이 지난 다음에 요리하였으나, 새로운 규정이 시행되면서 도축을 한곳에서 하고, 내장을 그 자리에서 바로 꺼내기로 했다. 이렇게 하면 전통적인 방법보다 나이테 무늬가 선명하고 부드럽게 기름지며 향도 좋아지는 것으로 밝혀졌다.

트러플(Truffle)

흔히 '요리의 다이아몬드'라고 하는 트러플은 우리말로 송로버섯이라 부르며, 전 세계적으로 수백 종이 있으나 프랑스와 이탈리아산이 유명하다. 프랑스는 '트뤼프(Truffe)', 이탈리아는 '타르투포(Tartufo)'라고 한다. 우리나라 송이와 같이 인공 재배가 안 되고, 귀하기 때문에 값이 비싸기로 유명하지만, 최근에는 참나무 뿌리에 포자를 심는 등 어느 정도 인공재배가 가능하다고 알려져 있다. 땅속 30cm에서 자라므로 냄새를 잘 맡는 개나 돼지의 도움을 받아야 채취할 수 있다. 기름지지 않은 석회석 토양에서 봄에 참나무를 중심으로 포자가 형성되므로 늦가을이나 겨울에 참나무가 있는 곳에서 채취한다.

여러 종류가 있지만, 프랑스 프로방스 지방의 페리고르(Périgord)에서 나오는 흑색 트러플(Tuber melanosporum)과 이탈리아 피에몬테의 백색 트러플(Tuber magnatum) 두 종류를 최고로 친다. 흑색 트러플은 강한 머스크 향으로 요리를 하면 향이 더 진해지며, 백색 트러플은 요리를 하면 향이 사라지기 때문에 가열하지 않는 요리에 사용하거나 날것으로 먹는다. 트러플은 자체를 요리하기보다는 푸아그라, 샐러드 등의 요리에 첨가하는 재료로 사용된다. 요즈음은 중국산 트러플이 싼값으로 나오는데, 이는 히말라야, 인도, 중국의 것(Tuber bimalayense, Tuber indicum, Tuber sinense)을 통틀어 말하는 것으로 주로 히말라야산맥에서 서식하며, 해발 2,000m, 지표면에서 10cm 깊이에서 수확된다. 프랑스산 트러플과 구분하기는 어렵지만 가격은 훨씬 저렴하다.

트러플이 문헌에 처음 등장한 것은 기원전 5세기로, 아테네에 거주하던 외국인들이 트러플 등을 사용하여 독창적인 방법으로 요리를 개발하면 시민권을 얻을 수 있었던 데서 비롯되었다고 한다. 그리고 트러플을 먹으면 사람의 몸이 흥분하여 성적인 욕구가 생기게 한다는 소문과 숯불에 구운 트러플이 정력에 좋다는 소문 때문에 1500년대에는 프랑스 궁전의 귀부인들이 아주 좋아했다고 한다. 루이 15세의 애첩이었던 퐁파두르 부인은 왕의 사랑을 받기 위해 매일 트러플 가루를 넣은 음식을 먹었다는 이야기가 전해진다. 특히, 수탉의 고환과 아티초크의 밑둥치에 트러플을 넣어 만든 파이를 먹는 여자들이 있다는 소문이 퍼지면서 트러플은 물론 아티초크와 수탉 고환도 최음효과가 있다고 믿었다.

트러플과 암퇘지

트러플에서 풍기는 특유의 향은 안드로스테놀(Androstenol)과 안드로스테논(Androstenone)이나 그 유도체에서 나오는 것으로 사향(Musk)과 비슷한 냄새를 가진 일종의 페로몬(Pheromone)인데, 수퇘지의 침에서도 상당량이 분비된다. 그래서 송로버섯을 채취할 때는 암퇘지가 꼭 필요하다. 그런 의미에서 트러플에 최음제 효과가 있다는 소문은 과학적으로 어느 정도 근거가 있는 말이다. 요즈음에는 암퇘지를 승용차에 싣기 곤란하여 개를 훈련시켜서 트러플을 캔다. 참고로, 트러플 채취에 이용되는 돼지를 '트러플 혹(Truffle hog)', 개는 '트러플 하운드(Truffle hound)'라고 한다.

캐비아(Caviar)

캐비아(Caviar)는 전설의 식품 중에서 현재까지 남아 있는 것으로 본래 '소금에 절인 생선의 알'을 의미하지만 전 세계적으로 '철갑상어(Sturgeon)의 알을 소금에 절인 것'으로 통용된다. 푸아그라(Foie gras), 트러플(Truffle)과 함께 세계 3대 진미 중 하나로, 생산량이 워낙 적다 보니 아주 비싼 가격으로 거래되고 있다. 카스피해를 중심으로 러시아와 이란 등지에서는 오래전부터 먹기 시작하여, 아직도 철갑상어는 카스피해와 흑해에서 자라는 것을 최고로 치며, 그중에서도 카스피해의 '벨루가(Beluga) 철갑상어' 알이 가장 귀하고 비싼 것으로 알려져 있다.

벨루가의 알 크기는 3~4mm 정도이고 진한 은회색에서 흑색으로 가장 비싸며, 다음으로 오세트라(Ossetra)는 황금색 혹은 갈색으로 견과류 맛이 나며, 세브루가(Sevruga)는 검은색으로 섬세한 맛이 특징이다. 그리고 요즈음 거의 찾아보기 힘든 것으로 한때 러시아,

이란, 오스트리아 왕궁에 들어가던 작고 황금색을 띠는 스텔렛(Sterlet)이 있다. 다른 나라에서는 연어의 알로 만든 '케타 캐비아(Keta Caviar)', 송어의 알로 만든 '포렐렌 캐비아(Forellen Caviar)' 등 다른 생선 알로 만든 것을 캐비아로 취급하기도 한다.

캐비아는 지방이 적고 비타민과 단백질이 많아서 러시아에서는 일찍이 건강식품으로 사랑받았으며, '최고의 관능적인 음식'으로도 통해 "캐비아를 먹는 것은 사랑을 나누는 것과 같다"라고까지 표현되는데, 이는 그 맛이 처음에는 낯설지만, 일단 그 맛을 안 다음부터는 묘하게 그 맛에 끌리기 때문이라고 한다. 중국에서는 철갑상어의 척추 안에 있는 골수를 가루로 내어 결혼하는 신부에게 먹이는 풍습이 있었으며, 페르시아의 어떤 시에는 캐비아가 최음제로서 정욕을 증가시키고 자극을 극대화하는 것으로 묘사되는 등 오랜 세월 동안 관능적인 음식으로 사랑받아 왔다. 그중에서도 캐비아와 '샴페인 브뤼트(Brut)'는 극치를 맛보게 해준다고 한다. 또 캐비아는 전통적으로 러시아의 보드카와 잘 맞는다. 캐비아와 보드카는 서로를 위해서 존재한다고 할 정도다. '젊은 사자들'이란 영화에서 독일군 말론 브란도가 휴가차 베를린에 가서 직속상관인 대위의 심부름으로 대위의 집을 찾아가는데, 요부인 대위 부인은 말론 브란도를 유혹하려고 보드카를 내놓고 캐비아도 있으니까 들라고 하는 장면이 나온다.

[• 남자의 성공이란 호화 요트에서 왼손에 캐비아, 오른손에 동페리뇽, 뒤에 비키니 네 명 – JCK]

하몽(Jamón Ibérico)

스페인어 하몽은 영어의 햄(Ham)에 해당되는 단어로, 돼지 다리를 소금에 절이거나 훈제한 것을 말한다. 이탈리아의 '프로슈토(Prosciutto)', 프랑스의 '장봉(Jambon)', 포르투갈의 '프레순투(Presunto)' 모두 이와 비슷한 것이다. 스페인의 하몽은 돼지의 품종과 사료에 따라 크게 '하몽 이베리코(Jamón Ibérico)'와 '하몽 세라노(Jamón Serrano)' 둘로 나눈다.

하몽 이베리코(Jamón Ibérico)는 '세르도 이베리코(Cerdo Ibérico)'라는 이베리아 돼지로 만드는데, 이 돼지는 검은색으로 다리가 긴 것이 특징이다. 발굽이 검은색이라서 '파타 네그라(Pata Negra)'라고도 하는데, 이는 완성된 햄에서도 발굽의 색깔을 보고 품종을 알 수 있기 때문에 이 돼지로 만든 하몽을 이렇게도 부른다.

이베리아 돼지는 젖을 떼면 보리, 옥수수 등을 몇 주 정도 먹인 뒤 방목하는데, 목초지나 참나무숲에서 건조한 여름 동안 물도 거의 없는 상태에서 풀, 도토리, 뿌리 등을 먹고 지낸다. 가을에 도토리가 익어서 떨어질 무렵에는 90kg 정도 되는데 이때부터 숲속에서 3~4개월 동안 올리브나 도토리를 먹어야 품질이 좋아진다. 이 기간 중 도토리를 먹은 돼지는 체중이 두 배로 증가한다. 그러나 배합사료 등을 먹이면 품질이 떨어진다.

늦가을이나 겨울에 도살하여 뒷다리를 통에 넣고 소금으로 덮어 7~10일 정도 두는데, 보통 고기 1kg당 1일 정도 소요되는 것으로 계산하여 기간을 정한다. 이때 온도는 0~3℃, 습도는 85~95%를 유지한다. 다음에 꺼내서 물로 깨끗이 씻어 소금을 제거하고 온도 3~6℃, 습도 80~90% 되는 곳에서 1~2개월간 방치한다. 이때 소금이 고기 속으로 침투하면서 고기의 수분이 제거되면서 중량이 1/3 정도 감소된다. 이를 건조실(Secadero)로 옮겨 15~30℃에서 6~12개월간 건조시키면 고유의 아로마가 형성된다. 세라노(Jamón Serrano)는 이 정도까지만 진행하지만, 하몽 이베리코(Jamón Iberico)는 창고(Bodega)에 매달아 놓고 온도 10~20℃, 습도 60~80%의 환경에서 2년 이상 두면 이베리코 특유의 향미를 얻게 된다. 결국 최고의 하몽은 우수한 품종의 돼지와 소금, 공기, 시간이 만든다고 볼 수 있다. 등급은 혈통의 순수함과 사료에 따라 다음과 같이 구분된다.

- **Jamón de Bellota 100% Ibérico(Black label):** 참나무숲에서 방목하여 최종 기간에는 도토리(Bellota)만 먹인 이베리아 돼지로 36개월 이상 염장하여 만든 것으로 햄 분류에서 '벨루가 캐비아'로 통한다.
- **Jamón de Bellota Ibérico(Red label):** 위와 동일하게 방목하고, 최종 기간에 도토리만 먹이지만, 돼지가 순종일 필요는 없다. 2004년부터는 돼지의 순종 비율을 상표에 표시한다.
- **Jamón Cebo de Campo Ibérico(Green label):** 목초, 도토리, 곡류 등을 먹인 돼지로 만든 햄
- **Jamón de Cebo Ibérico/Jamón Ibérico(White label):** 곡류만 먹인 돼지로 만든 햄. 24개월 염장한다.

- 자, 이제는 푸른 나무 그늘에서 쉴 때가 됐다. 잘 익은 과일과 부드러운 밤 그리고 무엇보다도 신선한 치즈가 많이 있지 않느냐 – 버질(Virgil, 로마 시인)

식탁의 삼위일체

와인과 치즈가 환상의 조화를 이룬다는 사실은 잘 알려져 있다. 그러나 서양 사람에게 중요한 한 가지, 빵의 존재를 잊어서는 안 된다. 빵은 치즈와 와인을 묶어주는 끈이기 때문에 이들의 생활에서 잘 익은 소박한 치즈와 와인 그리고 갓 구운 빵이 있으면 인생이 행복하다고 한다. 치즈, 와인, 빵 이 세 가지 음식은 요리를 하지 않아도 언제, 어디서든 쉽게 들 수 있는 소박하면서 가장 기본적인 식품이다. 그래서 치즈와 와인, 빵 이 세 가지를 식탁의 성스러운 삼위일체라고 말한다.

빵, 치즈, 와인은 각각 다른 원료를 사용하여 만든다. 빵은 밀로, 치즈는 우유에서, 와인은 포도를 발효시켜 만들지만, 이 세 가지 모두 이스트나 박테리아의 힘으로 완성된다는 점은 같다. 즉 발효라는 과정을 거치지 않으면 빵은 밀가루 반죽이 부풀어 오르지 못하며, 와인은 알코올이 없을 것이며, 치즈는 그 감칠맛을 내지 못할 것이다. 이 세 가지 식품은 발효라는 과정 때문에 가능한 것이다. 와인에 향미와 보디 그리고 부케가 포도의 종류, 만드는 방법, 숙성기간에 따라 달라지듯이, 치즈 역시 그 질감과 향미, 아로마 등도 우유의 종류, 만드는 방법, 그리고 숙성하는 요령에 따라 달라진다.

- 와인이 모든 음료 중에 최고라면, 치즈는 모든 식품 중에 최고다. – 페이션스 그레이(Patience Gray, 영국의 요리, 여행작가)

와인과 치즈는 한 몸

(　　)은/는 역사적으로 고대 메소포타미아 문명에서 시작되었고, 이집트, 그리스에 전달되어 로마시대 때 유럽 각국으로 퍼지게 된다. 로마시대의 농업학자인 콜루멜라(Columella)는 (　　)의 제조방법을 자세하게 기술하고 있다. 로마제국이 붕괴된 이후, (　　)은/는 수도원에서 명맥을 유지하게 되는데, 수도원 특히 시토 수도회는 (　　)의 제조기술을 잘 전수하였을 뿐 아니라, 더욱 발전시켜 과학적으로 그 기술을 정립하고 (　　)을/를 팔아서 수도원의 중요한 수입원으로 삼기도 했다. 그리고 현재는 프랑스가 가장 잘 발달되어 1900년대 초부터 AOC/AOP 제도를 시행하였으며, 유럽연합(EU)의 다른 나라들도 이 제도를 시행하고 있다.

(   )에 '와인'을 넣든 '치즈'를 넣든 모두 맞다. 이와 같이 와인과 치즈는 그 역사나 분류 체계가 와인과 거의 유사하다. 와인을 알아야 치즈를 제대로 이해할 수 있을 정도로 와인과 치즈는 한 몸이라고 할 수 있다. 현재 프랑스 INAO에서 분류하고 있는 '페르미에(Fermier) 치즈'는 소규모 농가나 산속의 오두막에서 자신의 농장에서 기른 소, 양, 염소의 젖으로 전통적인 방법으로 만든 치즈다. 그러니까 와인에서 '미장 부테유 오 샤토(Mis en Bouteille au Château)'와 동일한 개념이 된다. 또 '아르티자날(Artisanal) 치즈'는 자신의 농장에서 나온 우유와 주변에서 우유를 구입하여 만든 치즈니까 '네고시앙(Négociant)' 와인과 비슷한 개념이다.

- 나는 우유, 달걀, 샐러드, 치즈, 흑빵, 평범한 수준의 와인만 있으면 행복하게 살 수 있다. - 루소(Jean-Jacques Rousseau, 프랑스의 계몽사상가)

가공치즈(Processed cheese)

가공치즈는 1908년경 스위스에서 발명되었는데, 남아도는 치즈를 어떻게 처리할까 고민하다가 만든 것이다. 바로 1911년 스위스 거버(Gerber)사에서 에멘탈 치즈를 이용하여 상업적인 용도로 만들기 시작하였으며, 동시에 미국에서 이를 발전시켜 대량으로 생산하기 시작하였다. 가공치즈는 한 종류 혹은 여러 가지 자연치즈를 이용하는데 우선 치즈를 가열 용해한 다음, 다른 낙농제품 즉 분유나 우유, 버터, 크림, 유장 등과 향신료를 넣고 130~140℃로 살균한다. 가공치즈는 가공과정에서 원래의 향이 다른 향으로 바뀌지만, 살균 포장하므로 오랫동안 저장할 수 있는 이점이 있다.

가공치즈는 '퐁뒤(Fondue)'에서 나온 것

스위스를 비롯한 산악지방에서는 눈이 많이 오면 동네가 고립되기 때문에 식량, 땔감 비축 등 월동준비를 철저하게 해야 한다. 긴 겨울 내내 동일한 음식을 먹기 때문에 질리기도 하거니와 오래 비축한 치즈가 딱딱하게 굳었을 때 이를 불에 녹여 빵에 찍어 먹다가 향미를 개선하기 위해 갖가지 양념을 첨가하여 '퐁뒤(Fondue)'가 탄생한 것이다. 퐁뒤(Fondue)라는 단어 역시 프랑스어 '녹이다(Fondre)'에서 유래된 것이다. 그러면서 이를 다시 굳혀서 가공치즈라는 것도 나오게 된다. 명절 내내 똑같은 음식에 질려서 나물과 딱딱한 전으로 찌개를 끓여 먹거나 비빔밥을 만들어 먹는 우리의 정서와 비슷하다.

추운 겨울, 특히 크리스마스 때 와인을 데워서 설탕, 계피, 정향, 오렌지 등 갖가지 향신료를 넣어서 마시는 프랑스의 '뱅 쇼(Vin chaud)'나 독일의 '글뤼바인(Glühwein)' 등도 고립된 환경에서 장기간 지내다가, 약간 맛이 간 와인의 향미를 개선하고자 시작한 것으로 볼 수 있다. 멀리 로마시대부터 이런 음료가 시작되어 독일어권에서 많이 소비되는데, 요즈음은 감기 등에 효과가 있다고 떠들지만, 고급와인으로 이런 와인을 만드는 사람은 없을 것이다.

타락죽(駝酪粥)

서양에서는 우유를 이용하여 치즈, 버터, 요구르트 등 수많은 유제품을 만들고 우리나라는 콩을 이용하여 된장, 간장, 고추장 등을 만들어 왔다. "어떻게 해서 동물의 젖을 먹을 생각을 했을까?" 사냥을 했으니 고기를 먹는 것은 당연한데, 자기 새끼를 먹이기 위해 내놓은 것을 중간에서 가로채는 서양 사람들을 치사하게 여길 수 있으나, 우리나라도 삼국시대에 우유를 먹었고, 고려시대에 귀족층에서 우유를 이용했다는 기록이 있다. 조선시대에는 '타락죽(駝酪粥)'이라는 임금님의 특식이 있었다. 시월 초하루부터 정월에 이르기까지 내의원(內醫院)에서 이 타락죽을 만들어 국왕에게 진상하였는데, 타락죽은 쌀을 물에 불려 맷돌에 갈아서 절반쯤 끓이다가 우유를 섞어서 쑨 죽을 말한다.

우리 조상들은 동북아 유목민족으로 남만주와 한반도에 정착하면서 동물을 대량 사육할 수 있는 조건이 되지 않자 육식에서 채식으로 전환하게 되었다. 이 과정에서 우리 조상들은 단백질 급원이 필요하게 되었고, 당시 주변에 널리 분포되어 있던 콩을 이용하여 부족한 단백질을 보충하면서 이를 발효식품으로 발전시키게 된다. 장의 원료가 되는 대두의 원산지는 만주이며 콩의 야생종이나 중간종이 한반도에 널리 분포되어 있으므로 콩의 원산지는 고구려의 옛 땅인 만주 그리고 한반도, 즉 우리나라다.

[
- 추석을 보면, 우리 조상이 만주에서 왔다는 것을 알 수 있다. 추석이란 추수감사절과 같이 그해에 수확한 농작물로 차례를 지내는 날인데, 한반도에서는 추석이 너무 빨라서 농작물이 익지 못한다. 이를 보면 추석은 한반도에서 지낸 명절이 아니고, 위도가 높은 만주에서 지내던 명절인 것 같다. – JCK
]

우리나라 최초의 치즈 생산

우리나라에서는 1960년대 전북 임실에서 벨기에 출신의 지정환 신부(본명 디디에 세스테벤스)가 국내 최초로 치즈공장을 세웠다. 당시 벨기에 신부들은 벨기에가 지배하는 아프리카 콩고에서 주로 활동했지만, 지정환 신부는 고교 졸업 후 전쟁으로 피폐해진 한국에 가면 뭔가 도움이 될 일이 있을 것이라 생각했다. 1958년 신학교를 졸업하고 학교에서 한국으로 신부를 보내려 할 때 자원했고, 마침 우리나라 천주교 전주교구의 초청도 받았다. 그때만 해도 우리나라는 콩고보다 더 가난한 나라였다.

1959년 12월 전주교구 소속 신부로서 부산항에 도착하여, 1961년 전북 부안 성당에 부임한 뒤, 농민들과 함께 바다를 막아 99만㎡(30만 평)의 땅을 만들기도 했다. 그러나 건강에 이상이 생겨 수술을 위해 벨기에로 돌아갔다가 1964년 전북 임실성당에 부임하여, 신용협동조합 운동에 뛰어들었고, 당시 산에 나무는 없고 풀이 많은데다 사람들은 할 일이 없어서 무료하게 지낼 때 농가소득을 위해 농민들과 염소를 기르다가, 치즈를 만들기 시작한 것이다. 치즈 제조법을 배우기 위해 3개월 동안 유럽을 다녀오기도 했지만, 당시 농가에서 우유의 신선도를 유지하기 어려워 여러 번 실패를 거듭하다가 마침내 치즈를 만드는 데 성공한다.

코코뱅(Coq au vin)

레드와인에 닭을 넣고 푹 고아서 만든 요리로, 글자 그대로 해석하면 '와인 안의 수탉'이라는 뜻이다. 코코뱅의 유래는 수탉의 질긴 육질을 부드럽게 만들기 위하여 와인에 넣고 끓인 것이지만, 앙리 4세(Henri IV)가 백성들의 가난한 생활을 개선하고자 "신은 내 왕국의 모든 국민들이 일요일이면 닭고기를 먹길 원하신다"라는 캠페인을 벌이면서 많이 먹기 시작했다고 한다. 그는 백성들이 일요일이면 닭고기를 먹을 수 있을 만큼 풍족하게 살게 해주는 신이면 그 어떤 신이든 상관없다는 생각을 가졌다. 그래서 그는 구교와 신교 모두에게 신앙의 자유를 허용하는 '낭트칙령'을 선포하여, 30년 이상을 지속된 신교와 구교도 간의 종교전쟁을 종식시키고, 전쟁으로 피폐해진 프랑스를 부흥시킨다.

올리브유(Olive oil)

치즈가 와인과 비슷한 유래를 가지고 있듯이, 올리브 또한 와인과 비슷한 유래와 용도를 가지고 있다. 포도나무가 자라는 곳에서는 올리브나무도 잘 자란다. 지중해 연안 사람들은 와인보다 올리브를 더 신성하게 생각하는데, 그리스 사람들은 지혜의 여신 아테네가 올리브를 인간에게 선사한 것으로 믿었다. 그래서 대회에서 우승하면 올리브가 가장 좋은 선물로 선사되었다. 올리브는 식용뿐 아니라 미용이나 의약품으로도 사용되었기 때문에, 사회적 활력요소라는 상징으로 고대 올림픽 경기에서 우승자에게 올리브 가지(월계관)를 씌워 주기도 했다.

또 성경에는 감람나무로 등장하여, 창세기 8장 11절의 "저녁때에 비둘기가 그에게로 돌아왔는데 그 입에 감람 새 잎사귀가 있는지라 이에 노아가 땅에 물이 감한 줄 알았으며"라는 구절부터 성경에는 올리브유에 대한 이야기가 넘쳐난다. 신랑을 맞으러 나간 열 처녀 이야기에서는 연료로서(마태복음 25장 1-13절), 착한 사마리아인 이야기에서는 치료제로서(누가복음 10장 34절), 가난한 과부를 도와주는 선지자 엘리사의 이야기에서는 중요한 상품으로(열왕기하 4장 1-7절) 다양하게 등장한다. 원래 '그리스도'란 "기름(Chrism) 부음을 받은 자"란 뜻에서 나온 것이다.

와인이나 커피와 같은 기호식품은 종교나 시대에 따라 그 유행이 달라졌지만, 올리브유는 시대의 변천에 크게 영향을 받지 않고 고대부터 그 수요가 꾸준하여, 현재까지 생활필수품으로써의 위치를 차지하고 있다. 올리브 역시 와인·치즈와 마찬가지로 유럽연합(EU)의 원산지명칭 보호를 받는다.

와인은 감성, 커피는 지성

와인과 정반대의 성격을 가지고 있는 음료는 커피라고 할 수 있다. 와인은 알코올이 있어서 지성보다는 감성을 부추기지만, 커피의 카페인은 알코올과 달리 지능을 고무시키고, 강심작용을 한다. 즉 커피는 권태와 졸음을 쫓아 활기를 소생시켜 주는 지성의 음료라고 할 수 있다. 그래서 1600년대 커피가 유럽 전역으로 확산될 때 주요 소비층은 과학자, 지식인, 상인 등 지적 노동을 하는 사람들이었다. 1674년 어떤 시에서는 "와인은 우리의 이성과 영혼을 수장시키는 반역적인 포도로 만든 달콤한 독이지만, 커피는 위장을 치료해 주고 천재를 만들 수 있다"라고 표현하기도 했다. 현미경 관찰과 스프링 저울의 원리로 유명한 '로버트 후크(Robert Hooke)', 행성의 운동에 대한 법칙을 밝힌 '핼리(Edmund Halley)' 모두 커피를 마시면서 과학적인 발견을 한 사람들이다.

이 무렵 유럽은 새로운 합리주의가 확산되는 시기로 사람들은 커피를 마심으로써 두뇌에 자극을 받아 민첩하게 행동하고 명료하게 사고할 수 있었다. 이어서 커피를 마시는 장소가 과학을 토론하고 강의하는 중심지가 되고, 수학과 천문학을 바탕으로 항해술을 개선하는 데 공헌하면서 상업적인 면에서도 중심지가 되었다. 이렇게 기업가와 과학자가 한 팀이 되어 산업혁명의 방아쇠를 당긴 것이다. 또 예술분야에서는 커피애호가 베토벤, 커피 칸타타를 만든 바흐, 발자크, 빅토르 위고, 샤르트르 등은 모두 커피를 마시면서 그들의 영감을 발전시켰다.

> • 커피의 위력은 대단하다. 일찍이 커피를 마신 지성의 이슬람권은 로마제국이 멸망한 뒤에 와인과 맥주만 마시는 유럽 남부를 거의 차지했으며, 연금술로 화학의 기초를 확립하고, 아라비아숫자를 만들어 자연과학을 발달시켰다. 이때 이들은 이미 양탄자를 타고 하늘을 날고, 음성인식도어(열려라 참깨)도 발명했다.
> – JCK

이슬람의 와인, 커피

이슬람교도들은 대천사 가브리엘이 예언자 무하마드의 기를 북돋아주기 위해 커피를 선물했다고 전하지만, 커피는 약 7세기경 에티오피아 양치기가 발견한 것으로 양들이 이 열매를 먹고 잠을 자지 않기 때문에 '춤추는 양떼'라는 말이 생겼으며 이는 바로 커피를 상징한다. 이렇게 발견된 커피의 원산지는 에티오피아이지만, 이것을 볶아서 음료로 만든 사람은 아랍인이다. 커피는 일찍이 아라비아반도를 중심으로 널리 퍼지기 시작하였고, 이슬람교도들에게는 알코올 대신에 합법적으로 마실 수 있는 대체음료가 되었다.

서유럽에 상륙한 커피는 기독교인들이 처음에는 '이슬람의 와인'이라 부르기도 했지만, 이교도들이 마시는 음료라서 '악마의 음료'라 부르면서 공식적으로 음용이 금지되어 있었다. 그러나 교황 클레멘스 8세(Clemens VIII, 1592~1605)는 커피의 맛에 반하여 "이 악마의 음료는 아주 훌륭하므로 악마에게만 독점시키기는 너무 아깝다. 세례를 주어 악마를 조롱하도록 하라"라고 명하여, 기독교도의 음료로써 공인된다. 이때부터 유럽은 와인과 커피를 마심으로써 지성과 감성의 조화로운 활동을 통하여 세계 최고의 국가로 성장하게 된다.

[
• 와인의 알코올은 사람의 판단력을 흐리게 만들지만, 커피의 카페인은 판단력을 뚜렷하게 만든다. 고로 연애할 때는 와인, 공부할 때는 커피를 마셔야지 바꾸면 큰일 난다. 연애할 때 커피를 마시면 똑바른 정신상태에서 "연봉이 얼마? 키가 얼마? 인물이 어쩌고…" 마음에 드는 사람이 있을 수 없다. 또 공부할 때 와인을 마시면 "공부가 인생의 전부가 아니다"라는 등 헛소리를 할 수 있다. - JCK
]

커피하우스는 소통의 장소

영국 최초의 커피하우스는 청교도혁명(1640~1660)이 일어나고 크롬웰이 통치하던 기간인 1650년 대학도시인 옥스퍼드에서 탄생하였고, 2년 후에는 런던에도 등장하면서 전국적으로 퍼져 나가기 시작했다. 초기에는 '신사들의 클럽(Gentlemen's club)'으로 엘리트들이 모여서 이성적이고 합리적인 토론을 즐기면서 자신들의 엘리트의식을 확인하는 공간으로 사용되었다. 커피하우스에서 생긴 조직 가운데 가장 유명한 것이 과학자들의 모임인 '왕립학회(Royal Society of London for Improving Natural Knowledge)'로 수많은 과학자들이 등장하여 근대과학의 기초를 다지게 된다. 또 주식, 경매, 보험 등에 대한 정보도 커피하우스로 흘러 들어와 증권회사나 은행, 보험회사도 모두 커피하우스에서 탄생하게 된다. 세계 최대의 보험회사인 '로이즈(Lloyd's)'는 런던타워가에 있는 유명한 커피하우스 상호에서 유래된 것이다. 17세기 중반, 런던의 E. 로이드가 경영하는 커피하우스에 해운업자와 해상보험인수업자들이 자주 모여들었는데, 주인 로이드가 여러 가지 해운에 관한 정보를 모으고 거래를 주선한 것이 발단이 되었다. 그 밖에도 커피하우스는 문학, 연극, 음악 등 예술의 발생지 역할과 정당의 출현 등 정치적인 발전에도 크게 기여하게 된다. 커피하우스는 커피뿐만 아니라 홍차, 초콜릿을 마시면서 담배를 피우고 이국적인 정취를 느낄 수 있는 곳이 되었다. 담배연기 자욱한 커피하우스는 신분이나 경제력의 차별을 크게 느끼지 못하는 자유스러운 공간이 된 것이다.

> **왕립학회(Royal Society of London for Improving Natural Knowledge)**
> 세계 최고의 권위를 자랑하는 '왕립협회'의 정식명칭은 '자연과학 진흥을 위한 런던왕립학회'이다. 청교도혁명 당시 옥스퍼드 철학협회로 출발하여, 1660년 기본적인 설립절

차를 거쳐서 1662년 왕실의 허가를 받아 왕립학회로 출발하였다. 창립 당시는 현미경으로 유명한 '로버트 훅'을 비롯한 과학자와 철학자, 수학자 등이 참여하였고, 우리가 잘 아는 아인슈타인, 뉴턴, 벤저민 프랭클린, 찰스 다윈, 제임스 와트, 마이클 패러데이 등 세상을 바꿔놓은 과학자들은 이 왕립학회의 회원이었다.

이 학회는 영국의 학회가 아니고 런던의 학회로서 국제적으로 문호가 개방되어 있다. 자연과학에 대한 유용한 지식의 개선과 수집, 그것에 기초한 합리적인 철학체계의 건설에 목적을 두고 있으며, 무엇보다 흥미로운 것은 "누구의 말도 받아들이지 말라!(Nullius in verba!)"라는 모토를 중심으로 실험적인 학문의 건설을 목표로 한 점이다.

[
- 커피는 지성을 고무시키니까, 마실수록(많이 마실 수도 없고) 정신이 말똥말똥해져서 말썽은 없지만 재미있는 일이 일어날 수 없고, 와인은 감성을 고무시키니까 많이 마시면 말썽도 많고 일도 잘 저질러 다음 날 이야깃거리도 많아진다. 그러니까 와인이 커피보다 더 재미있는 건 확실하다. – JCK
]

카페는 혁명의 씨앗

프랑스에서는 1600년대 중반부터 마르세유를 시작으로 카페가 생기기 시작하여 1720년 파리에 문을 연 카페는 380여 개가 되었으며, 런던의 커피하우스와 마찬가지로 파리의 카페도 지식인들의 만남의 장소로 출발하였지만, 시인, 철학자, 과학자, 정치가 등 엘리트는 물론, 배우, 군인, 요염한 여자, 도박꾼, 식객 등 모든 사람에게 개방되어 있었다. 상류층 사람들은 여전히 자기들만의 공간인 살롱에 모였지만, 부르주아 사람들과 민중들이 모이는 카페는 사교장이 되고, 정보교환, 문학활동, 정치비판 등의 기능을 수행하면서 혁명의 씨앗이 움트기 시작하였다. 커피는 몽테스키외(Montesquieu), 볼테르(Voltaire), 디드로(Denis Diderot), 루소(Jean Jacques Rousseau)와 같은 18세기 계몽주의자들에게 각성의 음료였고, 토론의 윤활유였다. 이렇게 파리의 카페는 계몽주의 사상의 중심지가 된 것이다. 실질적인 프랑스대혁명(1789년 7월 14일)은 이틀 전인 7월 12일 '카페 뒤 푸아(Cafe du Foy)'에서 젊은 법률가 '카미유 드물랭(Camille Desmoulins)'이 바스티유 감옥 습격 계획을 수립하고, 무장하자는 외침으로 시작된 것이다.

프랑스대혁명 시대의 카페는 혁명파, 반혁명파를 가리지 않고 여러 정치세력에 속하는 사람들이 각각 집회를 갖는 장소가 되었다. 영국의 커피하우스가 정당을 낳은 것과 비슷한 흐름이었다. 영국의 커피하우스와 다른 점이 있다면 프랑스의 카페는 계속 존속하여 19세기 이후 파리에서는 수많은 화가와 예술가들이 모이는 '문화센터' 역할을 했다는 것이다.

> 결혼은 판단력이 부족한 사람이,
> 이혼은 인내력이 부족한 사람이,
> 재혼은 기억력이 부족한 사람이 한다. - 미상

아라비아숫자

현재 전 세계적으로 사용되고 있는 공통 언어인 아라비아숫자는 인도에서 만들어져 아라비아를 거쳐 유럽에 소개되어 '인도-아라비아숫자'라고도 한다. 수를 1, 2, 3, 4, 5, 6, 7, 8, 9의 9개의 숫자와 기호 0으로 표시하여, 16세기 과학의 발달과 함께 본격적으로 사용되면서 유럽의 수학이 급속하게 발달하게 된다.

노동자와 군인의 음료

1800년대부터 산업사회가 되면서 이제까지 시간개념 없이 농사나 허드렛일을 하던 사람들을 일정한 장소에서 일정한 시간에 맞춰 일을 시켜야 했다. 이때 필요한 것이 커피였다. 노동자들의 게으름과 졸음을 물리치는 데는 커피 이상의 것이 없었다. 아침 일찍 단잠을 물리치고 일어나서 마시는 커피는 자명종 역할을 했고, 밤늦게까지 일할 때 각성제 역할을 하는 커피는 노동자의 육체를 근대적인 산업체계에 적응하도록 만들었다.

커피는 또 졸음과 피로를 없애주는 작용으로 전쟁터에서도 효과적이었다. 나폴레옹은 커피가 군인들의 사기에 커다란 영향을 끼친다는 사실을 알았고, 식량이 부족할 때 기아의 고통을 완화시키는 데 도움이 된다는 사실을 깨달았다. 스웨덴 구스타프 3세나 히틀러도 인체실험을 한 결과, 커피를 마신 그룹의 체력이 더 강하게 나타나는 것을 보고 커피를 군인들에게 지급하기 시작했다. 1938년 네슬레(Nestle)에서 나온 인스턴트커피는 제2차 세계대전 때 미군에게 지급되어 군인들 사이에서 인기를 끌었으며, 제2차 세계대전 후에 진공건조방법으로 향미의 손실을 줄인 인스턴트커피는 베트남 전투에서 사기를 진작시키는 데 큰 역할을 했다. 우리나라 군대에서도 커피를 지급한다면 피로 감소, 체력 향상, 졸음 방지 등에 상당한 효과가 있을 것 같은데, 아직까지는 고려하지 않고 있다.

[
- 현대의 커피는 가난한 사람들의 노동과 빈곤을 딛고 나오고, 와인은 부자 나라에서 나오니, 이 또한 와인과 커피의 다른 점이다. 커피에 비하면 와인 마시는 데는 부담이 없다. - JCK
]

프림?

커피에 타는 하얀 가루를 보통 '프림'이라 부르지만, 정확한 스펠링이 어떤 건지도 모르고, 어떤 사전에도 없는 말이다. 커피에 넣는 하얀 가루나 액체는 '크림(Cream)'이나 '크리머(Creamer)'가 올바른 말이다. 1900년대 중반부터 커피에 첨가하는 우유를 대신할 수 있는 제품을 개발하였는데, 처음으로 분말형태로 나온 것이 1952년 미국에서 나온 '프림(Pream)'이긴 하다. 그러나 이 프림은 우유성분이 많아 잘 녹지 않아서 금방 사라졌고, 1958년 미국의 카네이션(Carnation, 1984년 네슬러가 인수)사에서 우유보다는 식물성 유지를 더 많이 넣어 물에 잘 녹게 만든 '커피 메이트(Coffee-Mate)'가 시장을 석권하게 된다. 옛날 다방에서 "카네이션 넣어드릴까요?"라고 물어보던 시절의 카네이션은 바로 이 상표명이다.

현재 우리나라 사람들이 '프림'이라고 부르게 된 연유는 상표명인 '프리마'를 직접 부르기는 어색하고, 별도로 '크림(Cream)'이란 단어도 있고 해서 어정쩡하게 '프림'이라 부르게 된 것이다. 광고를 보면, 프리마의 라이벌 회사에서도 '프림'이라고 하니 우스운 일이다. '카네이션', '프림', '미원', '정종' 등은 유명한 상표가 보통명사가 된 대단한 상품이라고 할 수 있다.

[
크림(Cream)

일반적으로 '크림(Cream)'이란 우유에 있는 지방성분으로 알고 있지만, 원래는 '최량의 부분(정수)', '본질' 혹은 '알맹이'란 뜻을 가지고 있다. 크림은 지방이 18% 이상인 것으로, 약간의 물리적 충격(Churning)으로 우유에서 분리된다. 이 크림을 중화 살균하여 냉각 후 12~24시간 보관하여 숙성하고, 이를 다시 기계적인 충격을 가해 버터를 만든다. 요즘 커피에 타먹는 분말상태인 인스턴트크림은 우유를 재료로 쓰지 않고 전분당, 야자유, 우유단백질(카세인) 등을 사용한 것이 대부분이다. 한편 리큐르 중에서 '크렘 드 카시스(Crème de Cassis)', '크렘 드 카카오(Crème de Cacao)' 등은 유제품의 뜻이 아니고, 카시스나 카카오의 '진수'라는 뜻으로 브랜디에 이런 과일 등을 넣어 추출한 것에 감미한 것이다. - JCK
]

무균질우유

얼마 전까지만 해도 '무균질우유'라는 것을 균(菌)이 전혀 없는 깨끗한 우유인 양 은근히 부추기는 광고가 있었다. 유명한 정치인까지 이런 광고에 나와서 자신을 무균질 인간 어쩌고 이야기하니까 그 뜻이 더욱 잘못 전해지고 말았다. '무균질(無均質)우유'는 균이 없다는 '무균질(無菌質)우유'가 아니다. 젖소에서 막 짜낸 우유는 물에 지방이 녹을 수 있는 양보다 더 녹아 있는 불안정한 상태라서, 서로 섞여 있던 물과 지방은 살짝만 흔들어도 쉽게 떨어져 따로 놀기 마련이다. 그래서 우유공장에서는 균질기(均質機)라는 기계를 사용하여 지방 입자를 잘게 쪼개 분산시켜 지방과 물이 잘 섞이도록 만드는데 이런 과정을 거친 우유를 '균질 우유'라고 한다. 이렇게 시중에 나오는 대부분의 우유는 균질우유인데, 어떤 업체에서 고급우유를 생산하면서 사람의 손길이 덜 묻은 자연상태임을 강조하려고 균질과정을 거치지 않은 우유를 만들어 '무균질(無均質)우유'라고 한 것이다. '무균질'이란 말과 균(菌) 즉 미생물과는 아무런 관계가 없다. 그런데도 "우리 주방에서는 무균질 원료만 사용합니다"라고 써 놓은 식당까지 있으니 아는 사람은 웃을 수밖에 없다.

> • 역사적으로 보면, 술, 커피, 차는 질병을 예방하여 인간의 수명을 연장시키는 데 큰 공헌을 한 음료이다. 위생적인 관념이 전혀 없던 시절에 술은 알코올이 들어 있는 위생적인 음료였고, 커피와 차는 물을 끓여서 만든 무균상태의 음료였다. - JCK

카페인 음료가 없었던 나라

한말에 외국의 어떤 식품학자가 세계 대부분의 나라는 습관성 기호음료를 가지고 있는데, 유독 한국에만 없다고 지적한 바 있다. 또 1800년대 말 한국을 방문하여『은둔의 나라 한국』을 저술한 그리피스(William Elliot Griffis)도 중국과 일본은 차를 재배하고 마시는데 우리나라만 재배하지도 않고 마시지도 않은 점을 이상하게 생각한 적이 있다.

그러나 우리나라의 차는 삼국시대 신라 선덕여왕(632~647) 때 전래되어 화랑들이 마셨다고 하며, 신화로 보면 수로왕비 허씨가 차를 가져왔다고 전한다. 기록상으로는 흥덕왕 3년(828) 김대렴이 중국에서 차 종자를 가져와 지리산에 심었다. 고려 때는 불교와 더불어 우리나라 차의 황금기로서 사원에 차를 공급하는 부락인 다촌(茶村), 궁중에는 차를 공급하는 관청인 다방(茶房)이 있었다. 특권층의 선물로 유행하였고, 일부에서 다도(茶道)를 형성하였다. 그러나 조선시대에는 궁중에서 외국손님 접대용으로만 사용하였고, 대부분 자취를 감추었다. 이와 같이 전성기를 이루다가 쇠퇴한 이유는 극심한 수탈, 즉 부당한 세금제도 때문이었다. 가혹한 수탈은 차 생산을 막아버리고 '차례(茶禮)', '다반사(茶飯事)' 등 차와 관련된 단어만 남겨 놓았다. 지성을 고무시키는 카페인음료가 없었으니 조선은 나라를 빼앗길 수밖에 없었을 것이다.

> **차례(茶禮), 다반사(茶飯事)**
> '차례'는 원래 차를 함께 마심으로써 신인(神人)의 융합을 꾀하는 의식으로 조상께 차를 정성껏 공양한다고 해서 나온 말인데, 일반인의 차를 금지시킨 조선시대부터 비싼 차 대신에 술이나 뜨거운 물을 대신 사용하도록 왕이 명을 내려 차 대신 술이나 밥으로 바뀌게 되었다. '다반사' 역시 차 마시고 밥 먹는 일이란 뜻으로 흔히 있는 일을 말한다. 고려시대에는 이렇게 차를 자주 마셨다는 뜻이다. - JCK

제주도 귤도 수탈 때문에 멸종

제주도의 귤은 해류의 방향으로 보아 선사시대부터 있었던 것으로 짐작하고 있다.『일본서기』에 의하면 730년경 신라 귀화인인 다지마모리(田道間守)가 일본으로 귤을 전달했다고 한다. 그리고 탐라국은 이미 백제나 신라에 귤을 바쳤다고 한다. 그 후 고려시대에도 제주도에서 귤을 가져왔고, 이를 개경에서 재배하려 시도한 적도 있었다. 조선시대에는 제주도 귤이 본격적으로 진상되어, 한양에 도착하면 큰 경사로 여기기도 했는데, 귤이 대궐에 들어오면 이를 축하하기 위해 성균관과 동서남중의 4개 학교의 유생들에게 특별 과거를 보이고 귤을 나누어주었을 정도였다.

그러나 서울에서 일어나는 이런 경사 뒤에는 제주도 사람들의 땀과 눈물이 숨어 있었다. 열매가 맺으면 꼬리표를 달아 하나라도 없어지면 엄한 형벌을 내리고, 아전들이 엄청나게 수탈을 하니 귤 재배를 기피하는 일이 일어나 그 수량이 줄게 되었다. 잘라버리면 고의로 한 것이 탄로날까 두려워 나무그루에 상어 뼈를 박거나 구멍을 뚫어 후추를 집어넣는 등 서서히 귤나무를 없애버렸다. 현재 제주도 귤은 일제강점기 때 일본에서 가져온 것이고, 재래종은 거의 멸종되다시피 하여 찾아보기 어렵다. 귤이나 차가 이런 식으로 자취를 감추게 되었으니, 새삼 정치를 잘해야 함은 두말할 필요도 없다.

> **감귤?**
>
> 이 귤(橘)을 '감귤(柑橘)', '밀감(蜜柑)', '오렌지(Orange)'라고 제멋대로 부르는데, '감귤'이라고 하면 귤, 유자, 탱자 따위를 통틀어 일컫는 말이 되므로 제주도의 귤을 '감귤'이라고 하는 것은 맞는 표현이 아니다. 그리고 '밀감'은 귤의 뜻을 가진 일본어에서 '미깡(蜜柑)'이라고 발음하는 한자를 그대로 우리말로 옮긴 것이므로 그냥 '귤'이라고 짧고 편하게 말하는 것이 옳다. 수입이 개방되면서 외국산 귤이 들어오자 누가 시작했는지 모르지만 이 귤을 '오렌지'라고 하니, 수입품이라서 영어를 써야 합당한 대우를 해준다고 생각했던 모양이다. 그런데 우리는 남산에 있는 탑은 '서울타워'라 부르고, 프랑스 파리에 있는 '에펠탑'은 기어이 우리말로 탑이라 부르니 알다가도 모를 일이다. – JCK

삼겹살도 엉터리

엉터리 음식이름이 상당히 있다. '족발'이나 '삼겹살'과 같이 표준말이 다 되어버린 우스운 말도 아무 거리낌 없이 잘 쓰이고 있다. 발 '족'(足)자에 다시 발을 붙여 만든 '족발'은 이제 국어사전에도 실리게 되었고, '삼겹살'도 한자식으로 쓰려면 '삼중육(三重肉)'이라고 하든지, 아니면 순우리말로 '세겹살'이라고 해야 옳다는 것쯤은 금방 알 수 있다. 우리는 한 겹, 두 겹, 세 겹이라고 하지 일 겹, 이 겹, 삼 겹이라는 말은 쓰지 않는다. 또 음식점 차림표에서 많이 보는 '설ㅇ탕', '육ㅇ장' 그리고 '김치찌ㅇ'를 국어사전에 나온 대로 맞게 써보라고 하면 배웠다는 사람도 이 세 가지를 모두 맞게 쓰는 사람은 거의 없다. 음식점마다 저마다의 특성을 살려 제멋대로 써놓고 있다.

> • 11:30을 '열한 시 삼십 분'이라고 할까? '열한 시 서른 분', 아니면 '십일 시 삼십 분'이라고 해야 하는데, 시는 우리말, 분은 한자말, 외국인이 우리말 배우면서 고개를 갸우뚱할 수밖에 없다. – JCK

지리상의 발견의 방아쇠 '후추'

목축을 하는 유럽에서는 고기를 오래 두고 먹으려면 고기를 말리거나 소금에 절인 고기라야 했다. 가축을 10월경에 도살하여 다음 해 봄까지 염장한 고기를 먹었으니 아무래도 오래 되면 냄새가 고약했을 것으로 쉽게 상상할 수 있다. 여기에 후추를 뿌리면 장기간 보관도 가능하고 맛도 좋아졌으니 당시의 후추는 그야말로 금쪽 같은 존재였다. 유럽에서는 한때 금값보다 비싼 적도 있어서 "후추처럼 비싸다"란 표현을 했고, 금이나 약재용 저울로 칭량하여 거래했다고 한다.

이 후추는 인도가 원산지로 기원전 6~5세기에 그리스에 소개되었다. 당시 그리스에서 후추는 요리용이 아니고 의료용, 해독제로 쓰였고, 로마시대에 향신료로 사용되었지만 워낙 귀하다 보니까 특수계층에서만 소비되는 사치품이었다. 귀한 이유는 유럽에서 생산되지 않고 인도에서 가져와야만 했기 때문인데, 이 무역을 중간에 있는 이슬람 상인들이 독점하고 있었다. 이슬람 상인들은 아라비아반도에 있는 항구에서 출발하여 인도는 물론, 아프리카, 심지어는 아시아 동쪽까지 갈 수 있었다. 마호메트도 후추무역으로 돈을 번 미망인과 결혼하여 그 여자의 재산으로 이슬람교를 창시했다는 이야기는 유명하다.

십자군 원정 후 이슬람 상인보다는 베네치아 상인들이 세계 향료시장을 차지하면서 이들이 챙긴 이윤은 어마어마했다. 1453년에 투르크족이 콘스탄티노플(Constantinople)을 점령한 뒤 실크로드가 봉쇄되어 유럽의 나라들은 인도로 갈 수 있는 새로운 길을 개척하는 데 온갖 노력을 다했다. 이때 스페인에서 콜럼버스가 나타나 이사벨 여왕을 설득하기 시작하였다. 지구는 둥그니까 서쪽으로 계속 항해하면 인도로 가는 더 짧은 항로를 찾을 수 있다고 주장하여, 1492년 배 세 척을 얻어 고생 끝에 육지에 도착하였는데, 이를 인도 어딘가에 도착했다고 생각하고 거기에 사는 사람을 '인디언(인디오)'이라 불렀다. 그러나 콜럼버스는 후추를 발견하지 못하고 두 번째 항해 때 고추를 가지고 온다.

한편 일찍이 이슬람의 지배에서 벗어난 포르투갈은 1400년대 초에 이미 아프리카 서해안을 탐험하였고, 이윽고 '엔히크(Henrique) 왕자'는 아프리카를 돌아서 인도로 가는 바닷길을 찾기 시작했다. 바로 지리상의 발견의 시작이 된 것이다. 아프리카의 최남단 희망봉을 거쳐서 1498년 진짜 인도에 도착한 '바스쿠 다가마'는 막대한 향신료와 부를 챙길 수 있다는 생각에 다음과 같이 외쳤다. "그리스도와 향신료를 위해!"

[
- 우리나라에서는 후추가 재배되지 않아 귀하기도 하지만, 채식 위주의 우리 식단에는 잘 맞지 않는다. 후추는 육류요리여야 궁합이 맞는다. 우리 음식에는 조선 중기에 들어온 고추가 지금까지 점령하고 있다. 육류요리가 시원찮을 때는 후추를 넣고, 채식요리가 시원찮을 때는 고추로 맛을 내면 된다. 후추와 고추를 적게 써야 본연의 맛을 내는 솜씨 좋은 요리사가 아닌가 싶다. - JCK
]

동아시아의 향신료는 '초(椒)'

한국, 중국, 일본에는 옛날부터 천초(川椒, 초피나무)가 자생하고 있었다. 이를 '초(椒)'라고 하였는데, 현재 우리나라에서는 추어탕에나 사용하는 정도지만, 고추가 들어오기 전까지 다양한 용도로 사용되었다. 후추는 한무제 때 서역의 호(胡)나라에 사신으로 갔던 장건(張騫)이 가져왔는데, 이를 호나라에서 온 '초'라고 하여 '호초(胡椒)'라고 불렀고, 이 호초를 우리나라에서 발음을 편하게 하다 보니까 '후추'가 된 것이다. 그러다가 임진왜란이 끝나고 고추가 들어왔는데, 이를 처음에는 '활활 타오르는 초'란 뜻에서 '고초(苦椒)'라고 불렀는데, 이 역시 발음을 편하게 하다 보니까 '고추'가 되었다. 동아시아 고유의 향신료 '초(椒)'가 후추와 고추의 어원이 된 것이다.

추어탕에 넣는 것은 '초피(椒皮)'

동아시아 고유의 향신료 '초(椒)' 가운데서 중국의 사천성(四川省), 즉 촉나라에서 나오는 것이 가장 품질이 좋기 때문에 사천성의 천(川)을 따서 '천초'라고 하기도 하고, 촉나라의 촉(蜀)을 따서 '촉초(蜀椒)'라고도 하고, 요즈음 중국에서는 '화초(花椒)'라고도 한다. 일본에서는 이 초가 산에 많다고 하여 '산초(山椒)'라고 해서 우리도 산초라고 부르는 경우가 많지만, 최근에 정리한 것을 보면 이의 올바른 이름은 '초피'가 맞고, '산초'라는 식물은 따로 있다.

초피나무는 운향과 산초나무속으로 학명은 Zanthoxylum piperitum이며, 높이 2m 정도로 자라는 낙엽수로 9월에 열매가 익는다. 열매에서 종자를 빼낸 껍질을 향신료로 사용하는데, 우리나라에서는 전남 구례 근처에서 양념으로 많이 사용하고, 다른 지역에서는 추어탕을 먹을 때는 초피가루를 넣어 그 맛을 더한다. 이 초피는 세계 음식시장에서 이미 유명한 식재료가 되어, 중국요리를 통해 알려졌다고 해서 'Chinese pepper'라고도 부르며, 일본에서는 'Japanese pepper'라고 표기하여 전 세계에 알리고 있다. 우리나라에서는 지방별로 사투리가 많아서, '제피', '산초', '조피', '젠피' 등 여러 가지로 부르고 있다.

한국음식에 초피는 거의 사용하지 않을 정도로 극히 드물게 사용되지만, 고추가 들어오기 전에는 매운맛을 낼 수 있는 식재료로 긴요하게 쓰였다. 고추가 들어온 다음에 초피 자리를 고추가 대체하면서 한국음식에서 초피는 급격하게 없어지기 시작한 것으로 보인다.

『홍길동전』을 쓴 허균이 1611년에 지은 『도문대작(屠門大嚼)』은 귀양 가서 지난 날 맛있게 먹던 음식을 회상하면서 쓴 책이다. 여기에 '초시(椒豉)'란 음식이 생각난다는 얘기가 있다. 초시는 오늘날의 고추장의 전신으로 고추 대신에 천초(초피)를 섞어서 만든 것이다. 그리고 다른 옛 문헌에서도 김치를 담글 때 호초, 천초, 겨자, 마늘 등을 썼다는 기록이 나온다.

고추

콜럼버스가 후추 대용으로 가져온 고추는 온대지방에서도 잘 자라는 식물이라 세계 여러 나라로 퍼지기 시작했다. 우리나라 사람들은 우리가 아주 옛날부터 고추를 먹었다고 생각하지만, 1613년 이수광의 『지봉유설』에 소개되는 등 비교적 최근에 우리나라에 들어온 작물이다. 일본에서는 조선에서 왔다고 하고, 조선은 일본에서 왔다고 하니 확실히 알 수 없다. 1700년대부터 김치를 담글 때 초피 대신에 고추를 넣기 시작하였고, 고추 덕분에 비린내 나는 젓갈도 들어가서 김치가 더 맛있어진다. 그러니까 김치가 빨개진 것은 불과 200~300년 정도밖에 되지 않았다. 도입된 지 얼마 되지 않은 고추는 우리나라 사람의 입맛에 맞게 개량되어 매운맛에 달콤한 맛을 추가하여 다양한 맛을 제공하며, 비타민 공급원으로, 또 붉은색이 귀신을 쫓는다는 주술적인 면에서도 상당한 역할을 했다. 우리는 이 고추를 고추로 만든 소스인 고추장에 찍어먹고, 김치를 비롯한 갖가지 요리에 고추를 듬뿍 넣어서 먹는다. 이제 고추는 우리나라 사람들이 가장 애용하는 향신료이며, 우리의 자존심이 되었다.

이 노래는 왜?
아버지는 나귀 타고 장에 가시고
할머니는 건넛마을 아저씨댁에
고추 먹고 맴맴, 담배 먹고 맴맴

> 1920년대에 발표된 동요(윤석중 작사, 박태준 작곡)인데, 아무래도 가사가 수상하다. 아버지는 장에 가시고, 할머니는 건넛마을 가시고, 집안에 어른이 안 계신다. '고추 먹고 맴맴, 담배 먹고 맴맴~' 어떤 짓을 하고 있는 건지 알 수가 없다. 2절, 3절을 보면 아버지와 할머니가 무슨 일로 나가셨는지 알 수 있지만, 또 어른들 오실 때까지 '고추 먹고 맴맴, 담배 먹고 맴맴~'이란 무슨 행동을 나타내는 가사일까? 요즈음에는 '담배'를 '달래'로 고쳐 부른다.

인간이 가장 좋아하는 단맛, 설탕

단맛을 가진 식품은 우리에게 에너지를 제공하기 때문에 본능적으로 좋아하기도 하지만 인간은 네 가지 기본 맛 중에서 단맛만 좋아한다. 신맛이나 짠맛을 좋아한다고 주장하는 사람도 있지만, 그 식품에 단맛이 있으면서 신맛과 짠맛이 있으니까 그렇게 되는 것이다. 식초가 들어간 오이냉국에 설탕을 넣지 않으면 먹을 수가 없고, 시디신 석류도 단맛 위에 신맛이 있어서 좋아하는 것이다. 된장이나 간장도 짜지만 근본적으로 단맛이 숨어 있어서 맛있게 느낀다.

자연계에 단맛을 주는 물질이 여러 가지가 있지만, 우리는 설탕의 단맛을 가장 좋아한다. 꿀이나 식혜, 엿 등의 단맛은 상쾌한 설탕에 비하면 어딘가 싫은 구석이나 부족한 면이 있다. 인간이 뒤늦게 설탕 맛을 보고 그 맛에 반한 것은 이런 이유 때문이다. 그리고 설탕은 식품을 가공할 때 수분을 유지시켜 맛을 부드럽게 만들며, 다른 맛을 완화하고 감미롭게 만들고, 지방의 산화를 방지하며, 고농도일 경우에는 부패방지 효과도 발휘하는 등 현대인의 생활에서 없어서는 안 될 식품으로 중요한 위치를 차지하고 있다.

설탕의 전파

설탕이 인도에서 유럽으로 전파되어 사탕수수의 원산지를 인도로 알고 있지만, 인도네시아 뉴기니에서 시작되어 필리핀과 인도, 중국으로 전파되었다는 설이 유력하다. 그러나 최초의 기록은 기원전 400년 인도의 것이며, 인도 갠지스강 유역에서는 사탕수수즙으로 설탕을 최초로 만들었다고 전한다. 옛날 '알렉산드로스(Alexandros)' 대왕의 군대가 인도에서 사탕수수를 발견했을 때, '꿀벌 없이 꿀을 얻을 수 있는 갈대'라고 하면서 유럽에 소개되었고, 우리나라는 고려시대의 기록이 최초지만, 그전에도 있었을 것으로 추측하고 있다.

인도의 설탕은 페르시아로 전달되었고, 이슬람교의 창시자 마호메트는 페르시아의 사탕수수에 매료되어 정복지마다 가지고 가서 심었다. 그 덕분에 아라비아반도 전역, 이집트를 비롯한 북아프리카까지 퍼진 것이다. 이윽고 아랍인들의 무역을 통하여 유럽인들이 설탕 단맛을 보게 되고, 아랍인들이 유럽의 남부를 지배할 때는 키프로스, 시칠리아, 모로코, 스페인의 남부지방으로 사탕수수 재배지역이 확산된다. 설탕이란 단어 역시 고대 인도어인 산스크리트어(梵語)에서 '사르카라(Sarkara)'라고 한 데서 출발하여, 서쪽의 페르시아로 건너가 '샤카르(Shakkar)'가 되었으며, 아랍어로는 '사카르(Sakkar)'가 된다. 이것이 유럽으로 건너가 라틴어의 '사카룸(Saccharum)'에서 프랑스어 '쉬크르(Sucre)', 영어의 '슈거(Sugar)'가 된다.

영어로 '슈거(Sugar)'라고 하면 설탕을 포함하여 포도당, 과당, 맥아당 등 모든 당의 총칭이 되기 때문에, 영어권에서는 이런 혼동을 피하기 위해서 설탕을 학계에서는 '수크로오스(Sucrose)'라고 부른다. 이 수크로오스를 우리말로 '자당(蔗糖)'이라고 구분해서 부르지만, 우리말에 설탕이라는 단어가 따로 있으니까 구태여 이렇게 어려운 용어를 사용할 필요는 없다.

달콤하지만 더 씁쓸한 설탕의 역사, 흑백무역

15세기까지만 해도 설탕은 아주 귀한 것으로 감미료보다는 약제로 사용될 정도였다. 그러나 잘사는 사람들은 상쾌하고 달콤한 설탕의 맛을 더 보고자 설탕으로 과자를 만들어 즐기기 시작했고, 요리에도 사용하기 시작하면서 설탕의 수요는 급증하기 시작한다. 르네상스시대는 문예진흥이라는 새로운 시대이기도 하지만, 교역의 확대와 신대륙 발견으로 유럽인들은 커피, 초콜릿, 차, 설탕, 향신료, 담배와 같은 이국적인 기호품을 맛볼 수 있는 시대이기도 했다. 새로운 미각의 세계를 소개한 이들은 당시 동서양무역의 거점인 베네치아나 제노바 상인들로 이국적인 식품을 수입하여 엄청난 부를 축적하였다. 이를 보고 배운 제노바 출신의 콜럼버스는 지구가 둥글다면 서쪽으로 가도 인도에 갈 수 있다고 믿은 결과, 신대륙인 아메리카 대륙을 발견하고, 두 번째 항해 때는 사탕수수를 싣고 카리브해로 향한다. 카리브 해 섬들을 비롯한 중남미는 사탕수수 재배의 최적지였고, 이때부터 중남미에서 대대적으로 사탕수수를 재배하기 시작했다.

그러나 노동력이 부족했다. 특히, 설탕 생산에는 수확기 3~4개월에 집중적인 노동력이 필요하다. 그동안 서인도제도의 원주민들은 유럽인들이 가져온 몹쓸 질병과 학대로 거의 사라진 것이다. 신대륙을 지배하던 유럽인들은 노동력 부족을 해결하기 위해 아프리카의 흑인을 데려오기로 한다. 유럽에서 총, 화약, 술을 가득 실은 선박이 가까운 서아프리카에 가서 흑인을 짐짝처럼 꾸역꾸역 싣고 서인도제도에 풀어 설탕 생산에 투입하였다. 그리고는 하얀 설탕을 유럽으로 가져왔으니 이를 '흑백무역'이라고 하며, 유럽은 이를 바탕으로 많은 부를 축적한다. 근 400년 동안 아프리카 흑인 1,200만 명이 온 것으로 추정하고 있다. 이로써 흑인노예제가 도입되었고, 자본주의형 대규모 플랜테이션이 이루어진다. 그래서 설탕은 "유럽의 자본과 아프리카의 노동력, 아메리카 대지가 만들어낸 국제적인 작물이며, 달콤한 설탕에는 흑인들이 뿌린 피와 눈물과 땀이 응축되어 있다"라고 이야기한다.

사탕수수는 베어낸 즉시 즙을 짜서 가공해야 하는 작물이다. 수확하고 즙을 짜서 덩어리로 만드는 일은 긴밀하게 연결되어 효율적으로 시간과 노동력을 사용해야 한다. 이러한 산업적인 특성 때문에 설탕은 대량생산체제가 될 수밖에 없었고, 덕분에 늘어나는 수요를 감당할 수 있게 되었다. 이 무렵 유럽에서는 신대륙에서 들어온 입맛을 자극하는 이국적인 커피, 초콜릿, 차 등의 기호식품이 유행하고 있었고, 여기에 설탕은 이런 기호식품의 맛을 훨씬 더 좋게 만들어주는 새로운 미각의 시대를 열어준 것이다.

옛날 강원도 사람들은 무엇을 먹었을까?

콜럼버스가 아메리카 대륙을 발견하고 가져온 식품은 옥수수, 감자, 고구마, 토마토, 고추, 담배, 땅콩, 초콜릿 등이다. 호랑이 담배 피우던 시절이라고 해봐야 불과 400년 전, 김치가 빨개진 것도 1800년대부터다. 감자와 옥수수가 많이 나오는 강원도에서는 옛날에 무얼 먹었을까?

백설탕은 황설탕을 표백한 것이다?

잘 알다시피 설탕은 사탕수수를 분쇄하여 짜낸 즙으로 만든다. 이 즙은 산성이므로 석회를 첨가하여 중성으로 조절하고, 단백질이나 지방 그 외 부유물질을 침전시켜 제거한 액을 끓여서 수분을 증발시켜 결정으로 만든다. 이를 '원료당'이라고 하며 황갈색을 띤다. 우리나라는 이 원료당을 수입하여 정제당을 만든다. 원료당의 표면에 붙어 있는 불순물을 씻어내고 이를 물에 녹인 다음 석회, 활성탄 등을 넣어서 불순물을 걸러내면 탈색되어 색깔이 깨끗해진다. 이를 진공상태에서 농축시켜 과포화상태에서 모결정을 첨가하면 하얀 결정이 생기며, 이 결정을 분리하면 백설탕이 된다.

결정을 분리한 뒤 남아 있는 액을 '당밀'이라 하는데, 여기에는 아직도 설탕성분이 있어서 다시 결정을 만들어 분리하여 나오는 갈색 설탕을 '분밀당'이라고 한다. 이 분밀당을 다시 정제하면 백설탕이 될 수 있다. 이런 식으로 세 번까지 분리하고 남은 검은색 당밀은 더 이상 설탕을 만들지 않고 알코올을 만들거나 다른 용도로 사용한다. 그러니까 백설탕(White sugar)은 정제가 가장 잘된 순도가 높은 설탕이며, 황설탕(White brown sugar)은 당밀을 재결정하는 과정을 거치면서 열을 많이 받아서 색깔이 변한 것이다. 흑설탕(Dark brown sugar)은 당밀을 분리하지 않고 그대로 결정으로 만든 것이기 때문에 설탕성분은 80% 정도 되고, 나머지는 전화당, 무기질, 수분 등이 들어 있는 것이다. 황설탕에 표백제를 첨가하여 백설탕을 만든다는 소문은 근거가 전혀 없는 이야기다.

설탕의 유해성 논란

설탕은 포도당과 과당으로 이루어진 천연감미료이며 자연식품이다. 많은 사람들은 설탕이 사탕수수에서만 나오는 것으로 생각하지만, 꿀이나 과일에도 포도당과 과당이 많이 들어 있다. 더 이야기한다면 쌀, 보리 등 곡류나 감자, 고구마 등의 식품도 우리 몸에서 소화되면 포도당으로 된다. 그러니까 곡류나 서류 등 녹말이 들어 있는 식품에서 얼마든지 설탕성분을 뽑아낼 수 있지만, 사탕수수가 가장 경제적이고 효율이 좋기 때문에 그렇게 하는 것이다. 그러니까 설탕이 해롭다면 모든 탄수화물이 해로운 것이 된다.

오히려 설탕은 소화작용 없이 바로 에너지를 공급하니까, 전쟁이나 천재지변 등 유사시에는 비상식품으로 가치가 더 커질 수도 있다. 현대인은 먹을 것은 넘쳐나고, 넘쳐나는 에너지를 사용하지 않으니까 비만이 생기고, 그 부작용으로 당뇨, 심혈관질환 등의 질환이 생기는 것이지 설탕 때문은 아니다. 당뇨병의 주범을 설탕으로 보는 사람들이 많지만, 당뇨병은 인슐린의 부족으로 일어나는 병이지 설탕 때문에 일어나는 병이 아니다. 단, 비만으로 당뇨가 생길 수는 있으니까 간접적인 공범이 될 수는 있겠다. 충치도 당분이 들어 있는 식품이 원인인데, 유독 설탕만을 범인으로 볼 수는 없다.

요즈음은 설탕이 기억력을 좋게 하고, 항생제의 효과를 높인다는 등의 논문이 나오고, 설탕을 먹으면 더 오래 산다는 주장까지 나오고 있다. 아직까지 식품이 우리 인체에 미치는 영향에 대해서 100% 명확하게 밝혀진 것이 없다. 하룻밤 자고 나면 해롭다고 했던 어떤 식품이 몸에 좋다고 하고, 반대로 몸에 좋다는 것이 암을 일으킨다는 등 학자들의 논문은 종잡을 수 없다.

- 2015년 워싱턴포스트지에서 발표한 것을 보면, 국민 1인당 1일 설탕 섭취량은 다음과 같다.
  · 미국 126.4g · 독일 102.9g · 영국 93.2g · 스페인 70.1g · 프랑스 68.5g · 이탈리아 57.6g
  · 일본 56.7g · 한국 30.7g · 중국 15.7g

우리나라 사람들은 설탕을 적당히 먹고 있으므로 막연한 '설탕 공포'를 느낄 필요는 없다.

Wine Episodes 5

마누라한테 맞아죽을
100대 와인

⑤ 마누라한테 맞아죽을 100대 와인

> 2004년 와인 전문잡지 『디캔터』에 "죽기 전에 마셔야 할 100대 와인"이라는 제목의 글이 소개된 적이 있다. 감히 손을 대지 못할 금액의 와인이요, 생전 구경도 하기 힘든 와인이다. 이런 와인 때문에 다음과 같은 말이 나오는 것이다. '죽기 전에 마셔야 할 100대 와인'은 '마누라한테 맞아죽을 100대 와인'이다. 더한 사람은 '100대 맞더라도 마셔야 할 와인'이라고 이야기하기도 한다. – JCK

자랑하는 즐거움

와인 좀 알기 시작하면, 아주 비싸고 잘 알려진 고급와인을 마시고 이를 자랑하기 좋아한다. 우리는 학교에서 음악이나 미술은 그럭저럭 배우지만, 와인은 배우지 않기 때문에 와인 지식은 보편적인 것이 아니다. 그래서 와인은 조금만 알아도 아는 척하기 좋다. 즉 잘난 척 하고 싶으면 와인을 배워야 한다. 그래야 남모르는 지식을 자랑할 수 있고, 와인 좀 아는 사람에게는 남들 마시기 힘든 비싼 와인을 마시고 자랑하는 재미를 느낄 수 있다.

그래서 네티즌 사이에 알려진 소위 '염장질'을 많이 하는데, 이는 아직 와인이 생활 속에서 자리를 잡지 못했다는 증거다. 평범한 요리에 대중적인 와인을 자주 마신다면 자랑할 이유가 없는데, 모처럼 유명하고 비싼 와인을 마시면 너도나도 자랑하기 바쁘다. 그러나 사람이 살아가면서 누릴 수 있는 즐거움 중에 자랑하는 즐거움만큼 큰 것은 없다.

산악인들에게 왜 그렇게 고생해 가면서 높은 산을 오르느냐고 물어보면, "산이 있기에 산에 오른다"라고 점잖게 이야기한다. 그렇다면 조용히 에베레스트산에 올라가서 조용히 내려와야 하는데, 가기 전에 기자회견하고, 올라가서 촬영하고, 내려와서 기자회견하고⋯ 결국은 고생한 만큼 이를 자랑해야 하고, 그 성과를 남이 알아줘야 한다.

골프 좋아하는 목사

골프를 아주 잘 치는 목사가 있었다. 그러나 목사는 직업적인 특성상 평일에만 골프장에 갈 수 있으니까, 많은 사람들에게 자랑할 수 있는 기회가 없었다. 어떻게 하면 일요일에 골프장에 갈 수 있을까 고민 끝에, 부목사에게 학회가 있다고 거짓말을 하면서 설교를 맡기고 골프장에 갔다.

그러자 이를 괘씸하게 생각한 하느님이 벌을 주기로 했는데, 치자마자 홀인원이 되었다. 옆에 있는 천사가 의아하게 생각하고,

"아니, 벌을 주신다면서 왜 홀인원을 주십니까?"

"이봐, 목사가 일요일에 홀인원하고 누구한테 자랑하나?"

와인 강의나 칼럼도 자랑

초창기 와인교육을 하는 사람들은 외국의 화려한 와이너리나 샤토 사진을 보여주면서 어떤 샤토에서 누구랑 아주 좋은 와인을 마셨는데 환상적이었다는 내용으로 교육을 하는가 하면, 신문이나 잡지에 칼럼을 쓰는 사람들도 경치가 기가 막힌 어디를 가서, 그곳의 고급와인과 음식을 먹었다는 이야기를 들려주는 경우가 많았다. 어떤 신문에서는 유명 인사가 일주일에 한번 와인 칼럼을 쓰는데, 프랑스 어디 경치 좋은 해변에서 석양을 바라보고 무슨 와인과 무슨 요리를 먹었다는 이야기로 일관하다가 독자의 항의로 바로 잘리는 일도 있었다.

여행을 싫어하는 사람은 없다. 누구나 여행을 좋아하지만, '돈', '시간', '동반자'라는 세 가지 여행의 요소 중 한두 개가 충족되지 않아서 못 가는 것인데, 화려한 여행기를 쓰다가는 '돈 많고 시간 많은 녀석들'이라고 비아냥거리는 소리를 듣기 쉽다. 심지어는 자기가 쓴 와인 책에 자신이 어디 가서 찍은 사진을 올리기도 하는데, "왔노라", "보았노라", "찍었노라"라고 외치는 것이다. 남들이 해보지 못한 경험을 나는 해봤다는 것을 알아주라는 얘기다.

> **국내여행의 좋은 점**
> - 말이 잘 통한다.
> - 시차가 없다.
> - 음식이 입에 맞는다.
> - 세관 통과할 필요가 없다.
> - JCK

LVMH 그룹

LVMH(루이비통 모엣 헤네시) 그룹은 1987년 루이비통(Louis Vuitton) 패션하우스와 모엣 헤네시(Moët Hennessy)의 합병으로 이루어진 업체로 파리에 본사를 두고 있는 다국적 럭셔리 그룹이다. 이 그룹은 디오르(Dior), 지방시(Givenchy), 불가리(Bulgari) 등 명품의 왕국으로 유명하지만, 프랑스가 자랑하는 명품와인도 10여 개나 가지고 있다. 이 럭셔리 왕국은 샴페인으로 '모엣 샹동(Moët et Chandon)'을 비롯하여 '크뤼그(Krug)', '뤼이나르(Ruinart)', '뵈브 클리코(Veuve Clicquot)'를, 명품와인은 보르도의 '슈발 블랑(Ch. Cheval Blanc)', '샤토 디켐(Chateau d'Yquem)', 뉴질랜드의 '클라우디 베이(Cloudy Bay)' 등을, 가장 비싼 코냑으로 알려진 '헤네시(Hennessy)'까지 화려한 브랜드를 모두 소유하고 있다.

명품와인이란?

"여자가 그 나무를 본즉 먹음직도 하고 보암직도 하고 지혜롭게 할 만큼 탐스럽기도 한 나무인지라(창세기 3장 6절)" 금단의 열매를 보는 순간, 여자가 이 열매를 따서 먹고 싶은 강렬한 유혹을 성경에서는 이렇게 표현하고 있다. 최고의 식품이 가져야 할 덕목 세 가지를 성경에서 제대로 설명하고 있다. 우선 색깔이나 모양이 먹음직스럽고, 실제로 맛이 좋아야 하고, 먹고 나서 남들과 뭔가 다르다는 느낌을 주는 이런 매혹적인 식품이라면 엄청나게 비싸게 받아도 잘 팔릴 수 있다. 좋은 와인이 사람을 끄는 마력도 이와 다르지 않다. 글라스에 따를 때, 색깔의 아름다움에 눈을 떼지 못하고, 마시면서 맛과 향에 반하게 되지만, 보다 더 매력적인 것은 마신 후에도 지혜롭게 할 만큼 탐스러운 무언가 남다른 기분을 느끼게 만드는 것이 고급와인이다.

> **명품이란?**
> 백을 사러 갔다. 디자인이나 색깔이 별로 맘에 차지 않는 것이 있는데, 슬쩍 뒤집어보니까 'HERMÈS'라고 쓰여 있다. 그러면 "요새는 에르메스도 별 볼 일 없구나!" 이렇게 자신 있게 이야기할 사람이 몇이나 될까? 대부분은 '이크! 요새는 이런 것이 유행이구나!'라고 생각하면서 자신을 반성(?)하게 된다. 명품와인도 마찬

가지다. 백만 원짜리 와인이 내게 맛이 없다면 내가 잘못된 것이다. 소위 명품이라고 하는 것은 우리의 판단력이나 이성을 완전히 무시한다.

좋은 포도밭은 명당자리

고급와인 생산지는 그렇게 덥지 않은 지방에서 남향으로 자리를 잡고 있으면서, 뒤쪽으로는 차가운 북풍을 막을 수 있는 산이 있고, 앞이 시원하게 트인 곳으로 강이나 호수가 있으면 더 좋다. '좌청룡 우백호'라는 명당자리와 다를 바 없다. 낮에는 햇볕이 잘 들어 덥고, 밤에는 기온이 뚝 떨어져 서늘해져야 포도의 색깔이 진하고 당도와 향이 좋아진다. 연간 강우량도 500~800mm 정도(우리나라는 1,200~1,400mm)로 비가 많지 않은 곳이며, 비가 오더라도 겨울에 많이 오고, 빗물이 바로 빠지는 경사진 곳이라야 한다. 또 같은 지역의 다른 포도밭에 비하여 서리나 우박 등의 피해가 적어서 예전부터 명산지로 소문난 곳이다. 이렇게 완벽한 조건을 갖춘 포도밭은 넓을 수가 없기 때문에 생산량이 적고, 다른 포도밭과는 비교가 되지 않을 정도로 땅값이 비쌀 수밖에 없다. 이렇게 비싼 와인이 나오는 곳은 땅값부터 차이가 난다.

- "사람은 와인과 같다. 일부 와인은 오래되면 식초로 변해가지만, 최고품은 세월이 흐를수록 좋아진다"
    – 교황 요한 23세(Johannes XXIII)

수확량을 줄여야

그리고 그 기후와 토질에 맞는 고급 포도품종을 선택하여 정성들여 재배한다. 손으로 하나씩 가지치기를 하고, 꽃이 핀 다음부터 솎아내서 생산량을 줄여야 당도가 높고 산도가 적당한 좋은 포도를 얻을 수 있다. 참고로, 우리나라의 식용 포도는 ha(3,000평)당 30,000kg 정도 수확하지만, 프랑스의 고급 산지는 3,000~5,000kg 정도로 적은 양을 수확하는 데 초점을 맞추고 있다. 포도가 익기 시작하면 날마다 당도를 비롯한 각 성분을 분석하여 가장 이상적인 조건에 도달했을 때, 완벽한 송이만 손으로 수확하고 좋지 않은 것은 그대로 남겨둔다.

재고비용 부담

이 포도를 상자에 담아서 즉시 와이너리로 가져와 으깨서 바로 발효를 시키거나 낮은 온도에서 며칠 더 두면서 아로마를 추출한 후 발효시킨다. 발효도 낮은 온도에서 서서히 일어나게 조절하여 색깔, 향, 맛 등이 조화를 이루면서 완벽한 품질이 되도록 와인을 소중히 다루고, 숙성할 때도 아주 비싼 오크통을 사용하여 장기간 보관하여 오크통에서 향과 맛이 우러나오도록 관리한다. 완성된 와인을 병에 넣을 때도 가장 길고 비싼 코르크를 사용한다. 그리고 나서 이 와인을 몇 년 더 병에서 숙성시킨다. 해가 거듭됨에 따라 생산연도(Vintage)가 다른 와인이 계속 쌓이니까 창고가 커질 수밖에 없다. 쉽게 이야기한다면, 1년 숙성시키는 와이너리에 비해 5년 숙성시키는 와이너리는 창고면적이 다섯 배 더 커야 한다. 그리고 5년 동안 관리하는 비용과 재고비용을 고려한다면 보통 와인보다 기하급수적으로 비싸지는 것은 당연한 이치다. 덩치 큰 아파트도 3년이면 다 짓는데, 와인 한 병 만드는 데 5년이 걸린 셈이다. 특급 와인이 삶을 풍요롭게 해주는 이유는 이렇게 인간의 인내심을 향상시키기 때문이다.

• 와인은 다른 명품과는 달리 상표와 코르크를 제외하면, 아무런 보증서 없는 유일한 명품이다.
— 로버트 파커(Robert Parker, 미국의 와인평론가)

예술(Art)과 기술(Art)

이렇게 만든 와인은 거의 예술품 수준으로 취급하기도 하지만, 가격이 올라갈 수밖에 없는데, 그 이유는 수량이 많지 않기 때문이다. 즉 수요와 공급의 법칙에 의해서 값이 비싸지는 것이다. 와인애호가들이 경쟁적으로 와인 값을 올리기 때문에 한 병에 수십, 수백만 원이 되면서 더욱 유명해진다. 명품와인은 특정한 포도밭에서만 나오는 것이므로, 잘 팔린다고 중국에 와이너리를 세우고 더 많이 만들 수도 없고, 누군가가 마셔버리니까 세월이 지나면서 그 양이 적어지기 마련이다. 그래서 어느 해 어느 와인이 좋다면, 재빨리 사서 재테크를 하기도 한다.

명품와인은 예술작품의 경지에 오른 것이라고 보면 된다. 영어로 'Art'라면 영한사전에는 예술, 미술, 기술, 기능의 뜻으로 되어 있다. 우리는 흔히 예술을 높게 보고, 기술은 낮게 평가하는 경향이 있는데, 서양에서는 기술이나 예술은 'Art'로 같은 뜻이다. 기술의 극치가 예술이다. 이렇게 비싼 와인은 최고의 조건을 갖춘 작은 포도밭의 낭만과 하나씩 정성들여 손으로 만든다는 점에, 비싼 가격이 합쳐져 그 맛을 더 뛰어나게 만든다고 보면 된다. 그러나 비싼 와인의 상표가 떨어져 나가고 없다면 과연 그 가치는 얼마나 나갈까? 이런 와인은 브랜드 네임의 가치가 더 크다. 백만 원짜리 와인이 만 원짜리 와인보다 백 배 더 맛있는 것은 아니다.

> **수억 원짜리 바이올린**
>
> 유명한 바이올리니스트가 있었다. 그는 연주도 잘 하지만, 수억 원이 나가는 아주 비싼 바이올린으로 연주하는 것으로 더 유명했다. 어느 날 이 유명한 바이올리니스트의 연주가 있었다. 수많은 사람들이 비싼 바이올린 연주를 들으러 연주장으로 갔다. 기가 막힌 소리를 들으면서 감명받은 관객들은 연주가 끝나자 우레와 같은 박수를 보냈다.
>
> 그러자 바이올리니스트는 연주한 바이올린을 들어서 바닥에 두들겨 부숴버렸다. 관객들은 깜짝 놀랐다. "저렇게 비싼 바이올린을 부숴버리다니…" 모두 수군거렸다.
>
> 바이올리니스트는 다음과 같이 이야기했다. "여러분, 제가 방금 컨 바이올린은 값싼 평범한 바이올린입니다. 비싼 바이올린보다 제 연주를 들어주십시오"

페트뤼스(Pétrus)의 와인메이커, '장 클로드 베루에(Jean Claude Berrouet)'

포므롤의 페트뤼스(Pétrus)는 비공식적으로 메도크의 1등급 와인 위에 있다고 할 수 있다. 제1차 세계대전이 끝나고 나서 고급와인으로 부상하면서 신데렐라처럼 떠오른 와인이다. 1945년 빈티지는 보르도에서 가장 비싼 와인으로 알려졌으며, 1947년에는 엘리자베스 여왕의 결혼식에 1938년산 매그넘 2병이 가면서 국제적으로 최고의 명성을 얻었고, 1960년에는 뉴욕의 고급 레스토랑에서 오나시스에게 서비스되어 미국에서도 고급와인의 상징으로 부각되었다. 1960년 이후부터 21세기로 오면서 페트뤼스는 천문학적인 가격이 되었으며, 명품와인으로 완벽한 예술작품을 추구하기 때문에 세컨드 와인이 없는 것이 특색이다.

이 페트뤼스를 만든 사람은 누구일까? '장 클로드 베루에'란 사람이다. 1965년부터 와인메이커를 맡아서 2008년에 은퇴하면서 아들(Olivier Berrouet)을 와인메이커로 심어 놓았다. 1960년대에 대학을 졸업하고 페트뤼스 면접을 볼 때, 장 피에르 무엑스(Jean-Pierre Moueix)는 와인에 대해서는 한마디도 묻지 않고 그림, 문학, 음악, 인생 등에 대해서 대화를 나누는 식으로 몇 개월 이야기를 계속했다고 한다. 즉 양조학적 지식보다는 예술적인 장인정신이 있는가를 살펴보았던 것이다. 몇 개월 동안 서로 이야기하면서 그 역시 무엑스의 예술적인 감각에 반하게 되었고, 이윽고 서로 예술적인 면에 끌리게 되어 와인메이커로서 일을 시작하였다.

가장 비싼 와인, 대금

2001년 여름 런던에서 투자은행 바클레이스(Barclays) 딜러 여섯 명이 저녁식비로 4만 4,000파운드(약 8,100만 원)를 지불한 적이 있었다. 이들은 거래의 성공을 자축하는 저녁식사를 런던의 최고급 레스토랑 '페트루스(Gordon Ramsay's Petrus)'에서 하면서, 세계 최고의 와인을 마셔보기로 하고 맥주부터 시작하여 샴페인을 마시고, 1982년산 몽라셰(1,400파운드, 약 260만 원), 그 다음에는 1945년산 페트뤼스(1만 1,600파운드, 약 2,140만 원)부터 1946년산 페트뤼스(9,400파운드, 약 1,730만 원), 1947년산 페트뤼스(1만 2,300파운드, 약 2,270만 원)를 차례로 마신 뒤 디저트 와인으로 100년이 넘은 1900년산 샤토 디켐(9,200파운드, 약 1,700만 원)을 마셨다.

와인 값은 여섯 명 중 다섯 명이 나누어서 지불하였고, 레스토랑 측은 고가 와인을 주문했으므로 음식 값은 받지 않았다고 한다. 이 사실이 알려지자, 회사는 이들 중 다섯 명을 해고했는데, 한 명은 고자질했기 때문이라는 설도 있고, 이 은행에 입사한 지 얼마 안 되었기 때문에 잘리지 않았다고도 한다. 해고된 이들은 레스토랑 주인인 람세이(Ramsay) 씨를 기밀 유지의 약속을 어겼다는 이유로 고소한다고 위협하기도 했다.

- 뉴욕타임스, 2002. 2. 26.

도멘 드 라 로마네 콩티(DRC, Domaine de la Romanée-Conti)

세계에서 가장 비싼 로마네 콩티 근처의 포도밭은 1232년 본(Vosne)의 생비방(St.-Vivant) 수도원에서 1.8ha를 취득하면서 시작된다. 1631년 크로냉부르(Croonembourg) 가문에서 이 포도밭을 구입하여 '로마네(Romanée)'라는 이름을 붙이는데, 그 이유는 알려지지 않았다. 그리고 이 가문은 동시에 옆에 있는 '라타슈(La Tâche)'까지 구입한다. 1760년 '앙드레 드 크로냉부르(André de Croonembourg)'는 이 포도밭을 팔기로 결정하는데, 이때 루이 15세의 애첩 '퐁파두르 부인(Madame de Pompadour)'과 그의 정적인 '콩티 왕자(Prince de Conti)'가 경합을 벌이지만, 콩티 왕자는 당시 파격적인 금액인 8,000리브르를 지불하여 이 포도밭을 구입하여 '로마네 콩티(Romanée-Conti)'라는 이름이 붙는다. 그러나 프랑스대혁명 때 이 포도밭은 압류되어 경매로 넘어간다.

로마네 콩티를 넘겨받은 니콜라 드페르 드 라 누에르(Nicolas Defer de la Nouerre)는 1819년, 이를 쥘리앙 우브라르(Julien Ouvrard)에게 78,000프랑에 매각하고, 1869년에는 이를 자크 마리 뒤보 블로셰(Jacques-Marie Duvault-Blochet)가 구입하여, 여기에 에세조, 그랑데세조, 리슈부르 지분까지 더해서 오늘날 우리가 알고 있는 DRC가 된다. 그리고 1933년에는 1815년부터 루이 리제르 벨에르(Louis Liger-Belair)가 소유하던 라타슈도 구입하여 DRC로 합류되고, 1988년에는 1966년부터 임대로 사용하던 로마네 생 비방(Romanée Saint-Vivant) 일부도 구입한다.

자크 마리 뒤보 블로셰의 후손은 빌렌(Villaine) 가문으로 1911년 '에드몽 귀동 드 빌렌(Edmond Guidon de Villaine)'이 이사가 되면서 '도멘 드 라 로마네 콩티'라는 이름으로 등록한다. 1942년에는 이들 지분의 절반을 앙리 를로이(Henri Leroy)에게 매각하여 두 집안에서 DRC를 소유하고 있다. 이 회사의 공동 소유주는 지분을 물려받은 '오베르 드 빌렌(Aubert de Villaine)'과 '랄루 비즈 를루아(Lalou Bize-Leroy)' 두 사람이었다가, 랄루 비즈 를루아는 1992년에 경영에서 물러났다.

- 섹스어필 할 수 있는 훌륭한 향이 나는 와인, 가장 위대한 부르고뉴 와인, 와인과 사랑에 빠졌다면, 그 종착역은 피노 누아다. – 지나 갤로(Gina Gallo, E&J Gallo 와인메이커)

로마네 콩티(Romanée-Conti)

로마네 콩티 포도밭은 1945년까지 접붙이기를 하지 않은 포도나무를 그대로 재배하였다. 1945년 원래 포도나무로 마지막 수확을 한 후 포도나무를 뽑아내고, 1947년부터 접붙이기를 한 새로운 묘목을 심고, 1952년부터 재생산에 들어갔으니까, 1946, 1947, 1948,

1949, 1950, 1951년 빈티지 와인은 없다. 철저한 생물기능농법(Biodynamic viticulture)으로 포도를 재배하며, 수율도 아주 낮추어 보통 포도나무 3그루에서 한 병 정도 만들어낸다. 오크통은 트롱세(Troncais)의 참나무만을 사용하여 만든 새것만 사용하며, 숙성기간은 16~20개월 정도로 와인의 종류와 빈티지에 따라 달라진다. 와인을 이송할 때 절대 펌프를 사용하지 않고 중력을 이용하여 위치 차에 의해 통에서 통으로 이동시킨다. 경우에 따라 달걀 흰자를 이용하여 청징을 하고, 여과는 하지 않는다.

- '로마네 콩티'를 마시는 것은 입과 코에서 동시에 오르가슴을 느낄 수 있는 것과 같다. – 로알드 달(Roald Dahl, 영국의 작가)

랄루 비즈 를루아(Lalou Bize-Leroy, 1932~)

보기 드문 여성 와인메이커로서 '도멘 드 라 로마네 콩티(Domaine de la Romanée-Conti, DRC)'의 와인메이커 및 공동 소유자였다. 1992년 DRC에서 물러나 현재는 '도멘 를로이(Domaine Leroy)'와 '도멘 도브네이(Domaine d'Auvenay)'에서 와인을 만들고, 아버지가 하던 네고시앙 사업인 메종 를루아(Maison Leroy)를 운영하는 데 주력하고 있다. 철저한 생물기능농법(Biodynamic viticulture) 신봉자로서 수율을 낮추어 와인을 생산하므로 색깔이 진하고 풀 보디의 오래 가는 와인을 만든다. '부르고뉴의 여왕'이라는 별명에 맞게 양조에 대해서는 광신 그 자체라고 할 정도로 정열적이며, 등산가로서도 유명하다. 그가 만드는 와인은 다음과 같다.

- 도멘 도브네이(Domaine d'Auvenay): 그랑 크뤼인 바타르 몽라셰(Bâtard-Montrachet), 슈발리에 몽라셰(Chevalier-Montrachet), 프르미에 크뤼인 퓔리니 몽라셰(Puligny-Montrachet)의 레 폴라티에르(Les Folatières), 빌라주급인 오세 뒤레스(Auxey-Duresses), 부르고뉴 알리고테(Bourgogne Aligoté)
- 도멘 를로이(Domaine Leroy): 그랑 크뤼인 로마네 생 비방(Romanée-Saint-Vivant), 리슈부르(Richebourg), 뮈지니(Musigny), 클로 드 라 로슈(Clos de la Roche), 샹베르탱(Chambertin), 그리고 대중적인 부르고뉴 루즈(Bourgogne Rouge)

• 와인 한 잔 속에서 천국을 느껴보라. 루비 빛 입술 같은 와인에서 멋진 섹스를 연상시키는 농익은 향이 나고 딸기와 라즈베리와 블랙베리의 맛이 동시에 느껴진다. – 콘라드 에비치(Konrad Ejbich, 캐나다 와인작가)

앙리 자예(Henri Jayer, 1922~2006)

앙리 자예는 부르고뉴에서 DRC 다음으로 유명한 메이커로서 부르고뉴 와인에 혁신을 일으켜 피노 누아의 품질을 극대화시킨 사람이다. 무엇보다도 품질을 가장 중요시여기는 부르고뉴 최고의 와인메이커라고 할 수 있다. 그는 본 로마네에서 태어나, 디종에서 양조학을 공부했으며, 물려받은 에셰조(Echézeaux)와 보몽(Beaux-Monts)에 있는 3ha의 작은 포도밭을 이용하여, 1950년대부터 자신의 이름으로 와인을 생산하면서 세계적인 명성을 얻게 된다.

그는 단위면적당 수확량이 적어야 최고 품질의 와인을 만들 수 있다는 믿음에, 자연 그대로의 방법으로 포도를 재배하고 와인을 만든다는 신념으로, 쟁기를 사용하여 잡초를 보호하고, 100% 열매자루를 제거하고, 발효 전에 낮은 온도(10℃)에서 1~4일간 두는 방법(Cold maceration)을 사용하여 과일 향을 보존하고 거친 타닌을 적게 추출하고, 여과를 하지 않는 등 혁신적인 방법으로 와인을 만드는 것으로 유명하다.

또 본 로마네의 프르미에 크뤼인 '크로 파랑투(Cros Parantoux)'의 와인을 웬만한 그랑 크뤼보다 훨씬 더 비싼 값을 받게 만들었다. 그의 생산량은 연간 3,500병 정도로 자기가 정성 들여 만들 만큼의 와인 이상은 만들지 않은 것으로 유명하다. 그의 마지막 빈티지인 2001년산 크로 파랑투는 한 병에 8,000불 이상의 비싼 값으로 팔렸다.

• 부르고뉴 와인 가격은 수요량에 의해 결정된다. – 앤서니 핸슨(Anthony Hanson, 영국의 와인 전문가, MW)

위대한 와인이란?

좋은 와인이란 경험 있는 와인애호가들의 마음에 경외심을 불러일으키지는 않더라도 관심을 끌 정도로 잘 만들어진 것이며, 품종별 특성을 가지고 있고 숙성된 부케가 있으며 생산지의 특성을 나타낼 수 있는 것이라야 한다. 이런 와인을 위대한 와인이라고 할 수는 없지만, 맛과 향이 우수하고 각 성분이 균형을 이루며 복합적인 향미가 우러나야 한다. 복합성(Complexity)이란 와인이 수많은 바람직한 향과 풍미를 가진 것을 말한다. 일련의 풍부한 향과 향미가 호기심을 자극하여 계속해서 맛을 보고 냄새를 맡도록 만들어주는 와인의 특성을 말한다. 그러면서 또 다른 새로운 아로마, 부케, 풍미의 뉘앙스를 주고, 이들의 근원에 대해서 호기심을 갖기 만든다. 포도가 자라는 곳, 이렇게 좋은 와인을 만드는 법, 수확기의 날씨는 어땠는지, 저장은 어떻게 했는지 알고 싶어지는 것이다. 이와 같이 복합성을 가진 와인은 흥미를 유발하는 향과 풍미를 가지고 있으며, 흥미를 잃지 않고 반복적으로 맛을 보게 만든다는 점을 가지고 있다.

더 나아가 위대한 와인이란 복합성, 조화, 감흥을 불러일으키는 힘이라고 볼 수 있다. 각 성분이 골고루 있으면서 복합성, 색깔의 강도, 향, 풍미, 뒷맛까지 부조화를 볼 수 없다. 그러면서 그 와인에서 전체적으로 잘 통합된 느낌을 받는다. 균형 잡힌 영 레드와인으로 예를 든다면, 깨끗하고 진한 색깔에, 품종에서 풍기는 아로마와 오크통 숙성에서 나오는 풍미, 그리고 적절한 신맛에 약간 거친 느낌의 떫은맛을 가지고 있는 타닌이 풍부한 와인이라야, 오랫동안 병에서 숙성시키면 최고의 와인이 될 수 있겠다는 가능성을 가지게 된다. 이런 위대한 와인은 우리의 감정에 호소하여 경외심을 불러일으키게 만든다. 그 즐거움을 기억할 만큼 감흥을 불러일으키지 못하면 위대한 와인이 될 수 없다. 위대한 음악, 연극, 조각, 건축물, 그림 등을 감상할 때 감탄사가 나오게 만들면, 거기에 주의를 기울이게 되듯이, 위대한 와인도 감탄하면서 경외심을 유발하게 만든다.

> **플라토닉 러브와 짝사랑**
> - 유명한 샤토에 초대해 놓고 구경만 시켜주고 와인을 따라주지 않는 것을 '플라토닉 러브'라고 한다면, 유명한 샤토는 문도 안 열어주는데, 그 앞에서 사진을 열심히 찍는 것은 '짝사랑'이라고 할 수 있다. – JCK

값싼 와인이란?

반면, 규모가 큰 와이너리는 훨씬 경제적이다. 비교적 더운 지방에 수백만 평의 포도밭을 조성하고, 우리에게 잘 알려진 품종보다는 생산성이 좋은 품종을 재배하여 단위면적당 수확량을 늘리고, 그 넓은 포도밭을 컴퓨터로 자동화 관수시스템 등으로 관리하고, 비행기로 농약을 뿌리고, 기계로 수확하여 인건비를 줄인다. 그리고 과학적인 품질관리 기법과 자동화, 대량생산, 대량 마케팅으로 시장에 나오니까 우윳값보다 더 싼 와인이 나오는 것이다.

귀찮은 오크통 숙성은 생략하고, 여러 가지 품종와인을 잘 혼합하여 최고는 아니더라도 품질이 균일한 와인을 만든다. 경우에 따라서는 이렇게 싼 것도 상표를 안 본다면 소량 생산되는 고급와인과의 차이를 쉽게 느끼지 못할 수도 있다. 그러므로 값싼 와인이라고 꼭 질이 떨어지는 것은 아니다. 생산방법에서 차이를 보이는 것뿐이다. 요즈음은 발달된 과학 덕분에 값싼 와인의 질이 아주 좋아졌다.

- 부자는 좋은 와인을, 가난한 자는 많은 와인을 원한다. – 괴테(Johann Wolfgang von Goethe, 독일의 작가, 철학자)

예술작품?

세상의 모든 와인이 예술적인 가치를 지닌 작품이라 생각하면 큰 실망을 하게 된다. 그런 와인이 있고 그렇지 않은 와인이 있기 때문이다. 좋은 와인과 평범한 와인은 어떻게 다를까? 고등학생이 베토벤교향곡을 연주한다면, 이들은 열심히 연습하여 서툴지만 그런대로 들을 만한 음악을 연주할 수 있다. 그리고 그 음악을 듣는 사람들은 악평을 하지 않고, 잘했다고 격려의 말을 아끼지 않을 것이다. 마찬가지로 평범하고 싼 와인의 향은 우리가 반할 만큼 어떤 감흥을 주지는 못하지만, 그런대로 마실 만하다 생각하고, "이 정도면 괜찮다"라는 식의 평이면 된다. 그러나 유명한 오케스트라의 연주는 하나의 실수도 용납되지 않고, 완벽한 연주를 해야 함은 물론, 지휘자는 어느 부분을 강조하고, 각 연주자의 장기를 잘 유도하여 자기 나름대로 스타일을 표현할 것이다. 고급와인도 바로 이런 것이다.

고급와인을 가지고 있는 친구

와인을 배우면 친구들한테서 전화가 자주 온다. 누구랑 어떤 장소에서 와인을 마셔야 하는데, 와인을 추천해 달라는 요청이거나, 선물받은 와인이 좋은 것인지 알려달라는 전화가 오기 마련이다. 만약 와인을 잘 모르는 친구한테 다음과 같은 전화가 올 경우 어떻게 할까?

친구: 이번에 와인을 선물받았는데, 이게 어떤 건지 알아봐줄래?
나: 라벨이 어떻게 생겼는데? 보고 읽어봐.

친구: 스펠링이 피, 이, 티, 알, 브이, 에스
나: ?

하수: 알아보고 전화해 줄게(잘 모른다).
순진한 중수: 그래? 노란 바탕에 붉은 글씨 맞지? 보르도에서 가장 비싼 건데, 포므롤의 토양과 기후가 어쩌고저쩌고 나불나불… 참고로 라틴어의 V는 U에 해당된다. 그리고 라틴어로 페튜르스란 '베드로'란 뜻이야! 어디 가서 그렇게 이야기하면 촌놈 취급 받는다.
성급한 중수: 야! 그거 엄청 비싼 거야. 언제 딸래? 같이 마시자(비싼 줄 알았는데 같이 마실 리가 없다.).
고수: 어허! 이제 와인에 관심을 갖기 시작했구나! (그 와인에는 관심이 없는 듯하면서) 이번에 좋은 일이 있다며? 내가 샴페인 한번 쏠게, 그때 가지고 나올래? 자세히 설명해 줄게. - JCK

언제 마셔야 하나?

오래될수록 좋아진다는 최고급와인은 언제 마셔야 되나? 가장 현명한 대답은 상황에 따라 달라진다고 말할 수밖에 없다. 품종, 스타일, 빈티지, 어떤 음식과 함께, 마시는 사람의 취향, 즉 타닌의 거친 맛을 좋아하느냐 부드러운 맛을 좋아하느냐 등에 따라 달라진다. 특정 빈티지 와인의 저장성에 대한 정보는 와이너리에서 작성한 정보, 와인비평가의 비평, 와인 상인이나 여러 가지 정기 간행물의 일반적인 빈티지 차트에서 얻을 수 있다.

그러나 우리나라에서는 외국의 자료가 무용지물이다. 바다를 건너올 때 냉장 컨테이너를 사용했는지? 보세창고에서 얼마나 지냈는지? 수입사 창고에서 제 온도로 저장했는지? 아무도 모른다. 원산지에서 안내하는 보존기간의 절반을 보면 된다. 즉 와이너리 안내서에 20년 보관이 가능하다고 하면, 10년으로 봐야 한다. 그러니까 좋은 사람이 있다면, 지금 바로 마시는 것이 가장 좋다. 큰 마음먹고 구입한 100만 원짜리 '샤토 라투르'를 가장 맛있을 때 마시려면 적어도 20년은 기다려야 하는데, 그 사이에 당신에게 무슨 일이 일어날지 전혀 알 수 없다. 마시자고 사놓은 것! 그 가치를 알아주는 사람이 있다면 함께 마시는 것이 좋다.

> **네 와인 괜찮더라!**
> 중견업체에서 직장생활을 하면서 와인스쿨을 다닌 한 여성이 프랑스 와인투어를 하면서 큰 맘 먹고 '샤토 라투르' 한 병을 샀다. 한국 가격의 절반이니까 구미가 당긴다지만, 박봉을 털어 프랑스 여행을 하면서 고급 와인을 구입하는 것은 쉬운 결정이 아니었다.
> 한국에 가져와서 이 와인을 냉장고에 고이 보관해 두었는데, 어느 날 퇴근하고 돌아와 보니 라투르 빈 병이 방바닥에 있더라는 것이다. 설마! 아니나 다를까, 어머니가 하시는 말씀이 "오늘 친구들이 놀러 와서 네 와인 한 병 마셨는데, 괜찮더라!"라고 하셨다. – JCK

취하면 내놓는다

좋은 와인을 많이 가지고 있으면, 이를 숨겨두기보다는 자랑을 해야 주변에서 그 가치를 알아주지만, 자랑을 하면 주변 사람들은 호시탐탐 이를 노리게 된다. 와인을 잘 모르는 사람에게는 자랑해 봐야 그 가치를 모르니까, 와인을 좋아하는 사람들을 초대해서 셀러에 있는 고급와인을 자랑할 수밖에 없다. 고급와인을 가지고 있는 사람들은 초대한 사람에게 구경만 시켜주고, 평범한 와인을 접대하는 것이 일반적이지만, 실망할 것도 아니다. 주인에게 한두 잔씩 권하여 얼큰하게 취하게 만든 다음 갖은 미사여구를 동원하여 보관해 둔 와인에 대한 이야기를 늘어놓고, 그 사람의 탁월한 안목과 지식에 대해 찬사를 늘어놓으면, 의외로 쉽게 한 병을 꺼내놓을 수 있다. 결국 와인을 보관하는 이유는 누군가와 함께 마시기 위한 것이므로, 취한 상태에서 그 가치를 잘 아는 사람을 만나면 마음의 빗장이 풀어지기 마련이다. 다음과 같은 방법을 사용해 보는 것은 어떨지?

수평적 사고방식

남 "우리 집에 슈발 블랑(Ch. Cheval Blanc) 1961년산이 있어요."
여 "우아, 정말이요? 왜, 당장 이리 가져와서 함께 마시지 않는 거예요?"
남 "나중에 아주 좋은 일이 생긴, 그런 특별한 날에 마시려고 아껴두고 있지요."
여 "특별한 날이 따로 있는 건 아니에요. 그런 훌륭한 와인을 마시는 날이 바로 특별한 날이 되는 거죠."

- 영화 '사이드웨이(Sideways)'에서

발상의 전환

슈발 블랑이라면 보르도 10대 와인에 들어가는 명품이기도 하지만, 더군다나 1961년산은 보르도 최고의 빈티지다. 여기 나온 남자는 여자친구라도 생겼을 때 마시려고 아껴놓은 것인데, 상대는 이런 와인을 마시는 날이 특별한 날이라고 하니 할 말이 없다. 이런 식의 발상의 전환을 '수평적 사고방식'이라고 한다. 우리는 지금까지 머리를 사용하는 오직 한 가지 방법으로 논리적 혹은 분석적인 사고방식 등에서 볼 수 있는 수직적 사고방식을 고집해 왔다.

커피 밀수

유럽에서 어떤 아줌마가 커피를 몽땅 사서 기차를 타고 국경을 통과하는데, 법적인 허용량 이상을 구입한지라 세관원이 검사하면 걸리게 되어 있었다. 항상 하던 수법으로 옆에 있는 아저씨에게 절반은 아저씨 것으로 해달라고 부탁을 했더니 흔쾌히 허락을 했다.

세관원이 올라오자 이 아저씨는 이 커피가 모두 이 아줌마 것이라고 고자질을 했다. 세관원은 바로 아줌마 짐을 검사하고 커피를 압수하였다. 아줌마는 화가 머리끝까지 났지만 어쩔 수 없었다. 국경을 통과한 후 아줌마는 아저씨에게 사람이 어떻게 그럴 수가 있느냐고 따졌더니, 아저씨는 씩 웃으면서 "저 위에 있는 짐 보이시죠? 저게 전부 제가 가지고 온 커피입니다. 내리실 때 더 많이 드릴게요."

베니스의 상인

고리대금업자에게 많은 돈을 빌려 쓰고는 갚지 못해 고통을 겪고 있는 상인이 있었다. 이 시절에는 빚을 못 갚으면 감옥에 가는 시대였다. 이 늙은 고리대금업자는 그 상인의 아리따운 딸에 눈독을 들여 한 가지 흥정을 제의했다. 빈 주머니에 흑백 두 개의 돌을 집어넣을 테니까 딸이 그중 하나를 집어내되, 검은 돌을 집어내면 딸은 이 교활한 영감의 아내가 되고, 흰 돌을 골라낸다면 딸은 그대로 두고 빚도 탕감해 주겠다는 것이다.

막강한 가신들 여럿이 모인 가운데, 이 영감은 자갈이 깔려 있는 마당에서 두 개의 돌을 집어 주머니에 넣었다. 이 처녀는 눈치 빠르게도 영감이 검은 돌 두 개를 주머니에 넣는 것을 발견하고 온몸이 오싹해졌다. 이 엉큼한 영감은 운명을 결정지을 돌을 선택하라고 재촉

한다. 이 상황을 어떻게 해결할 것인가? 학교 때 배운 수직적 사고방식으로는 다음과 같은 세 가지 방법이 나온다.

① 딸이 내기를 거부한다.
② 주머니에 검은 돌만 두 개 있다고 폭로한다.
③ 검은 돌을 집어 아버지를 감옥에 가지 않도록 하기 위해 자신을 희생한다.

딸이 내기를 거부한다면 아버지는 감옥에 가고, 주머니 속에 검은 돌만 두 개 있다고 폭로하는 방법이 좋을 것 같지만, 가신들이 모인 자리에서 현실적으로 불가능하다. 아니면 이 영감이 나이가 있으니까 얼마 안 있어 죽으면 유산이나 많이 챙길 수 있으니까 포기하고 시집갈까? 생각할 수도 있지만, 어느 방법이든 딸에게 도움이 되는 것은 없다.

수직적 사고방식으로는 이 처녀가 흰 돌을 골라야 한다는 데 초점을 맞추니까 해결방법이 나올 수가 없다. 그러나 현명한 딸은 주머니에 손을 넣고 한 개를 집어내면서 일부러 떨어뜨려 마당에 있는 돌과 섞이게 했다. 그리고 한마디 "어머! 실수를 했어요. 하지만 염려 없어요. 주머니에 남아 있는 돌을 확인해 보면 지금 제가 떨어뜨린 돌 색깔을 알 수 있으니까요" 딸은 흰 돌을 골라야 한다는 생각보다는 검은 돌을 남겨두면 된다는 수평적 사고방식으로 위기에서 벗어난 것이다. 오히려 공정하게 주머니에 검은 돌, 흰 돌 하나씩 넣었을 때는 확률이 50%이지만, 이 경우는 확률 100%, 문제의 해결이 훨씬 쉬워진 것이다. (이렇게 현명한 딸을 본 영감은 더욱더 딸에 욕심을 낼 텐데…)

이런 것이 수평적 사고방식

이렇듯 수평적 사고방식이란 논리적으로 불가능할 것 같은 문제를 해결하는 방법을 알려주고 있다. 옛날 초등학교 교과서에 실렸던 '삼년고개' 이야기도 수평적 사고방식을 소개한 것인데, 우리는 모르고 지나친 것이다. 삼년고개에서 구르면 3년밖에 못 산다는데, 그 고개에서 굴렀으니 해결방법이 없다. 그러나 두 번 구르면 6년, 세 번 구르면 9년… 이 방식으로 시원하게 해결된다. 즉 '남아일언 중천금'이면 '남아이언은 중이천금'이 된다. 수평적 사고방식으로 본다면, 다음과 같은 발상의 전환이 가능하다.

- 여대생이 술집에서 몸을 파는 행위는 지탄을 받지만, 접대부가 대학을 다닌다면 이는

칭찬받아야 한다.
- 남자가 볼일을 본 후 손을 씻는 것은 "나는 더러운 물건을 만졌습니다"라고 증명하는 것이다. 고로, 손을 먼저 씻고 볼일을 봐야 한다.
- 기도하면서 담배를 피우면 나쁘지만, 담배 피우면서도 기도를 한다면 바람직한 일이다.
- "사공이 많으면 배가 산으로 간다"라는 말의 진정한 의미는 여럿이 힘을 합치면 못할 일 없다는 뜻이다.
- 아프리카로 신발을 팔러 간 영업사원이 본사로 전화해서 "여기는 사람들이 맨발로 다니기 때문에 도저히 신발을 팔 수 없습니다." 또 다른 영업사원은 "여기는 사람들이 맨발로 다니기 때문에 신발을 신기만 한다면 엄청나게 팔 수 있습니다."
- 담배 끊기가 어렵다고 하지만, 애연가들은 이 어려운 일을 하루에 열 번 이상 하고 있다.
- 팥만 있으면, 쌀을 꿔다가 떡을 해먹을 텐데, 장작이 없네… (세 가지 중에서 하나도 없으면서 생색내는 말)

짝퉁 명품와인

정밀한 기술을 요하는 위조지폐를 만들 정도의 실력이면, 아주 비싼 와인의 라벨을 위조하기란 '누워서 떡 먹기 수준'일 것이다. 미련하게 그 어려운 위조지폐를 만들 것이 아니라 천만 원짜리 가짜 와인 몇 병만 만들어 팔면 바로 큰 돈이 들어온다. 그리고 물감을 타거나 저급 와인을 고급으로 둔갑시킬 것이 아니라 몇 십만 원짜리 본로마네의 프르미에르급 수준의 와인에 로마네 콩티 라벨을 붙여서 천만 원에 판다면, 와인 전문가들도 쉽게 구분할 수 없을 것이고, 위조지폐 만드는 것보다 훨씬 덜 위험하고 수지맞는 장사가 될 수 있다.

실제로 이런 사건들이 빈번하게 일어난다. 로마네 콩티의 1945년 생산량은 엄청나게 감소하여 오늘날의 1/10 수준으로 불과 600병을 생산하였는데, 웃기는 것은 수십 년 동안 1945년산 로마네 콩티가 수천 병 넘게 거래되었다고 한다. 가장 최근에 밝혀진 가짜 와인 사건으로는 2017년 1월 프랑스 디종 검찰이 밝힌 것으로, 러시아의 어떤 조직이 2012년부터 2014년까지 DRC 400병을 위조하여 팔다가 걸렸다고 한다. 그리고 가짜 명품와인 만들기로 가장 악명 높은 사람은 중국계 인도네시아인 '루디 쿠르냐완(Rudy Kurniawan)'으로 그는 평상 시 와인 수집가로 알려져 있었는데, 네고시앙을 통해 부르고뉴의 와인을 구입하여 DRC와 같은 명품와인 라벨을 붙여서 되파는 수법으로 2002년부터 무려 5억 불 정도의 가짜 와인을 유통시킨 것으로 밝혀졌다. 2012년 3월 FBI에 체포되었을 때 그 아지트에서 유명 메이커의 라벨 19,000장과 위조에 사용하는 기구 등이 발견되었다.

짝퉁와인 감별 전문가인 '모린 다우니(Maureen Downey)'에 의하면, 현재 짝퉁 와인 시장을 30억 불 정도로 추산하고 있으며, 명품와인의 20% 정도는 짝퉁일 것으로 보고 있다. 특히 홍콩과 중국에 가짜 와인이 가장 많이 유통되고 있는데, 이는 이 지역에는 무조건 고급만 찾는 와인 초짜들이 많기 때문이라고 한다. 그는 중국에서 유통되는 명품와인의 50%는 가짜일 것으로 추정하고 있다. 짝퉁와인 만들기로 인기 좋은 순서를 보면, 1위가 페트뤼스, 2위 DRC, 3위 라피트, 4위 무통, 5위 샤토 디켐 순이라고 한다.

골동품 구입

한 골동품상이 시골의 어느 식당에서 식사를 하게 되었다. 식사를 하면서 보니까 문간에서 개가 밥을 먹고 있는데 그 밥그릇이 아주 귀한 골동품이었다. 밥그릇을 사기는 사야겠는데, 바로 밥그릇을 사자고 하면 주인이 눈치를 챌 것 같아서, 일단 별 볼 일 없는 개를 아주 훌륭하다고 칭찬한 뒤에 이 개를 팔 수 없겠냐고 묻고 흥정을 했다. 시가보다 두 배 정도 더 쳐주면서 합의를 봤다. 그러면서 골동품상이 "주인장, 개를 샀는데 이왕 이 밥그릇까지 주시면 좋겠습니다"라고 말하고 밥그릇을 집는 순간, 주인은 골동품상의 팔을 붙잡고, "안 됩니다! 이 밥그릇 때문에 개를 백 마리도 더 팔았는데요"라고 외쳤다.

Wine Episodes 6

김치가 맛있어야
김치찌개가 맛있다

6 김치가 맛있어야 김치찌개가 맛있다

보르도의 1등급 와인 '샤토 마고'는 1961년 이래로 품질이 현저히 저하되었다. 1977년에 이 포도밭을 구입한 앙드레 멘첼로풀루스(Andre Mentzelopulous)는 에밀 페이노(Émile Peynaud) 교수를 컨설턴트로 위임하며 세상에서 가장 좋은 와인을 만들고 싶다고 부탁했다. "그리 어려운 일은 아닙니다." 페이노가 대답했다. "제게 세상에서 가장 좋은 포도만 주시면 됩니다." – 에드워드 스타인버그의 『산로렌조의 포도와 위대한 와인의 탄생』(박원숙 옮김) 중에서

풍토에 맞는 품종 개발

김치가 맛있어야 김치찌개가 맛있다. 아무리 훌륭한 요리사라도 맛없는 김치로 맛있는 김치찌개를 만들 수는 없다. 와인도 마찬가지로, 포도가 와인용으로 적합해야 맛있는 와인이 나온다. 우리나라에서 와인양조가 실패한 이유도 여기에 있다. 기후 조건상 와인에 적합한 포도가 안 나오는데도 외국 기술자를 초청하고, 외국에 가서 와인양조기술을 배워봐야, 겨우 찌개 끓이는 방법을 배운 것이다. 진작 우리나라 풍토에 맞는 품종개발에 힘을 쏟았더라면 지금 정도면 좋은 와인이 나왔을지도 모른다.

테루아르(Terroir)

프랑스어에만 존재하는 단어로 사전적 의미는 토지, 토양, 향토, 지방, 농산물 특히 와인 산지 등을 말하지만, 1900년대 전반까지는 부정적인 용어로서 '촌스럽다', '흙냄새 난다' 등의 뜻으로 사용되었고, '구트 뒤 테루아르(Goûte du terroir)'라 함은 덜 익은 포도나 썩은 포도로 만든 와인의 맛을 지칭하였으나, 1930년대 AOC제도를 정립할 때부터 긍정적인 의미로 사용되기 시작하여, 1947년 상원의원인 카퓌(Capus)는 "와인은 토양과 포도나무에 의존할 때만 품질을 보장할 수 있다"라고 표현하기에 이른다. 즉 토양과 기후에 적합한 품종의 선택과 인위적 요소를 포함한 개념인 테루아르는 AOC를 통해서 유지된다는 말이다.

> • 와인은 테루아르(Terroir)라는 작곡가가 만든 음악을 연주자인 와인메이커가 품종이라는 악기를 사용하여 연주하는 음악이다. – JCK

포도나무를 기름진 토양에 안 심는 이유는?

왜 포도를 거친 토양에 심을까? 기름진 토양에는 '밀'을 심어야지 '포도'를 심으면 미친 놈 소리를 듣기 때문이다. 주식을 먼저 해결해야 한다. 와인은 안 마셔도 죽지 않는다. 그래서 저 비탈에 있는 놀리기는 아깝고 농사는 안 되는 거친 토양에 포도를 재배하게 되었고, 포도나무는 이런 토양에서 살기 위해 땅속 깊이 뿌리를 뻗어 저 밑에 있는 수분과 양분을 악착같이 빨아들이면서, 수천 년 동안 이렇게 적응되어 온 것이다. 이렇게 해서 와인용 포도는 자연스럽게 야생에 가깝게 재배될 수밖에 없었고, 그에 따라 향은 훨씬 풍부해진 거니까 식용포도와는 차원이 다른 재배방법이다.

와인의 품질은 향, 향은 야생에서

포도 향이 좋아야 와인 향이 좋아진다. 향이 좋은 포도를 얻으려면 어떻게 재배해야 할까? 최대한 야생상태에 가깝게 재배해야 한다. 들에 나가서 캐낸 냉이와 비닐하우스에서 재배한 냉이의 향은 열 배 이상 차이가 난다. 식물이 분비하는 향이란 대부분 살기 위해 몸부림치는 방어물질이다. 척박한 환경에서 자신만이 성장하기 위해 다른 식물이나 동물에게 해로운 물질을 분비하거나, 반대로 자손 번식을 위해 꿀벌과 나비를 유혹하기 위해서도 향을 풍긴다. 그러니까 온도와 습도가 적당하고 물과 양분이 풍부한 비닐하우스에서 자란 식물은 이러한 물질을 내놓을 이유가 없다. 즉 식물은 척박한 환경에서 스트레스를 받는 만큼 이러한 휘발성 성분을 더 만들고, 우리는 그것을 향이라고 한다. 우리는 향이 좋다고 좋아하지만, 반대로 식물은 발버둥거리면서 살았다는 뜻이기도 하다.

> • 나는 젊었을 때 어느 포도라도 좋은 와인을 만들 수 있다고 생각했다. 이제는 와인 만들기의 80%는 포도밭에서 이루어진다는 것을 깨달았다. – 대릴 그룸(Daryl Groom, 호주의 플라잉 와인메이커)

우리나라 포도

우리나라 포도로 와인을 만들면 안 되냐고 물어보는 사람이 많지만, 현재 우리가 즐겨 먹는 포도는 미국종이나 그 교잡종으로서 우리나라에 들어온 지 백 년 정도밖에 안 된 것이다. 포도의 원산지를 중동지방이라고 하지만 그건 와인용 포도가 그렇다는 것이고, 우리가 즐겨 먹는 포도는 한말에서 일제강점기 때 일본을 거쳐서 들어온 미국 포도다.

세계적으로 포도는 주로 와인을 만드는 '유럽 포도'와 식용인 '미국 포도' 그리고 우리가 '머루'라고 부르는 '아시아 포도', 이렇게 크게 세 가지로 나눌 수 있다. 유럽 포도가 동양으로 흘러 들어온 것은 한나라 때(기원전 128년) 장건이 서역에서 포도나무 씨를 들여와서 심었다는 기록이 최초의 것이다. 그래서 중국에는 '용안(龍眼, Longyan)'이라는 품종이, 일본에는 '고슈(甲州)'라는 유럽 포도가 자라고 있지만, 우리나라에는 유럽 포도가 존재하지 않으니, 우리나라에 들어와서 없어진 것인지, 아니면 처음부터 들어오지 않은 것인지, 정확하게 알 수 없다. 옛날 그림에 나오는 포도 역시 유럽에서 건너온 것인지, 아니면 머루인지 그 구분이 애매하다.

이렇게 우리나라에서 언제부터 포도재배를 했는지, 어떤 포도를 재배했는지, 그 기록이 남아 있지 않다. 1700년대 실학사상이 들어오기 전에, 학문이란 공자나 맹자님 말씀만 기록하고 가르쳤지, 실생활에 필요한 기록은 거의 없다. 다른 기록을 보면서 간접적으로 추정하거나, 중국이나 일본 문헌을 참조할 수밖에 없다. 금속활자 제조방법, 고려자기 반죽 비율, 거북선 설계도 등을 잘 기록해 두었다면, 나라가 망할 리도 없지만… 기록한다는 것은 아주 중요하다. 후대에 전승할 수 있고, 바로 그 기술을 사용할 수 있기 때문이다.

와인에 적합한 포도

와인에 적합한 유럽 포도는 건조지대에서 자라서 당도는 높지만, 알맹이 무게가 우리가 흔히 먹는 캠벨(Campbell Early)에 비해 1/3밖에 안 되고, 씨는 똑같은 크기로 들어 있으니까 별로 먹을 것이 없다. 그래서 와인을 담근 것이다. 열매가 작으니까 동일한 양이면 껍질과 씨의 비율이 높아서 색깔이 훨씬 진하게 나오고, 씨와 껍질에서 타닌도 더 많이 나올 수밖에 없다. 반면, 미국에서 온 캠벨은 식용으로는 좋지만, 와인을 만들 때 색깔을 잘 뽑아야 진한 로제 정도가 되고, 타닌이 거의 없으며, 특유의 향 때문에 우리나라 사람들은 어렸을 때 먹었던 포도주 냄새가 난다고 무시하기까지 한다.

　와인용 포도를 우리나라에서 재배하려면, 추운 겨울에 못 견디니까 비닐하우스에서 재배해야 하고, 수확량도 일반 포도의 절반도 안 나오기 때문에 제조원가가 아주 비싸진다. 경북 영천 등에서 와인용 포도를 재배하고 있지만, 아직 만족할 만한 수준은 아니다. 그리고 우리나라에서는 머루를 눈여겨볼 필요가 있다. 학술적으로 아시아 포도에 속하며, 색깔이나 크기가 유럽 포도와 비슷하여 와인용으로 미국 포도보다는 훨씬 낫다. 게다가 수천 년 동안 우리나라에서 자생한 것이라서 기후와 토양 적응력은 물론, 병충해 등 해도 훨씬 덜 받는다. 조금만 신선한 맛으로 개선한다면 앞으로 우리나라 와인은 머루에 기대해 볼 만하다. 일본 홋카이도에서는 머루로 만든 와인이 세계적으로 인정받고 있다.

남귤북지(南橘北枳)

　'남귤북지(南橘北枳)'라는 사자성어가 있다. 옛날에 취직시험에 자주 등장했던 단어다. 따뜻한 남쪽 지방에서 자라는 귤을 북쪽 지방에 옮겨 심으면 탱자나무로 변한다는 말로, 사람은 사는 곳의 환경에 따라 착하게도 되고 악하게도 된다는 뜻으로 쓰인다. 포도 역시 추운 북쪽 지방에서 자라면 신맛이 강해지고, 남쪽으로 내려갈수록 신맛은 약해지고 단맛이 강해진다. 단맛이 강하다는 말은 당분함량이 높다는 얘기가 되고, 당분이 변해서 알코올이 되기 때문에, 당분함량이 높은 포도로 만든 와인은 알코올 함량이 높을 수밖에 없다.

우리나라에서 와인용 포도가 잘 자라면 큰 일!

　우리나라에서 와인용 포도가 잘 자라면 좋겠다는 와인애호가들이 있지만, 이렇게 되면 큰일 난다. 와인용 포도가 자라려면 비가 적게 오고, 배수가 잘 되어야 하는데, 우리나라 기후가 이렇게 변하고, 이런 토양이라면 벼농사는 포기해야 하기 때문이다. 벼는 강우량 1,000mm 이상, 그리고 물이 잘 안 빠지는 토양이라야 가능하다. 식량자급률 25%인 우리나라에서 쌀이라도 겨우 자급자족하고 있는데, 날씨가 이렇게 변하여 이것마저 안 된다면 큰 일 난다. 와인만 생각하다 보니 생각이 엉뚱한 방향으로 간다.

• 와인이란 햇볕을 물에 담근 것이다. – 갈릴레이(Galileo Galilei, 이탈리아 과학자)

우리나라에서는 당도가 높아도 큰 일!

유럽이나 신세계 와인생산국에서 나오는 와인용 포도의 당도는 20~25% 정도 되지만, 우리나라 포도의 당도는 14~16% 정도 된다. 이를 발효시키면 알코올농도가 8~9% 정도 나오므로, 우리나라에서는 설탕을 첨가하여 당도를 22~24% 정도로 조절한 다음에 발효시켜 알코올농도를 12~13% 정도로 만든다. 그래서 우리나라에서 와인을 좀 아는 사람들은 우리나라 포도의 당도가 낮다고 무시하지만, 이는 와인을 만들 때 그렇다는 이야기다. 포도의 당도가 20%가 넘어가면 복숭아 통조림보다 더 달아서 한 송이를 다 먹을 수도 없다. 소비자들이 조금만 먹어도 금방 질려버리니까 농민들 입장에서는 포도를 많이 팔 수 없게 된다. 현재 우리나라 포도는 당도와 산도가 식용으로 가장 적합하다. 식용 포도라면 당도를 높이려고 애쓸 필요는 없다.

• 와인은 태양 에너지를 이용하는 것이다. – 에밀 페이노(Émile Peynaud, 프랑스 양조학자)

광합성과 호흡

녹색식물의 잎은 기공에서 흡수한 탄산가스와 뿌리에서 흡수한 물로 태양 에너지를 이용하여 포도당을 만들고 부산물로 산소를 내놓는데, 이 과정을 '광합성'이라고 한다. 이 얼마나 고마운 작용인가? 그리고 잎에서 만든 포도당은 열매로 이동하거나, 줄기나 뿌리에 녹말이나 섬유소 형태로 저장하니까 오래된 포도나무는 이렇게 비축해 둔 포도당이 많을 수밖에 없다. 그래서 오래된 포도나무에서 나온 와인이 좋다고 하는 것이다.

반면, 동물은 식물이 만든 포도당을 그대로 섭취(과일 등)하기도 하고, 포도당이 수만 개 뭉쳐 있는 녹말(쌀, 보리 등) 형태로 섭취하고 물과 탄산가스를 내놓으면서 에너지를 사용하는데, 이를 전문용어로 '호흡'이라고 한다. 식물과 동물은 이렇게 공생하고 있는 것이다. 그러니까 우리가 사용하는 에너지는 거의 모두 태양에서 온 것이다. 석유나 석탄도 아주 옛날 동식물이 흙 속에 묻혀서 된 것이니까 태양 에너지에서 온 것이고, 수력발전도 태양 에너지가 없으면 물이 증발하지 못하고 비가 올 수 없으니까 결국 태양 에너지에서 온 것이다. 우리가 사용하는 에너지 중에서 태양 에너지가 아닌 것 중 하나가 원자력인데, 그래서 그런지 자꾸 말썽의 소지가 되고 있다.

> **자가발전 헬스센터**
> 이렇게 식물이 애써서 만든 에너지를 우리는 너무 많이 섭취하여 살을 뺀다는 등 낭비가 심하다. 살을 뺀다는 것은 여분의 에너지를 갖고 있다는 것이다. 이 소중한 에너지를 일하는데 써야 하는데, 헬스센터에서 엄청난 에너지를 낭비하고 있다. 러닝머신을 비롯한 모든 운동기구에서 아까운 에너지를 날리고 있다. 러닝머신이나 어떤 운동기구에 발전기를 설치하여 자신이 소비한 에너지를 전기로 변환시켜 이를 이용하여 조명등도 켜고, 에어컨도 가동해야 한다.
> 더 나아가 "1kW를 생산하면 만 원을 환불해 드립니다"라고 하여 현금으로 준다면 그 헬스센터에 보다 많은 사람들이 몰려들 것이고, 이들의 다이어트 효과는 더욱 커질 것이다. 아니면, 걸어가면 휴대전화가 충전되는 장치만 나와도 다이어트에 효과가 크고, 히트상품이 될 것이다. – JCK

가을 햇볕이 중요한 이유

8월 말에 포도가 익기 시작할 무렵에는 잎에서 광합성으로 생성된 당을 열매로 이동시키고, 줄기와 가지 등에 저장된 당분도 포도열매로 이동하지만, 9월 말에는 줄기와 가지의 당분이 열매로 오는 이동은 멈추고, 잎에서 광합성으로 생성된 당분만 열매로 이동한다. 이때는 포도나무 자체의 성장이 멈추고, 포도 열매의 당분만 농축된다. 그러므로 9월 햇볕이 품질에 미치는 영향력이 가장 클 수밖에 없으며, 이 시기의 광합성은 햇볕 받는 기간과 강도에 절대적인 영향을 받는다.

> **레드와인의 시**
> 　마지막 열매를 익게 하시고
> 　이틀만 더 남국의 햇볕을 주시어
> 　그들을 완성시켜, 마지막 단맛이
> 　짙은 포도주 속에 스미게 하십시오.
> 　- 릴케(Rainer Maria Rilke, 독일의 시인)

일교차가 심해야 좋은 포도가

물론, 식물도 호흡을 하면서 에너지를 사용하여 생육과 번식을 하지만, 햇볕이 있는 낮에는 호흡보다 광합성 양이 훨씬 더 많으니까 산소를 내놓고, 밤에는 햇볕이 없으니까 호흡만 한다. 이 호흡은 온도가 높을수록 많이 하게 되는데, 밤 기온이 높으면 포도나무도 호흡이 왕성해져 낮에 만든 포도당을 많이 소비하여 나온 에너지를 나무 자체의 성장에 사용하니까 수세는 좋아지나 열매는 부실해진다. 그러니까 일교차가 심한 기후는 포도나무한테 썩 좋은 환경은 아니다. 과수는 인간이 열매를 얻기 위해 재배하는 작물이므로 나무의 성장을 최대한 억제시켜 보다 좋은 열매를 맺도록 해야 한다. 모든 생물은 환경이 열악해지면 번식하는 데 힘을 쓴다.

낮에는 30℃까지 기온이 올라가고, 밤에는 10℃로 떨어진다면, 우리는 밤에 난방을 해야 할 정도로 춥다고 느끼지만, 세계 와인생산 지역에는 이런 곳이 많다. 그러면 파리나 모기 등 곤충들이 살기 어려우니까 병충해가 별로 없고, 포도나무는 낮에는 광합성을 활발하게 하여 포도당을 많이 만들고, 밤에는 추우니까 호흡을 적게 하여 낮에 만든 포도당을 덜 까먹게 된다. 그리고 아껴둔 포도당을 열매로 보내 포도의 당도를 높이고, 이를 기본으로 색깔이나 향도 훨씬 좋게 만든다. 그래서 일교차가 클수록 포도의 당도가 높아지고 향도 좋아진다. 이렇게 일교차가 큰 지방, 즉 와인용 포도가 잘 되는 곳에 사는 여자들은 아침에는 추우니까 긴팔 셔츠를 입고 나갔다가, 낮에는 엉덩이에 차고 다니고, 저녁에 다시 추워지면 걸치게 된다.

섭씨(攝氏)와 화씨(華氏)

섭씨는 1742년 스웨덴의 천문학자 겸 물리학자 셀시우스(Celsius)가 정한 온도 눈금이다. 중국에서 셀시우스를 한자로 '섭이사(攝爾思)'라고 표기한 데서 섭씨(攝氏)가 되었다. 그러니까 여기서 '씨'는 우리가 흔히 "김씨!", "이씨!"라고 할 때의 뜻과 동일하다. 화씨(華氏) 역시 사람 이름에서 나온 것으로 1724년 폴란드 태생의 독일 물리학자 파렌하이트(Fahrenheit)가 창안한 온도 눈금인데, 이것도 한자로 '화륜해(華倫海)'라고 표기한 데서 화씨(華氏)가 되었다. 섭씨는 물의 어는점을 0도, 끓는점을 100도로 정했지만, 화씨는 자기 사는 곳에서 가장 추울 때를 0도, 가장 더울 때를 100도로 정했다는 설이 있지만, 가장 낮은 온도를 얻을 수 있는 얼음과 물, 염화암모늄을 혼합하여 이를 0도로 하고, 체온을 100도(혹은 96도)로 표시한 온도 체계다.

토양에서 중요한 것은 수분함량

"상층토는 작은 자갈(Gravel)로 이루어진 토양으로 안쪽은 미사(Silt)와 풍적 황토(Loess)로 구성되어 있으며, 하층토(Sub soil)는 철분이 풍부한 반층에 이회토(Marl)와 석회석 자갈이 섞여 있다." 무슨 말인지 잘 알 수 없다. 동호회에나 나가서 발표할 때 이렇게 어려운 용어를 사용하면 고수라고 인정받을 수 있을지 몰라도, 웬만한 와인애호가들도 이해할 수 없는 것이 토양용어다. 한쪽 귀로 듣고 한쪽 귀로 흘려버릴 수밖에 없다. 토양의 모암과 토성에 대해서는 상당한 공부를 해야 알 수 있다.

사실 포도나 와인에 영향을 주는 요소 중에서 토양의 화학적 성분의 영향력은 그리 크지 않고, 물리적인 영향력이 더 크다. 즉 입자의 크기, 자갈의 비율 등이 토양의 열 유지력, 보수력, 영양성분 유지력 등에 영향을 더 끼친다. 그리고 특정한 품종이 특정한 암석으로 이루어진 토양에서 더 잘 자란다는 주장도 있지만, 이러한 주장은 설득력이 약하다. 한 가지 암석으로만 되어 있는 명산지가 있는가 하면, 여러 가지 암석이 섞인 토양에서 좋은 와인을 생산하는 곳도 있기 때문이다. 토양 입자의 크기와 그 구성에 따라 토양의 수분함량이 결정되고, 토양의 적절한 수분함량이 와인용 포도재배에서 가장 결정적인 요인이 된다.

왜, 석회질토양일까?

포도밭 주인들은 자기 포도밭이 석회질토양이라고 자랑한다. 왜 석회질토양이 포도에 좋을까? 석회란 칼슘을 말한다. 즉 석회암이란 먼 옛날 조개껍데기가 쌓여서 된 암석이라서 다공성으로 토양에 수분이 많을 경우에는 수분을 흡수해 주고, 수분이 적을 때는 석회암에 있는 수분을 포도가 흡수할 수 있기 때문이다. 석회암은 토양의 가장 중요한 수분함량을 조절해 주는 기능이 있는 것이다. 점토가 많은 토양이라도 조밀한 석회암 조각이 박혀 있으면, 가뭄이나 홍수에 견딜 수 있을 정도로 수분조절 기능이 좋아져서 생테밀리옹과 같이 우수한 와인을 생산할 수 있게 만든다.

뿌리 깊은 나무

포도의 뿌리가 깊이 뻗어 가면 안정된 지하수를 공급받을 수 있으므로 뿌리 깊은 포도나무는 홍수나 가뭄의 피해를 적게 받는다. 뿌리가 깊이 내려가려면 자갈이 많은 토양이라야 한다. 점토는 땅속 깊은 곳에서는 압력을 받아 딱딱하게 굳어서 뿌리가 더 이상 내려가지 못하게 만든다. 그래서 자갈이 많은 토양을 '깊은 토양'이라 하고, 점토가 많은 토양을 '얕은 토양'이라 한다. 더 나아가 자갈이 많은 토양은 낮에 받은 열을 간직하고 있어서 '따뜻한 토양', 수분함량이 적으니까 '가벼운 토양'이 되고, 점토가 많은 토양은 반대로 '차가운 토양', '무거운 토양'이 된다.

피복작물(Cover crop)

포도밭 사이사이에 줄을 따라 생긴 통로에 잡초가 자라는 광경을 볼 때가 많다. 언뜻 보기에는, 잡초와 포도나무가 경쟁하여 포도나무에 이로울 것이 없어 보이는데, 왜 이런 잡초를 제거하지 않고 그대로 둘까? 자세히 보면 클로버나 콩 등 콩과작물을 주로 심는다. 콩과식물은 공기 중의 질소를 합성하여 토양을 기름지게 만들기 때문이다. 그리고 콩과 식물이 아니라도 포도 주변의 잡초는 토양의 수분을 유지시키고, 비나 바람에 의한 토양 유실을 방지하며, 서리 피해도 줄일 수 있다. 그래서 이를 '피복작물'이라 한다. 이 피복작물은 또 물과 양분의 흡수를 위하여 포도나무와 경쟁하기 때문에 포도나무의 뿌리가 옆으로 가지 않고 깊게 내려가도록 만들고, 나중에 갈아엎어서 녹비(풋거름)로도 사용할 수 있는 등의 이점도 많이 가지고 있다.

경사지가 좋다지만

경사진 포도밭이 좋다고 한다. 우선 배수가 잘 되고, 평지에는 비스듬하게 내리쬐는 햇볕을 직각으로 받을 수 있어서 그 효과가 더 크기 때문이다. 그리고 앞에 호수나 강이 있으면 급격한 온도변화가 방지되고, 햇볕의 반사작용도 있어서 일조량이 커지는 효과도 있다. 좌청룡, 우백호를 선호하는 묏자리 보는 것과 비슷하다. 그러나 일하기는 엄청나게 힘들다. 독일과 같이 경사도 45도 이상 되는 곳은 두 발로 걷기가 불가능하여 몸에 밧줄을 묶고 일해야 한다. 게다가 수확물을 운반하려면 상당한 위험도 감수해야 한다. 경사진 밭에서 일해 보지 않은 사람들은 경사진 포도밭이 좋다는 말을 하지 말아야 한다.

경사도 표시

경사도를 표시하는 방법에는 있는 그대로 각도를 나타내는 도(°)와 %로 표시하는 두 가지가 있다. 도(°)는 우리가 잘 아는 것이고, %는 수평으로 100m를 전진했을 때 출발지점에서 얼마나 높이 올라와 있는가를 표시하는 방법이다. 우리나라 국도에 이런 표시가 잘 되어 있는데, 국도는 경사도를 17% 이내로 제한하고 있다. 10%면 출발지점에서 수평으로 100m를 갔을 때 출발지점보다 10m 더 높아진 정도를 말한다. 그래서 경사도가 30°인 경우는 54%(각도×1.8 정도)가 된다. 외국 책에도 이 두 가지를 혼동하여 표시하는 곳이 꽤 있으니 해석을 잘 해야 한다.

> **아버지, 돌 굴러가유!**
>
> 산에 나무하러 갔다가 느린 말투 때문에 아버지가 죽었으니, 아들은 이를 교훈 삼아 자기 아들은 말을 빨리하는 훈련을 시켰다. 그 결과, 아들은 "아버지 돌 굴러가유"를 아주 강하고 짧게 그것도 큰 소리로 외칠 수 있게 되었다. 이윽고 말을 빨리하도록 훈련받은 아들도 커서 큰 힘을 쓸 때가 되자, 아버지는 아들을 데리고 나무를 하러 갔다.
>
> 아니나 다를까 이번에도 위에서 돌이 굴러오는 것이다. 훈련된 아들은 즉시 "아버지 돌 굴러가유"를 외쳤고, 아버지는 재빨리 피했으나 그만 죽고 말았다. 그때야 이 아들은 "두~~ 갠~~디~"라고 탄식을 했다.

종(Species)과 품종(Variety)

'종'이란 생물분류의 기본 단위로서 일반적으로 생물의 종류라고 하는 것이 이것에 해당한다. 종은 같은 형태적 특성과 생활형을 가지며, 이들 간에 생식이 가능하고, 다른 것 사이에 생식적 격리가 일어나는 개체군의 집단을 말한다. 그러나 사실은 그 선이 명확하지는 않다. 인간의 의지로 말과 당나귀 사이에 노새를 만들 수 있고, 호랑이와 사자 사이에서도 '라이거'니 '타이온'이니 하는 것들이 생길 수 있지만, 이들은 생식능력이 없으므로 별개의 종으로 본다.

그리고 종에서 돌연변이 등으로 생긴 것을 '변종(Variety)'이라고 하는데, 예를 들면 피망은 고추가 돌연변이로 변한 것이다. '품종(Form)'은 인류가 유익한 방향으로 개량한 집단으로 통일벼 등을 예로 들 수 있다. 즉 자연발생적으로 변한 것은 변종, 인위적으로 변화시킨 것은 품종이라고 구분할 수 있지만, 포도품종을 따질 때는 변종과 품종을 구분하지 않고 일반적으로 묶어서 품종이라고 하며, 영어로도 'Variety'라고 표현한다.

클론(Clone)이란?

동일한 품종이라도 수세기 동안 어떤 곳에서 재배된 특정 품종은 자연 돌연변이에 의해서 '클론(Clone)'이라는 것으로 나타난다. 즉 품종이 또다시 분류된다는 말이다. 포도는 꺾꽂이, 접붙이기, 또는 눈접과 같은 영양 번식을 하기 때문에 같은 품종이라면 어느 것이나 유전적 조성이 같아야 한다. 그러나 오랜 번식세대를 거치는 동안 돌연변이에 의한 부분적인 변이가 발생, 축적된 것이 많기 때문에 동일한 품종이라도 내병성, 수확량, 내한성이 다르기 마련이다. 이렇게 동일한 품종에서 변이가 되어 생긴 유전적 조성이 동일한 자손을 '클론(Clone)'이라고 한다.

식물은 동물과 달리 불리한 조건에서도 평생 한자리를 지켜야 한다. 그래서 가뭄이 들면 잎을 작게 만든다든지 그 환경에 적응하기 위해서 몸을 비틀다 보니까 다양한 클론이 생기게 된다. 그래서 동일한 품종이라도 이 클론에 따라 포도 알의 크기, 색깔의 강약, 타닌 함량 등이 다양하게 나온다. 부르고뉴 지방과 다른 지방에서 나오는 피노 누아의 다양성은 이러한 클론의 차이에서 나온 것이다. 그러니까 품종을 선택할 때는 더 세심하게 유전적으로 다양한 클론의 선택에 주의를 기울일 필요가 있다. 그래서 어떤 품종을 재배할지 결정되면, 이때부터는 어떤 클론을 사용할 것인가를 고민해야 한다. 좋다는 품종을 무조건 가져올 게 아니고 우리 풍토에 맞는 클론을 선택하는 것이 가장 중요하다.

> **은행나무**
>
> 은행나무를 살아 있는 화석이라고 부른다. 중생대부터 그 모습을 꾸준히 유지하여 현재에 이르기 때문이다. 그 많은 세월 동안 변종이 전혀 없었다는 얘기다. 소나무와 비슷한 나무는 종류가 엄청 많지만, 은행나무와 비슷한 나무는 없다. 식물분류학적으로도 저 위로 올라가 은행나무강, 은행나무목, 은행나무과로 이어져 은행나무과에 하나뿐인 나무다.

접목(Grafting)

씨를 뿌려서 포도를 번식시키면 씨에 있는 유전인자들이 잡종으로 되어 있어서 대부분 어미 나무에 비해 불량한 포도나무가 나온다. 씨를 뿌리는 경우는 접목용 대목을 양성하거나 신품종을 개발할 때만 사용하고 삽목(꺾꽂이)이나 접목(접붙이기) 등 영양번식 방법을 사용한다. 우리나라는 필록세라 문제가 별로 없기 때문에 삽목을 주로 하지만, 구미에서는 주로 접목으로 번식시킨다. 접목(Graft)은 나무끼리 접촉하여 자연스럽게 일어나는 경우가 많기 때문에 아주 옛날부터 사용된 기술이다. 영어의 '접목(Grafting)'이란 단어도 고대 그리스어로 바늘을 뜻하는 '그라페이온(Grapheion)'에서 유래되었다. 접순을 바늘이나 깃대 모양으로 잘라서 대목에 꽂아 넣기 때문이다. 풍토에 강한 대목(Rootstock)과 형질이 좋은 접순(Scion)을 붙이는 방법으로, 포도에서는 필록세라 해결에 혁혁한 공을 세운 방법이다.

필록세라(Phylloxera)를 모르면 술 이야기 하지 마라

미국 동부지역의 포도 뿌리에서 자라던 필록세라는 유럽에서 흰가루병 방제를 위해 실험용으로 미국 포도나무(Vitis. labrusca)를 수입하였을 때 도입된 것으로 보고 있다. 그전부터 미국 포도가 표본용으로 도입(1629년부터)되기도 했지만, 이때는 증기기관이 나오기 전이어서 장기간 항해에 필록세라가 생존하지 못한 것으로 보인다. 이 필록세라는 1863년 랑그도크(혹은 타벨) 지방에서 먼저 발견되었지만, 별로 주목받지 못하다가 1868년 보르도 지방에서 발견되면서 심각한 문제를 일으켰고, 이때부터 프랑스 전역으로 퍼지기 시작하여 순식간에 저항력 없는 유럽 포도(Vitis vinifera)를 공격하여, 프랑스의 포도밭은 물론 전 유럽의 포도밭이 완전히 재앙으로 뒤덮이게 되었다.

필록세라는 포도나무 뿌리의 즙을 흡착하여 고사하게 만드는, 포도재배에 치명적인 타격을 주는 해충으로서, 1800년대 후반에 유럽뿐 아니라 전 세계적으로 퍼져서 와인산업의 기반을 흔들어놓은 주목받는 해충이었다. 프랑스는 1870년에 일어난 보불전쟁의 피해보다 더 컸다고 이야기할 정도였다. 이때부터 국가 간에 동식물이 이동할 때는 반드시 오염상태를 조사하는 검역이 필요하게 되었고, 생물학적 관리의 중요성을 깨닫게 되었다.

필록세라는 와인뿐만 아니라 세계 주류 역사를 뒤흔든 근세에 가장 영향력 있는 해충이라고 할 수 있다. 좁게는 보르도를 침범한 필록세라 때문에 보르도 사람들이 스페인으로 이주하여 리오하(Rioja) 와인을 발전시켰으며, 넓게는 유럽의 와인메이커들이 신세계로 이주하는 계기를 마련하여 신세계 와인의 발전을 앞당겼다고 할 수 있다.

또 와인 생산량이 감소하자 이제까지 주목받지 못했던 맥주의 수요가 증가하여 맥주산업이 발전하게 되었고, 브랜디(코냑)의 품귀로 스카치위스키가 지방 토속주에서 세계 무대로 데뷔하는 발판도 마련하였다. 보다 중요한 것은 와인 생산량 감소로 프랑스에서 가짜 와인이 나돌게 되자, 이를 방지하고자 원산지명칭통제제도(AOC)의 필요성을 부각시켜 품질관리제도를 확립하는 데 전기가 되었다. 이렇게 필록세라는 신세계 와인의 발전을 도모하고, 맥주와 위스키를 출세시키고, AOC제도의 기틀을 마련한 벌레라고 할 수 있다. 필록세라를 모르고 술 이야기를 해서는 안 된다.

> **학명의 표기**
>
> 학명을 표기할 때는 속명+종명+명명자 이름 순으로 하고, 이탤릭체(기울임체)로 쓴다. 그리고 속명은 대문자, 종명은 소문자, 종명 다음에 명명자 이름(보통은 생략)을 붙인다. 그러니까 *Vitis vinifera*, *Botrytis cinerea* 이렇게 표기된다.

필록세라만 미국에서 건너온 것이 아니다

1800년대 중반에 프랑스의 포도밭을 강타한 흰가루병(Powdery mildew/Oidium)은 영국과 미국 사이에 식물 샘플이 왕래하다가 1852년 프랑스에서 나타나 프랑스 포도나무의 80%를 오염시켰고, 노균병(Downy mildew, Peronospora) 역시 1834년 미국 남동부지방의 포도에서 처음으로 발견되었다가, 1880년대 프랑스에서 발견되어 프랑스의 포도 생산량을 50% 감소시켰다. 노균병도 미국 포도에는 저항력이 있어서 필록세라와 마찬가지로 미국종 대목에 접목을 시도한 적이 있다.

최초의 농약

이 흰가루병 방제에 사용된 석회유황합제(1852)를 현대적인 개념으로 최초의 농약으로 보고 있다. 그 후 노균병(Downy mildew, Peronospora)이 유행할 때는 황산구리와 생석회를 혼합한 '보르도액(Bordeaux mixture, 1883)'을 사용하여 효과를 보았고, 보르도액은 현재도 많은 곳에서 사용되고 있다. 노균병에 황산구리가 효과가 있다는 사실은 보르도대학의 식물학 교수인 피에르 밀라데(Pierre Millardet)가 우연히 발견했다. 당시 포도재배업자들은 포도를 훔쳐가지 못하게 길가 쪽 포도나무에 황산구리를 뿌렸는데, 어느 날 밀라데가 생쥘리앵의 포도밭을 지나다가 황산구리를 분무한 쪽의 포도나무가 이 병에 걸리지 않은 것을 발견하게 된 것이다.

많은 사람들이 농약은 '나쁜 것'으로 알고, 이를 사용하지 않고 생산한 농산물을 최고라고 하지만, 농약이 없다면 지구상의 인구 70억은 대부분 굶어 죽는다. 농약 없이 농사를 짓는다는 것은 사람이 태어나서 죽을 때까지 약을 한 번도 안 먹고 지내는 것만큼 어려운 일이다. 농약이나 비료는 인류를 기아선상에서 구제한 고마운 발명품이다. 단, 적절한 시기에 적당량을 사용하는 슬기로운 태도가 필요하다.

> **아름다운 자연?**
>
> 자연의 아름다움을 느낀다는 것은 인간이 자연을 정복하고 그 속성을 파악하여 잘 다룰 수 있을 때 가능하다. 인간이 가꾼 숲과 정원은 안전하고 아름답고 좋지만, 있는 그대로의 자연은 아름답지 않고 위험하고 무섭다. 아름다운 음악과 함께 영상으로 자연을 보면 멋있지만, 실제로는 무서운 동물과 수많은 곤충, 거친 덤불 등에서 생존경쟁과 약육강식이 있을 뿐이다. 맹수의 제왕 사자도 20여 마리 새끼 중에 한두 마리 살아남기도 어려운 것이 현실이다. 나머지는 굶어 죽는다.
>
> 배고플 때는 날아가는 참새들이 식량으로 보이고, 배부르면 자연보호를 외친다. 참새가 많이 살아남은 이유는 그동안 우리가 닭고기나 오리고기를 많이 먹었기 때문이다. 산에 있는 나무를 베어 지은 통나무집과 흙을 파서 만든 시멘트로 지은 집 중에서 어느 것이 환경 친화적인 집일까?

바이오다이내믹(Biodynamic)이 '생체역학'이라고?

농약과 비료를 사용하지 않고 포도농사를 지어서 일체의 첨가물도 없이 와인을 만드는 사람들이 많아지고 있다. 나라에 따라 규정이 다르기는 하지만, 농약과 화학비료를 사용하지 않고 포도를 재배하여 만든 와인을 '자연와인(Natural wine)', '유기농와인(Organic wine)', '생물기능농법와인(Biodynamic wine)' 등 여러 가지로 나누고 있다.

와인애호가들이 신봉하는 '바이오다이내믹(Biodynamic)'이라는 용어를 '생체역학'이라고 번역하는 사람이 많지만, '생체역학'이란 역학의 원리를 생체에 적용하는 신체운동에 관한 학문으로 '바이오메카닉스(Biomechanics)'라고 하며, 오래전 텔레비전에 나온 '6백만 불의 사나이'나 '소머즈' 경우가 생체역학을 극대화시킨 것으로 보면 된다. 생물의 기능을 이용하는 방법이니까 '생물기능농법'이라고 하는 것이 더 적합하다. 토양의 활기를 되찾기 위한 퇴비 조성과 식물의 생장에 활력을 주는 지구, 해, 달, 태양계의 순환으로 생성되는 에너지의 형태에 대한 전반적인 개념으로 관리하는 방법이다. 즉 지구상의 생물은 해와 달 그리고 별 등의 영향을 받는다는 믿음에서 출발한 것이다.

불길한 보름달

생물기능농법을 신봉하는 사람들은 식목은 일 년 중 특정한 날에 해야 하고, 가지치기는 무슨 별이 어디 있을 때 하고, 수확도 달이나 별의 위치에 따라 언제 하고, 보름달에는 불길하니까 아무것도 하지 말아야 된다는 식으로 농사를 짓고 와인을 만든다. 우리나라는 흰한 보름달이 떴을 때를 정월 대보름, 추석 등 축제로 정할 정도로 좋아하지만, 서양에서는 보름달이 떴을 때 관 뚜껑을 열고 드라큘라가 나타나고, 멀리서 늑대 울음소리가 나는 모습을 상상하면서 불길하게 생각한다. 우리나라 귀신은 주로 깜깜한 그믐에 나타나는데 이는 귀신이 유럽까지 가는 데 시간이 걸려서 그런지 모르겠지만, 이들에게 보름달은 전통적으로 불면증, 광기, 사람이 늑대로 변하는 마법적인 현상 등이 나타난다고 믿는다. 달을 뜻하는 '루나(Lunar)'에서 나온 단어인 '루나시(Lunacy)'나 '루나틱(Lunatic)'은 모두 광기나 정신이상을 뜻한다. 그리고 이때는 실제로 사람들이 포악해지면서 범죄율이 증가하고, 자살과 사건사고가 증가한다고 하지만, 최근 연구를 보면 아무런 영향력이 없는 것으로 밝혀졌다.

뱀파이어(Vampire)와 드라큘라(Dracula)

뱀파이어는 유럽 여러 나라의 옛날이야기에 나오는 피를 빨아먹는 귀신, 즉 '흡혈귀'를 말한다. 특히, 발칸반도와 동유럽 민속에서 나오는 흡혈귀 이야기는 1800년대 초부터 소설로 그 모습이 구체적으로 묘사될 정도로 유명해졌는데, 현재 우리에게 가장 잘 알려진 뱀파이어는 '드라큘라'다. '드라큘라'라는 명칭은 아일랜드 출신의 영국 소설가 '브램 스토커(Bram Stoker)'가 1897년에 발표한 소설 『드라큘라(Dracula)』에서 그 이름이 알려져 현재까지 영화 속에서 등장하여 뱀파이어의 대표적인 모델이 되었다.

브램 스토커는 '드라큘라'라는 이름을 실존 인물인 루마니아의 영주 '블라드 3세 드러쿨레아(Vlad Ⅲ Drăculea)'가 포로나 범죄자를 잔인한 방법으로 처형했다는 소문에서 힌트를 얻어 그 이름을 사용했다고 한다. 그러나 블라드 3세는 루마니아에서는 오스만제국을 상대로 나라를 구한 구국의 영웅이다. 아버지 때문에 드라큘라가 되었는데, 이름에 '드러쿨레아'가 붙은 것은 그의 아버지가 '용(Dracul)'이라는 작위를 받아서 자신의 이름에 그의 아들이라는 뜻의 '(e)a'를 붙였다. 그런데 루마니아어로 '드라쿨'은 '용'을 뜻하기도 하지만, '악마'라는 뜻도 있다.

이 드라큘라 백작은 대상을 가리지 않고 피를 빠는 뱀파이어와는 다르게 여자의 피만 빨아 먹는다. 당대 귀족을 연상시키는 반듯한 외모에 검은 연미복에 망토를 휘날리는 매력적인 영국 신사의 모습으로, 여자를 그럴싸하게 유혹하여 긴 송곳니를 드러내면서 목덜미의 피를 빤다. 참고로, 여자가 목을 허락할 때까지 에로틱한 분위기를 조성하는 드라큘라 백작은 반듯한 외모에 세련된 매너를 갖춘 신사라고 봐야 한다. 드라큘라의 상징인 송곳니, 이를 물리치는 데 사용하는 마늘과 십자가, 박쥐로 변신, 거울에 나타나지 않는 존재 등을 소설 속에 설정하여 브램 스토커의 드라큘라는 그동안 떠돌던 흡혈귀 이야기를 완벽하게 정리한 작품이라고 할 수 있다.

수확시기의 선택

수확시기의 선택은 포도재배에서 가장 중요한 결정사항으로 포도의 각 성분이 가장 이상적인 상태에서 수확할 수 있어야 한다. 좋은 포도밭이란 수확기에 모든 성분이 좋은 와인을 만들 수 있도록 완벽한 조건을 갖춘 포도가 나오는 곳이므로, 적절한 수확시기를 예측하는 일은 와인양조의 첫 번째 조건이 된다. 포도가 익어갈수록 당도가 올라가고 산도가 떨어지기 때문에 예전에는 당도와 산도를 기준으로 수확시기를 결정하였으나, 최근에는 레드와인의 경우 안토시아닌, 타닌 등 페놀화합물의 함량과 추출 가능성, 그리고 포도의 향미를 중심으로 판단한다. 가장 이상적인 성숙도를 가진 포도를 수확한다는 것은 사실상 불가능하지만 그에 근접하도록 노력은 해야 한다.

> **동일한 빈티지라도**
>
> 프랑스의 1964년 빈티지는 최고일 것으로 예측했다. 8월에 프랑스 농무장관은 놀랄 만한 와인이 만들어질 것이라 발표했다. 포므롤과 생테밀리옹은 실제로 그랬다. 그 지역의 주품종인 메를로는 빨리 수확하는 품종이었기 때문이다. 그러나 카베르네 소비뇽이 주품종인 메도크에서는 10월 8일까지는 날씨가 좋았으나, 그 다음날부터 하늘이 열리고 2주일간 비가 쏟아졌다. 라투르는 그때 이미 수확을 끝내 황홀한 와인을 만들었다. 그러나 무통은 좀 더 익을 때까지 기다리다가 바로 비를 맞아 와인을 망치게 되었다. -에드워드 스타인버그의 『산로렌조의 포도와 위대한 와인의 탄생』(박원숙 옮김) 중에서

기계 수확이 대부분

세계 대부분의 포도밭에서 수확은 기계에 맡긴다. 수확하는 기계는 덩어리로 된 것을 모두 훑어버리거나 진공으로 빨아들이는 원리로 작동하므로 익은 것, 안 익은 것, 썩은 것 모두 따게 된다. 그렇다고 손에 가위 들고 사람들이 수확하면 잘 될 것 같아도 사실은 그렇지 않다. 포도 수확하는 사람들은 정규 직원이 아니고 그때만 일하는 일용직이라서, 포도밭에 풀어놓으면 어디서 노는지 자는지 아무도 모른다. 그래서 따는 만큼 돈을 지불해야 열심히 일한다. 그러면 안 익은 것까지 다 따서 무게를 늘리려고 한다. 이 사람들을 잘 교육시키지 않으면 기계로 수확하는 것보다 더 못한 경우가 생긴다. 그러나 기계 수확은 24시간 가동할 수 있으며, 적절한 수확기 때 수확기를 놓치지 않고 짧은 기간에 모두 수확할 수 있다.

> **선상 와이너리**
>
> 우리나라에서 와인을 만드는 데 가장 어려운 상황은 와인에 적합한 포도가 나오지 않는다는 점이다. 그렇다고 포도를 수입하여 와인을 만들 수도 없다. 장기간 운송에 와인용 포도는 쉽게 상하기 때문이다. 또 비싼 시설비를 들여서 비닐하우스에서 카베르네 소비뇽 등을 재배하는 데도 한계가 있다.
> 그래서 큰 배에 발효시설을 갖추고 9월 말이나 10월 초에 보르도의 지롱드강으로 가서 좋은 품질의 포도를 구입하여, 실으면서 바로 으깨어 발효탱크에 집어넣고 아황산과 이스트를 투입하여 발효를 시작한다. 그리고 인천으로 오려면 최소 한 달은 걸리니까 이 기간 중에 발효온도를 조절하고, 펌핑 오버도 하여 잘 추출해

> 서 완벽하게 발효를 끝낸다. 그리고 인천에 정박한 다음 조용히 따라내기를 하고, 이 와인을 오크통에 넣어서, 인천과 서울 사이 어디에 숙성창고를 만들어서 적당한 기간 동안 숙성시킨 다음 병에 넣으면 양질의 와인을 만들 수 있다. 봄에는 남반구인 칠레나 호주에 가서 이런 일을 하면, 세계 최초로 일 년에 두 번 와인을 만들 수 있다.
> 이렇게 배를 일 년에 두 번 사용하고 나머지 기간은 고기를 잡으러 가든지, 아니면 아예 인천에 배를 정박시키고 거기서 숙성하고 주병하면서 'XX 선상 와이너리'라고 이름붙여서 손님을 끌어모아 파티를 하면서 면세로 와인을 팔면 아주 잘 되지 않을까? – JCK

과일 예찬론

인간은 물과 소금을 제외하고는 살아 있는 동물이든 식물이든 생명체를 죽여서 먹는다. 살려고 발버둥치는 동물을 죽여서 맛있게 먹는 동물성 식품은 말할 것도 없고, 배추나 시금치 같은 식물성 식품도 생명체를 통째로 먹어치우고, 쌀이나 보리도 살아 있는 어린 생명체를 먹는 셈이다. 몇 가지 예외가 있는데, 자기 새끼를 먹이기 위해 내놓는 '우유'는 동물의 것을 빼앗아 사람이 먹는다는 다소 치사한 면이 있고, 달걀 중에서 무정란을 들 수는 있겠지만, 잘 생각해 보면 조금 꺼림칙한 측면도 있다.

그러나 과일은 씨를 퍼뜨리기 위한 수단으로 내놓는 것이라, 이를 먹고 씨를 앞으로 뱉거나 뒤로 뱉으면 생명을 살려주는 일이다. 포도를 비롯한 과일은 "나를 먹어주세요!"라고 외치고 있는 셈이다. 그래서 씨가 여물지 않았을 때의 과일은 알맹이가 작고, 단단하고, 시고 쓴맛을 가득 넣어서 동물들이 먹지 못하도록 만들어놓고, 그것도 안심이 안 되어 잎과 똑같은 보호색을 띠고 있다. 그러나 씨가 여물어가면, 알맹이가 커지면서 부드러워지고, 적절한 신맛에 단맛을 가득 넣어주고, 향까지 풍기면서 동물을 유혹한다. 그러면서 동물들 눈에 쉽게 띄도록 갖가지 색깔로 치장까지 한다. 동물들은 이 과일을 먹고 씨만 멀리 뱉어주면 된다. 그러면 과수가 원하는 종족번식의 목적은 달성되고, 동물은 맛있고 배부르니 이렇게 좋은 일이 어디 있을까? 아마도 에덴동산이 이런 과일로 꽉 차 있는 곳이 아닌가 싶다.

어떤 품종이 가장 많을까?

세계적으로 와인 만드는 품종의 다양성은 점차 감소하고 있다. 와인애호가들 중에서는 이런 현상을 아쉽게 생각하기도 하지만, 이름이 잘 알려진 카베르네 소비뇽과 샤르도네 위주로 와인을 만들어야 잘 팔리기 때문에 어쩔 수 없는 현상이다.

순위	1990년	2010년
1	Airen	Cabernet Sauvignon
2	Garnacha Tinta	Merlot
3	Rkatsiteli(아르카트시텔리)	Airen
4	Sultaniye(Thompson Seedless)	Tempranillo
5	Trebbiano Toscana(Ugni Blanc)	Chardonnay
6	Mazuelo(Carignan)	Syrah
7	Merlot	Garnacha Tinta
8	Cabernet Sauvignon	Sauvignon Blanc
9	Monastrell(Mourvèdre)	Trebbiano Toscano
10	Bobal	Pinot noir

- Wine searcher

※ 아르카트시텔리(Rkatsiteli): 구소련에서 많이 재배하던 화이트와인 품종으로 내한성이 강한 품종이다. 현재도 러시아, 그루지야, 몰도바, 불가리아 등 구 공산권에서 많이 재배하고 있다. 미국에는 1950년대 러시아 출신 '콘스탄틴 프랑크(Konstantin Frank)' 박사가 이 품종을 뉴욕주에 가져와 유럽종 포도재배를 성공시킨 것으로 유명하다.

헥타르(ha)

1960년대부터 미터법을 사용하자고 정부에서 밀어붙여, 길이나 무게, 부피 단위는 거의 미터법으로 통일되었지만, 아직도 면적단위는 '평'이라야 이해가 빠르다. 뉴스에서 아무리 99㎡라고 해봐야 감이 잡히지 않고, 30평이라고 해야 피부에 와닿는다. 와인을 공부하다 보면, 포도밭 면적에 헥타르(ha) 단위가 자주 나오는데, 1ha는 3,000평, 10,000㎡이니까 가로 100m, 세로 100m인 땅의 넓이로 축구장 잔디 깔린 면적 정도 된다. 그러니까 10ha라면 축구장 10개 정도 되는 면적이구나 생각하면 된다.

빈티지 정보는 교통방송

"와인은 빈티지를 보고 골라야 한다"라고 하지만, 이는 아주 비싼 와인에만 해당되는 얘기다. 고급와인은 빈티지에 따라서 그 값의 차이가 어마어마하게 나기 때문에 똑같은 샤토의 와인이라도 빈티지에 따라서 값이 다를 수밖에 없다. 이미 빈티지의 좋고 나쁨이 가격에 반영되어 수입되니까, 소비자 입장에서도 구태여 빈티지 차트를 꺼내 볼 필요도 없이 좋은 빈티지의 와인은 비싸게 살 수밖에 없다. 반면에 평범하고 싼 와인은 빈티지에 상관

없이 그 가격이 그 가격이니까 이것도 빈티지 정보가 무용지물이다. 그러니까 빈티지란 와인을 선택할 때 전혀 도움을 주지 못하는 정보가 된다. 나만 알고 선택해야 좋은데, 전 세계가 다 알고 있으니 이미 값은 뛰고 난 후다. 교통방송과 똑같다. 나만 알면 좋겠는데, 모두에게 방송을 하니까 그 길로 가봐야 거기도 막힌다. 빈티지와 교통방송은 유료회원을 모집하여 회원들에게만 그 정보를 제공해야 한다.

그리고 빈티지는 항상 좋다고 이야기한다. 만약 올해 보르도 와인은 날씨 때문에 망쳤다고 방송이나 신문에서 발표한다면, 어떻게 되겠는가? 그해 보르도 와인은 세계 시장에서 완전히 죽을 쑤게 되니까 업체들의 반발이 엄청날 것이다. 그래서 서리가 내리고 비가 많았으나 수확기에 뭐가 어쩌고저쩌고 해서 평년작이라고 발표를 한다. 그러면 사실 망쳤다는 말이다. 그래서 최근 빈티지는 믿을 만한 정보가 아니다. 그러면서 세월이 흐르다 보면 좋은 빈티지는 10년에 한두 번 정도 된다.

> **와인과 여자 중에서**
>
> 독일의 문호 괴테는 만약 무인도에 세 가지만 가지고 갈 수 있다면 무엇을 선택하겠느냐는 질문을 받자 이렇게 대답했다. "시집과 아름다운 여인, 그리고 이 척박한 시대에 살아남을 세상에서 가장 좋은 와인을 넉넉하게 가져갈 것이오."
>
> 거기서 두 가지만 가져갈 수 있다면 무엇을 제일 먼저 버리겠냐고 묻자 "시집!"이라고 과감하게 대답했다. 질문하던 사람이 다소 놀라며 계속 물었다. "선생님, 만일 여자와 와인 중에서 한 가지만 선택하신다면 무엇을 버리겠습니까?"
>
> 한참 생각을 한 괴테가 단호하게 말했다. "그건 빈티지에 따라 다르지!"

Wine Episodes 7

원숭이도 만드는 와인

7 원숭이도 만드는 와인

1920년 이전 미국의 금주법이 시행되기 전에는 캘리포니아 포도가 연간 13,500대의 기차 화물칸에 실려 동부로 갔으나, 금주법 기간인 1926년에는 그 양이 5배나 되었다. 기차 화물칸에는 스티커가 붙어 있는 수많은 통들이 있었다. 스티커 내용을 보면, "경고! 이 통 속에는 발효되지 않은 포도주스가 들어 있습니다. 이스트를 넣고 통을 따뜻한 곳에 두지 마시오. 그러면 포도주스가 발효되어 와인이 됩니다." 와인 만드는 방법이 고스란히 들어 있었다. 덕분에 금주법 기간 중 미국인 천 명 중 한 명은 와인을 직접 만들어 먹을 수 있게 되었다고 한다. – 에드워드 스타인버그의 『산로렌조의 포도와 위대한 와인의 탄생』 (박원숙 옮김) 중에서

원주(猿酒)

와인 만들기는 아주 간단하다. 원숭이도 포도를 따서 바위구멍이나 나무둥치에 저장하여 술을 만든다고 한다. 고구려 소수림왕 때 지어진 우리나라에서 가장 오래된 절인 강화도의 전등사는 오랜 공사에 시달려 지쳐 있던 목공들 앞에 난데없이 원숭이가 날마다 술항아리를 가지고 나타나서, 이 술을 마시고 힘을 얻어 절을 완성할 수 있게 되었다고 한다. 그래서 이 절의 네 기둥에 원숭이 상을 새겨놓고 이들을 가람신(伽藍神)으로 삼았다는 전설이 있다. 또 청나라의 『청패유초(淸稗類鈔)』에는 광서(廣西)의 산중에는 많은 원숭이가 살고 있어서 온갖 과실을 채취하여 술을 빚는다는 기록이 나오며, 일본의 어떤 청년이 회의를 느껴 빈손으로 입산하여 3년간 산에서 살면서 원숭이와 친해졌는데, 어느 날 원숭이를 따라갔더니 움푹 패인 바위에 불그레한 액체에서 향기로운 냄새가 나서 맛을 보니까 원숭이가 담근 머루주였다는 이야기도 전한다.

이런 술을 '원주(猿酒)'라고 하는데, 옛날부터 아주 귀하게 여겨 비싼 값으로 팔렸다지만, 진짜인지 아닌지 확인하기는 힘들었을 것이다. 포도를 으깨어 그대로 두면 포도껍질에 묻어있는 이스트에 의해서 발효가 일어나 와인이 된다. 옛날 사람들도 이렇게 와인을 만들기 시작했을 것이며, 그리고 이 기본적인 방법은 오늘날까지 이어지고 있으며, 다만 오늘날

우리는 그 원리를 알고 하기 때문에 실패할 확률이 거의 없다는 점이 옛날 방법과 다르다고 할 수 있다. 그러니까 원숭이가 머루를 따서 술을 만든다는 이야기는 과학적으로 근거가 있는 것이다.

• 발효와 문명은 서로 분리할 수 없는 것이다. – 존 시아디(John Ciardi, 미국 시인)

알코올발효란 포도당이 알코올과 탄산가스로 변하는 과정

알코올발효란 당분이 알코올로 변하면서 탄산가스를 내놓는다는 지극히 평범한 원리만 알면, 스위트와인은 발효가 덜 된 것이고, 스파클링와인은 탄산가스를 못 나가게 잡아놓은 것이라는 사실을 알 수 있다. 집에서 포도로 와인을 담그면 단맛 나는 와인이 되기 쉽다. 완벽한 발효를 시키지 못했기 때문이다. 당분이 알코올이 되니까 발효가 끝나면 단맛이 없어야 정상이다. 스위트 와인을 만들려면 발효를 중지시키거나, 포도를 늦게 따거나 말려서 처음부터 당도가 높은 포도를 사용하면, 높은 당도 때문에 이스트가 완벽한 발효를 하지 못하고, 어느 정도 발효를 하다가 멈추기 마련이다.

그렇기 때문에 모든 술의 원료는 당분을 함유하고 있어야 한다. 포도를 비롯한 과일은 당분을 가지고 있어서 쉽게 술이 되지만, 쌀·보리 등의 곡류는 주성분인 녹말이 당분으로 변해야 술이 될 수 있다. 이렇게 녹말이 당분으로 변하는 과정을 '당화'라고 하는데, 밥을 입 속에 넣고 오래 씹으면 단맛을 느끼게 되는 것도 녹말이 당분으로 서서히 변하는 당화라는 과정을 밟기 때문이다.

미인주(美人酒)

세조 8년(1462)에 유구국(현재의 오키나와)의 사신이 자기 나라에서는 십오 세 처녀가 쌀을 씹어서 뱉어낸 것으로 술을 빚는다는 이야기를 전했다는 기록이 전해지고 있고, 위나라 역사책 『위서(魏書)』에서는 "물길국(勿吉國: 숙신, 읍루)에서는 곡물을 씹어서 술을 빚는데 이것을 마시면 능히 취한다"라고 기록한 것으로 미루어 고대 우리나라에서도 이와 유사한 술이 있었을 것으로 짐작된다. 십오 세 처녀들이 달빛 아래 항아리를 둘러싸고 춤추며 입으로는 밥을 씹었고, 밥의 녹말은 침 속의 녹말 분해효소에 의해서 당분이 되어 단맛이 입에 감돌게 된다. 그러면 이것을 항아리 속에 뱉어서 술을 만들었다고 전한다. 그래서 『지봉유설(芝峯類說)』에서는 미인이 씹어 빚는다는 뜻에서 '미인주(美人酒)'라고 기록하고 있다.

　　미인주는 가장 원시적인 당화에 의한 곡주이다. 옛날부터 이렇게 만들었기 때문에 이 술을 조상을 위한 제사에 쓰기 위하여 지금도 일부 부족들이 만들고 있다고 한다. 그리고 사용하는 원료도 태평양 여러 나라는 뿌리줄기, 중남미는 옥수수, 동남아시아는 쌀 등 여러 가지이며, 씹는 사람도 부인이나 처녀가 많지만 남자만 하는 곳 그리고 남녀 가리지 않는 곳도 있다. 원료 처리는 날것 그대로 하거나 대만처럼 가루를 내어 삶아서 씹는 곳도 있다. 이렇게 곡식을 입으로 씹어서 만든 술이라고 해서 일명 '구작주(口嚼酒)'라고도 한다. 이런 점으로 미루어보면, 옛날 사람들도 당화라는 과정을 거쳐야 술이 된다는 기본 지식을 알고 있었던 것 같다. 밥을 씹어서 뱉고 이것을 모아서 술을 만들었으니 참으로 귀한 술이었을 것이다.

치차(Chicha)

　　현재는 중남미에서 여러 가지 원료로 만든 음료를 일컫지만, 주로 옥수수로 만든 음료(Chicha de jora)를 말한다. 이 중에서 재미있는 것은 잉카제국에서 옥수수를 씹어서 뱉어낸 것으로 만든 술이다. 잉카 신에게 봉사하기 위해 잉카 전역에서 선발되어 쿠스코(Cuzco)로 모인 젊은 여성들이 집단생활을 하면서 양조와 직물 등에 종사하였는데, 이들이 옥수수를 씹어서 침으로 당화시킨 것을 뱉어낸 다음에 발효시킨 술을 현재는 '치차 데 무코(Chicha de Muko)'라고 한다. 현재는 옥수수를 물에 적신 후 수일간 멍석으로 덮어 발아시킨 뒤, 그것을 햇볕에 건조시켜 분쇄해서 솥에 찐 후, 수일간 항아리에 넣어서 발효시키는 방법으로 만든다. 그 외에 페루 원주민들이 카사바(페루에서는 유카(Yuca)라고 함)의 뿌리를 씹어서 발효시킨 것을 '마사토(Masato)'라고 한다.

• 남자란 좋은 와인과 같다. 지근지근 밟아서 어두운 곳에 두고 숙성이 될 때까지 기다려 식사와 함께하면 된다. 여자도 좋은 와인과 같다. 시작할 때는 신선하고 달콤한 향을 풍겨 마음을 들뜨게 하지만, 나이가 들수록 묵직하고 진하게 되어 떫고 시큼한 맛으로 변해서 머리를 아프게 한다. - 케슬린 미프서드(Kathleen Mifsud, 미국 작가)

효모(酵母, Yeast)와 효소(酵素, Enzyme)

효모와 효소는 한글이나 한자가 비슷하여 와인 좀 안다는 사람들도 글을 쓸 때 두 단어를 잘못 쓰는 경우가 많다. 효모는 살아 있는 생명체로 당분을 알코올과 탄산가스로 변화시키는 미생물이고, 효소는 무생물로서 동물이나 식물체에서 분비되는 물질로 생체에서 일어나는 반응을 촉진시키는 촉매를 말한다. 효모는 수십 가지의 효소를 분비하여 당분을 알코올로 만들고, 우리 몸에서도 소화효소가 나와서 녹말(전분), 단백질, 지방 등을 각각 당분, 아미노산, 지방산 등의 간단한 물질로 변화시키는 소화작용을 한다.

미드(Mead)

미드는 벌꿀로 만든 와인이다. 벌꿀에 물을 타서 방치하면 알코올발효가 일어나므로, 와인이나 맥주보다 더 역사가 오래됐다고 보는 사람들도 많다. 스페인 북부 알타미라 동굴벽화에 벌꿀을 채취하는 장면이 있는 것으로 보아 1만 5천 년 전에 이미 벌꿀을 채취했다고 볼 수 있다. 벌꿀은 당도가 높아서 물을 가해 희석시킨 채 그대로 두면 어렵지 않게 술이 될 수 있었다. 현재도 미드는 스코틀랜드와 잉글랜드 등 북유럽에서 많이 만들고 있으며, 특히 노르웨이의 미드는 유명하다. 중세 때 북유럽에서는 갓 결혼한 부부가 사랑의 열매를 빨리 맺을 수 있도록 한 달 동안 이 술을 마셨기 때문에, 꿀(Honey)과 한 달(Month-Moon)이 합쳐서 '허니문(Honeymoon)'이란 단어가 생기게 되었다.

포도가 가장 좋기 때문

옛날부터 유럽에서도 포도 이외 여러 가지 과일을 사용하여 와인을 만들었을 것으로 쉽게 추측할 수 있다. 수천 년 동안 여러 가지 과일로 발효시켜 보니까 포도로 만든 것이 색깔이나 맛과 향도 가장 좋고 오래 유지될 수 있어 포도로 만든 와인만 남은 것이다. 예를 들어, 귤로 와인을 만들면 귤 고유의 색깔과 향이 없어진다. 그래서 유럽연합(EU)에서 와인은 "포도 열매 혹은 과즙에서 알코올발효로 얻어지는 양조주로서 과즙(머스트)은 생과실인 포도에서 나오는 것으로 한다"라고 정의하고 있다. 즉 포도로 만든 과실주만 와인이라고 할 수 있다. 포도 외에 다른 과일로 만든 와인은 그 원료 명칭을 앞에 붙이면 된다.

현재 우리나라에서는 포도, 머루, 사과, 딸기, 복분자, 블루베리, 오디까지 여러 가지 과일로 만든 와인이 나오고 있다. 아직까지 우리나라 주세법에는 '와인'이란 단어는 나오지 않고 '과실주'라고 되어 있는 이유도 이렇게 여러 과일을 사용하기 때문이다. 그러나 세월이 흐르면 유럽과 마찬가지로 가장 우수한 원료인 포도만 남을 것이다. 이미 유럽에서 오랜 세월 동안 거친 시행착오를 우리는 다시 반복하고 있다고 볼 수 있다.

> **굴절당도계는 당도만 측정하는 것이 아니다**
> 휴대용 굴절당도계로 당도를 측정할 때는 당분과 함께 다른 성분도 같이 측정된다. 즉 산이나 나머지 성분도 그 눈금에 표시되므로 엄밀하게는 당도를 표시하는 것이 아니지만, 머스트 성분의 대부분이 당분(95% 정도)이기 때문에 굴절당도계로 측정한 브릭스(Brix) 단위를 대략적인 수치로 사용하고 있다. 달지 않은 소주도 알코올이 있어서 당도가 7브릭스, 담금 소주 25도짜리는 9브릭스, 시약용 95% 알코올은 19브릭스가 나오므로, 발효 중인 머스트나 완성된 와인의 당도를 굴절당도계로 측정하면 큰 오차를 불러일으킬 수 있다. – JCK

집에서 와인 담그기

집에서 좋은 와인 만들기가 쉽지 않다는 점은 알고 시작해야 한다. 왜냐면 구입한 포도의 일부는 먹기 마련이라 사가지고 온 포도가 정확하게 몇 kg인지도 모른 채 시작할 수밖에 없고, 당도가 얼마인지 측정도 못하고 대충 설탕을 너무 많이 넣고 만들기 때문에 스위트 와인이 될 수밖에 없다. 게다가 포도 껍질에 묻어 있는 이스트로 발효가 제대로 될지 의문스럽기 때문에 주먹구구식이 될 수밖에 없으므로 양질의 와인을 만들기란 불가능하다. 그러나 자신이 직접 만들었다는 자랑을 하면서 가까운 분과 직접 담근 와인을 마셔보는 것도 즐거운 일이 될 수 있다.

> **와인양조학(Enology, Oenology)**
> 와인과학은 포도재배(Grapevine growth), 와인양조(Wine production), 그리고 관능검사(Sensory evaluation) 이렇게 세 분야로 나눌 수 있다. 이 세 분야는 학문적으로 별도의 지식이 요구되는 것같이 보이지만, 완성된 와인에서는 자연스럽게 하나의 학문으로 통합된다. 와인의 품질을 이해하려면 포도가 와인으로 변하는 미생물학적인 이해와 포도, 이스트, 박테리아 등에 대한 생리학과 유전학적인 지식이 필요하다. 여기에 포도의

질을 결정짓는 포도밭을 표현하는 기후학과 토양학이 필요하다. 마지막으로, 이 와인을 마시는 사람의 심리학과 생리학에 대한 이해가 있어야 와인의 품질을 평가할 수 있다.

와인에 관한 지식이나 학문을 '이놀러지(Enology 혹은 Oenology)'라고 하는데, 이는 와인이란 뜻의 그리스어 오이노스(Oinos)에서 유래된 말이다. 동일한 뜻의 프랑스어 에놀로지(Oenologie), 이탈리아어의 에놀로자(Enologia) 역시 그 어원이 같다. 엄밀하게 이야기하면 이놀러지(Oenology)는 와인양조를 뜻하는 것으로 포도재배와는 구분되지만, 일반적으로는 포도재배와 테이스팅(Sensory evaluation)도 이놀러지(Oenology)의 한 분야로 포함하여 이야기한다.

에밀 페이노(Émile, Peynaud, 1912~2004)

프랑스 와인양조학자로서 20세기 후반 와인양조의 혁명을 일으킨 '와인양조학의 아버지'라고 할 수 있다. 일찍이 네고시앙인 '메종 칼베(Maison Calvet)'에서 일하면서 와인에 입문하였는데, 거기서 화학공학의 권위자 '장 리베로 가이용(Jean Ribéreau-Gayon)'을 만나서 와인성분을 분석하는 방법을 발전시켰다. 1946년 보르도대학에서 학위를 받고, 강사를 거쳐 교수가 되면서 장 리베로 가이용과 함께 와인양조 문제를 하나씩 해결하였다.

당시, 당도 위주로 수확시기를 결정하던 때에 폴리페놀의 성숙도를 기준으로 수확하고, 포도나무의 수령과 포도밭의 위치에 따라 양조를 따로 했으며, 발효온도를 제어하고, 말로락트발효(Malolactic fermentation)를 확립하는 등 과학적 지식을 바탕으로 와인양조에 혁신을 일으켜, 전통적인 방법으로 와인을 양조하는 사람들의 반발도 있었지만, 보르도에서 '에밀 페이노 신드롬'을 유행시켰다. 베스트셀러인 『Knowing and Making Wine』은 화학적 현상을 화학식 없이 설명한 책으로 유명하다. 양조 컨설팅으로 활동하고 있는 유명한 '미셸 롤랑(Michel Rolland)'도 그의 제자 중 한 사람이다.

메이너드 애머린(Maynard Amerine, 1911~1998)

보르도에 '에밀 페이노'가 있었다면, 캘리포니아에는 '메이너드 애머린'이 있었다. 거의 같은 시기에 활동하면서 한 사람은 구대륙에서 또 한 사람은 신대륙에서 와인양조학을 완성시킨 학자들이다. 애머린은 1940년대에 '앨버트 윙클러(Albert J. Winkler)'와 함께 포도재배지역을 적산온도(Degree days)에 따라 구분하였으며, 1950년대부터 데이비스의 캘리포니아대학(UC. Davis) 교수로 있으면서 와인감정에 대한 학문적인 체계를 정립하였다. 16권의 책과 400여 편의 논문을 썼으며, 와인양조뿐 아니라 포도재배, 와인감정에 이르기까지 폭넓은 분야에서 현대 와인양조학을 완성시켜, 캘리포니아는 물론, 유럽, 남아프리카, 오스트레일리아 등 국제적으로 와인의 품질향상에 대단한 영향력을 행사하였다.

> **스테인리스스틸 탱크(Stainless steel tank)**
> 와인산업에서 스테인리스 스틸 탱크의 사용은 와인의 과학화를 상징한다. 완벽한 밀폐, 발효온도 조절, 위생적인 처리, 저온저장 등에 의한 와인의 안정화에 큰 역할을 하게 된다. 일부 고급와인은 아직도 시멘트 탱크나 나무통을 사용하지만, 보편적으로 1960년대부터 와인의 과학이론이 적용되어, 예전 같으면 1~2년을 넘기기 힘든 와인의 품질이 눈에 띄게 좋아진 것은 모두 스테인리스 스틸 탱크 덕분이다.

포도를 깨끗이 씻는다고?

포도를 깨끗이 씻어서 와인을 만든다고 써진 책도 있지만, 세계 어디서나 포도를 씻어서 와인을 담그지는 않는다. 포도를 씻지 않는 이유는 다음과 같다. 첫째, 포도를 씻으면 더러워진 물이 상처 난 포도에 접촉하여 부패를 일으키는 잡균 오염의 기회를 제공하게 된다. 둘째, 포도란 포도 알맹이끼리 붙어 있는 형상이라서 세척 후 물기를 완벽하게 제거하기 힘들기 때문에 포도즙이 물과 섞여서 당도 등 여러 성분이 희석되는 경우가 있다. 또 포도를 씻을 때 포도 알맹이가 수분을 흡수하여 당도나 산도 등 모든 성분이 희석되며, 알맹이가 떨어져 나가 손실이 많아진다. 그러니까 포도를 물로 씻으면 여러 가지 곤란한 점이 많아진다.

그러면 포도에 묻어 있는 농약이나 이물질은 어떻게 될까? 농약은 두 가지로 나눌 수 있는데, 균을 죽이는 살균제와 벌레를 죽이는 살충제로 나눌 수 있다. 살균제는 농도가 낮아 별 문제가 안 되고, 살충제도 생각과는 달리 시간이 지남에 따라 그 양이 줄어든다. 성분에 따라 다르지만, 살충제의 양이 1/2로 줄어드는 시간은 4~20일 정도 되니까 포도를 수확하기 직전에는 농약을 살포하지 않으며, 외국에서는 잔류농약검사를 철저히 받는다. 그리고 이스트가 포도의 당분을 알코올로 변화시키는 발효과정에서 농약이 거의 사라지게 된다.

또 발효란 이스트라는 미생물이 생육하는 기간이라서 만약 농약이 너무 많으면 발효가 진행되지 않는다. 그래서 발효가 진행됐다는 것은 이스트가 정상적으로 생육하고 번식했다는 증거가 되므로 그 정도라면 사람에게도 해롭지 않다는 것이 증명된 셈이다. 즉 이스트의 생육이 안전의 지표가 된다. 또 발효가 다 끝나면 여과하기 전에 따라내기(Racking)를 몇 번 하고, 와인을 맑게 만드는 젤라틴이나 벤토나이트와 같은 첨가물을 넣어 침전시키고 여과하는 과정에서 또 농약이 사라지니까 농약문제는 안심해도 된다.

아황산은 방부제?

와인 병 뒤에 보면, 한글로 '무수아황산(산화방지제)'을 첨가했다고 표기하고 있다. 아황산은 항산화제로서 산화방지뿐 아니라 살균작용, 갈변방지 등의 작용이 뛰어나 옛날부터 널리 사용된 물질이며, 와인뿐 아니라 일반 식품, 음료, 약품 등의 보존제로도 널리 사용되고 있다. 아황산은 와인에서 항산화제로 작용하여 색깔을 좋게 만들고, 살균제로 작용하여 적당량을 첨가하면 알코올발효를 하는 이스트는 죽이지 못하고 오염을 일으키는 미생물을 죽이며, 안 좋은 성분과 결합하여 맛과 향도 훨씬 좋게 만드는 아주 중요한 물질이다. 그러나 과량이면 인체에 해롭기 때문에 그 사용량을 법으로 정하고 있는 것이다.

식품보존료는 그것이 주는 위험성보다 그로 인한 혜택이 훨씬 크기 때문에 사용되는 것이다. 이들 첨가물은 동물실험과 인체실험을 통하여 어느 사용량까지는 인체에 무해하다는 결과를 얻은 물질들이며, 규정된 용도에 정해진 양을 사용하면 식품의 저장성이나 품질을 크게 향상시킬 수 있는 물질이다. 그러므로 소비자의 입장에서 식품첨가물을 사용했느냐의 여부를 따지기보다는 꼭 필요한 곳에 허용된 양을 사용하였는가를 따져야 한다.

> **위험과 혜택의 수지(Risk & Benefit Balance)**
>
> 모든 식품첨가물은 '위험과 혜택의 수지'를 따져서 위험보다는 혜택이 더 크기 때문에 사용되는 것이다. 꼭 식품첨가물이 아니더라도 일상생활에서 우리의 결정은 위험과 혜택을 저울질하여 유리한 쪽을 선택한다. 모기향은 날아가는 모기를 떨어뜨릴 만큼 독성이 강하지만, 밤새도록 켜놓아도 괜찮은 이유는 그 양이 적어서 인체에 미치는 영향이

거의 없기 때문이다. 모기향을 켜서 몸에는 약간 해로울지 몰라도 모기에 물리지 않는 것이 더 이익이니까 그렇게 하는 것이다. 극단적인 예로, 우리나라 연간 교통사고 사망자 수는 5,000명 이상이고 부상자는 수만 명이니까, 그 어느 전염병보다 무서운 것이 자동차다. 그렇지만 자동차를 없애지 않는 이유는 자동차가 주는 혜택이 더 크기 때문이다.

즉 식품이 썩어서 식중독을 일으키는 것보다는 약간의 방부제가 있는 것이 더 낫다고 판단될 때 이를 사용하는 것이다. 그래서 국제적으로 얼마 이상은 넣지 못하도록 규정이 있는 것이고, 이 규정도 유명한 석학들이 수많은 실험을 하여 이 정도면 인체에 무해하다고 결정을 내려서 그렇게 된 것이다. 1년에 딱 한번 수확하는 농산물을 1년 내내 먹으려면 방부제도 필요하다. 그 덕분에 식생활이 풍부해진 것이다.

아황산 안 넣어도 나온다

정상적인 발효에서 이스트는 아황산을 어느 정도 생성한다. 1960년대 독일의 어떤 와인 메이커는 와인양조 때 아황산을 넣지 않았다고 주장했지만, 정부에서 검사한 결과, 아황산이 꽤 있는 것으로 밝혀졌다. 법정까지 이 논란은 계속되어, 마침내 권위 있는 학자가 개입하여 이스트가 아황산을 만드는 범인임을 밝혔다. 머스트에 아황산을 첨가하지 않고 와인을 만들어도 발효 때 이스트가 어느 정도의 아황산을 생성하게 된다. 그러니까 아황산을 첨가하지 않은 와인을 수입할 때도 아황산을 첨가했다고 표시해야 검사에 걸리지 않는 모순이 있다. 이스트는 메티오닌과 시스테인 등 황을 함유한 아미노산으로 단백질을 합성할 때 중간물질로 아황산을 내놓을 수밖에 없다.

머스트(Must)

포도를 으깨서 와인이 완성되기 전까지의 상태를 말하는 것으로 우리나라의 '술덧'이라는 말과 같은 뜻이다. 즉 포도 혹은 주스 상태도 아닌 어정쩡한 상태를 통틀어 머스트(Must)라 한다. 겨자를 뜻하는 '머스터드(Mustard)'라는 단어도 머스트(Must)에서 나온 것이다. 겨자는 씨를 빻아서 만드는데, 처음에는 여기에 식초를 넣었지만, 나중에는 포도과즙을 넣었기 때문에 그 이름이 머스터드(Mustard)가 된 것이다. 영명의 Mustard는 라틴어의 Mustum(Must: 포도즙)+Ardens(Burning: 강렬한 매운맛)의 합성어이다.

유럽에서는 와인 만들 때 설탕을 넣지 않는다?

우리나라에서는 포도의 당도가 낮아서 머스트에 설탕을 첨가하여 와인을 만드는데, 유럽은 설탕을 전혀 넣지 않는 것으로 아는 사람이 많지만, 유럽연합(EU)에서는 재배지역의 특성에 따라 산지를 구분하여 최저 알코올농도, 보당, 보산, 제산 등의 방법에 대한 규정을 정하고 있다. 가장 추운 A지역은 3%, 중간인 B지역은 2%, 비교적 더운 CⅠ지역은 1.5% 이하로 알코올농도를 높일 수 있도록 머스트에 설탕을 첨가할 수 있다. 프랑스 남부나 이탈리아 남부, 그리스 등 지중해 연안은 머스트에 설탕을 넣지 못한다. 또 캘리포니아에서는 설탕 첨가가 금지되어 있지만, 오리건주는 설탕을 첨가하는 것이 허용된다.

산도와 pH는 다르다

환경오염 때문에 자주 들먹이는 산성비의 강도를 'pH'라는 단위로 나타내는데, 이 단위는 '산도(酸度)'와는 다르다. '산도'는 일정 용액 속에 들어 있는 산의 양을 표시한 것이지만, 'pH'는 일정 용액 속에 녹아 있는 수소이온의 농도를 지수로 표현한 것이다. 그러니까 pH 차이가 1이면 수소이온농도가 10배, 2이면 100배, 3이면 1,000배라는 공식이 성립된다.

우리나라에서 와인을 만드는 사람들은 당도에만 초점을 맞추고 있지만, 보다 중요한 것은 산도와 pH를 측정하고 조절할 수 있어야 한다. 산도와 pH는 한식에서 '간'이라고 할 수 있다. 아무리 좋은 원료를 사용해도 간이 안 맞으면 맛이 없듯이 와인에서는 산도와 pH가 맛을 결정짓는다. 그러나 이를 측정하기 어려워해서 기피하지만, 조금만 연습하면 쉽게 측정할 수 있다.

pH = 품질(Quality)

와인의 pH는 향미, 색깔, 미생물학적 안정성, 단백질 안정성, 산화, 아황산 첨가량 등에 직접 영향을 끼치므로 품질을 좌우한다고 할 수 있다. 그래서 와인양조학에서 'pH = Quality'라는 말이 있을 정도다. pH가 낮을수록 향미가 좋아지며 신선한 맛이 난다. 또 pH가 낮으면 발효속도를 감소시켜 발효가 서서히 진행되어 더 좋은 와인을 만들 수 있다. 그러나 pH 3.0 이하에서는 발효가 방해받고, 신맛도 강해져 거부감을 준다. 일반적으로 pH 수치가 낮고, 산도가 낮아야 좋은 와인이라고 할 수 있다. 이상적인 pH는 화이트와인은

3.3 이하, 레드와인은 3.6 이하, 이상적인 산도는 0.5~0.8% 정도라고 할 수 있다.

알코올발효와 산소

이스트가 성장하고 증식하는 데는 산소가 필요하다. 산소가 전혀 없으면 이스트는 불과 몇 세대만 번식하다가 멈추고, 더 이상 공기가 공급되지 않아 질식상태가 계속되면 곧 사멸하게 된다. 즉 이스트는 산소가 있는 조건에서는 호흡으로 많은 에너지를 얻고, 산소가 없는 조건에서는 발효를 거쳐서 적은 양의 에너지를 획득하면서 부산물로 알코올을 생성한다. 그래서 알코올발효해서 술을 만들려면 공기를 차단시킨 상태에서 해야 하고, 이스트를 증식시켜 상품으로 판매하려면 공기를 많이 공급하여 이스트가 증식하도록 해야 한다.

알코올발효에는 산소가 필요 없지만, 알코올발효를 시키려면 이스트의 성장과 증식이 있어야 하므로 어느 정도의 산소는 필요하다. 그렇다고 일부러 산소를 넣어줄 필요는 없다. 포도를 으깨어 탱크에 넣는 과정에서 포도에 산소가 많이 섞이고, 탱크의 헤드스페이스에도 존재하기 때문에 초기에 이스트가 증식하는 데 필요한 산소는 충분하다. 그러다가 시간이 지나면서 밀폐된 탱크의 산소가 점차 소모되면, 이스트는 호흡에서 발효로 전환하여 알코올발효를 시작한다. 그래서 발효 초기 1~2일 동안은 산소를 이용하여 증식하기 때문에 알코올발효가 왕성하게 일어나지 않는다.

눈물(Tear, Leg)이 많을수록 좋은 와인이다?

와인이 담긴 글라스를 흔든 다음에 그대로 두면, 얇은 막이 형성되어 눈물같이 밑으로 흘러내리는데, 이것을 'Legs', 'Tears', 혹은 'Arches'라고도 한다. 이 현상을 '마랑고니 효과(Marangoni effects)'라고 하는데, 1855년 영국의 물리학자 제임스 톰슨(James Thomson)이 이미 이 현상을 정확하게 설명하였다.

와인은 알코올과 물의 혼합물로 이루어져 있어서, 와인 잔을 흔들면 잔 벽에 와인이 얇은 막이 형성된다. 이 얇은 막 표면에서 알코올이 먼저 증발하기 때문에 그 밑에 있는 액체보다는 물의 함량이 훨씬 더 많아진다. 이 부분이 흘러내리므로 이 눈물은 주로 물일 수밖에 없으며, 알코올함량이 높은 와인일수록 안쪽과 바깥쪽의 농도 차이가 많아지기 때문에 이 현상이 잘 일어난다. 알코올농도가 높은 위스키나 코냑으로 해보면 훨씬 더 잘 된다. 그러나 잔에 세제가 남아 있지 않도록 깨끗이 잘 닦아야 한다. 여러 책에서 이 현상을 와인의 글리세롤 혹은 당분 때문이라고 말하지만 이것은 잘못된 것이다.

레드와인은 추출의 와인

알코올발효는 와인을 비롯한 모든 술의 양조과정에 필요한 것으로, 술로서 가치를 지니게 만들지만, 레드와인은 포도의 껍질, 과육, 씨, 주스에서 바람직한 색깔과 향미를 추출해야 그 본연의 가치를 지닌다고 할 수 있다. 즉 레드와인은 '추출의 와인'이다. 어떻게 해서 최고의 관능적인 요소를 추출하느냐가 레드와인의 성패를 좌우한다고 볼 수 있다. 포도에는 우리가 좋아하는 바람직한 향미도 있고, 좋지 않은 풀냄새, 채소류 냄새, 자극적인 맛, 쓴맛, 풋내 등도 가지고 있다. 그러므로 레드와인양조에서는 바람직한 향미는 최대한 추출하고, 좋지 않은 향미는 나오지 않도록 조절하는 것이 중요하다. 즉 맛있는 와인을 만들어야 한다.

그래서 레드와인 발효가 시작되어 껍질이 위로 떠오르면, 색소 추출이 어렵고, 장기간 둘 경우 흰 곰팡이가 낄 수 있으므로 떠오르는 껍질을 가라앉힌다. 옛날에는 탱크 위에서 기구를 이용하여 껍질을 가라앉혔지만, 요즈음은 아래쪽의 와인을 펌프를 이용하여 위에서 뿌려주는 '펌핑 오버(Pumping over)'를 하거나, 적당한 기구를 이용하여 펀칭(Punching)해 준다. 이렇게 하면 탱크 내용물의 균질화를 이룰 수 있어 이스트가 골고루 퍼지게 되고, 색소나 타닌의 추출효과가 커지고, 곰팡이 오염도 방지할 수 있다. 이렇게 껍질과 접촉하는 기간을 영어로 'Skin Contact Time(SCT)'이라 하며, SCT가 길수록 장기보관에 적합한 와인이 될 수 있지만, 무엇보다도 원료 포도가 장기 숙성용으로 적합해야 가능하다.

발효 중 알코올의 역할

와인양조에서 발효를 거쳐 알코올이 생성되는데, 생성된 알코올은 '추출작용'으로 그 역할이 훨씬 크다고 볼 수 있다. 발효 중에 생성된 알코올은 포도세포 내로 침투하여 색소와 향, 타닌 등 관능적으로 아주 중요한 성분을 우려내 레드와인으로서 특성을 갖추게 만든다. 이렇게 알코올은 추출한 향과 맛을 가지고 있으면서 이들의 운반체(Carrier) 역할을 하기 때문에, 와인은 똑같은 포도로 만든 포도주스와는 전혀 다른 복합적인 향미를 풍기게 된다. 또 알코올은 산과 결합하여 다양한 에스테르(Ester)를 생성하여 복합적인 향미에 기여하며, 오크통에서 숙성시킬 때는 오크통의 성분도 추출하여 바닐라와 같은 향과 또 다른 타닌을 나오게 만든다.

화이트와인은 아로마 이전

레드와인이 추출의 와인이라면, 화이트와인은 포도의 아로마를 와인으로 이전시키는 와인이라고 할 수 있다. 화이트와인은 청포도의 주스만 발효시킨 것으로 레드와인과 같은 추출과정이 없다. 오히려 씨나 껍질 등에서 어떤 성분이 추출되지 않도록 해야 고유의 신선미를 지니게 된다. 품종 고유의 아로마는 껍질과 그 아래층에 있고, 또 포도가 덜 익었거나 좋지 않은 곳에서 나온 포도의 풋내와 쓴맛도 여기서 나오므로, 화이트와인의 품질은 포도의 성숙도, 발효 전 처리 즉 수확, 파쇄, 착즙, 청징 등의 조작에 의해 좌우된다. 그러므로 화이트와인은 발효가 시작되면 이미 와인의 성격이 결정된 것이라고 봐야 한다.

> **식초는 '신맛 나는 와인'이란 뜻**
> 프랑스어로 식초를 '비네그르(Vinaigre)'라고 하는데, 이는 단어 그대로 '신맛 나는 와인(Vin aigre)'이란 뜻이다. 현대 양조기술로는 와인이 식초가 되는 경우가 거의 없지만, 옛날에는 아주 흔한 일이었다. - 에드워드 스타인버그의 『산로렌조의 포도와 위대한 와인의 탄생』(박원숙 옮김) 중에서

숙성이란 기존 성분과 신규 성분의 조화

숙성은 정해진 기간이 있는 것이 아니고, 발효가 끝나고 마실 때까지의 기간이라고 할 수도 있다. 발효가 끝난 와인은 탱크나 오크통 혹은 병에서 우리가 마실 때까지 계속 변하고 있는 것이다. 그러나 좁은 의미의 숙성은 발효가 갓 끝난 와인을 맛과 향의 조화를 위해 일정 조건에서 보관하면서 바람직한 변화를 유도하는 것이라고 할 수 있다.

와인의 숙성이란 포도의 성분이 발효를 거치면서 새로 생성된 성분과 기존 성분이 조화를 이루는 기간이라고 볼 수 있다. 발효 중 가장 큰 변화는 포도당이 변하여 알코올이 된 것인데, 이 알코올이 물과 분자상태로 섞이면서 하나의 새로운 맛을 형성하는 기간이 숙성이

다. 갓 담근 생김치를 먹어보면 매운 고추를 썼다든가, 젓갈 맛이 이상하다든가 추정이 가능하지만, 익으면 하나의 김치 맛으로 어우러진다. 이것이 숙성이다. 와인이든 김치든 우리는 숙성이 덜 된 것을 맛보고 "맛이 따로 논다"라고 표현한다. 이는 아직 조화가 덜 되었기 때문이다.

맛있는 생김치가 익으면 더 맛있어진다

맛없는 생김치가 익으면 맛있어질 것으로 생각하지 않듯이, 와인도 맛없는 영와인이 숙성을 통해서 맛이 좋아지지 않는다. 영와인 때 맛을 보고 "야! 몇 년 뒤에 마시면 아주 좋겠는데~"라는 감탄사가 나와야 한다. 그래서 위대한 와인을 '기다림이 미학'이라고 하는 것이다. 그렇지 않은 평범한 와인은 와인메이커가 가장 맛이 좋을 때 병에 넣으니까 나오는 즉시 마시는 것이 가장 좋다. 이런 와인은 오래 두면 맛이 좋아지는 것이 아니고 점점 맛이 가기 시작한다.

겉절이 오래 둔다고 묵은 김치가 될까?

와인을 알기 시작하면 무조건 오래 보관하면 좋아진다는 믿음으로, 싼 와인이라도 우리 애가 스무 살이 되었을 때 같이 마시겠노라고 고이 보관하는 사람들이 많다. 그러나 값싼 와인은 오래 두면 맛이 개선되는 것이 아니라, 얼마 있지 않아 맛이 변하게 된다. 즉 겉절이를 아무리 오래 두어도 묵은 김치가 될 수 없는 원리나 마찬가지다.

묵은 김치는 오래 보관하기 위해 짜고 진하게 담그고, 온도가 일정한 땅속에 저장한다. 와인도 마찬가지로 오랜 시간 숙성시켜 깊은 맛을 내는 와인은 장기간 숙성에 적합한 품종을 선택하고, 레드와인의 경우 껍질과 함께 침지시키는 시간(SCT)을 길게 하여 껍질과 씨에서 우러나오는 타닌성분을 증가시키고 아울러 색소도 많이 추출되도록 배려한다. 그래야 오래 두어도 맛이나 향이 변질되지 않고 오히려 더 나아질 수 있기 때문이다.

• 천국으로 가는 지름길이란 와인셀러로 내려가는 계단이다. – 자크 쉬비냐르(Jacques Chevignard, 부르고뉴 와인 전문가)

레드와인 색깔의 주성분이 안토시아닌?

　레드와인 발효 때 포도에 들어 있는 안토시아닌이 와인으로 추출되지만, 발효가 장기간 진행되면 그 함량이 감소하여 점점 색깔은 약해진다. 그러나 발효 후에는 적색 색소가 약해지거나 강해질 수도 있는데, 이는 안토시아닌끼리 중합하거나 타닌과 중합하여 안정된 상태를 이루기 때문이다. 그러니까 숙성된 와인에는 안토시아닌이 거의 없고, 안토시아닌 중합체, 안토시아닌과 타닌의 중합체, 타닌 이 세 가지의 비율에 따라 색깔이 결정된다.

　안토시아닌 분자는 불안정하기 때문에 타닌과 결합해야 안정된 색소를 만든다. 그러니까 타닌함량에 따라 숙성 중에 색깔이 옅어질 수도 있고, 더 진해질 수도 있다는 말이다. 예를 들어, 피노 누아는 포도 자체의 색깔은 진하지만 와인을 만들어 숙성시키면 색깔이 옅게 나오는 이유는 피노 누아에 안토시아닌과 결합할 타닌이 부족하기 때문이다. 숙성된 레드와인은 안토시아닌과 타닌이 결합된 색깔이다.

오크 숙성은 화장이다

　민낯에 자신이 있다면 화장하지 않아도 되지만, 아무리 민낯에 자신이 있어도 화장하지 않는 사람은 없다. 화장하면 더 예뻐지기 때문이다. 오크 숙성도 마찬가지다. 와인 자체가 현재 맛있다면 구태여 오크 숙성할 필요는 없지만, 오크 숙성으로 더 좋아진다면 해야 한다. 즉 오크 숙성은 선택사항이지만, 어떻게 보면 강제사항이기도 하다. 어찌 됐든 근본이 어느 정도 되어 있는 와인이라야 화장발이 먹힌다. 그리고 화장을 잘 해야 더 돋보이는데 잘못하면 화장으로 더 촌스러워질 수도 있기 때문이다. 그래서 자기 와인에 맞는 오크의 선택은 포도 선택만큼 중요하다고 한다.

　공기는 와인의 적이지만 오크통에서는 와인이 증발하면서 간접적인 공기접촉으로 산화가 미세하게 진행되어 부케가 강화되고, 페놀화합물의 중합으로 타닌이 부드러워진다. 또 와인의 알코올이 나무의 성분을 추출하므로 오크 향이 추출되어 복합적인 향을 얻는다. 이렇게 레드와인의 품질은 품종별 아로마와 숙성에서 나오는 부케의 균형이라고 할 수 있는데, 최종적으로 오크 향을 얻어야 제대로 된 와인이라고 할 수 있다.

오크(Oak, 참나무)

오크는 우리의 참나무에 해당되는 것으로 특정 나무를 지칭하는 말이 아니고, 온대에서 열대에 거쳐 자라는 200여 종의 도토리가 열리는 상수리나무, 갈참나무, 졸참나무, 떡갈나무, 신갈나무, 굴참나무 등과 상록성의 가시나무, 붉가시나무, 종가시나무 등을 모두 일컫는다. 참나무는 산불이 나면 가장 먼저 나오는 등 생활력이 강하고, 쉽게 구할 수 있는 목재 중에서 가장 단단하여 쓰이는 곳이 많았다. 서양에서는 옛날부터 선박이나 술통을 만드는 재료로 많이 사용되었고, 우리나라에서도 선박 제조나 화력이 좋은 장작과 숯을 만드는 데 많이 사용하였다. 참나무의 속명인 '케르쿠스(Quercus)'란 켈트어의 '좋은 목재'라는 뜻이며, 우리말의 참나무 역시 '진짜 나무'라는 뜻이다.

> **거북선도 참나무와 아황산**
>
> 임진왜란 당시 왜군은 삼나무를 사용하여 배를 가볍게 만들어서, 갈고리에 줄을 묶어 상대방의 배에 던져서 그 줄을 잡아당겨 배에 올라가서 칼로 싸우는 전술이었다. 조선군은 칼싸움으로 왜군을 당할 재간이 없었다. 이에 이순신 장군은 당시 사용하던 판옥선에 덮개를 씌워 왜군이 접근할 수 없게 만들고, 작은 구멍으로 우리가 잘 쏘는 활이나 포를 이용하여 적군을 물리치려고 만든 것이 거북선이다. 판옥선은 주로 소나무로 만들었지만, 주요 부분은 단단한 참나무를 이용했다. 그리고 뱃머리를 용으로 장식하여 위엄을 나타내고 황을 태워서 노란 연기까지 품었으니 왜군은 전투 이전에 사기가 꺾일 수밖에 없었다. 이순신 장군은 와인에 사용되는 아황산과 참나무를 거북선에 사용하여 나라를 지킬 수 있었다. – JCK

오크통(Oak barrel)

일반인에게 목재를 주면서 배를 만들어보라고 하면, 배 모양은 만들 수 있을지 몰라도 판과 판 사이에 방수처리가 불가능하기 때문에 물에 띄우면 바로 물이 샐 수밖에 없다. 배를 만드는 기술이란 판과 판 사이를 조여서 물이 새지 않게 만드는 것이 첫 번째다. 이 기술이 오크통을 만드는 데 사용된 것이다. 그래서 옛날에는 동서양을 막론하고 나무로 된 용기가 가장 널리 쓰일 수밖에 없었다. 나무통은 가벼워 운반이 쉽고, 질그릇과 같이 깨지지 않고, 내용물을 변질시키지 않는 좋은 용기였기 때문에 액체를 담는 용기로는 더 이상 좋은 것이 없었다. 우리나라도 우물가의 두레박, 장군, 목욕탕의 바가지는 모두 나무로 만들어 사용했고, 1960년대까지 막걸리통은 전부 나무로 만든 것이었다. 모양도 와인용 오크통과 똑같았고 크기만 작을 뿐이었다. 이 한 말들이 막걸리통을 자전거에 열 개 넘게 싣고 배달하는 광경은 신기에 가까운 것이었다. 와인에 오크통을 사용하기 시작한 것은 로마가 갈리아 지방(현재 프랑스)을 쳐들어갔을 때 켈트인이 맥주를 나무통에 넣는 것을 본 후부터였다.

> 프랑스 오크통
> "짐은 곧 국가다"라고 외친 루이 14세는 프랑스를 유럽 최고의 국가로 반석 위에 올려 놓은 왕이지만, 와인에도 한몫을 한 사람이기도 하다. 1666년 루이 14세의 재무장관 '콜베르(Jean Baptiste Colbert)'는 해군력이 막강한 잉글랜드나 네덜란드의 선박을 살펴보고, 프랑스의 해군력을 강화하고자 지롱드강 북쪽 '로슈포르(Rochefort)'에 해군기지와 조선소를 건설하기로 결정했다. 그리고 새로운 배를 만들 수 있는 목재를 공급하기 위해, 임야보존법을 선포하여 코냑 동쪽에 있는 거대한 오크나무숲(리무쟁, Limousin)을 비롯하여 범국가적으로 참나무숲을 조성하여 가꾸면서 목재를 비축하기 시작했다.
> 그러나 200년 정도 지난 후에 배를 만들려고 보니까, 이제는 배를 나무로 만들지 않고 쇠로 만드는지라, 애쓰고 가꾼 오크나무숲이 별 볼 일 없게 되었다. 이렇게 조성된 오크나무가 와인과 코냑이라는 명주를 탄생시키는 결정적인 여건이 된다. 지금도 프랑스는 수출 원목과 제재목의 약 45%를 참나무가 차지하고 있으며, 각국의 유명한 와인은 프랑스산 오크통에서 숙성되고 있다. 프랑스 오크통의 가격은 백만 원 가까이 되며, 병당 원가 상승비용은 2,000원(1/3 새것) 정도로 계산하고 있다.

까다로운 오크통 관리

오크통은 재질의 특성 때문에 스테인리스 스틸 탱크와는 달리 미생물의 침투가 용이하므로, 사용에 상당한 주의를 요한다. 사용 전에 깨끗이 씻어 멸균을 하고, 빈 통으로 보관하지 말고 항상 물을 채워서 건조를 방지해야 한다. 오크통은 간접적인 공기접촉으로 와인의 향미를 좋게 만든다는 장점을 가지고 있다. 오크통의 가장 취약한 부분은 뚜껑이 들어가는 탁구공만한 구멍으로 여기서 공기접촉이 일어날 수 있기 때문에 숙성 중에는 뚜껑을 위로 향하지 않게 약간 옆으로 비틀어서 눕혀두면 더 좋다. 그래서 요즈음은 나무로 된 뚜껑보다 밀봉이 완벽한 실리콘으로 만든 뚜껑을 사용한다.

> **두 가지 실리콘**
> 오크통 뚜껑으로 사용되는 실리콘은 반도체 소재인 실리콘과 다르다. 반도체 공업에서 사용되는 실리콘은 원자번호 14번으로 '규소(Si, Silicon)'라는 비금속 원소이고, 오크통 뚜껑으로 사용되는 실리콘(Silicone)은 규소화합물을 근간으로 만든 고분자물질인 말랑말랑한 합성수지다. 그러면 요즈음 성형수술에서 사용하는 실리콘은 어떤 것인지 짐작할 수 있다.

청징과 여과도 선택사항

와인은 항상 맑고 깨끗해야 한다. 와인이 맑지 못하면 병든 와인으로 간주한다. 그리고 거기엔 무언가 약점이 있으며, 떠돌아다니는 입자가 많으면 맛에 영향을 준다. 청징상태는 곧 품질이라고 할 수 있다. 혼탁한 와인을 여과하여 맑은 와인으로 만들기란 거의 불가능하다. 여과는 반드시 청징을 거친 와인으로 해야 한다. 뿌옇게 된 와인은 여과로 맑게 되지 않는다. 자동 청징이든지 아니면, 청징제 등을 사용하여 침전을 형성시킨 다음에 맑은 부분을 여과하고, 침전물이 따라 올라와 여과막이 막힐 때까지 여과한다고 보면 된다. 그리고 입자의 크기와 성질에 따라 그에 적합한 여과재와 여과기를 선택할 수 있어야 한다.

여과는 1950년대부터 보편적으로 사용된 기술이다. 이 기술은 점차적으로 와인 제조지역으로 퍼지게 되었으며, 이제는 영와인의 마케팅과 주병기술의 발전으로 여과는 의무사항이 되었다. 여과 때문에 맛이 희석되고 약해진다는 반론도 있으나 이물질을 제거하면 맛과 향은 훨씬 더 좋아진다. 그리고 적합한 여과재 사용이나 산소의 용해 등으로 나쁜 맛이 나오지 않도록 충분한 주의를 기울이면 품질의 저하를 막을 수 있다. 기계적인 여과과정이 품질에 부정적인 영향을 주지는 않는다.

영화와 와인

영화와 와인 모두 어떤 재료(포도와 배우)를 가지고 작업하느냐에 따라 천차만별로 달라지며, 완성되기까지 상당한 시간이 필요하다. 영화와 와인의 큰 차이점은 영화인들보다 와인 제조업자들이 품질에 대해서 더 많이 걱정한다는 점이다. – 프랜시스 포드 코폴라(Francis Ford Coppola, 미국 영화감독)

'주석산'이 아니고 '주석'이라니깐!

코르크를 따고 나면, 코르크 안쪽에 묻어 있는 반짝이는 물질이나 와인 병 밑에 가라앉은 찌꺼기를 '주석산'이라 부르는 사람이 많지만, '주석(酒石)'이라 부르는 것이 맞다. 포도에 존재하는 주석은 포도로 술을 담갔을 때 돌과 같은 형태로 나타나기 때문에 옛날부터 술에서 생긴 돌이라 하여 주석(酒石, Tartrate)이라 했던 것이다. 과학이 발달한 다음에 이를 분석했더니 포도의 칼륨이나 칼슘이 어떤 산과 결합한 형태라서 이 산의 이름을 '주석산(酒石酸, Tartaric acid)'이라 한 것이다. 주석산은 물에 잘 녹으므로 와인에 결정이나 침전이 생길 수 없다. 국어사전에도 주석이란 "포도주가 발효할 때 생기는 침전물. 불순한 타타르산 수소칼륨으로, 타타르산과 그 화합물을 만드는 원료" 이렇게 쓰여 있다.

> **또 하나의 주석**
>
> 또 하나의 주석(朱錫, Sn, Tin)은 원자번호 50으로 은백색의 금속을 말한다. 이 금속은 다른 금속의 부식방지를 위한 도금이나 합금으로 사용되는데, 우리가 잘 아는 '청동'은 구리와 주석의 합금이다. '청동기시대'란 이 합금이 나온 데서 유래된다. 이 주석은 공기와 접촉해도 잘 변하지 않으며, 쉽게 녹기 때문에 철이나 구리의 도금에 많이 쓰인다. 철의 표면에 주석을 도금한 것을 우리는 '양철'이라고 한다.

저온살균(Pasteurization)

완성된 와인은 무균상태여야 한다. 그렇지 않으면 보관 중에 남아 있는 미생물에 의해 다시 발효가 일어나 본의 아니게 '동페리뇽'처럼 샴페인을 만들게 되거나, 맛이나 향이 변질되어 마실 수 없게 되거나, 심하면 병을 일으키는 미생물이 번식할 수도 있다. 그래서 병에 넣기 전에 저온살균(Pasteurization)을 하거나 미세한 여과기(Micro filter)를 통과시켜 미생물을 제거해야 한다.

저장식품에서 살균이란 개념은 1860년대 '파스퇴르(Louis Pasteur)'가 확립시킨 것이다. 그는 프랑스의 와인과 맥주산업의 문제점에 대해 흥미를 가지고 조사하다가, 1864년 프랑스 과학원에 와인과 맥주의 부패 원인이 미생물의 번식에 의한 것임을 보고하였다. 당시만 해도 와인과 맥주는 병이나 작은 나무통에서 생물의 자연발생에 의해 병들고 산패된다고 주장하고 있었다. 파스퇴르는 끓인 와인을 밀폐시키면 부패를 방지한다는 사실을 알았던 것이다. 그래서 파스퇴르의 저온살균방법을 그 이름을 따서 'Pasteurization'이라고 부른다. 이 방법은 모든 미생물을 살균하는 것이 아니고, 낮은 온도로 가열하여 활성 병원균을 없애는 것이었다. 이로써 와인뿐 아니라 맥주나 우유 등의 산패를 방지할 수 있었다.

전쟁의 승패를 가른 통조림

1790년대 후반 나폴레옹의 군대는 부패된 육류와 조악한 식량에 의존하고 있었다. 이용할 수 있는 식품은 건조상태가 아니면 저장이나 운반은 불가능했었다. 이에 프랑스 산업장려협회는 1804년 유익한 식품저장방법을 개발하는 사람에게 현상금 12,000프랑과 명예를 수여할 것을 발표했다. 당시 제과업자인 '니콜라스 아페르(Nicholas Appert)'는 1795년부터 밀폐된 용기 내에서 가열된 식품은 그 용기를 개봉하거나, 그 용기가 새지 않는 한 잘 보존된다는 사실을 관찰하고, 이를 이용하여 유리병에 고기와 채소를 넣고 통째로 가열한 다음 코르크마개로 밀봉하여 병조림을 완성하였다. 나폴레옹은 아페르의 발명품을 증명하는 데 10년을 보낸 끝에 상금을 줄 수 있었다. 그리고 이 원리를 증명할 수 있도록 과학자를 동원하여 내린 결론은 어떤 신비스러운 마술적인 방법에 의해서 밀폐된 용기 내의 식품이 그 용기 내의 공기와 결합함으로써 부패를 방지한다는 것이었다. 이는 물론 잘못된 결론으로 이 원리가 밝혀질 때까지는 50년이 더 흘러야 했다.

병조림 덕분에 나폴레옹 군대는 간편한 식사를 할 수 있었고, 이에 따라 군대의 진격 속도는 영국군이 상상하기 어려울 정도로 빨라졌다. 영국군은 그 이유가 무엇인지 궁금해 하다가, 나폴레옹 군대가 밀폐된 유리병 안에 들어 있는 식품을 간단하게 섭취하고 이동한다는 사실을 알아냈다. 영국에서는 한술 더 떠서 유리병이 아닌 금속용기로 대체한 통조림을 만들기 시작했다. 깨지기 쉬워서 조심스럽게 다루는 프랑스의 병조림보다 단단한 금속용기인 영국의 통조림은 취급하기 간편하고 가벼워서 이동성이 훨씬 더 좋았다. 이때부터 영국군의 진격속도는 나폴레옹 군대보다 빨라져 전쟁에서 영국이 승리한 것이다. 영국의 통조림은 '피터 듀랜드(Peter Durand)'가 식품에 사용하는 유리 및 금속용기에 대해 1810년 영국에서 특허를 받아 시작한 것이다. 원래 영국에서 주석도금 강철용기를 캐니스터(Canister, 양철통)라고 했는데, 여기서 캔(Can)이란 명칭이 생긴 것이다.

통조림의 발전

초기의 금속용기는 부피가 크고 조잡하여 밀폐가 어려웠다. 통의 꼭대기에 구멍을 만들어 넣고 뚜껑을 얹은 후에 가열하고 나서 납땜을 하였다. 나중에 영국의 북극탐험대가 납땜한 통조림을 가지고 갔다가 납중독으로 사망하는 어려움을 겪기도 한다. 아페르가 처리한 육류와 스튜는 1824년 '에드워드 페리 경(Sir Edward Perry)'이 인도로 가는 서북항로를 개척할 때 휴대하였는데, 1938년 이 통조림이 런던 국립박물관에서 개봉되어 동물실험에서 무해함이 판명되었고, 무려 114년 동안 정지상태에 있던 균도 발견되었다. 적절한 환경에서 이 균들은 살아 있었던 것이다.

1820년대에는 통조림공장이 미국의 보스턴과 뉴욕에 나타나기 시작하였고, 1830년대에는 메인주에서 옥수수통조림이 나오면서 1840년대 미국 전역에 통조림공장이 나타나기 시작하였다. 1921년에는 내부를 에나멜로 코팅 처리한 통이 나오고, 두 차례 세계대전을 겪으면서 질과 양에서 괄목할 만한 발전을 이루게 된다. 전쟁 때문에 장기간 보존할 수 있는 식품이 필요했고, 필요는 발명의 어머니가 된 것이다.

보톡스(Botox®)

통조림은 가열한 식품을 밀봉시킨 것이라서 무균상태일 것 같지만, 내용물의 종류에 따라 끓여도 그 포자가 살아남는 박테리아가 있다. 이 박테리아의 포자는 100℃로 6시간을 끓여도 살아남는 끈질긴 생명력을 가지고 있을 뿐 아니라, 세상에서 가장 강한 독소를 내뿜는 것으로도 유명하다. 이 악명 높은 박테리아 이름을 '클로스트리디움 보툴리눔(Clostridium botulinum)'이라고 하는데, 1800년대 이미 독일의 소시지에서 알려지기 시작하여 1920년대에는 세계 최대의 통조림회사 '돌(Dole)'까지 긴장하게 만든 유명한 박테리아다. 산도가 강한 와인이나 주스는 문제가 없지만, pH 5.4 이상 되는 곡류나 육류 또는 일부 채소통조림에서 나타나기 때문에 이런 통조림은 120℃로 살균을 해야 한다.

이 박테리아가 분비하는 독소는 세상에서 가장 독성이 강한 독약으로 타입에 따라 차이가 있지만, 수백 g이면 지구상 인구 70억 명을 죽일 수 있을 정도로 독성이 강하다. 이 독소는 근육과 신경 사이의 전달물질인 아세틸콜린(Acetylcholine)의 분비를 억제하여 근육을 마비시키므로 호흡 관련 근육에 침투하면 호흡이 멈추게 된다. 그래서 제1차 세계대전 때 생물무기로 개발하려는 시도가 있었고, 제2차 세계대전 때도 시도가 있었던 것으로 알려져 있다.

　이렇게 독성이 강한 물질이 1970년대부터 동물실험에서 긍정적인 효과를 인식하기 시작했고, 인체에서도 극미량을 투여하면 사시 치료나 눈꺼풀 경련, 소아마비 환자의 근육강직 등의 치료에 효과가 있다는 점이 밝혀진 것이다. 그러다가 1987년 캐나다의 '캐러더스 부부(Jean & Alastair Carrutthers)' 의사가 눈꺼풀 경련 환자를 이 독소로 치료하던 중 경련뿐만 아니라 피부의 주름까지도 사라지는 현상을 발견하고 이 효과를 학계에 발표하였다. 그리고 1989년 '앨러간(Allergan)'제약회사를 만나 이 독소는 '보톡스(Botox)'라는 명칭의 상품으로 탄생하게 된다. 대부분의 사람들이 주름을 없애는 약으로 알고 있는 보톡스는 독성이 가장 강한 독약에서 나온 상품명이다. "약이 독이 되고, 독이 약이 될 수 있다"는 진리를 다시 한 번 입증시켜 준 셈이다.

무균 여과

　가열살균법은 가장 확실한 살균방법이지만 가열에 의해 맛과 향이 일부 파괴되는 단점이 있다. 그래서 요즈음은 와인을 가열하지 않고 미세한 정밀 여과기(Micro filter)를 통과시켜 불순물은 물론 이스트, 곰팡이, 그리고 세균까지 완전히 제거해 버린다. 지금까지 여과의 목적은 불순물을 제거하여 맑게 하는 것이었지만, 이 여과방법으로 본래의 맛과 향에 변화를 일으키지 않고 와인 보존에 영향을 끼치는 미생물만 선별적으로 제거할 수 있게 되었다. 대신 시설투자비용과 운전비용이 많이 소모되며, 무균적인 작업환경 조성 등 상당히 까다로운 과정을 거쳐야 하므로 영세업체에서는 감히 시도하기 어려운 작업이다. 소규모 업체에는 파스퇴르 저온살균법이 더 경제적이다.

6·25는 북침이다!

　임진년에 왜가 난리를 일으킨 사건을 우리는 '임진왜란'이라고 부른다. 6·25를 '남침'이라고 하면 남쪽이 쳐들어간 것이 되니까 6·25는 '북침'이라는 표현이 옳다. 마찬가지로 와인을 병에 넣는 작업을 '병입(瓶入)'이라고 하면 병이 들어가는 꼴이 된다. 한자어는 행위가 먼저 나온다. 즉 학교에 들어가는 것을 '입학'이라고 하지, '학입'이라고 하지 않는다. '입원', '입사', '입주' 등을 보면 알 수 있다. 그러니까 '병입'보다는 '입병' 혹은 '주병'이라고 해야 옳다.

유리병의 등장

유리는 모래가 높은 온도로 가열되면 생성되는 것이라서, 수천 년 전부터 인간은 이 천연유리를 가공하여 장신구로 사용했을 만큼 유리의 역사는 오래되었다. 인간이 인공적으로 유리를 만들기 시작한 것은 기원전 2000년 메소포타미아와 이집트에서 알려지기 시작하여, 로마에서 기술이 확립되어 유럽 각국으로 퍼진 것으로 보고 있다. 기원전 100년경에는 불대 끝에 녹은 유리를 말아서 부는 방법으로 여러 가지 용기를 제작하였으며, 유리병은 이때부터 등장했지만 강도가 약하고 밀봉이 어려워 주전자 역할 정도에 그친 것으로 보고 있다. 7세기경에는 스테인드글라스도 등장하였고, 14세기부터 이탈리아 무라노섬이 유리 가공의 중심지로 부상하여, 15세기 이후에 산업화의 단계로 접어든다.

1600년대부터 연료가 석탄으로 바뀌면서 높은 온도를 얻을 수 있어서 단단한 유리병이 나오기 시작하였다. 그리고 병 모양도 당시 둥근 양파 모양으로 눕힐 수 없는 형태가 점차 현대적인 모양으로 바뀌기 시작하고, 코르크를 만나면서 밀봉이 완벽해진다. 코르크를 만나기 전까지는 나무마개에 기름 먹인 종이나 천으로 감싸서 밀봉시켰으나 탄력성이 좋고 밀봉효과가 좋은 코르크의 사용은 와인 보관에도 획기적인 사건이었다. 이렇게 1600년대 후반부터 코르크를 씌운 유리병이 등장하여 1700년대 프랑스에서는 보편적으로 이용되지만, 영국에서는 1860년까지 와인을 병에 넣어 거래할 수 없었다. 그러니까 병에 들어 있는 와인이 대륙을 건너서 국제적으로 유통되기 시작한 것은 비교적 최근의 일이라고 할 수 있다. 이때까지만 해도 대부분의 와인 거래는 오크통 단위였다. 와인 병 사이즈도 1979년에 이르러 세계적으로 750㎖로 통일된다.

병 똥구멍이 깊어야 좋은 와인이다?

그야말로 허무맹랑한 이야기이다. 병이야 사람이 만들기 나름이지 병 모양이 와인의 품질을 좌우할 수는 없다. 이 부분을 '푸시업(Pushup)', '펀트(Punt)' 등으로 부르는데, 원래 이 구멍은 병을 불어서 만들 때 병의 모양이 형성되고 나서 끝부분에서 튀어나온 날카로운 부분이 테이블에 상처를 줄까 우려해서 안쪽으로 집어넣으면서 생긴 것이다. 이렇게 만들면 병을 세웠을 때 안정성이 있고, 샴페인의 경우는 강한 압력에 견딜 수 있는 구조가 된다. 펀트가 깊을수록 좋은 와인이란 말은 전혀 근거 없는 소문이다.

병 바닥을 이렇게 푹 들어가게 만들면 부피가 줄어든 만큼 병을 더 크게 만들어 동일한 용량의 다른 병보다 훨씬 더 크게 보이는 효과는 있지만, 와인의 품질과 무관하다. 질 나쁜 와인을 만들면서, 제병업자에게 병 바닥을 깊게 파달라고 부탁하면 어떻게 될까? 상식적으로 생각하면 금방 알 수 있는데도 이를 믿는 사람이 생각보다 많은 것이 사실이다. 또 병 바닥에 찌꺼기를 모으기 위해서 이렇게 만들었다고 하지만, 와인 따를 때 침전물이 오히려 더 흐트러져서 아무 도움이 안 된다.

오래 보관할 와인은 매그넘 사이즈라야

오래 둘 와인은 가능한 한 '매그넘(Magnum)' 사이즈를 구입하는 것이 더 좋다. 작은 병에 비해 큰 병에 있는 와인은 변화에 민감하게 반응하지 않기 때문에 큰 병에서 숙성시키는 것이 훨씬 더 복합성을 얻을 수 있다. 375㎖와 1,500㎖ 병을 비교해 보면, 병목 사이즈는 동일하지만 부피는 4배나 차이가 난다. 와인 병에서 공기가 들락거릴 수 있는 가장 취약한 병구로 공기가 유입된다고 가정했을 때, 375㎖ 병에 있는 와인에 비해 1,500㎖ 병에 있는 와인은 전체 부피에 비해 공기와 접촉하는 면적이 1/4에 불과하다는 계산이 나온다. 즉 1,500㎖ 병에 있는 와인이 20년 간다면, 375㎖ 병에 있는 와인은 5년 간다는 얘기다.

대부분의 와이너리에서는 레드, 화이트 모두 코르크로 밀봉하기 전에 헤드 스페이스에 탄산가스나 질소가스를 주입시켜 매그넘과 하프 사이즈 사이에 녹아 있는 산소의 양 차이를 줄이기는 하지만, 경매에서 비싸게 팔리는 와인이 대부분 매그넘 사이즈인 것은 바로 이런 점 때문이다. 그러나 매그넘 사이즈보다 더 큰 병은 코르크도 큰 것을 사용하기 때문에 이런 효과는 없다.

• 생각해 보면 와인만큼 많은 노력을 기울이는 것도 없다. – 플리니우스(Gaius Plinius Caecilius Secundus, 로마의 문인 및 정치가)

코르크나무가 껍질을 벗겨내도 잘 사는 이유는?

보통 나무들은 껍질을 벗겨내면 죽어버리지만, 코르크나무는 껍질을 완전히 벗겨내도 잘 산다. 그 이유는 비정상적으로 껍질을 형성하는 속도가 빠르기 때문이다. 나무는 내부에서 목질부가 팽창함에 따라 수피(樹皮, Bark)도 그만큼 팽창해야 한다. 그래서 코르크 형성층이란 조직이 있어서 껍질 쪽으로 코르크를 계속 밀어내며 껍질을 형성한다. 보통 나무들은 이 껍질이 없어지면 체관부가 노출되어 죽어버리지만, 코르크나무는 코르크 형성층의 코르크 생산속도가 아주 빠르기 때문에 바로 껍질을 생성할 수 있다. 굴참나무를 비롯한 코르크나무는 코르크층이 유난히 두껍고 잘 발달되어 있어 코르크층을 벗겨낸 후 몇 년이 지나면 다시 두꺼운 코르크층이 만들어진다. 그래서 코르크를 수확할 때는 나무의 성장이 가장 왕성한 시기인 6월에서 9월 사이에 해야 한다.

부쇼네(Bouchonné), 과연 이 냄새를 알고 이야기하는 걸까?

일반적으로 '코르크드(Corked)'라는 말로 표현되는데, TCA(2,4,6-trichloroanisole)라는 성분에서 유래된 퀴퀴한 나무 썩은 냄새를 풍기는 경우를 말한다. 습한 환경에 익숙한 우리나라 사람들은 이 냄새에 대해서 그렇게 예민하지 않지만, 서양 사람들에게는 참기 어려운 향으로 분류된다. 병을 따서 와인 맛이 이상하면 무조건 와인이 '부쇼네'되었다고 이야기하는 사람이 많지만, 과연 이 냄새를 아는 사람은 얼마나 될까? 비싼 돈을 주고 TCA를 구입해서 약간의 알코올과 섞어서 냄새를 맡아봐야 한다.

또 와인을 아는 척하는 사람들이 코르크마개 중 5%가 상했다고 하지만 이것도 옛날이야기다. 포르투갈은 1990년부터 유럽연합(EU)과 공동으로 연구하여 1996년 와인과 증류주 그리고 기타 음료의 오염원인에 대한 6년간의 연구결과를 발표했다. TCA는 코르크숲에서 발견하기 힘들고, 이것은 주로 곰팡이 때문이라고 결론지었다. 이 성분은 어디서나 발견되는데, 식품·음료는 물론 재료 즉 플라스틱 유리, 금속용기 그리고 코르크까지 광범위하게 분포되어 있다. 그리고 코르크 산업에서 TCA 오염을 줄이기 위해, 연구진과 협력하여 많은 돈을 투자하여 마이크로웨이브, 오존처리, 오토크레이브 등 새로운 시설을 도입하였기 때문에 TCA를 비롯한 기타 물질이 와인에 오염될 가능성은 많이 감소되었다.

코르크마개가 숨 쉰다고?

"와인은 코르크마개를 통해서 숨 쉬면서 숙성된다"라고 생각하는 사람이 있는가 하면, "캡슐 위에 난 구멍은 코르크가 숨을 쉴 수 있도록 뚫어놓은 것이다"라고 믿는 사람도 있지만, 캡슐의 구멍은 캡슐을 병에 씌울 때 공기가 캡슐에 막히지 않고 쉽게 내려갈 수 있도록 뚫어준 공기구멍이다. 와인이 숨 쉬면 공기가 들어가서 와인은 바로 식초로 변하게 된다. 코르크 끝에 와인이 접촉한 부분을 얇게 잘라보면 색소 하나 침투하지 못한 하얀 속살이 나온다. 공기가 코르크 내부로 침투한다는 것은 말도 안 된다.

코르크마개를 한 병을 눕혀서 보관하면 코르크가 와인을 흡수하여 팽창하게 되므로 공기유통은 거의 불가능하기도 하지만, 설령 공기가 투과하더라도 헤드스페이스가 병 구를 피해서 생기기 때문에 세운 것과 눕힌 것의 공기접촉면적은 엄청나게 차이가 난다. 대신 코르크가 똑바로 들어가야 한다. 병에서는 공기 때문에 와인이 변하는 것이 아니라, 밀봉된 상태에서도 미세한 변화가 생길 수 있기 때문이다. 1년 된 복숭아통조림과 10년 된 복숭아통조림은 동일한 밀봉상태라도 맛이 다르다.

스크루 캡(Screw caps)

스크루 캡은 1900년대 초에 나와서 청량음료 등의 마개로 사용되었고, 1970년대부터 값싼 와인에 적용하였으나 밀봉효과가 약하여 실패하였다. 실제로 실험을 해보면 코르크마개와 스크루 캡의 차이는 극명하게 나타난다. 그런데 2000년 초부터 스크루 캡의 문제점을 개선한 신제품이 나와 뉴질랜드와 오스트레일리아를 시작으로 유행하고 있다. 현재까지 과학적으로 코르크와 비교했을 때 별 문제가 없는 것으로 밝혀지고 있다. 코르크가 숨 쉬지 못한다고 걱정하는 사람도 있지만, 코르크는 숨을 쉬지 않는다. 코르크가 숨 쉬면 와인을 망치게 된다. 어떻게 하든 공기가 들어가지 않게 하는 것이 병마개의 목적이다.

스크루 캡 와인은 세워서 보관한다?

와인 병을 눕혀두면 와인이 코르크에 스며들어 코르크가 부풀어 와인 병을 더 잘 막는다고 하지만, 더 큰 이유는 공기접촉 면적이 작아진다는 점이다. 그래서 스크루 캡이든 코르크든 눕혀두는 것이 좋다. 와인보다 콜라병으로 해보면 확실한 효과를 금방 확인할 수 있다. 병에 절반 남은 콜라를 뚜껑을 닫고 한 병은 세워두고, 한 병은 눕히거나 거꾸로 둔 다음에, 다음날 맛을 보면 알 수 있다.

스크루 캡의 문제

스크루 캡의 문제점은 소믈리에가 스크루 캡을 순식간에 딸 수밖에 없어서, 캡슐을 제거하고, 코르크스크루를 조심스럽게 돌려 따면서 와인에 대한 설명, 손님의 와인 고르는 안목에 대한 칭찬 그리고 와인을 대하는 진지한 태도를 보여줄 시간이 없다는 점이다. 캡슐을 제거하고 코르크를 따는 동안 와인에 대한 재미있는 에피소드를 곁들여야 하는데, 이 이야기를 할 시간이 없다. 가능한 천천히 스크루 캡을 빼내는 것으로 아쉬우나마 이를 대신해야 한다.

왕관마개(Crown cap)

흔히 사이다병 마개라고 부르는 왕관마개는 '윌리엄 페인터(William Painter)'라는 사람이 1890년에 개발하여 1892년부터 생산하기 시작한 것이다. 수확한 밀을 넣은 단지의 덮개가 바람에 날아가는 광경을 보고, 철판을 원형으로 잘라 끝부분을 주름 모양으로 봉합했더니 더 이상 덮개가 열리지 않는 것을 알고 이 왕관마개를 발명했다고 한다. 왕관이라는 명칭은 그 모양이 왕관과 비슷한 데서 유래된 것이다. 당시에는 안쪽의 패킹(라이너)에 코르크를 사용했기 때문에 일명 '크라운 코르크(Crown cork)'라고도 하며, '크라운 실(Crown seal)'이라고도 한다.

개봉에는 오프너(병따개)가 필요하다는 것과 재밀봉이 안 된다는 단점이 있지만, 밀봉강도가 강하여 맥주, 탄산음료 등 고압을 견디는 음료 병의 뚜껑에 알맞다. 6기압을 견디는 샴페인 등 스파클링와인의 2차 발효에 사용되는 것을 보면, 병마개 중에서는 가장 밀봉강도가 강하다는 것을 알 수 있다. 밀봉효과로 본다면, 일반 와인에도 이 이상 좋을 것이 없을 것이다.

윌리엄 페인터(William Painter)와 킹 질레트(King Camp Gillette)

'윌리엄 페인터(1838~1906)'는 아일랜드에서 태어나 20세 때 미국으로 이주하여, 메릴랜드 볼티모어에서 기계공으로 일하면서 경력과 실력을 쌓아 1890년 크라운 캡을 발명한다. 이 발명품은 맥주를 비롯한 탄산음료가 유행하면서 어마어마한 수요가 생기기 시작하였고, 이윽고 그는 회사(Crown Cork and Seal Company)를 차리고 사업을 시작하였다.

그러면서 윌리엄 페인트는 이때 크라운 캡 영업사원으로 일하던 '킹 질레트'를 만나게 된다. 킹 질레트는 영업은 할 만큼 했다고 생각하고, 윌리엄 페인트와 같은 발명가를 꿈꾸면서 페인터로부터 "한두 번 쓰고 버리는 물건을 만들게!"라는 충고를 듣게 된다. 이를 계기로 전부터 있었던 면도기를 개선하여 몇 번 쓰고 버리는 값싸고 얇은 면도날이 장착된 안전면도기를 발명한다. 1903년 첫해에는 면도기 50개, 면도날 168개를 팔았지만, 이듬해에는 면도기 9만 개, 면도날 12만 개를 팔면서 사업이 정상궤도에 오르게 되고, 제1차 세계대전 중에는 군납으로 사업이 번창하여 오늘날까지 그 이름이 남아 있다.

병 숙성

최고의 포도밭에서 나온 카베르네 소비뇽과 같은 와인은 몇 십 년 후에 최고의 맛에 달하며, 그 후 5~10년 정도 그 맛이 유지된다고 하지만, 현실적으로 그 차이를 가늠하기란 쉬운 일이 아니다. 한 병에 수십만 원 하는 와인을 한 상자, 즉 12병을 구입하여 셀러에 잘 보관하면서, 1년에 한 번씩 맛을 봐야 한다. 그래야 세월이 지나면서 익어가는 병 숙성의 미묘한 차이를 알 수 있다. 돈도 수백만 원 있어야 하지만, 작년이나 재작년에 맛본 와인의 맛을 기억이나 할 수 있을까?

병 숙성과 산소

병 속에서 와인은 산소의 도움으로 숙성되지 않는다. 오히려 산소가 침투하면 와인이 오염된다. 병에 들어가 있는 와인은 분명히 산소가 없는 상태에서 숙성된다. 고급와인 병을 열어놓고 살펴보면 이 점을 알 수 있다. 아침부터 저녁까지 열어놓거나 혹은 다음 날까지 열어 놓으면 부케의 정교함이 사라지고, 와인의 품질이 저하된다. 이 같은 관점에서 볼 때 오래된 고급와인을 마시기 몇 시간 전에 디캔팅하라는 제안은 실제로는 질적 저하를 초래한다. - 에밀 페이노(Émile Peynaud, 프랑스 양조학자)

와인과 산소

와인과 산소의 반응은 이롭든지 해롭든지 상당히 복잡하다. 사람에 따라 "와인을 만드는 것은 산소다", "산소는 와인의 적이다" 두 가지의 상반된 주장이 나오는데, 이는 와인의 타입과 숙성방법에 따라 다르게 적용된다. 산소가 필요한 숙성은 일부러 산화시키는 랑시오(Rancio) 스타일의 VDN(Vin Doux Naturel), 포트(Port), 셰리(Sherry), 마데이라(Madeira) 등 알코올을 첨가하여 고농도 알코올을 가진 와인이라야 가능하다. 그러나 일반적인 와인은 될 수 있는 한 공기를 차단하면서 숙성시키고, 고급일수록 산소의 유입을 막고 공기 중에서 움직일 경우는 아황산으로 보호해야 한다. 전자의 경우는 와인의 숙성이 환원력이 높고 산소가 있는 상태에서 공기접촉으로 맛이 안정되지만, 후자의 경우는 산화에 아주 약하기 때문에 공기와 접촉하면 와인을 버리게 된다.

오래된 와인의 맛

앙드레 첼리스체프(André Tchelistcheff)가 1898년산 샤토 라피트를 마신 경험을 파티석상에서 다음과 같이 이야기했다.

"오래된 와인을 시음하는 것은 나이 든 부인과 사랑을 나누는 것과 같습니다" 약간의 정적이 흐른 뒤에 이야기를 어어갔다.

"가능합니다" 그리고 다시 침묵이 흐른 다음에,

"제법 즐길 만하기도 합니다" 그리고 한 모금 마신 뒤에,

"그러나 약간의 상상력이 필요합니다"라고 이야기를 마쳤다고 한다. - 벤자민 월라스(Benjamin Wallace)의 『The Billionaire's Vinegar』(Crown Publishers, 2008)

앙드레 첼리스체프(André Tchelistcheff, 1901~1994)

러시아에서 태어나 프랑스에서 와인양조교육을 받고 미국에서 와인메이커로 활동한 특이한 경력의 소유자다. 금주령 이후 미국에서 가장 영향력 있는 와인메이커로서, 스톤 와이너리(Stone Winery), 로버트 몬다비(Robert Mondavi), 루이 마티니(Louis Martini), 조단(Jordan), 로드니 스트롱(Rodney Strong) 등에서 멘토로 삼을 정도로 미국 와인메이커의 대부라고 할 수 있다.

그는 모스크바의 귀족집안에서 태어나 키예프사관학교를 졸업했다. 러시아혁명에 휘말려 백군으로 전투에 참여하여 죽을 고비를 넘긴 후, 유고슬라비아를 거쳐 체코슬로바키아

에서 농학을 공부한 후 프랑스 파스퇴르연구소와 국립농업연구소에서 양조학, 발효학, 미생물학 등을 공부하였다. 1938년 캘리포니아의 볼류 빈야즈(Beaulieu Vineyards, BV) 설립자가 프랑스를 방문하여 식견을 갖춘 와인메이커를 찾는 과정에서 만나게 되어 BV 부사장 겸 수석 와인메이커가 된다.

와이너리에 근무하면서 프랑스산 오크통에서 숙성, 저온발효, 서리방지 대책, 말로락트발효(Malolactic fermentation) 등을 시행하였고, 제2차 세계대전 후에는 미국산 오크통 숙성 등 양조방법을 획기적으로 개선하였다. 특히, 캘리포니아의 카베르네 소비뇽을 세계적인 수준의 와인으로 만드는 데 가장 큰 공헌을 한 인물로 꼽는다. 은퇴 후에도 하이츠(Heitz), 컬럼비아 크레스트 와이너리(Columbia Crest Winery), 샤토 생미셸(Chateau Saint Michelle) 등을 컨설팅하면서 캘리포니아에서 오리건주, 워싱턴주에 이르기까지 폭넓게 활동하였다.

와인 보관

프랑스 사람들은 좋은 와인을 영와인 때 마신다. 왜냐면 사회주의 정부가 언제 빼앗아갈지 모르니까.

영국 사람들은 좋은 와인을 오래 두었다 마신다. 왜냐면 친구를 셀러로 데려와 먼지가 수북한 병을 자랑하고 싶어서.

미국 사람들은 좋은 와인을 가장 적절한 때 마신다. 왜냐면 어느 때 마셔야 할지 모르니까.

와인의 저장과 온도

일반적으로 온도가 10℃ 올라가면 화학반응은 두 배 빨라진다. 10℃에서 10년 갈 와인을 20℃에서 보관하면 5년 간다는 얘기다. 와인 보관은 온도가 생명이다. 낮고 일정한 온도일수록 좋다. 10~15℃는 옛날부터 와인을 일 년 사철 일정한 온도를 유지시킬 수 있는 유럽의 동굴 내 온도다. 여기서는 숙성이 서서히 이루어지면서 와인을 오래 보관할 수 있었다. 그리고 온도는 일정해야 한다. 와인에는 알코올이 10% 이상 들어 있어서 온도변화에 따른 부피의 차이가 심하다. 20℃의 와인이 40℃로 되면 부피가 7~8㎖ 증가하면서 코르크에 압력을 가하고, 다시 온도가 내려가면 수축했다가, 다음에 또다시 오르는 과정을 반복한다면 코르크의 밀봉강도는 떨어지기 마련이다. 차라리 온도가 높더라도 일정한 곳이 더 낫다는 얘기는 바로 이런 이유 때문이다.

그러나 이론적으로 와인을 가장 오래 보관할 수 있는 온도는 화이트, 레드를 막론하고 4℃라고 할 수 있다. 이때가 물의 밀도가 가장 높기 때문에 차지하는 부피가 가장 적어진다. 모든 식품은 얼지 않을 정도의 낮은 온도에서 가장 오래 간다. 그러나 이렇게 낮은 온도는 인위적으로 조성해야 하고, 꺼내서 마실 수 있는 적합한 온도로 만들려면 상당한 시간이 소요되면서 라벨은 이슬이 맺혀 울퉁불퉁해지고, 냉장고가 고장이 나면 문제가 커지기 때문에 천연동굴이 좋다고 하는 것이다. 바다 밑에 가라앉은 배에서 꺼낸 와인은 오랜 시간이 지나도 비싸게 팔리는 이유가 깊은 바다 밑의 온도는 항상 4℃로 일정하기 때문이다.

와인셀러 한 대 사려면 1억 원

와인셀러에서 오랜 세월 동안 보관할 만한 와인은 적어도 1병에 10만 원 이상은 되는 것이라야 한다. 그렇다면 10만 원짜리 와인 40병만 구입해도 고급 셀러 값이 된다. 또 100만 원짜리 와인도 몇 병 구입해야 하고… 그러다 보면 200병을 다 채우려면 족히 1억 원은 있어야 한다. 평범하게 마시는 2~3만 원짜리 와인은 셀러에 보관할 필요 없이 가까운 와인 전문점에서 사서 마시면 된다. 이런 와인을 셀러에 넣어두면 괜스레 문만 자주 열고 닫기 때문에 오히려 셀러 온도만 올리게 된다.

가정에서 와인셀러가 필요한 사람은 그야말로 병 숙성의 깊은 맛을 즐기는 사람으로, 선물 받은 고급와인이나 외국 여행할 때 어렵게 구한 귀한 와인을 보관하기 위해서일 것이다. 즉 '마누라한테 맞아죽을 100대 와인'을 보관하려면 셀러가 꼭 있어야 한다. 그래야 태어난 애가 성인이 되었을 때 마신다는 빈티지 와인이 제 역할을 한다. 병 숙성이 별로 필요 없는 값싼 와인을 와인셀러에 몇 십 년 둬봐야 맛이 좋아지기는커녕 본전 찾기도 힘들다. 이렇게 보면 와인셀러는 엄청 비싼 것이다.

와인의 저장과 습도

와인을 장기 보관하려면 습도가 적절해야 한다며 와인셀러를 구입할 때 습도조절이 되는지 따지는 사람들이 많아지고 있지만, 코르크나 스크루 캡으로 밀봉된 와인은 외기 습도의 영향을 받을 수 없다. 물론, 습도가 아주 낮으면 문제가 있지만, 우리나라와 같이 습도가 높은 나라에서는 걱정할 필요가 없다. 습도는 와인이 들어 있는 병이 아니고, 와인을 숙성시키는 오크통에 영향을 끼친다. 옛날에는 오크통째로 와인을 구입하여 보관하는 경우가 많았으므로 이때 오크통 보관에 습도가 중요했던 것이다.

오크통에 들어 있는 와인의 주성분은 물과 알코올이다. 알코올은 물보다 휘발성이 좋지만, 분자량이 크기 때문에 반투과성 나무를 뚫고 나가기 어려워 물이 먼저 증발하는데 주변환경에 따라 상황이 달라진다. 습도가 높은 곳에서는 대기의 습기가 물의 증발을 막고, 알코올은 증발하기 때문에 오크통 저장기간 중 알코올농도가 낮아질 수 있다. 그러나 비교적 건조한 곳(상대습도가 60~65% 이하)에 저장하면, 물분자는 알코올보다 빨리 증발하여 결과적으로 통에 있는 모든 와인의 성분은 농축되어, 알코올도 1% 이내의 범위에서 증가할 수 있다. 그래서 습도가 중요하다고 하는 것이다.

와인보존의 법칙
- 1~2만 원짜리 와인: 1~2년 이내에 마신다.
- 3~4만 원짜리 와인: 3~4년 이내에 마신다.
- 5만 원짜리 와인: 5년 이내에 마신다.
- 10만 원대 이상 와인: 와인셀러에 고이 보관한다.

와인의 저장과 진동

진동이 있으면 와인 보관에 좋지 않다고 하지만, 여기서 진동이란 지속적인 미세한 흔들림을 말하는데 이동할 때 출렁거리는 것과는 다른 것이다. 여러 학자들이 진동이 와인 보관에 미치는 영향에 대해 연구했지만, 아직까지 뚜렷한 결론을 얻지 못한 상태다. 진동은 아무래도 없는 것이 낫겠지만, 그렇게 큰 영향은 끼치지 않는다는 얘기다. 그러니까 일반 냉장고에 와인을 보관해도 별 문제는 없다. 냉장고를 바꿀 때 헌 냉장고를 버리지 말고 온도를 약간 올려 와인 전용으로 사용하면 좋다. 와인 보관에서 진동이란 흔들림을 말하는 것으로 와인을 이동하면서 흔들리는 경우를 말한다. 이때는 침전물이 일어나고 아무리 조심해도 온도의 변화를 겪게 되므로 이동하지 않은 와인이 더 오래 간다고 하는 것이다.

와인 보관 시 최악의 장소는?

사고방식을 반대로 하여 와인 보관에 최악의 장소는 어디일까? 온도 변화가 심하고 자주 흔들리는 곳이라고 할 수 있다. 이 조건을 가장 잘 갖춘 곳은 와인 보관 시 최악의 장소인 자동차라고 할 수 있다. 자동차 내부는 온도변화가 너무 심하여, 환절기 때는 낮에 에어컨, 밤에 히터를 틀어야 할 정도다. 한여름에 자동차 계기판의 온도는 90℃까지 올라간다. 자동차 내부의 온도가 80℃로 상승하였을 경우, 750㎖ 와인 병에서 부피는 18㎖ 증가한다. 이렇게 되면 와인이 팽창하여 코르크를 밀고 나올 수 있다. 둘째는 자동차는 진동이 아닌 흔들림으로 여러 가지 화학반응을 촉진시켜 와인의 수명을 단축시킨다. 가정에서는 시원한 곳에 둔다고 베란다에 내놓는 경우가 많은데, 이곳도 온도변화가 엄청나게 심한 곳이다. 차라리 온도가 약간 높더라도 사철 25℃ 정도가 일정하게 유지되는 소파 밑이 더 낫다.

햇빛

햇빛은 와인 보관에 치명적이다. 투명한 병에 로제와인을 담아서 햇빛에 두면 불과 몇 개월 안에 화이트와인이 될 정도다. 이는 햇빛의 다양한 스펙트럼 때문인데 자외선을 비롯한 다양한 파장의 영향을 받아 열이 발생하거나 발열 없이도 화학반응이 일어난다. 그러나 와인을 일부러 햇빛에 노출시키는 경우는 없고, 장거리 이동은 상자 속에서 이루어지기 때문에 실질적으로 햇빛 때문에 와인이 상하는 일은 거의 일어나지 않는다.

국회의사당 앞 해태상 밑에서 와인 숙성 중

여의도 국회의사당 앞 해태상 밑에 와인이 보관되어 있다. 1975년 국회의사당 건물을 완공했을 때 월탄 박종화(朴鍾和) 선생(혹은 풍수지리를 하시는 분이라는 설도 있음)이 경복궁 예를 들면서 화재를 예방하려면 해태상을 세워야 한다고 해서, 당시 잘 나가던 해태제과가 돈을 대고 세웠는데, 그때 해태산업에서 생산하던 우리나라 최초로 포도로 만든 와인인 '노블와인' 세 종류를 6병씩 총 18병을 항아리에 넣고 석회로 밀봉하여 양쪽에 묻고 100년 뒤에 꺼내기로 약속을 했다고 한다.

1975년 당시라면 외국의 유명한 와인이 정식으로 수입되지는 않았고, 와인에 대한 지식이 별로 없을 때라서, 무조건 오래될수록 맛이 좋아진다는 믿음이 있었던 시절이다. 와인을 잘 아는 요즈음 사람들은 이 와인이 백 년이 지난 다음에도 제맛을 유지하리라는 생각을 하지 않을 테지만, 1970년대에 향후 백 년을 바라보고 후세를 생각하는 장기적인 안목으로 와인을 지하에 묻었다는 사실 자체만으로도 이 일을 기획하고 추진한 사람에게 박수를 보내야 할 것 같다.

오래될수록 좋은 와인?

　오래될수록 좋은 와인이라는 믿음은 어떻게 생긴 것일까? 자연과학이 와인에 적용되기 전에는 와인의 양조와 보관을 운에 맡기는 수밖에 없었다. 대부분의 와인은 수확 다음 해 여름을 넘기지 못하였고, 이런 와인은 오래될수록 값이 떨어지는 것이 현실이었다. 그러나 몇몇 유명한 샤토에서 나오는 와인은 1년, 2년, 더 오래 보관을 해도 맛이 떨어지지 않고 오히려 좋아지니까, 이런 와인은 값이 비싼 것은 물론, 명품으로 찬사를 받을 수밖에 없었다. 즉 와인은 오래될수록 좋은 것이 아니고, 오래되어도 그 맛이 변하지 않는 와인이 좋다는 것이다. 3년 묵은 간장이라면 변질된 것이 아니고 간장의 특성을 그대로 유지한 채 오히려 깊은 맛과 향을 가진 것이어야 한다.

　그래서 옛날에는 특정 포도밭에서 나오는 와인이 아니면, 알코올을 부어서 알코올농도가 20% 가까이 되는 강화와인이 인기가 좋을 수밖에 없었다. 이런 와인은 장기간 보관이나 운반에 아무런 문제가 없었고, 오히려 뚜껑을 열어놓고 숙성시키면 독특한 향미를 얻을 수 있었다. 그래서 와인의 숙성에 산소가 관여한다는 강력한 믿음이 생긴 것이지만, 일반 와인에서 산소는 와인의 수명을 단축시키는 가장 큰 요인이 된다.

나이든 사람의 술자리 처세

- 말 많이 안 하고 술값을 계산한다. - 존경받는다.
- 말 많이 하고 술값을 계산한다. - 잘난 척한다고 수군거린다.
- 말 많이 하고 술값도 계산 안 한다. - 욕을 바가지로 먹는다.
- 말 많이 안 하고 술값도 계산 안 한다. - 아무도 그 존재를 모른다.

와인은 술이 아니고, 과학입니다

포도재배와 와인양조 분야의 지식이 부족하면 뭔가 하나를 빠뜨린 것과 같이 항상 불안하기 마련이다. 그래서 와이너리 투어를 자주 가는 와인애호가들이 많아지고 있다. 그러나 와이너리 투어라는 것도 포도밭의 환경, 재배방법, 양조기술을 설명해 주고, 최종적으로 자기들이 만든 와인을 테이스팅하는 코스로 이루어져 있기 때문에 이들의 이야기를 잘 이해하려면 포도재배와 양조에 대한 지식이 있어야 하며, 시음한 와인의 평가는 올바른 테이스팅 능력을 갖춰야 가능하다.

그리고 와인이론에는 반드시 그에 맞는 과학적인 증거가 있다. 막연하게 그러려니 하는 느낌이나 과학적으로 설명이 안 되는 이론은 와인을 알고자 하는 사람에게 혼란만 더해준다. 와인은 지구과학, 생물학, 화학, 물리학 등 종합적인 과학이론의 바탕 위에서 완성되는 과학의 산물이다. 포도재배와 양조에 대한 지식이 없으면 어설픈 소문에 현혹되어 엉뚱한 이론을 앞세우게 되고 초보자는 더욱 혼란에 빠질 수밖에 없다. "와인은 술이 아니고, 과학입니다"

와인은 그때그때 달라요

와인에는 A, B, C 세 가지 범주가 있으며, 이들은 각 범주에 따라 원료 포도가 다르고 제조방법이 다르며, 보관하는 방법, 마시는 방법 등이 다르다. A급 와인은 좋은 포도밭에서 수확한 포도로 정성스럽게 만들어 오크통에서 장기간 숙성시킨 고급와인이며, C급 와인은 드넓은 포도밭에서 대량 생산한 와인으로 오크통 근처에 가지도 않는다. B급 와인은 그저 그런 포도밭에서 나온 포도로 그럭저럭 만든 것으로, A급 와인이 지나간 오크통에서 목욕하는 정도거나 오크 칩을 넣어서 숙성시킨 것으로 보면 된다.

그러니까 와인을 단정적으로 이야기하면 안 된다. 예를 들면, C급 와인은 오크하고는 전혀 관계가 없는데, 와인은 오크통에서 숙성시킨다고 이야기하면 틀린 것이 되어버린다. "와인은 이렇다"라고 이야기하려면 위에서 말한 세 가지 범위의 와인 중에서 어느 것에 해당되는지를 먼저 밝혀야 한다. 그러니까 와인을 이야기할 때는 '주로', '대체적으로'라는 문구를 먼저 서두에 붙이고, 나중에는 '그렇다고 한다.' 등의 간접화법으로 이야기하는 것이 안전하다. 이런 식으로 와인을 이야기하면 상당한 논란을 잠재울 수 있다. C급 와인은 벌컥벌컥 마실 수 있지만, A급 와인을 원샷할 수는 없다. "와인은 그때그때 달라요"라는 문장을 참 좋은 말이라고 새삼 느끼고 잘 활용한다면 와인 이야기가 쉬워질 수 있다. -JCK

사과주(Cider)

사이다(Cider)는 우리나라에서는 탄산음료로 통용되지만, 다른 나라에서는 사과로 만든 와인이나 사과주스를 뜻한다. 사과는 기원전 6500년경부터 재배되었고, 사과로 만든 술은 로마시대(서기 79년) 플리니우스가 『박물지』에 언급할 정도로 오랜 역사를 지닌 술이다. 모든 인도-유럽 언어에는 '사이다(Cyder)'란 단어가 나타나는데, 현대 영어에서 'Cider(19세기까지는 Cyder로 썼다)'는 중세기 영어 '시드르(Sidre)'에서 나온 것이다. 이 단어는 라틴어의 '시세라(Sicera)', 그리스어의 '시케라(Sikera)'에서 나온 것으로, 히브리어 '세카르(Shēkār)'를 번역한 것이다. 이를 영어 성경에서 '독주(Strong drink)'라고 표현하고 있다.

사과를 원료로 와인을 만들면 사과주가 된다. 사과주는 옛날부터 포도재배가 잘 안 되는 곳에서 많이 만들었으나, 포도로 만든 와인에 비하여 보편화되지는 못하고 있다. 우리나라도 포도로 만든 테이블 와인보다 '파라다이스'라는 사과주가 먼저 나왔으며(1969년), 영국의 일부 지방 그리고 프랑스의 브르타뉴와 노르망디 지방은 지금도 상당량의 사과주를 생산하고 있다. 특히 프랑스 노르망디 지방의 '칼바도스'는 사과주를 증류하여 만든 브랜디로 유명하다. 일반적으로, '소프트사이다(Soft cider)'는 사과주스를 말하며, '하드사이다(Hard cider)'는 사과주를 말한다. 한편 '애플와인(Apple wine)'은 사과주스에 가당하여 발효시킨 것으로 알코올농도 12% 정도 되는 것을 가리킨다.

탄산음료, 사이다

네덜란드 사람들이 스파클링사이다를 일본에 가지고 왔을 때, 일본 사람들은 처음으로 맛보는 톡톡 쏘는 탄산음료의 매력에 푹 빠지게 되었다. 네덜란드 사람에게 이 음료의 이름을 물어보니 '사이다'라고 가르쳐주었다. 나중에 미국에서 탄산음료가 들어와 맛을 보니 사이다와 맛이 똑같았다. 그래서 탄산음료를 '사이다'라고 부르게 되었다. 탄산음료로서 사이다라는 명칭은 우리나라와 일본에서만 통용된다. 외국인 스튜어디스에게 사이다를 달라면 고개를 갸우뚱하는 이유는 바로 여기에 있다.

Wine Episodes 8

와인 맛을 알아맞힌다고?

8 와인 맛을 알아맞힌다고?

 와인의 맛, 시가, 시, 산문 등에 대한 기준은 없다. 사람마다 가지고 있는 취향이 기준이며, 대다수의 의견이라도 어떤 사람에게 결정적인 것은 아니며, 그 사람 고유의 판단기준에 지극히 적은 정도라도 영향을 끼칠 수는 없다. – 마크 트웨인(Mark Twain, 미국 소설가)

신이 아닌 이상 불가능

와인 감정에 대해서는 전설 같은 이야기들이 많다. 한번 맛을 보고 메이커의 명칭과 빈티지까지 알아맞힌다고 하지만 현실적으로 있을 수 없는 일이다. 그런데 와인 공부를 하는 사람들 중에서는 이런 경지에 도달하기를 바라는 사람들이 꽤나 많다. 과연 이런 일이 가능할까? 천만에! 만약 우리가 모든 일을 팽개치고 하루에 100개씩 맛을 보고 그 맛을 외운다고 가정할 때, 1년이 지나면 36,500개의 와인 맛을 기억할 수 있다. 그러고 나면 해가 바뀌어 또 다른 연도의 동일한 이름의 와인이 36,500개가 또 나오기 때문에 평생을 아무리 노력해도 36,500개의 와인만 맛보다가 그르치게 된다. 맛은 고사하고 그 이름이나 다 외울 수 있을까?

프랑스 보르도 지방에만 12,000여 개의 샤토가 있고, 여기서 와인 1종만 생산하는 것도 아니고, 화이트, 로제, 레드 등 수많은 와인이 나온다. 이런 식으로 하다가는 평생 동안 보르도 와인의 절반도 맛을 볼 수 없다는 계산이 나온다. 수학적으로 도저히 불가능한 일이다. 그러면 텔레비전이나 영화에서 한번 맛을 보고 몇 년도산 무슨 와인이라고 맞히는 장면은 어떻게 된 것일까? 이때는 미리 그 범위를 정해주거나, 촬영하기 전에 미리 맛을 본 후 그것을 맞히는 것이다.

007 제임스 본드

50년 이상 시리즈로 나오는 영화 007의 '제임스 본드'는 다방면으로 뛰어나지만, 와인에 대한 지식이나 매너 또한 타의 추종을 불허한다. 제임스 본드는 대상 인물과 와인을 마시면서 메이커와 연도까지 알아맞히는 장면이 종종 나온다. 영화니까 못 알아맞힐 수는 없겠지만, 007은 국가 공무원으로 국민의 세금으로 자기 돈 안 들이고 얼마든지 고급와인의 맛을 익힐 수 있다. 세계 와인 중에서 아주 유명한 몇 가지는 연습을 했을 것이고, 사전에 그 사람이 어떤 와인을 즐겨 마신다는 정보는 알고 접근하기 때문에 가능하다. 아무리 와인 공부를 열심히 해도 제임스 본드와 같이 될 수는 없다. 그만큼 와인이 사교에 있어서 중요한 역할을 하고, 많이 알면 알수록 유리한 경지에 오를 수도 있다는 사실을 오락영화를 통하여 보여준 것이다.

> **와인 맛을 보고 재정상태까지**
>
> 금주령 이전에 캘리포니아와인협회의 감정가였던 '아몬드 모로(Almond R. Morrow)'는 어느 날 와인 맛을 보고, 제자들에게 "이 집의 자금사정이 좋지 않구나. 아마도 은행에서 10,000달러 정도 빌렸을 것이다"라고 금액까지 이야기를 했다. 제자들이 알아보니까 정말 10,000달러를 빌린 것이다. 제자들이 궁금해서 어떻게 알 수 있었는지 물었더니, "이 와인은 내가 해마다 구입하여 마시는데, 올해 것은 희석된 느낌을 받았어. 그렇다면 분명 단위면적당 수확량을 증가시킨 것이 분명한데, 이는 자금사정이 어려우니까 그렇게 한 거 아니겠어?"라고 대답했다. 그러자 제자들이 "금액은 어떻게 아셨습니까?"라고 묻자, "그 집 포도밭 면적을 내가 알거든. 그래서 은행에 맡기면 만 불 정도 빌릴 수 있을 것 같아서 그렇게 이야기한 거야." - 레온 애덤스(Leon D. Adams, 미국 저널리스트)

레온 애덤스(Leon David Adams, 1905~1995)

미국의 저널리스트, 신문 발행인, 역사학자이면서 와인연구소 공동 설립자이기도 하다. 캘리포니아주뿐 아니라 오리건, 워싱턴주까지 미국 와인산업에 발전에 상당한 공헌을 하였으며, 취미생활도 다양하여 와인뿐 아니라 낚시, 요리까지 전문가 수준이었다. 특히 1958년에 펴낸 『와인상식(The Commonsense Book of Wine)』은 오늘날까지도 인기 있는 책으로 미국 와인 대중화에 큰 공헌을 하였다.

• 와인은, 아무리 노력해도 모두 알 수 없다는 점에서 여자와 비슷하다. - 미상

맛을 알아맞힌다고 인생에 도움이 안 된다

식당에서 라면을 끓여서 판다면, 대다수의 사람들이 맛있다는 라면을 구입해서 끓여주면 된다. 주인이 꼭 라면 맛을 보고 무슨 라면인지 알아맞힐 필요는 없다. 이 정도 가격에 이 정도 맛이면 충분히 시장성이 있다고 생각하는 라면을 사용하게 되어 있다. 와인도 마찬가지로, 이 정도 맛에 이 정도 가격이면 우리가 수입해도 되겠구나, 혹은 숍이나 레스토랑이라면 이 정도 가격과 맛이면 손님에게 얼마든지 추천해도 좋겠다고 생각하는 와인을 선택해서 많이 팔면 된다. 맛을 보고 알아맞히는 것은 인생에 도움이 안 된다. 나의 입맛과 고객의 입맛에서 최대공약수를 찾으면 된다.

일반 소비자라면 와인 맛을 보고 나에게 맛있다, 맛없다고 느껴지면 그만이다. 그리고 그 맛을 가격과 비교해서 구입하여 맛있게 마시면 더 이상 바랄 게 없다. 맛을 잘 알아맞혀야 와인을 잘 아는 사람이라는 강박관념에서 벗어나서, 와인이 나에게 어떻게 해야 즐거움을 주는지를 생각해야 한다. 그래야 와인이 진정한 행복과 기쁨의 술이 될 수 있는 것이다.

와인 맛 알아맞히기

조는 아름다운 여자와 첫 번째 데이트를 하면서 자신의 와인 실력을 자랑하고 싶었다. 레스토랑에 가서 캐너로스(Carneros) 지역의 '스텔링(Sterling) 카베르네 소비뇽 1985년산'을 주문하였다.

가져온 와인의 맛을 본 조는 "이거 아닌데, 이건 1987년산으로 북부 해안지방 '캘리스토가(Calistoga)'의 것인데, 제가 주문한 것으로 가져오시죠"라고 신경질적으로 이야기했다. 이윽고 소믈리에는 두 번째 와인을 가져와서 따랐다. 조는 다시 맛을 보고, "1985년산은 맞는데, 이건 '세인트 헬레나(St. Helena)'의 것이에요"라고 이야기했다.

바에 앉아서 이 광경을 지켜보던 늙은 술꾼이 다가와서 말을 붙였다. "대단한 능력을 가졌구려! 이거 한 잔 마시고 말해 줄 수 있나?" 하면서 잔을 내밀었다. 신이 난 조는 입에 대자마자 "웩, 이거 오줌이잖아!" 하면서 내뱉었다. 그러자 술꾼은 "맞아, 내가 언제 어디서 태어났는지 알아맞혀봐"라고 이야기했다.

식품은 맛이 최고

식품의 가치를 따질 때 영양과 위생을 중요하게 생각하는 것 같지만, 맛만 있으면 모든 것이 용서된다. 즉 식품의 가치는 맛으로 평가된다. 아무리 몸에 좋은 식품이라도 맛이 없으면 안 팔린다. 영양과 위생은 그 다음이다. 영양과 위생만 따지려면 건강식품이나 보약을 먹어야 한다. 우리는 맛만 있으면 돈을 더 지불하고, 아무리 먼 곳이라도 찾아가고, 아무리 사람이 많아도 기다려서 먹는다.

- 미국인은 식사가 끝나면 "배가 부르다"라고 말하고, 프랑스인들은 "맛있었다"라고 말한다. – 클로테르 라파이유(Clotaire Rapaille, 프랑스 문화인류학자)

코카콜라(Coca Cola)의 실수

1980년대 코카콜라는 위기에 봉착했다. 만년 2등인 펩시콜라가 자꾸 치고 올라오는 것이다. 펩시는 보다 신선한 맛으로 코카콜라 시장을 잠식하고 있었는데, 이에 코카콜라는 100년 동안 지속된 맛을 보다 더 신선하게 변경하기로 한다. 1985년 새로 나온 뉴코크(New Coke)는 시장 테스트를 거치고, 거액을 투자하여 수많은 전문가를 초청해서 관능검사도 여러 번 실시한 결과 펩시보다 훨씬 더 맛있는 것으로 판단되었다. 회사는 신제품이 펩시 열풍을 잠재울 것으로 확신하였다.

그러나 매출을 회복할 기미는 안 보이고 오히려 더 떨어지는 것이었다. 게다가 소비자의 불만이 속출하였다. 100년 동안 한결같은 맛을 유지하다가 그 맛이 바뀌니까 "더 이상 코카콜라를 마실 수 없게 되었다"는 등 옛날 맛을 그리워하는 소비자들의 항의가 시작된 것이다. 회사 측에서는 일시적인 현상으로 치부하고, 다시 전문가를 동원하여 면밀한 관능검사를 해보았는데, 펩시보다 코카콜라가 더 낫다는 결과가 나온다. 더 맛있는데 안 팔리는 기이한 현상이 나타난 것이다. 우리나라 대기업은 문어발식으로 이것저것 다 하지만, 코카콜라는 전문기업으로 콜라만 생산하니까 '코카전자'나 '코카자동차', '코카건설' 등은 없다. 심각한 상태였다.

이 문제를 어떻게 해결할 것인가? 코카콜라는 소비자의 옛날 맛에 대한 향수를 그리워하는 불만에 착안하여, 이번에는 관능검사 전문가보다는 사회학자, 심리학자 등을 초청하여 자문을 구하기로 했다. 그랬더니 이들 전문가들은 다시 옛날 맛으로 돌아가야 한다는 것이다. 왜냐면 코카콜라와 같은 장수식품은 맛과 향이 더 좋다는 점보다 향수라는 정서가 작용하기 때문에 디자인을 비롯한 모든 것에 소비자들이 향수를 느끼도록 그대로 두라는 것이었다. 코카콜라는 제2차 세계대전 때부터 군인들에게 폭발적인 인기를 끌어 미국을 상징하는 상품이 되었고, 할아버지나 손자나 모두 어릴 때부터 마셔온 음료다. 즉 '맛이 아니고 정서'라는 점을 깨달은 것이다. 그래서 이전의 콜라를 '코크 클래식(Coke classic)'이라는 이름으로 부활하여 시장을 회복하기에 이른다.

코카콜라(Coca Cola)

조지아주 애틀란타 출신의 약사 '존 펨버튼(John Pemberton)'이 프랑스에서 코카인의 알코올 추출액에 와인을 혼합한 '뱅 마리아니(Vin Mariani)'가 잘 되는 것을 보고, 코카콜라의 전신인 '프렌치 와인 코카(French Wine Coca)'를 만들어 1885년에 상표등록을 했다. 이는 원래 두통치료제를 고안하다가 발명한 것이다. 여기에 콜라 추출액을 첨가하여 '코카콜라'가 되었는데, 코카콜라는 코카나무 잎과 콜라나무 열매를 넣어서 만들었기 때문에 붙은 이름이다.

남아메리카의 코카나무 잎은 잉카인들에게 '신들의 식물'로 알려진 것으로 잎을 잘게 말아서 씹으면 '코카인'성분이 방출되어 가벼운 흥분제 역할을 하고 고산병을 예방해 주는 효과가 있다. 안데스 인디언들은 이 코카나무 잎을 씹으면서 험준한 안데스산맥을 넘었다고 하며, 지금도 고된 노동에 시달리는 남미의 노동자들은 코카나무 잎을 씹어 먹는다. 그리고 아프리카의 콜라나무 열매에는 카페인이 들어 있어서 아프리카 서부 원주민들이 각성제로 복용한 것이다. 1800년대 미국에서는 이런 효능을 가진 코카 잎과 콜라 열매를 그 효과의 유사성 때문에 의약품에 함께 혼합하여 사용하기 시작하였다. 특히 남북전쟁을 겪으면서 정신적으로 피폐해진 퇴역 군인들에게 가장 필요한 약이었다. 펨버튼 자신도 남북전쟁 부상자로 모르핀을 복용하고 있었다.

1886년 금주운동이 일어날 무렵에 알코올이 없는 음료로 만들기 시작했는데, 쓴맛을 감추기 위해 설탕을 첨가하여 '코카콜라(Coca Cola)'라는 이름으로 판매되었고, 마침 애틀란타 주의 금주법에 맞추어 의약품으로 출시되었다. 이때는 시럽형태로 판매했지만, 1899년 병에 담긴 음료수로서 코카콜라가 나오게 되면서 매출이 급격하게 상승하였다. 그러나 정작 발명자인 펨버튼은 1888년에 사망하고, 회사는 1889년에 '에이서 캔들러(Asa Candler)'가 인수하여 대기업으로 성장하였으니, 펨버튼은 정작 좋은 세상을 못 보고 간 셈이다. 1900년대 초에는 건강문제로 코카인성분이 제외되고, 독특한 디자인의 병 모양은 1916년에 선보이면서 코카콜라는 미국문화의 상징적인 존재가 된다.

> 재벌의, 재벌에 의한
> 우리는
> 재벌이 만든 병원에서 태어나,
> 재벌이 만든 아파트에서 살고,
> 재벌이 만든 학교에 다니고,
> 재벌이 만든 회사에 다니고,
> 재벌이 만든 병원에 다니고,
> 재벌이 만든 백화점에 가고,
> 재벌이 만든 차를 타고,
> 재벌이 만든 병원에서 죽는다.
> – JCK

품질의 세 단계

와인의 품질을 상품학에서 이야기하는 세 가지 품질요소로 구분하면 다음과 같이 나눌 수 있다. 일차적 품질은 용량, 알코올농도, 첨가물 표시 등의 규격을 들 수 있고, 이차적 품질은 색깔, 향미 등의 관능적 요소가 되며, 삼차적 품질은 사후관리(AS), 홍보(PR), 이미지(Image) 등을 들 수 있다.

그러니까 값싼 와인은 일차적 품질만 만족시키면 되는 것으로 당국에서 정한 규격을 지키고, 갈증을 해소할 수 있는 정도로 가볍게 마시는 정도면 된다. 이차적 품질은 관능적인 면을 충족시켜야 한다. 즉 우리가 따지는 색깔, 향미, 감촉 등이 마음에 들어야 한다. 이 기능은 일차적 품질과 같이 당국의 규제를 받지는 않고, 업자 스스로 그 품질 향상을 위해서 노력한다. 와인에 들어가는 아황산을 표시하지 않았다면 처벌을 받지만, 이차적 품질인 '맛이 없는 와인'이라고 당국에서 처벌하지는 않는다는 말이다. 즉 관능검사는 이차적 품질을 따지는 것이다.

재미있는 것은 삼차적 품질이다. 세계에서 가장 비싼 명품와인인 '로마네 콩티'라면, 위에서 이야기하는 일, 이차적 품질보다는 그 상표명에 우리가 굴복한다. 이 와인이 맛이 없다고 느꼈다면 내가 잘못된 것이다. "내 입맛이 잘못됐나?" 스스로 반성(?)할 정도로 우리의 판단 위에 있는 와인이다. 이런 명품와인은 관능검사를 하기도 어렵고, 할 수도 없다.

중동의 돈 많은 왕자가 롤스로이스를 구입하였다. 산 지 얼마 안 되어 차를 타고 나갔는데, 사막 한가운데서 차가 서버렸다. 천하의 롤스로이스가 고장이 나다니… 실망스러운 생각과 함께 휴대폰을 꺼내어 구입처에 사정 이야기를 했다. 전화를 끊고 얼마 되지 않아 머리 위에 헬리콥터가 나타나더니, 바로 정비공이 내려서 차를 수리해 주고 갔다. 왕자는 회사 측의 신속한 처리에 아주 감탄했다.

왕자는 궁으로 돌아와 감사의 표시를 전하고자 구입처에 전화를 했다. 조금 전의 상황을 이야기하면서 신속한 조치에 감사하다고 했더니, 구입처 측에서는 "처음 듣는 이야기입니다. 우리는 그런 적이 없습니다. 롤스로이스는 고장이 나지 않습니다"라고 대답했다고 한다.

관능검사(Sensory evaluation)

관능검사는 사람이 측정기구가 되어 식품이나 물질의 특성을 평가하는 방법이다. 미국의 식품기술연구소(Institute of Food Technologists, IFT)의 관능검사 분과위원회에서는 관능검사를 "식품과 물질의 특성이 시각, 후각, 미각, 촉각 및 청각으로 감지되는 반응을 측정, 분석 및 해석하는 과학의 한 분야"로 정의하고 있다.

제2차 세계대전 중 군대식품 생산에서 안전하고 영양가가 높다는 것으로 군인들에게 만족을 줄 수 없었기 때문에, 향미(Flavor) 및 기호도(Acceptance)의 중요성이 강조되면서 출발하여, 발전하기 시작했고, 전후 UN에서 저개발국가의 원조에도 기호도를 적용하기 시작하였다. 1950년대 이전에는 와인, 차, 커피 등 일부 식품에서 개인 전문가의 판정에 좌우되었지만, 다양한 식품이 개발되고 국가 간 무역이 활발해지면서 다수 패널요원의 평가척도가 개발되어, 1960~1970년대에 크게 발전하였다. 미국에서는 이미, 1950년대에 데이비스 캘리포니아주립대학(UC Davis)에서 관능검사에 대한 강의가 개설되어 관능검사 전문요원이 배출되기 시작하였다.

군대 밥이 맛있으면 나라가 망한다?

군인들에게는 맛있는 것보다는 칼로리가 많고 영양가 많은 것을 먹여야 된다는 말이 아니다. 군인들에게는 오래된 식품을 먹여야 한다. 군대는 전쟁에 대비하여 식량을 비축해야 하므로, 올해 수확한 쌀이나 올해 만든 통조림은 저장해 놓고, 몇 년 전에 수확한 쌀이나 통조림을 처리해야 한다. 올해 수확한 쌀로 만든 맛있는 밥을 먹이는 군대는 비축식량이 하나도 없다는 얘기가 된다. 그러니 전쟁이 일어나면 얼마 못 가서 나라가 망하게 된다. - JCK

관능검사자의 전제조건

아무리 맛과 향에 예민한 사람이라도 대상식품에 익숙하지 않으면 판단력이 생기지 않기 때문에, 가장 먼저 해야 할 일은 대상식품의 맛과 향에 익숙해지고, 주관적으로 "좋다", "나쁘다" 정도의 판단을 할 수 있어야 한다. 따라서 초보자는 와인을 시음하면서 훈련을 통하여 능력을 개선해야 하며, 초보자가 객관적인 자리에서 와인을 평가하는 일은 지극히 위험한 결과를 초래할 수 있다. 우리는 밥이나 김치의 맛은 잘 안다. 보기만 해도 맛있겠다, 맛없겠다고 감을 잡는다. 이는 많이 먹어보았기 때문에 우리도 모르게 마음속에 기준이 잡혀 있어서 그렇게 된 것이다. 와인 맛을 잘 모르겠다는 것은 많이 마셔보지 않았기 때문이다. 자꾸 마시다 보면 나름대로 판단력을 갖추게 된다. 천하의 로버트 파커라 할지라도 우리나라 김치나 고추장 심사위원은 될 수 없는 이유가 바로 여기에 있다.

> • 맛을 배우는 과정은 마치 어린이가 가족을 통하여 말을 배우는 것과 똑같이 이루어진다. 모국어를 배우면서 발음과 문법을 배우지 않듯이 우리 음식을 먹으면서 의식적으로 맛을 배우지 않는다. 그러나 와인과 같이 낯선 음료는 외국어를 배울 때 단어와 문법을 배우듯이 체계적으로 맛과 향을 배워야 한다.
> - JCK

알아야 즐길 수 있는 술, 와인

와인을 처음 마셔본 사람은 와인에는 여러 가지 맛이 있고 꽃과 과일 향이 나온다고 듣고, 막상 마셔보면 생각보다 달콤하지도 않고 떨떠름하면서 시큼하고 퀴퀴한 냄새에 실망하게 된다. 그러나 와인 좀 안다는 사람들은 온갖 미사여구를 늘어놓으면서 와인이야말로 지구상 최고의 음료라고 찬사를 아끼지 않는다. 왜 그럴까? 베토벤 월광 소나타가 좋다고 해서 처음 들어보니까 가냘픈 피아노곡이 잠이 올 정도로 계속 이어지는데, 과연 이것이 그렇게 유명한 곡인가 고개를 갸우뚱하는 식이나 마찬가지다. 와인은 아는 만큼 보이고 아는 만큼 느끼기 때문이다.

우리 선조들의 테이스팅

와인 테이스팅은 다음과 같이 한다. 와인이 오면 먼저 글라스의 받침을 잡고 눕혀서 색깔을 보고, 글라스를 충분히 흔들어서 깊은 숨으로 빨아들여 눈을 지그시 감으면서 향을 감상한 뒤, 한 모금 머금고 입안에서 돌려보고, 와인이 체온과 비슷해지면 입에 공기를 불어넣고 후르륵거린다. 다음에 와인을 뱉어내고 남아 있는 향미를 다시 음미한 뒤 점수를 적거나 말이나 글로 표현한다.

우리 조상들은 막걸리 사발에 집게손가락을 꾹 집어넣고 휘저은 다음에, 손가락을 입에 넣고 맛을 보고 "뽕" 소리가 날 정도로 손가락을 힘차게 빼면서 시어빠진 술인지 아니지 확인했다. 손가락 하나로 간단하게 끝냈다.

후각과 미각이 예민하다고?

후각이 예민하다고 소믈리에가 되겠다는 젊은이들이 많다. 그러나 향료회사도 후각의 예민도를 평가하여 사원을 뽑지 않는다. 최고의 감정가는 감각기관이 뛰어난 것이 아니고, 집중력과 기억력을 훈련시킨 사람이다. 유능한 감정가는 다른 맛과 향에 대해 정상적인 감수성을 가지고 있는 사람이다. 일반인이라도 무감각한 사람은 드물고, 관심이 없어서 주의를 기울이지 않거나, 정리되지 않은 인지력을 가지고 있을 뿐이다. 와인에 대해서 잘 아는 것과 관심을 갖는 것이 훈련을 시작하는 데 많은 도움을 준다.

자극을 느끼는 신체의 능력은 유전적으로 이미 결정되어 있다. 그러므로 연습으로 후각이나 미각의 예민도를 향상시킬 수는 없다. 그러나 그런 자극을 인지하고 묘사하는 능력은 향상시킬 수 있다. 그러므로 와인감정가가 되려면 많은 테이스팅 경험과 공부가 필요하다. 포도재배, 양조, 각국의 와인 특성에 대해서 잘 알아야 평가가 가능하다. 후각은 뛰어나지만, '샤르도네'가 무언지 모르고 '그랑 크뤼'를 모르는 사람이 와인 테이스팅을 할 수는 없는 일이다. 훈련은 유능한 감정가의 안내에 따라 여러 가지 타입의 와인을 맛보고 수많은 인상을 기억시켜 두는 것이다. 미각과 후각의 훈련으로 예민한 인지력과 판단력을 기르려면 감각기관의 예민도보다는 기억력과 집중력이 가장 필요하다.

통계 처리

1980년대 일본위스키 바에서 있던 일이다. 손님들이 일본위스키보다는 스카치위스키를 찾으니까, 바 주인은 과연 이 사람들이 맛을 알고 찾는 것일까 하는 의문이 들었다. 그래서 손님 10명을 초청하여 일본위스키와 스카치위스키를 놓고 알아맞히기 대회를 했다. 그랬더니 10명의 손님 중에서 7명이 알아맞히더라는 것이다. 그렇다면 이를 어떻게 해석할 것인가?

이렇게 시료 2개를 놓고 어떤 것이 진짜인지 맞춘다고 했을 때, 우연히 맞힐 확률은 50%가 된다. 즉 어린애를 대상으로 해도 10명 중 5명은 맞힐 수 있다는 것이다. 즉 우연 확률은 50%가 되며, 신뢰도 역시 50%가 된다. 추측통계학에서 신뢰도는 95% 이상 되어야 한다. 검사횟수를 더 늘려야 한다. 즉 이 데이터로는 신뢰성이 전혀 없다고 봐야 한다. 관능검사 책을 보면 골치 아픈 것이 바로 이 통계 처리다.

테이스팅은 아무리 맛에 대해서 뛰어난 감각을 가지고 있다 해도 어떤 개인의 영향력에 좌우되어서는 안 된다. 그래서 맛과 향에 대한 예민도가 높고 재현성이 있는 사람들을 따로 모집하여, '테이스팅 패널'이라 하여 이들이 감정을 한다. 이렇게 여러 명이 평가한 자료를 통계 처리하여 95% 이상 신뢰도를 보여주어야 한다. 공식적인 와인 품평회에서 1등한 회사는 그 다음날부터 가격이 두 배 이상 뛰겠지만, 등수에 못 든 회사가 항의를 할 경우에 대비해서라도 신뢰성 있는 결과를 가지고 있어야 한다.

빨간색이 빨갛게 보이는 이유는?

빛은 프리즘을 통해서 보면, 일곱 가지 색깔로 이루어져 있는데, 이 빛이 모두 우리 눈에 들어오면 백색, 하나도 안 오면 흑색이 된다. 빨간색이 빨갛게 보이는 이유는 우리 눈에 빨간색만 반사되기 때문이다. 이렇게 우리 눈에 보이는 광선은 전자 에너지 스펙트럼 중에서

반사되는 빛의 파장에 따라 색깔이 결정된다. 그래서 색의 감지를 위해서는 방사 에너지 즉 광량(조명)이 필요하다. 어두운 곳에서 색을 구분할 수 없는 이유는 필요한 수준의 광량에 미치지 못하기 때문이다.

그래서 와인의 색깔을 평가할 때는 동일한 광원에서 비교해야 하고, 흰 바탕을 배경으로 글라스를 비스듬하게 눕혀서 경계면의 색깔을 비교해야 한다. 보통 관능검사대의 조명은 40~60W의 백색 형광등 1~2개를 비추어 탁상광도가 100~110ft Candle 정도가 되도록 하고, 그림자가 생기지 않도록 한다.

푸른색은 어떤 색깔일까?

우리나라 사람들은 청색(Blue)과 녹색(Green)의 구분을 뚜렷하게 하지 않는다. 둘 다 푸른색이라고 한다. 하늘도 푸른색, 풀밭도 푸른색, 바다도 푸른색, 심지어는 교통신호의 녹색등(Green signal)을 '푸른 신호등'이라고도 한다. 빛의 삼원색은 빨강(Red), 초록(Green), 파랑(Blue)으로 초록과 파랑을 명확하게 구분하고 있다.

일곱 가지 무지개 색깔?

우리는 학교 때 무지개 색깔은 일곱 가지라고 배우지만, 옛날 우리나라에서는 무지개를 다섯 가지 색깔로 보고 '오색영롱한 무지개'라고 표현하였다. 무지개뿐 아니라 여러 가지 색깔이 아름답게 있으면 '오색찬란한' 등으로 표현하기도 했다. 사실, 무지개를 보고 몇 가지 색깔이 있는지는 보는 사람에 따라 다를 수밖에 없다. 미국에서는 무지개를 '레인보 식스'라고 6가지 색으로, 독일과 멕시코 원주민은 다섯 가지 색으로, 이슬람권에서는 빨강, 노랑, 초록, 파랑, 이렇게 네 가지 색으로 각각 문화권에 따라 표현한다.

무지개의 색깔을 '빨, 주, 노, 초, 파, 남, 보' 일곱 가지로 나눈 사람은 뉴턴(Isaac Newton)이다. 뉴턴은 빛을 프리즘에 통과시키면 그 빛이 여러 가지 색으로 나뉜다는 사실을 발견한 것이다. 당시 사람들은 빛이 흰색이라고 생각했지만, 뉴턴은 "백색광에는 원래 굴절률이 다른 여러 색깔의 광선이 존재하며 이것들이 프리즘을 통과한 후 서로 다른 각도로 굴절되기 때문에 길쭉한 스펙트럼을 만든다"라고 결론 내렸다. 뉴턴도 처음(1672년)에는 빛을 빨강, 노랑, 초록, 파랑, 보라, 이렇게 다섯 가지 색깔로 구분하다가 나중에 주황과 남색을 추가하여 일곱 가지로 규정지었다. 사실, 빛을 프리즘에 통과시키면 100개 이상으로 최대 207색까지 구분할 수 있다고 한다. 뉴턴이 빛을 일곱 가지 색깔로 구분한 이유는 7은 성스러운 숫자로서 성경의 천지창조 7일을 비롯하여, 음악의 7음계, 태양계를 태양, 달, 화성, 수성, 금성, 지구, 토성까지 7가지 천체 등 완성을 의미하는 숫자로 생각했기 때문이라고 한다.

사진기는 화가의 발명품

사진이 나오기 전 시대의 화가는 사진사나 다름이 없었다. 우리나라에서는 임금이 금강산을 갈 수 없으니까 김홍도를 시켜서 금강산 그림을 그려 오게 했고, 서양에서는 교회에서 설교할 때 글을 모르는 대부분의 사람들을 위해 화가를 시켜 성경의 내용을 그림으로 표현하였으니까, 옛날 화가는 어떻게 하면 사실과 똑같은 그림을 그릴까 노력할 수밖에 없었다. 그러다가 르네상스시대의 화가들이 아리스토텔레스 때부터 알려진 바늘구멍 사진기의 원리를 이용하여 어두운 방에 구멍을 뚫고 반대편 벽면에 거꾸로 상을 맺히게 만들어 본을 뜨는 방식으로 그림을 그리기 시작하였다. 그래서 이 시대의 그림을 보면 좌우가 바뀐 그림이 상당히 있다. 영어의 '카메라'라는 말도 '카메라 옵스큐라(Camera obscura, 라틴어로 어두운 방을 뜻함)'에서 온 것이다.

과학이 발달하면서 바늘구멍 사진기의 내부 상이 맺히는 곳에 무언가를 칠하였더니 그 상이 없어지지 않고 유지되는 현상을 발견하게 된다. 이런 원리를 이용하여 프랑스의 화가인 '다게르(Louis Jacques Mande Daguerre)'는 원시적인 사진을 만들기 시작하였고, 19세기 중반부터 사진기술은 상당히 발전하게 된다. 이렇게 사진은 빛과 색깔에 대해 관심이 많았던 화가들의 노력으로 나온 것이지만, 사진이 나오고 나서 화가들은 직업을 잃게 될 것을 걱정하기 시작했다. 이 사진을 보고, 누군가는 "오늘부터 회화는 죽었다"라는 말을 할 정도였다. 이때부터 화가들은 그림이란 사물을 똑같이 그리는 것이 아니라 자기표현이라고 하면서 인상파, 입체파 등으로 갈라져 각기 다른 길로 가게 된다.

적외선(Infrared rays)과 자외선(Ultraviolet rays)

이렇게 우리 눈에 보이는 빛의 범위를 '가시광선(可視光線)'이라고 한다. 그리고 빨간색보다 파장이 더 커서 우리 눈에 안 보이는 광선을 적색 밖에 있다고 해서 '적외선(赤外線)', 보라색보다 파장이 작아서 안 보이는 광선을 자색 밖에 있다고 해서 '자외선(紫外線)'이라고 한다. 자외선은 파장이 작아서 물질을 뚫고 지나가기 때문에 상당한 살균력을 가지고 있다. 그래서 식당에서 물컵을 넣어두는 상자는 눈에 보이지 않는 자외선을 쏴주고 있는데, 우리 눈에는 보랏빛만 보인다. 여기에 컵을 엎어서 두는 곳이 많은데 이렇게 두면 아무런 살균효과가 없다. 또 이비인후과에 가면 우리 눈에 보이지 않는 적외선을 쏴주는데, 우리 눈에는 붉은색으로 보인다. 이 적외선은 세포의 기능을 활성화시켜 주는 효과를 가지고 있다. '원적외선'은 적외선보다 더 파장이 큰 광선이다.

혀의 맛 지도는 잘못된 것

국립중앙과학관의 "음식의 맛은 꼭 혀끝으로만 느끼나요?"라는 칼럼(2007. 12. 12.)을 보면, 교과서에 있는 혀의 맛 지도에 혀의 부위에 따라 특정한 미뢰가 있어서 각각 맛을 느끼는 부위가 다르고, 단맛은 혀의 끝부분, 신맛은 혀의 가장자리, 쓴맛은 혀의 안쪽 그리고 짠맛은 혀 전체에서 잘 느낀다고 오래전부터 알려져 왔는데, 이는 사실과 다르다고 한다. 하나의 미각세포는 단맛, 짠맛, 신맛, 쓴맛 모두 감지할 수 있다. 혀의 맛 지도는 1890년대 독일에서 정신물리학 연구 결과를 잘못 해석한 것이고, 맛 지도가 잘못되었다는 연구는 이미 1970년대부터 이루어져 왔으며, 그 결과 우리의 혀는 부분에 따라 각각의 맛을 느끼는 정도에 별 차이가 없고, 입천장도 부위와 상관없이 맛을 느끼는 정도에 차이가 없다고 한다.

드라이(Dry)

'드라이(Dry)'에는 뜻은 여러 가지가 뜻이 있다. 일상에서는 마른, 건조한 뜻으로 많이 쓰이지만, 술에서 맛을 표현할 때는 달지 않다는 뜻으로 많이 사용되는데, 술이 '드라이'하다는 표현은 사실은 '맛이 쓰다'는 말에서 나온 것으로 단맛이 없으니까 쓰게 느끼는 것이다. 우리나라에서는 '무미건조'라고 하고, 프랑스어의 '세크(Sec)' 역시 건조하다는 뜻과 달지 않다는 뜻을 가지고 있다. 프랑스어에서 '레쟁 세크(Raisins secs)'이라고 할 때는 '달지 않은 포도'가 아니고 '건포도'를 말한다. 독일어에서 '드라이'에 해당되는 말은 '트로켄(Trocken)'

으로 와인의 등급에서 '트로켄베렌아우스레제(Trockenbeerenauslese)'는 가장 당도가 높은 등급이지만, 이 역시 '베렌아우스레제를 건조한 것'이란 뜻이다. 일본에서는 '매울 신(辛)'자를 사용하여 '辛口(가라구치)'라 표현하는데 '달콤하지 않고 씁쓸하다'는 뜻을 가지고 있다. 참고로, 영어에서 술을 마시지 않거나 술이 없는 파티에도 '드라이'란 표현을 사용한다. 예를 들어 '드라이 스테이트(A dry state)'라면 금주령을 시행하는 주를 말한다.

- 태평시대에는 드라이한 맛의 술이, 난세에는 단맛의 술이 유행한다. – 시노다 오사무(篠田統, 오사카 부립대학 교수)

감칠맛(Umami)

2000년 1월 과학자들은 이 네 가지 기본 맛 외에 음식의 감미로움을 느낄 수 있는 '감칠맛(Umami)'이라는 제5의 맛을 더했다. 일본의 학자가 제5의 맛이 있다고 주장한 지 100년 가까이 되어서야 공식적으로 인정받게 된 것이다. 오랜 논란 끝에 이를 감지하는 수용체가 발견되어 단맛, 짠맛, 신맛, 쓴맛의 어느 맛에도 포함되지 않는다는 것이 인정됐고, 이로써 맛의 종류는 총 다섯 가지가 됐다. 감칠맛은 20가지 아미노산 중의 하나인 글루탐산(Glutamic acid)에 의해 감지된다. 아시아 음식에서 느끼는 맛으로 알려져 있으나, 치즈나 와인 등 서양의 발효식품에서도 이 맛이 발견되어 인정받게 된 것이다. 숙성된 와인에서도 약간 느낄 수 있으며, 찌꺼기 위에서 숙성시킨(Sur lie) 샴페인이나 '뮈스카데 쉬르 리(Muscadet sur lie)' 등에서는 이스트가 분해되면서 더 많이 나올 수 있다.

MSG

일본의 화학자 '이케다 기쿠나에(池田菊苗, 1864~1936)' 도쿄대학 교수는 일본의 다시국물이나 육수 등에는 단맛, 신맛, 짠맛, 쓴맛 이외에 다른 맛이 존재한다고 생각하고, 그 맛을 맛있다는 뜻의 '우마이(うまい)'라는 단어를 명사로 만들어 '우마미(旨味, 감칠맛)'라고 이름을 붙였다. 그리고 오랜 연구 끝에 1907년 이 맛을 내는 원인 물질은 '글루탐산(Glutamic acid)'이며, 우마미라는 맛의 감각지각을 일으킨다고 학계에 발표하였다.

사실 글루탐산은 1866년 독일의 화학자 '카를 리트하우젠(Karl Heinrich Ritthausen)'이 밀의 글루텐을 황산으로 처리하여 분리해서 발견하였지만, 글루탐산이 독특한 맛의 성분이라는 사실은 몰랐다. 이케다 교수는 글루탐산의 칼슘, 나트륨(소듐), 암모늄, 마그네슘 등의 염을 모두 만들어 실험했고, 글루탐산이 염의 종류에 따라 조금씩 달라도 모두 우마미를 낸다는 사실을 알아냈다. 그중에서 나트륨염이 가장 물에 가장 잘 녹고 맛이 좋았다. 그래서 글루탐산(Glutamic acid)에 소듐(Sodium, 나트륨) 한(Mono) 개가 붙어 있는 형태라고 해서 MSG(Mono Sodium Glutamate)라는 이름이 된 것이다.

이어서 이케다 교수는 '아지노모토(味の素, 맛의 본질이라는 뜻)'라는 회사를 세우고, MSG제조에 대한 특허를 취득하여 1909년부터 아지노모토를 상업적으로 생산하기 시작했다. 처음에는 밀가루 단백질인 글루텐을 분해하여 MSG를 생산하다 보니까, 아무나 사용할 수 없는 아주 비싼 것이었으나, 1953년 설탕을 만들고 남은 당밀을 발효시키는 방법을 개발하여 1957년부터 대량생산 체제에 들어간 덕분에 비교적 싼값에 감칠맛을 볼 수 있게 된다. 우리나라는 대상그룹의 창업자인 임대홍 회장이 1955년 일본에서 MSG 제조기술을 배워 와서 1956년부터 '미원'이란 상품명으로 생산하기 시작했다.

MSG를 '화학조미료'라고 하면서 건강에 해롭다고 주장하는 사람이 많지만, MSG는 단백질의 구성 성분인 아미노산 중 하나인 글루탐산이다. MSG가 해롭다면 아미노산이 해로운 것이 된다. 1995년 미국 식품의약품안전청(FDA)에서 MSG는 안전하다는 판정을 내리고, 일반적으로 안전하다고 인정하는 물질(GRAS)로 분류하였고, 우리나라는 2010년 식품의약품안전처에서 안전한 물질로 선언하였다.

미각변형물질(Taste modifier)

이를 닦고 나서 귤을 먹으면 쓰게 느껴진다. 이는 구강세척제나 치약에는 미뢰의 수용세포에 있는 지방성분의 막을 변형시키는 세제가 들어 있어서, 맛에 대한 틀린 정보를 뇌로 보내기 때문이다. 그래서 입안에 세제의 성분이 남아 있을 때 와인이나 오렌지 주스의 맛을 보면, 훨씬 시고 쓰고, 단맛이 덜 느껴진다. 와인 테이스팅을 할 때는 적어도 한두 시간 전에 양치질을 끝내야 한다. 이렇게 특별한 자극에 반응하는 능력을 변화시키는 물질을 미각변형물질이라고 한다.

예를 들면, 인도를 비롯한 열대지방 식물 중에 '김네마 실베스트르(*Gymnema sylvestre*)'

의 잎에는 단맛을 감지하는 메커니즘을 차단하는 미각변형물질이 들어 있어서, 이 식물의 잎을 씹거나, 이것으로 만든 차를 마시면, 설탕이나 사카린의 단맛을 느낄 수 없게 된다. 더 재미있는 것은 서아프리카 원산의 '미러클 프루트(Miracle fruit, *Curculigo latifolia*)'의 과육에 있는 당단백질로 '미라쿨린(Miraculin)'이라고 하는 물질이 최근에 발견되었는데, 이 물질은 산을 만나면 신맛을 단맛으로 바꿔버리는 특이한 성질을 가지고 있다. 이 과일을 미리 먹고 설탕 대신 레몬이 들어간 케이크를 먹으면 아주 달게 느낄 수 있다. 그러면 설탕 없이 단맛을 느끼는 케이크를 만들 수 있게 된다. 현재 대추만한 크기의 과일 하나의 가격이 만 원 정도로 아주 비싼 것이 흠이라서, 보다 싼값으로 이를 이용할 수 있는 방법을 개발 중에 있다.

미맹(味盲, Taste blindness)

PTC(Phenylthiocarbamide)라는 쓴맛 나는 물질 0.001% 용액을 몇 사람에게 맛을 보게 하면 대부분은 쓰다고 말하는데, 이 쓴맛을 못 느끼는 사람이 있다. 이렇게 특정 물질에 대해 맛을 못 느끼는 사람을 미맹이라고 한다. 이는 유전적인 것으로 PTC 맛을 아는 사람은 맛 수용세포가 이 쓴 물질과 반응할 수 있는 수용체를 가지고 있는 것이다. 이 미맹의 비율은 백인종은 30%, 황인종은 15%, 흑인종은 2~3%로 알려져 있다. 이것은 쓴맛에 대한 사람의 능력이 다르다는 것을 보여주는 좋은 사례로서, PTC 테이스팅 능력이 다른 쓴맛성분에 대한 예민도를 말하는 것은 아니고, 이것을 느끼지 못한 사람이 커피의 쓴맛을 덜 느끼고, 그런 이유로 커피를 더 좋아할 수 있다는 얘기다. PTC 테이스팅과 레드와인의 쓴맛을 인식하는 것 사이의 관계는 증명된 바 없다.

순응(Adaptation)

순응은 모든 감각에서 다 일어나지만, 와인 테이스팅에서는 일시적으로 후각과 미각을 잃어버리는 것을 말한다. 미각의 순응으로 가장 좋은 예는 우리가 침의 맛을 인식하지 못하는 것이라고 할 수 있다. 그러다가 성인이 되면 남의 침을 맛볼 기회가 생기는데, 이때는 색다른 맛을 느끼게 된다. 이는 순응이 되어 있지 않기 때문이다. 후각의 순응은 초보자들이 알코올농도가 높은 카베르네 소비뇽에서 바로 으깬 후추냄새가 난다는 말을 듣고, 그것을 찾아내려고 애쓸 때 나타난다. 맡으면 맡을수록 더 모르게 된다. 하나의 와인을 접한 다음에는 30~45초 정도의 여유를 두고, 후각이 정상으로 된 다음 와인의 냄새를 맡아야 순응현상을 방지할 수 있다. 이는 집중하는 능력을 잃어버린 것으로, 뇌가 피곤한 것이지 후각이나 미각세포가 피로한 것은 아니다.

- 결혼은 와인과 같다. 두 번째 잔을 마실 때까지는 공정한 판단을 할 수 없기 때문이다. - 더글러스 윌리엄 제럴드(Douglas William Jerrold, 영국의 극작가)

맛은 혀에서 느끼는 것이 아니고 코에서 느낀다

관능검사에서 후각은 85% 이상을 차지하는 중요한 감각이다. 관능검사란 와인의 냄새를 맡는 코스라고 해도 틀리지 않다. 후각은 와인 테이스팅에 열쇠가 되는 감각기관이다. 왜냐면 풍부하고 복합적인 와인의 향미는 다른 것으로 경험할 수 없기 때문이다. 우리가 맛있다, 맛없다고 할 때의 '맛'이란 미각과 후각에서 느끼는 복합적인 풍미를 한꺼번에 말하는 것이다. 미각은 한정된 감각으로 혀에서는 단맛, 신맛, 짠맛, 쓴맛에 최근에 추가된 감칠맛을 느낄 뿐이다. 쓰고 냄새가 고약한 한약도 코를 막으면 쉽게 삼킬 수 있다. 방송에 자주 나오지만, 눈을 가리고 집게로 코를 막고 양파를 주면서 무엇인가 물으면 사과나 참외 등으로 이야기한다. 왜냐하면 미각만으로 맛은 느낄 수 있으니까 단맛만 느끼게 된다. 감기에 걸렸을 때나 알레르기인 경우 미각을 잃었다고 하지만, 이때는 비강이 막혀 냄새의 자극이 후각 수용체에 도달하지 못하기 때문이다. 미각과 후각이 합쳐져야 비로소 맛있다, 맛없다고 할 때의 '맛(Flavor)'이라는 것을 느낄 수 있다.

플레이버(Flavor)/향미

우리가 먹고 마실 때, 대부분은 코로 들이쉬면서 느끼는 것을 냄새라고 하며, 입안에서 코로 전달되어 느끼는 것을 맛이라고 하지만, 사실은 이것도 냄새다. 이것을 입에서 느끼는 냄새라고 구분할 수 있는데, 옥스퍼드 사전에는 이것을 '향미(Flavor)'라고 정의 내리고 있다. 향미는 '후각의 도움을 받아서 느끼는 물질의 맛'이라고 할 수 있다. 입에서 느끼는 넓은 뜻의 맛이란 와인을 입에 넣었을 때 혀에서 느끼는 맛과 코로 전달되는 냄새가 동시에 작용하여 느끼는 것이다. 더 나아가, 향미는 음식을 입에 넣었을 때 입 속의 점막에 닿는 느낌, 혹은 목에서 코로 퍼지는 향기, 눈에 보이는 음식의 색깔 등 실로 무수한 감각이 종합되어 생겨나는 것이다. 미각과 함께 시각과 후각, 기분이나 감정에 이르기까지 모든 감각기관이 동원되어 느끼는 맛이 바로 향미다.

> • '대장금' 드라마에서 주인공이 미각이 마비되었다고 하지만, 장금이는 미각이 마비된 것이 아니고 후각이 마비되었던 것이다. 미각은 하루 정도 지나면 금방 회복되지만, 후각이 마비되면 평생 회복이 어렵다. – JCK

원시적인 감각, 후각

후각은 가장 원시적이고 강한 감각이다. 대부분의 동물에게 후각은 생사가 달린 문제가 된다. 기어 다니는 동물은 거의 후각으로 먹이를 찾고, 갓 태어난 강아지도 후각으로 어미를 찾으며 후각 없이는 살아남을 수조차 없다. 또 동물은 성적 신호를 전달하는 강력한 매개체로서 수많은 종에서 구애의식의 중심적 요소로 사용되며, 요즈음은 사람도 남녀 간에 시각보다는 후각이 더 중요한 요소가 된다는 학술적인 발표도 나오고 있다.

> • 와인의 맛은 영화감상에 비유할 수 있다. 친구가 재미있다고 추천해도 나에게는 별 감흥을 주지 못하는 영화도 많다. 그리고 시간이 남아서 우연히 본 영화가 의외로 좋을 때도 있다. 그러나 명화는 따로 있으며, 영원히 남는다. 와인도 마찬가지다. 내 입맛에 맞거나 맞지 않는 와인이 있을 수 있지만, 명품와인은 따로 있기 미련이다. – JCK

틀린 것이 아니고 다른 것

후각은 개인에 따라 최소감응농도(Threshold)의 차이가 심하고, 또 향은 그 농도에 따라 다르게 느껴지고, 인종이나 문화적 배경이나 경험에 따라 선호도가 달라진다. 이는 인종마다 분비샘 유무 같은 신체적인 차이, 위생습관, 문화적 규범, 특정 냄새에 대한 친밀성 등이 다르기 때문이다. 외국에 가서 향 공부를 하면 향의 명칭을 외국어로 외우기도 힘든데, 특정한 향에 대해 외국인들이 전혀 다른 향으로 인식하는 경우를 볼 수 있다. 향 공부는 우리나라에서 먼저 하고, 외국에 가서 배워야 한다.

이런 차이가 향의 표현을 더 혼란스럽게 만들기 때문에 향에 대한 정답은 없다. 그러니까 누가 그렇다면 "그건 아니야!"라고 반론을 제기할 수는 없다. 그리고 그 향이 느껴진다 해도 노골적인 것이 아니고 스쳐 지나가는 느낌이기 때문에 남과 공감하기도 어렵다. 아시아 사람들은 자극적인 치즈 냄새를 싫어하고, 서양 사람들은 마늘 냄새를 싫어하는 등의 차이가 바로 향의 표현을 더 어렵게 만든다. 와인의 맛과 향은 나만의 세계에서 느끼는 것으로 나의 판단이 가장 중요한 만큼, 남의 표현도 존중할 줄 알아야 한다. 다음 '세 명의 수도승' 이야기는 각자 자신이 잘 맡을 수 있는 냄새가 남과 다르다는 것을 보여주는 사례라고 할 수 있다.

세 명의 수도승

옛날 독일의 수도원에서 일하는 세 명의 수도승이 있었다. 한 사람의 수도승이 통에 들어있는 와인 맛을 보고 어떤 나무 냄새가 나는데, 오크통 냄새는 아닌 것 같다고 생각했다. 그는 계속해서 맛을 보았지만, 뭔가 좋지 않은 것이 있다는 확신을 얻을 뿐이었다. 그는 지나가는 다른 수도승을 불러서 맛을 보라고 했다. 그러자 그 역시 뭔가 좋지 않은 맛이 있는데, 나무 냄새가 아니고 금속류 같다고 했다. 의견 일치가 안 되자, 세 번째 수도승을 불렀다. 그는 한참 맛을 보고난 뒤에 나쁜 냄새가 가죽인 것 같다고 했다. 이 세 사람은 의견 일치를 보지 못하고 통을 비울 때까지 계속 마셨는데, 통 바닥에는 나무토막에 가죽으로 묶은 열쇠가 있었다.

- 아몬드 모로(Almond R. Morrow, 미국 와인평론가)

향의 표현이 어려운 이유

후각은 가장 본능적인 감각으로 우리가 살아오면서 무시했던 감각이다. 냄새를 잘 맡으면 '개코'라고 놀림을 받았지 칭찬받은 적은 없다. 이제 와서 와인을 공부하면서 후각의 중요성을 깨닫는 정도다. 게다가 자극에 대한 순응이 매우 빨리 일어나며, 이로 인하여 한 가지 향을 오랫동안 접하면 그 자극에 대해 무감각해지므로, 훈련이 어려울 수밖에 없다. 그리고 향의 기억은 원초적이고 강렬하기 때문에 언젠가 맡아본 적이 있다고 표현할 수는 있지만 그 명칭을 이야기하기는 힘들다. 이는 뇌의 언어영역과 자극을 해석하는 영역이 따로 있기 때문이다.

> **향을 기억하는 요령**
>
> 향과 기억의 관계에 대해서는 여러 가지 연구가 있다. 우리는 어떤 향이 먼 옛날의 생생하고 자세한 기억을 불러일으키는 이야기를 가지고 있다. 즉 기억이 형성되는 중에 인상적인 냄새에 노출되면 그 기억과 냄새가 서로 연결된다. 아름다운 여인이 내 옆을 지나칠 때 화사하게 퍼지는 향이나, 깊은 삼림지대를 들어갔을 때 진하게 풍기는 향 등은 잊지 않는다. 이렇게 향과 관련된 어떤 이야기는 극적이고 즐거움을 주며 향을 연상할 수 있는 실마리를 제공한다.
>
> 론 와인에서 많이 나오는 '시더(Cedar, 삼나무)' 향은 연필 깎을 때 나는 향이나 사우나에서 느낄 수 있는 향으로 기억하면 평생 잊어버리지 않는다. 어떤 와인의 향을 맡았는데 연필 깎을 때의 냄새가 난다면 바로 '연필 냄새'라고 표현하지 말고, 마음을 한번 가다듬고 '시더'라고 고쳐서 표현하면 된다는 얘기다. 이렇게 우리는 특이한 시각적·감정적·언어적·상징적인 생생한 자극이 뇌에 입력되면 그 향을 더 잘 떠올리게 된다. 그러니까 향과 어떤 사건을 관련지어 연상시킬 수 있으면 더 잘 기억된다.

후각과 기억

후각은 감정과 기억을 생성하는 부위와 연결되어 순식간에 옛날의 기억과 감정을 불러온다. 오래된 앨범을 꺼내 볼 때 그 옛날의 잔잔한 냄새가 맡아질 때도 있다. 어린 시절에 맡았던 굴뚝에서 나오는 뿌연 연기 냄새를 다시 맡게 되면, 잊고 지낸 어린 시절의 기억이 떠오르게 된다. 후각신경에서 뇌로 정보가 전달되는 방식은 다른 감각과 달리 독특하다. 다른 감각들은 모두 시상이라는 중간과정을 거쳐 대뇌의 전문영역으로 전달되어 인지되지만, 후각은 중간단계 없이 바로 정보가 뇌로 전달되기 때문이다. 그리고 후각은 감정과 기억을 담당하는 뇌에 바로 연결되기 때문에 냄새는 감정과 기억에 직접 영향을 끼치고, 무의식적으로 작용하게 된다. 그래서 특정한 냄새는 시각이나 청각 등의 다른 감각보다 더 빠르고 확실하게 과거의 기억을 떠올리게 한다. 이렇게 냄새를 통해서 기억을 일깨우는 효과를 '프루스트 효과'라고 하는데, 이는 프랑스의 작가 '프루스트(Marcel Proust)'의 『잃어버린 시간을 찾아서(A la recherche du temps perdu)』에서 주인공이 홍차에 적신 과자 마들렌의 냄새를 맡고 어린 시절을 회상하는 데서 유래된 것이다.

취맹(臭盲)/후맹(嗅盲, Anosmia)

취맹은 '냄새를 맡을 수 있는 능력을 상실한 사람'과 '특정 냄새를 맡을 수 없는 사람'의 두 가지 부류로 나눌 수 있다. 냄새를 전혀 못 맡는 사람은 일상생활에서 아무 냄새도 못 맡기도 하지만, 더 중요한 것은 향미를 못 느끼기 때문에 먹는 재미를 전혀 느끼지 못하는 사람이 된다. 특정물질 취맹(Specific anosmia)은 특별한 냄새는 못 맡지만, 정상적인 후각을 가지고 있는 사람을 말한다. 이 특정물질은 30개 이상인데 흔한 것도 있다. 내셔널 지오그래픽(National Geographic Smell Survey)에서 100만 번 이상 조사한 바에 의하면, 미국에서는 '안드로스테논(Androstenone, 수퇘지 침에 많은 페로몬의 일종)'의 냄새를 못 맡는 사람의 비율이 35%, '갈락솔라이드(Galaxolide, 사향)'에 둔감한 사람이 29%로 생각보다 그 비율이 높다. 우리나라에도 노린내 비슷한 냄새를 풍기는 남자가 있지만, 결혼해서 잘 사는 이유는 이 냄새를 못 맡는 여성과 결혼했기 때문이다.

복합성(Complexity)

고급와인은 마실 때 보면, 시간이 가면서 계속 새로운 향이 발산되어 계속해서 맛을 보고 냄새를 맡게 만드는 특성이 있다. 각 향의 성분은 분자구조의 특성에 따라 점차적으로 나타나면서 우리에게 인식되는데, 이는 와인에 있는 각종 향의 휘발온도가 다르기 때문이다. 35℃에서 휘발하는 향이라면 실온에 있는 와인글라스에서는 그 향을 느끼지 못하지만, 입으로 들어온 다음에 온도가 올라가면 휘발하므로 후각에서 느낄 수 있다. 그리고 후각수용체가 그전에 맡은 향으로 포화되었더라도 새로 들어오는 냄새는 감지할 수 있다. 또 타액에 있는 효소나 침에 의해 달라진 pH 때문에 와인 향의 전구물질이 점차적으로 분해되면서 새로운 향을 느끼게 된다. 이렇게 점차적으로 새로운 일련의 향이 지속적으로 나오는 와인을 복합적인 향을 가지고 있다고 말한다.

아로마 휠(Aroma wheel)

와인 아로마 휠은 1980년대 후반에 데이비스 캘리포니아주립대학(U.C. Davis)의 '앤 노블(Ann Noble)' 교수가 개발한 것으로, 와인 향을 묘사할 때 사용되는 용어를 정리하여 통일하고, 기원과 냄새가 비슷한 향끼리 묶어서 원형으로 만든 것이다. 와인 아로마 휠은 관련된 아로마 용어뿐 아니라 제조방법까지 있어서 와인 향을 공부하는 데 좋은 자료가 된다. 예를 들어, 피망 향이라면 와인 일정량에 피망을 얼마 크기로 썰어서 몇 분 넣었다가 꺼낸다고 되어 있다.

와인 향은 아로마, 부케 그리고 나쁜 향

와인의 향을 아로마·부케로 나누고, 아로마는 포도 자체의 향, 부케는 양조과정에서 생기는 향으로 구분하지만, 보다 중요한 것은 나쁜 향이다. 저급와인에서는 나쁜 향이 많이 나지만, 고급와인일수록 나쁜 향이 없기 때문이다. 아로마 휠에도 아로마와 부케에 더하여 나쁜 냄새(황화수소, TCA, 아세트알데히드 등)가 상당히 많이 소개되어 있고, 수많은 와인 테이스팅 문헌에도 와인의 향은 아로마, 부케, 나쁜 냄새까지를 모두 칭하는 용어로 사용되고 있다.

영와인은 아로마가 많을 것이고, 오래된 와인은 부케가 많고, 좋지 않은 와인은 나쁜 향이 많아진다. 와인 테이스팅과 체계적인 와인평가를 위해서는 이 세 가지 카테고리를 구분하는 것이 중요하다. 그런데 대부분의 와인교육기관에서는 나쁜 향에 대한 정보를 알려주지 않고, 아예 그런 향을 가지고 있지도 않다.

> **모르면서 아는 척하기는**
>
> 와인 향에 대해서 이야기하는 것을 보면 우스운 표현이 한두 가지가 아니다. 블랙커런트를 본 적도 냄새를 맡아본 적도 없으면서 그 향을 이야기하거나, 이를 '까막까치밥나무'라고 적으면 그 다음 사람은 '까막까치밤나무'라고 하지를 않나, 달걀껍질을 벗길 때 막 풍기는 황화수소 냄새를 유황냄새라고 한다든지, 그냥 '헤이즐넛(Hazel nut)'이라고 하면 다 아는데 사전을 찾아서 '개암나무 열매' 향이라고 이야기한다. 이렇게 말도 안 되는 표현으로 서툴게 이야기할 것이 아니라, 이제는 하나둘 그 향을 구해서 제대로 맡아보고 표현하는 실력을 길러야 한다. 요즈음은 우리나라에서도 웬만한 향은 찾으면 거의 구할 수 있다. – JCK

황 화합물

와인에서 풍기는 나쁜 향은 황에서 유래된 것이 많다. 황 화합물은 단백질 즉 아미노산 중에서 황을 가지고 있는 메티오닌 등에서 나오기 때문에 발효가 갓 끝난 와인에서는 삶은 달걀껍질을 깔 때 나는 '황화수소' 냄새가 날 수밖에 없다. 이 황화수소는 따라내기(Racking) 등으로 빨리 없애지 않으면 도시가스에 섞여 있는 '메르캅탄(Mercaptan)' 냄새로 발전하여 더 고약해진다. 발효 전에 넣는 아황산은 톡 쏘는 자극적인 향으로 와인에 너무 많이 들어가면 성냥 타는 냄새가 풍긴다. 그리고 고무냄새, 양파, 마늘 등에서 나오는 냄새 역시 황에서 유래된 것이다. 오염되거나 무언가 잘못된 와인에는 이런 황 화합물에서 유래된 것이 많다.

굿이어(GOODYEAR) 타이어

인류가 최초로 고무를 사용한 연대는 명백하지 않으나, 고대 이집트에서 아라비아고무(Gum Arabic)를 이용할 정도로 아주 오래전부터 사용되었다. 그러나 실질적인 사용은 콜럼버스가 아메리카 대륙을 발견한 뒤 원주민들이 가지고 놀던 고무공을 보고, 이것을 유럽으로 가져왔던 것이 최초라는 설이 유력하다. 그러나 당시에는 물성이 재미있어서 신기한 물건 정도로만 여겼는데, 1770년 영국의 화학자 '조셉 프리스틀리(Joseph Priestley)'가 연필로 쓴 문자를 지울 수 있다(To rub out)는 사실을 알아낸 후 이 물질을 영어로 '러버(Rubber)'라고 부르게 되었다고 한다.

천연고무는 온도 변화에 민감하여 더운 여름에는 끈끈하게 축 늘어지고, 추운 겨울에는 돌과 같이 단단해지기 때문에 실용화에 한계가 있었다. 그러다가 1839년, 미국의 '굿이어(Charles Goodyear, 1800~1860)'가 재미있는 물성을 가진 고무에 여러 가지 물질을 첨가하여 연구하던 중, 우연히 천연고무와 황을 혼합한 물질을 뜨거운 난로 위에 떨어뜨리게 되었는데, 그 결과 만들어진 고무는 부드럽게 변하는 현상을 발견하였다. 그리고 황을 섞은 고무는 겨울의 혹한 속에서도 탄력을 유지하고 있었다. 황이 고무와 결합하여 중합체를 형성하여 신축성을 유지시킨다는 사실을 발견한 것이다. 이 고무는 천연고무와는 달리 어떤 조건에서도 탄성을 유지하였다. 그래서 아로마 휠에는 황에서 유래된 냄새 중에 '고무냄새'가 들어 있는데, 이는 천연고무냄새라기보다는 황 냄새를 말한다.

고무를 실용화시킨 굿이어는 고무를 이용한 여러 가지 물질을 개발하는 데 돈을 탕진하고, 특허문제로 소송만 벌이다가 많은 빚만 남기고 세상을 떠났다. 현재 타이어 회사로 잘 알려진 '굿이어사(The Goodyear Tire & Rubber company)'는 그의 가족과는 관계가 없고, 1898년 신생 타이어 회사가 이름을 짓다가 위대한 발명가를 기리는 마음으로 그의 이름을 사용한 것이다.

피망과 파프리카

피망이나 파프리카 모두 고추의 변종이지만 뚜렷한 차이는 없다. 유럽에서는 고추의 변종 중 헝가리에서 나온 통통한 고추를 '파프리카(Paprika)'라고 부른다. 프랑스에서도 일반 고추는 '피망(Piment)'이라 하고, 파프리카(Paprika)는 헝가리산 고추를 말한다. 영어로는 피망을 '스위트 페퍼(Sweet pepper = Green pepper)' 또는 종같이 생겼다고 해서 '벨 페퍼(Bell pepper)'라고 하며, 일본에서는 고추의 프랑스어인 '피망(Piment)'을 그대로 받아들여 사용한다. 우리나라에서는 녹색 피망이 먼저 들어오고 나중에 파프리카라는 이름으로 붉은색이나 노란색의 큰 피망이 들어오니까 이를 파프리카로 부르기 시작한 것뿐, 학술적으로 명확한 구분은 없다. 그래서 한국원예학회에서는 피망, 파프리카 모두 '단고추'로 분류하고 있다.

와인에서 피망 냄새는 '소비뇽' 품종으로 만든 와인에서 느낄 수 있는데, 햇볕은 이 피망 성분을 파괴하므로, 햇볕을 덜 받은 포도에서 이 냄새가 많이 풍긴다.

보리수(菩提樹)

부처님이 도를 깨우친 곳은 아열대지방으로 절에 있는 보리수와는 다르다. 부처님이 도를 깨달았다는 인도의 보리수나무(*Ficus bengalensis*)란 아열대지방에서 자라는 뽕나무과 식물로 무화과와 비슷하며, 높이 30m, 지름 2m 정도의 상록활엽수다. 이 나무를 불교에서는 범어로 마음을 깨쳐준다는 뜻의 '보디드루아마(Bodhidruama)'라고 하며, 중국에서 불교가 들어오면서 한자로 번역할 때 그대로 음역하여 '보리수'라는 이름이 생겼다.

우리나라에서는 인도의 보리수가 자랄 수 없으므로, 이 나무의 대용으로 선택한 것이 피나무과의 '보리자나무(*Tilia miqueliana*)'를 보리수라고 부른다. 불가의 보리수는 식물학적 이름으로 인정되지 않은 것이다. 이 나무 열매로 염주를 만든다. 또 '염주나무(*Tilia megaphylla*)'라는 것이 있는데, 이는 강원 이북에서 자라는 것으로 보리자나무와 비슷하며 역시 염주를 만들 수 있다.

슈베르트 가곡에 나오는 린덴바움(Der Lindenbaum)도 우리나라에서 보리수라고 부르는데, 이도 역시 피나무과의 '유럽피나무(*Tilia europaea*)'이다. 와인에서는 앙주(Anjou) 와인에 나타나는 대표적인 향으로서, 햇볕을 듬뿍 받은 포도의 향으로 묘사하며, 헝가리의 포도 하르슐레벨뤼(Hárslevelü)는 보리수 잎이란 뜻으로 부드럽고 달콤한 향과 보리수꽃 향을 느낄 수 있다.

또 우리나라 남쪽지방에서 자생하는 열매를 먹는 보리수나무(*Elaeagnus umbellata*)가 있는데, 보리수나무과에 속하는 낙엽관목으로 우리나라 자생종이며 전국의 산과 계곡에서 흔히 볼 수 있다. 열매는 붉은색인데 흰점이 무수히 많으며 신맛이 있는 단맛을 가지고 있다. 이 열매를 시골에서는 보리똥, 보리밥, 파리똥이라고도 하며, 담금주로 만들어서 마시면 향기가 좋다.

머스크(Musk, 사향)

수컷 사향노루의 생식기 주변에서 번식기가 되면 암컷을 유인하기 위해 방사하는 물질을 사향이라고 한다. 아주 적은 농도일 경우 바람직한 향이기 때문에 향수에 강화제로 사용되며, 남성용 화장품에서 자주 맡을 수 있다. 이 냄새를 와인에서는 동물(Animal) 냄새, 사슴(Venison) 냄새, 야생동물(Game) 냄새 등으로 표현한다.

저지방 우유는 라이트 보디(Light body)

보디(Body)란 점도와 입에서 느끼는 와인의 성질을 말한다. 드라이와인에서는 알코올 함량과 불휘발분(Extract, 와인에서 알코올과 물을 뺀 나머지 성분)이 많을수록 보디가 증가한다. 오크통에서 숙성시킨 기간도 보디를 증가시키는데, 오크통에서 여러 가지 성분이 우러나와 와인의 강도를 증가시키기 때문이다. 잔당 역시 그 함량이 많을수록 보디도 강해진다. 즉 보디를 구성하는 성분은 당분, 알코올, 글리세롤, 타닌 등으로 요약할 수 있다.

보디가 무엇이냐고 물을 때 대답해 줄 수 있는 가장 좋은 예로, 지방을 제거한 우유는 '라이트 보디'라고 할 수 있으며, 보통 우유는 '풀 보디(Full body)'라고 할 수 있다. 그러면 사과주스는 '라이트 보디', 오렌지 주스는 '풀 보디'가 된다.

와인 테이스팅과 담배

흡연이 테이스팅 능력을 방해하는가? 그렇다. 담배연기는 냄새를 맡는 데 방해가 된다. 그러나 전문 와인감정가 중에는 흡연가가 많은데 어찌된 일일까? 이는 담배를 피우지 말라는 것이 아니고 테이스팅 한 시간 전에 담배를 피우지 않아야 된다는 얘기다. 흡연 직후는 향을 감지하는 데 가장 치명적이며, 아니스(Anise) 향이 들어간 음료, 또 회향(Fennel), 바질(Basil), 등이 들어간 음료나 식품 역시 감각을 떨어뜨린다. 와인을 테이스팅할 때는 이런 음식을 삼가는 것이 좋다. 적어도 테이스팅 한 시간 전에 마시고 먹는 모든 것을 삼가야 한다. 담배, 커피, 김치, 고추장 등 자극적인 식품을 일체 섭취하면 안 된다는 말이 아니다. 한 시간 전에~

대비효과

농도가 진한 것 다음에 농도가 낮은 것을 마셨을 때는 농도가 낮은 것이 더 낮게 느껴진다. 대비효과는 자극이 큰 것에서 자극이 작은 것의 순서로 실험할 때는 자극의 강도가 커지고, 순서가 바뀌었을 때는 작아진다. 즉 10% 설탕물을 마시고 난 다음에 8% 설탕물을 마시면 너무 달지 않다고 느끼지만, 반대로, 8% 설탕물을 마시고 10% 설탕물을 마시면 그렇게 달다고 못 느낀다는 말이다.

둘 다 만족

두 여자가 같은 산부인과에서 같은 날 비슷한 시간에 애를 낳았다. 처음에는 잘 모르는 사이였지만, 계속 같은 날 병원에 오다 보니까 친해졌다. 그러는 동안 A의 애는 6kg이 되었고, B의 애는 7kg이 되었다. 외관상으로 보기에도 B의 애가 훨씬 통통했다. 그러니 A는 항상 B의 애를 보고 부럽게 생각하였다.

어느 날 병원에서 만나서 애를 바꾸어서 안아보기로 했다. A는 맨날 6kg을 들다가 7kg을 드니까 더 무겁긴 하지만 별로였다. 속으로 '아하, 두부살이구나'라고 생각했다.

B는 7kg을 들다가 6kg을 드니까 생각보다 훨씬 가벼운 것이다. '어유, 정말 안됐구나'라고 생각한다. 결국 두 여자는 모두 만족한다. 이런 것을 대비오차라고 한다.

잔존효과

한 가지 시료를 맛보고 나면 그 성분이 입안에 남아 있어서 다음 시료에 영향을 주게 된다. 특정 성분은 특이한 맛을 만들어낼 수 있기 때문에 항상 입을 물이나 식빵으로 헹궈야 한다. 일본의 어느 와인 영업사원은 손님이 오면 항상 양갱을 준다. 그런 다음에 바로 상대방 회사의 와인을 시음시키고, "이번에 새로 수입한 우리 회사의 와인입니다. 어느 것이 좋습니까?"라고 묻는다. 바로 잔존효과를 이용하는 것이다.

대비효과와 잔존효과의 차이

아침에 부부싸움을 심하게 하고 나온 김 부장, 그날따라 모든 일에 짜증이 난다. 과장이 해가지온 서류가 맘에 들지 않아 팽개치면서 소리를 버럭 지르고, 사무실을 공포 분위기로 만든다. 이는 아침의 기분이 아직 남아 있어서 화풀이를 직원한테 하는 것이니까 '잔존효과'라고 할 수 있다. 화가 가라 앉은 다음에 김 부장은 앞에 앉아 있는 미스 김이 오늘따라 엄청 예뻐 보인다. 이를 '대비효과'라고 한다.

중앙집중오차

여러 단체의 와인 심사위원으로 가보면 대개 맛, 향, 촉감 등으로 구분하여 100점 만점으로 하고 있다. 그러나 전통적으로 학계에서는 20점 만점으로 하고 있다. UC Davis의 와인 평가 스코어 카드를 보면, 투명도(2점), 색깔(2점), 부케(4점), 신맛(1점), 단맛(1점), 보디(2점), 향미(2점), 쓴맛(1점), 떫은맛(1점), 전반적인 품질(4점) 이렇게 평가한다. 이렇게 점수 폭이 좁은 이유는 검사자가 극단적인 점수를 주기 싫어하기 때문이다. 그래서 이런 성향 때문에 발생하는 오차를 '중앙집중오차'라고 한다.

대학이나 전통 있는 잡지사 등에서는 20점 만점으로 하고 있는데, 로버트 파커가 나타나면서 학교 때 방식으로 100점 만점으로 하니까, 소비자 기준에서 볼 때 훨씬 감이 빨리 오는지라 여기저기 100점 만점이 유행하고 있다. 사실, 로버트 파커 점수도 60점 이하는 와인으로 쳐주지 않으니까, 결국 40점 만점이 되고, 시중에 떠도는 점수도 80점 이상만 나오니까 20점 만점이나 동일한 점수 폭을 갖게 된다.

> **존 드보락(John C. Dvorak, 미국의 칼럼니스트)의 점수 평가**
> - 100점: 이런 와인은 없다. 이론적으로 불가능하다. 완벽하다는 뜻이지만, 이 점수를 이용하여 업계의 관심을 끌고 조롱하려는 의도가 다분하다.
> - 95~99점: 묻지 않고 구매해야 하는 최고의 와인, 바보라도 바로 알 수 있는 전설적인 와인이다.
> - 91~94점: 100% 확신할 수는 없지만 상당히 좋은 와인이다. 91점과 94점의 차이는 없으며 시음하는 사람에 따라 달라진다. 이 정도의 와인은 누구에도 추천할 만하다.
> - 90점: 새가슴 때문에 생긴 점수다. 시음하는 사람들이 더 높은 점수나 더 낮은 점수 주기를 망설이기 때문에 나오는 점수니까, 당신 스스로 직접 평가해 보라는 의미다.
> - 86~89점: 이 정도면 마실 만하다. 좋은 와인이지만, 아닐 수도 있고 그 이상일 수도 있다.
> - 81~85점: 정말로 갈증이 날 때 마셔야 한다. 그렇지 않으면 마시기 어렵다. 85점이란 겨우 삼킬 수 있는 와인이라는 말이다.
> - 75~79점: 이런 와인을 정말 개봉하고 싶은가?
> - 75점 미만: 내 생각을 솔직히 말했다가는 고소당할지도 모른다.

타입(Type)과 스타일(Style)

와인에는 여러 가지 타입과 스타일이 있다. 타입과 스타일은 어떻게 다른가? 타입이 악보나 필름이라면, 스타일은 특정한 악보의 연주나 필름의 인화라고 보면 된다. 연주자가 연주할 때에는 그 악보에 기록된 것을 자신의 해석으로 연주하고, 사진사가 인화할 때에는 필름에 빛이 반응하는 정도를 조절하여 자신의 해석으로 인화하는 것이다. 와인에서 스타일이란 와인메이커가 관능적인 성격을 조합하고 균형을 맞추는 독특한 방법이라고 할 수 있는데, 이것으로 와인은 각각의 타입을 표현하게 되면서 다른 와인과 구별되는 것이다.

와인 전문가란?

어느 나라든 와인에 대한 지식은 보편적인 것이 아니다. 그래서 조금만 알아도 아는 척하기 좋고, 특히 와인 전문가라는 사람들이 와인에 대해 장황한 설명과 미사여구를 늘어놓기 때문에, 언제 어디서나 미운 털이 박혀 있어서 다음과 같은 말이 나오게 된다.

- 와인 전문가는 인터넷을 뒤져 자기 이름이 나왔는지 살피면서, 저녁 때 좋은 와인과 음식을 공짜로 먹을 곳이 없는지 살피는 사람이다.
- 와인 전문가는 남보다 빨리 라벨을 읽고 간파한 다음에, 와인을 마시고 장황한 설을 풀 수 있는 사람이다.
- 와인 전문가는 블라인드 테이스팅을 할 때 감기에 걸렸다, 엊저녁에 너무 많이 마셨다는 등 갖은 핑계를 대서 현재의 컨디션이 좋지 않다고 이야기할 수 있어야 한다.
- 와인평론가란 아무도 자기 말을 들을 수 없는 숲속에 홀로 있더라도 오만하게 허풍을 떨 수 있는 사람이다.

사이비 감정가(Snob)

진정한 감정가를 '코너서(Connoisseur, 프랑스어 Connaisseur)'라고 하고, 아는 척하는 속물을 '스놉(Snob)'이라고 한다. 우리 주변에서 와인 스놉과 같이 행동하는 전문가나 감식가를 쉽게 찾아볼 수 있다. 음악, 미술, 문학작품 등 다른 분야에서도 이런 사람이 많지만, 스놉이라고 특별히 나쁘게 볼 필요는 없다. 다음과 같이 이야기한다면 오히려 교양 있는 사람이란 평을 얻을 수 있다. 와인이나 미술품을 만났을 때 먼저 "저는 스놉에 불과하지만, 제 의견은 이렇습니다"라고 이야기하면 훨씬 더 겸손한 사람으로 보일 수 있다. 텔레비전 프로그램 '진품명품'을 보면 이 두 부류가 확실하게 구분된다. 세상에는 최소 100만 개 이상의 와인 이름이 있고, 우리는 이것을 다 알지 못한다. 누군가 당신에게 와인에 대해 다 안다고 한다면 그것은 거짓말이다. 그러니까 어떤 것은 좋고 어떤 것은 나쁘다는 낭설에 의존해서는 안 된다.

> **와인 스놉이 되려면**
>
> 자신이 와인 전문가라는 명성을 즐기고 싶다면 방법은 간단하다. 여러 사람 앞에서 와인을 마시면서, 와인 글라스의 받침을 잡고(절대 볼을 잡지 말고) 들어올린다. 비스듬히 눕혀서 흰 바탕에 대고 색깔을 살피면서 뭔가 흠을 잡아낸다. 다음에는 글라스를 격렬하게 흔든다. 그리고 코를 글라스 속에 집어넣고 지그시 눈을 감고 냄새를 맡고 전체를 훑어보고 나서, 우리나라에 없는 과일 이름 한두 개를 이야기한다. 예를 들면, "블랙베리, 카시스 향이 지배적이고…"라고 말한다.
>
> 다음에는 조심스럽게 마시되, 가글하듯 입속에서 후루룩 소리를 내면서 오물오물하다가 삼키거나 뱉어내면서 또 다른 향을 이야기하고, 화이트와인이면 단맛과 신맛의 조화가 어쩌고저쩌고, 레드와인이면 타닌이 어쩌고저쩌고 아무 향이나 맛을 중얼중얼 묘사하면 된다. 그리고 와인에 대한 칭찬보다는 무언가 결점을 잡아내면서 상을 찌푸리면, 주변에서 존경스런 눈초리로 바라보게 되어 있다. 이렇게 되면 당신은 저명한 와인 스놉이 된다. 그러나 이 정도의 경지라도 이르려면 상당한 공부가 필요하다. - JCK

우리나라 와인 전문가

우리나라에서 와인 전문가라고 해봐야 남들보다 먼저 와인에 대해 관심을 가졌거나, 어학실력이 좋아서 외국 와인 책을 쉽게 소화하거나, 경제적인 여유가 있어서 외국여행을 많이 하고 좋다는 와인을 많이 마셔본 것밖에 없다. 게다가 단편적인 지식만 가지고 있다 보니까 보졸레 누보는 '탄소침용방법'으로 만든다든가, 효모(Yeast)를 써야 할 자리에 효소(Enzyme)를 쓴다든가, '병 똥구멍이 깊을수록 좋은 와인'이라든가, '코르크마개는 숨 쉰다'는 등 잘못된 지식을 진리인 양 퍼뜨리고 다니기도 한다. 어떤 지식이든 그 이론을 과학적으로 검증해서 그 원리와 이유를 잘 파악하여 이야기해야 하는데, 그 이유도 모른 채 또 다른 사람에게 전파하는 경우가 대부분이다.

이제 우리나라 와인 전문가도 와인에 대한 상식을 한 차원 높일 때가 되었다. 지금까지 우리나라 와인 전문가는 와인에 대해 무지한 풍토에서 남보다 와인지식을 먼저 습득했기 때문에 인정을 받았던 것이지, 지식의 옳고 그름이나 그 깊이 때문에 존경받았던 것은 아니다. 와인 이름을 몇 개 더 알고, 와인 맛을 표현할 때 미사여구를 동원하는 요령으로 버텨왔지만, 이제는 와인을 제대로 공부한 젊은 세대들이 많아졌다. 어설픈 와인지식은 제대로 공부한 신세대 앞에서 바로 무너지게 된다.

- 예전의 와인 전문가란 신문에 자기 이름이 나왔는지, 공짜로 와인과 식사를 할 곳은 없는지, 외상으로 구입한 와인셀러 값을 안 갚아도 되는 방법은 무엇인지 잔머리를 굴리며, 타이프라이터를 두드리는 사람이었다. 요즈음 달라진 것은 컴퓨터를 사용한다는 점 말고는 없다. – 프랭크 프라이얼(Frank J. Prial, 미국 언론가 및 와인 칼럼니스트)

와인에도 전문분야가 있다

우리가 와인의 모든 것을 다 알 수는 없다. 와인은 그 종류도 엄청나게 많고, 또 워낙 관련 범위가 넓기 때문에 아무리 배워도 끝이 없다는 느낌을 지울 수 없는 것이 현실이다. 이는 와인을 제대로 이해하려면 종합적인 지식이 필요하기 때문이다. 원예학부터 시작하여 지구과학, 미생물학, 화학, 공학, 마케팅, 그리고 세계지리와 역사, 요즈음은 의학까지 그 모든 것을 알아야 와인을 아는 척할 수 있다. 와인에 대해서 아는 척하는 사람들은 자기가 모르는 분야가 있다는 것을 당연하게 받아들여야 하며, 자신이 모르는 것을 부끄럽게 생각하거나 아니면 적당히 얼버무리는 태도를 보여서는 안 된다.

우리가 와인 한 병을 마실 때까지는 포도를 재배하는 사람과 와인을 만드는 사람, 이를 유통시키는 사람, 그리고 레스토랑에서 와인을 서비스하는 사람까지, 수많은 사람들의 각 전문분야를 거치게 된다. 이렇듯 와인은 우리에게 다양한 세계를 접할 수 있게 해주기도 하지만, 이에 따라 와인지식은 더 복잡하고 어려워지는 것은 어쩔 수 없는 일이기도 하다. 이제는 와인 전문가도 자기가 모르는 분야에 대해서는 과감하게 다른 전문가에게 질문을 할 수도 있어야 한다. 각각 공부한 분야가 다른데 어떻게 다 알 수 있을까? 방송이나 잡지에 많이 나오거나 이름이 널리 알려진 것을 자랑하는 스타의식에서 벗어나 좀 더 내실을 기하는 데 전념해야 한다.

많이 마셔본 사람이 전문 감정가

진짜 전문 감정가라면 세계 유명와인의 라벨을 보지 않고 맛만 보고 구분할 수 있는 사람이라고 생각하는 사람이 많지만, 세상에 이런 사람은 없다. 이미 우리는 스테이크, 불고기, 커피, 위스키나 담배까지 감식가가 된 사람이다. 사실 우리는 우리가 즐기는 것, 먹는 것, 마시는 것에 감식가가 되어 있다. 그리고 이런 것에 대해 좋아하고 싫어하는 데 대해 이야기하는 것을 부끄러워하지 않는다. 그런데 왜 와인에 대해 좋고 나쁨을 이야기하는 것을 부끄러워할까? 그만큼 익숙하지 않아서 그렇다. 우리는 다른 식품에 대해서는 시각, 후각, 미각 및 촉각을 이용하여 그 차이를 밝혀내는 판정가다.

와인을 많이 마셔보고 맛이 좋다 혹은 나쁘다는 것을 알 때 감식가가 되는 것이다. 주요 와인 품종에 대해서 알고 와인이 어떻게 만들어지는지를 배우고, 여러 가지 와인에 대해 마음을 열고 기억력을 살려서 미각과 후각을 훈련하면 된다. 사실은 정상적인 시각, 후각, 미각을 가지고 있으면 누구나 전문 감정가가 될 수 있다. 전문적인 테이스팅 기술이 아니더라도 자기가 맛본 와인을 기억하고 간단한 몇 가지만 알면 된다. 동일한 색깔과 냄새와 맛을 가진 와인을 사람마다 다르게 감정한다는 사실을 아는 사람은 거의 없다. 우리의 입맛은 지문만큼 각각 다르다. 이 때문에 엉터리 전문가들이 쉽게 나올 수 있으며, 누구도 거기에 대해서 반론을 제기하지 못한다.

- 영국의 유명한 레스토랑에 동양사람 몇이 들어와서 '페트뤼스'를 시켰다. 소믈리에가 주문한 페튀르스를 가져와서 호스트 테이스팅을 부탁했다. 주문한 사람이 맛을 보더니 이건 아니라고 물리쳤다. 권위 있는 레스토랑인데 할 수 없이 다른 것으로 가져왔다. 두 번째도 물리치는 것이다. 이에 레스토랑 측에서는 긴장을 하고, 이번에는 제너럴 매니저가 다른 페트뤼스를 들고 가서 테이스팅을 부탁했다. 이번에는 제맛이라고 "오케이!" 사인을 보낸다. 그래서 제너럴 매니저가 "저도 한번 맛을 봐도 될까요?"라고 부탁했더니, 흔쾌하게 허락을 했다. 그러나 아무리 유명한 제너럴 매니저라고 해도 페트뤼스를 자주 마셔보지 못했으니까 제대로 된 맛을 알 수 없었다. 그냥 물리친 와인과 맛이 다르다는 것을 느꼈을 뿐이다. 나중에 조사해 보니까 이 손님은 한국의 재벌 2세였다고 한다.

로버트 파커(Robert M. Parker, Jr., 1947~)

미국의 와인평론가지만, 전 세계 와인업계에서 가장 영향력 있는 인물로 꼽는다. 그동안 대다수 학계나 잡지에서 와인을 평가할 때 20점 만점으로 와인 점수를 매기고 있었는데, 파커는 알기 쉽게 100점 만점으로 점수를 발표하여 소비자들이 와인을 쉽게 판별할 수 있게 만들었다.

메릴랜드대학에서 역사를 공부하고 이어서 로스쿨에서 법학을 전공하였지만, 알자스에 연수 간 여자 친구를 만나러 프랑스에 가서, 프랑스 음식과 와인을 경험하면서 와인의 매력에 빠지게 된다. 그 후 와인에 관한 서적을 몽땅 구입하여 탐독하고, 대학생 와인동호회도 만들고, 대학 졸업 후에는 유럽의 와인산지를 여행하는 등 노력 끝에 나름대로 와인에 대한 안목이 생기기 시작하였다. 그러면서 병 안에 들어 있는 와인 자체의 품질에 대한 정보가 부족하다고 판단하고, 이해관계에 얽매이지 않고 독자적으로 와인을 평가할 수 있는 잡지의 필요성을 절감하고 만든 것이 『와인 애드버킷(The Wine Advocate)』이다.

이 잡지는 와인 평가에 업체의 영향력을 최소화하기 위해 일체 광고를 받지 않고, 시음비용은 자비부담을 원칙으로 하고, 와인업계가 제공하는 일체의 직함을 받지 않고, 와이너리 명성과 관계없이 오로지 와인 자체의 평가에만 전념하도록 한 덕분에, 알려지기 시작하여 현재는 가장 공정하고 정확한 평가로 존중받고 있다. 파커의 점수는 와인업계에 워낙 영향력이 커서 낮은 점수를 얻은 업계의 암살위협을 받을 정도였다. 와인과 관련 없는 변호사라는 환경에서 와인에 입문하여 세계 최고의 와인 전문가로 성장한 것이다. 현재 그의 '코'는 백만 불짜리 보험에 들어 있으며, 한국에서 입양한 딸을 키우고 있다.

[
- 한국에서 누군가 와인평론가로서 어떤 와인 점수를 매겼는데, 로버트 파커와 비슷하게 나오면, 사람들은 '로버트 파커 점수를 인용했구나'라고 생각할 것이고, 로버트 파커와 다르게 나오면, 사람들은 '이 사람 평가는 엉터리구나'라고 생각할 것이다. – JCK
]

잰시스 로빈슨(Jancis Mary Robinson, MW, 1950~)

영국의 와인평론가이자 저널리스트로 활동하면서 현재는 따로 웹사이트도 가지고 있다. 컴브리아주에서 태어나 옥스퍼드대학에서 수학과 철학을 공부하고, 『와인 앤 스피릿(Wine & Spirit)』 잡지사에서 근무하면서 와인과 인연을 맺게 된다. 그의 말로는 남자친구가 사준 '샹볼 뮈지니(Chambolle-Musigny) 1959년산'이 그의 운명을 바꿨다고 한다. 1984년에는 처음으로 와인업계에 있지 않은 사람으로서 마스터 오브 와인(Master of Wine) 시험에 합격하게 된다.

와인평론을 비롯한 수많은 와인 관련 기고문과 『옥스퍼드 컴패니언 와인(The Oxford Companion to Wine)』, 『월드 아틀라스 오브 와인(The World Atlas of Wine)』 등 유명한 책을 쓰면서 교육적이고 폭넓은 와인지식을 전파하여 『디캔터』 잡지에서 '세계에서 가장 존경받는 와인평론가'로 선정되었다. 1995년에는 BBC에 '잰시스 로빈슨 와인 코스(Jancis Robinson's Wine Course)'로 텔레비전에 소개되었고, 이 영상은 전 세계적으로 비디오로 제작되어 판매되었다. 2003년 대영제국 훈장(OBE)을 받고, 2015년 온라인 와인코스

(Mastering Wine)를 시작하였다. 2016년에는 프랑스 농업훈장, 독일 VDP 명예훈장을 받는 등 2010년 은퇴 후 현존하는 와인 전문가 중 이론 및 실무에서 가장 실력 있는 와인평론가로 알려져 있다.

> **대영제국 훈장**
> 원래는 영국의 왕을 국가원수로 하는 영연방 소속의 사람만이 받을 수 있으나, 영연방에 상당한 공헌을 했다고 인정되는 사람(명예훈장)도 받을 수 있다.
> 1등급: Knight Grand Cross or Dame Grand Cross of the Most Excellent Order of the British Empire(GBE)
> 2등급: Knight Commander or Dame Commander of the Most Excellent Order of the British Empire(KBE or DBE)
> 3등급: Commander of the Most Excellent Order of the British Empire(CBE)
> 4등급: Officer of the Most Excellent Order of the British Empire(OBE)
> 5등급: Member of the Most Excellent Order of the British Empire(MBE)
> 1·2등급 훈장을 받으면 남성에게는 'Sir(경)', 여성에게는 'Dame(여사)' 칭호를 붙이기 때문에, 1·2등급 훈장은 작위급 훈장으로 본다.

존 마이클 브로드벤트(John Michael Broadbent, MW, 1927~)

영국의 와인평론가이며 특히 '명품와인 전문가'라고 할 수 있다. 학교에서 건축을 전공했지만 엉뚱하게도 25세 때 와인업계에 입문하여 와인영업을 하다가, 1960년 '마스터 오브 와인' 자격을 취득하고, 1966년 런던의 크리스티 경매사로 일하면서 오래된 고급와인을 맛볼 기회를 자주 갖게 된다. 그래서 그는 와인업계에서 귀한 와인을 가장 많이 마셔본 사람으로 알려져 있다. 9만 병 이상의 와인을 시음했으며, 이를 기록한 노트만도 140권이 넘는다.

1980년에 27년간 시음했던 노트를 정리하여 『그레이트 빈티지 와인 북(The Great Vintage Wine Book)』이라는 책을 펴내고, 다시 2002년에 이의 개정증보판 격인 『빈티지 와인(Vintage Wine)』을 출판하였다. 1975년부터 『디캔터』잡지에 기고하고 있으며, 보르도의 '아카데미 뒤 뱅' 명예회원, '마스터 오브 와인위원회' 회장 등의 직책도 맡았고, 2006년에는

'파리의 재심판'에 심사위원으로 참여하였다.

- 애인은 와인 한 병이지만, 마누라는 그냥 와인 병이다. - 보들레르(Boudelaire, 프랑스 시인)

마스터 오브 와인(Master of Wine)

학위는 아니지만 웬만한 박사학위보다 훨씬 어려운 과정을 거쳐서 얻을 수 있는 전 세계 와인업계 최고의 지성을 자랑하는 자격이라고 할 수 있다. 영국의 전통 있는 독점 주류업체인 '워십풀 컴퍼니 오브 빈트너(Worshipful Company of Vintners)'와 '와인 앤 스피릿 협회(Wines and Spirits Association)'가 와인교육과 지식의 표준화를 위해 1953년 공동으로 주최하여 처음으로 시험제도를 실시하였고, 1955년부터는 위 두 회사와는 별도로 시험 합격자들이 비영리단체인 '와인 마스터 위원회(Institute of Master of Wine)'를 설립하여 오늘에 이르고 있다. 1984년에는 비영국인에게도 문호를 개방하였고, 2015년까지 시험에 합격한 사람은 372명에 이른다.

1차 시험은 이론시험(5과목)으로 포도재배, 와인양조, 와인 취급, 와인 비즈니스, 기타 사항을 테스트하는데, "발효 후에 pH에 주의해야 하는 이유는 무엇인가?"라는 정도의 문제가 나온다. 2차 시험은 실무시험(3과목)으로 12종의 화이트와인, 12종의 레드와인, 12종의 스파클링, 로제 및 기타 와인을 블라인드 테이스팅한 후, 품종, 원산지, 와인양조, 품질 및 스타일을 논리적으로 평가하고 묘사해야 한다. 3차 시험은 연구논문으로 선택한 주제에 대한 논문을 작성하는데 6,000~10,000단어를 구사해야 통과할 수 있는 어려운 시험이다.

무서운 편견

2001년 보르도대학의 '프레드릭 브로셰(Frederic Brochet)'는 두 가지의 재미있는 실험을 했다. 첫 번째는 57명의 와인 전문가를 초대하여 레드와인과 화이트와인 두 가지를 주고 그들의 인상을 물었다. 사실은 두 개 다 동일한 화이트와인이었고, 레드와인으로 보이는 것은 적색 식용색소를 넣은 것이었다. 그런데도 와인 전문가들은 레드와인을 묘사할 때 사용하는 용어로 설명하였고, 사람에 따라 "잼과 같다", "붉은 과일 향이 난다"는 등의 표현이 나오기도 했다. 단 한 명의 전문가도 그것이 화이트와인임을 알아채지 못했다.

 두 번째 실험은 한층 더 대담하게 동일한 보르도의 중간급 와인을 각각 다른 병에 넣어 내놓았다. 병 하나는 '그랑 크뤼', 또 하나는 평범한 테이블 와인이었다. 전문가는 전혀 다른 것으로 평가했다. 그랑 크뤼 병에 있는 것은 "마실 만하고, 나무 냄새와 복합적인 향 그리고 균형이 잡힌 부드러운 맛"으로 표현하였고, 다른 병에 있는 와인은 "약하고 지속성이 없으며, 가볍고, 밋밋하며 맛이 갔다"는 평가를 했다.

Wine Episodes 9

와인은 프랑스 와인과 프랑스 와인 아닌 것으로 나눈다

❾ 와인은 프랑스 와인과 프랑스 와인 아닌 것으로 나눈다

- 세상의 술은 와인과 와인 아닌 술로 나눌 수 있다. 그만큼 와인은 다양하다.
- 와인은 프랑스 와인과 프랑스 와인 아닌 것으로 나눌 수 있다. 그만큼 프랑스 와인이 기준이 된다.
- 프랑스 와인은 보르도, 부르고뉴 와인과 아닌 것으로 나눌 수 있다. 그만큼 보르도와 부르고뉴 와인이 중요하다.
- 와인애호가는 JCK 와인스쿨에서 배운 사람과 못 배운 사람으로 나눌 수 있다. 그만큼 JCK 와인스쿨이 표준이 된다.

프랑스의 와인산업

다음은 장홍의 『와인, 문화를 만나다』(장홍, 다흘미디어)에 나오는 구절이다. "2007년 보르도, 부르고뉴, 샹파뉴 세 지역 와인의 총 수출액은 자그마치 67억 2,000만 유로에 달했다. 이를 프랑스가 자랑스럽게 여기는 최첨단기술의 주요 수출품과 견주어보면 129대의 에어버스, 92대의 인공위성, 288대의 TGV 수출과 맞먹는 엄청난 금액이다. 같은 해 프랑스의 모든 와인, 코냑 및 브랜디의 총매출액은 150억 유로이며, 그중 수출액은 93억 4,000만 유로에 달한다. 와인은 프랑스 전체 수출품목 중에서 당당히 2위에 해당한다."

> **프랑스 와인은 쇠고기**
>
> 우리는 "쇠고기보다 맛있다" 혹은 "쇠고기보다 영양가가 많다"라는 표현을 많이 한다. 이는 모든 고기를 판단할 때 쇠고기로 기준으로 삼는다는 얘기다. 와인에 대해서 이야기하면서 "프랑스 와인보다 맛있다" 혹은 "프랑스 와인보다 더 싸다"라는 이야기를 하는 이유도 모든 와인에 프랑스 와인이란 기준을 설정하기 때문이다. 와인을 생산하는 나라는 항상 프랑스 와인을 목표지점으로 삼고, 마시는 사람도 프랑스 와인을 기준으로 평가하기 마련이다. 우리도 모르게 프랑스 와인은 세계 기준이 되고 말았다. - JCK

와인의 나라, 프랑스

와인 하면 프랑스를 떠올릴 정도로 프랑스는 와인의 나라다. 프랑스 와인이 다른 나라보다 발전하게 된 배경에는 무엇보다도 풍부하고 다양한 식생활문화의 발달을 들 수 있다. 국토의 60%가 농사를 짓는 땅이라서 흉년이 들지 않는 한 굶을 우려가 없고, 서늘한 북부지방과 따뜻한 남부지방에서 다양한 농산물이 나오고, 대서양과 지중해에서 다양한 수산물이 나온다. 그리고 여러 민족이 얽혀서 여러 가지 색다른 음식 맛을 옛날부터 익히고, 왕족과 귀족의 호화찬란한 생활과 까다로운 입맛에 맞는 고급요리가 발달하였다. 먹을 것이 풍부하면 양보다는 질을 따지게 된다. 이에 맞추어 와인 또한 요리와 함께 식탁에 오르는 필수적인 식품이 될 수밖에 없었다. 한때 로마황제 '도미티아누스(Domitianus)'는 당시 프랑스 포도가 로마의 와인산업을 위협한다고 모두 없애라는 명령을 내린 적도 있지만, 프랑스 사람의 와인에 대한 사랑과 정렬이 오늘날 프랑스 와인을 세계적인 수준으로 끌어올렸다고 할 수 있다.

- 만약 밀이 우리의 오랜 역사 속에서 산문이라면, 포도나무 특히 와인은 시이며, 우리 국토의 풍광을 밝히고 고귀하게 한다. – 페르낭 브로델(Fernand Braudel, 프랑스 역사학자)

프랑스 와인은 AOC로 시작하여 AOC로 끝난다

와인을 안다는 사람이면 AOC/AOP에 대해서는 대략 그 뜻을 알고 있지만, 그 정확한 뜻과 중요성에 대한 인식은 부족한 것 같다. 이 제도를 우리의 KS나 Q마크 정도로 생각하고 AOC 와인을 무조건 가장 상위등급이라고 생각하는데, 사실은 품질의 등급이라기보다는 농산물의 원산지를 올바르게 표시하는 제도로 봐야 한다. 게다가 우리나라에 수입되는 프랑스 와인은 AOC 와인이 대부분이므로 AOC 와인 중 어떤 것이 좋은지를 살필 줄 알아야 한다. 이를 잘 모르고 "AOC급 위에 그랑 크뤼가 있다"고 오해하는 사람들도 많다.

그리고 AOC는 와인뿐 아니라 치즈, 버터, 식초, 올리브유, 닭고기, 겨자 등에도 적용되며, 오히려 와인보다 치즈에 먼저 적용했다는 사실을 아는 사람도 드물다. '무통 로트칠드'에서 나오는 화이트와인이나 '클로 드 부조'의 상표에 원산지는 어떻게 표시될까? 제대로 대답하는 사람이 드물다. 와인지식의 가장 기본이 되는 AOC를 제대로 알아야 한다.

AOC는 와인의 원료가 되는 포도의 원산지를 표시하자는 취지에서 나온 제도다. 전통적으로 유명한 고급와인의 명성을 보호하고, 그 품질을 보존하기 위해서 제정된 것으로, 유명한 포도원의 포도를 사용하지 않으면서 그 지명을 도용하는 행위나, 반대로 유명한 포도원이 다른 곳에서 포도를 구입하여 와인을 제조하는 행위 등을 법으로 통제하는 제도를 말한다. 그러면서 그 명칭에 걸맞은 품질을 유지시키기 위해, 품종, 생산량, 알코올농도 등을 제한하며 최종적으로 시음하여 합격을 해야 그 명칭을 사용할 수 있는 제도다. 현재 이 제도는 유럽연합(EU)에 속한 모든 나라에 적용되어, 와인을 지리적 표시가 있는 와인과 그렇지 않은 와인으로 구분하며, 지리적 표시가 있는 와인은 '원산지명칭 보호 와인(AOC/AOP)'과 지리적 표시 보호 와인(Vin de Pays/IGP)으로 구분한다.

젖소 고기는 어디로 가나?

우리나라도 예전부터 '대구 사과', '소사 복숭아', '나주 배' 등 유명한 농산물 산지가 있었으나, 대부분 사라지고 요즈음은 국산인지 아닌지 정도의 구분조차도 잘 되지 않는다. 마트의 고기 파는 곳에 가면 '한우'와 '수입 쇠고기' 둘로만 구분하여 판매하고 있다. 젖소 고기나 육우 고기는 어느 쪽에 해당될까? 우리나라에서 사육되는 소 중에서 젖소와 육우가 차지하는 비율은 17%(2015년 기준) 정도 된다.

AOC는 샹파뉴에서 시작

1800년대 후반 필록세라가 휩쓸 때 모든 포도밭이 황폐되어 생산량이 감소하자 원산지를 속이는 가짜 와인은 물론, 건포도에 알코올을 부어서 만든 와인까지 나돌아 다니기 시작했다. 1880년 파리의 시립연구소에서 조사한 기록을 보면, 바에서 판매되는 300종의 와인 중 225종은 심각한 불량품이었고, 50종은 경미한 불량품, 25종만이 진품이었다고 되어 있다.

이즈음 상표에 원산지를 제대로 표시하자는 움직임이 일기 시작하였지만, 샹파뉴 지역에서는 다른 지역에서 생산된 포도를 사들여 비싼 샴페인을 만들어 호황을 누리고 있었다. 1911년 생산지역을 법적으로 구분하자는 법안이 거대 샴페인하우스의 로비로 부결되면서, 다른 지방 업자들의 분노가 폭동으로 변하였다. 이에 정부는 샹파뉴의 법적 생산지역을 구분하기 시작하고, 샹파뉴 지역에서 생산된 스파클링와인에만 샴페인이라는 명칭을 표기하도록 법적인 조치를 취했다. 이 사건이 AOC의 시작이 되었다.

알리에노르(Aliénor/Eleanor)와 보르도 와인

1000년경 프랑스는 지방 호족들의 세력이 막강했다. 물론 싸우면 왕이 이기지만, 얻는 것에 비해 손실이 크기 때문에 지방 호족들에게 적당한 감투를 하나씩 주던 시절이다. 당시 아키텐, 노르망디, 부르고뉴 등은 공작령이었고, 샹파뉴, 브르타뉴, 앙주 등은 백작이 다스리고 있었다. 왕인 루이 6세는 고려시대 왕건과 같이 결혼을 잘 하면 천하통일을 이룰 수 있다고 믿고, 아들(루이 7세)을 프랑스 남서부지방 아키텐의 공주 '알리에노르(Aliénor, 1122~1204)'와 결혼시키기로 했다. 그러면 그 땅이 왕실로 편입될 수 있다고 생각한 것이다.

알리에노르는 지금의 리무쟁부터 피레네산맥에 이르는 남서부지방을 가지고 있었으나, 왕이 별로 맘에 안 드는지라 자신의 영토를 왕실에 편입시키지 않는다는 조건으로 결혼을 승낙하였고, 맘에 안 드는 루이 7세와의 결혼생활도 그리 좋지는 못했다. 루이 7세는 수도사가 되려다가 형이 죽은 다음에 본의 아니게 세자가 되어 다소 수도승 같은 면이 있었다. 그는 한 영국인에게 명랑한 기분으로 다음과 같이 말하였다. "영국 왕에게는 없는 것이 없다더라. 금은, 보석, 견포 무엇이든 풍부하게 가지고 있다고 한다. 내가 프랑스에서 가지고 있는 것은 빵과 와인 그리고 걱정 없는 유족한 생활뿐이다" 그러나 왕비는 결혼생활에 노골적인 불만을 표시하고 다녔다. "나는 국왕이 아니라 신부하고 결혼했다"라고 떠들었으며, 숙부 및 노예와의 스캔들 등 행동에 거침이 없었다.

그러다가 알리에노르는 딸만 둘 낳은 상태에서 제2차 십자군 원정 때 왕과 동행했는데, 이때도 여러 가지 부정한 행동을 했고 미모의 사라센 노예를 가까이했기 때문에 안티오키아에서 송환되기까지 했다. 이런 와중에 알리에노르는 화신과 같은 정렬과 사람을 끌어당기는 매력을 가진 건장한 영국의 젊은 왕자 '헨리 플랜테저넷(Henry Plantagenet/Henri Plantagenêt)'과 눈이 맞았다. 왕은 당장이라도 바람기 많은 왕비와 결별하고 싶었지만, 수도원장은 국왕에게 인내하도록 권고했다. "왕비의 문제에 관하여는 이렇게 생각하고 있습니다. 본국에 돌아가셔서 여러 가지 문제와 함께 냉정히 생각하시게 될 때까지 왕비로 인한 모든 불만을 참아 넘기시는 게 좋겠습니다." 그러나 수도원장이 죽은 후 이혼은 불가피했다.

1152년 이들은 이혼(당시는 이혼이 아니고 결혼 무효)을 했다. 알리에노르는 기다렸다는 듯이 두 달 후에 12살 연하인 헨리 플랜테저넷과 결혼하였고, 2년 후인 1154년 헨리는 영국의 왕(헨리 2세)이 되었다. 알리에노르는 두 나라의 왕비를 해본 전무후무한 여자가 된 것이다. 헨리 2세는 덕분에 잉글랜드는 물론, 어머니의 땅인 '노르망디'와 '브르타뉴(1158년 합병)'와 아버지의 땅 '앙주'에다 알리에노르 소유령 즉 '리무쟁'에서 피레네산맥에 이르는 아키텐까지 프랑스 왕국의 절반을 차지하게 된다.

프랑스는 여기저기서 와인이 많이 나오기 때문에 보르도라고 해야 괜찮은 와인이 나오는 곳으로 알고 있는 정도였지만, 영국은 보르도라는 최고의 와인생산 지역을 확보하고, 장사꾼 솜씨를 발휘하여 유럽 전역에 수출하면서 그 이름을 알리기 시작하여, 보르도는 와인의 명산지로 명성을 쌓아가게 된다. 영국 덕분에 와인 거래가 활발해지면서 보르도 사람들은 프랑스보다는 영국에 가까워졌고, 급기야 백년전쟁 때 창을 거꾸로 들고 영국 편을 들 정도가 되어버린다.

헨리 2세와 알리에노르 사이에서 훗날의 '사자왕 리처드'가 태어났고, 헨리 2세가 끔찍이 사랑하던 막내아들 '존'은 왕이 된 후 '마그나 카르타'에 서명하여 왕권을 제한하고 제후의 권리를 확인함으로써 민주주의 역사에 기록된다. 그러니까 프랑스 국토의 절반을 차지한 영국의 세력을 몰아내기 위한 백년전쟁도 이 여자의 치마폭 때문이었다. 후세 사람들이 알리에노르를 '왕비가 된 요부'라고 하지만, 이 시기에 글을 쓸 수 있는 사람은 수도승들이었다는 점을 감안해야 하고, 요즈음에는 여성 해방과 더불어 '자유를 추구하는 여자'로 재평가받기도 한다.

백년전쟁 후 영국의 입김이 없어지면서 보르도 와인은 한때 주춤했지만, 루이 14세, 15세 때 전성기를 맞이하면서 1720년대는 제병공업 발달과 더불어 세계 각지로 퍼지게 되었다. 이때 경제적인 여유를 갖게 된 보르도의 샤토는 호화스런 건축물을 지으면서 전성기를 구가하게 된다. 오늘날 보르도의 유명한 샤토 건물들은 이때 완성된 것이 많다. 나폴레옹은 부르고뉴 와인을 선호했기 때문에 나폴레옹 제위시절에는 약간 소외되기도 했지만, 그의 조카인 나폴레옹 3세는 보르도 와인을 세계적인 와인으로 홍보하여 오늘날 보르도 와인을 완성시켰다고 볼 수 있다.

샤토와 네고시앙(Négociant)

보르도의 고급와인은 '앙 프리뫼르(En Primeur)'라는 형식으로 판매되는데, 머지않아 병으로 들어가는 와인으로 미래를 파는 것이다. 이 방법은 1600년대부터 시작된 보르도 와인의 판매방식이었는데, 고급 보르도의 와인이 '마시는 와인'보다는 '수집하는 와인'으로 변하면서 네고시앙 제도가 여기에 맞아떨어진 것이다. 초기 보르도 와인은 '보르도'라는 표시만 해서 판매되었지만, 1600년대 후반부터 특정 지역이나 특정 포도밭의 와인을 찾는 고객이 나타나면서 오브리옹, 마고, 라피트, 라투르 등의 브랜드네임이 나오기 시작했다. 이때부터 네고시앙과 중개상(Courtier)이 탄생하게 된다.

당시 샤토의 주인은 대부분 왕족이나 귀족으로 부자였고, 이들이 직접 나서서 와인을 판매하는 행위는 좋지 않게 보일 뿐 아니라 그렇게 할 만한 분위기도 아니었다. 누군가를 고용하여 샤토 와인의 영업을 시켜야 했는데, 이를 대행해 주는 업체가 네고시앙이 된 것이다. 최초의 네고시앙은 상거래의 귀재인 네덜란드 사람들이었다. 이들은 1700년대에 급격하게 세력을 확장하여 오늘날까지 350년 이상의 역사와 경험을 가진 막강한 기업으로 성장하였다.

샤토 주인은 오크통에 있는 와인을 미리 팔아서 포도밭을 관리하고 와인 만들 자금을 마련할 수 있었고, 네고시앙은 샤토에서 구매한 와인을 고객에게 이익을 붙여 일정한 가격으로 판매할 수 있었다. 유력한 네고시앙은 샤토 주인에게는 비공식적인 은행이 된 것이다. 유명한 샤토는 자신의 와인을 네고시앙에게만 판매하고, 고객과는 직접 접촉할 필요가 없게 되면서 왕족들은 대중과 접촉하지 않고도 와인을 판매할 수 있는 방법을 발견한 것이다. 이런 이유로 이때부터 네고시앙의 전성시대가 시작된 것이다. 유명한 샤토가 아니더라도, 잘 알려지지 않은 와인 생산업자들은 장기간 보관이나 주병할 능력이 없었고, 생산지역에서 멀리 떨어진 시장까지 와인을 운반하여 판매할 자금과 물량도 없고, 까다로운 고객 상대, 판매수완, 외국어 구사 등의 능력이 부족하여 할 수 없이 반제품상태의 와인을 네고시앙에게 판매할 수밖에 없었다.

중간상인 역할을 하는 네고시앙 때문에 와인 값이 비싸진다고 하지만, 사실은 그렇지 않다. 미셸 롤랑이 자기 소유인 포므롤의 '르 봉 파스퇴르(Le Bon Pasteur)'를 2005년 자신의 회사에서 직접 시장에 내놓았는데, 네고시앙을 통해서 나온 것보다 더 비싸진 적이 있다.

그래서 얼마 있다가 봉 파스퇴르는 다시 네고시앙 제도로 들어가게 된다. 샤토는 와인을 구매하고자 하는 전 세계 수많은 사람을 상대로 거대한 유통망을 갖추고 있지 않다. 영업은 네고시앙이 대신해 주었던 것이다. 물론, 샤토 측에서도 사람을 고용하여 유통망을 구축할 수 있지만, 그러면 이렇게 소비자는 더 비싼 값으로 와인을 구매하게 된다.

프랑스대혁명과 보르도 와인

프랑스대혁명의 주도적인 역할을 한 세력 중에는 보르도의 네고시앙들이 있다. 이들은 포도를 구입하여 와인을 만들거나 미완성 상태의 와인을 구입 후 숙성시켜 영국으로 수출하고 있었다. 혁명 초기에는 자코뱅(Jacobin)당 내에서 공화정부를 옹호하면서도 와인사업 때문에 샤토의 주인인 귀족들과의 친분이 필요해서, 공화파이면서 우파의 중심이 되었는데, 이들은 대체로 지롱드(Gironde)주 출신이 많아서 '지롱드당'으로 불렸다. 당시 부유한 시민계층 중에는 보르도의 네고시앙이 큰 세력이었다. 그러나 루이 16세가 망명한 귀족과 공모한 것이 밝혀져 국왕이 처형되고, 공화파 좌파의 공포정치로 변하면서 네고시앙도 200명이 체포되어 18명이 처형된다. 나중에는 나폴레옹이 정권을 잡고 대륙봉쇄령까지 내려져 영국으로의 수출이 전면 금지되어 더 큰 타격을 겪기도 했다.

중개상(Courtier)의 역할

중개상은 보르도가 영국 지배하에 있을 때부터 존재했는데, 이들은 생산자와 구매자 사이에서 거래금액을 조절하고, 지불할 자금을 맡아두는 역할도 했다. 의사소통수단이나 교통이 발달하지 않았던 시절에 중개상은 현장을 직접 발로 뛰면서 네고시앙과 샤토 사이의 메시지를 전달하고, 거래를 성사시켜 일정한 수수료를 챙기는 직업이었다. 그러다가 루이 14세가 각 지역의 네고시앙은 중개상과 함께 일해야 한다는 명을 내리면서 1680년 중개상은 네고시앙 제도로 법제화된다.

현재 중개상이 되려면 아주 어려운 직업을 얻는다고 생각해야 한다. 일련의 시험과 블라인드 테이스팅에 통과해야 하고, 중개상 면허를 얻기 전에 5년의 훈련을 거쳐야 한다. 최고의 중개상들은 와인에 관한 한 모든 것을 알고 있어야 한다. 여러 시장에서 각 와인의 수요를 파악하고, 어떤 네고시앙이 어떤 와인을 얼마나 가지고 있는지 잘 파악하고 있어야 한다. 이러한 정보력 덕분에 샤토와 네고시앙의 거래가 훨씬 더 신속하게 이루어지게 된다. 그러나 이름 없는 대부분의 중개상들은 보르도에서 평범한 와인으로 팔리는 벌크 와인을 구입하여 판매하는 일을 더 많이 한다.

'미장 부테유 오 샤토(Mis en Bouteille au Château)'

유명한 샤토에서 와인을 네고시앙에게 통째로 팔아버리는 방법이 20세기 들어 큰 변화를 맞게 된다. 네고시앙 제도는 와인을 만드는 샤토의 입지는 반영되지 않고, 네고시앙의 위상에 따라 와인의 명성이 달라지는 모순을 안고 있다는 점을 샤토에서 깨닫기 시작한 것이다. 1924년 샤토 무통 로트칠드의 '바롱 필리프 드 로트칠드(Baron Philippe de Rothchild)'는 무통에서 생산되는 와인은 전부 자기 샤토에서 주병을 해야 한다고 강력하게 추진하여 샤토에서 주병하기 시작하였다. 즉 포도밭에서 시작하여 주병까지 완제품을 만들어 고객에게 품질을 보증하는 것이 목적이었다. 이때부터 보르도의 주요 샤토들은 자기들이 직접 주병하기 시작하여 1970년대에는 대부분의 샤토들이 직접 주병을 하였고, 이에 대한 규정이 생기기 시작하였다.

'그랑 크뤼 클라세 1855(Grands Crus Classés en 1855)'는 보르도 것인가? 메도크 것인가?

우리가 잘 아는 '그랑 크뤼 클라세 1855'의 정식 명칭은 '지롱드 레드와인의 등급(Vins Rouges Classés du Département de la Gironde)'과 '지롱드 화이트와인의 등급(Vins Blancs Classés de la Gironde)'으로 되어 있다. 여기서 '지롱드(Gironde)'란 보르도 지방을 행정구역으로 분류할 때 부르는 명칭이다. 보통 와인을 배울 때 프랑스 행정구역을 배우지 않고 와인지도부터 배우니까 '보르도'는 알아도 '지롱드'는 잘 모르는 사람이 많은데, 보르도는 지롱드 지방에 있는 도시 이름이다. 그래서 1855년에 지롱드 지방의 유명한 샤토를 분류하다 보니까 자연스럽게 지롱드 레드와인에 그라브의 샤토 오브리옹이 들어가게 되었고, 당시의 오브리옹은 이미 국제적으로 다른 1등급 와인보다 훨씬 더 많이 알려진 와인이었다. 그래서 그랑 크뤼 클라세가 보르도의 것인지, 메도크의 것인지 혼란스럽게 생각하는 사람이 많다. AOC제도는 공식적으로 1935년부터 시작되었고, 지롱드 와인의 등급(Grands Crus Classés en 1855)은 그보다 80년 앞서 1855년도에 지정된 것이니까, 1855년 당시에는 원산지 명칭(AO)인 '메도크', '페삭 레오냥' 등에 대한 명확한 경계와 규정은 없었다.

나폴레옹 3세(Napoleon Ⅲ, 1808~1873)

나폴레옹 몰락 후 복원된 부르봉 왕조의 루이 18세와 샤를 10세는 무능과 탄압의 정치로 프랑스를 더욱 혼란 속으로 몰고 갔다. 1830년 '7월 혁명'이 일어나 왕정이 무너지고, '루이 필리프'가 '프랑스 시민의 왕'이라는 호칭을 내세우며 새로운 왕이 되었으나, 산업사회가 되면서 빈부격차가 심해지고 많은 노동자들의 불만이 고조되어, 1848년에 '2월 혁명'이 일어나 프랑스는 두 번째의 공화정 시대를 맞이한다. 이때 나타난 사람이 '루이 나폴레옹(나폴레옹 3세)'으로 사실 그는 나폴레옹의 직계는 아니다. 그는 나폴레옹의 첫 번째 부인인 '조세핀'의 딸(나폴레옹과 결혼 전 남편 사이의 딸)과 나폴레옹의 동생 사이에서 탄생했다.

나폴레옹과 오스트리아 공주인 '마리아 루이스' 사이에서 태어난 나폴레옹 2세(재위 1815년 6월 22일~7월 7일)는 외갓집인 오스트리아의 보호를 받으면서 잘 살았지만, 루이 나폴레옹은 네덜란드, 스위스, 오스트리아, 영국 등에서 도피생활을 하고 있었다. 1830년에 프랑스로 돌아와 목소리를 높이고, 쿠데타를 시도하였지만 실패하고, 2월 혁명 이후 나폴레옹의 향수를 자극하여 총선에서 지지를 얻고, 이어서 대선에서 75%를 득표하여 대통령이 된다. 그는 여기에 만족하지 않고, 1852년 국민투표를 실시하여 황제의 자리에 앉는다.

나폴레옹 3세는 적극적인 산업화 정책을 추진하여 영국과 자유무역협정을 맺고, 전국의 철도망을 다섯 배 이상 확장하고, 수에즈 운하 건설, 파리 시내의 재정비, 만국박람회 유치 등으로 프랑스의 근대화에 앞장섰으나, 정치적으로는 언론을 통제하고 각종 정치적 활동들을 탄압하였다. 그는 빈부격차와 인플레이션에 허덕이는 대중의 불만을 군사적인 업적으로 무마시키려 했다. 이때 저지른 결정적인 실수가 급격하게 발전하고 있는 프로이센에 쳐들어 간 것이었다. 프로이센이 오스트리아와의 전쟁에서 이기자, 나폴레옹 3세는 프로이센이 더 크기 전에 잘라야 한다며 프로이센을 침공하지만, 전쟁 준비를 철저하게 해둔 프로이센에게 패하여 포로로 잡히고 만다. 이후 그는 영국으로 망명하여 거기서 생을 마감한다.

불과 13일 만에 결정된 '그랑 크뤼 클라세 1855'

1855년 파리 세계박람회는 전 세계에 프랑스 최고의 것을 보여주는 완벽한 기회였다. 그랑 크뤼 클라세는 잘 알다시피 나폴레옹 3세가 파리 박람회에 프랑스의 와인을 소개하고자 지시하여 완성되었는데, 이때도 보르도는 세계 최고의 와인으로 인식되어 있었다. 1855년 4월 5일 지롱드상공회의소는 보르도 중개상조합에게 샤토의 등급 설정을 의뢰하여, 13일 뒤인 4월 18일에 그 명단을 받는다. 그러니까 최고의 와인등급이 불과 13일 만에 결정되어 지금까지 막강한 영향력을 행사하고 있는 것이다.

그렇지만 1600년대부터 샤토의 등급이 어느 정도는 정해져 있었고, 1800년대에는 1855년에 만든 리스트와 비슷하게 비공식적인 등급이 책정되어 있었다. 여기에 중개상들이 가지고 있던 가격을 중심으로 등급을 설정한 것이니까 당시의 품질을 정확하게 반영했다고 봐야 한다. 당시의 가격을 중심으로 등급을 결정할 때, 1등급은 배럴당 3,000프랑 이상, 2등급은 2,500에서 2,700프랑, 3등급은 2,100에서 2,400프랑, 4등급은 1,800에서 2,100프랑, 5등급은 1,400~1,600프랑으로 범위를 정했다. 1855년 그랑 크뤼 클라세는 부자들이 세계 최고의 와인을 쉽게 구입하도록 도와주고, 이들에게 특별한 와인이란 인식을 심어주면서 특별한 날 정찬에서 와인을 딸 수 있도록 만든 것이라고 보면 된다.

> **세계 박람회(World's Fair)/엑스포(Expo)**
>
> 산업혁명을 주도한 영국이 자국의 발달된 산업기술을 자랑하기 위해 1851년 런던 '하이드 파크(Hyde Park)' 내에 지은 수정궁에서 첫 엑스포를 시작하였다. 자기 나라의 중요한 생산물을 진열하고, 새로운 산업기술을 소개하는 등 큰 효과를 나타내면서 이후 지속적으로 국제적인 박람회를 개최하게 된다. 우리나라는 1993년 대전, 2012년 여수에서 열린 적이 있다.
>
> 그러니까 우리가 잘 아는 1855년 파리 박람회는 제2회 대회이고, 1862년에는 다시 런던, 1867년 다시 파리에서 엑스포가 열렸을 때 '세 황제의 만찬'에서 샴페인 '크리스털(Cristal)'이 탄생한다. 그리고 1873년은 오스트리아-헝가리 제국의 빈에서, 1876년에는 미국 독립 100주년 기념으로 필라델피아에서 미국의 기계공업이 소개되고, 1888년은 스페인 바르셀로나, 그리고 1889년에는 프랑스대혁명 100주년을 맞이하여 다시 파리에서 열린다. 이때 소개된 것이 '에펠탑'이다.

'그랑 크뤼 클라세 1855'는 딱 한 번 변동이 있었다?

그랑 크뤼 클라세 1855는 등급 변동만 한 번 있었을 뿐, 상당한 변동이 있었다. 1855년 4월 18일자로 작성된 1등급부터 5등급까지 있는 샤토 명단에는 57개 샤토가 있었는데, '캉트메를(Ch. Cantemerle)'이 실수로 누락되었다고 주장하여 보르도 상공회의소는 1855년 9월에 5등급의 맨 끝에 추가시켜 58개 샤토가 되었다. 그리하여 1856년부터 캉트메를은 공식적으로 등록된다. 그 뒤의 변동사항을 보면 다음과 같다.

- 2등급 '레오빌 라 카즈(Ch. Léoville Las Cases)', '레오빌 푸아페레(Ch. Léoville Poyferré)', '레오빌 바르통(Ch. Léoville Barton)' 세 개의 샤토는 1855년 '레오빌' 하나의 등급으로 인정받았기 때문에 각각 분리되었다. (57+2=59)
- 2등급 '피숑 롱그빌(Ch. Pichon Longueville)'은 '피숑 롱그빌(Ch. Pichon-Longueville)', '피숑 롱그빌 콩테스 드 라랑드(Ch. Pichon Longueville Comtesse de Lalande)'로 분할되었다. (59+1=60) 1850년에 둘로 분할 상속된 것으로 나오지만, 정리는 1855년 이후에 된다.
- 3등급 '뒤비뇽(Ch. Dubignon)'은 '말레스코 셍텍쥐페리(Ch. Malescot-Saint-Exupéry)' 등에 흡수되었다. (58-1=57)
- 3등급 '부아드(Ch. Boyd)' 역시 '부아드 캉트냐크(Ch. Boyd-Cantenac)', '캉크냐크 브라운(Ch. Cantenac Brown)'으로 분할되었다. (60+1=61)
- 4등급 '푸제 라살(Ch. Poujet-Lassale)'과 '푸제(Ch. Pouget)'가 합병하여 '푸제(Ch. Poujet)'로 되었다. (61-1=60)
- 5등급 '바타예(Ch. Batailley)'도 '바타예(Ch. Batailley)', '오 바타예(Ch. Haut-Batailley)'로 분할되었다. (60+1=61)
- 1973년 단 한 번의 순위변동이 있었는데, '무통 로트칠드(Ch. Mouton-Rothschild)'가 2등급에서 1등급으로 된 것이다.

등급 변경

세월이 흐르면서 와인의 품질은 변하기 마련이어서 샤토의 등급을 수정하는 것이 원칙이지만, 와인의 맛을 객관적으로 평가하기란 쉬운 일이 아니다. 생테밀리옹 등급은 2006년에 수정한 것이 말썽이 되어 한때 보류시켰다가 2012년에야 1996년 등급과 2006년 등급 모두 인정하기로 했고, 메도크의 크뤼 부르주아(Cru Bourgeois) 등급도 2007년 법원의 무효판정으로 한참 있다가, 2012년부터 등급 없이 리스트만 존재하는 것으로 합의를 보았다. 등급을 수정하면 이렇게 말썽이 나는지라, '그랑 크뤼 클라세 1855'는 더 이상 변경하지 않고 와인이 좋든 말든 그대로 두고 있다.

바롱 필리프 드 로트칠드(Baron Philippe de Rothschild, 1902~1988)

바롱 필리프 드 로트칠드는 유럽의 명문 금융가 로트칠드(영어로는 로스차일드) 집안에서 태어났으며, 그의 아버지(Henri)는 극작가였다. 부유한 환경 덕분에 그는 그랑프리 카 레이서, 희곡 및 시나리오 작가, 영화제작자, 시인 등 고급 취향의 다양한 분야에서 재능을 발휘하였지만, 와인업계에서 가장 큰 업적을 남겼다고 볼 수 있다.

그는 제1차 세계대전이 일어났을 때 가족 소유의 무통(Ch. Mouton)으로 피신하여 지내면서 와인에 눈을 뜨게 된다. 이 샤토는 1853년 '바롱 나다니엘 드 로트칠드(Baron Nathaniel de Rothschild)'가 구입하였는데, 1855년 그랑 크뤼 클라세 2등급으로 분류된다. 그러나 할아버지나 아버지의 와인에 대한 관심은 그렇게 많지 않았다. 1922년부터 필리프가 이 샤토를 맡아서 획기적인 개혁을 일으킨다. 그는 무통에서 생산되는 와인은 전부 무통에서 주병해야 한다는 점(Mis en Bouteille au Château)을 실천하여 현대 보르도 와인을 완성시켰다고 볼 수 있다. 1930년부터 1932년까지 작황이 좋지 않자 대중적인 '무통 카데(Mouton-Cadet)'를 개발하였으며, 이는 후에 그의 딸 바론 필리핀 드 로트칠드(Baronne Philippine de Rothschild, 1933~2014)가 프랑스에서 가장 큰 와인 브랜드로 성장시켰다. 또한 그는 1933년에 포도밭을 확장하고 또 다른 샤토 '다르마이야크(Ch. d'Armailhac)'를 구입한다.

1855년 그랑 크뤼 클라세는 2등급으로 분류되어 있었지만, 그의 노력으로 무통은 이미 1930년대부터 사람들에게 세계 최고의 와인으로 인식되어 있어서 '2등 중에 1등'이라는 별명이 붙어 있었다. 이에 필리프는 무통을 1등급으로 만드는 데 일생을 바치기로 결심한다. 그는 "1등은 될 수 없고, 2등은 굴욕이지만, 무통은 무통이다"라는 유명한 말로 그 심정을 토로한다. 그러나 제2차 세계대전이 일어나자 독일이 프랑스를 지배하면서 이 유태인 집안은 어려워진다. 부모가 스위스로 피신 가자, 파리에 있는 집은 독일군 해군사령부가 되었고, 필리프는 알제리로 갔다가 체포되어 시민권이 취소된다. 1941년 석방되어 영국으로 가서 드골과 합류하지만, 그 사이에 딸을 잃는다.

전쟁이 끝난 후 무통으로 돌아와 황폐된 포도밭을 다시 일으켜 세우고, 희곡을 쓰는 등 예술 쪽의 재능을 지속적으로 발휘하기도 한다. 드디어 1973년 농무부에서 무통을 그랑 크뤼 클라세 1등급으로 발표한다. 유명 화가의 그림을 라벨에 넣고, 최고의 품질을 지향하는 등 수십 년간의 노력이 빛을 보게 된 것이다. 그는 "이제는 1등이고, 그전에는 2등이었지만, 무통은 변하지 않는다"라는 유명한 말로 마무리 짓는다. 그러나 샤토 디켐은 이를 불법이라며 소송을 제기하고, 친척 집안인 라피트 측도 상당한 방해공작을 했다고 한다.

이어서 '클레르 밀롱(Ch. Clerc Milon)'을 구입하고, 와인관련 미술 박물관을 설립하였으며, 1976년 '파리의 심판' 후에 깨달은 바 있어 1979년 캘리포니아의 로버트 몬다비와 합작으로 '오퍼스 원(Opus One)' 와이너리를 설립하여, 1984년에 1979년 빈티지와 1980년 빈티지의 와인을 세상에 선보인다. 필리프는 1988년에 생을 마감하고, 샤토는 그의 딸이 이어받는다. 딸 역시 아버지의 재능을 물려받아 '필리핀 파스칼(Philippine Pascal)'이란 예명으로 연극계에서 명성을 날렸으며, 와인업계에서도 1998년 칠레의 콘차 이 토로(Concha y Toro)와 보르도 스타일의 '알마비바(Almaviva)'를 만드는 등 아버지 못지않게 명성을 날렸다.

> **무통 로트칠드의 라벨**
>
> 무통의 라벨에는 해마다 유명한 화가들의 그림을 넣는 것으로 유명하다. 1973년 빈티지 무통의 라벨은 당대 최고의 화가인 '피카소(1881~1973)'의 그림인데, 바롱 필리프 드 로트칠드는 1940년대부터 피카소에게 그림을 그려달라고 부탁했지만, 회답을 받지 못했다. 그러다가 피카소가 죽은 후에 저작권을 가진 피카소의 딸(Paloma)을 찾아가서 무통의 박물관에 있는 피카소의 '바쿠스제(Bacchanale)' 그림을 라벨에 사용하고 싶다고 요청하여 허락을 받아서 겨우 사용하게 된다. 1973년 2등급에서 1등급이 된 기념(1973. 6. 21)으로 피카소(1973. 4. 8. 사망)에게 부탁하여 그린 것은 아니다.
>
> 무통 라벨을 그린 화가들은 그림 값을 돈으로 받지 않고 와인 10상자를 받는데, 5상자는 자신의 것, 5상자는 다른 작가의 것을 받는다(디캔터, 2013. 5.)고 한다. 무통 2013년 산 라벨은 우리나라 이우환 화백의 작품이다.

서양의 귀족이나 왕의 명칭

귀족이란 혈통이나 문벌, 재산, 공적 등에 의해 일반 민중과는 다른 사회적 특권을 인정받고 있는 사람이나 그 일족, 또는 그 신분을 말한다. 특별한 일이 없는 한 세습되며, 특별한 공적을 세워 새로 귀족이 될 수도 있지만, 이런 귀족들은 봉건귀족과는 달리, 영지지배권을 갖지 못하고 칭호만 귀족이 된다. 중세 봉건시대의 귀족은 군주가 신하에게 땅을 주고 봉사 의무를 수행하게 하거나, 이미 땅이 있는 자에게 무기나 식량을 지원해 주고 충성을 바치게 만드는 주종관계에 있는 사람을 말한다. 유럽 귀족의 작위는 기본적으로 개인을 대상으로 하기보다는 땅에 귀속되어 있기 때문에 대부분의 귀족들은 여러 개의 작위를 보유하기도 했고, 때로는 이 작위들을 분할 상속하거나 결혼 예물로 증여하기도 했다.

귀족제도가 폐지된 지금도 성씨 앞에 프랑스는 De(드)나 Le(르), 독일은 Von(폰), 네덜란드의 Van(판), 스페인이나 이탈리아는 De(데), Di(디) 등이 붙는 사람은 귀족 출신일 가능성이 높다. 예) 샤를 드골(Charles De Gaulle). 그러나 근세에 오면서 평민들도 이런 단어를 사용하기 때문에 뚜렷한 구분은 어렵게 되었다.

- **황제(皇帝, 영국 Emperor/Empress, 프랑스 Empereur/Imperatrice, 스페인 Emperador/Emperadora, 독일 Kaiser/Kaiserin)**: 로마황제 아우구스투스 칭호의 '임페라토르 카이사르 디비 필리우스 아우구스투스(Imperator Caesar Divi Filius Augustus)'에서 '임페라토르(Imperator)'는 원래 개선장군이란 뜻이었으나 점차 황제를 가리키는 단어로 변용되었고 영어, 프랑스어, 스페인어의 황제를 뜻하게 된다. 한편 '카이사르(Caesar)'는 가문 이름이었으나 점차 황제를 가리키는 보통 명사가 되어 독일어 '카이저(Kaiser)'와 러시아어 '차르(Tsar)'가 된다. 황제는 몇 개의 이민족을 포괄하는 지배자로 '왕 중의 왕'이라고 할 수 있으며, 유럽에서는 로마제국의 전통을 이어받는 지배자에게 주어지는 칭호로 교회의 승인이 필요했다.

- **왕(王, 영국 King/Queen, 프랑스 Roi/Reine, 스페인 Rey/Reina, 독일 König/Königin)**: 왕정(王政)국가에서 최고의 통치자. 고대 세계에서는 조그만 성읍의 군주나, 한 지역을 다스리는 왕, 혹은 한 민족(부족)을 통치하는 왕으로, 유럽에서는 왕이 된 경우는 보다 상위의 권위, 즉 로마 교회로부터 인정받은 것이 유효하였다.

- 왕자(王子, 영국 Prince/Princess, 프랑스 Prince/Princesse, 스페인 Príncipe/Princesa, 독일 Prinz/Prinzessin): 프린스(Prince)라는 말은 왕족의 남자나 특정지역을 지배하는 귀족의 칭호로써 '왕자'뿐 아니라 '공작'이나 '군주' 즉 지배자라는 뜻을 가지고 있다. 영국에서 황태자에게 수여되는 '프린스 오브 웨일스(Prince of Wales)'라는 칭호는 '웨일스의 왕자'가 아니고 '웨일스의 지배자'나 '웨일스의 공작'이라는 뜻을 가지고 있다.

- 공작(公爵, 영국 Duke/Duchess, 프랑스 Duc/Duchesse, 스페인 Duque/Duquesa, 독일 Herzog/Herzogin): 군주의 칭호 중 하나로 왕보다 한 단계 낮은 지위로 로마 군대의 고위 지휘관이었던 '둑스(Dux)'에서 유래된 것으로, 다른 나라에서도 그대로 본떠서 자신의 왕국에 사용하였다. 프랑크 왕국에서는 넓은 영토를 가진 사회적 지도자에게 이 용어를 사용했으며, 카롤링거(카롤루스) 왕조에서는 일찍부터 공작을 임명했으나 후기로 접어들면서 왕권의 힘이 약해지자 공작들이 세습작위로 바꾸면서 점점 왕실의 통제에서 벗어났다. 봉건시대에 프랑스의 노르망디, 아키텐, 부르고뉴 공작도 사실상 프랑스 왕권에서 독립해 있었다. 그래서 '왕이 되지 못한 왕족이 갖는 작위'라고도 한다.

- 후작(侯爵, 영국 Marquis(Marquess)/Marquessate(Marchioness), 프랑스 Marquis/Marquise, 스페인 Marqués/Marquesa, 독일 Markgraf/Markgräfin): 후작은 본래 '국경지대(Marches)'에 영지를 소유하고 있는 귀족으로 상당히 중요한 위치에 있는 이들이었다. 8세기 이후의 서유럽에서 카롤링거(카롤루스) 왕조의 후작은 국경을 수비하는 임무를 지닌 왕실 관리였다. 백작은 하나 이상의 영지를 소유할 수 없었지만, 후작은 프랑크 왕국의 법으로부터 자유로운 직위였기 때문에 백작보다 한 단계 위로 공작 못지않았다. 그러나 국경의 조건과 국경 자체가 변화함에 따라 옛 경계지역의 중요성이 상당히 감소했다.

- 백작(伯爵, 영국 Count/Countess, 프랑스 Comte/Comtesse, 스페인 Conde/Condesa, 독일 Graf/Gräfin): 로마시대 '코메스(Comes)'에서 유래된 직위로 코메스는 황제를 측근에서 모시는 관리였으며, 프랑크 왕국에서는 지방사령관 및 판사였다. 일반적으로 공작이나 후작에 비해 더 낮은 작위로 생각하지만, 몇몇 백작들은 공작과도 능히 그 세력을 겨룰 만큼 막강한 권한을 행사한 적도 있다. 예를 들면, 백년전쟁 당시의 아르마냐크 백작의 권세는 막강하여 플랑드르, 툴루즈, 바르셀로나 같은 일부 백작령은 공작령만큼 넓

었다. 참고로, 영국에서는 영국 내의 백작은 '얼(Earl)'이라 하고, 유럽 대륙의 백작은 '카운트(Count)'라고 한다. '나라(Country)'라는 영어 단어는 백작이라는 단어에서 나온 것이다. 이후 중앙집권체제가 갖춰지면서 백작의 정치권력은 서서히 내리막길을 걷는다.

- **자작(子爵, 영국 Viscount/Viscountess, 프랑스 Viscomte/Viscomtesse, 스페인 Vizconde/Vizcondesa, 독일 Landgraf/Landgräfin)**: 백작(Count)의 보좌관이라는 말로 프랑크 왕국에서 자작은 백작의 대리인이나 부관으로 백작 부재 시 영지를 관리하는 일을 맡았다. 백작의 작위가 세습된 뒤로 자작의 작위도 세습되기는 했으나, 꽤 오랜 기간 동안 자작이라는 작위는 백작의 관리인이라는 것 외에 따로 독립적 권력을 얻지 못했다. 영국에서는 백작(Earl)의 맏아들에 대한 경칭으로 사용된다. 경우에 따라 영지의 자작령이 존재하지 않았으며 개별 영지의 영주로 군림했던 때도 있었다.

- **남작(男爵, 영국 Baron/Baroness, 프랑스 Baron/Baronne, 스페인 Barón/Baronesa, 독일 Freiherr/Freifrau)**: 프랑크 왕국에서 자유민을 의미하던 단어 '바로(Baro)'에서 나왔다. 남작은 영주 중에 가장 낮은 직위로 국왕에게 직접 영지를 하사받은 이들을 지칭하는 말이었다. 그러나 봉건시대 후기에는 보통 몇 개의 장원을 소유하고 직접 통치하는 이들을 지칭하는 말이 되고, 프랑스에서 남작령은 18세기 말까지도 자유롭게 매매할 수 있었고, 이런 이유로 남작은 가장 낮은 귀족작위라는 이미지를 가지게 되어 사실상 기사와 함께 소영주로 분류된다. 다만 남작 중에도 대남작이라 해서 백작을 능가하는 세력을 지닌 이가 존재하기는 했다. 영국의 작위체계에서 남작은 왕으로부터 직접 토지를 하사받은 귀족을 의미했다. 영국 내 귀족의 상당수는 남작이었기 때문에 영국에서 '배런(Baron)'이라는 말은 귀족, 혹은 영주를 의미하는 말로도 사용된다. 성과 함께 쓸 때 영국인에게는 'Lord A', 외국인에게는 'Baron A'라고 한다.

- **기사(騎士, 영국 Knight/Dame, 프랑스 Chevalier/Dame, 스페인 Caballero/Caballería, 독일 Ritter/Frau)**: 원래는 말을 타고 전투하는 기병에서 유래되어, 양가의 자제로서 국왕이나 제후를 섬기고 무용과 의혈을 중요하게 여기는 사람에게 주는 칭호로 왕이나 제후 입장에서는 가신이나 다름이 없었다. 이 작위는 당대에만 허용되며 일정 기간의 수련을 받고 '기사수여식'을 거쳐야 한다. 근래 영국에서는 작위를 주면서 'Sir'라는 칭호를 부여하였다.

토머스 제퍼슨(Thomas Jefferson, 1743~1826)

미국의 3대 대통령을 지냈지만, 와인애호가들 사이에서는 미국 최초의 '와인감정가(Connoisseur)'로 더 알려져 있을 정도로 와인에 대한 안목과 애정이 대단했다. 청년 시절부터 스승인 '조지 위스(George Wythe)'의 영향을 받아 다양한 와인을 접했으며, 1785년부터 프랑스 주재공사로 근무하면서 보르도, 부르고뉴, 론, 피에몬테 등 명산지를 방문하고 시음한 와인의 특성을 자세하게 기록하였다. 특히, 보르도의 레드와인 중에서 마고(Ch. Margaux), 라투르(Ch. Latour), 오브리옹(Ch. Haut-Brion), 라피트(Ch. Lafite) 네 곳의 와인을 최고의 것으로 선정하는 심미안을 가지고 있을 정도였다.

프랑스에 있을 때는 고급와인을 미국으로 보내고, 백악관에 있을 때도 연간 600병의 프랑스 와인을 주문하였다. 당시는 오크통에 담긴 와인을 거래하는 것이 일반적이었으나, 오크통의 와인에 물을 타는 경우가 많아서 제퍼슨은 꼭 왁스로 밀봉한 병에 들어 있는 와인을 선호했다고 한다. 최근에 밝혀진 것을 보면, 그는 보르도 와인뿐 아니라 샴페인, 마데이라, 말라가, 라인, 소테른, 셰리, 샹베르탱, 화이트 에르미타주, 몬테풀차노까지 다양한 와인을 주문하였다. 1809년 퇴직할 때 미지불한 와인 값이 11,000달러(현재는 158,000달러)였고, 집에서도 1년에 400병을 소비할 정도로 와인을 좋아하였다.

제퍼슨은 이렇게 와인을 좋아하기도 하지만, 미국에서도 좋은 와인을 만들 수 있다는 신념으로 버지니아의 '몬티첼로(Monticello)'에 농장을 차리고 포도를 재배하였다. 처음에는 미국 토종 포도를 재배하다가 나중에 유럽 포도를 들여와 재배하였으나, 매서운 미국 동부의 기후에 적응하지 못하고 필록세라 등 병충해 때문에 실패를 거듭하였다. 지금도 몬티첼로에는 제퍼슨을 기념하는 포도밭이 있어서 많은 관광객들이 찾아온다.

> **토머스 제퍼슨의 라피트**
>
> 1985년 12월 런던 크리스티 경매에서 1787년산 '라피트(Ch. Lafite)' 한 병이 105,000파운드(156,450달러)에 팔렸다. 이 와인 병은 입으로 불어서 만든 짙은 녹색병에 병구는 왁스로 밀봉되어 있고, 상표는 붙어 있지 않고 병에 미국 3대 대통령 토머스 제퍼슨의 소유라고 밝히는 "Th. J" 그리고 "Lafitte"라는 글씨가 선명하게 찍혀 있었다. 그리고 이 경매를 주선한 마이클 브로드벤트는 유리전문가에게 이 병의 조사를 의뢰하여, 병과 새

긴 글씨는 18세기 프랑스 스타일이라는 확답을 받았다.

이 와인을 낙찰받은 사람은 미국의 거부이며 『포브스』지의 사주인 말콤 포브스(Malcolm Forbes)로 그는 미국 건국의 아버지인 제퍼슨이 소장했던 와인이라면 자기가 구입해야 한다는 애국심으로 높은 가격을 불렀다고 한다. 이 토머스 제퍼슨의 라피트는 2007년까지 팔린 와인 중에서 가장 비싼 가격으로 기록되었다. 그러나 나중에 이 병의 출처가 불명확하고, 토머스 제퍼슨재단 측에서 이 병은 제퍼슨의 소유라고 볼 수 없다는 답변을 하여 진위 여부 문제로 논란을 불러일으켰다.

라피트는 1670년부터 시작하여, 1700년대에 세귀르(Ségur) 가문이 소유하면서 유명해지기 시작했다. 세귀르 가문은 한때 '칼롱 세귀르(Ch. Calon Ségur)', '라투르(Ch. Latour)'도 소유했는데, 1868년 바롱 제임스 드 로트칠드(Baron James de Rothschild)한테 이 샤토를 매각했다. 1등급 와인 중에서 중국인들이 가장 좋아하는 와인이며, 나치 독일의 2인자였던 괴링은 라피트를 혼자 따는 것을 최고의 즐거움으로 삼기도 했다고 한다.

로트칠드/로스차일드(Rothschild) 가문

로스차일드 가문을 일으킨 사람은 독일 프랑크푸르트에서 태어난 '마이어 암셀로트실트(Mayer Amschel Rothschild, 1744~1812)'로 어렸을 때부터 소년가장으로 경제활동을 시작하여 금융과 골동품에 눈을 돌려 돈을 벌었다. 그는 다섯 아들을 각각 프랑크푸르트, 파리, 런던, 비엔나, 나폴리 등 유럽 전역에서 금융업으로 성공시켜, 혁명과 전쟁의 소용돌이 속에서 가장 빠른 시간에 정보를 입수하여 유럽 전역에서 기발한 방법으로 막대한 부를 쌓았다.

가장 유명한 이야기는 나폴레옹의 마지막 전쟁인 워털루전쟁에서 영국이 승리했다는 소식을 영국 정부의 공식적인 발표보다 하루 앞서 런던에 전달하여, 바닥을 기고 있던 국채를 무더기로 사들여 천문학적인 이익을 얻은 일이다. 이렇게 해서 로스차일드 가문은 나폴레옹 전쟁이 끝나고 '유럽의 숨은 지배자'로 부각되어, 각국의 정치권력과의 밀접한 관계를 유지하게 된다. 그 후 로스차일드 가문은 산업혁명에도 가담하여 부를 축적하였고, 프랑스가 프로이센과의 전쟁에 패한 후 전쟁배상금을 갚는 데도 결정적인 기여를 했으며, 영국의 수에즈 운하 인수, 더 나아가 팔레스타인 땅에 이스라엘을 건국하는 데도 주도적인 역할을 했다.

현재 로스차일드 가문은 금융업을 기본으로 석유, 다이아몬드, 금, 우라늄, 레저산업, 백화점 등의 사업을 하고 있으며, 이 가문의 문장인 '다섯 개의 화살'은 이 가문을 일으킨 다섯 아들을 상징한다.

샤토 디켐(Ch. d'Yquem, Sauternes)

사실상 1855년 등급을 정할 때 메도크의 1등급 와인보다 더 높은 등급을 받았다. 라피트 등은 단순히 '프르미에 크뤼(Premier Crus)'였지만, 샤토 디켐은 '프르미에 크뤼 쉬페리외르(Premier Cru Supérieur)'였다. 그러니까 샤토 디켐은 당시 보르도에서 가장 비싼 와인이었다. 1951, 1952, 1964, 1972, 1974, 1992, 2012년에 샤토 디켐은 스위트와인을 만들지 못했다.

클레릿(Claret)

영국에서 프랑스 보르도의 레드와인을 지칭하는 말로 사용되어, 현재는 여러 나라에서 가벼운 레드와인에 이 용어를 사용하고 있다. 스페인과 칠레에서는 클라레테(Clarete)라고 하며, 프랑스에서는 색깔이 옅은 레드와인을 클레레(Clairet)라고 하며, 원래는 '투명하다'는 뜻인 클레레(Clairet)에서 유래된 말이다.

007 제임스 본드와 클레릿

'다이아몬드는 영원히(Diamonds are forever)'에서 킬러가 웨이터로 위장하고 레스토랑에 있는 제임스 본드에게 접근한다. "무통 로트칠드 1955년산입니다"라고 말하는데, 본드는 무언가 수상하다고 생각하면서, "이런 음식에는 클레릿(Claret)이 더 어울리는데…"라고 하니까, 웨이터는 "물론 그렇지요. 마침 클레릿이 떨어져서…" 이때 본드는 "이봐, 무통이 바로 클레릿이야!"라고 하면서 킬러를 바닷물에 내동이친다. 와인에 대한 지식이 없던 웨이터로 변장한 킬러는 본드 앞에서 금방 들통이 난다.

'그라브(Graves)'가 보르도 와인의 원조

원래 보르도 와인이라고 하면 옛날에는 오브리옹(Ch. Haut-Brion)을 비롯한 '그라브(Graves)', 더 정확히는 '페사크 레오냥(Pessac-Léognan)'의 와인을 이야기했다. 1600년대 이전의 메도크는 지롱드강이 잘 범람하여 고급와인을 만들기는 어려운 곳으로 오히려 양을 많이 키우던 곳이었는데, 이때 네델란드 기술자를 초청하여 배수시설 갖추는 공사를 한 덕분에 와인 명산지가 되어, 1855년 그랑 크뤼 클라세를 선정할 때는 오브리옹 하나만 빼고 메도크의 샤토가 다 차지하게 된다. 이에 그라브는 1953년에 따로 새로운 등급을 정하고, 다시 1959년에 원산지명칭위원회(INAO)가 수정하여 등급을 결정하였다. 메도크나 생테밀리옹과는 달리, 등급의 분류 없이 레드와인 일곱 개, 화이트와인 세 개, 레드·화이트 와인을 동시에 얻은 여섯 개의 샤토로 분류하여 '크뤼 클라세 드 그라브(Crus Classée de Graves)'라고 명명하였다. 그라브는 원칙적으로 그랑 크뤼라는 명칭을 사용하지 않는다.

오브리옹(Haut-Brion)의 주인이었던 '아르노 드 퐁타크(Arnaud de Pontac)'는 1660년대에 최초로 샤토 이름과 생산지를 명시한 와인을 출시했다. 보르도의 영향력 있는 인물이며 런던 주재 대사였던 그는 와인을 즐기는 사람들뿐 아니라, 살 만한 재력과 관심이 있는 사람과 소문을 퍼뜨릴 수 있는 사람들에게 와인을 홍보했다. 영국의 수필가 '사무엘 페피스(Samuel Pepys)'는 유명한 일기에 '오 브라이언(Ho Bryan)'을 언급했으며, 영국의 철학자 존 로크(John Locke)는 1677년에 이곳으로 순례여행을 가기도 했다.

샤스 스플린(Ch. Chasse Spleen)

샤스 스플린은 '슬픔이여 안녕'이란 뜻이라고 한다. "어느 날 아침 눈을 떠보니 유명해졌다"라는 말을 남긴 영국의 귀족이자 시인인 '바이런(Lord Byron)'이 1821년 이곳을 방문하면서 지내는 동안 포도밭과 와인에 반하여 "Quel remede pour chasser le spleen(What remedy to remove spleen?)"이라고 말하여 이 샤토의 이름이 이렇게 되었다고 한다. 또 하나는 '악의 꽃'으로 유명한 보들레르(Charles Pierre Baudelaire) 역시 이곳을 방문한 적이 있는데, 그의 시 '슬픔(Spleen)'에서 나왔다는 설도 있다.

유통의 중요성

 옛날의 화물운송은 육로로는 불가능하고, 전부 배에 실어서 운반해야만 했다. 중국의 문물이 우리나라를 통해서 일본으로 전달되었다고 하지만, 일본은 중국과 해상으로 직거래를 많이 했고, 우리나라도 중국과의 교역 시 배를 이용할 수밖에 없었다. 프랑스는 내륙의 강을 이용하여 화물을 운반했으니까, 강과 강을 연결하여 운하를 만들어 화물운송을 했고, 가장 유명한 운하는 '미디(Midi) 운하'로 지중해에서 가론강까지 운하를 건설하여 지중해와 대서양을 잇는 중추적인 역할을 했다. 길이 360km로 중장비도 없었던 1667년부터 1694년까지 건설한 미디 운하는 산업혁명의 기반을 닦았다고 볼 수 있다.

 포므롤과 생테밀리옹 와인은 1800년대 중반 도르도뉴강과 가론강에 처음으로 다리가 건설되면서 일반에게 알려지기 시작하였다. 게다가 포도밭 규모가 작고, 샤토 또한 없던 때라 중개상들이 내륙 깊이 들어가서 와인을 운반하는 데 어려움이 많았기 때문이다. 이에 비해 메도크의 대규모 샤토는 강을 이용한 편리한 교통수단으로 접근이 쉬워서 포므롤과 생테밀리옹보다 잘 알려지게 된 것이다.

> **앙젤뤼스(Ch. Angélus)**
>
> 우리가 잘 아는 생테밀리옹의 프르미에 그랑 크뤼 클라세(Premiers Grands Crus Classés) A급(2012년 승급)인 샤토 앙젤뤼스(Ch. Angélus)에서 '앙젤뤼스(Angélus)'란 언뜻 '천사'를 떠올리게 되지만, '기도' 혹은 '기도시간을 알리는 종'을 의미한다. 이 샤토는 위치상 세 군데 교회에서 종소리가 동시에 울리기 때문에 샤토 이름을 앙젤뤼스라고 한 것이다. 참고로, 밀레의 '만종'도 프랑스어로 '랑젤뤼스(L'Angélus, 영어는 The Angelus)'라고 한다.

생테밀리옹의 그랑 크뤼

 생테밀리옹은 웬만하면 그랑 크뤼가 된다. AOC 규정을 보면, 생테밀리옹 그랑 크뤼는 3,300ha, 일반 생테밀리옹은 2,100ha로 그랑 크뤼의 면적이 1.5배 더 크다. 그리고 분류도 '프르미에 그랑 크뤼 클라세(Premièrs Grands Crus Classès)'에 18개, '그랑 크뤼 클라세(Grands Crus Classè)'에 64개, '그랑 크뤼(Grands Crus)'에 200여 개의 샤토가 있다. 이 좁은 지역에 그랑 크뤼 붙은 샤토가 범람하고 있으므로 메도크의 그랑 크뤼 클라세와 혼동하면 안 된다.

> **이런 사람과 싸우면 반드시 진다**
> - 개량한복 입고 다니는 사람
> - 성(姓)을 두 개 붙인 여자
> - 경차(티코 등) 타고 다니는 사람
> - 요즈음은 빨간 모자에 선글라스 낀 할아버지
> - '피노 누아'로 와인 만드는 사람

보르도와 부르고뉴

보르도 와인을 배울 때는 '그랑 크뤼'에서 약간의 혼란을 일으키지만, 부르고뉴 와인은 정말 혼자 공부하기 힘들다. 그래서 와인 전문가라고 하는 사람들조차도 부르고뉴 와인을 제대로 이해하는 사람이 드물다. '로마네 콩티'의 AOC가 어떻게 되냐고 물으면 쉽게 답변을 못하는 사람이 많고, '샤사뉴 몽라셰'를 마시고 있는데, "오! 그랑 크뤼를 마시네요"라고 말하는 사람도 있다.

부르고뉴 와인은 아직은 우리나라 사람에게 낯설다고 할 수 있다. 와인을 웬만큼 아는 사람들은 보르도의 '그랑 크뤼 클라세' 정도는 잘 알고 있지만, 부르고뉴 쪽으로 넘어오면 고개를 흔든다. 포도밭 이름도 길고 어렵고, 그 분류체계가 보르도보다 훨씬 복잡하기 때문이다. 그러나 부르고뉴 와인은 보르도 와인과 더불어 프랑스 와인의 양대 산맥을 형성하고 있기 때문에 부르고뉴 와인을 잘 알아야 어디서든지 와인 이야기를 할 수 있을 만큼 부르고뉴 와인의 중요성은 매우 크다고 할 수 있다. 그래서 부르고뉴 와인은 혼자 공부하는 것보다는 시행착오를 겪은 사람의 지도가 필요하다.

- 부르고뉴 와인은 마시기 위해 만든 것이고, 보르도 와인은 팔기 위해 만든 것이다. – 미상

보르도는 귀족이 부르고뉴는 수도승이

보르도 와인은 왕족이나 귀족이 만들기 시작하여 대규모 샤토가 많지만, 부르고뉴 와인은 열정이 넘치는 꼼꼼한 수도승들이 시작하였고, 프랑스대혁명 이후에는 수도원의 포도밭을 민간에게 불하하여 아직도 소규모 업체가 많다. 보르도는 포도재배 조건이 좋기도 하지만, 강과 바다를 끼고 있어서 유통이 활발하여 일찍부터 그 명성이 알려져 있었지만, 부르고뉴는 수도승들이 사명감을 가지고 열심히 만들었지만, 내륙 깊숙이 박혀 있어서 유통이 활발하지 못해 이름이 늦게 알려졌다.

- 부르고뉴와 보르도의 차이는 테루아르가 결정한다. '샹볼 뮈지니'는 라피트와 무통을 합친 면적보다 약간 크지만, '빌라주급 와인'과, 23개의 '프르미에 크뤼'급 포도밭 60ha, 2개의 '그랑 크뤼' 포도밭 26ha로 나누어져 있다. 이런 것을 테루아르라고 한다. – 벤저민 르윈(Benjamin Lewin, 영국의 생물학자, MW)

부르고뉴는 테루아르

보르도가 와인에 등급을 매겼다면, 부르고뉴는 포도밭에 등급을 매긴 셈이다. 즉 '테루아르'를 가장 중요하게 생각한다는 말이다. 누가 포도를 재배하든지, 누가 만들든지 상관이 전혀 없다. 그래서 부르고뉴 와인을 잘 알면 와인에 대해서 아주 잘 안다고 할 수 있다. 그만큼 부르고뉴 와인은 복잡하고 어렵다.

- 부르고뉴 와인은 포도를 지지고 볶은 것이다. – 보르도 속담

양조방법

보르도는 양조방법이 과학적으로 통일되다시피 하여 누가 좋은 포도를 확보하느냐에 따라 승패가 결정되지만, 부르고뉴는 동일한 명칭을 가진 포도밭에 주인이 여러 사람이고, 와인메이커 또한 개성이 강하여 나름대로 고집스런 방법으로 만들기 때문에 누가 포도를 재배했고, 누가 와인을 만들었느냐에 따라 동일한 명칭의 와인이라도 품질의 차이가 심하다. 사용하는 포도도 보르도는 카베르네 소비뇽, 메를로 등 여러 가지 품종을 섞어서 만들지만, 부르고뉴는 레드는 피노 누아, 화이트는 샤르도네로 주로 한 가지 품종으로만 만든다.

• 부르고뉴 와인은 왕에게, 샴페인은 공작부인에게, 신사에겐 보르도 와인을 – 프랑스 속담

보르도는 이성, 부르고뉴는 감성

보르도 와인은 직선적이고 강하고 무겁지만, 부르고뉴 와인은 부드럽고 우아하고 관능적이다. 보르도 와인은 이성적이고, 부르고뉴 와인은 감성적이라고 하는데, 보르도 와인은 가격 대비 품질이 비례하지만, 부르고뉴는 포도재배 조건이 아슬아슬하여 어떤 때는 형편없고, 어떤 때는 기가 막히게 좋아 가격이 천정부지로 치솟기도 하기 때문이다.

• 보르도 와인은 강건하고 지성적인 와인으로 열정적이고 이성적인 남자들의 와인이다. 영와인 때는 거칠지만, 해를 거듭할수록 복합미를 갖춘 위대한 와인으로 발전한다. 반면, 부르고뉴 와인은 지성보다는 감성에 호소하며, 사랑스러운 연인과 시인을 위한 와인이다. – 제이 매키너니(Jay McInerney, 미국의 작가)

유명 인사들의 선호도

역사적으로 유명 인사들의 와인에 대한 선호도 역시 보르도와 부르고뉴로 갈라진다. 부르봉 왕조 때는 보르도 와인의 전성시대였지만, 루이 14세는 주치의가 오래된 부르고뉴 와인이 샹파뉴의 것보다 건강에 좋다고 처방하면서 부르고뉴 와인을 즐겨 마셨고, 나폴레옹은 샹베르탱을 비롯한 부르고뉴 와인을 좋아했다. 세계적인 문호 알렉상드르 뒤마(Alexandre Dumas)는 부르고뉴 와인의 맹신자라고 할 수 있을 정도로 "몽라셰(Montrachet)를 마실 때는 모자를 벗고 무릎을 꿇고 마셔야 한다"라고 이야기했다. 그리고 나폴레옹 3세는 보르도 와인의 분류체계인 그랑 크뤼 클라세 1855를 완성한 보르도파였다. 미국의 3대 대통령 토머스 제퍼슨은 와인 전문가로서 보르도 지방을 방문하여 샤토 마고를 극찬한 적이 있으며, 닉슨 대통령도 샤토 마고를 즐겨 마시던 사람이었다. 현대에 이르러 와인 전문가 로버트 파커는 보르도, 잰시스 로빈슨은 부르고뉴 와인을 선호한다고 볼 수 있다.

• 보르도 와인이 자연의 여왕이라면, 부르고뉴 와인은 왕이다. – 조지 세인츠버리(George Saintsbury, 영국의 문학가 겸 비평가)

너무 비싼 부르고뉴 와인

프랑스의 비싼 와인은 유럽의 왕실과 부호, 미국의 재벌, 할리우드의 배우, 중동의 왕자까지 골고루 배급(?)해야 한다. 그래서 공급보다 수요가 많은 부르고뉴의 고급와인은 웬만해서는 손에 넣기도 어렵다. 특히 최고급와인은 가격을 묻지 않고 재고가 있는지 없는지를 먼저 살피게 되어 있다. 그만큼 부르고뉴의 고급와인은 우리가 쉽게 접근할 수 없는 와인이기도 하다. 그렇다고 값이 싼 부르고뉴 와인을 맛보면 실망하기 십상이다. 이렇게 부르고뉴 와인은 그 맛과 가격의 차이가 너무 심하기 때문에 대중적인 와인이 될 수 없다. 적어도 한 병에 10만 원 정도는 지불해야 마실 만한 와인이 잡히기 때문에 마음먹고 사지 않는 한 쉽게 맛볼 수도 없다.

- 신은 '카베르네 소비뇽'을 만들었고, 악마는 '피노 누아'를 만들었다. - 앙드레 첼리스체프(André Tchelistcheff, 미국의 와인메이커)

피노 누아(Pinot Noir)

피노 누아는 영화 '바람과 함께 사라지다'의 주인공인 '스칼렛 오하라'를 떠올리게 만든다. 어떤 때는 예뻤다가 어떤 때는 미웠다가 변덕이 심하다. 그런가 하면 이를 만드는 사람들도 보통 사람들은 아니다. 부르고뉴뿐 아니라 오리건주를 가더라도 피노 누아로 와인을 만드는 사람들은 특이하다. 철저한 장인정신으로 자기만의 확고한 가치관을 가지고 소규모로 정성스럽게 만드는 곳이 많다. 즉 도사들이 만드는 와인이라고 할 수 있다. 우리나라도 요즈음 전통주 만드는 사람들은 개량한복에 머리를 길게 땋고 수염을 기르고 다니면서, 자기 고집이 확고한 것을 볼 수 있다.

- 스탕달은 『한 여행객의 회상(Memoirs of a Tourist)』에서 프랑스대혁명 당시 육군 대장이었던 비숑(Bisson) 장군에 대해 언급했다. 장군은 부르고뉴의 '클로 드 부조(Clos de Vougeot)' 포도밭을 지나다가 멈추어 부하들에게 '받들어 총!'을 명했고 한다. - 에드워드 스타인버그의 『산로렌조의 포도와 위대한 와인의 탄생』(박원숙 옮김) 중에서

코르통(Corton), 코르통 샤를마뉴(Corton-Charlemagne) - 이상한 나라의 앨리스

코트 드 본에 있는 화이트와인 그랑 크뤼 '코르통 샤를마뉴' 포도밭은 라두아(Ladoix), 알록스 코르통(Aloxe-Corton), 페르낭 베르즐레스(Pernand-Vergelesse) 세 마을에 걸쳐 있다. 하나의 포도밭에 마을 경계선이 지나가면서 둘로 갈라지는 경우는 있겠지만, 레드와 화이트와인 둘 다 나오는 그랑 크뤼 포도밭을 세 개의 마을이 공유한다는 것은 그림으로 그려지지 않는다. 지도를 보면 라두아 마을에는 레드와인 그랑 크뤼 포도밭(코르통)만 있고, 페르낭 베르즐레스 마을에는 화이트와인 그랑 크뤼 포도밭(코르통 샤를마뉴)만 있다. 그러나 코르통 포도밭에 샤르도네를 심어서 화이트와인이 나올 경우 '코르통 샤를마뉴'가 되며, 코르통 샤를마뉴 포도밭에 피노 누아를 재배하여 나오는 레드와인은 '코르통'이 될 수 있다. 그래서 외국 사람들은 이곳의 포도밭을 '이상한 나라의 앨리스'라고 부른다.

샤를마뉴(Charlemagne)와 와인

프랑크 왕국의 전성시대를 이끈 샤를마뉴 대제는 게르만족 출신의 왕답게 술을 좋아했는데, 특히 와인을 즐겨 마셨으며 포도재배와 와인생산에 관심이 많았다. 영토를 확장하면서 정복지에 포도를 재배하여 와인을 공급하였으며, 포도재배에 대한 상식도 풍부하여 봄에 가장 먼저 눈이 녹는 곳을 선택하여 포도나무를 심었다고 한다. 기록으로 보면, 코르통 포도밭도 샤를마뉴가 가지고 있다가 775년 솔리외의 수도원(St. Andoche)에 기증한 것으로 되어 있다. 그는 코르통 언덕에 전부 레드와인용 포도를 심었는데, 몇 십 년이 흐른 후 네 번째 왕비인 뤼트가르(Luitgard)가 하얀 수염에 레드와인이 물든 것을 못마땅하게 여겨 화이트와인을 마시라고 권유하여, 이때부터 화이트와인용 포도를 심어서 그 포도밭 이름이 '코르통 샤를마뉴'가 되었다고 한다.

- 부르고뉴에 가라. 그러면 삶의 진정한 즐거움을 알게 된다. - 이노우에 야스시(井上靖, 일본의 작가)

샤를마뉴 대제(Charlemagne, Charles the Great, Karl der Gross, Carolus Magnus, 742?~814)

샤를 마르텔(Charles Martel)의 아들 피핀(Pippin)은 카롤링거(카롤루스) 왕조를 수립하고, 그 아들 샤를마뉴는 왕위를 계승하여 그가 건설한 왕국이 프랑스, 독일, 이탈리아의 기원이 되었다. 그래서 그를 유럽의 아버지라고 일컫는다. 프랑크 왕국의 전성시대를 구가하여, 799년 난국에 처한 교황을 도운 공로로 800년에는 교황 레오 3세에게 '로마인의 황제'라는 칭호를 부여받는다. 즉 962년 오토(Otto) 1세 때 받은 '신성로마제국'의 전 단계라고 할 수 있다. 샤를마뉴가 교황에 의하여 황제가 됨으로써 로마 교황이 비잔틴보다는 프랑크 왕국과 더욱 가까워지고, 이는 서유럽이 비잔틴제국의 영향에서 벗어났다는 것을 의미하기도 한다.

이렇게 샤를마뉴는 서유럽의 정치적 통일을 달성하고 서유럽인들을 로마 가톨릭으로 개종시킨 인물로 '샤를마뉴'란 명칭은 '샤를'이라는 그의 이름에 라틴어로 '대왕(the Great)'을 뜻하는 '마그누스(Magnus)'의 프랑스어 변형 '마뉴(Magne)'가 합쳐진 것이다. 샤를은 옛 프랑크어로는 '카를(Carle)'로, 라틴어로는 '카롤루스(Carolus)'로 표기하기 때문에 사실 그의 이름은 할아버지 '카를 마르텔(Charles Martel)'과 같다. 190cm에 가까운 커다란 몸집과 흰 수염은 정복 왕으로서의 명성과 기품을 더해주었고, 정복 전쟁에는 항상 기독교 전파를 기본으로 기독교 세계를 대표하는 왕이 되어 중세 내내 전설적인 흠모의 대상이 되었다.

샤를마뉴는 서유럽의 황제가 되어 정치적·종교적 통일을 이루었을 뿐 아니라 자신의 궁전을 정치와 지성의 중심지로 만들어, 외국의 유명한 학자들을 초청하였고, 왕실 도서관도 설립하였으며, 젊은 기사도 양성하였다. 그는 제국을 통치하는 데 다양한 민족과 부족의 전통적 권리를 존중해 주면서, 중앙집권적 통치를 위하여 중앙에서 관리를 파견하여 여러 봉건 국가들이 발전할 수 있도록 하였다.

- 그 어느 것도 한 잔의 샹베르탱(Chambertin)을 통해서 보이는 장밋빛 미래를 만들 수는 없다. – 알렉상드르 뒤마(Alexandre Dumas, 프랑스 작가)

오스피스 드 본(Hospices de Beaune)

본 시에는 세계에서 가장 유명한 경매의 수익금으로 운영되는 아름다운 자선병원이 있다. 이 병원은 15세기 중엽에 창설된 것으로 지금도 활발한 활동을 계속하고 있으며, 본의 환자를 무료로 돌보고 있다. 세월을 거듭하면서 많은 포도밭을 기부받아, 현재는 코트 드 본은 물론 코트 드 뉘이까지 이름 있는 포도밭을 소유하고 있으며, '오스피스 드 본

(Hospices de Beaune)'이라는 문장이 들어간 와인도 내놓고 있다. 이 와인의 경매에서 얻은 이익금을 병원의 유지와 근대화에 사용하고 있다. 현재까지도 매년 11월 세 번째 일요일에 개최되는 와인 경매에는 많은 와인애호가가 모이고 있다.

> **여행은 '고생'에서**
>
> 호스피스(Hospices)는 말기 암 환자의 고통을 덜기 위한 시설이나 지원활동으로 많이 알려져 있지만, 원래는 종교단체 등에서 운영하는 여행자 숙박소, 혹은 빈민이나 병자의 수용소를 말한다. 옛날의 여행자나 환자는 몸이 성치 않아 누군가의 돌봄을 받아야 할 대상이었다. 현대에 와서 여행은 누구나 하고 싶어 하는 선망의 대상이지만, 옛날 여행은 잘 아는 곳이 아닌 이상 스스로를 보호할 수 있는 인력과 무기를 갖추지 않으면 고생은 말할 것도 없고 생명이 보장되지 않는 모험이었다. 영어의 '여행(Travel)'이란 단어와 '고생(Travail)'이란 단어의 어원이 같다. 중세 영어에서 모두 고통, 노동, 고생의 뜻을 가지고 있다.
>
> 현재 영어나 프랑스어 모두 사용되고 있는 '호텔(Hotel)'이란 단어도 라틴어 '호스피탈레(Hospitale)'에서 유래되어 고대 프랑스어 '오스피탈(Hospital)'이 되고 이것이 호텔(Hotel)과 병원(Hospital)이 되었으니 그 어원이 같다. 지금도 영어로 '호스피털(Hospital)' 하면 병원을 뜻하지만, 자선시설이나 구호소의 뜻도 있으며, 프랑스어 '오텔 디외(Hotel-Dieu)'는 시립병원을 말한다. '집 떠나면 고생'이라는 말이 있지만, 요즈음은 호텔 덕분에 여행 중에 자기 집보다 더 좋은 곳에서 자고 더 좋은 음식을 먹는다고 볼 수 있다.

론(Rhône)

론 지방은 프랑스 남부 지중해 연안에서 내륙 북쪽으로 길게 뻗은 곳으로, 건조한 기후에 여름이 덥고 겨울이 춥지 않지만, 알프스에서 매섭고 차가운 북풍 즉 '미스트랄(Mistral)'이 포도나무를 재빨리 식혀주는 좋은 기후조건을 가지고 있다. 그리고 포도밭에 돌이 많아 열기를 간직하고, 배수가 잘 되기 때문에 테루아르는 프랑스 어느 지방보다 좋다고 할 수 있다. 그래서 옛날부터 영국 사람들은 보르도의 고급와인에 론의 풍미가 강한 '에르미타주

(Hermitage)'를 섞은 와인을 비싼 값으로 사가기도 했고, 부르고뉴 역시 론 와인을 블렌딩하여 색깔과 향미를 강조하는 경우가 많았다. 이런 관습은 20세기 초반까지 지속되었으며, AOC제도가 정착되면서 점차 사라지기 시작했다. 와인용 포도재배의 천연적인 조건이 가장 좋은 곳이 론 지방이다. 그래서 요즈음도 야성적인 레드와인을 좋아하는 사람들은 론의 와인을 부르고뉴나 보르도 와인보다 더 높게 평가하기도 한다.

아비뇽 유수, 샤토뇌프 뒤 파프(Châteauneuf-du-Pape)

샤토뇌프 뒤 파프는 14세기에 교황 클레멘스 5세가 아비뇽으로 교황청을 옮긴 후, 여름별장으로 사용했던 곳이라서 포도산지 명칭이 이렇게 된 것이다. 프랑스 필리프 4세가 교황 보니파시오 8세와 싸워 우위를 확보한 후, 교황에게 "밤 놔라, 대추 놔라" 하던 때로 1305년 선출된 클레멘스 5세부터 프랑스 왕의 간섭을 받아 로마에 들어가지 못하고, 아비뇽에 교황청을 차리고 프랑스 왕의 지시(?)를 받던 시기를 말한다. 이렇게 교황청이 프랑스에 있었던 기간을 '아비뇽 유수'라고 하는데, 옛날 유태인들이 바빌론에 끌려가서 생활했던 시기인 '바빌론 유수'와 비슷하다고 해서 붙인 말이다. 1309년부터 1377년까지 로마교황이 이곳에 머물렀는데, 이 사이에 7명의 교황이 바뀌었고, 프랑스 입김이 워낙 막강했던 때라 프랑스 출신 추기경들이 대거 등용되었으며, 교황도 전부 프랑스 출신이었다.

이렇게 힘 빠진 교황이 아비뇽에서 조금 북쪽으로 가서 새로 성을 짓고 신세한탄이나 하면서 와인을 마셨던 곳인데, 서양 사람들은 옛 로마제국이나 교황의 옷깃만 스쳐도 영광으로 생각하는지라, 샤토뇌프 뒤 파프(Châteauneuf-du-Pape)의 포도원 주인은 자기들이 생산하는 와인 병에 교황의 갑옷 무늬를 넣기도 한다. 포도밭이 돌과 자갈로 뒤덮여 있어서, 언뜻 보기에는 포도나무가 자라지 못할 것으로 보이지만, 론 지방을 대표하는 유명한 와인산지다.

서머 와인(Summer wine), 소비뇽 블랑

한때 중동 건설 붐이 일어났을 때, 열사병에 걸린 근로자에게 보리밥을 먹여서 활기를 되찾게 했다는 이야기가 있었다. 여기에 대한 해설은 다음과 같다. 쌀은 봄에 씨를 뿌려 여름의 '더운 기(氣)'를 먹고 자란 작물이기 때문에 더운 기를 머금고 있어서 겨울에 먹으면 몸을 따뜻하게 하는 데 좋고, 보리는 가을에 씨를 뿌려서 겨울의 '추운 기'를 먹고 자란 작물이라 여름에 먹으면 몸을 시원하게 한다는 상당히 타당성 있는 이론에 바탕을 두고, 처방한 것이라고 했다.

이 이론에 바탕을 두고, 여름을 시원하게 보낼 수 있는 와인을 찾는다면, 포도는 다년생 식물이기 때문에 차고, 덥고 구분하기 애매하지만, 강렬한 햇볕을 듬뿍 받고 자란 붉은 포도로 만든 레드와인보다는 약간은 서늘한 곳에서 신맛이 적절히 배합된 청포도로 만든 화이트와인을 선택하는 것이 좋다. 그중에서도 소비뇽 블랑은 비교적 추운 지방에서도 잘 자라며, 영와인 때 마시면 신선하고 독특한 향을 즐길 수 있다. 이 소비뇽 블랑의 개성이 제대로 발휘되는 곳이 프랑스에서 가장 길고 아름다운 강을 따라 중세의 고성이 자리 잡고 있는 루아르 지방이다. 유럽의 왕족과 귀족의 여름 별장이 많은 곳으로도 유명하여, 파리 사람들은 이 와인을 '여름용 와인(Summer wine)'이라고 한다.

아! 서머 와인(Summer wine)

1967년 '리 헤이즐우드(Lee Hazlewood)'가 곡을 만들어서, 프랭크 시나트라 딸인 '낸시 시나트라'와 함께 듀엣으로 부른 노래다. 제목과 첫 구절에서 언뜻 낭만적인 정취를 느낄 수 있는 것으로 보이나 실제 가사는 상당히 불량하다.

Strawberries, cherries and an angel's kiss in spring
My summer wine is really made from all these things
Oh, Summer wine
딸기와 체리 그리고 봄날의 천사의 키스, 내 서머 와인은 이 모든 것을 섞어서 만든 것~
(여기까지 가사는 시적이지만, 그 다음 가사의 내용은 이렇다.)

모처럼 짤랑짤랑 소리 나는 은빛 박차를 차고, 유일하게 아는 노래를 신나게 부르면서 시내로 들어가는데, 여자는 내 은빛 박차를 보고, 함께 시간을 보낸다면 딸기와 체리, 천사의 키스가 들어 있는 '서머 와인'을 주겠노라고 꼬드긴다.

이에 들어가서 한 잔, 두 잔, 몇 잔을 더 마시고 나니까, 눈꺼풀이 감기고 머리가 무거워진다. 이윽고 (아침)햇빛에 눈이 부셔서 깨어보니, 은빛 박차는 없어지고, 돈까지 다 없어졌다. "아~ 서머 와인!"

독일도 프랑스도 아닌 곳, 알자스(Alsace)

유럽에서 일어난 전쟁은 모두 알자스를 비켜 간 적이 없다는 말이 있을 정도로 알자스는 전쟁에 시달리는 세월이 많았다. 특히 1600년대 초에 신교와 구교가 맞붙은 종교전쟁(30년 전쟁)은 알자스를 포함하여 독일을 완전히 황폐화시켰다. 전쟁이 끝나고 독일 인구의 3분의 1이 줄어들었을 정도였다. 원래 독일 영토였던 알자스는 이 종교전쟁 직후 웨스트팔리아 조약으로 1648년 프랑스 영토가 된다. 그 뒤 독일은 이를 악물고 부국강병책을 써서 보불전쟁에서 프랑스에 승리하여 1871년 알자스를 탈환한다. 이때 나오는 이야기가 마지막 프랑스어 수업을 내용으로 하는 알퐁스 도데(Alphonse Daudet)의 『마지막 수업』이다. 그러나 독일이 제1차 세계대전에 패배하자 1919년 알자스는 다시 프랑스령이 되고, 1939년 제2차 세계대전 때 다시 독일이 지배하지만, 1945년 독일이 패한 후 알자스는 다시 프랑스 국토가 된다.

그래서 알자스에는 '1869년생'이란 기구한 운명을 가진 사람을 일컫는 말이 있을 정도다. 호적에 올릴 때는 프랑스인, 두 살 때는 독일인, 쉰이 다 돼 다시 프랑스인, 일흔 때는 독일인, 몇 년 후 또다시 프랑스인, 자기 의지와 관계없이 국적이 네 번이나 바뀐 것이다. 유명한 슈바이처(1875~1965) 박사도 이 지방 사람이니까 수없이 국적이 바뀐 사람이다. 그리고 아프리카에서 선교사와 의사로 활동할 때 프랑스에서는 독일 국적을 가진 슈바이처를 포로수용소에 감금하기도 했고, 독일에서도 수상한 눈초리로 보기도 했다. 이렇게 슈바이처는 독일과 프랑스 사이에서 국적문제로 시달린 나머지 1952년 노벨평화상 수상 때도 두 나라 모두 자기 나라 사람이라고 우겨서, 그는 프랑스도 독일도 아닌 알자스로 해달라고 요청했다고 한다.

"묻지 마라. 갑자생!"

알자스에 '1869년생'이란 기구한 운명을 가진 사람이 있다면, 우리나라에는 "묻지 마

라. 갑자생!"이라는 말이 있다. 이 말은 갑자년(甲子年)에 태어난 사람들은 대부분 머리가 좋고, 역사적으로도 이름난 사람들이 많으며, 많은 것을 알기 때문에, 물어보나 마나 그 정도는 다 안다는 뜻으로 쓰이는 속담이다. 그런데 근대에 와서 이 뜻은 다르게 변해 버렸다. 제2차 세계대전 말기에 일본은 우리나라에서 갑자생, 즉 1924년생을 중심으로 수많은 젊은이를 징집해 갔고, 반대로 징집을 피해서 항일무장투쟁의 전선으로 나간 사람도 나오게 되면서, 수많은 갑자생이 전선에 나가 많이 죽을 수밖에 없었다. 겨우 살아 돌아온 사람들은 해방 후에는 서로 좌우익으로 나뉘어 충돌하고, 한국전쟁 때 또 징집 대상이 되어 전쟁터에 나가야 하는 기구한 운명을 타고난 사람들이다. 한국전쟁 이후 갑자생 남자 중에서 2/3가 사망한 것으로 전해지고 있다. 그래서 "묻지 마라. 갑자생!"이라는 말이 이제는 기구하고 험난한 세대를 일컫는 뜻이 된 것이다.

파스퇴르의 고향, 쥐라(Jura)

쥐라(Jura)는 부르고뉴 동쪽 스위스 국경 가까운 곳으로 미생물학의 시조 파스퇴르의 고향으로 유명하다. 이곳의 와인은 '뱅 푸(Vin Fou, 영어로 Mad wine)'라는 스파클링와인과 '뱅 드 파유(Vin de Paille, 영어로 Straw wine)'라는 말린 포도로 장기간 발효시켜 만든 스위트 와인, '뱅 존(Vin Jaune, 영어로 Yellow Wine)'이라는 와인에 이스트 막을 번식시켜 6년간 두면서 산화시켜 만든 셰리와 같은 와인, 그리고 색깔이 옅은 로제인 '뱅 그리(Vin Gris)' 등 특이한 와인이 나오는 곳이다.

이렇게 이곳은 우리나라에서는 거의 구경하기 어려운 특이한 와인을 생산하고 있지만, 와인의 발효와 오염 방지를 위해 혁혁한 공을 세운 파스퇴르의 고향으로 유명하다. 1858년에 고향인 쥐라 지방의 와인이 대량 부패되는 큰 사건이 일어났을 때 이의 원인을 밝히기 위해 아르부아에 임시 연구실을 차리고 연구하기 시작했다고 한다. 그래서인지 아르부아는 프랑스 최초의 AOC 와인으로 1936년에 지정된다.

파스퇴르(Louis Pasteur, 1822~1895)

파스퇴르는 1822년 프랑스 동부에 있는 쥐라(Jura) 지방의 돌(Dole)이라는 작은 도시에서 가죽 가공업자의 아들로 태어나, 아르부아(Arbois)에서 유년시절을 보냈다. 파스퇴르가 과학계에서 처음으로 명성을 얻게 된 것은 1848년 주석산(Tartaric acid)과 이의 이성질체 라세미산(Racemic acid)이라는 물질이 광학 이성질체임을 밝혀내 이학박사가 된 때부터다. 1854년 릴(Lille)대학교 이과대학 학장으로 근무하던 당시 릴은 알코올산업의 중심지로 사탕무를 이용하여 알코올을 제조하고 있었다. 1856년에는 학부형 의뢰를 받아 맥주의 산패에 대해 연구하면서 현장을 방문하고 시료를 가져와 현미경으로 조사한 결과, 알코올 발효는 둥근 모양의 이스트가 일으키고, 산패는 막대형 초산균이 일으킨다고 확신하고, 발효는 화학적인 과정인 동시에 '생명과 관련된 현상'이라는 생각을 하고, 우유, 와인, 식초의 오염에 대해서도 연구를 시작하였다.

당시만 해도 발효는 화학적인 현상이고, 생명의 자연발생설이 지배적인 시절에 감히 발효가 미생물의 작용으로 일어난다고 주장하는 것은 대단한 논란을 일으켰다. 그는 이 사실을 실험을 통해 증명해 보려고 백조의 목처럼 긴 가지가 달린 플라스크 안에 발효가 가능한 여러 가지 액체를 넣고 끓여서 밀봉한 후에는 아무런 현상이 일어나지 않는다는 일련의 실험을 통해 자연발생설을 부정하는 결과를 보여준다. 그리고 정상적인 알코올발효는 이스트가, 비정상적인 발효는 젖산균과 같은 다른 미생물 때문에 생긴다는 것을 깨닫게 된다. 이를 계기로 그는 화학의 영역에서 생물학의 영역으로 발걸음을 옮긴다.

1863년에는 프랑스에서 수출했던 엄청난 양의 와인(5억 프랑)이 부패하는 큰 일이 일어나자 나폴레옹 3세는 파스퇴르에게 부패 방지 연구를 의뢰한다. 파스퇴르는 알코올발효가 끝난 와인이라는 데서 착안하여, 이스트의 역할은 끝나고 다른 미생물들이 와인을 부패시킨다고 생각하여 가열하는 방법으로 미생물을 살균하였지만, 와인의 풍미가 사라지는 단점이 있어서 저온으로 살균하는 방법을 고안한다. 55℃ 정도로 가열하면 와인에서 문제를 일으키는 웬만한 미생물은 사멸한다는 사실을 깨달은 것이다. 이 방법을 그의 이름을 따서 '파스퇴라이제이션(Pasteurization)'이라 하며, 그의 저온살균법은 와인뿐만 아니라 맥주, 우유 등의 장기보관도 가능하게 만든다.

발효 연구는 또 다른 성과물을 낳았다. 1865년 그는 프랑스 정부의 요청으로 당시 프랑스의 양잠업을 위협하던 누에 병에 대해 조사하면서 생물체의 질병도 미생물이 원인일 수 있다고 생각했다. 그리고 누에 병의 원인이 세균임을 밝혀내고 누에알은 오염되지 않으니까, 병든 누에만 폐기하면 병의 전염을 막을 수 있다는 사실을 실제로 보여주었다. 이로써 미생물이 번식하기에 좋은 불결한 환경을 깨끗하게 관리하는 것이 오염방지에 상당한 효과가 있다는 사실이 알려지게 되었다. 그리고 이 연구를 진행하던 1866년에 『와인의 발효(Etude sur le Vin)』를 출간하면서 발효의 종류와 미생물 간의 관련성을 밝히고 와인 제조과정을 과학에 의거해 설명하기도 했다.

이어서 파스퇴르는 1877년부터 인간과 고등동물에서 발생하는 감염성 질환에 관심을 갖기 시작한다. 그는 1880년 가축이 잘 걸리는 전염병인 탄저병과 닭 콜레라에 대한 연구를 시작하여 이 질병의 해결을 위한 예방접종법을 개발했다. 그 후 광견병에 걸려 죽은 토끼의 척수를 꺼내 건조시킨 다음 잘게 잘라서 용액으로 만들어 이를 개에게 접종시키면 다시는 광견병에 걸리지 않는다는 사실을 깨닫고, 이 백신이 인간에게도 효과가 있으리라 생각했다. 그리하여 1885년 미친개에게 물린 소년을 대상으로 이 백신을 사용하여 광견병을 예방하기에 이른다. 그는 "백신 실험의 성공은 프랑스의 성공"이라고 말했다. 이렇게 파스퇴르는 미생물학의 기초를 다지는 데 가장 큰 역할을 하였고, 그는 질병과 미생물의 관계를 최초로 명확하게 규명하여 전염성 질병의 원인이 병원성 미생물이라는 학설을 완성하였다.

각 분야에 걸쳐 수많은 공적을 이룬 그를 기념하고자 1886년부터 프랑스의 과학아카데미에서는 '파스퇴르연구소'를 설립하기 위한 모금운동을 전개하여 1888년에 준공식을 한다. 파스퇴르는 이 연구소의 초대 소장으로 취임했으며, 이 연구소는 현재 프랑스는 물론 세계 의학 연구의 중심지로서 역할을 수행하고 있다. 파스퇴르는 1895년 일흔셋의 나이로 세상을 떠났다. 의사가 아니면서도 가장 많은 사람의 생명을 구한 그의 장례식은 프랑스 정부가 주도하는 국장으로 치러졌다. 나폴레옹 장례식 때보다 훨씬 더 많은 사람들이 파리 거리를 메웠고, 그의 시신은 파스퇴르연구소 지하에 묻혔다. 현재 연구소의 일부는 그를 기념하는 박물관으로 개조되어 관광객들을 맞이하고 있다.

파스퇴르(Louis Pasteur)의 아버지, 장 파스퇴르(Jean Pasteur)

"와인 한 병에는 세상의 어느 책보다 더 많은 철학이 들어 있다"라는 말은 사실 파스퇴르가 한 말이 아니고, 그의 아버지인 '장 파스퇴르(Jean Pasteur)'가 유학 가 있는 아들 '루이 파스퇴르'에게 쓴 편지 내용에 있는 말이다. 그러면서 그 아버지는 아들에게 와인을 자주 마실 것을 권했다. 우리 식으로 이야기한다면 서울에서 유학생활하고 있는 아들에게 아버지가 "막걸리 한 병에는 세상 어느 책보다 더 많은 철학이 들어 있다. 막걸리를 자주 마시도록 해라"라고 편지를 보내는 것과 같다. 이때까지만 해도 유럽에서 와인은 술로 취급되지 않았던 때이기도 하다. 파스퇴르 아버지는 나폴레옹 전쟁에 참여했지만, 신분이 시원찮아서 전후에 보상을 잘 받지 못했던 것으로 알려졌다.

남서부(Sud-Ouest) 지방

프랑스는 포도산지를 토양, 지형, 기후 등을 바탕으로 경계를 정하여, 그곳에 적절한 명칭을 붙여서, 와인 상표에 반드시 그 원산지 명칭을 기재하도록 법으로 규정하고 있으며, 이렇게 원산지 명칭을 통제하는 제도를 AOC라고 한다. 그래서 이 경계선에 포함되느냐 안 되느냐에 따라서 희비가 엇갈릴 수도 있다. 생테밀리옹 바로 옆에 있는 포도밭은 보르도와 경계선 하나가 자기 포도밭을 포함시키지 않고 옆으로 지나가서, 보르도 와인이라는 명칭을 영원히 사용할 수 없게 된다. 이 지역을 포함하여 프랑스 남서부 지방에 널리 퍼져 있는 와인산지를 '남서부(Sud-Ouest) 지방'이라고 부른다.

사실, 토양이나 기후조건이 보르도와 크게 차이도 안 나지만, 프랑스 학자들이 보르도하고는 여러 가지 조건이 다르다고 한 곳이니까 그 차이를 인정할 수밖에 없고, 남서부 지방의 경계가 보르도 옆동네에서 스페인 국경까지 광범위한 지역을 삼았으니 원산지 명칭을 다르게 한 것이 당연하다. 역사적으로 보면 이곳은 일찍이 가스코뉴 부족이 살던 곳으로 지금도 가스코뉴 지방이라 부른다. 이 지방 무사들은 용맹하기로 소문이 나있으며, 중세 프랑스에서 용병으로 활약을 많이 하였다. 알렉상드르 뒤마의 『삼총사』에 나오는 달타냥도 이곳을 본거지로 활동한 것으로 그려져 있다.

이 지방은 또 '아르마냑(Armagnac)'이라는 브랜디로서도 유명한데, 이 역시 브랜디의 명산지인 코냑의 그늘에 가려져 오랫동안 빛을 보지 못했던 곳이다. 그래서 최근 이 지방의 와인이나 브랜디는 가격에 비해 맛이 좋다고 소문이 나 있는 것이다. 이 남서부 지방은 와인산지가 광범위하게 퍼져 있기 때문에 보르도, 스페인, 랑그도크 루시용, 론 지방 등의 영향을 받아 다양한 특성을 지닌 개성이 다른 와인을 생산하고 있다.

이 지방은 전통적으로 인공재배가 안 되는 검은 송로버섯인 '트러플(Truffle)', '거위 간

(Foie Gras)', 호두 그리고 사냥감이 많기로 유명하다. 그래서 카오르(Cahors)의 와인은 이런 요리와 어울린다고 정평이 나 있는 것이다. 최근에는 요리사를 비롯해서 유명한 레스토랑 경영자, 은행가 등 외부 인사들이 비교적 싼값으로 아름다운 포도밭을 사서 와인을 만드는 등 투자에서도 상당히 활기를 띠고 있다.

남성 장수촌

세계 어디를 가든지 122살까지 산 '잔 칼망(1875~1997)' 할머니와 같이 여성들이 남성보다 오래 산다. 이에 런던의 윌리엄 하비 연구소(William Harvey Research)의 '로저 코더(Roger Corder)' 박사는 '프렌치 패러독스'를 연구하면서, 프랑스의 장수지역 중에서 남성의 장수 비율이 높은 곳을 찾아 헤매게 되었다. 1999년 프랑스 인구조사 결과를 활용한 결과, 프랑스 인구 중에서 75살 이상의 인구 중 남성 1인당 여성의 비율은 2.12명인데, 피레네산맥 근처 '제르(Gers)' 지방의 여성 대비 남성의 비율은 전국 평균보다 20% 높게 나왔으며, 90세 이상의 남성 비율도 전국 평균치의 두 배에 달한 것을 발견하게 된다.

이 지방 남성들의 식생활은 전문의나 영양학자들이 우려할 만큼 지방함량이 높은 거위 간이나 소시지 등인데 다른 지방보다 장수를 누리고 있으니, 그는 이 지방이야말로 프렌치 패러독스의 표본이 아닌가 생각하게 된다. 그는 이들이 주로 마시는 '타나(Tannat)'라는 포도로 만든 '마디랑(Madiran)' 와인을 분석한 결과, 프로시아니딘이 풍부하기로 유명한 아르헨티나의 카베르네 소비뇽보다 그 함량이 3~4배 더 많은 것을 발견하게 된다. 가히 마디랑은 남성들의 술이라고 할 수 있다.

카오르(Cahors)

남서부 지방을 대표하는 와인이 바로 이 카오르인데, 그 옛날 중세까지만 하더라도 보르도 와인이라면 바로 이 카오르 와인을 말할 정도로 유명한 곳이었다. 당시 보르도는 항구만 있었고 유명한 포도산지가 아직 나타나지 않을 때이며, 메도크도 양이나 키우고 있던 시절이었지만, 카오르의 텁텁한 레드와인은 영국에서 인기가 좋았다. 그러다가 보르도 와인이 알려지면서 내륙 깊숙이 박힌 카오르 와인이 강을 타고 바다로 나갈 때 보르도 사람들이 심한 텃세를 부리고, 과도한 세금을 부과하여 발을 못 붙이게 만들자, 궁여지책으로 와인을 끓여 양을 줄여서 다른 와인에 섞는 용도로 사용하게 되었다. 그래서 13세기부터 '블랙 와인(Black Wine)'이라는 별명이 붙게 되었다. 그러면서 보르도 와인은 세계적인 와인이 되고, 반면, 카오르 와인은 점점 그 이름이 잊혀져 갔으며, 1800년대 후반에는 미국에서 건너온 해충 필록세라가 기승을 부려 포도밭은 거의 황폐되어 방치되었다가, 1960년대 이후에 회복하기에 이른다.

공짜 프랑스어

Bâtard(바타르): 사생(私生)의, 잡종의, 어중간한

Bel(벨), Belle(벨르)/Beau(보), Beaux(보): 아름다운

Blanc(블랑)/Blanche(블랑슈): 흰, 백색의

Bois(부아): 숲, 나무

Champ(샹): 벌판, 들

Charme(샤름): 마력, 매력

Chapelle(샤펠): 학교나 병원 소속의 교회, 작은 교회

Clos(클로): 울타리로 둘러싼 밭

Cheval(슈발): 말

Chevalier(슈발리에): (중세기의) 기사

Côte(코트): 옆구리, 옆쪽, 면(面)

Coteau(코토): 작은 언덕, 포도밭

Croix(크루아): 십자가

Ermitage/Hermitage(에르미타주): 은자의 암자, 외딴집

Fleur(플뢰르): 꽃

Gravier(그라비에): 자갈

Gravière(그라비에르): 자갈 채취장

Grèves(그레브): 모래밭

Méthode(메토드): 방법

Mont(s)(몽): 산(산맥)

Montagne(몽타뉴): 산, 무더기

Mouche(무슈): 파리, 얼룩, 반점

Moulin(물랭): 제분기, 제분소

Moulin à vent(물래 나 방): 풍차

Pays(페이): 지방

Perrière(페리에르): 채석장

Petit(e)(프티): 작은

Pierre(피에르): 베드로, 돌

Prieuré(프리외레): 수도원장의 직, 수도원장의 관사, 수도원의 교회

Roi(루아): 왕, 임금

Rouge(루즈): 붉은

Val(발): 언덕 사이의 작은 계곡

Vallée(발레): 산맥 사이에 낀 넓은 계곡

말베크(Malbec)/코(Côt)/오세루아(Auxerrois)/프레사크(Pressac)

말베크(Malbec)란 명칭은 헝가리 농부가 프랑스에서 퍼뜨리면서 유행했다는 설이 있지만, 학문적인 조사 결과, 프랑스 부르고뉴의 북부에서 유래된 것이며, 원래 이름은 '코(Côt)'라고 했던 것이다. 나중에는 보르도를 포함한 프랑스 남서부 지방에서 많이 재배했는데, 1956년 엄청난 서리 피해로 75% 이상이 없어지게 된다. 이후, 보르도는 살아남은 것만 재배하여 카베르네 소비뇽이나 메를로의 색깔을 진하게 만드는 정도로 사용하지만, 더 남쪽에 있는 카오르(Cahors)에서는 다시 재배를 시도하여 이 지역의 주품종으로 되어 풀 보디의 레드와인을 만든다. 이 지방에서는 말베크를 '오세루아(Auxerrois)'라고 하며, 다른 지방에서는 '프레사크(Pressac)'라고도 한다. 최근에는 아르헨티나가 말베크를 자기 나라 대표 품종으로 삼으면서 활발하게 판촉활동을 하고 있다.

> **무인도에 남자 두 명에 여자 한 명이 도착했을 경우**
> - 프랑스 사람: 두 프랑스 남자와 한 명의 프랑스 여자는 삼각관계 속에서 행복하게 산다.

- 독일 사람: 두 독일 남자는 여자를 방문하는 시간이 겹치지 않게 정확한 시간표를 작성한다.
- 이탈리아 사람: 한 이탈리아 남자는 여자 때문에 다른 남자를 죽인다.
- 영국 사람: 두 영국 남자는 누군가 영국 여자에게 자신을 소개시켜 줄 때까지 기다린다.
- 일본 사람: 두 일본 남자는 도쿄로 팩스를 보내고 상사의 지시를 기다린다.

Wine Episodes 10

프랑스보다 와인을 먼저 만든 나라들

10 프랑스보다 와인을 먼저 만든 나라들

> 천국이란, 영국 경찰관, 프랑스 요리사, 독일 기술자, 이탈리아 애인, 그리고 스위스 사람이 모든 조직을 관리하는 곳이다.
>
> 지옥이란, 영국 요리사, 프랑스 기술자, 스위스 애인, 독일 경찰관, 그리고 이탈리아 사람이 모든 조직을 관리하는 곳이다.

와인의 땅, 이탈리아

고대 그리스는 이탈리아를 '와인의 땅(Oenotria)'이라고 부를 만큼 이탈리아는 전 국토 어디서나 포도가 잘 자란다. 와인의 역사도 프랑스보다 천년 이상 앞섰으며, 생산량·수출량 모두 프랑스보다 많으면 많았지 적지 않은데, 세계 어느 나라든지 와인 하면 프랑스를 떠올린다. 이탈리아에서 와인의 발전이 늦은 이유는 1860년 통일 이전에는 여러 나라로 분리되어 통합적인 정책을 세울 수가 없었고, 이탈리아에서 와인은 음식의 일부이며, 빵과 함께 식탁에 늘 놓이는 게 보통이었다. 사람들은 대부분 매일 같은 와인을 마시고, 또 무슨 와인인 줄 모르고 마시기만 했다. 레스토랑조차도 와인리스트를 비치하는 경우는 드물었고, 메뉴도 보기 전에 단순히 "레드와인? 아니면 화이트와인?"이라고 물었을 정도였다.

그리고 와인 장사꾼인 영국과 거리가 너무 멀었다. 영국 상인들은 이탈리아 와인을 수입하고 싶어 했지만, 이탈리아에서 영국까지 보낼 방법이 없었다. 게다가 이탈리아 당국은 와인의 국외 반출에 세금을 부과할 정도로 정책에도 문제가 있었다. 더 결정적인 원인으로는 소작농제도를 들 수 있다. 포도재배에 전문인 소작농이 있을 수 없었고, 주인 역시 와인의 품질을 개선하는 데 투자할 생각도 없었다. 그리고 포도밭에 다른 농작물을 함께 심었는데, 이는 식량이 부족하여 주식인 밀과 다른 작물을 심어야만 했기 때문이다. 1896년 통계를 보면 알바 지역 포도밭 중 99.5%가 농작물을 혼합재배하고 있었다고 한다.

그러다가 눈을 돌려보니 프랑스는 와인을 예술품 수준으로 만들어 아주 비싼 가격으로 팔고 있는 것이다. 이에 영향을 받아 1970년대부터 우리도 저런 와인을 만들 수 있다고 돌아서게 된다. 이때부터 의욕적이고 진취적인 생산자인 '안티노리(Antinori)', '가야(Angelo Gaja)' 등이 등장하면서 재배방법과 양조방법이 개선되고 작은 오크통 숙성, 새로운 품종 도입 등으로 르네상스시대를 맞는다. 그리고 1980년대에는 '슈퍼 투스칸(Super Tuscans)'의 등장으로 국제적인 와인으로 성장하게 된다.

> **이탈리아 지명의 영어권 명칭**
> - 이탈리아(Italia) → 이탤리(Italy)
> - 피에몬테(Piemonte) → 피에몬트(Piemont)
> - 롬바르디아(Lombardia) → 롬바르디(Lombardy)
> - 토스카나(Toscana) → 투스카니(Tuscany)
> - 라치오(Lazio) → 라티움(Latium)
> - 아브루초(Abruzzo) → 아브루치(Abruzzi)
> - 풀리아(Puglia) → 아풀리아(Apulia)
> - 시칠리아(Sicilia) → 시실리(Sicily)
> - 사르데냐(Sardegna) → 사르디니아(Sardinia)
> - 로마(Roma) → 롬(Rome)
> - 피렌체(Firenze) → 플로렌스(Florence)
> - 베네치아(Venezia) → 베니스(Venice)
> - 밀라노(Milano) → 밀란(Milan)
> - 나폴리(Napoli) → 네이플즈(Naples)
> - 제노바(Genova) → 제노아(Genoa)
> - 토리노(Torino) → 투린(Turin)

그리스와 에트루리아

이탈리아는 기원전 2000년 전부터 원시적인 와인양조를 했으나, 본격적인 와인양조와 포도재배는 '그리스'와 '에트루리아(Etruria)'인들이 시작하였다. 그리스는 기원전 8세기경부터 시칠리아, 칼라브리아, 풀리아 등 남부지방에서 포도를 재배하면서 '그레코(Greco)',

'알리아니코(Aglianico)' 등 새로운 품종을 도입하였고, 선진적인 포도재배방법 및 양조방법을 전달하였다. 포강에서 로마에 이르는 중부지방을 차지한 이탈리아반도의 원주민인 에트루리아인들은 수준 높은 건축·철제 기술 등을 가지고, 기원전 8세기부터 1세기까지 세련된 문화생활을 영위하면서 독특한 포도재배방법과 양조기술을 가지고 있었다. 이들은 지중해를 무대로 배를 타고 다니며 무역을 하면서 주요 상대국인 그리스 문화를 많이 받아들이게 된다. 이들은 그리스 문자를 모방하여 로마글자를 만들고, 그리스 신화를 도입하여 자기들 사정에 맞게 고치고, 중간 이름(Middle name)을 사용하는 등 상당한 문화수준을 영위하면서 로마문화의 뿌리가 된다.

신들의 이름

와인과 관련하여 알아두어야 할 신들의 이름을 보면 다음과 같다.

	그리스	로마	영어
신들의 왕	제우스(Zeus)	유피테르(Jupiter)	주피터(Jupiter)
제우스 부인	헤라(Hera)	유노(Juno)	주노(Juno)
술의 신	디오니소스(Dionysos)	바쿠스(Bacchus)	바커스(Bacchus)
미의 여신	아프로디테(Aphrodite)	베누스(Venus)	비너스(Venus)
사랑의 신	에로스(Eros)	쿠피드(Cupid)	큐피드(Cupid)
승리의 여신	니케(Nike)	빅토리아(Victoria)	빅토리아(Victoria)
상업의 신	헤르메스(Hermes)	메르쿠리우스(Mercurius)	머큐리(Mercury)
불의 신	헤파이스토스(Hephaestos)	불카누스(Vulcanus)	벌컨(Vulcan)

Nike, Hermes 등은 상표로 사용되어 명품의 상징으로 자리 잡았음을 알 수 있다.

로마와 중국, 유럽연합(EU)

로마는 여러모로 중국과 비슷하다. 광활한 영토를 차지하고 주변의 다양한 민족을 지배 내지는 간섭하면서 최고의 국가를 영위했다. 우리는 중국의 지배나 영향을 받은 사실을 수치스럽게 생각하지만, 유럽 제국들은 로마의 지배나 영향을 받은 사실을 영광스럽게 생각한다는 점만 다르다고 할 수 있다. 현재의 유럽연합(EU)은 고대 로마를 그대로 재현한 것으로도 볼 수 있다.

로마제국시대부터 로마 사람들은 갈리아(프랑스)의 와인 때문에 자기들 와인이 잘 팔리지 않는다고 불평이 심했다. 갈리아는 로마보다 추운 지역이라 다소 품질은 떨어졌지만, 갈리아 와인 값이 워낙 쌌기 때문에 부자가 아닌 일반 시민들 사이에서 인기가 좋았다. 당시 로마황제였던 '도미티아누스(Domitianus)'는 마침 주식인 밀의 부족으로 고민하고 있던 차에, 곡물을 재배할 수 있는 밭에 심은 포도나무를 뽑도록 명령했다. 그러나 갈리아 지방의 포도재배농가는 심하게 저항했고, 결국 군대까지 동원되는 사태로 이어졌다. 이에 복수하듯이 현재의 프랑스 포도 농가는 이탈리아나 스페인의 와인에 대해서 똑같은 불평을 하고 있다.

와인의 어원

기원전 1500년 중동지방의 어원을 이루는 히타이트어에서 Uian 혹은 Uianas라고 했으며, 아나톨리아에서 Uin-으로 되었다. 초기 그리스에서는 Woinos가 되었지만, 고대 그리스에서 W가 없어지면서 Oinos가 된다. 여기서 파생된 라틴어와 에트루리아 언어에서 Vinum이 되면서 영어의 Wine, 프랑스어의 Vin, 이탈리아어 Vino, 독일어의 Wein 등으로 된다. 그러니까 와인양조학을 뜻하는 Oenology(Enology)는 그리스 Oinos에서 나온 것이고, Wine이나 Vin, Vino 등은 라틴어 Vinum에서 나온 것이다.

카트린 드 메디치(Catherine de Médicis)/카테리나 데 메디치(Caterina de Medici, 1519~1589)

이탈리아 메디치가의 카트린이 프랑스로 시집가면서 프랑스의 음식문화가 이탈리아를 앞지르는 계기가 되었다는 사실은 잘 알려져 있다. 우리나라도 그랬지만, 옛날 유럽에서도 결혼은 외교협상의 기능을 가지고 있었다. 교황의 조카딸이었던 '카트린' 역시 이러한 정략결혼의 대상이었다. 당시 교황이었던 클레멘스 7세는 메디치가의 유일한 후계자인 카트린을 프랑스 왕인 프랑수아 1세의 둘째 아들 앙리 오를레앙(앙리 2세)에게 시집보낸다. 14세의 어린 나이에 카트린이 프랑스로 시집을 갔더니, 카트린의 시아버지인 프랑수아 1세는 애첩 '안'을, 남편인 앙리 2세 역시 '디안'이라는 애인을 거느리고 있었다. 카트린은 이 두 여자 사이에서 왕비로서 제대로 대접을 받지 못하고 오랜 세월 동안을 참고 지내다가, 앙리 2세가 죽은 다음에야 비로소 자기 아들 셋을 왕을 시키면서 섭정으로 막강한 권력을 행사하게 된다.

카트린은 어린 나이에 프랑스로 시집을 가면서 이탈리아의 일급 요리사와 약제사, 급사들을 데리고 간다. 이 때문에 이탈리아 르네상스 최고 명문가의 예술적인 감각과 예절, 요리 등이 프랑스 궁정에 전파되어 프랑스 궁중문화를 형성하는 기반을 마련한다. 다채로운 조리법과 요리도구, 포크나 글라스, 디저트 등을 소개시키고, 식탁 예절까지 요리 전반에 걸친 선진문화가 프랑스 궁정에 퍼지게 된 것이다. 이때부터 이탈리아와 프랑스의 식문화는 역전되어 프랑스의 와인과 요리가 이탈리아를 앞서기 시작한다. 기록을 보면, 이탈리아 베네치아에서는 11세기부터 포크를 사용하였으며, 15세기에 프랑스 사람들이 이탈리아에 왔을 때 포크와 나이프로 우아하게 식사하는 모습을 보고 감탄했다고 한다. 이렇게 프랑스 귀족들의 식탁에 포크와 나이프가 등장하지만 일반인들의 식탁에 포크와 나이프가 유행하게 된 시기는 18세기 무렵으로 보고 있다. 참고로, 우리나라는 삼국시대 이전부터 숟가락과 젓가락을 사용하였다.

그 밖에도 카트린 덕분에 이탈리아의 향수, 리큐르, 가면무도회, 발레 등도 전파되었으니 가히 프랑스 문화혁명이라고 할 수 있다. 그리고 시아버지인 프랑수아 1세는 카트린에게 우호적이었는데, 특히 이탈리아 예술을 흠모하여 레오나르도 다 빈치를 비롯한 피렌체 출신의 예술가를 초빙하여 대대적인 궁중건축과 장식을 의뢰하는 등, 이탈리아 르네상스 문화가 프랑스에서 번성하게 되는 계기를 마련한다.

대가족제도에서 '로미오와 줄리엣' 그리고 '마피아'가

이탈리아인들은 가족 간의 유대관계가 끈끈하기로 유명하다. 우리나라의 대가족제도는 이미 깨진 지 오래지만, 이탈리아는 남부로 갈수록 대가족제도가 많고 장인, 장모를 모시고 사는 경우도 흔하다. 대가족제도에서 어린애가 나가서 누군가한테 맞고 들어오면 더 큰 형이 나가서 상대를 혼내주고, 저쪽에서는 또 더 센 사람이 나와서 복수를 할 것이고, 이쪽에서는 어른이 나서다 보면 이제는 집안싸움으로 번지게 된다. 그러면 두 집안은 원수지간이 되는데, 이 사이에서 양쪽 집안의 젊은 남녀가 사랑하는 사이가 되어 비극으로 끝나는 것이 '로미오와 줄리엣'이다.

> 만약 한쪽 집안이 다른 한쪽 집안을 굴복시키면 이 집안은 더욱 세력이 확장되어 동네를 휘어잡을 것이며, 나중에는 하나의 압력단체로 성장하게 된다. 이들이 잘 나가면 사회를 위해 좋은 일을 할 수 있는 압력단체가 되지만, 잘못 나가면 마피아와 같은 범죄조직으로 발전할 수 있다.

마피아(Mafia)

마피아의 고향 시칠리아는 고대 그리스, 페니키아, 카르타고, 이슬람교도 등 타 민족의 끊임없는 침입을 받았던 곳이기 때문에, 시칠리아 사람들이 외세에 대항하기 위해 만든 가족과 친지 중심의 소박한 공동체로 출발하였다. 마피아가 본격적으로 범죄조직을 갖춘 시기는 1860년대 이탈리아 통일 이후에 정치권과 재계 등과 로비를 하면서 시작된다. 이때부터 제2차 세계대전 패배와 그에 뒤이은 점령군의 진주와 냉전상태 등 국내외 정세의 혼란기를 거치면서 거대하게 성장한 마피아는 사실상 지금은 통제불능 상태다.

'마피아'라는 말은 원래 시칠리아 마피아를 가리키는 말이었으나, 현재는 유사한 방법과 목적으로 활동하는 다른 범죄조직까지 포괄적으로 의미하는 단어가 되었다. 시칠리아와 미국의 마피아는 '코사 노스트라(Cosa Nostra)', 러시아 마피아는 '브라트바(Bratva)', 일본 마피아는 '야쿠자(Yakuza)'라는 이름을 자칭한다. 별다른 수식어 없이 '마피아'라고 했을 때는 대개 시칠리아 마피아 또는 이탈리아계 미국 마피아를 말한다. 마피아라는 용어가 국제적으로 사용된 것은 1875년 이후인데, 그 기원에 대해서 명확한 바는 없으나, 수세기 동안 시칠리아가 무법상태에 있을 때 적으로부터 토지를 보호하기 위해 만든 소규모 사병조직인 마피에(Mafie)에서 비롯되었다는 설도 있고, 최초의 마피아 단원은 1282년 '시칠리아 만종 사건'이라고 하는 반란에서 프랑스 앙주 가문의 지배에 대항하여 싸웠던 시칠리아 기사들이었다는 설도 있다. 이 설에 따르면 마피아(Mafia)라는 용어는 "이탈리아는 열망한다. 프랑스인의 죽음을!(이탈리아어: Morte alla Francia Italia Anela)"이라는 문구의 머리글자를 딴 것이라고도 한다.

007과 키안티(Chianti)

007 위기일발(From Russia With Love)에서 제임스 본드는 여자와 수상한 신사와 함께 오리엔트 특급열차에서 식사를 한다. 본드와 여자는 가자미 요리에 샴페인(Taittinger)을 마시고자 하는데, 신사는 키안티를 주문한다. 당황한 웨이터가 "화이트 키안티?"라고 묻지만 악당은 단호하게 "레드 키안티"라고 이야기한다. 이에 본드는 악당임을 바로 알아본다.

키안티 클라시코(Chianti Classico)의 검은 수탉(Gallo Nero)

키안티 클라시코의 상징으로 '검은 수탉'을 사용하게 된 연유는 다음과 같은 사건에서 유래된 것이다. 중세 이탈리아는 수많은 도시국가로 나뉘어 있었는데, 토스카나와 피렌체 역시 수세기에 걸쳐 소모적인 다툼이 심했다. 그래서 각 도시의 성문에서 기사가 출발하여 두 기사가 만나는 지점을 경계로 정하기로 했다. 그리고 출발시점은 닭이 우는 것을 신호로 출발하기로 했다. 시에나에서는 튼튼하고 목소리가 큰 흰 수탉을 골라서 먹을 것도 많이 주고 잘 보살펴서 통통하게 키웠으나, 피렌체에서는 작고 탄탄한 '검은 수탉(Gallo Nero)'을 선택하여 먹이도 제대로 주지 않고 빼빼 마르게 키웠다. 출발하는 날에 피렌체의 검은 수탉은 배가 고파서 동이 트기도 전에 일어나서 울기 시작한 바람에 기사는 일찍 출발해서 상당한 거리를 달려갈 수 있었지만, 시에나에서는 배부른 수탉이 게을러져 늦게 우는지라, 시에나는 상당한 영토를 잃게 되었다.

이 피렌체와 시에나 사이의 길 주변이 바로 키안티의 산지로서 이때부터 대부분의 키안티 산지가 피렌체의 영토가 되고, 그 명성이 널리 알려지게 된다. 세월이 지나면서 키안티를 생산하는 지역은 점점 넓어지고 품질은 떨어지는 결과를 초래하자, 1716년 지역적인 한계를 확실하게 정하기로 하고, 키안티를 처음 시작한 원조 격인 지역을 '클라시코(Classico)'라고 따로 지정하면서 검은 수탉을 상징으로 붙이게 된다. 이탈리아 와인에 '클라시코'가 붙은 것은 우리가 '떡볶이 원조'하듯이 '원조'를 뜻한다.

용맹스런 로마의 후예는

로마시대에 그렇게 용맹하던 이탈리아 군대는 최근 전투에서 제대로 싸워본 적이 없다. 제2차 세계대전을 소재로 한 영화 중 이탈리아 군대가 싸우는 영화는 거의 없다.
- 1895년, 기관총으로 무장한 이탈리아군이 구식 무기를 가진 에티오피아 원주민에게 대패했고, 1896년에 다시 에티오피아와 전투를 했으나, 에티오피아군은 1,000여 명의 사상자가 발생했고, 이탈리아군은 5,000여 명의 사상자가 발생하였다. 1922년 이탈리아는 비행기, 전차 등 최신 무기를 동원하여 에티오피아를 재차 침략하였으나, 구식 총(심지어는 창으로 무장)을 가진 에티오피아군에게 순식간에 패배했다.
- 1940년 6월에는 이탈리아가 영국과 프랑스를 상대로 선전포고를 했는데, 이는 히틀러를 질투한 무솔리니의 독단적 행동으로 아무런 계획도 없었다. 덕분에 전 세계에 흩어져 있던 이탈리아 선박은 전쟁 개시 며칠 안에 전부 나포됐다.
- 1940년 12월, 이탈리아군 7개 사단이 이집트를 공격하였으나, 영국군 2개 사단의 반격을 받고 13만 명이 포로가 된다.

슈퍼 투스칸(Super Tuscans)

1960년대는 와인업계가 양에서 질 위주로 바뀌면서 과학적인 방법이 적용되는 시기였다. 이탈리아는 이때 DOC 규격을 정하면서 지역을 세분화하지 못하고, 생산성이 좋은 품종과 지역을 공식적으로 인정함으로써 대량생산을 부추기게 되었다. 특히, 토스카나 지방에서는 키안티에 청포도인 말바시아와 트레비아노를 30%까지 넣을 수 있도록 규정을 만들었다. 이에 많은 제조업자들이 항의하면서 이 규정을 지키지 않고 카베르네 소비뇽 등 외래 품종을 선택하여 와인을 만드는 경우가 많아졌다. 이렇게 만든 와인은 물론 키안티라는 이름을 붙이지 못하지만, 고급으로 비싼 값에 팔리는 것들이 유명해지면서 외국 기자들이 이런 와인에 '슈퍼 투스칸(Super Tuscans)'이라는 이름을 붙이게 된다.

20세기 초부터 토스카나 지방에서는 카베르네 소비뇽 재배를 권장하는 사람도 있었고, 실제로 고급 토스카나 와인도 약간의 카베르네가 들어가면 훨씬 더 좋아지는 것을 볼 수 있었다. 이를 실현한 토스카나의 두 와인이 '사시카이아(Sassicaia)'와 '티냐넬로(Tignanello)'로 이탈리아 와인의 혁신을 이루게 된다. 사시카이아는 1978년 영국의 월간지 『디캔터(Decanter)』가 주최한 카베르네 소비뇽 블라인드 테이스팅에서 압승하여 국제적으로 알려지기 시작하였는데, 이 와인은 토스카나 출신이 아니고 피에몬테 출신인 '마리오

인치자 델라 로케타 후작(Marquis Mario Incisa della Rochetta)'이 만든 것이다. 그는 제2차 세계대전 전부터 카베르네 소비뇽에 관심이 많았는데, 1948년 보르도의 라피트에서 카베르네 소비뇽 묘목을 가져와 만든 와인을 프랑스 오크통에서 숙성시켜 1971년부터 판매하여 고급와인으로서의 이미지를 확립하였다. 이에 정부에서도 뒤늦게 '볼게리 사시카이아(Bolgheri Sassicaia) DOC'라는 명칭으로 규격을 따로 정하기에 이른다.

'티냐넬로'는 1971년 안티노리에서 피에몬테 출신의 와인메이커인 '자코모 타키스(Giacomo Tachis)'가 산조베제에 카베르네 소비뇽을 섞어서 만든 것이다. 키안티의 규정을 무시하고 레드와인용 포도만 사용하고 작은 오크통에서 숙성시켜 만들었기 때문에 키안티가 되지 못하고 '비노 다 타볼라(Vino da tavola)'급이었으나 오히려 '슈퍼 투스칸'의 대명사가 되었다(현재는 IGP). 그리고 포도밭 역시 키안티 클라시코 지역에 있고, 원래 명칭은 '키안티 클라시코 리제르바 비네토 티냐넬로(Chianti Classico Riserva Vigneto Tignanello)' 즉 티냐넬로 포도밭의 키안티 클라시코 리제르바라는 뜻이다.

- 제2차 세계대전 때 오스트레일리아에 독일, 일본, 이탈리아군 포로를 모아둔 수용소가 있었다. 독일군은 집단으로 구멍을 파서 탈주를 시도했고, 일본군은 집단으로 자결을 시도했지만, 이탈리아군은 수용소 문을 열어놓아도 될 정도로 조용했다. 보니까, 이탈리아군은 근처 민간인 여자와 살림을 차려 재미있게 살고 있었다.

네비올로(Nebbiolo)

네비올로는 피노 누아보다 더 까다로운 품종이다. 그리고 피에몬테 지방을 떠나서는 명품이 나오지 않는 것이 특징이다. 유서 깊은 품종으로 1268년 기록에는 '니비올로(Nibiolo)'라는 명칭으로 시작하여 1400년대부터 '네비올로(Nebbiolo)'라고 부르게 된다. 명칭은 10월 수확기에 많이 끼는 '안개(Nebbia)'에서 유래되었다는 설과 귀족적이라는 뜻의 '노빌레(Nobile)'에서 유래되었다는 설 등이 있다.

네비올로는 피에몬테의 주품종으로 자리 잡았으나, 노력한 만큼 보상이 따르지 않았고, 1700년대 초에 서리 피해, 1800년대 중반에 흰가루병, 이어서 필록세라 등 자연재해를 거치면서, 농부들은 바르베라, 모스카토 등 강하고 열매를 잘 맺는 다른 품종으로 바꾸었다.

현재는 증가 추세지만 피에몬테 전체 생산량의 6%를 차지하고 있다. 영국의 와인평론가 잰시스 로빈슨도 "네비올로는 본질적으로 다루기 힘든 품종이다. 그러나 그렇게 고집스런 타닌과 산을 갖고 있는 품종은 어디에서도 찾아보기 어렵다"라고 단호하게 정의를 내린다.

전통적으로 수확기가 늦기 때문에 날씨가 추워져, 낮은 온도에서 20~30일 장기간 발효하면서 타닌함량이 증가하고, 발효가 잘 안 될 때는 스위트와인으로 팔기도 했다. 게다가 발효가 왕성할 때는 높은 온도에 방치하여 아로마가 손실되는 경우도 많았다. 이렇게 만든 와인을 큰 오크통에서 5년 이상 숙성시키면서 위생처리 부족으로 오염되는 경우가 많아서 품질이 일정하지 않았다. 오늘날은 발효온도(28~30℃)를 조절하면서 발효기간을 7~10일 정도 짧게 하여 과일 향을 보존하고, 말로락트 발효를 거치면서 거친 신맛을 감소시키고 있다. 그리고 작은 오크통에서 숙성기간을 줄이면서 부드러운 맛과 바닐라 향을 증가시켜 고유의 장미향을 약간 상쇄시키고 있다. 네비올로는 색깔이 잘 나오지 않기 때문에 타닌의 추출은 줄이면서 안토시아닌을 최대로 추출해야 하는 기술적인 문제를 풀어야 우수한 와인이 된다.

> **안젤로 가야의 '다르마지(Darmagi)'**
>
> '다르마지(Darmagi)'란 피에몬테 지방의 사투리로 "이게 무슨 창피한 일인가?"라는 뜻이다. 안젤로 가야는 아버지가 다른 곳에 가 있는 동안 네비올로 포도밭에 카베르네 소비뇽을 심었다. 이를 뒤늦게 발견한 안젤로 가야의 아버지 '조반니 가야(Giovanni Gaja)'가 내뱉은 말이 바로 이 말이다. 그래서 아예 이 포도밭의 이름을 '다르마지'로 하고 이 카베르네 소비뇽으로 만든 와인도 이렇게 이름을 붙인 것이다. 피에몬테의 전통적인 마을에서 카베르네 소비뇽을 심었으니 이는 배신으로 취급될 때다. 안젤로 가야는 카베르네 소비뇽을 좋아해서 심은 것이 아니고, 이탈리아도 카베르네 소비뇽으로 최고의 와인을 만들 수 있다는 것을 보여주기 위해서 그렇게 했다고 한다. 이때만 해도 이탈리아 와인은 프랑스 와인에 비하면 형편없는 품질이었고 그렇게 인식되어 있었다.

프리미티보(Primitivo)와 진판델(Zinfandel)

미국 학자들의 조사 결과, 이탈리아의 '프리미티보(Primitivo)'가 캘리포니아의 진판델 동일한 것으로 밝혀진 후, 유럽연합(EU)에서도 1999년 공식적으로 진판델과 프리미티보를 동일한 품종으로 인정했다. 프리미티보보다는 진판델이 세계적으로 많이 알려졌기 때문에 이탈리아는 프리미티보를 미국으로 수출하면서 상표에 진판델이라고 표시할 수 있게 되었다. 미국에서도 이를 인정하여 상표에 어느 이름으로 표기해도 좋다는 결정을 내렸다.

> **사랑하는 여자를 위하여!**
> 치열한 전투에서 이탈리아군 소대장이 "돌격 앞으로!"라고 외쳤다. 그러나 아무도 나가지 않았다. 다시 소대장은 "국가와 민족을 위하여, 돌격 앞으로!" 역시 아무런 기척이 없다. 이제 소대장은 "사랑하는 여자를 위하여, 돌격 앞으로!"라고 외쳤다. 이탈리아 병사들은 용감하게 일어서서 나가기 시작했다.

마티니(Martini)

칵테일 중에서 가장 유명한 마티니는 베르무트(Vermouth)와 진(Gin)을 섞어서 만든 것이다. 마티니가 처음 나왔을 때는 1:1의 비율이었으나, 점차 이 맛을 알아갈수록 스위트한 베르무트의 비율이 낮아져서 15:1의 비율까지 나오게 되었다. 이렇게 베르무트의 비율이 낮은 마티니를 '드라이 마티니'라고 한다. 우리나라에서 일찍이 양주에 대한 해박한 지식을 가지고 있던 심연섭의 『술 멋 맛』에 나오는 이야기를 보면, 마티니에 관한 재미있는 이야기가 있다. "칵테일이란 술과 술을, 술과 향료를 혼합하는 것으로 알고 있으나 강한 술을 약한 술로 코팅하는 것으로 이해한다"는 것이다. 마티니의 경우 진의 알몸뚱이에다 베르무트의 얄팍한 옷을 입히는 것으로 생각하기 때문에, 베르무트를 섞지 않은 진을 '네이크드 마티니(Naked Martini)'라고 부르기까지 한다. 그러나 "신사 체면에 어떻게 옷 벗은 마티니를 마실 수 있겠는가?"라는 생각 끝에 주사 바늘로 한 방울 정도 넣거나 '원자 마티니'를 마신다는 것이다.

'원자 마티니'라는 것은 네바다주에서 핵실험을 할 때, 마티니 애호가인 한 과학자가 원자폭탄에 베르무트 한 방울을 주입해 두었다는 것이다. 이 한 방울이 원자탄이 폭발할 때 같이 폭발하여 대기 중에 퍼져 있어 라스베이거스 바에서는 마티니를 만들 때 셰이커 뚜껑을 열고 창밖으로 일초 동안 노출시키면 대기 중에 떠돌아다니는 베르무트가 가라앉는다는 근거 없는 설도 있다. 이 원자 마티니보다 더 드라이한 것은 빈 셰이커를 베르무트 병마개로 살짝 가셔낸 다음 진만 넣어 흔들어서 만들며, 더한 것은 빈 셰이커에다 "베르무트!" 하고 귓속말을 하고 진을 넣으면 된다. 이때 너무 큰 소리로 하면 안 된다. 또 '처칠 마티니'가 있는데 그는 마티니를 주문할 때 베르무트 병은 세워두고 진을 잔에 채워보는 것으로 대신했다고 한다.

마티니는 헤밍웨이가 종군기자 시절에 진과 베르무트가 든 두 개의 수통을 차고 다니면서 즉석에서 마티니를 만들어 마시면서부터 유명해졌다. 드라이 마티니가 세계적으로 유행이지만, 이를 싫어하는 일부 계층에서는 4:1 비율을 선호하는 복고풍 스타일도 유행하고 있다. 프랭클린 루스벨트도 각료회의나 외국의 귀빈이 올 때 직접 만들어서 접대했다고 한다. 그는 2:1 비율을 좋아해서 그가 만든 마티니는 환영받지 못한 것으로 알려져 있다. 참고로, 바텐더가 "How do you like it?" 하고 물으면 "어떻게 이것을 좋아하느냐?"는 뜻이 아니고 "어떻게 해드릴까요?"의 뜻이므로 대답은 "Make it dry(sweet)"가 된다.

> **007과 마티니**
>
> 마티니는 007 영화 1편인 '007 살인번호(Dr. No)'에서 제임스 본드가 자메이카 호텔에서 마티니를 주문할 때 "Shaken, not stirred"라는 단골 대사가 등장하면서 마티니는 '제임스 본드의 칵테일'로 각인된다.

와인과 네덜란드

1643년 네덜란드는 34,000척의 배를 가지고 있을 정도로 세계 최고의 해운왕국이었는데, 이들의 주요 상품은 술이었다. 프랑스에서 와인을 가져다가 맥주권인 북유럽에 팔아서 꽤나 큰 돈벌이를 하고 있었다. 이들은 장거리 항해 중 와인의 변질을 방지하고자 코냐크 지방 사람들을 설득하여 브랜디라는 술을 만들었고, 이를 대거 유통시켜 코냑이라는 명주를 탄생시킨다. 또 근세에는 빈 나무통에 황을 태워서 훈제하는 방법으로 아황산을 사용하여 와인의 보존기간도 늘렸고, 보르도 지롱드강의 범람으로 포도밭에 물이 넘쳐 애를 먹던 메도크에 둑을 막아 양이나 키우던 소택지를 세계적인 와인 명산지로 둔갑시키기도 한다.

또 네덜란드 사람들은 최초의 네고시앙으로 활동하여 보르도 와인의 생산과 수출 증가에 큰 공헌을 한다. 오크통에 '보르도'라는 표시만 해서 팔던 시절에 네덜란드 상인들은 브랜드네임을 붙여 팔기 시작했고, 이를 계기로 중개상과 네고시앙이 탄생하게 된다. 최초의 네고시앙은 네덜란드 회사인 '베이어만(Beyerman)'으로 1620년부터 활동을 개시하였고, 나다니엘 존스턴(Nathaniel Johnston), 쉬로더 앤 쉴러(Schroder & Schyler), 로턴(Lawton) 등은 모두 네덜란드 회사들이다. 네덜란드는 와인을 만들지는 않았지만 와인 역사에 미친 영향력은 지대하다고 볼 수 있다.

영국의 와인

영국은 로마시대부터 와인을 생산했지만, 기후조건이 불리하여 가까운 프랑스와 독일에서 와인을 많이 수입하였다. 특히 보르도는 영국에서 가장 가까운 명산지이기도 하지만, 항구를 끼고 있어서 영국에서 실어가기도 좋은 곳이었다. 영국은 헨리 2세 때부터 보르도를 확보하여 부지런히 실어 나르다가 보르도라는 이름을 세계적으로 알리기 시작하였고, 백년전쟁 후에도 영국은 프랑스 와인의 가장 큰 시장으로 발전하였다. 최근까지도 "8월에 런던 날씨가 좋으면 그해 보르도 와인이 잘 팔린다"라는 말이 있을 정도로 영국과 보르도는 밀접한 관계를 맺고 있었다.

영국은 1500년대부터 해상왕국으로서의 위치를 확보하면서 와인무역의 선두주자가 되었고, 산지별 와인을 감정하여 품질단계를 설정할 정도로 와인소비의 선진국이었다. 프랑스와 관세문제가 발생하자 수입선을 스페인과 포르투갈, 이탈리아로 변경하면서 셰리(Sherry)와 포트(Port), 말라가(Málaga), 마르살라(Marsala) 등을 개척하여 제조자나 상인으로 활약하면서 이들을 세계적인 명주로 발전시켰다. 영국은 유럽 대부분의 와인시장과 운송업을 장악했고, 이를 통해 와인의 품질과 생산에 막강한 영향력을 행사했다. 산업혁명 덕분에 단단한 병을 만들어 스파클링와인을 개발하였고, 발달된 유리공업으로 병은 물론 와인글라스도 영국에서 발전시킨 것이다. 그리고 당도나 알코올농도를 측정할 수 있는 기구를 개발하여 와인의 과학화를 앞당겼다.

지금도 세계에서 가장 많은 와인을 수입(금액으로)하는 나라는 영국이며, 이들은 국내 소비보다는 재수출을 위해서 대량으로 구매하고 있다. 와인을 사고파는 나라인지라 와인에 대한 평가는 그 어느 나라보다 객관적이다. 그래서 영국 출신의 와인 비평가의 영향력은 막강하며, 영국인이 저술한 와인 책은 가장 객관적인 것으로 정평이 나 있다.

1492년의 스페인

1492년 스페인에서 역사적으로 기념할 만한 두 가지 일이 일어난다. 하나는 800년 동안 스페인을 지배하던 이슬람의 마지막 근거지 그라나다를 함락하면서 이슬람 세력을 완전히 축출한 것이고, 또 하나는 지구는 둥글다는 믿음으로 이사벨 여왕의 도움을 받은 콜럼버스가 신천지인 아메리카 대륙을 발견하여, 남북 아메리카를 독점하게 된 것이다.

발달된 항해술과 뛰어난 선박 제조기술 덕분에 스페인 해군은 '무적함대(The Invincible Armada)'라는 별명을 얻게 되고, 아메리카 대륙을 발견할 당시 콜럼버스는 별로 가져온 것이 없었지만, 1500년대부터 중남미에서 금과 은이 쏟아져 들어오면서 부를 축적하게 된다. 이어서 이사벨 여왕의 손자가 합스부르크가의 카를로스 1세(독일 황제로는 카를 5세)로 즉위하면서 그의 통치하에 스페인 본국, 식민지, 독일의 합스부르크령, 네덜란드, 이탈리아령까지 아우르는 '해가 지지 않는 나라'가 된다. 그러나 얼마 안 가서 1588년 무적함대가 영국 엘리자베스 1세의 해군에 패한 다음부터 스페인은 세계무대에서 서서히 내리막길을 걷게 된다.

스페인의 이슬람교도

이슬람교도들이 스페인을 지배하는 동안 스페인 산업은 비약적으로 발전하는데, 농업에서 관개시설을 갖추고 목화, 복숭아, 사탕수수 등 새로운 작물을 재배하게 된다. 또 코르도바와 세비야는 수공업의 중심도시가 되어 번창하였으며, 특히 코르도바는 그리스 철학을 비롯한 학문적인 발전 도시로서의 면모를 갖춘다. 당시 이슬람의 문화와 기술수준이 서유럽을 능가하였다는 사실은 잘 알려져 있다. 이는 스페인에 정착한 이슬람교도들이 피정복 민족의 전통과 종교를 파괴하지 않고 융합을 추진하는 선진적 사고방식을 가진 덕분이다. 전통적으로 이슬람교도들은 금주를 하지만, 스페인의 이슬람교도들은 과실, 과즙, 약품 등으로 알코올이 필요했고, 와인을 가끔 즐기기도 하였기 때문에 포도재배와 와인생산이 유지되었고, 더 나아가 중동지방에서 신품종을 도입하고 증류기술을 소개하는 등 상당한 공헌을 하게 된다.

> **발명과 발견은 전달이 되어야**
>
> 콜럼버스가 최초로 아메리카 대륙을 발견한 것은 아니라는 사실은 잘 알려져 있다. 그 전에 바이킹이나 중국의 정화 등이 갔다고 하지만, 콜럼버스가 갔다 온 후에 신대륙으로 알려지고 많은 사람들이 건너가기 시작했으니까, 콜럼버스가 최초로 아메리카 대륙을 발견한 것이 된다. 구텐베르크보다 200년 앞서 고려시대에 금속활자가 발명되었지만, 전달되지 못했으므로 우리는 큰 소리를 칠 수가 없다. 더 나아가, 헝가리 사람들이 처음으로 보트리티스 곰팡이 낀 포도로 스위트와인을 만들었지만, 현재 소테른의 것이 세계 최고의 것으로 이름이 나 있다. 발견과 발명은 누가 먼저 했느냐보다는 그것을 잘 전달하여 어떻게 꽃을 피웠느냐가 더 중요하다.

콜럼버스(Christopher Columbus, 1451~1506)

콜럼버스는 이탈리아 제노바 출신으로 1477년 포르투갈에 나타날 때까지 무엇을 했는지 확실하지 않지만, 상당한 학식을 가지고 있었고, 항해와 지도를 연구하여 서쪽으로 계속 가면 인도에 도달할 수 있다는 신념을 가지고 있었다. 포르투갈, 영국, 프랑스 등과 접촉하여 인도로 가는 길을 개척할 수 있다고 설득하였으나 번번이 퇴짜를 맞았다. 그러다가 스페인 카스티야의 군주 이사벨 여왕이 이베리아반도에서 이슬람 세력을 완전히 물리친 기념으로 그 제안을 받아들이게 된다.

1492년 8월 3일 스페인을 출발하여 69일을 헤매다가 10월 12일 그가 그렇게 가기를 원했던 인도를 발견한다. 이 섬의 이름을 '산살바도르(San Salvador, 구세주의 섬)'라고 붙이고, 이어서 '히스파니올라(Hispaniola, 현재의 아이티)'섬에 상륙한다. 그는 처음으로 대서양 항로를 개척하고 스페인의 영웅이 되었지만, 기대한 황금은 가져오지 못하고 노예만 데려왔다. 후원자인 이사벨 여왕이 죽은 뒤 찬밥신세가 되자 쓸쓸한 죽음을 맞는다. 그가 발견한 땅은 그가 죽기 전부터 인도가 아니라는 이야기가 있었지만, 나중에 인도가 아닌 것으로 밝혀져 진짜 인도는 '동인도'가 되고, 콜럼버스가 발견한 인도는 '서인도'가 된다. 1507년, 독일의 지도학자인 '마르틴 발트제뮐러(Martin Waldseemüller)'가 세계지도를 만들었는데, 그는 이 지도에서 서인도를 이탈리아의 탐험가이자 지도학자인 '아메리고 베스푸치(Amerigo Vespucci)'의 이름을 따서 '아메리카'라고 명명한다. 아메리고 베스푸치는 1499

년에 아메리카 대륙을 탐험하고, 친구에게 보내는 편지에서 '신대륙'이라는 말을 처음으로 사용한 사람이다.

죽은 다음에도 역마살

콜럼버스는 죽은 다음의 여행이 생전의 그보다 더했다.

① 그는 죽은 다음에 자기가 발견하고 상륙한 히스파니올라섬의 '에스파뇰라(La Espanola)'에 묻히기를 원했지만, 1506년, 스페인 카스티야 레온 지방의 '바야돌리드(Valladolid)'에서 그가 죽을 때는 주변에 사람도 몇 안 되는 쓸쓸한 자리였고, 그럴 처지도 안 되어 바야돌리드에 있는 작은 수도원에 묻힌다.

② 3년 후 히스파니올라의 총독인 그의 아들 '디에고(Diego Colón)'는 그의 시신을 세비야 근처의 강에 있는 섬(La Cartuja)의 수도원으로 옮기고, 그 자신도 나중에 거기에 묻힌다.

③ 1537년, 디에고의 부인은 콜럼버스의 시신을 그가 바라던 대로, 바다 건너 히스파니올라섬의 '산토도밍고(Santo Domingo, 현재 도미니카)' 대성당으로 옮기는데, 그때는 성당이 덜 완공되어 임시로 다른 곳에 있다가, 1542년 성당이 완공된 다음에, 교회의 오른쪽에 묻히게 된다.

④ 그런데 히스파니올라섬이 프랑스령이 되자, 1795년, 시신을 쿠바의 하바나로 옮기게 된다.

⑤ 1898년, 스페인과 미국의 전쟁에서 스페인이 패하면서 쿠바에서 스페인의 입김이 사라지자, 마지막으로 시신을 스페인의 세비야 대성당(Sevilla Cathedral)으로 옮기게 된다. 콜럼버스는 죽기 직전에 다시는 스페인 땅을 밟기 싫다는 말을 남겨서 그의 유지를 받들어 그의 관은 네 사람이 떠받쳐서 떠 있는 형상으로 되었다고 한다.

1877년 산토도밍고 성당에서 "Don Cristobal Colón"이라고 써진 납상자가 발견되었는데, 여기에서 유골이 발견되었다. 산토도밍고 측의 주장은 시신을 쿠바로 옮길 때 왼쪽과 오른쪽을 혼동하여 유골이 잘못 갔다고 주장했지만, 세비야 대성당 측에서는 2003년 DNA 조사 결과, 같이 있는 콜럼버스의 동생과 아들의 DNA와 일치한다고 주장하여 일단락되었다. 이탈리아에서 태어나 포르투갈, 프랑스, 스페인을 돌아다니며 아메리카 대륙을 발견한 콜럼버스는 살아생전 인도를 갔다고 주장하더니, 죽은 후에도 수많은 여행을 했고, 그의 시신의 진위문제까지도 이야깃거리가 되고 있다.

파고(Pago)

1975년 이전, 프랑코 총독이 지배하던 시절만 해도 스페인에서 프랑스 품종을 심는 것은 위법이었다. 그러나 프랑스 품종을 몰래 들여와 재배하면서 와인을 비싼 값에 파는 곳이 암암리에 꽤 있었는데, 2003년부터 이를 제도권 안으로 수용하고자 만든 카테고리를 '파고(Pago)'라고 할 수 있다. 파고는 단일 포도밭을 의미하지만, 수백 년 전부터 헤레스(Jerez)에서 많은 수의 등록된 상표와 생산자 명칭을 일컫는 용어였다.

2003년부터 새로운 와인 법이 발효되어 '파고(Denominación de Origen Pago)'라는 새로운 등급이 탄생하여, 특정 조건을 갖춘 단일 포도밭의 의미로 사용되기 시작하였다. 이탈리아의 '슈퍼 투스칸'은 현재도 그대로 방치되어 있지만, 스페인은 DO 규정을 위반한 우수한 와인을 제도권 안으로 끌어들여 발전시키고자 한 것이다. 비노 데 파고의 인정은 원산지명칭 통제위원회(Consejo Regulador)에서 하지 않고, 소속 주정부와 자치단체가 하며 품질관리는 DOCa 규제를 기준으로 하지만, 현재 비노 데 파고의 지정이 너무 남발되는 경향이 있다.

007. 다이아몬드는 영원히

정보부장 M과 함께 007은 셰리 맛을 보면서 "51년산 솔레라군요"라고 자신 있게 이야기 한다. 그러자 M이 "이 사람아, 셰리는 빈티지가 없다네" 그러자 007은 눈을 치뜨며 반박한다. "아니, 원액이 만들어진 해를 말하는 겁니다. 최초의 원액이 1851년산이란 뜻이지요" 그러자 옆에 있던 호스트가 "정확합니다"라고 말한다.

셰리(Sherry)와 샴페인(Champagne)

셰리는 우리에게 잘 알려진 와인은 아니지만, 유럽에서는 샴페인 이상으로 알려진 와인이다. 이 셰리를 생산하는 곳은 스페인 남부의 안달루시아 지방으로 기온이 높은데다 일년에 거의 300일 동안 햇빛을 받을 수 있는 곳이라서, 여기서 만든 와인은 원래 산도가 약하고, 특징 없는 무덤덤한 맛이다. 만약 셰리를 만들지 않았다면 아주 형편없는 와인이 되었을 것이다. 이런 점은 프랑스 샹파뉴 지방과 정반대의 경우가 된다. 샹파뉴 지방은 프랑스 와인 생산지 중에서 가장 북쪽으로 기온이 낮고 일조량이 부족하여, 와인의 알코올함량이 낮고 산도가 높아서 그대로 마시기는 거부감이 있는 와인이다. 그러나 샹파뉴 와인은 여기에 거품을 집어넣어 세계적인 명주가 되었고, 셰리는 알코올을 첨가하고 묘하게 산화시켜 세계적인 명주가 되었다. 양쪽 지방 모두 이러한 약점을 개선하여 새로운 스타일의 와인을 만들어 세계적으로 유명한 상품을 만든 곳이라고 할 수 있다.

안달루시아 지방은 콜럼버스가 아메리카 대륙을 발견한 후부터 중남미로 향하는 항해의 중심지가 된다. 셰리가 나오는 '엘 푸에르토 데 산타 마리아(El Puerto de Santa Maria)'는 콜럼버스가 타고 간 배 이름인 '산타 마리아'호가 출발한 항구라는 뜻에서 그렇게 이름을 붙인 곳이다. 이때부터 셰리는 장기간 항해에 필요한 술이 되는데, 셰리는 브랜디를 첨가하여 알코올농도를 높였기 때문에 장기간 항해에도 변질되지 않았기 때문이다. 마젤란이 세계일주에 나섰을 때 싣고 간 와인이 바로 이 셰리이며, 1587년에는 스페인 무적함대를 침몰시킨 드레이크(Sir Francis Drake) 선장의 군대가 '헤레스 데 라 프론테라(Jerez de la Frontera)'를 습격하여 셰리를 3천 통이나 가져간 이야기는 유명하다. 이때부터 엘리자베스 여왕의 궁정에서 셰리가 유행하면서 셰리는 영국 사람이 가장 좋아하는 와인이 된다.

천사의 몫(Angel's share)도 천사 나름

와인을 비롯한 술을 나무통에서 숙성시킬 때 상당량이 증발하는데, 습도가 높은 셀러에서는 1년에 1~2% 정도이고, 좀 더 건조한 곳에서는 4~5%, 보다 덥고 통풍이 잘 되면 더 많은 양이 증발한다. 덥고 건조한 지방에서 생산되는 스페인의 셰리는 1년에 약 3%, 위스키나 브랜디는 연간 2% 정도 증발하지만, 열대지방에서 나오는 럼은 연간 10%까지 증발하기도 한다. 이렇게 나무통에서 숙성되는 동안 증발되어 없어지는 양을 우리는 '천사의 몫(Angel's share)'이라고 부른다. 이렇게 없어지는 양은 나무의 성질과 두께에 좌우되지만, 동일한 조건이라면 보관하는 장소의 습도가 절대적인 영향을 끼친다. 나무를 통해서 증발하는 것은 물과 알코올인데, 습도가 높은 셀러에서는 물보다는 알코올이 많이 증발하고, 습도가 낮은 곳에서는 물이 더 많이 증발한다. 결국, 습도가 높은 곳의 천사는 알코올을, 습도가 낮은 곳의 천사는 물을 먹게 된다.

지리상의 발견의 선두주자, 포르투갈

스페인은 1492년에 이슬람 세력을 완전히 축출하지만, 포르투갈은 이미 1249년에 이슬람 세력을 축출하고 오늘날의 영역이 정해진다. 주앙 1세(재위 1385~1433) 때부터는 엔히크(Henrique) 왕자의 노력으로 지리상의 발견에 선두주자가 된다. 1415년부터 서아프리카 연안 탐험을 시작으로 해안지방의 마데이라, 아조레스를 점령하고, 1442년에는 더 남쪽으로 내려가 아프리카 서해안 케이프베르데 제도까지 진출한다. 1488년에는 아프리카 최남단 희망봉을, 1498년에는 '바스쿠 다가마(Vasco da Gama)'가 희망봉을 지나 인도의 캘커타에 도달함으로써 대망의 인도 항로를 열었다.

작지만 강한 '와인의 나라'

포르투갈은 나라는 작지만 1인당 연간 와인 소비량은 프랑스 다음으로 50~60병 수준으로 와인의 강국이라고 할 수 있다. 포르투갈의 와인은 샴페인이나 셰리의 명성에 버금가는 '포트(Port)'와 '마데이라(Madeira)'의 명성 때문에 일반 테이블 와인이 빛을 보지 못하고 있지만, 1980년대 후반부터 활발한 투자와 현대화로 테이블 와인 특히 레드와인은 세계적인 수준으로 품질이 향상되고 있다. 한때 로제와인으로 도자기에 들어 있는 '란세르(Lancers)'와 플라스크 병 모양의 '마테우스(Mateus)'는 세계적인 베스트셀러가 된 적이 있다.

포도아(蒲萄牙)

포르투갈은 나라 이름도 와인 강국답게 한자로 표기할 때 '포도아(蒲萄牙)'로 표기된다. 직역하면, '포도 중개상' 정도의 뜻이 된다. 동서양이 교류를 시작하면서 각 나라 이름을 한자로 표기할 때 발음만 비슷하게 표기한 것이 아니고, 어느 정도 그 나라의 특색도 고려한 것 같다. 영국이란 명칭은 잉글랜드를 '영길리(英吉利)'로 표현하다가 '영국(英國)'이 되었고, 미국은 아메리칸을 중국에서 '미리견(美利堅)'으로 표기하다가 이를 줄여 '미국(美國)'으로 표기한다. 한편 일본은 아메리카를 '아미리가(亞米利加)'로 표기하다가 '미국(米國)'으로 표기하게 된다.

우리나라는 신문이나 방송에서 나라 이름을 원어대로 표기하지만, 관계를 표시할 때는 주로 '한불수교', '한독교류', '서반아학과' 등의 한자로 표기한다. 우리가 잘 아는 나라들의 한자 표기는 다음과 같다.
- 프랑스: 불란서(佛蘭西). 중국에서는 '법국(法國)'
- 이탈리아: 이태리(伊太利)
- 에스파냐(스페인): 서반아(西班牙)
- 도이칠란트: 독일(獨逸). 중국에서는 '덕국(德國)'
- 그리스: 희랍(希臘)
- 오스트리아: 오지리(墺地利)
- 오스트레일리아: 호주(濠洲)
- 네덜란드: 화란(和蘭)
- 러시아: 노서아(露西亞), 아라사(俄羅斯)
- 폴란드: 파란(波蘭)
- 스위스: 서서(瑞西)
- 아일랜드: 애란(愛蘭)
- 스웨덴: 서전(瑞典)
- 이집트: 애급(埃及)
- 터키: 토이기(土耳其)
- 인도네시아: 인니(印尼)
- 필리핀: 비율빈(比律賓)
- 베트남: 월남(越南)

- 오래전 한 코미디언이 '로스앤젤레스'를 다녀와서 어디에 다녀왔냐고 물으니, 로스앤젤레스와 LA 그리고 나성(羅城), 세 군데를 다녀왔다고 답한 적이 있다.

브라질은 어떻게 해서 포르투갈이 차지했을까?

지리상의 발견이 한창이던 무렵, 포르투갈과 스페인은 전 세계를 양분하는 협정을 맺는다. 이를 '교황분계좌오선'이라고 하는데, 두 나라가 해외 영토를 두고 다투다가 1493년 교황을 중재자로 내세워 남북아메리카는 스페인 것으로, 아프리카와 아시아는 포르투갈 것으로 정하게 되었다. 즉 아프리카 서쪽 끝 앞바다에서 약 480㎞ 떨어진 곳을 기준으로 하여 서쪽은 스페인령, 동쪽은 포르투갈령으로 구분하였다.

하지만 이 조건에 불만을 가지고 있던 포르투갈의 주앙 2세는 강력하게 항의하여, 다음 해인 1494년 스페인의 '토르데시야스(Tordesillas)'에서 다시 협정을 맺는데, 스페인과 포르투갈 양국이 해외로 진출하는 과정에서 서로 간의 충돌을 피하기 위해 현재의 서경 50°선을 경계로 서쪽은 스페인이, 동쪽은 포르투갈이 차지하기로 하였다. 이때는 지구가 둥글다는 사실이 겨우 인식될 무렵이라서 그 경계는 확실하지 않았다.

그러다가 1500년, 포르투갈의 '카브랄(Pedro Alvares Cabral)'이 인도에 간다면서 표류하다가 브라질을 발견하게 되었는데(일부러 그렇게 했다는 설도 있음), 마침 브라질은 서경 50°선에 걸려 있는지라 포르투갈은 이 협정에 의거하여 1530년 브라질을 식민지로 만들 수 있었다. 이렇게 해서 포르투갈은 남미에서 가장 큰 땅덩어리인 브라질을 차지한다. 스페인이 큰 실수를 한 것이다. 그러나 1500년대 후반부터 영국, 프랑스, 네덜란드 등이 지리상의 발견에 나서면서 스페인과 포르투갈 양국의 해상권은 점차 약화되어 이 조약은 유명무실해졌다.

포트(Port)

포르투갈이 포트의 어머니라면 영국은 포트의 아버지라고 할 정도로, 포트는 영국인이 개발하였고, 영국인의 와인으로, 영국인이 가장 많이 소비하는 와인이라고 할 수 있다. 포트 메이커의 대부분이 영국식 명칭을 가지고 있는 것도 바로 이런 이유 때문이다. 포르투갈의 포트 생산량 중 85~90%는 수출되는데, 아직도 가장 큰 시장은 영국으로, 영국인이 가장 애음하는 와인이다. 영국인들은 애가 태어나면 포트를 구입하여 21세가 되었을 때 선물하기도 한다. 또 가장 성차별을 하는 음료로도 유명한데, 전형적인 남성들의 술로 알려져 있다. 전통적으로 식탁에서 여자들이 자리를 뜬 다음에, 시가와 함께 남성들끼리만 마시는 와인이다.

와인의 전설은 모두 '포트(Port)'에서

포르투갈은 유럽 국가 중에서 최초로 인도 항로를 개척하고, 동아시아에 먼저 진출하였기 때문에, 동아시아 사람들이 처음으로 서양와인을 접한 것이 바로 포트다. 그래서 와인에 관한 상식으로 알려진 이야기는 이 포트와인에서 나온 것이 많다.

- "와인은 달다" 처음에 와인을 접했을 때 달지 않은 데 실망감을 느끼는 이유는 포트와인의 단맛에 길들여져서 그렇다. 그리고 일제강점기 때 나온 '아카다마(赤玉)'와 포항에서 만든 '미츠와(三和) 포트와인' 등의 포트 스타일 와인과 집에서 포도를 으깨어 소주를 타서 만드는 와인 때문에 와인은 달다고 인식되어 있다.
- "와인은 은근히 취하는 술이다" 포트는 발효 도중에 브랜디를 첨가하여 알코올농도가 20% 정도 되지만, 단맛 때문에 높은 알코올농도를 못 느끼고 이렇게 이야기한다.
- "와인은 오래될수록 좋다" 포트는 병에서 20년은 기본이고 30~40년 이상 숙성시키기 때문에 이를 오래될수록 좋다고 한다.
- "와인은 디캔팅이나 브리딩을 해야 맛이 좋아진다" 장기간 병에서 숙성시키면 자연히 침전물이 생기기 때문에 찌꺼기를 제거하기 위해 디캔팅을 해야 하고, 디캔팅하기 전에 병의 흔들림을 방지하기 위해 미리 뚜껑을 따두는데, 이를 '브리딩'이라고 한다.

마데이라(Madeira)

마데이라는 서아프리카에 있는 포르투갈령 섬 이름이며, 여기서 나오는 강화와인의 이름이기도 하다. 마데이라섬은 유럽 대륙에서 남쪽으로 1,000㎞ 정도 떨어진 곳에 있다. 1418년 포르투갈에서 발견하여 1420년부터 사람들이 정착하기 시작하였는데, 섬 전체가 숲으로 덮여 있어서 선박 제조용 목재 공급처로 유용하게 사용되었다. 그래서 포르투갈어로 목재를 뜻하는 '마데이라(Madeira)'로 이름이 붙여졌다. 이 섬을 개척할 때 숲을 태워서 개간했는데, 한 번은 실수로 섬 전체가 산불로 거의 타버린다. 그 후에 사탕수수와 포도 재배가 잘 되어 이 섬의 주요 농산물이 된다.

마데이라 와인은 처음부터 강화와인은 아니었다. 1400년대부터 마데이라 와인은 아프리카는 물론, 인도 나중에는 남미까지 수출되었는데, 장기간 항해에 와인이 쉽게 변질되는 것을 방지하기 위해 1600년대 후반부터 와인에 브랜디를 첨가하고 항해한 것이 시작이다. 그러던 중 더운 날씨와 배의 흔들림에 의해서 와인의 맛이 좋아진다고 생각하고, 와인을 가열하여 브랜디를 넣어서 만들기 시작했다. 그래서 관능검사 용어에도 일반 와인에서 산화나 가열취가 나면 '마데이라이즈드(Madeirised or Madeirisation)'라는 표현을 사용한다. 마데이라는 엘리자베스 여왕 시절 스페인의 무적함대를 격파한 드레이크(Sir Francis Drake) 선장이 즐겨 마셨고, 1800년대 초 트라팔가 해전에서 나폴레옹 함대를 무찌른 넬슨 제독의 와인이기도 하며, 미국 독립선언을 위해 축배로 마시던 와인이었다.

강화와인의 수요 감소

세계적으로 유명한 강화와인으로 스페인의 셰리(Sherry)와 말라가(Málaga), 포르투갈의 포트(Port)와 마데이라(Madeira), 그리고 이탈리아의 마르살라(Marsala) 등을 들 수 있는데, 다들 1900년대 후반부터 점차 수요가 감소하고 있다. 1900년대 초반까지 대륙 간의 와인 거래는 대부분 강화와인이 차지하였고, 1950년대만 해도 캘리포니아 와인의 3/4은 셰리, 포트 등의 강화와인이었으며, 오스트레일리아의 와인도 캘리포니아와 마찬가지로 값싼 강화와인 즉 셰리나 포트를 주로 생산하였다. 이는 강화와인이 알코올농도가 높아서 쉽게 상하지 않았기 때문이다. 양조기술이 발달하지 않았던 시절에 만들기 좋은 와인이 강화와인이다. 화이트와인의 맛이 시원찮으면 셰리를 만들고, 레드와인이 시원찮으면 포트를 만들면 쉽게 해결된다. 그러나 1900년대 후반부터 일반 테이블 와인의 알코올농도가 높아지기 시작하고, 과학기술의 발달로 장기 보관이 가능해지면서 강화와인의 생산과 거래는 감소하고, 대륙 간의 무역과 신세계 와인 생산도 고급 테이블 와인 위주로 변한다.

독일의 와인 평준화

18~19세기의 독일 와인은 값비싼 보르도나 부르고뉴 와인보다 더 비쌌다. 그러다가 독일은 포도의 당도, 즉 성숙도를 기준으로 등급을 정하기 시작하면서 이들 와인보다 뒤처지게 된다. 프랑스 와인을 이야기할 때 품질보다는 샤토의 명성이나 그랑 크뤼를 이야기하는데, 독일 와인은 '슈페트레제(Spätlese)', '아우스레제(Auslese)' 등으로 이야기한다. 프랑스는 포도밭의 테루아르 중심으로 등급을 정하기 때문에 한 번 1등은 영원한 1등이 되어, 1등급 포도밭의 주인이 매일 고스톱을 치고 놀아도 1등이고, 3등 포도밭 주인은 아무리 노력해도 1등이 되지 않는다. 다분히 모순이 있는 제도라고 할 수 있다. 그래서 독일은 수확한

포도를 검사한 후 등급을 매기자는 상당히 이성적인 판단에 기초하여 만든 제도지만, 오히려 프랑스보다 못하게 되어 우러러보는 와인이 없어져 버렸다.

고등학교 평준화 이전에는 소위 명문 고등학교라는 것이 있었다. 명문 고등학교 학생은 반에서 웬만큼 공부하면 좋은 대학에 들어갔다. 그러나 평준화 이후는 모두 수능시험을 보고 그 점수에 따라 대학을 결정한다. 우러러보는 고등학교가 없어진 것이다. 고교 평준화 이전이 프랑스 와인이라면 독일 와인은 평준화 이후라고 보면 된다.

> **독일 와인에 대한 편견**
>
> 독일은 화이트와인이 대부분일 것으로 생각하지만, 2014년 기록을 보면 화이트와인 비율이 60%, 레드와인 30%, 로제 10%로 최근 레드와인 생산이 증가하고 있다. 또 독일에는 스위트와인이 주종을 이룰 것으로 생각하지만, 드라이와인 비율이 67%나 된다.

감자, 지도를 바꾸다

감자는 남미 고원지대에서 자라는 식물로 1500년대 스페인 사람들이 유럽에 전파한 작물이다. 처음에는 꽃이나 보는 관상용에 지나지 않았고, 또 성경에 나오지 않는 식물이라서 불결하게 생각하였다. 더군다나 알맹이가 작고 못생긴 데다 날로 먹으면 독성이 있어서 한센병을 유발한다고 해서 '악마의 열매'로 취급되기도 했다.

그러다가 1600년대부터 사료나 북유럽의 가난한 사람들의 식량으로 사용되기 시작하였고, 1700년대에 들어와 기근에 대비한 식품으로 퍼지기 시작했다. 특히, 춥고 습한 기후에 배고픈 아일랜드와 독일 사람에게는 최고의 식품이었다. 우선 감자는 생육기간이 90일로 밀이나 보리에 비해 아주 짧았고, 단위면적당 생산량은 밀이나 보리의 거의 두세 배에 달하는 획기적인 작물이었다. 이를 일찍 깨달은 사람이 프로이센의 프리드리히 2세 (Friedrich Ⅱ, 1712~1786)로서 감자를 구황작물로 심으라는 명령을 내리고, 직접 재배까지 하면서 널리 보급시켜 독일을 기아선상에서 구했다.

프랑스에는 독일보다 먼저(1593년) 감자가 들어왔지만, 병에 걸린다고 회피하였고 오히려 재배를 금지하기까지 했다. 그러다가 7년 전쟁(1756~1763) 때 종군 약사로 복무하다가 프로이센군의 포로가 되어 수용소에서 감자를 먹어본 프랑스의 농학자 '파르망티에

(Antoine Parmentier)'가 독일의 성공사례를 들어 루이 16세에게 감자농사를 장려할 것을 애원했지만, 루이 16세는 마지못해 응하는 정도에 그치면서 프랑스대혁명의 이슬로 사라졌다. 프랑스대혁명은 왕의 실정도 있지만 식량문제 또한 심각한 원인이었다. 프랑스가 감자 재배를 먼저 했더라면, 1870년 보불전쟁의 판도가 바뀌었을지도 모른다.

그 결과 독일을 비롯한 북유럽의 식량사정이 나아지고, 마침 새로 일어나는 신대륙과의 무역이 활발해지면서 무역의 중심이 지중해에서 대서양으로 이동하고, 유럽의 부의 중심이 남쪽에서 북쪽으로 이동하기 시작하였다. 즉 독일과 러시아가 강대국이 되고 프랑스, 이탈리아, 스페인은 상대적으로 약세로 돌아섰다. 북쪽의 군대는 감자를 먹고 넘쳐나는 힘을 남쪽으로 발산하기 시작했다. 감자가 유럽의 지도를 바꾼 것이다. 독일은 감자 먹고 부강한 나라가 되었다고 할 수 있다. 그래서 유럽의 산업혁명과 농업혁명은 감자를 빼고는 이야기할 수 없는 것이다.

프랑스와 독일, 전라도와 경상도

프랑스는 넓고 좋은 농토를 확보하고 있어서, 흉년이 들지 않는 한 웬만하면 국민들이 먹고 살 만했다. '금강산도 식후경'이란 말이 있듯이 잘 먹고 배가 부르면 예술이 발달하게 된다. 반면, 독일은 추운 북쪽으로 농사가 잘 될 수 없는 환경이라서 항상 굶주림에 시달려야 했다. 그래서 "사람은 왜 이렇게 살아야 하나?"라는 의문에서 시작하여 철학자들이 많이 나오게 된다. 우리나라도 전통적으로 농산물과 해산물이 많이 나오는 전라도 지방은 노래 부르고 그림 그리는 사람들이 많이 나오고, 보리밖에 나오지 않는 경상도에서는 유학자를 많이 배출했다.

제2 제국의 탄생

독일의 오토 1세는 교황과 귀족을 이용하여 왕권을 강화하여, 962년 교황 요하네스 12세는 오토에게 로마제국 황제의 칭호를 주어 독일이 신성로마제국이 되는데, 이를 '제1 제국'이라고 한다. 그러나 이는 명예뿐 실속 없는 상태로 1806년 나폴레옹에게 멸망할 때까지 유명무실상태로 지속되어 세계무대에 별 영향력이 없었다.

나폴레옹과의 전투가 끝나고 영토를 회복한 뒤 국가를 재건하는데, 프로이센에서 비스

마르크가 등장하여 국민을 고무시켜 강력한 국가를 건설하고 1866년 오스트리아를 물리치자, 이에 화들짝 놀란 프랑스의 나폴레옹 3세는 1870년 7월 19일 프로이센에게 선전포고를 하고 쳐들어간다. 이를 '보불전쟁'이라고 하는데, 당시만 하더라도 프랑스는 유럽 대륙의 최강자로 군사력이 프로이센보다 우수했지만, 프로이센은 작전이나 사기가 우위에 있었다. 9월 2일 나폴레옹 3세는 독일군에게 항복하고, 파리에서는 새로운 공화국 정부가 들어서 프로이센에게 저항했지만, 1871년 마침내 파리까지 함락된다.

이에 프랑스는 전쟁 배상금 50억 프랑을 지급하고 알자스까지 빼앗기게 된다. 게다가 프로이센은 1871년 국호를 '도이칠란트'로 변경하고 '제2 제국'을 선포하는데, 빌헬름 1세는 독일이 아닌 프랑스 베르사유 궁전에서 스스로 독일 황제임을 선언하고, 그의 군대는 파리에서 시가행진까지 벌였으니, 프랑스로서는 자존심이 무너진 가장 치욕적인 전쟁이었다. 항상 독일을 우습게 알다가 처음으로 독일과의 전쟁에서 진 것이다. 이 전쟁으로 독일은 유럽 제1의 군사강국으로 데뷔하게 된다. 이어서 제1차 세계대전에서 패배한 독일을 다시 일으켜 세운 히틀러는 그의 독일을 '제3 제국'이라고 한다.

파리의 랜드마크로 몽마르트르 언덕에 있는 '사크레쾨르 대성당(Basilique du Sacré-Cœur)'은 이 보불전쟁의 '패전기념관'으로 프랑스가 프로이센과의 전쟁에서 패한 뒤 침체된 국민의 사기를 고양시킬 목적으로 모금한 돈으로 만든 것이다.

냉동건조의 원리

아이스와인은 추운 겨울에 포도를 건조시키는 '냉동건조(Freeze drying)'의 효과를 얻을 수 있어서 부패가 방지되고, 포도 고유의 향이 고스란히 보존되는 효과를 얻을 수 있는 와인이다. 추운 겨울에 명태를 말리는 우리나라 황태덕장도 바로 냉동건조방법을 이용한 것이다. '냉동건조'란 식품을 어는점 이하의 온도로 동결시켜 그 상태대로 승화에 의해서 수분을 제거 건조시키는 방법으로 저온에서 동결상태 그대로 식품 중의 수분이 제거되기 때문에 식품의 물리화학적 변화가 아주 작고 복원성이 좋은 건조식품이 얻어진다. 이 달콤하고 그윽한 향을 풍기는 아이스와인은 여러 가지 와인과 음식을 맛본 다음에 한 잔 따라서 그 농익은 향을 음미해 보면 또 다른 와인 맛을 발견할 수 있다. 우아한 파티의 피날레에서 빠질 수 없는 와인이다.

- 모젤이 발랄하고 아름다운 처녀라면 라인은 성숙한 30대 여인과 같다. – 발터 뮐러(Walter Mueller, 독일 와인 메이커)

헤르만 뮐러(Hermann Müller, 1850~1927)

스위스의 식물학자 및 양조학자로 스위스 투르가우(Thurgau)에서 태어났다. 1876년부터 독일 라인가우(Rheingau)의 가이젠하임(Geisenheim) 등에서 활동하다가 1891년 스위스로 돌아와서 은퇴할 때까지 포도재배, 병충해, 말로락트 발효 등 여러 분야에서 왕성한 연구활동을 하였다. 특히 그는 파스퇴르가 오염으로 인식했던 말로락트 발효를 긍정적으로 인식하였고, 발효가 시작되기 전에 파쇄한 포도에 아황산을 첨가하는 방법을 정착시킨 사람으로 와인양조에서 혁명적인 일을 하였다.

그리고 1882년 독일에 있을 때는 향이 좋은 리슬링과 당도가 높고 생활력이 강한 질바너를 교잡시켜 '뮐러 투르가우(Müller-Thurgau)'를 개발하였다. 이 포도는 품질은 떨어지지만 재배가 쉬워 한때는 리슬링보다 재배면적이 늘어났으나, 독일 와인의 격을 떨어뜨린 품종으로 비난받기도 했다. 실제로는 질바너가 아니고 '마델라이네 로얄(Madeleine Royale)'로 밝혀졌지만 보편적으로 질바너로 알려져 있다.

> **와인 스캔들(부동액 사건)**
>
> 1985년 오스트리아 업자들이 와인에 디에틸렌 글리콜(Diethylene glycol)을 첨가하였는데, 이 물질은 와인의 점도를 높이고 단맛을 내기 때문에 값싼 와인에 이것을 넣어, 값비싼 레이트 하비스트(Late harvest)나 보트리티스 와인(Botrytised wine)으로 속여 팔아서 유죄판결을 받았다. 그러나 실제 부동액은 에틸렌 글리콜(Ethylene glycol)이며 디에틸렌 글리콜은 독성이 알코올보다 적다.

와인의 왕이며 왕들의 와인, 토카이(Tokaji)

루이 15세는 루이 14세가 구축한 강력한 왕권에 힘입어, 국사를 신하들에게 맡기고 자신은 베르사유에서 정부인 마담 퐁파두르와 환락만 추구했다. 퐁파두르 부인은 문학과 예술을 좋아하여 소인극을 벌이고 그림과 조각품을 제작하게 하는 등 항상 왕을 즐겁게 해주면서, 계몽주의 사상가들을 끌어들여 그 화려함 속에서 혁명의 씨앗을 뿌리고 있었다.

이 무렵에 파리의 사교계에 화려하게 등장한 와인이 '토카이(Tokaji)'라는 헝가리 와인이다. 루이 14세는 이 와인을 맛보고 "이 와인은 왕들의 와인이며, 와인의 왕이다"고 극찬을 했다고 전한다. 그런가 하면 또 루이 15세가 애인인 퐁파두르 부인에게 이렇게 속삭였다는 설도 있어서 어느 것이 맞는지는 모르지만, 1700년대 초에 토카이가 파리의 사교계에 데뷔하면서 세계적인 와인이 된 것은 분명하다. 당시 파리의 사교계를 주무르는 퐁파두르 부인에게 소개되었으니 순식간에 토카이는 유명해질 수밖에 없었다. 토카이는 1560년대에 교황에게 진상했다는 기록이 있고, 독일의 프리드리히 대왕, 영국의 빅토리아 여왕까지 극찬했다는 유명한 스위트와인이다.

이 와인은 보트리티스 곰팡이 낀 포도로 만드는데, 이곳은 여름이 덥고 건조하며 가을이 따뜻하고 습하기 때문에 이 병에 잘 걸린다. 1600년대 수확기가 다가올 무렵에 터키의 침입으로 피난을 갔다가, 수확기를 지난 다음에 곰팡이가 낀 포도를 발견하여 꿀과 같은 주스를 얻어 발효시킨 것을 시작으로 보고 있다. 독일보다 100년, 프랑스보다 200년 앞섰다고 볼 수 있다. 이 전설의 토카이 와인은 1800년대 중반까지 잘 나가다가, 나중에 필록세라, 두 차례의 세계대전, 공산화 등 연속되는 수난을 겪다가, 1989년 공산주의에서 벗어나 옛 명성을 찾으려고 새로운 정책을 시행하고, 외국인의 투자를 활발하게 유치하고 있다. 이제 새로 시작하는 셈이다.

디오니소스의 와인

그리스는 기원전 3500~2900년부터 포도재배가 된 것으로 보이며, 기원전 13~11세기 때는 올리브, 밀과 함께 포도재배가 정착하여 그리스 와인의 전성시대라고 볼 수 있다. 고대 그리스의 와인에 대해서는 술의 신 '디오니소스'를 비롯하여, '히포크라테스', '호머', '플라톤', '소크라테스' 등 유명한 사람들의 기록이 남아 있다. 이 그리스 사람들이 로마 사람들에게 포도재배를 전수하고, 로마는 이를 유럽에 퍼뜨린 것이다.

와인은 고대 그리스의 명성과 함께 경제적인 밑받침이었으며, 비잔틴시대에는 수도원에서 만든 와인이 최고의 와인으로 유명했지만, 15세기부터 터키의 지배를 받으면서 쇠퇴하기 시작하였고, 19세기 독립왕국이 되었으나 계속되는 전쟁에 휘말려 쇠퇴한 와인산업 부흥에 힘을 쓸 수가 없었다. 그러나 1960년대 이후 프랑스 품종을 도입하고, 양조방법도 획기적으로 개선하여 신선한 와인을 만드는 쪽으로 변화하고 있다. 1981년 유럽연합(EU)에 가입하면서 원산지 제도를 시행하고, 포도재배와 양조기술을 개선하여 침체한 와인산업을 부흥시키고 있다. 그리스는 1인당 연간 40병을 소모하는 중요한 와인 생산국이자 소비국이다.

암포라(Amphora)와 크베브리(Kvevri/Qvevri)

고대 그리스는 '암포라'라는 항아리에 와인을 담았는데, 항아리는 밀봉이 시원찮아서 뚜껑을 송진으로 밀봉하다가 실수로 송진이 빠져 생긴 와인이 '레치나(Retsina)'다. 현재 유럽연합(EU)에서 송진이 들어간 와인은 그리스 것만 인정해 주고 있다. 이렇게 고대 그리스에서는 와인을 암포라에 저장하고 운반하였다. 암포라는 신석기시대부터 있었던 것으로 추정하고 있으며, 고대 그리스의 암포라는 크기가 다양하지만 사람이 들어서 운반할 수 있는 크기로 보통 높이 1.5m, 용량 40ℓ 이하인 것으로 원뿔형 몸체에 목이 길고 손잡이가 두 개 달려 있는 형태였다. 이들은 여기에 와인뿐 아니라 올리브유, 곡식, 생선까지 저장하는 다양한 용도로 사용하였다.

그루지야에서 사용하는 '크베브리'는 기원전 6000년부터 사용한 것으로 20ℓ 용량도 있지만, 보통 1,000ℓ 이상의 크기로 여기에서 와인을 발효, 숙성, 저장하였다. 현재도 달걀 모양으로 된 항아리를 땅에 파묻고 여기에 포도를 으깨어 껍질, 씨, 열매자루까지 한꺼번에 집어넣고 몇 개월 두는 특이한 방식으로 와인을 만들고 있다. 이 방식은 2013년 유네스코 문화유산으로 지정되었다.

가장 긴 인공동굴

몰도바(Moldova)에는 세계에서 가장 긴 와인 저장고(2005년 기네스북 등재) '밀레스티 미키(Mileștii Mici)'가 있다. 총 길이 200km이며, 그중에서 55km만 와인 저장고로 사용하고 있다. 석회암 동굴로 습도 85~95%, 연중 12~14℃를 유지하고 있다. 그러나 몰디브(Maldives)는 알아도 몰도바가 어디 있는지 아는 사람은 드물다. 몰도바는 흑해 연안 루마니아와 우크라이나 사이에 있는 내륙국가로 세계 14위의 와인 생산국이며, 370만 인구 중에 25만 명이 와인과 관련된 일을 하고 있다. 인구 대비 가장 많은 와인을 생산하는 곳이라고 할 수 있다.

두 번째로 긴 크리코바(Cricova) 동굴도 몰도바에 있는데, 길이 120㎞에 세계에서 가장 큰 규모의 지하 양조시설과 와인 저장고를 가지고 있고, 거리도 '디오니스', '샤르도네' 등의 이름을 붙이고 있다. 이 두 동굴이 알려지기 전에는 스페인의 코도르니우(Codorníu) 동굴(30㎞)이 가장 긴 것으로 알려져 있었고, 그 다음이 모엣 샹동(Moët & Chandon)으로 지하 저장고 길이는 총 28㎞이다.

Wine Episodes

좋은 와인을 못 만들 이유가 없는 나라들

11 좋은 와인을 못 만들 이유가 없는 나라들

유럽은 조상 대대로 물려받은 땅에서 농사를 짓지만, 신세계는 유럽인들이 건너가서 "여기는 밀을 심고, 저기는 포도를 심자"라는 식으로 기후와 토양에 적합한 작물을 선택하여 농사를 짓는 곳이기 때문에 자연조건은 유럽보다 낫다고 볼 수 있다. 다만, 발효식품이란 하루아침에 맛이 이루어지지 않기 때문에 시간이 필요할 뿐이다. 미국 와인은 이미 프랑스 와인을 앞질렀다고 주장하고 있고, 다른 신세계 나라들도 싼 땅값에 싼 노동력을 이용하여 가격 대비 우수한 와인을 생산하여 유럽 와인을 위협하고 있다.

좋은 와인을 못 만들 이유가 없는 나라, 미국

미국은 '필록세라'라는 해충을 퍼뜨리고, 1920년부터는 금주령을 선포하여 유럽 주류산업의 기반을 흔드는 등 대형사건을 저질러 세계 와인이나 주류 역사에 끼친 영향력이 대단히 컸다고 할 수 있다. 그러나 우수한 와인을 만들 수 있는 모든 조건을 두루 갖춘 곳이 미국이기도 하다. 기후조건이 아주 좋고, 과학기술은 최고 수준이며, 막강한 자본력을 갖추고 있고, 인구도 많아 큰 시장을 가지고 있기 때문이다. 게다가 막강한 국력을 바탕으로 미국문화가 세계 구석구석에 침투하였고, 어느 나라든 미국에서 살다 온 사람이 많기 때문에 미국 와인에 대한 선호도가 강하여, 좋은 와인을 못 만들 이유가 없는 나라가 바로 미국이다. 미국은 현재 50개 주 모두 와인을 생산하면서 세계 4위의 생산량을 기록하고 있다. 와이너리는 6,800여 개이며, 하와이에 7개, 알래스카도 5개의 와이너리가 있을 정도다.

1849년 골드러시(Gold rush)

캘리포니아 와인이 발달하게 된 이유 중 '골드러시'를 빼놓을 수 없다. 1848년 캘리포니아가 미국 영토로 편입되고, 많은 금광이 발견되면서 골드러시가 시작되어 캘리포니아에 많은 사람이 모이게 된다. 이때부터 샌프란시스코는 골드러시의 중심지가 되어 '골든게이트(Golden gate)'라는 별명을 얻게 되고, 1849년 골드러시에 들떠 캘리포니아로 몰려간 사람들을 49에 er을 붙여 '포티나이너(Forty-niner, 49er, 샌프란시스코 미식축구팀 별명이기도 함)'라고 부르게 된다. 이들 중에는 서부로 가는 길이 거대한 로키산맥과 협곡에 가로막혀 있어서, 남미 끝으로 배를 타고 돌아서 캘리포니아로 가기도 했다. 동부와 유럽에서 금을 찾아온 사람들 중에는 포도를 재배하고 와인을 만드는 사람들도 있어서, 이들이 지중해성 기후를 가진 캘리포니아에서 유럽 포도를 재배하여 바로 와인을 생산할 수 있었다.

미국 와인의 선구자라고 할 수 있는 헝가리 출신 '오고스톤 하라즈시(Agoston Haraszthy)'는 1861년에 유럽에서 포도묘목 10만 주를 가져와 와인산업의 기틀을 마련하였다. 이때부터 소노마와 나파에 와이너리가 자리를 잡기 시작하였고, 1869년 대륙횡단 철도가 완성되면서 캘리포니아는 미국의 중요한 와인산지로 자리 잡게 된다.

> **나의 사랑 클레멘타인**
>
> 우리나라에서는 딸을 잃은 어부의 노래로 번안되어, "넓고 넓은 바닷가에 오막살이 집 한 채, 고기 잡는 아버지와 철모르는 딸 있네…"로 알려졌지만, 원문을 보면 딸을 잃은 '광부(Forty-niner)'의 노래라는 것을 알 수 있다.
>
> In a cavern, in a canyon,
> (동굴에서, 골짜기에서)
> Excavating for a mine,
> (금광을 찾아 땅을 파헤치며)
> Dwelt a miner, forty-niner,
> (광부, 포티나이너가 살고 있었네)
> And his daughter Clementine.
> (그의 딸 클레멘타인과 함께)

금주법의 타격

1920년부터 1932년까지 미국 전역에서 실시된 금주법은 미국의 신생 와인산업에 치명적인 타격을 준다. 13년간의 정체는 말할 것도 없고, 1933년 폐지 후에도 그 후유증은 대단한 것이었다. 그동안 우수한 와인을 만들던 곳의 포도밭은 다 없어지고, 다시 시작하려면 잡초에 덮인 포도밭을 갈아엎고 새 묘목을 심어야 하고, 와이너리 시설은 거미줄과 곰팡이로 덮여 있어서 모든 시설을 새로 제작해야만 했다. 고급와인을 만들겠다는 의지 자체가 꺾여 있었다. 이때부터 1960년대까지 와이너리는 그냥 와인이란 것을 만들 뿐이었다. 즉 값싸고 갈증을 해소하는 정도의 와인으로 큰 병에 담은 '저그 와인(Jug wine)'이 유행하기 시작한 것이다. 그러나 금주시대에 미사용 와인을 만들면서 명맥을 유지한 '베린저(Beringer)', '크리스천 브라더스(Christian Brothers)', '볼류(Beaulieu)' 그리고 동부 뉴욕주의 '브라더후드 와이너리(Brotherhood Winery)' 등은 금주법 폐지 후 다시 시작하는 곳보다 훨씬 유리한 위치에 있었다.

> **우리나라 작은 나라**
>
> 몇 년 전 우리나라 와인 전문가가 캘리포니아를 방문했을 때 이야기다. 어느 와이너리에서 설명을 들은 후에 일행 중 누군가 "그럼 미국 와인이 프랑스 와인보다 좋다는 말입니까?"라고 질문을 했다. 그러니까 그 미국인은 "캘리포니아는 이탈리아보다 훨씬 넓습니다"라고 대답했다. 와인을 생산하는 주요 국가의 면적은 다음과 같다.
>
> - 프랑스(본토): 54만 km^2
> - 이탈리아: 30만 km^2
> - 스페인: 51만 km^2
> - 독일: 36만 km^2
> - 미국: 937만 km^2(캘리포니아 41만 km^2)
> - 오스트레일리아: 769만 km^2
> - 한국: 10만 km^2(남북 합치면 22만 km^2)

품종과 빈티지 표시

1940년대 초, 프랭크 스쿤메이커(Frank Schoonmaker)는 처음으로 상표에 품종을 표시하기 시작했고, 이어서 로버트 몬다비(Robert Mondavi)도 품종 표시 와인을 만들면서 획기적인 발전을 도모한다. 상표에 품종이나 빈티지를 표시한다는 것은 와인제조에 그만큼 자신감이 생겼고, 생산관리 등 경영적인 측면에서도 어느 정도 수준에 이르렀다는 것을 말한다. 품종과 빈티지를 표시한 상표를 인쇄할 때 정확한 수량을 예측하여 남거나 모자라지 않게 해야 한다. 동일한 품종이라도 작년 와인과 올해 와인의 성분이 다르게 나오면 빈티지가 섞이게 되고, 이 품종은 산도가 높고 저 품종은 산도가 낮으면 균형을 맞추기 위해 또 섞어야 한다. 그러다 보면, 상표에 표시한 품종이나 빈티지가 내용물과 달라질 수도 있다. 품종과 빈티지 표시는 법적인 의무사항은 아니지만, 메이커에서 표시했을 경우 그 표시한 내용과 다르면 위법이 된다.

독립 200주년 선물

역사적으로 미국과 프랑스는 긴밀한 관계를 맺고 있었다. 1776년 미국이 독립선언을 하고 영국과 전쟁할 때 영국의 라이벌인 프랑스는 미국 독립군에게 많은 지원을 아끼지 않았고, 이 때문에 재정파탄으로 1789년, 프랑스대혁명이 일어나 부르봉 왕조가 뒤집어지게 된다. 그런데 1789년은 미국의 초대 대통령 워싱턴이 취임한 해이기도 하다. 프랑스는 1876년, 미국 독립 100주년 때는 '자유의 여신상'을 선물하기로 한다. 자유의 여신상은 1875년부터 만들기 시작하여, 1884년에 완성하여, 1885년에 미국으로 운반하여, 1886년에 제자리를 잡는다. 자유의 여신상의 조각은 '바르톨디(Frédéric Auguste Bartholdi)'가 자신의 어머니를 모델로 하였고, 내부 철골구조는 에펠탑으로 유명한 '에펠(Gustave Eiffel)'이 설계하였다.

미국 와인이 국제적인 명성을 얻게 된 계기가 되는 1976년의 '파리의 심판(The Judgment of Paris)'은 프랑스가 미국에게 본의 아니게 선사한 독립 200주년 기념선물이라고도 할 수 있다. 참고로, 파리 센강에 있는 자유의 여신상은 미국이 1889년, 프랑스대혁명 100주년을 기념하기 위해 답례로 준 선물이다. 이 여신상의 손에 있는 판에는 미국 독립기념일(Ⅳ. JUILLET 1776)과 프랑스대혁명일(XIV. JUILLET 1789)의 날짜가 새겨져 있다.

파리스의 심판(The Judgment of Paris)과 파리의 심판(The Judgment of Paris)

영어로 'The Judgment of Paris'에는 두 가지 뜻이 있다. 하나는 그리스 신화의 '파리스의 심판(The Judgment of Paris)'으로 트로이의 왕자인 '파리스(Paris)'가 미의 여신 아프로디테(Aphrodite), 지혜의 여신 아테나(Athena), 그리고 권력의 헤라(Hera) 세 여신 중에서 누가 가장 아름다운지를 가려달라는 요청을 받고 아프로디테의 손을 들어준 사건을 말한다. 이에 아프로디테는 답례로 지상에서 가장 아름다운 여인인 스파르타의 왕비 '헬레네(Helene)'와의 사랑을 파리스에게 준다. 그리고 헬레네가 사랑을 따라서 트로이로 간 데 대한 복수로 스파르타의 왕이 그리스 연합군을 결성하여 트로이로 쳐들어 간 것을 바로 '트로이 전쟁'이라고 한다.

두 번째는 와인업계의 '파리의 심판(The Judgment of Paris)'으로 1976년, 프랑스에 사는 영국인 '스티브 스퍼리어(Steven Spurrier)'가 프랑스의 유명한 와인과 신생 캘리포니아의 와인을 대결시켜 캘리포니아 와인의 우수성을 입증한 사건을 말한다. 파리스나 파리는 영어로 동일한 글자(Paris)이기 때문에 이 사건은 와인애호가들 사이에서 재미있는 이야기로 통한다. 30년이 지난 2006년에는 동일한 와인으로 다시 대결을 시도하여 이를 '파리의 재심판(The Judgment of Paris 30th Anniversary)'이라고 한다.

미국 와인은 코카콜라 맛

1972년, 바롱 필립 드 로트칠드는 "미국 와인은 다 똑같다. 코카콜라 맛이 난다"라고 했는데, 1976년, '파리의 심판'을 보고 깨달은 바 있어, 1979년에는 로버트 몬다비와 합작해서 '오퍼스 원(Opus One)'을 생산한다.

1976년, 파리의 심판(The Judgment of Paris)

1976년, 파리의 심판은 프랑스와 미국의 와인 중 어떤 것이 더 뛰어난지 우열을 가린다는 취지보다는 미국의 우수한 신생와인을 프랑스에 소개하는 행사로 준비되었고, 마침 1976년은 미국 독립선언 200주년을 기념하는 해이기도 해서, 미국 와인을 프랑스 와인 전문가들에게 선보인다는 홍보적 성격이었다. 1976년 5월 24일 파리 소재 인터콘티넨탈호텔에서 화이트와인 10종(프랑스 와인 4종, 캘리포니아와인 6종)을 먼저 시음한 후 레드와인(프랑스 와인 4종, 캘리포니아와인 6종)을 시음하고, 레드와인 시음을 준비하는 시간에 화이트와인 심사 결과를 발표하였다. 당시 심사위원은 DRC의 '오베르 드 빌렌(Aubert de Villaine)'을 비롯하여 INAO 감독관, 레스토랑 주인, 와인 교육자, 소믈리에, 와인잡지사 편집장 등 9명의 전문가로 구성하여, 각 와인을 20점 만점으로 평가하였다. 결과는 다음과 같다.

화이트와인과 레드와인

1. Chateau Montelena Winery 1973(미국)
2. Meursault, Charmes 1973(프랑스)
3. Chalone Vineyard Vineyard, 1974(미국)
4. Spring Mountain 1973(미국)
5. Beaune, Clos des Mouches 1973(프랑스)

1. Stag's Leap Wine Cellars 1973(미국)
2. Ch. Mouton-Rothschild 1970(프랑스)
3. Ch. Haut-Brion 1970(프랑스)
4. Ch. Montrose 1970(프랑스)
5. Ridge Monte Bello 1971(미국)

당신, 내 와인으로 뭐한 거야!

1976년, 파리의 심판에서 2등이 된 '무통 로트칠드'의 '바롱 필리프 드 로트칠드'는 심사위원 중 한 사람에게 전화하여 이렇게 퍼부었다. "당신, 내 와인으로 뭐한 거야! 내가 무통을 2등에서 1등으로 만드는 데 40년이 걸렸단 말이야!"

2006년, 파리의 재심판(The Judgment of Paris 30th Anniversary)

1976년, 파리의 심판을 주최한 스티븐 스퍼리어(Steven Spurrier)는 30년이 지난 2006년에 이른바 '파리의 재심판'을 기획하게 된다. '숙성에 있어서는 프랑스와인이 더 낫지 않을까?'라는 생각으로 1976년 당시 파리 시음회에 출품한 동일한 빈티지의 레드와인 10종을 시음하기로 했다. 그러나 화이트와인은 시음 적기가 지났다고 판단해서 제외시켰다.

2006년 5월 24일, 영국과 미국에서 2원화로 동시에 진행하기로 하고, 영국은 런던의 베리 브로스(Berry Bros & Rudd)사에서 잰시스 로빈슨, 마이클 브로드벤트 등 9명이 심사위원으로, 미국은 캘리포니아 나파의 코피아(Copia) 와인박물관에서 와인 수집가 윌프레드 재거(Wilfred Jaeger), MW, 마스터 소믈리에 등 9명이 심사위원으로 참가하였다. 평가방식은 1976년 20점 만점의 절대적 평가에서 2006년에는 대상 와인의 등수를 매기는 방식으로 진행하였다. 결과는 숙성에 있어서는 프랑스 와인이 나을 것이라는 예상을 뒤엎고 캘리포니아 와인의 일방적인 승리로 끝났다.

1. Ridge Monte Bello 1971(미국)
2. Stag's Leap Wine Cellars 1973(미국)
3. Heitz Martha's Vineyard 1970(미국)
4. Mayacamas Vineyards 1971(미국)
5. Clos Du Val Winery 1972(미국)

> **스택스 립 와인셀러스(Stag's Leap Wine Cellars),**
> **스택스 립 와이너리(Stags' Leap Winery)**
> 이름이 거의 같다 보니 많은 사람들을 혼동시키고 있다. 둘 다 캘리포니아 나파 카운티 안에 있는 스택스 립 디스트릭트(Stags Leap District) AVA에 있고, 와인을 생산하기 시작한 연도 또한 1971년으로 동일하다. 우리가 잘 아는 1976년, 파리의 심판에서 1등한 곳은 '스택스 립 와인셀러스(Stag's Leap Wine Cellars)'이다. 1972년 빈티지부터 생산했는데, 두 번째 빈티지인 1973년산이 파리의 심판에서 1등을 했으니 대단한 일이다. 현재는 워싱턴 DC에서 잘 나가는 샤토 생 미셸도 구입하여 운영하고 있다. 가까운 곳에 있는 스택스 립 와이너리(Stags' Leap Winery)도 좋은 와인을 만들고 있으며, 현재 오스트레일리아의 대기업 '트레저리 와인 에스테이트' 소속이다. 한때 두 곳이 명칭 때문에 법적인 분쟁이 일어났지만, 1986년에 현재 명칭을 그대로 사용하기로 결정이 났다. 수사슴이 단수인지 복수인지를 보고 구분할 수밖에 없다.
> 2006년, 파리의 재심판에서 가장 걱정하던 곳이 스택스 립 와인셀러스(Stag's Leap Wine Cellars)였다. 1976년에 1등이었는데, 2006년에 어떤 결과가 나올지 소비자들도 궁금하게 생각했는데, 결과는 2등으로 한숨 푹 쉬었다고 전한다.

프랑스 업체의 캘리포니아 진출

프랑스를 비롯한 유럽의 와인은 수백 년의 전통과 AOC 등 규제와 각 지역별 등급체계를 가지고 있어서 포도 재배방법 개선이나 와인양조방법의 새로운 시도는 거의 불가능하다. 프랑스의 유명한 샤토가 나무통에서 발효를 시키다가 스테인리스 스틸 탱크로 교체하고 싶어도 권위나 명예 그리고 결과에 대한 확신이 없기 때문에 쉽게 시도할 수 없었다. 그래서 프랑스 샤토는 별다른 규제가 없는 캘리포니아 와이너리에 기술제휴나 합작투자 등의 방법을 제안한다. 이렇게 기술제휴를 하면 캘리포니아 와이너리는 프랑스의 유명한 샤토와 기술제휴를 했다는 제목으로 신문이나 방송에 나갈 수 있고, 프랑스의 샤토는 스테인리스 스틸 탱크 사용 등 새로운 시도에 대한 장단점을 파악하여 본사에 보고할 수 있으며, 더 나아가 새로운 와인을 만들어보고, 실험하는 등의 다양한 활동을 할 수 있게 된다. 양쪽 모두 만족할 만한 일로 캘리포니아 와인이 급격하게 성장할 수 있는 요인을 제공한 것이다. 아니면, 프랑스 샤토가 아예 캘리포니아 포도밭을 구입하여 와이너리를 차리고 와인을 만들어도 된다. 현재 수많은 유럽의 와인업체들이 캘리포니아에서 와이너리를 운영하고 있다.

밀젠코 그르기치(Miljenko Grgich, 1923~)

밀젠코(마이크) 그르기치는 우리나라에 잘 알려지지 않은 인물이지만, 이야기를 들으면 금방 알 수 있는 사람이다. 그는 크로아티아(옛 유고슬라비아) 출신으로 자그레브(Zagreb) 농대에서 포도재배와 양조를 공부하면서 미국 진출을 염두에 두고, 독일에 머무르다가 캐나다를 거쳐 캘리포니아에 정착하여 와인을 만든 입지전적인 인물이다. 크리스천 브라더스, 볼류, 몬다비 등에서 일하고 샤토 몬텔레나의 와인메이커가 된다. 1976년, 파리의 심판에서 그가 만든 1973년산 샤르도네가 1등으로 선정되었고, 이 사건을 영화로 만든 것이 '보틀 쇼크(Bottle shock, 우리나라 제목은 '와인미라클'인데, 이 영화에서 이 사람 이야기는 빠지고 픽션으로 샤토 주인의 고집스러운 이야기로 대체된다. 그리고 이 성공신화를 바탕으로 '그르기치 힐스 셀러(Grgich Hills Cellar)'라는 본인 소유의 와이너리를 차린다. 또 진판델이 자기 고향인 크로아티아의 '플라바크 말리(Plavac Mali)'와 동일한 품종이라는 주장을 하고, 직접 건너가 학자들과 함께 연구하면서 더 유명해지기도 했다.

보틀 쇼크(Bottle shock)

영화 '와인미라클'의 원래 제목이지만, '보틀 쇼크'는 전문적인 와인양조 용어로서 주병 직후나 와인의 이동으로 흔들릴 경우에 일시적으로 향미가 옅어지고 흩어지는 느낌으로 변하는 현상이다. 이를 다른 말로 '보틀 시크니스(Bottle sickness)'라고도 한다. 영화에서는 출품할 와인이 약간 핑크빛으로 변하여 폐기시키는데, 이를 '적변(Pinking)'이라고 하며, 역시 일시적인 현상이다. 보통은 아황산의 부족으로 일어나며, 발효 초기의 산소 부족, 높은 저장 온도, 빛이나 공기에 노출되었을 때 나타난다. 낮은 온도에서 철저하게 공기를 차단시킨 환원적인 상태에서 발효시킨 와인을 공기에 노출시키면 이런 현상이 일어나므로, 현대적인 기술을 사용하여 만든 화이트와인에서 많이 볼 수 있다.

로버트 몬다비(Robert Mondavi, 1913~2008)

로버트 몬다비는 캘리포니아 와인업계에서 가장 유명한 인물로 캘리포니아 와인의 개척자라고 할 수 있다. 그의 아버지는 이탈리아의 중부 마르케 태생이며 1903년에 미국으로 이민 와서 미네소타에서 살다가, 로버트 몬다비가 태어난 후에 몬다비 식구는 캘리포니아 로다이(Lodi)로 이사를 간다. 로버트의 아버지인 체사레 몬다비(Cesare Mondavi)는 'C. 몬다비 & 선스(Mondavi and Sons)'라는 과일의 포장 및 운송 회사를 차리고, 미국 동해안 지역의 아마추어 와인메이커를 대상으로 와인용 포도를 판매하였다.

로버트 몬다비는 1937년에 스탠퍼드대학을 졸업하고, 1943년에는 아버지가 세인트 헬레나(St. Helena)에 있는 '찰스 크뤼그 와이너리(Charles Krug Winery)'를 구입하자, 아버지·남동생과 함께 와이너리를 시작한다. 그러나 형제 간의 불화로 로버트 몬다비는 1965년에 찰스 크뤼그를 떠나서 1966년, 오크빌(Oakville)에 자신의 와이너리인 '로버트 몬다비 와이너리(Robert Mondavi Winery)'를 차린다. 로버트 몬다비는 개혁 및 실험정신으로 처음으로 화이트와인을 낮은 온도에서 발효시키고, 프랑스산 오크통에서 숙성시키고, 상표에 품종을 표시하는 등 획기적인 바람을 일으켜 캘리포니아 와인의 질을 한 단계 높여 놓는다.

1979년에는 '무통 로트칠드(Ch. Mouton-Rothschild)'와의 합작으로 '오퍼스 원(Opus One)'을 설립하였고, 그 외 이탈리아 토스카나의 '프레스코발디(Frescobaldi)', 칠레의 '비냐 에라수리스(Viña Errazuriz)' 등과 합작하고, 캘리포니아의 '바이런(Byron)', '우드브리지(Woodbridge)', '리차드 애로우드(Richard Arrowwood)' 등도 소유하고, 나파 밸리의 와인 경매, '미국 와인센터(American Center for Wine)', 그리고 '푸드 앤 아트(Food and Art)'도 설립하여 와인산업 육성에 이바지하였으나, 2004년에 경영난으로 '콘스텔레이션(Constellation) 그룹'에 매각된다.

오퍼스 원(Opus One)

무통의 와인메이커 '루시앵 시오노(Lucien Sionneau)'와 로버트 몬다비의 아들 '티모시(Timothy)'가 1979년에 로버트 몬다비 와이너리에서 합작으로 첫 빈티지를 생산하기로 하고, 다음 해 공식적으로 이를 발표한다. 이에 1981년에는 합작으로 만든 와인이 경매에서 한 상자에 24,000불에 팔리는 진기록을 세우게 된다. 1982년에는 로버트 몬다비와 바롱 필리핀 드 로트칠드는 라벨 디자인을 기획하기로 하고, 영어와 프랑스어로 쉽게 인식될 수 있는 라틴어로 된 단어를 고르기로 했다. 이에 바롱 필리핀 드 로트칠드가 음악 용어인 '오퍼스(Opus)'란 단어를 선정하고, 이틀 뒤에 여기에 1번이라는 단어를 추가하여 '오퍼스 원(Opus One)'이 된다. 이윽고 1984년에 1979년 빈티지와 1980년 빈티지 와인을 '오퍼스 원'이란 이름으로 출하하였고, 이는 미국에서 최고 수준의 와인으로 알려지기 시작하여 병당 50불이 넘는 가격대를 형성하여 당시 미국에서 가장 비싼 와인으로 판매된다. 1988년부터 오퍼스 원(1985 빈티지)은 프랑스, 영국, 독일, 스위스 등으로 수출되면서 국제적으로 알려지기 시작하였다.

- 유럽 사람은 포도밭을 물려받아 와인을 만들지만, 캘리포니아에서는 와인에 빠진 사람들이 대부분 포도를 재배하고 와인을 만듭니다. – 익명의 캘리포니아 와인메이커

진판델(Zinfandel)의 족보

진판델은 분명히 유럽종 포도지만, 늘 그 근원을 궁금하게 생각했다. 미국 동부에 1820년대에 도입되었고, 캘리포니아에는 1850년대에 들어왔을 것으로 추측하지만, 유럽 어디서 온 것인지 불분명했다. 그러다가 1967년, 데이비스의 캘리포니아대학(U.C. Davis) 오스틴 고힌(Austin Goheen) 교수가 이탈리아를 방문하여 '프리미티보(Primitivo)'로 만든 와인을 마셔보고 이를 진판델이라 확신하여, 1968년, 캘리포니아로 프리미티보 포도를 가져와서 연구한 결과, 1972년, 진판델과 프리미티보는 동일한 품종이라고 발표한다. 그러나 이탈리아도 미국과 마찬가지로 프리미티보를 1700년대부터 재배했다고 하니까 어디서 온 품종인지 알 수 없었다.

1970년대 말부터 프리미티보가 크로아티아의 '플라바크 말리(Plavac Mali)'라고 주장하

는 사람들이 나오기 시작했는데, 특히 크로아티아 출신으로 1976년, 파리의 심판에서 샤르도네로 1등을 차지하여 유명해진 와인메이커 '밀젠코 그르기치(Miljenko Grgich)'는 어렸을 때부터 크로아티아에서 본 플라바크 말리가 진판델과 동일하다고 주장하였다. 1991년부터 밀젠코 그르기치와 진판델 애호가단체 등에서 과학적인 연구에 박차를 가하여, 데이비스의 캘리포니아대학(U.C. Davis)의 '캐롤 메러디스(Carole Meredith)' 교수가 크로아티아에 직접 가서 자그레브(Zagreb)대학과 공동으로 플라바크 말리 샘플을 150개 채취하여 조사한 결과, 진판델은 플라바크 말리의 조상에 해당하며, 이름도 어려운 '크를예나크 카스텔란스키(Crljenak Kaštelanski)'가 진판델이라고 2001년에 밝혔다.

프랜시스 포드 코폴라(Francis Ford Coppola)와 와인

프랜시스 포드 코폴라는 1939년, 미시건주 디트로이트에서 출생하였다. 집안은 이탈리아계로 할아버지 때 바실리카타에서 이민 왔으며, 아버지 '카마인 코폴라(Carmine Coppola)'는 플루트 연주자로서 디트로이트 심포니 오케스트라 지휘자(후에 아들이 감독으로 출세하자 영화음악가로도 활동)였다. 프랜시스 포드 코폴라는 호프스트라(Hofstra)대학에서 연극을 전공하였고, 캘리포니아대학(UCLA)에서 전공을 영화로 변경하여, 학생시절에 이미 소형 영화의 감독으로 활동하였다. 이어서 영화의 거장 '로저 코만(Roger Corman)' 감독 밑에서 공부하고, 1966년에 'You're A Big Boy Now'라는 영화의 정식 감독으로 데뷔한다.

몇 편의 영화를 감독한 후, 1970년에는 '패튼 대전차 군단(Patton)'의 각본을 맡아 아카데미 각본상을 수상하였고, 1972년에는 '대부(The Godfather)'의 성공으로 독자적인 위치를 확보하고, 1974년에 '대부 Ⅱ' 그리고 1979년에 '지옥의 묵시록(Apocalypse Now)' 등의 히트작을 발표하여 대스타가 되었다.

코폴라는 1975년에 캘리포니아 루더포드에 있는 '잉글누크(Inglenook) 와이너리'의 '구스타브 니봄(Gustave Niebaum)' 포도밭 630ha를 구입하는데, 이 포도밭은 1879년에 핀란드 항해사 '구스타브 니봄'이 설립한 것이다. 이 와이너리(Niebaum-Coppola Estate Winery)에 가족들이 참여하여 1977년부터 와인을 생산하였고, 1995년에는 '잉글누크(Inglenook) 와이너리'의 나머지 포도밭과 유서 깊은 와이너리까지 구입하여, 2006년부터 '루비콘 에스테이트 와이너리(Rubicon Estate Winery)'로 명칭을 변경하고, 2011년에 상표권까지 구입하여 다시 '잉글누크(Inglenook)'란 명칭을 사용하고 있다.

갤로(E & J Gallo)

캘리포니아 와인업계에서는 이탈리아 출신들이 큰일을 많이 했다. 로버트 몬다비의 아버지는 이탈리아 중부 마르케 출신이고, 세계에서 가장 큰 와이너리인 '갤로(E & J Gallo)'를 설립한 어네스트 갤로(Ernest Gallo, 1909~2007)와 줄리오 갤로(Julio Gallo, 1910~1993) 형제의 아버지 역시 피에몬테 태생으로 1905년에 아르헨티나를 거쳐 캘리포니아로 왔다. 로버트 몬다비가 고급와인으로 캘리포니아 와인의 품질을 높였다면, 갤로는 값싸고 맛있는 와인을 대량생산하여 미국 와인의 대중화에 앞장섰다고 볼 수 있다.

갤로는 금주법이 폐기된 해인 1933년에 어네스트와 줄리오 두 형제가 설립하여 현재 3대째 사업을 이어오고 있으며, 세계에서 가장 큰 와이너리로 연간 8~9억 병의 와인을 생산(2016년 우리나라 와인 수입량 5천만 병)하고 있다. 캘리포니아 중부 내륙지방의 모데스토(Modesto)에 본사가 있으며, 제너릭 와인의 대표주자로서 '칼로 로시(Carlo Rossi)' 등의 상표를 비롯하여, 카베르네 소비뇽, 샤르도네 등 버라이어탈 와인과 디저트 와인, 스파클링 와인까지 생산하고 있다. 최근에는 소노마에도 몇 개의 와이너리를 인수하였고, 워싱턴주까지 진출하여 컬럼비아 와이너리를 인수하여, 90개의 브랜드를 가지고 있으며, 연간 40억 불의 매출을 올리고 있다.

트럼프 대통령도 와이너리 소유

이 와이너리는 트럼프가 인수하기 전에 백만장자 '존 클루지(John Kluge)'의 전처이면서 누드모델인 '패트리샤 클루지(Patricia Kluge)'의 소유였다. 패트리샤는 1990년 존 클루지와 이혼하고 천문학적인 위자료(약 10억 달러로 추정)를 받아, 새 남편과 이 와이너리에 막대한 자금을 투자했으나, 2011년 채무 불이행으로 부지의 일부가 은행(Bank of America)으로 넘어갔다. 이 상태에서 트럼프는 오랜 친구인 패트리샤의 포도밭을 구입하게 된다. 너무 낮은 가격으로 구입했다고 말썽이 일어났으나, 부동산 황제답게 잘 해결하여 2011년 10월 '트럼프 와이너리(Trump Winery)'라는 이름으로 재탄생하게 된다.

버지니아주의 블루 리지(Blue Ridge)산맥 기슭에 자리 잡고 있으며, 가까이 토머스 제퍼슨이 세운 역사적인 '몬티첼로(Monticello)' 와이너리가 있다. 160만 평의 부지 중 25만 평에서는 유럽종 포도를 재배하고 있어서, 미국 동부에서 유럽종 포도 재배면적이 가장 넓은 곳이기도 하다. 현재, 도널드 트럼프의 아들인 에릭(Eric)이 운영하고 있으며, 레드·화이트·스파클링 와인을 모두 생산하며, 특히 스파클링와인이 좋은 것으로 정평이 나 있어 미국 동부의 와인으로는 드물게 몇 번 수상한 적이 있다.

옛날에는 배에서 뭘 먹었을까?

대항해시대의 개막은 포르투갈의 '엔히크 왕자'가 포르투갈에서 남하하여 아프리카로 가는 항로를 개척하면서부터 시작되었다. 돛단배를 타고 몇 개월씩 여행할 때 과연 이들은 무얼 먹었을까? 냉장고가 없던 시절이라 채소나 과일은 엄두도 못 내고 기껏해야 말린 고기와 밀가루 정도를 실었을 것이고, 오늘날의 수돗물도 얼마 안 되면 못 먹게 되는데, 이들이 실은 물은 또한 어떠했을까? 이렇게 심각한 위생과 영양 상태를 가장 뼈저리게 느낀 사람은 선상 의무감이었다. 선상 의무감은 이들의 위생과 영양을 해결해 주는 것이 바로 '와인'이라고 생각했다.

남아프리카의 초대 총독 '얀 판 리베크(Jan Van Riebeck)'도 선상 의무감으로 의사였다. 부하들에게 남아프리카의 지중해성 기후가 포도재배에 적합하다고 설득하고, 특히 와인이 괴혈병에 좋다면서 1655년 포도밭을 조성하여 1659년부터 와인을 만들기 시작하였다. 오스트레일리아의 '린드먼스(Lindeman's)'도 1843년 영국해군 의사 출신인 '헨리 존 린드먼(Henry John Lindeman)'이 뉴사우스웨일스의 헌터 밸리에서 시작했으며, 동일한 의과대학 출신인 '크리스토퍼 로손 펜폴드(Christopher Rawson Penfold)' 역시 와인이 빈혈 치료에 효과가 있다고 생각해서 와인양조를 시작하였다.

장기간 항해의 최대의 적은 비타민 C 부족으로 인한 괴혈병이었다. 이를 제대로 간파한 사람은 1770년 오스트레일리아 대륙을 발견한 '제임스 쿡(James Cook, 1728~1779)' 선장이었다. 쿡 선장은 괴혈병 방지를 위해 선원의 위생상태를 개선하고, 당직을 교대로 하고, 배 안을 일주일에 한번 이상 건조시켰다. 음식도 가능한 한 채소, 과일을 현지 조달하여 많이 실었고, 장기 보관을 위해 식초에 절인 양배추를 만들었다. 그 결과, 쿡의 세 차례 항해에서 괴혈병에 걸린 사람은 없었다. 1년 이상 항해 시 출발한 선원의 절반도 돌아오기 힘든 시절에 획기적인 발판을 마련한 것이다.

> **쉬라즈(Shiraz)**
>
> 오스트레일리아 와인 하면 가장 먼저 떠오르는 것이 '쉬라즈(Shiraz)'란 품종일 것이다. 프랑스 론 지방에서 가져온 '시라(Syrah)'를 남아프리카에서 이렇게 부르다가, 오스트레일리아 역시 이 품종을 도입하여 이렇게 부르게 된다. 쉬라즈로 만든 와인은 맛이 진하고 장기간 보관할 수 있는 보디가 강하여 오스트레일리아 와인의 대명사가 되었다. 사실은, 먼저 도입한 쉬라즈보다는 카베르네 소비뇽이 더 좋다는 말을 듣고 프랑스에서 카베르네 소비뇽을 도입하려 했으나, 마침 유럽 전체가 필록세라 때문에 모든 나라의 포도밭이 오염되어 있을 때였다. 그래서 오스트레일리아는 필록세라를 방어하기 위해 새로운 품종 도입을 철저히 막았기 때문에 쉬라즈가 이 나라의 주품종이 된 것이다. 덕분에 오스트레일리아는 필록세라의 피해가 극히 적었고, 지금도 미국종에 접붙이기를 하지 않은 100년 이상 된 나무에서 생산되는 와인들이 꽤 있다.

오스트레일리아 의사와 와인

1776년 미국독립혁명이 발발하여 그때까지 미국으로 보냈던 죄수를 처리하지 못하게 된 영국은 오스트레일리아 대륙을 새로운 유형식민지로 이용하게 된다. 1788년 1월 군인과 죄수 1,030명(죄수는 726명)이 지금의 시드니 근처에 도착하게 되는데, 이날이 이 나라의 건국기념일이다. 오스트레일리아는 죄수들이 개척한 나라라고 할 수 있다. 이렇게 많은 죄수들이 오는데, 도중에 많은 죄수들이 사망하게 되어 손실이 크자, 총독은 '윌리엄 레드펀(William Redfern)'이라는 의사에게 대책을 강구하라고 지시한다. 레드펀은 감귤류와 와인의 중요성을 알고 있던 터라, 라임즙을 섞은 와인을 죄수들에게 처방하여 효과를 보게 된다. 이에 윌리엄 레드펀은 시드니 남쪽에 포도밭을 개척하였고, 그 후 다른 의사들도 와이너리를 만들기 시작한다.

린드먼(Lindeman)과 펜폴드(Penfold)는 런던의 세인트 바르톨로뮤(St. Bartholomew) 병원 출신이다. 린드먼은 1840년 오스트레일리아로 이주하였는데, 유럽에서 와인의 효능에 매료되었던 그는 당시 독한 술을 마시던 사람들에게 와인의 효능에 대해 알리면서, 1843년 뉴사우스웨일스 헌터 밸리(Hunter valley)에 포도밭을 세운다. 그는 또 1871년 뉴사우스웨일스 의학신문에 와인의 유익한 점을 알리고 와인을 국가적인 음료로 삼자고 주장하기도 한다.

와인의 의학적 가치를 잘 알고 있던 펜폴드 역시 1844년 오스트레일리아 남부로 이주하는데, 프랑스에서 포도 묘목을 가져와 애들레이드(Adelaide)에 심었다. 처음에는 환자들을 위한 강화와인 위주로 시작하여 지금은 오스트레일리아를 대표하는 와이너리가 되었다.

맥스 슈버트(Max Schubert, 1915~1994)

펜폴스(Penfolds)사의 쉬라즈를 세계적으로 유명하게 만든 사람으로 그가 개발한 '그레인지(Grange)'는 오스트레일리아 국보급 와인이다. 슈버트는 1930년대에 펜폴스에 심부름꾼으로 입사하여 밑바닥 일부터 시작하면서 와인양조에 탁월한 능력을 발휘한다. 당시 오스트레일리아의 와인은 셰리를 비롯한 강화와인을 주로 생산했던 때라, 성실하게 일한 맥스 슈버트는 1949년 스페인 헤레스(Jerez) 연수기회를 얻을 수 있었다. 셰리 양조 연수를 무사히 마치고 보르도에 가서 고급 샤토를 돌아보고 큰 감명을 받는다. 귀국 후 고급 보르도 스타일의 와인을 만들려고 했으나, 당시 오스트레일리아에서 카베르네 소비뇽이 흔하지 않을 때라 할 수 없이 쉬라즈를 이용하여 보르도 스타일로 만든 것이 1951년 빈티지의 '그레인지 에르미타주(Grange Hermitage)'이다. 당시 오스트레일리아에서는 쉬라즈를 '에르미타주(Hermitage, 은자의 집이란 뜻)'라고 했고, 펜폴스의 설립자인 펜폴드 부부가 살던 집 이름이 '그레인지(Grange, 대농의 저택이란 뜻)'라서 이렇게 이름을 붙였다.

산도를 조절하고, 낮은 온도에서 장기간 발효시키고, 오크통에서 숙성시키는 등 당시 상황에서 획기적인 노력을 기울였으나 강화와인에 길든 입맛을 바꾸기에는 역부족이었다. 상당기간 재고만 쌓여서 회사 측에서 생산 중단 명령을 내릴 정도였지만, 1960년대부터 각종 대회에서 수상하게 되고, 유명한 평론가들의 극찬을 받기 시작한다. 이윽고 그레인지(1995년부터 EU 요청으로 Hermitage 지역 명칭 삭제)는 오스트레일리아의 상징이 되고, 보르도 그랑 크뤼 1등급 와인과 어깨를 겨루게 된다.

말보로(Marlborough)

말보로는 뉴질랜드 소비뇽 블랑의 명산지로 유명하며, 그전부터 담배(Marlboro)로 많이 알려진 명칭이다. 원래 '말보로(1st Duke of Marlborough, 1650~1722)'는 영국의 장군으로 영국과 네덜란드 연합군 총사령관으로 활약하였으며, 윈스턴 처칠의 조상이기도 하다. 그래서 그 이름을 딴 지명이 영국과 미국에 많고, 뉴질랜드 와인산지 말보로 역시 그 이름을 딴 것이다. 말보로 담배도 처음에는 'Marlborough'라고 하다가 1924년부터 스펠링을 줄여서 'Marlboro'로 개명하였다. 이 담배의 명칭은 런던공장이 있던 '그레이트 말보로 스트리트(Great Marlborough Street)'에서 따온 것이다. 또 영국의 진(Gin)에도 말보로(Marlborough)가 있다.

아프리카 이미지의 남아공 와인

세계 어느 나라든 아프리카는 흑인들이 창 들고 춤추는 나라, 기아에 허덕이는 어린이들, 사자와 얼룩말이 있는 곳 등으로 알려져 있고, 텔레비전에서도 이런 장면만 보여주지만, 이들도 웬만하면 현대식 가옥에서 살고, 냉장고에서 주스를 꺼내 먹고 지낸다. 더군다나 남아프리카공화국은 아프리카 최대의 공업국으로 지하자원이 풍부하다. 금 생산량 세계 1위, 그 밖에 망간·바나듐·백금·크롬도 생산량 1위, 다이아몬드·우라늄도 생산량 2위, 철도·도로포장·자동차 보유율 등은 아프리카 1위, 한마디로 아프리카에서 가장 부자 나라다. 이들이 만든 와인을 '남아공 와인'이라고 한다. 세계 9위 와인 생산량, 프랑스에 버금가는 원산지 표시제도, 우수한 테루아르, 과학적인 양조기술 등 뭐 하나 나무랄 것이 없는데, 아프리카라는 이미지 때문에 남아프리카공화국의 와인은 한마디로 평가절하되어 있다.

위그노(Huguenot)파

유럽에서 와인을 발전시킨 로마 가톨릭의 수도승들과 달리, 남아프리카의 와인을 발전시킨 주인공은 '칼뱅파(Jean Calvin)'라고도 알려진 위그노파 신교도들이다. 이들은 로마 가톨릭의 종교의식, 성직계급제도, 수도원제도에 비판을 가했다가 전쟁과 학살 등으로 엄청난 박해를 받지만, 신도 수가 증가하고 종교적 관용정책에 힘입어 앙리 4세가 1598년 4월 13일 낭트에서 개신교의 권리를 인정하는 '낭트칙령'을 선포하여 위그노의 종교적 자유를 인정한다. 그러나 얼마 안 가서 루이 14세는 가톨릭만을 국교로 인정함으로써 절대 왕정에 대한 교황청의 지원을 받고자, 1685년 10월 18일 퐁텐블로 칙령을 내려 낭트칙령을 폐지하였다. 이에 위그노파 신도들은 신변 보장을 받지 못하게 되었고 많은 수가 해외로 이주하였는데, 1685년에서 1689년 사이에 해외로 이주한 위그노는 20~30만 명에 달했다고 한다.

위그노 신교도들은 성경을 신봉하는 사람들이라 글을 잘 아는 사람이었고, 더 나아가 금융가, 기술자, 예술가 등 엘리트층이었다. 위그노파의 해외이주는 프랑스로서는 엄청난 두뇌 유출로 경제적인 공동이 생겼지만, 신교의 발생지인 독일은 위그노파를 수용하여 선진국으로 가는 기틀을 마련한다. 아울러 네덜란드, 영국 등도 프랑스의 엘리트인 위그노파를 받아들여 산업혁명의 선두주자가 된다.

남아공 와인의 시작

남아프리카의 희망봉에 처음으로 발을 디딘 나라는 포르투갈(1488년)이지만, 한참 후인 1652년에 네덜란드 사람들이 정착하여, 자국인의 오랜 항해 끝에 쉬어가는 곳으로서 식량 공급, 선박수리 등의 목적으로 이곳을 개발한다. 남아프리카 와인은 케이프의 초대 총독인 '얀 판 리베크(Jan Van Riebeck)'가 1655년 포도밭을 조성하여 1659년 2월에 와인을 만들면서 시작되었다. 그 후 1688년 프랑스에서 종교박해를 피해 위그노파가 도착하여 포도나무를 심고 와인을 만들면서 기술적으로 발전하여 산업화의 기틀을 마련한다. 남아프리카 와인산지 중 하나인 '프랜스후크 지역(Franschhoek District)'은 프랑스 위그노파 거주지(Franschhoek = French Corner)였기 때문에 이렇게 이름을 붙인 곳으로 대부분의 포도원 이름도 프랑스식이다.

알마비바(Almaviva)

바롱 필리프 드 로트칠드사는 1979년 '로버트 몬다비'와 합작하여 '오퍼스 원'을 성공시키고, 이어서 1998년에는 칠레의 '콘차 이 토로(Concha y Toro)'와 합작으로 '알마비바'를 내 놓는데, 이때는 바롱 필리프 드 로트칠드는 이미 세상을 떠났고, 그의 딸 '바롱 필리핀 드 로트칠드(Baronne Philippine de Rothschild, 1933~2014)'가 주도하여 이 일을 성사시킨다. '알마비바(Almaviva)'는 프랑스 극작가 '보마르셰(Pierre Augustin Caron de Beaumarchais, 1732~1799)'의 연작인 『세비야의 이발사』와 『피가로의 결혼』에 나오는 바람둥이 백작의 이름이다. 그리고 라벨의 글씨는 보마르셰가 직접 갈겨 쓴 글씨체를 라벨에 그대로 옮겨 놓은 것이다. 이는 바롱 필리핀 드 로트칠드가 파리의 국립연극예술학교를 졸업하고 유명한 여배우 '카트린 드뇌브'와 같이 활동한 예술인이었고, 그의 두 번째 남편인 '장 피에르 보마르셰'가 극작가 보마르셰의 후손이었기에 가능한 일이었다. 그리고 라벨에 있는 동그란 마크는 마이포 밸리 원주민의 휘장으로 우주와 땅을 상징한다고 한다.

칠레 와인

이른바, 3W가 좋다고 알려진 곳이 칠레다. 날씨(Weather), 여자(Women), 와인(Wine)이라는 것인데, 실제로 가보면 와인은 정말 좋은데, 나머지 2W는 기대할 것이 아니라는 사람도 많다. 어쨌든, 칠레 와인은 세계 시장에서 가격 대비 만족도가 가장 좋은 와인이라는 칭송을 받으면서, 내수보다는 수출에 주력하는 곳이다. 생산량의 50% 이상을 수출하며, 생산량은 세계 8~9위지만, 수출액은 세계 4위나 된다. 우리나라에서도 프랑스 다음으로 수입액이 많고, 수입량으로는 타의 추종을 불허하는 1위로 인기 좋은 와인이다.

칠레는 완전히 고립된 영토로서 서쪽으로 태평양, 동쪽으로 거대한 안데스산맥, 북쪽은 아타카마사막, 남쪽은 남극해로 싸여 있다. 그리고 온화한 기후와 맑은 햇볕에 안데스산맥의 눈 녹은 물로 관수를 할 수 있고, 엄청난 일교차, 격리된 환경 덕분에 병충해 발생이 거의 없으므로 포도를 비롯한 여러 과수의 에덴동산이라고 할 수 있다. 한마디로 포도재배의 이상적인 조건을 갖춘 곳이라고 할 수 있다. 여기에 땅값이 싸고, 값싼 노동력이 풍부하여 세계에서 가격 대비 가장 좋은 와인이 나오는 곳이 된 것이다.

칠레 와인의 인기

박신양이 시나리오를 쓰고, 주연으로 나오는 '범죄의 재구성(최동훈 감독, 2004년)'을 보면, 이런 대사가 나온다. "아니 뭐 프랑스 것도 뭐 못 먹는 건 아닌데, 2차 대전 때 독일 놈들이 프랑스를 쑥대밭으로 만들어놨잖아. 사람이 얼마나 많이 죽었겠어. 근데 포도밭이 남아나겠냐고? 오리지널은 그냥 다 타 없어졌지. 그리고 나서 다시 심었는데 뭐 포도 자라는 데 하루 이틀 걸리나? 근데 칠레에는 오리지널이 남아 있다 이거죠. 모르는 사람들이 프랑스 와인, 프랑스 와인 찾더라고…"

이 영화가 나오기 전에 박신양은 시나리오를 들고 와인스쿨을 찾아왔었다. 이런 대사가 나가도 되느냐고 묻고 대답하는 순서로 이야기를 했는데, 대답의 대부분은 실제로는 이렇게 저렇게 된 거지만, 사기꾼이라면 이 정도면 괜찮다 식이었다.

우리나라 최초의 와인은 '마주앙'이 아니다

우리나라 최초의 와인은 (주)파라다이스의 '애플와인 파라다이스'로 1967년에 허가를 받아 1969년부터 생산하여 당시 대학생들에게 선풍적인 인기를 끌었다. 1982년부터는 포도로 만든 '올림피아'도 생산하였으나 판매부진으로 시달리다가, 1986년에 동아제약이 이 회사를 인수하여 1987년에 파라다이스를 '수석농산'으로 변경하고, '올림피아'를 없애고 '위하여'라는 상표로 대신한다. 두 번째 와인은 1974년에 해태에서 포도로 만든 '노블와인'이며, '노블로제', '노블클래식', '노블스페셜' 등을 출시하였고, 1975년에 여의도 국회의사당이 완공될 때 해태상 밑에 이 와인을 매립하여 100년 후에 꺼낼 것을 약속하기도 했다. '마주앙'은 1977년에 뒤늦게 시작하였지만, OB맥주라는 큰 주류시장을 확보하고 있고, 뛰어난 기술력과 마케팅으로 순식간에 국내 와인시장을 장악하였다. 그 후 진로의 '샤또 몽블르(1985년)', 금복주의 '두리랑(1984년), 대선주조의 그랑주아(1987년) 등 우리나라 주류업체들의 와인 제조는 대기업 위주로 매년 10~30%씩 성장하면서, 1988년에 최고의 성장을 기록하지만, 우리나라 풍토가 와인용 포도의 재배에는 적합하지 않고, 와인용 포도의 재배기술이 확립되지 않은 상태에서 외국산 와인이 수입되면서 국산 와인은 설자리를 잃고 말았다.

우리 속담을 와인으로

- 남이야 전봇대로 이를 쑤시든 말든… - 남이야 '동페리뇽'에 '페트뤼스'를 섞어서 마시든 말든…
- 콩 심은 데 콩 나고, 팥 심은 데 팥 난다. - 적포도로 레드와인 만들고, 청포도로

화이트와인 만든다.
- 평양감사도 제 하기 싫으면 그만 - '로마네 콩티'도 지 싫으면 그만
- 알아야 면장하지 - 알아야 와인 마시지
- 장가가면서 불알 떼놓고 가는 놈 - 와인 가지고 가면서 스크루 안 가지고 가는 놈
- 보기 좋은 떡이 먹기도 좋다. - 색깔 고운 와인이 마시기도 좋다.
- 콩으로 메주 쑨다 해도 곧이 안 듣는다. - 적포도로 레드와인 만든다 해도 곧이 안 듣는다.
- 우선 먹기는 곶감이 달다. - 우선 마시기는 신세계 와인이 맛있다.
- 먹다 죽은 귀신은 때깔도 좋다. - 와인 마시다 죽은 귀신 혈색도 좋다.
- 빈 수레가 요란하다. - 어설픈 와인 전문가가 더 시끄럽다.
- 너의 시작은 미약하였으나 네 나중은 심히 창대하리라(욥기 8:9) - 너의 시작은 '모스카토 다스티'였으나 네 나중은 '동페리뇽'으로 창대하리라.
- 홀아비 사정 과부가 잘 안다. - '동페리뇽' 사정 '뵈브 클리코 퐁사르당'이 잘 안다.
- 꿩 대신 닭 - 샴페인 대신 카바
- 피는 물보다 진하다. - 와인은 물보다 진하다.

Wine Episodes 12

홀아비 손에서 태어나
과부 손에서 완성된 와인

12 홀아비 손에서 태어나 과부 손에서 완성된 와인

 로맨스가 익어갈수록 인간관계가 깊어지듯이, 샴페인을 만드는 것은 자부심에 가득 찬 우리 모두의 인생을 더욱 부각시키는 하나의 예술이다. 샴페인은 영감, 상당한 노력, 끈기를 원료에 부어 넣은 데서 창조되는 것이다. 샴페인은 그냥 만들어진 것이 아니다. 한평생 노력의 결정체요, 작품이다.
— 윌리엄 코프만(William I. Kaufman, 미국의 작가)

샹파뉴의 와인

샹파뉴 지방은 포도재배의 북방 한계점이라서 신맛이 강한 드라이 화이트와인과 별 특징 없는 레드와인을 생산하였지만, 이 지방 와인은 로마시대부터 왕들에게 걸맞은 와인이라 해서 '발레 드 라 마른(Vallée de la Marne)'에 있는 '아이(Ay)'의 와인으로 알려져 있었으며, 마른강과 센강의 편리한 운송체계 덕분에 가까운 파리에 공급될 수 있었다. 아이의 와인은 랭스의 왕실행사에 사용된 후로 프랑스 왕실에서도 전통적으로 마시는 와인이 되었다. 프랑수아 1세, 앙리 8세, 교황 레오 10세 등도 좋아했다고 한다. 루이 14세도 아이의 와인을 너무 좋아한 나머지, 이 와인에 비스킷을 많이 찍어 먹어 병에 걸리자 주치의가 부르고뉴의 와인을 권하게 되었다고 한다.

샹파뉴에서는 1700년대부터 스파클링와인 즉 거품 나는 와인을 만들면서 명산지로서 이름이 알려지기 시작하였다. 이 지방 와인의 신맛에 거품이 들어가 특유의 신선함을 부여하고 장기간 보관이 가능하게 된 것이다. 결국, 샴페인은 신맛과 탄산가스에 의한 거품의 조화라고 할 수 있다. 그러면서 1800년대부터는 과학적인 혜택을 받아 면모를 일신하면서 새로운 맛과 색상을 갖추고 감각적인 홍보수단을 동원했다. 근대의 상징으로 샴페인의 라벨은 포스터 역할을 하면서 당시 새로운 수요층을 파고들었다. 특히 상류층을 주요 고객으로 강조하면서 샴페인을 마시면 누구나 이들과 동급이 될 수 있다는 이미지를 심어주고, 어떤 요리와도 잘 어울리고, 어느 때나 마실 수 있는 와인이 되었으며, 화려한 이미지 덕분에 축하하는 행사에서 없어서는 안 될 기쁨과 행복의 술이 된 것이다.

- 형제여! 빨리 와보시오. 난 지금 별을 마시고 있다오. – 동페리뇽(Dom Pérignon, 프랑스 수도승, 샴페인을 발견하면서)

환희의 술, 샴페인

와인 중에서 샴페인만큼 세계적으로 이름이 널리 알려진 와인도 없다. 와인이라는 명칭보다는 샴페인을 먼저 아는 사람이 더 많기 때문에 가끔 샴페인도 와인이라는 데 놀라는 사람들도 있다. 그리고 세계 어느 나라 사람이든 남녀노소를 가리지 않고 샴페인을 좋아한다. 샴페인은 일단 값이 비싸기 때문에 아무나 마실 수 없는 상류사회를 상징하고, 최고의 사치품이란 뜻도 있으며, 약혼, 결혼, 세례, 기념일 등 축하하는 행사에서 없어서는 안 될 기쁨과 행복의 술이다. 한 가지 더한다면, 샴페인은 거품이 들어 있어서 '벼락부자(Nouveau riche)'라는 뜻도 가지고 있다. "한국은 샴페인을 너무 일찍 터트렸다"라는 말은 외국 사람들이 '한국은 졸부'라는 은유적인 표현을 쓴 것일 수도 있다.

- 이 신선한 술(샴페인)에서는 반짝이는 거품이, 우리 프랑스인들에게서는 빛나는 이미지가 나온다. – 볼테르(Voltaire, 프랑스 작가)

샴페인을 취하기 위해 마시는 사람은 없을 것이다. 샴페인은 샴페인만의 매혹적인 분위기가 있다. 여러 사람이 모여 함께 축하해야 할 기쁜 일이나, 연인끼리 속삭이는 은밀한 자리에서, 기쁨과 즐거움의 분위기에 어울리는 사랑과 화합의 술이다. 샴페인을 화난 얼굴이나 고뇌에 찬 표정으로 마시는 사람은 없을 것이다. 그리고 샴페인이란 와인만을 뜻하지 않고, 영혼의 기쁨을 축하하고, 일상생활의 억압에서 벗어난 자유와 환희를 담고 있으며, 불행을 치료하는 신비의 영약이란 뜻도 지니고 있다. 샴페인은 인간의 행복을 위해서 존재하는 술이다. 그러나 아직까지 우리나라 사람에게 샴페인은 낯선 술이다. 그만큼 인생에 즐거운 일이 많지 않다는 말이다. 샴페인 마시는 기회가 많아질수록 우리 인생이 더 즐거워지고 있다는 증거라고 할 수 있다.

- 아, 나는 억울하게 죽어가고 있다. – 오스카 와일드(Oscar Wilde, 아일랜드 출신의 작가), 그가 죽음에 임박하여 샴페인을 마시며…

- 내 삶에서의 유일한 후회는 샴페인을 더 많이 마시지 않은 것이다. – 케인스(John Maynard Keynes, 영국의 경제학자)의 유언 중에서
- 내가 결코 가져보지 못했던 세 가지: 부러움, 만족감 그리고 충분한 샴페인 – 도로시 파커(Dorothy Parker, 미국의 작가)

동페리뇽과 루이 14세

이 두 사람이 같은 나라에서 같은 해에 태어나 같은 해에 죽었다는 사실을 아는 사람은 많지 않다. 생전에 둘이 만난 적은 없지만, 한 사람은 샴페인의 명성을, 또 한 사람은 절대 왕정을 구축하였다고 할 수 있다. "짐은 곧 국가다"라고 외친 태양왕 루이 14세는 화려한 베르사유 궁전을 짓고 정복전쟁으로 영토를 넓히면서, 전형적인 전제군주로서 무려 72년 간 프랑스를 다스렸다. 유럽에서 프랑스의 세력과 국위가 정점에 이른 것을 상징하는 것이었다. 그는 황태자와 황태자의 아들보다 더 오래 살았으며, 1715년에야 그의 증손자가 다섯 살의 나이에 왕위를 계승하여 루이 15세가 된다.

동페리뇽(Dom Pierre Pérignon, 1638~1715)은 20세에 베네딕트 수도원의 수도사가 되어, 30세부터 랭스에 있는 오빌레 수도원에서 일하기 시작하여 수도원 생활에 필요한 생활용품을 책임지고 있었다. 그는 와인을 마시지는 않았지만, 와인을 잘 만들고 사업적인 수완도 좋아서 수도원의 포도밭을 넓히고, 수도원의 와인 가격도 주변보다 네 배나 비싸게 받을 수 있었다. 또 레드와인 품종으로 화이트와인을 최초로 만든 것으로도 유명하다. 특히 가지치기를 짧게 해서 단위면적당 수확량을 줄여서 와인의 질을 높였으며, 기온이 낮은 아침에 포도를 수확하여 아로마를 보존하고, 포도밭에 압착기를 설치하여 수확 즉시 압착하여 주스를 짰다. 그러면서 포도밭을 구분하여 와인을 별도로 담고, 나무통보다는 유리그릇에 와인을 보관하여 와인의 신선도를 유지하였다.

사실, 동페리뇽이 만든 와인은 신선한 레드와인이 대부분이었다. 루이 14세는 이 와인을 프랑스 최고의 와인이라면서 즐겨 마셨고, 이에 귀족들도 즐겨 마시면서 샴페인의 명성이 올라간 것이다. 스파클링 샴페인은 이후 몇 십 년이 더 흐른 다음에 유행하게 된다. 1715년 루이 14세가 죽은 후에 루이 15세의 섭정을 맡은 오를레앙 공작이 스파클링 샴페인을 즐겨 마셨다는 기록이 나오는데, 이때부터 샴페인 지방에서 스틸와인에서 스파클링와인으로 전환한 것으로 보고 있다. 그러나 1700년대 말까지 샹파뉴 지방 와인의 90%는 스틸와인이

었다. 이렇게 따져보면, 동페리뇽이 와인제조에서 혁신적인 공로를 세운 것은 분명하지만, 샴페인을 발견했다는 증거는 희박하다.

그러다가 1821년 오빌레 수도원에서 '동그로사르(Dom Grossard)'라는 사람이 나타나서 동페리뇽을 샴페인 발명가로 추대하여, 동페리뇽뿐 아니라 오빌레 수도원의 위상을 높이는 데 크게 이바지한다. 그는 동페리뇽이 처음으로 코르크를 사용하고, 포도 맛을 보고 포도밭이 어디인지 알 수 있었다는 전설적인 이야기를 만들어냈다. 그리고 모엣 샹동에서 최고급 샴페인에 '동페리뇽'이라는 이름을 붙여서 팔기 시작하여 '동페리뇽'은 샴페인의 발명가이며, 또 고급 샴페인의 대명사로 우리에게 각인된다. 참고로, 동페리뇽이 장님이란 소문은 그가 블라인드 테이스팅(Blind tasting)을 자주 하는 데서 해석을 잘못하여 그렇게 전달된 것으로 그는 장님이 아니었다.

동(Dom)과 돈(Don)
- 동(Dom): 베네딕트 수도사의 존칭. 포르투갈, 브라질의 귀족이나 고위 성직자 이름 앞에 붙이는 존칭. 예) 동페리뇽(Dom Pierre Pérignon)
- 돈(Don): 스페인 귀족의 존칭. 예) 돈후안(Don Juan)

동페리뇽(Dom Pérignon)의 상표권

모엣(모엣 샹동의 전신)은 프랑스대혁명이 끝나고 1794년에 동페리뇽이 일하던 오빌레(Hautvillers) 수도원과 포도밭을 구입하여 샴페인을 만들고 있었지만, 동페리뇽 이름을 상표로 사용할 생각은 감히 하지 못하고 있었다. 그리고 당시 동페리뇽 상표권은 모엣 샹동의 라이벌 '메르시에(Mercier)'가 가지고 있었다. 그러다가 1927년 양쪽 집안에 결혼이 이루어지면서 모엣 샹동은 1930년에 동페리뇽 상표권을 구입하게 된다.

동페리뇽(Dom Pérignon)을 상표로 사용하자는 아이디어는 1932년 모엣 샹동의 런던 지점인 '시몬 브라더스(Simon Brothers)'에 있는 홍보 담당자 '로렌스 벤(Laurence Venn)'의 아이디어였다. 그는 최고급 샴페인에 이 이름을 붙여 귀족들에게 비싸게 팔자는 제안을 한 것이다. 1935년에 동페리뇽 이름을 붙이지 않고 런던 지사인 시몬 브라더스사의 100주년 기념 와인으로 1926년산 300병을 영국에 팔았고, 반응이 좋아지자 이번에는 동페리뇽 이름을 붙여서 1921년산 100상자를 미국에 팔기 시작(1936년)하여 지금까지 고급 샴페인의 대명사로 전 세계 사람들에게 알려지기 시작한다.

스파클링와인은 누가 처음 만들었나?

일반적으로 동페리뇽이 샴페인을 처음 만들었다고 하지만, 처음 만들어진 시기를 정확하게 밝히기는 어렵다. 분명한 것으로 스파클링와인은 압력을 견딜 수 있는 유리병이 나온 다음에야 가능하다는 점을 고려한다면, 영국에서는 1600년대에 석탄을 태워서 얻은 고열로 강한 유리병을 만들었고, 이때 나무통으로 수입된 프랑스 와인이나 자국의 와인을 유리병에 넣고 밀봉시키다가 실수로 스파클링와인을 만든 것으로 보인다. 또 1662년 영국의 '크리스토퍼 메렛(Christopher Merret)'은 당분을 첨가하여 스파클링와인을 만들 수 있다고 기록하였기 때문에 스파클링와인은 영국에서 탄생했다고 보는 견해가 설득력이 있다. 그리고 그 원리는 1800년대 후반에 파스퇴르가 알코올발효와 탄산가스의 관계를 규명하면서 알려졌지만, 본격적인 스파클링와인의 시작은 1700년대 후반으로 보고 있다. 이때도 과학적인 원리를 확실하게 모를 때라서 우연의 기회에 기대는 수밖에 없었다.

와인을 만들다 보면, 본의 아니게 스파클링와인을 만들 때가 있다. 당분과 이스트가 남아 있는 상태에서 주병한 경우에 스파클링와인으로 변신하기 때문이다. 우리나라에서 와인 만드는 사람들도 이러한 경험을 가지고 있다고 밝히는 사람들이 꽤 있다. 그러니까 와인 제조가 활발하게 이루어진 곳에서 스파클링와인이 나올 확률이 더 많다고 볼 수 있다. 그리고 이 현상을 지나치지 않고 그 현상을 이용할 수 있는 재치가 있어야 한다. 그래서 인지 최근 프랑스 정부는 랑그도크(Languedoc)의 리무(Limoux)에 있는 생틸레르(Saint-Hilaire) 수도원의 수도승이 1531년부터 스파클링와인을 만들었다고 공식적으로 인정하여, 원산지명칭으로 '블랑케트 메토드 앙세스트랄(Blanquette Méthode Ancéstrale)'을 지정하고 와인 병에 '1531'이라는 숫자를 큼직하게 써놓고 있다. 소문에 의하면 동페리뇽이 순례 중에 이곳 리무를 방문하여 스파클링와인 만드는 방법을 알게 되었다고도 한다.

메토드 샹프누아즈(Méthode Champenoise)

샹파뉴 지역에서 병 하나하나를 2차 발효시키는 방법을 말하며, 샹파뉴 이외의 지역에서 이와 똑같이 만들더라도 1992년부터 '메토드 샹프누아즈(Méthode Champenoise)'라는 문구를 사용할 수 없도록 했다. 다른 곳에서는 '메토드 트라디시오넬(Méthode Traditionnelle)', '메토도 클라시코(Metodo Classico)', '클래식 메소드(Classic Method)' 등으로 표현한다. 예를 들어, 전주에서 나오는 비빔밥에만 '전주비빔밥'이라고 표시한다는 법이 있다면, 서울에서 전주비빔밥이란 명칭이 사라질 것이다. 그래서 서울에서 '전주식 비빔밥'이라고 표시해서 팔고 있었는데, 이것도 잘 팔리니까 전주시에서 이마저 못하게 막은 것으로 보면 된다.

과학발전으로 완성된 스파클링와인

스파클링와인은 와인과 직접 관련 없는 과학기술의 발전으로 이루어진 것으로, 가장 중요한 요인은 1700년대 유리병 제조기술이 향상되면서 고압에 견딜 수 있는 유리병의 출현과 이를 완벽하게 밀봉시키는 기술의 발전이라고 할 수 있다. 그리고 고압과 고농도의 알코올에 견딜 수 있는 이스트의 개발, 찌꺼기 제거를 위한 냉동기술의 발달 등 과학의 혜택을 가장 많이 본 술이 스파클링와인이다. 냉동기술이 없었던 시절에 병에 가라앉은 찌꺼기를 어떻게 제거했을까? 숙달된 기술자가 찌꺼기를 병구에 모은 다음 병구를 아래쪽으로 향하게 해서 마개를 제거하고 얼른 다시 손으로 막았으니 상당한 와인의 손실이 있었을 것이다. 지금은 찌꺼기를 냉동시켜 제거하니까 보다 맑은 샴페인이 되고, 대량생산이 가능해진 것이다. 샴페인은 동페리뇽 시대에 시작되어 지난 300년 동안 이러한 과학기술의 발달로 오늘날의 샴페인이 완성된 것이다.

인공 얼음은 해롭다?

동서양을 막론하고 옛날부터 더운 여름에 차가운 얼음을 먹을 수 있도록 겨울에 언 얼음을 저장하는 기술은 어느 정도는 있었다. 그러나 열대지방에서는 꿈도 꾸지 못할 일이었다. 19세기 초에 열대지방에서 얼음을 파는 사람이 있었다. 미국의 '프레더릭 튜더(Frederic Tudor)'는 겨울에 호수에 언 얼음을 잘라서 배에 싣고 남미, 심지어 인도까지

가서 얼음을 팔아 돈을 엄청나게 벌었다. 처음에는 이 황당한 아이디어를 실천하는 데 얼음이 다 녹아서 실패했지만, 톱밥 속에 얼음을 넣어서 즉 보온기술을 사용하여 성공하였다. 그래도 2/3는 녹았지만…

냉동의 원리는 스코틀랜드의 '윌리엄 쿨렌(William Cullen)'의 노력으로 밝혀졌지만, 이를 실용화시킨 것은 1834년 '제이콥 퍼킨스(Jacob Perkins)'가 에테르를 압축시켜 기화열을 이용한 것으로 보고 있다. 이어서 1851년에 오스트레일리아의 '제임스 해리슨(James Harrison)'이 냉동기술로 얼음을 만들어 식품에 사용하였고, 가스 압축기술은 1875년 독일의 '린데(Carl von Linde)'가 암모니아 냉동장치를 고안하여 현재까지 냉매만 바뀔 뿐 그 기술이 이어지고 있다.

당시에 나온 인공 얼음(Artificial ice)은 겨울에 호수에서 얼음을 잘라 팔아먹는 사람들에게 위협적인 존재였지만, 인공 얼음은 뿌옇고, 녹으면 하얀 앙금도 생기는지라 사람이 먹기에 해롭다는 주장이 팽배했고 가격도 비싼 편이었다. 1880년대까지 제빙공업은 실용적인 면에서 별 볼 일이 없었지만, 1800년대 말부터 기술 개선이 이루어져 오늘날에 이른 것이다. 그러니까 샴페인의 병목을 얼게 만들어 찌꺼기를 제거한 기술은 20세기 이후의 것이라고 할 수 있다.

샴페인 숙성

병에서 2차 발효가 끝나면, 이스트 개체 수가 감소하면서 사멸하여 6개월이면 모두 활성이 없어지고, 이때부터 와인은 이스트 찌꺼기와 접촉하면서 특유의 부케를 얻게 된다. 이렇게 이스트 찌꺼기와 접촉하면서 숙성시키는 방법을 프랑스어로 '쉬르 리(Sur lie)'라고 하는데, 이스트의 주성분인 단백질이 자가분해(Autolysis)되어 글루탐산과 같은 아미노산과 기타 여러 성분을 와인에 방출하여 복잡하고 특이한 향을 남기므로 샴페인 부케가 발전하게 된다. 그래서 김빠진 샴페인은 일반 화이트와인과는 전혀 다른 향미를 지닌다. 보통 빈티지 표시가 안 된 것은 수확한 다음 해 1월부터 18개월, 빈티지 표시된 와인은 36개월, 프레스티지 퀴베는 5~7년간 숙성시킨다.

- 호스트가 파티를 여는 목적은 무엇일까? 분명 당신 혼자만을 즐겁게 하는 것은 아닐 것이다. 만약 그게 목적이라면, 아마 그는 그저 샴페인과 여자를 택시에 태워 당신 집으로 보냈을 것이다. – 오루크(P. J. O'Rourke, 미국의 작가)

여자들의 술, 샴페인

19세기까지만 해도 와인은 남자들의 술이었지만, 샴페인은 남녀 모두를 타깃으로 삼았다. "여자들에게 샴페인을!"이라는 말이 생길 정도였다. 이는 여자를 뜻대로 다루려면 샴페인을 마시게 하라는 말도 되지만, 샴페인은 호사스러운 이미지를 여성의 몸에 걸치게 해주었다. 수많은 라벨에 여성들이 등장하고, 특히 샴페인 제조에는 많은 여성들이 두각을 나타내면서 '여성의 술'이란 이미지를 더욱 강하게 심어주었다.

- 샴페인은 마신 후에도 여인의 아름다움을 지켜주는 유일한 술이다. – 퐁파두르 부인(Madame de Pompadour, 루이 15세 애첩)

퐁파두르 부인(Madame de Pompadour, 1721~1764)

본명은 '잔 앙투아네트 푸아송(Jeanne Antoinette Poisson)'으로 부유한 금융업자의 딸로 태어났다. 평민신분이었지만 어머니 덕분에 상류층 여성에게 필수적인 교양교육을 받았고, 또 그는 이를 잘 받아들여 그림, 연극, 식물학, 보석 디자인 등에서 뛰어난 실력을 갖게 되고 유머감각도 훌륭했다고 한다. 1741년에 결혼을 했으나 1744년, 루이 15세의 눈에 띄어 내연의 관계를 맺다가, 후작 부인의 칭호를 받아 귀족으로 신분이 상승되면서 이혼하고, 1745년 정식으로 왕의 정부가 된다.

왕의 총애를 한 몸에 받고 베르사유 궁전에서 지내면서, 왕이 하지 못하는 예술분야의 애호가로 예술과 문화 발전에 많은 공헌을 한다. 궁중장식에 필요한 도자기를 구입하여 도자기 산업 발전에 기여하며, 문예 보호, 예술가 보호, 대저택이나 성곽 건설, 가난한 귀족 자녀를 교육시키는 사관학교 설립에도 관여하는 등 문화 발전뿐 아니라, 정치와 외교 분야에서도 그림자처럼 간접적으로 관여했다. 또 볼테르, 몽테스키외 등 계몽주의 철학자 등을 초청하여 이야기를 듣는 자리를 마련하여, 후에 프랑스대혁명의 도화선 역할도 한다. 서른 살이 넘어서는 왕과 한 침실을 쓰지 않고, 오히려 왕에게 젊고 아름다운 여자를 소개시켜 주기도 하는 등, 몸과 마음이 지친 왕이 편안한 마음으로 자신과의 관계를 유지하도록 만들어 죽을 때까지 루이 15세의 잊지 못할 여인이 된다.

와인을 좋아한 퐁파두르 부인이 유명한 로마네 콩티 포도밭을 두고 '콩티 왕자(Prince de Conti)'와 경합을 벌인 이야기는 유명하며, 모엣 샹동 샴페인을 한꺼번에 200병을 주문했을 정도로 샴페인을 좋아했다.

- 목사 부인이 전혀 술을 마셔본 적이 없다면, 그가 샴페인을 발견할 때는 조심해라. - 러디어드 키플링
  (Rudyard Kipling, 영국의 작가)

클리코 퐁사르당(Madame Clicquot Ponsardin, 1777~1866) 부인

27세(1805년)에 과부가 되어 평생을 샴페인 제조에 공을 들인 여인이다. 1816년에는 샴페인 제조에서 가장 골치 아픈 찌꺼기 제거방법을 개선하기 위하여, A자형 나무판 '퓌피트르(Pupitre)'를 발명하여 샴페인을 맑게 만드는 획기적인 공을 세운다. 즉 동페리뇽 손에서 태어난 미완성 상태의 와인을 현대적인 모습으로 완성시킨 것이다. 그래서 나중에 '라 그랑드 담(La Grande Dame)'이라는 칭호를 얻는다.

본명은 '바르브 니콜 퐁사르당(Barbe-Nicole Ponsardin)으로 랭스(Reims)의 부유한 집안에서 태어났다. 아버지(Ponce Jean Nicolas Philippe Ponsardin)는 섬유업을 하면서 호텔도 가지고 있어서 나폴레옹과 조세핀이 그의 호텔에 머물게 하는 등 정치적으로도 수완이 좋아, 나중에 랭스의 시장까지 된다. 바르브 니콜은 1798년 21세 때 프랑수아 클리코(François Clicquot)과 결혼하지만, 불과 6년을 같이 살고 남편이 죽자, 남편의 사업을 이어받아 이를 발전시킨다. 남편의 유업에는 섬유업도 있었지만, 샴페인 사업에만 치중하기로 하고 '뵈브 클리코 퐁사르당(Veuve Clicquot Ponsardin)'이라는 명칭으로 회사를 키우고, 샴페인업계는 물론, 프랑스 아니 유럽 최초의 여성 사업가로 이름을 날린다.

1810년에는 빈티지 샴페인을 개발하여 병목에 노란 리본을 달아서 출시하였고, 1816년에 찌꺼기 제거방법을 개발한다. 당시는 2차 발효의 개념이 없었던 때라서 대부분의 샴페인은 스위트였고, 찌꺼기를 제거하지 않고 마셨기 때문에 잔에 따른 샴페인은 찌꺼기로 인하여 큰 거품이 일어나 아주 혼탁한 상태였다. 그러나 유리잔이 나오면서 와인의 미적 가치를 중요하게 생각하기 시작했고, 이에 마담 클리코 퐁사르당은 각고의 노력 끝에 구멍

뚫린 나무판 즉 '퓌피트르(Pupitre)'를 고안하여 찌꺼기 제거 기술을 개발한다. 처음 몇 년 동안 이 기술을 비밀로 했지만, 1820년대부터 다른 곳에서도 이 기술을 사용하여 투명하고 맑은 샴페인이 유행하게 된다. 또 와인에 설탕을 첨가하여 2차 발효시키는 방법을 개발하여 완벽한 발효를 유도하고, 1818년에는 최초로 로제 샴페인을 만드는 등 '마담 클리코 퐁사르당'이 샴페인업계에서 세운 혁신은 대단한 것이었다.

왜? '과부(Veuve)'라는 명칭을 앞에 붙일까?

19세기까지만 해도 프랑스를 비롯한 유럽에서 여자는 결혼하지 않으면 아버지에게 속해 있고, 결혼하면 남편에게 속해 있어서, 자신의 재산권 행사가 불가능했다. 자신 명의의 은행 계좌를 가질 수도 없었으니까 자신의 명의로 상거래는 물론, 직원들에게 급여도 줄 수 없었다. 그러나 과부는 아버지나 남편의 소유물이던 다른 여자와는 달리, 회사 대표가 될 수 있었다. 당시 프랑스에서 과부로서의 생활은 이들에게 독립된 사회적 위상을 제공하였다. 그리고 샴페인 지방은 다른 곳보다 개방적이어서, 프랑스 사회에서 최초로 여자들이 사업가의 면모를 갖추고 중추적인 역할을 할 수 있게 만들어주었다.

뵈브 클리코(Veuve Clicquot)의 성공으로 10여 개의 샴페인하우스가 '뵈브(Veuve)'라는 단어를 명칭 앞에 붙이고, 심지어는 과부가 운영하지 않은 곳에서 이 명칭을 붙이기도 했는데, 이는 이 단어가 남자들의 호기심을 자극한데다, 마케팅적인 가치가 있었기 때문이다. "샴페인은 과부들의 이야기다"라고 이야기하는 사람도 있을 정도로 남편 없는 여자들이 남자보다 더 빛을 발휘했다. 영한사전을 보면, '더 위도(The widow)'란 속어로 샴페인이란 뜻도 있다.

과부들이 만든 샴페인

- **포므리(Pommery):** 잘 알려진 마담 클리코 퐁사르당 외에도 포므리(Pommery & Greno) 사의 '마담 루이스 포므리(Madame Louise Pommery, 1819~1890)' 역시, 1858년 39세 때 남편과 사별하고 남편의 사업을 이어받아, 한때 '뵈브 포므리(Veuve Pommery)'라는 명칭을 사용하기도 했다. 젊었을 때 영국에서 공부한 덕분에 영국으로 수출을 많이 하였고, 1874년 빅토리아 여왕의 요청에 따라 최초로 드라이 타입

(Brut)의 샴페인을 만들었다(그전에 대부분의 샴페인은 스위트 와인이었다). 그리고 샴페인하우스도 소비자들이 포도에서 샴페인이 되기까지의 과정을 잘 볼 수 있도록 설계하여 오늘날에도 가장 많은 방문객이 찾아온다. 그래서 이 회사 최고의 샴페인에는 '퀴베 루이스 포므리(Cuvée Louise Pommery)'라는 이름을 붙인다. 영국의 전성시대를 구가한 빅토리아 여왕(1819~1901)은 뵈브 클리코와 포므리 두 집안의 최고의 고객이었는데, 그 역시 1861년 남편과 사별(42세)한 과부였고 샴페인을 아주 좋아했다.

- 여자들의 삶에 한잔의 샴페인이 유일한 도움이 되는 때가 있다. – 베트 데이비스(Bette Davis, 미국 영화배우), 영화 '오랜 친구(Old Acquaintance)'에서

- **루이 로데레(Louis Roederer)**: 루이 로데레의 '카미유 오를리 로데레(Madame Camille Orly-Roederer)'는 1932년 남편이 죽은 후 42년 동안 회사를 맡아서 운영한다. 로데레는 1876년 러시아 황제를 위해 개발한 '크리스털(Cristal)'을 중심으로 러시아에 수출을 많이 하였으나, 카미유 오를리가 회사를 맡을 때는 러시아혁명 여파로 러시아 수출 길이 막히고, 미국의 금주법 시행으로 거의 파산 직전에 있었다. 그러나 카미유 오를리는 뛰어난 미모에 사교성이 좋아서 파리와 랭스를 오가며 화가, 작가, 배우 등의 예술가들과 친분을 쌓아 자신의 샴페인을 예술작품으로 승화시키고, 또 가족이 운영하는 경마장에서도 샴페인을 마실 수 있도록 활발한 판촉을 한다. 육감적인 몸매의 소유자답게 샴페인 병도 육감적으로 디자인하여 사람들 눈에 띄게 했으며, 국제적인 감각을 가지고 있어서 미국 시장을 개척하고, 제2차 세계대전 후에는 러시아에서만 팔던 크리스털을 세계 시장에 내놓는다.

- **로랑 페리에(Laurent-Perrier)**: 유진 로랑(Eugene Laurent)과 그의 부인 마틸드 에밀 페리에(Mathilde Emilie Perrier)가 운영하다가, 1887년 유진 로랑이 죽고 난 후에 35세의 마틸드 에밀 페리에가 사업을 물려받으면서 회사 명칭을 '뵈브 로랑 페리에(Veuve Laurent-Perrier)'로 개명했다. 그러면서 연간 5만 상자를 생산하는 대성공을 거둔다. 그리고 얼마 가지 않아서 일어난 제1차 세계대전 때문에 판로가 막혀 애를 먹었지만, 곧이어 영국 시장을 개척하여 회사를 부흥시킨다.

- 나는 샴페인을 마실 때마다 웃거나 울게 된다. 내가 너무 감성적으로 변하기 때문이다. 난 샴페인을 너무 좋아한다. – 티나 터너(Tina Turner, 미국 가수)

- **뵈브 아 드보(Veuve a Devaux)**: 뵈브 아 드보는 1846년 두 형제가 설립한 '드보(Devaux)'를 39세 과부인 '클로드 조제프 드보(Claude-Joseph Deveaux)'가 이어받아 운영하다가, 1846년 아들(François-Auguste)이 이어받지만, 1879년 그가 사망한 후 두 번째 과부인 며느리 '오귀스타 마리아 에르뱅(Augusta-Maria Herbin)'이 이어받아 1895년까지 운영하면서 영국과 미국, 독일, 러시아 등으로 수출하면서 대성공을 거둔다. 이어서 1907년 그의 아들(Charles-Auguste Devaux)이 죽고 나서, 드보(Devaux) 가문의 세 번째 과부인 위스노(Hussenot)가 어어받아 1951년 80세로 사망할 때까지 운영하게 된다. 보기 드문 '과부 3대'의 샴페인이 된 것이다.
- **볼랭제(Bollinger)**: 007 영화에 자주 등장하는 볼랭제는 남편인 자크 볼랭제(Jacques Bollinger)가 1941년 사망한 후 42세인 마담 릴리 볼랭제(Madame Lily Bollinger)가 맡아서 35년간 운영하면서 세계적인 샴페인하우스가 된다.

- 행복하거나 슬플 때 나는 샴페인을 마신다. 때론 외로울 때도 마신다. 친구가 있을 때 샴페인은 필수다. 배가 고프지 않을 때 나는 샴페인을 가볍게 즐기고, 배가 고플 때는 마신다. 그리고 목마를 때가 아니고서는 절대 마시지 않는다. – 릴리 볼랭제 부인(Madame Lily Bollinger, 샴페인하우스 주인)
- 내가 왜 아침식사로 샴페인을 마시냐고? 다른 사람은 그렇게 하지 않나? – 노엘 카워드 경(Sir Noel Coward, 영국의 작가, 배우)

크리스털(Cristal)과 세 황제의 만찬

'크리스털(Cristal)'은 속이 환히 비치는 투명한 병에 들어 있어서 이런 이름이 붙게 되었다. 러시아에서 농노 해방 등 획기적인 개혁을 주도한 알렉산드르 2세(Alexandre Ⅱ, 1818~1881)는 재임 중 수많은 반대파의 암살 시도에 시달리게 된다. 이런 와중에 훗날 통일 독일의 첫 황제가 되는 빌헬름 1세(Wilhelm Ⅰ, 1797~1888)가 러시아와의 관계 개선을 위해 알렉산드르 2세와 그의 아들 알렉산드르 3세(Alexandre Ⅲ, 1845~1894)를 당시 명성이 자자했던 파리의 '카페 앙글레(Café Anglais)'로 초대하기로 했다. 마침 이때(1867년 6월)

는 파리에서 만국박람회가 열리고 있던 기간이라서 장소를 이쪽으로 정하여 유명한 '세 황제의 만찬(Three Emperors Dinner)'이 이루어진 것이다.

평소 샴페인을 즐겨 마시던 알렉산드르 2세는 샴페인을 준비하는데, 암살 위험에 시달린 그는 짙은 불투명한 녹색 샴페인 병에 무엇을 감추었을지 몰라 '루이 로데레(Louis Roederer)'사에 바닥이 평평하고 투명한 크리스털 병으로 된 샴페인을 만들어줄 것을 부탁한다. 루이 로데레사는 자사 최고급 샴페인 1847년산을 새로 만든 크리스털 병에 넣어 1867년 6월 7일 세 황제의 만찬에 최초로 선보이게 된다. 이후 '크리스털 샴페인'은 1876년부터 러시아 황실 전용으로 생산하여 소비되다가 1945년부터 일반에게 판매가 시작된다. 참고로, 알렉산드르 2세는 이때(1867년 3월) 알래스카를 미국에 매각한 사람이기도 하다.

세 황제의 만찬 뒷이야기

최고의 술과 요리로 이루어진 세 황제의 만찬은 철혈재상 '비스마르크(Bismark, 1815~1898)'까지 참석하였으며, 빌헬름 1세는 카페 측에 비용은 생각하지 말고 기억에 남을 만큼 최고의 만찬을 부탁하여 16가지 코스로 8시간이 걸렸다고 한다. 이날 식사는 1인당 400프랑이 소요되었는데, 2016년 가치로 따지면 9,000유로에 해당되는 금액이다.

이날 공교롭게도 카페의 푸아그라가 바닥이 났는데, 알렉산드르 2세가 푸아그라가 부족하다고 더 요청하자 셰프(Adolph Duglére)는 임기응변으로 "폐하! 프랑스의 식습관으로는 6월부터는 푸아그라를 먹지 않습니다. 10월까지 기다리신다면 절대 후회하지 않으실 겁니다"라고 대답하여 위기를 넘길 수 있었다. 그리고 10월이 되자, 세 황제는 트러플이 들어간 푸아그라를 고급 포장으로 받을 수 있었다.

마릴린 먼로(Marilyn Monroe)와 피페 에이드시크(Piper Heidsieck)

영화배우 마릴린 먼로는 샴페인을 즐겨 마시면서 샴페인으로 숨을 쉬었다고 전할 정도로 샴페인을 좋아했다. 특히, '피페 에이드시크'를 좋아해서 "나는 매일 샤넬 No.5를 뿌리고 잠자리에 들며, 매일 아침 피페 에이드시크 글라스를 들고 잠자리에서 일어난다"라고 말했다. 그리고 이 샴페인 350병으로 목욕을 했다는 소문이 있을 정도였다. 2012년에는 마릴린 먼로 50주기를 맞이하여 '고비야르(Gobillard JM & Fils)' 샴페인하우스에서 기념 샴페인을 출시하기도 했다. 상표에는 "50 Years Anniversary 1962-2012" 이렇게 쓰여 있다. 독일 출신의 창업주 에이드시크는 1777년 샴페인 지방을 방문하여 감명을 받고, 1785년 샴페인 회사를 세우면서 마리 앙투아네트에게 샘플을 보낸 것으로도 유명하다.

> **이 와인 마실 분**
>
> 또 이집트에서 있었던 일이라고 하는데, 이집트의 독재 통치하에서, 파티가 최고조에 달한 새벽 3시경, 독재자는 중앙 욕조에 샴페인 100병을 쏟아 넣고, 술과 춤에 지친 무희를 목욕시켰다. 그러나 샴페인을 아깝게 생각한 독재자는 무희의 목욕이 끝난 다음 병에 다시 넣도록 명령하였다. 욕조의 샴페인을 다시 병에 담으니 101병이 되었다고 한다.

처칠(Sir Winston Churchill)과 폴 로제(Pol Roger)

처칠은 1908년부터 '폴 로제(Pol Roger)' 샴페인을 좋아했고, 나중에는 폴 로제의 여주인 '오데트(Odette Pol Roger)'와의 우정으로 유명해진다. 오데트는 금발에 미모가 뛰어나서 '샴페인 블론드(Champagne blonde)'라는 별명을 가지고 있을 정도였다. 오데트는 장군인 아버지를 따라 에페르네(Épernay)로 갔다가, 폴 로제의 주인인 '자크 폴 로제(Jacques Pol Roger)'와 결혼하면서 샴페인과 인연을 맺게 된다. 1944년 파리 수복 후, 파리주재 영국 대사관에서 처칠을 처음 만나면서 두 사람 사이의 우정은 37살의 나이 차이와 신분을 넘어 지속된다.

오데트는 처칠의 생일 때마다 샴페인을 보냈고, 처칠은 파리를 방문할 때마다 만찬에 오데트를 초대하여 두 사람 사이의 우정은 각별했다. 1965년 처칠이 타계하자 영국 정부는 오데트를 국장에 초대하였고, 장례식에서 돌아온 오데트는 처칠의 죽음을 애도하는 뜻으로 영국으로 수출되는 샴페인 라벨에 검은 띠를 둘렀다. 그리고 1984년에 이 회사는 최고급 제품에 '퀴베 윈스턴 처칠(Cuvée Sir Winston Churchill)'이라는 이름을 붙인다. 1987년에는 처칠 저택에 엄청난 폭풍으로 나무가 쓰러지자, 폴 로제사는 모든 복구비용을 부담한다. 샴페인으로 맺은 두 사람의 우정은 와인애호가들 사이에서 두고두고 회자되고 있다.

• 한잔의 샴페인은 우리를 유쾌하게 만들고, 용기를 북돋우며, 상상력을 자극하고, 재치 넘치게 만든다. – 윈스턴 처칠(Sir Winston Churchill, 영국의 정치가)

악명 높은 백악관 손님

1941년 12월 7일 일본의 진주만 공습이 있고 나서, 보름이 지난 12월 22일 백악관에 귀빈이 찾아온다. 이를 비밀에 부쳐서 루스벨트 대통령 이외는 아무도 처칠이 방문할 것을 몰랐다. 처칠은 유럽의 위기상황에서 미국의 도움이 절실할 때라서 루스벨트의 전폭적인 지원을 요청하기 위해 온 것이다. 처칠은 백악관 내의 귀빈 숙소에 투숙했지만, 그의 행동은 거침이 없었다. 일단, 백악관 수석 집사(Alonzo Fields)에게 "우리가 헤어질 때는 친구가 되어야 하지 않겠어?"라는 말로 치켜세우면서, 아침식사 전에 셰리 한 잔, 점심 전에는 스카치와 소다수 몇 잔, 잠자리에 들기 전에는 샴페인과 90년 된 브랜디를 줄 것을 부탁했다. 그리고 아침 식사에는 과일·오렌지주스·달걀·베이컨·햄·토스트는 따뜻하게, 두 가지 고기는 영국 겨자와 함께 제공하되 차게 해서 셰리와 함께 줄 것을 요구했다.

처칠은 크리스마스와 연말연시를 백악관에서 보내면서 무려 3주 동안 있었는데, 루스벨트와 날마다 점심을 같이하고, 오후에는 낮잠을 잤으며, 새벽 2~3시까지 루스벨트와 브랜디를 마시고, 시가를 피웠다. 시가는 처칠의 트레이드 마크이기도 하지만, 백악관에서 긴 시가를 물고 시도 때도 없이 돌아다니면서 연기를 피워 댔으니 시중드는 사람들은 고역이었다. 또 잠옷 바람으로 돌아다니고 때로는 벌거벗은 모습도 보였다니 악명 높은 방문객이었다. 한번은 루스벨트가 방문을 노크하고 들어오라는 소리를 듣고 들어가니까 처칠이 벌거벗고 있어서 다시 나오려 하자 이렇게 말했다. "보시다시피 저는 대통령께 감추는 것이 아무것도 없습니다"(이제 도와주시죠.)라고 대답했다고 한다.

• 프랭클린 루스벨트를 만나는 것은 처음 샴페인을 따는 것과 같다. 그를 아는 것은 샴페인을 마시는 것과 같다. – 윈스턴 처칠(Sir Winston Churchill, 영국의 정치가)

영화 카사블랑카(Casablanca)와 멈(MUMM)

추억의 명화 '카사블랑카'는 제2차 세계대전 중 아프리카 모로코에서 술집을 경영하는 릭(험프리 보가드)을 헤어진 옛 애인 일리자(잉그리드 버그만)가 남편과 함께 찾아오면서 시작된다. 이루지 못한 옛 사랑을 위해 여자를 잡고 싶지만, 여자의 행복을 위해 독일군의 눈을 피해 미국으로 가는 여권을 어렵게 구해서 보내는 내용이다. 잠깐의 만남이지만, 두 사람은 그 사이에 샴페인 글라스(Coupe)를 부딪히며 건배를 하면서 "Here's looking at you, kid"라는 명대사를 읊을 때 마시는 샴페인이 '멈 코르동 루즈(Mumm Cordon Rouge)'이다. 코르동 루즈(Cordon Rouge)란 레드와인과는 관계가 없고, 라벨을 가로지르는 '붉은색 줄'이란 뜻으로 프랑스 최고 권위의 훈장인 '레지옹 도뇌르(Légion d'Honneur)'의 상징이기도 하다.

- 우정이라는 감정은 맛있게 구운 쇠고기로 배부른 편안함과 같다. 사랑은 샴페인으로 활기가 도는 것과 같다.
  – 사무엘 존슨(Dr. Samuel Johnson, 영국의 시인 겸 평론가)

영화 카사블랑카는 가장 적은 돈을 투자하여 대히트를 친 영화로 꼽는다. 흑백영화에 촬영은 모로코에 가지도 않고 미국에서 다 했고, 야외 장면도 얼마 안 나오고 세트인 술집 내에서 촬영을 거의 다 했고, 공항이라고 해봐야 안개로 덮어서 뿌옇게 처리했다. 오히려 흑백영화라서 추억을 불러일으키는 매력이 훨씬 강하다고 이야기하는 사람도 많다. 영화 카사블랑카는 고전영화의 백미로, 지금도 하버드대학에서는 카사블랑카 클럽이 있어서 당시 복장을 하고, 당시에 마셨던 술을 마시면서 그 음악을 듣는다고 한다.

레지옹 도뇌르(Légion d'Honneur)

나폴레옹이 1802년에 제정한 레지옹 도뇌르(Légion d'Honneur)는 원래 루이 14세가 만든 '생루이 훈장(Saint-Louis)'을 다시 수정하여 만든 것으로 프랑스의 정치·경제·문화 등의 발전에 공적이 있는 사람에게 수여하는 프랑스 최고 권위의 훈장이다. 처음에는 '그랑도피시에(Grand Officier, 대장군)', '코망되르(Commandeur, 사령관)', '오피시에(Officier, 장교)', '슈발리에(Chevalier, 기사)' 이렇게 4개 등급이었다가, 나폴레옹이 황제에 오른 다음에 '그랑크루아(Grand-Croix, 대십자)'라는 최고 등급을 새로 추가했다. 차례대로 보면 다음과 같다.

- 1등급: 레지옹 도뇌르 그랑크루아(Légion d'Honneur Grand-Croix)
- 2등급: 레지옹 도뇌르 그랑 도피시에(Légion d'Honneur Grand Officier)

- 3등급: 레지옹 도뇌르 코망되르(Légion d'Honneur Commandeur)
- 4등급: 레지옹 도뇌르 오피시에(Légion d'Honneur Officier)
- 5등급: 레지옹 도뇌르 슈발리에(Légion d'Honneur Chevalier)

나폴레옹(Napoleon)과 모엣 샹동(Moët & Chandon)

1743년 메종 모엣(Maison Moët)으로 시작하여 1832년 사위인 피에르 가브리엘 샹동(Pierre-Gabriel Chandon)이 물려받으면서 회사 이름을 '모엣 샹동(Moët & Chandon)'으로 변경한다. 1799년부터 모엣 집안은 나폴레옹에게 샴페인을 보내기 시작하였고, 나폴레옹은 이 지역을 지나갈 때마다 메종 모엣을 방문하였다. 특히, 나폴레옹은 이곳에 들러 샴페인 병목을 칼로 자르는 '사브레(Sabrer)' 의식을 치르고 전쟁터로 향했다고 한다.

1804년에는 메종 모엣에서 나폴레옹을 성대하게 접대하기도 했고, 이윽고 나폴레옹은 '장 레미 모엣(Jean-Remy Moët)'에게 프랑스 최고 훈장(Légion d'Honneur)을 수여한다. 이때부터 모엣의 샴페인은 프랑스뿐 아니라 전 유럽에서 인기를 끌게 된다. 이윽고 나폴레옹 탄생 100주년이었던 1869년에는 나폴레옹을 기념하는 뜻에서 '앵페리알(Impérial)' 표시가 들어간 샴페인 '모엣 샹동 브뤼트 앵페리알(Moët & Chandon Brut Impérial)'을 내놓는다.

1971년에는 헤네시 코냑(Hennessy Cognac)과 합병하여 '모엣 헤네시(Moët Hennessy)'가 되었고, 1987년에는 모엣 헤네시가 '루이뷔통(Louis Vuitton)'과 합병하여 'LVMH(Louis Vuitton Moet Hennessy)'가 된다.

- 샴페인! 승리할 때는 마실 만한 가치가 있고, 패배할 때는 그것이 필요하다. – 나폴레옹(Napoleon Bonaparte, 프랑스 왕)

포뮬러 원(F 1, Formula One) 경주와 샴페인

자동차 경주에서 우승자가 샴페인을 뿌리는 관습은 '포뮬러 1 그랑프리 레이스'에서 시작되었다. 1950년 이 대회가 프랑스 샹파뉴 지방의 랭스(Reims)에서 열렸을 때 우승자에게 '모엣 샹동(Moët & Chandon)' 샴페인이 주어졌다. 이때는 샴페인을 따서 뿌리지는 않았고, 1966년 르망 24시 대회 우승자가 매그넘 사이즈 모엣 샹동을 관중에게 뿌린 것으로 기록되어 있다. 모엣 샹동은 2000년까지 이 대회의 공식 스폰서를 마감하고, 이를 '멈(MUMM)'이 이어받아 우승자에게 여로보암 사이즈를 선물하였다. 2016년에는 경제적인 이유로 멈은 포뮬러 E(전기자동차 레이싱) 스폰서로 물러나고, 2016년 오스트레일리아 멜버른에서 진행될 때는 우승자에게 모엣 샹동의 자회사인 '도메인 샹동'의 스파클링와인이 주어진다. 샴페인 아닌 스파클링와인이 처음으로 이 대회에 나타난 것이다.

> ### 맛과 멋
>
> 잰시스 로빈슨의 '와인 코스(BBC)' 비디오를 보면, 모엣 샹동 사장(Comte Ghislain de Vogüé)에게 잰시스 로빈슨이 이렇게 질문한다. "캘리포니아, 스페인, 아르헨티나, 브라질 등 여러 곳에서 모엣 샹동을 만들고 계시는데, 우리 같은 평론가들이 이들 와인을 시음하고 샴페인 이외에 다른 지역의 것을 선호한다면 막을 수 없지 않습니까?" 그러자 그는 "그렇지요. 막을 수는 없지요. 나도 그렇게 해보기도 하지만, 빨간 머리, 금발, 갈색머리 여자가 예쁘기만 하다면 저는 비교하지 않습니다"라고 대답했다. 이에 잰시스 로빈슨은 과연 프랑스 사람다운 대답이라고 이야기한다. 두 가지의 좋은 와인을 놓고 어느 것이 더 맛있냐고 물을 때 입장이 곤란하면, 이런 식으로 "이 자리에 이렇게 멋있는 여자 둘이 있는데, 나더러 누가 더 멋있는가 물어보는 것과 같습니다"와 같이 대답하면 된다. 단, 우리말에 '아' 다르고 '어' 다르다는 말이 있다는 점을 명심해야 한다.

샴페인 글라스

샴페인 글라스의 이야기는 멀리 그리스 신화에서부터 시작된다. 최초의 와인글라스는 지상에서 가장 아름다운 여인, 트로이의 헬레네(Helene)가 자신의 유방을 본떠서 만들었다고 한다. 당시 그리스 사람들은 와인 마시는 것을 관능적인 경험으로 생각했고, 또 글라스는, 가장 아름다운 여인이 그 모형을 만드는 데 관여하여 꼭 맞는 것이라야 했다. 그 후 근세에 이르러, 루이 16세의 왕비였던 마리 앙투아네트는 왕의 생일을 맞아 자신의 왼쪽 유방을 본뜬 글라스를 만들어 왕에게 선물했다고 한다. 후세 사람들은 앙투아네트의 글라스는 헬레네의 것과는 전혀 다른 모양이었다고 이야기하지만, 유방을 본떠서 만들었다는 입구가 넓은 '쿠프(Coupe)'는 1663년 영국에서 스파클링와인과 샴페인에 사용한 기록이 나오니까, 마리 앙투아네트가 태어나기 100년 전에 이미 영국에서 나온 것이다. 이 쿠프가 프랑스에서 유행하기 시작한 것은 1700년대부터다.

• 샴페인 트릭(Champagne trick)이란 '창녀의 돈 많은 손님'을 뜻한다. – 영한사전

마리 앙투아네트(Marie Antoinette, 1755~1793)

"빵이 없으면 과자를 먹으면 될 텐데"라고 말하여 대중을 격분시킨 것으로 유명하지만, 이 말은 사람들이 지어낸 이야기라는 설이 유력하다. 오스트리아 공주로 태어나 14세 때 루이 15세의 손자인 루이 오귀스트(루이 16세)와 정략결혼을 한다. 왕비의 사치와 향락이 프랑스대혁명의 도화선이 되었다고 이야기하지만, 프랑스의 다른 왕비들과 비교하면 마리 앙투아네트는 소박한 편이었다. 이미 루이 15세 때부터 사치와 향락에 돈을 많이 썼고, 또 미국의 독립전쟁을 지원하느라 국고가 바닥이 나 있었기 때문이다.

프랑스대혁명의 분위기가 무르익을 무렵 생필품가격 폭등, 자연재해, 국가재정 파탄으로 국민의 불만이 고조되었고, 이에 따라 왕비에 대한 악의적인 소문을 고의로 퍼뜨린 것으로 보고 있다. 특히, 왕비가 프랑스와 사이가 좋지 않은 오스트리아 출신이라는 점이 작용하여 왕비에 대한 적개심이 날로 증폭되기도 했다. 1789년 프랑스대혁명이 일어나고 유배되었다가, 1791년 모국인 오스트리아로 도주를 시도하지만 곧 발각되어 단두대에서 짧은 생을 마감하게 된다. 그러니까 유방을 본떠서 글라스를 만들었다는 소문도 왕비를 저주하는 분위기에서 나온 신빙성 없는 이야기라고 볼 수 있다.

단두대(Guillotine)

공포의 대상이지만, 그 기원은 사형수의 고통을 감소시키고 효율적으로 목을 벨 수 있는 장치를 만들어, 지위고하를 막론하고 두루 적용시키자는 극히 인도적인 입장에서 발명된 장치다. 그전에는 귀족의 사형은 고통이 적게, 평민은 고통을 심하게 하는 등 차별이 있었고, 사람이 칼이나 도끼를 휘둘러 목을 벨 때는 완전하게 처리하지 못하는 경우가 많은데다, 매우 잔혹한 방법으로 화형이나 찢어 죽이는 등 사형수의 고통이 심했기 때문이다.

기본 설계는 묵직한 칼날을 높은 곳에서 수직으로 떨어뜨리는 구조로 새로운 발명품

은 아니고 그전부터 있었던 것을 개량한 것이다. 이를 만든 사람의 이름을 따서 '기요틴(Guillotine)'이라고 부른다. 프랑스는 이 장치를 1977년까지 사형에 사용하였고, 1982년 사형제를 폐기하면서 없어졌다. 이 장치를 고안한 기요틴도 이 기요틴에서 죽었다는 소문이 있지만 그는 1814년 자연사했다. 이렇게 인도적인 단두대를 프랑스대혁명 100주년을 기념하여 1889년 파리 박람회 때 크게 만들어 전시하려 계획하였으나 최종 심사에서 탈락되었다.

프랑스를 위기에서 구한 샴페인과 와인

나폴레옹이 몰락한 후 그 뒤처리를 위해 개최된 빈 회의(1814~1815)는 회의 장소를 제공한 오스트리아의 수상 '메테르니히(Metternich)'가 주도하였다. 이 회의의 목적은 유럽의 정치적 상황을 프랑스대혁명 이전으로 되돌려놓는 것이었다. 영국, 러시아, 프로이센, 오스트리아 등 4개국은 승전국으로 참가하였고, 그 외에도 유럽의 거의 모든 국가의 왕실과 도시의 종교단체와 이익단체까지 참여하여, 10개월간 진행된 회의기간 중 전체가 모인 경우는 한번도 없었다. 각국의 이해관계가 복잡하게 얽혀 있는 상황이라 중요한 사항은 뒤에서 비밀회의를 통해 결정되었다. 이렇게 회의가 여러 나라 간의 대립으로 진행이 잘 안 되자 메테르니히는 오스트리아의 위상을 높일 목적으로 매일 연극, 사냥, 연회, 무도회를 열었다. 이때 빈에서는 화려하고 경쾌한 왈츠가 유행했는데, 여러 나라의 외교관들은 회의는 안 하고 대부분의 시간을 파티와 춤을 즐기며 보냈기 때문에 "회의는 춤춘다(Der Kongress tanzt)"라는 유명한 말이 나오게 된다.

반면, 패전국인 프랑스의 입지는 상당히 좁을 수밖에 없었지만, 프랑스 대표인 능숙한 외교관 '탈레랑(Charles Maurice de Talleyrand-Périgord)'은 맛있는 요리와 와인으로 회의를 주재하면서, 프랑스에 대한 비난의 화살을 나폴레옹과 혁명으로 돌리고 프랑스의 국익을 지킬 수 있었다고 한다. 탈레랑은 부르봉 왕가시절부터 나폴레옹 시절을 거치면서 뛰어난 역량을 발휘하였고, 정치와 외교뿐 아니라 다방면으로 뛰어난 식견을 가지고 있었다. 또 '오브리옹'을 소유하고 있었을 정도로 와인 전문가였고, '요리사의 왕이며 왕의 요리사'로 명성이 자자했던 요리사 '카렘(Marie-Antoine Carême)'을 데리고 있었기 때문에, 좋은 요리와 와인 및 샴페인으로 유리한 위치를 차지할 수 있었다. 이 빈 회의 이후에 샴페인은 연회에서 없어서는 안 되는 술로써의 이미지를 확보하게 된다.

퀴베(Cuvée)란?

샴페인에 자주 등장하는 단어로 사전적인 의미는 '한 통에서 생산되는 와인'이란 뜻이다. 즉 품질이 동일한 한 통의 와인을 말하니까 A라는 퀴베와 B라는 퀴베를 섞으면 또 하나의 퀴베 C가 탄생한다. 샴페인 방식의 궁극적인 목적은 여러 품종과 빈티지의 와인을 혼합하여 독특한 스타일을 창조하는 데 있기 때문에, 이렇게 여러 가지 와인을 섞어서 2차 발효를 할 수 있는 한 단위의 와인을 '퀴베'라고 한다. 발효가 끝난 와인이 특별하게 맛이 좋거나 블렌딩으로 아주 좋은 퀴베가 탄생하면 이를 특별한 것이라고 '프레스티지 퀴베(Prestige Cuvée)', '테트 드 퀴베(Tête de Cuvée)' 혹은 '퀴베 스페시알(Cuvée Spéciale)'이라고 했지만, 요즈음은 빈티지가 표시되면서 장기간 숙성시킨 것으로, 고급 생산지역에서 최고의 포도를 사용하고, 첫 번째 짠 주스만으로 만든 각 회사의 최고급품을 말한다.

- 샴페인은 내가 지쳤을 때 힘을 주는 유일한 것이다. – 브리지트 바르도(Brigitte Bardot, 프랑스 배우)

글라스 속의 기포가 올라오는 원리

글라스 내부가 완벽하게 매끈하여 흠집이 없다면 기포가 발생하지 않는다. 그러나 이는 이론적인 것이고 인간이 만든 유리그릇은 어딘가 흠이 있기 마련이다. 그러면 이 지점이 핵으로 작용하여 기체분자들이 모여들면서 기포가 발생하여 올라오게 된다. 폭탄주를 만들고 나서 젓가락으로 한번 찍으면 기포가 많이 발생하는 이유도 바로 유리에 상처가 나서 핵을 제공해 주기 때문이다. 콜라와 아이스크림을 한꺼번에 입에 넣으면 폭발할 정도의 힘으로 분출되는 이유도 아이스크림 내부의 수많은 공기가 엄청난 핵을 형성하여 기포를 발생시키기 때문이다.

- 샴페인을 휘감아 올라오는 거품은 클레오파트라의 보석과 같이 반짝인다. – 돈 후안(Don Juan, 스페인의 전설적인 바람둥이 귀족)

샴페인 병을 흔들면 거품이 강하게 분출되는 이유

이 현상은 압력 때문에 일어나는 것이 아니다. 샴페인 병을 흔들든지 안 흔들든지 내부 압력은 동일하다. 열쇠는 샴페인에 녹아 있는 탄산가스는 흔들수록 더 빨리 방출된다는 데 있다. 즉 병을 흔들면 샴페인에 녹아 있는 탄산가스가 빠져나가려는 힘이 강해지는데, 이 때 손가락이나 뚜껑을 떼면 즉시 달려 나가게 된다. 가만히 둔 탄산음료에서 탄산가스는 생각보다 쉽게 방출되지 않는다. 탄산가스는 거품을 저절로 형성하지 않고, 거품을 만들 수 있는 자리 즉 핵이 필요하다. 병을 흔들면 꼭대기 공간에 있던 기체가 액체 속으로 들어가 조그만 거품을 만드는데, 이 거품이 수많은 핵으로 작용하여 기체분자들이 모여들어 붙으면서 점점 커지고 뚜껑이 열리는 순간 엄청난 힘으로 탄산가스가 액체를 동반하여 밖으로 나가게 된다.

• 샴페인의 미세한 거품들은 나를 행복하고, 기분 좋게 한다. – 돈 호(DON HO, 하와이 가수)

진수식 때 샴페인 병을 깨는 이유는?

옛날부터 항해는 위험한 요소를 안고 있어서, 배를 새로 만들면 안전한 운항을 기원하는 마음에서 어떤 형식으로든 의식을 진행해야 했는데, 대개는 바다의 신에게 희생양을 바치는 형식을 취했다. 바빌로니아에서는 황소를, 터키에서는 양을, 노르만족은 사람의 피를 제물로 사용하였다. 기독교가 들어온 다음에는 희생양보다는 세례를 주는 형식으로 바뀌어 수사가 기도를 하고 성수를 뿌리는 종교적인 색채가 가미되었다. 종교개혁 이후에는 왕족이나 귀족이 진수식에 참여하여 선원의 안전을 위해서 큰 받침 달린 잔(Goblet)으로 와인을 마시고 배 이름을 외치기도 했다. 마시고 난 와인은 갑판에 붓거나 잔을 돌려 마시고 잔을 바다에 빠뜨렸다.

18세기 영국 해군은 좀 더 사치스럽게 왕자나 귀족을 초청하여 은으로 만든 잔을 사용하기도 했지만, 병에 들어 있는 와인이 유행하면서 레드와인이 들어 있는 유리병을 뱃머리에 깨뜨리는 관습이 생기기 시작하였다. 그러다가 19세기 샴페인이 유행하면서 이 자리를 샴페인이 차지하는데, 샴페인은 고급와인의 상징이었고, 매혹적인 성상과 사치스러움뿐 아니라 터질 때 높은 압력 때문에 거품이 널리 퍼지는 시각적인 효과가 상당했기 때문이다. 마침 이때는 배가 목선에서 철선으로 바뀌는 시기라서 철은 힘을 상징하고, 샴페인은 우아함의 상징으로, 보는 사람들의 마음을 사로잡을 수 있었다.

미국은 19세기 위스키나 마데이라, 브랜디를 사용하기도 했고, 2014년 영국 해군은 진수식 때 스카치를 사용했다. 어떤 술을 사용하거나 배와 선원의 안전을 위한 행사로 마음의 위로를 얻으면 된다. 일설에 의하면, 타이타닉 호는 진수식 때 이 행사를 하지 않아서 사고를 당했다고 하지만, 타이타닉 호를 만든 회사는 전통적으로 진수식 때 샴페인을 사용하지 않았다.

007과 샴페인

영국의 작가 '이언 플레밍(Ian Lancaster Fleming)'의 첫 번째 소설인 『007 카지노 로얄』(1953년)에서 제임스 본드가 '테탱제(Taittinger, 1943년산) 블랑 드 블랑'을 세계 최고의 샴페인이라고 이야기하는 것을 시작으로 007에는 항상 샴페인이 등장한다. 2년 뒤에 나온 소설 『문레이커(Moonraker)』(1955)에서는 '동페리뇽(Dom Pérignon)'이 소개되고, 『다이아몬드는 영원히(Diamonds are forever)』(1956)에서는 '볼랭제(Bollinger)'가 나온다. 소설에서 제임스 본드는 단순히 와인을 마시는 것이 아니고, 탁월한 와인지식과 미각으로 상대를 제압하고, 상대를 파악할 때도 와인과 요리의 조화, 매너 등을 보고 짐작하면서 사건을 풀어가는 지혜를 가진 스파이로 묘사된다. 이러한 제임스 본드를 묘사한 작가의 와인에 대한 지식은 대단하다고 볼 수 있다.

1962년부터 007 소설은 영화로 소개되어 2015년까지 24편(번외 포함 26편)이 나왔는데, 딱 한 번 '다이아몬드는 영원히'를 제외하고는 매번 샴페인이 빠짐없이 등장하고 있다. 물론 샴페인 회사들의 치열한 로비가 있었겠지만, 가장 많이 등장하는 샴페인은 '볼랭제(Bollinger)'이고, 그 다음이 '동페리뇽'이다. 1960년대 007 영화에서는 동페리뇽이 거의 빠지지 않고 등장하지만, 1973년 『죽느냐 사느냐(Live and let die)』에 처음으로 제임스 본드가 볼랭제를 주문하는 장면이 나온다.

> **007 영화에 등장하는 샴페인**
>
> 1. 살인번호(Dr. No, 1962): 동페리뇽 1955'
>
> 2. 위기일발(From Russia with love, 1963): 테탱제 블랑 드 블랑 1952'
>
> 3. 골드핑거(Goldfinger, 1964): 동페리뇽 1953'
>
> 4. 썬더볼(Thunderball, 1965): 동페리뇽 1955' + 벨루가 캐비아

5. 두 번 산다(You only live twice, 1967): 동페리뇽 1959'

6. 여왕폐하 대작전(On her Majesty's secret service, 1969): 동페리뇽 1957' + 로열 벨루가 캐비아

7. 다이아몬드는 영원히(Diamonds are forever, 1971): 없음

8. 죽느냐 사느냐(Live and let die, 1973): 볼랭제(빈티지?)

9. 황금 총을 가진 사나이(The man with the golden gun, 1974): 동페리뇽 1964'

10. 나를 사랑한 스파이(The spy who loved me, 1977): 동페리뇽 1952'

11. 문레이커(Moonraker, 1979): 볼랭제 1969'

12. 유어 아이즈 온리(For your eyes only, 1981): 동페리뇽

13. 옥토퍼시(Octopussy, 1983): 볼랭제 1975'

14. 뷰 투어 킬(A view to a kill, 1985): 볼랭제 1975'

15. 리빙 데이라이트(The living daylight, 1987): 볼랭제 RD 1975'

16. 살인면허(Licence to kill, 1989): 볼랭제 RD 1979'

17. 골든아이(Golden eye, 1995): 볼랭제 그랑드 아네(Grande Année) 1988'

18. 네버 다이(Tomorrow never dies, 1997): 볼랭제 그랑드 아네(Grande Année) 1989'

19. 언리미티드(The world is not enough, 1999): 볼랭제 1990'

20. 어나더 데이(Die another day, 2002): 볼랭제 그랑드 아네(Grande Année) 1961'

21. 카지노 로얄(Casino royale, 2006): 볼랭제 그랑드 아네(Grande Année) 1990' + 벨루가 캐비아

22. 퀀텀 오브 솔러스(Quantum of solace, 2008): 볼랭제 그랑드 아네(Grande Année) 1999'

23. 스카이 폴(Skyfall, 2012): 볼랭제 RD 1997'

24. 스펙터(Spectre, 2015): 볼랭제 RD 2002'

Wine Episodes 13

와인과 여자와 노래를 사랑하는 자

13 와인과 여자와 노래를 사랑하는 자

귀한 자의 딸아 신을 신은 네 발이 어찌 그리 아름다운가 네 넓적다리는 둥글어서 공교한 장색의 만든 구슬 꿰미 같구나. 배꼽은 섞은 포도주를 가득히 부은 둥근 잔 같고 허리는 백합화로 두른 밀단 같구나. 두 유방은 암사슴의 쌍태 새끼 같고, 목은 상아 망대 같구나 눈은 헤스본 바드랍빔 문 곁의 못 같고 코는 다메섹을 향한 레바논 망대 같구나. 머리는 갈멜산 같고 드리운 머리털은 자주 빛이 있으니 왕이 그 머리카락에 매이었구나. 사랑아 네가 어찌 그리 아름다운지, 어찌 그리 화창한지 쾌락하게 하는구나. 네 키는 종려나무 같고 네 유방은 그 열매 송이 같구나. 내가 말하기를 종려나무에 올라가서 그 가지를 잡으리라 하였나니 네 유방은 포도 송이 같고 네 콧김은 사과 냄새 같고, 네 입은 좋은 포도주 같을 것이니라. 이 포도주는 나의 사랑하는 자를 위하여 미끄럽게 흘러 내려서 자는 자의 입으로 움직이게 하느니라.

– 아가 7장 1–9절

와인과 여자와 노래(Wine, women and song)

유럽에서는 '와인과 여자와 노래' 세 단어를 하나로 묶어서('Bread and Butter' 식으로) 쾌락주의적 삶이나 행동을 묘사하는 수사법으로 표현한다. 영한사전에는 '남자의 환락'으로 나온다. 이 단어는 마르틴 루터(Martin Luther, 독일의 종교개혁가)가 이야기한 것으로 전해지고 있다. 요한 스트라우스의 왈츠에도 '와인과 여자와 노래(Wein, Weib und Gesang)'라는 작품(Op. 333)이 있으며, 이런 제목의 노래도 몇 개 있고, 이런 명칭의 여성 트리오 그룹도 있다.

- 와인, 여자, 노래를 사랑하지 않는 자는 일생을 바보로 사는 것이다. – 마르틴 루터(Martin Luther, 독일의 종교개혁가)

인류의 첫 번째 직업

흔히들 인류의 가장 오래된 직업을 '매춘'이라고 한다. 맘만 고쳐먹으면 가장 쉽게 돈을 멀 수 있기 때문일 것이다. 공식적인 창부의 기록은 서양에서 가장 오래된 고대 메소포타미아 문명의 수메르인의 기록에 나오는데, 기원전 2400년으로 보고 있다. 이 신전은 우륵(Uruk) 근처에 있었고, 사랑과 전쟁의 여신인 '이시타(Ishtar)'를 모시는데, 이시타 신은 매일 아침 소녀로 태어나 저녁에는 창부가 되는 '욕망'의 상징이었다. 이 신전에서 일하는 여성들은 신전에 공납한 남성들과 성적 교섭을 해야 할 의무가 있었는데, 초기에는 불명예로 여기지 않고 육체적인 합방을 신비한 혼인으로 생각하였다.

신전에 있는 여성들의 신분을 세 단계로 구분하여, 가장 높은 신분의 여성은 신전 안에서 매춘을 할 수 있었고, 두 번째 그룹은 신전 건물 밖에서 순례자와 방문자를 상대로 매춘을 하고, 가장 낮은 신분은 거리에서 상대를 찾을 수 있었다. 어디서 이런 소문을 들었는지 모르지만, 신전을 찾아오는 사람들이 점차 많아지고 이에 따라 신전 측에서는 이들을 상대할 여자가 더 필요하게 되었다. 물론 방문객들은 회포를 푼 후 그 대가를 지불했고, 이는 신전을 유지하는 데 사용되었다고 하니 이를 공개적인 매춘의 시작으로 보고 있다.

- 와인양조업은 세상에서 두 번째로 오래된 직업인데, 이 와인양조업은 세상에서 가장 오래된 직업의 수고를 덜 어준다. – 토니 애스플러(Tony Aspler, 캐나다 와인 칼럼니스트)

우리나라의 주막도

"술과 음식을 팔면서 사교장 역할을 했던 옛날 주막에 기대어 살아가는 여자들도 있었는데, 이들을 '들병이'라고 하며, 잔술을 팔았다. 들병이는 주막에서 술을 떼어다가 길손의 왕래가 빈번한 길목에서 잔술을 팔며 추파를 던지다가 살꽃(肉花)을 팔기도 하였고, 주막에 기생하는 막창(幕娼)이나 '통지기'라 불리는 조개 장수들이 객회가 스산한 숙객에게 아랫품을 팔고 돈을 챙길 수도 있었다. 경우에 따라서는 경영주인 주모가 스스로 길손에게 시침(侍寢)을 들기도 했고 눈이 맞고 배짱이 맞으면 나이 많은 영감을 소박 놓고 야반도주를 하기도 했다" - 김주영, 『주막』

- 여자와 돈과 와인에는 즐거움과 독이 있다. – 프랑스 속담

> **세계 4대 성인 사이트**
> 하루에 한번 이상 성인 사이트에 들어가서, 마음에 양식을 쌓아야 한다. 세계 4대 성인 사이트는 다음과 같다.
> - 예수
> - 석가
> - 공자
> - 소크라테스 혹은 마호메트

여자와 와인

그리스, 로마가 유럽 와인의 원조라고 할 수 있지만, 여성들이 와인 마시는 것은 그리스에서는 원칙적으로 금지되어 있었는데, 와인을 마신 기혼녀는 이미 판단력을 상실하여 부정을 저지를 가능성이 높다고 판단했기 때문이라고 한다. 로마제국 초기에는 여성들도 상당한 정치적 권력을 가졌고, 부유한 부인들은 만찬을 주최하고 만찬에 참석할 수도 있었지만, 여자들은 집에서 말린 포도에 신선한 포도주스를 첨가하여 우려낸 '파숨(Passum)'을 마셨다. 이 파숨도 어느 정도 발효가 일어나 알코올을 함유했을 것으로 보기도 한다. 이탈리아에서 건조한 포도로 와인을 만드는 '파시토(Passito)'라는 단어도 바로 여기서 나온 것이다.

여자들에게 와인을 마시지 못하게 하는 이유는 와인을 피로 여겼기 때문인데, 여자들이 와인을 마시면 피가 섞인다고 해서 '간통'으로 생각했고, 여자들은 절제력이 부족하여 광란 상태에서 신의 소유가 되며 그렇게 소유되는 것을 '강간'으로 생각했기 때문이었다. 그래서 와인은 위험한 약이었고, 약한 여성은 그런 약을 먹지 않도록 보호되어야만 했으니까 여성은 와인에 접근할 수 없었고, 와인을 마시다가 발각되면 사형당하거나 이혼을 당했다고 한다. 심지어 키스는 자기 부인이 와인을 마셨는지 검사하는 것에서 시작되었다는 말이 있을 정도니 옛날 여자들의 음주는 절대적인 죄악이었다.

- 신이 남자에게 준 선물 가운데 와인은 여자 다음으로 좋은 것이다. – 앰브로즈 비어스(Ambrose Gwinnett Bierce, 미국의 저널리스트)

> **여자의 옷**
> - 여자의 옷이란 몸매를 가릴까? 보여줄까? 갈등의 표현이다.
> - 여자의 옷은 신체적 특성을 부각시키는 데, 남자의 옷은 신분의 상징으로 이용된다.
> - 남자들이 비키니 입은 여자를 볼 때 신사 체면에 노출된 부분을 보기 거북하여 가려진 부분만 본다.

우리나라 여성과 술

우리나라는 옛날부터 여성의 음주에 대해서는 아주 엄격했다. 그러나 술 빚는 일은 여성들이 도맡아서 시어머니에서 며느리로 그 비법이 전수되는 사례가 많았는데, 이는 여자만이 가지고 있는 심리적 특성 때문에 그렇지 않았나 생각한다. 식품학자 고 이성우 교수에 의하면, 술을 빚는 현상은 열을 가하지도 않는데 화학변화가 일어나서 부글부글 거품이 오르고 맛과 냄새가 변화하는 것이므로 옛사람들에게는 무엇인가 신비로운 것이어서, 이 현상에 주술적인 뜻을 주어 술 빚기를 자기암시에 걸리기 쉬운 부녀자들이 맡게 된 것이라는 주장이다.

또 중국문헌『주례(周禮)』에서도 궁중요리는 남자가 맡으면서 유독 술과 육장(肉醬) 등 발효에 의해서 만드는 식품분야에는 여자 정원이 각각 20~30명에 이르고, 우리나라에서도 술 빚기는 여자가 담당하였다. 조선시대에는 가정부인을 위한 종합적인 요리가공서를『주방문(酒方文)』,『주작법(酒作法)』,『술짓는 법』등과 같이 술에 관한 책인 것처럼 표시하고 있다. 이와 같이 우리나라나 중국에서 술 만드는 것은 여자의 일이었고, 남자들은 경치 좋은 곳에서 기생들과 마시기만 했다.

반면 유럽에서는 양조장에 여성을 들이지 않는 습관이 있었다. 과학적인 이유로서 여성의 생리기간에 체내에서 보이지 않는 광선이 발산되어 양조장의 이스트 발육을 저해한다는 설이나 여성이 양조장에 들어오면 남성 기술자들의 감각이 무디어진다는 설, 그리고 여성의 화장이 후각을 마비시켜 제대로 술맛을 내지 못한다는 설 등 상당히 일리가 있어 보이는 이유를 내세운다. 하지만 술 마시는 능력은 서양 여성이 훨씬 강하다. 이는 사회적 관습이나 신체적 조건 탓도 있겠지만 동양여성의 술에 대한 경각심이 훨씬 높았다는 이야기도 된다.

동양과 서양의 차이(1)

[동양] 수백 석의 술을 배에 싣고, 뱃전에 계절에 맞는 맛있는 음식을 구비하고, 오른손에 잔을 왼손에 게발(蟹鋏)을 들고, 배 안에서 마음대로 다닐 수 있다면, 그것으로 평생의 소원을 이루었다 할 수 있겠지.

— 진(晉)의 필탁(畢卓)

[서양] 남자의 성공이란 호화 요트에서 왼손에 캐비아, 오른손에 동페리뇽, 뒤에 비키니 네 명 – JCK

동양과 서양의 차이(2)

[동양] '군자에게는 세 가지 즐거움이 있으니, 첫째는 부모님이 모두 살아계시고 형제가 무고한 즐거움이요, 둘째는 하늘에 부끄럽지 않고 사람에게 부끄럽지 않은 즐거움이며, 셋째는 천하의 뛰어난 인재를 가르치는 즐거움이다.' – 군자삼락[君子三樂]

[서양] 남자의 환락은 와인과 여자와 노래다. – 마르틴 루터(Martin Luther, 독일의 종교개혁가)

작업농도

와인은 긴장과 걱정에 대한 온화한 진정작용을 하며, 인간관계를 개선하고 대화하는 능력을 향상시킨다. 물론 이 작용은 다른 술에서도 나오지만, 와인은 다른 술에 비해 낮은 혈중알코올농도가 느리게 오래 지속된다. 혈중알코올농도가 0.05% 정도 되었을 때가 가장 활발해지고 기분이 좋아져서 상대방 이야기에 잘 웃고, 말이 많아지면서 마음의 우울기가 없어진다. 이때가 작업이 가장 잘 되는 시점이라서 혈중알코올농도 0.05%를 '작업농도'라고 하기도 한다. 알코올도수가 높은 술은 조금만 마셔도 혈중알코올농도가 급격하게 상승하여 금방 취하게 되어, 그 다음날 후회할 말이나 행동을 하게 되고, 알코올도수가 낮은 맥주는 많은 양을 마시다 보니 작업을 잘 하다가 어디를 갔다 오다 보면 분위기가 어색해지기 때문에 와인이 작업용으로는 가장 적합하다고 하는 것이다. 작업이란 남녀 간의 일만 이야기하는 것이 아니고, 사업상 만난 상대도 작업대상이란 점을 잘 알아야 한다.

• 부부 간에 사이가 좋아지려면, 일주일에 두 번씩 좋은 레스토랑을 찾아 작은 촛불과 와인을 곁들인 만찬에 부드러운 음악과 춤을 즐기면 된다. 단, 마누라는 화요일에 가고 난 금요일에 가야 된다.

— 헤니 영맨(Henny Youngman, 미국의 코미디언)

행복한 결혼생활은 와인으로

2016년 와인 전문잡지 『디캔터』에서 『노인학회지(Journals of Gerontology)』를 인용하여 발표한 결과를 보면, 미국에서 2,767쌍의 부부에게 설문조사를 한 결과, 와인을 같이 마시는 부부의 결혼생활이 그렇지 않은 부부보다 훨씬 행복하고 오래 간다고 한다. 이들 중에서 33년 이상 결혼생활을 한 부부의 2/3는 첫 결혼생활을 그대로 유지하고 있었다. 가장 불행한 부부는 남편은 술을 마시고, 아내는 마시지 않는 경우였고, 부부 모두 금주인 경우는 한쪽이 마시는 경우보다는 나은 것으로 밝혀졌다.

술이 성적인 능력을 증가시킬까?

술을 마시면 겉보기에는 기분이 좋아지고, 주관적으로도 외부와 싫은 관계가 점차로 약해지고 평안하고 느긋한 기분이 된다. 뇌는 고차원적인 정신기능에 관계하는 신피질과, 원시적인 감정을 나타내는 구피질로 구분되어 있는데, 알코올은 먼저 신피질에 작용하여 그 동작을 둔하게 만든다. 그러므로 고차원적인 정신활동이 둔해지고 저차원의 구피질이 본래의 기능을 표면에 나타낸다. 이 때문에 술을 마시면 성에 대한 자제력이 감소되고, 평상시 스스로에게 부여한 가치관이나 도덕기준이 흐려져 성적 욕구가 증가될 수밖에 없다.

그러나 과량의 알코올 섭취는 호르몬 생성에 직접적인 영향을 끼쳐 남녀 모두 섹스호르몬의 생성을 감소시킨다. 그러므로 남성은 발기에 부정적인 영향을 주며, 여성에게도 성적 흥분 또는 자극을 받았을 때 나타나는 변화를 감소시킨다. 과량의 술은 겉으로 보기에는 섹스에 도움을 주는 것 같지만 실제로는 섹스에 아무런 도움을 주지 않고 오히려 성기능의 장애를 초래한다. 알코올은 약리학적으로 흥분제가 아니고 진정제이며 미약(媚藥)이나 강정제는 더욱 아니다. 다만 억제력을 없애 동물적인 정욕을 노골적으로 나타내기 때문에 성욕이 강해진 것같이 느껴질 뿐이다. 그러니까 술을 많이 마시면 성(性)에 대해서는 대담해지지만 그에 따른 행동은 졸렬해질 수밖에 없다. 그래서 청소년의 무절제한 음주는 순결 상실의 기회를 제공해 주는 경우가 많다. 이런 의미에서 볼 때 음주교육은 성교육보다 우선 되어야 한다는 논리가 맞는 것이다.

여자들의 우정과 남자들의 우정

아내가 외박을 하고 나서, 남편에게 친구 집에서 자고 왔다고 말했다. 남편은 아내의 친한 친구 열 명에게 전화를 걸었다. 모두 자기 집에 온 적이 없다는 것이다.

남편이 외박을 하고 나서, 아내에게 친구의 집에서 자고 왔다고 말했다. 아내는 남편의 친한 친구 열 명에게 전화를 걸었다. 그들 중 여덟 명이 그가 자기 집에서 자고 갔다고 말했고, 나머지 두 명은…

그가 아직 자기 집에서 자고 있다고 말했다.

못생긴 여자(남자)는 없다. 다만 와인이 모자랄 뿐!

2002년 8월 '스코트 맨(The Scotsman)' 기사를 보면, 글래스고대학의 심리학과 '배리 존스(Barry Jones)' 교수팀이 학생들을 대상으로 실험한 결과, 소량의 알코올을 섭취한 학생들이 맨 정신인 학생들보다 이성의 얼굴을 25% 더 매력적으로 느끼는 것으로 나타났다고 발표했다. 존스 교수팀은 글래스고의 80명의 대학생들을 술 마신 그룹과 그렇지 않은 그룹으로 나누고 18~26세 사이의 성 앤드류(St. Andrew)대학 남녀 학생 120명의 사진을 보여준 뒤 점수를 매기도록 했다. 술 마신 그룹에게는 맥주 1,000cc나 와인 두 잔 반 정도에 해당하는 알코올을 섭취하도록 했다. 그 결과, 술 마신 그룹이 술을 마시지 않은 그룹보다 훨씬 더 사진 속의 얼굴을 매력적이라고 평가했다. 또 이런 경향은 남녀 간에 차이를 보이지 않았다고 한다.

교수와 여대생

미모의 여대생이 아름다운 몸매를 드러내는 옷을 입고 담당교수 방을 찾아왔다.

"교수님 이번에 학점만 주신다면 교수님 원하시는 모든 것을 해드릴 각오가 되어 있습니다"

"정말인가?"

"예, 교수님이 원하신다면…"

.

.

.
.
.

　"그럼, 오늘 저녁부터 공부를 열심히 하게!"

적당량의 레드와인은 성적 욕구 증가

　2009년 이탈리아 연구팀(Santa Maria Nuova Hospital)이 '레드와인과 여성의 성적 욕구의 관계'를 조사했다. 이들은 789명의 이탈리아 여성(18~50세)을 상대로 레드와인 마시는 그룹(하루에 1~2잔)과 다른 술 마시는 그룹, 그리고 금주하는 그룹 이렇게 세 팀으로 나누어 조사한 결과, 레드와인을 마시는 그룹의 성적 욕구는 27.3점, 다른 술 마시는 팀은 25.9점, 금주하는 그룹은 24.4점이 나왔다고 『저널 오브 섹슈얼 메디슨(Journal of Sexual Medicine)』, (2009. 7.)에 발표했다. 레드와인이 어떻게 작용하여 이런 결과가 나오는지 확실하게 밝힐 수는 없지만, 레드와인의 항산화력 때문에 혈관이 확장되어 혈액순환이 원활해지기 때문으로 유추했다.

　또 2012년 『뉴트리셔널 저널(Nutritional Journal)』에는 영국 킹스턴대학(Kingston University) 연구팀이 발표한 내용을 실었는데, 소량의 알코올이 남녀 모두에게 성적 쾌감과 욕구를 증가시키며, 여러 술 중에서 레드와인이 가장 효과적인데, 이는 레드와인의 특정 성분이 성감대의 혈류량을 증가시켜 성적 욕구를 불러일으키기 때문이라고 했다. 레드와인은 혈중 '테스토스테론(Testosterone)' 수치를 증가시키는데, 정상적인 상태에서 테스토스테론은 이를 방해하는 효소 때문에 쉽게 소변으로 배설되지만, 레드와인을 마시면 폴리페놀의 일종인 '케르세틴(Quercetin)' 등이 이 효소를 불활성화시켜 혈중테스토스테론수치가 증가한다고 한다. 그러나 많은 양의 레드와인은 오히려 역효과를 나타내므로 하루에 1~2잔 정도를 정기적으로 마시는 것이 가장 좋다고 한다. 한마디로, 소량의 레드와인은 남녀 모두에게 성적 욕구를 증진시키는 것으로 밝혀졌다.

• '전략'은 여성과 식사할 때 좋은 와인 한 병을 주문하는 것이고, '전술'은 그 여자가 와인을 마실 수 있도록 만드는 것이다. - 프랭크 뮤어(Frank Herbert Muir, 영국의 코미디 작가)

와인은 1급 발암물질

위에서 이야기한 대로 술을 마시면 상대 이성이 더 아름답게 보일 뿐 아니라, 본능을 관장하는 구피질을 억제하는 기능을 마비시켜 다소 흥분된 상태로 보이게 만든다. 그러니까 술에 취했다는 것은 뇌신경세포의 활동이 억제된 상태로서 근심, 걱정을 진정하는 면도 있지만, 술의 마취작용, 즉 억제작용으로 자제력을 상실했다는 의미도 된다. 그러므로 불안이 해소되고 긴장이 풀려서 스트레스에서 해방되는 반면 이성의 브레이크가 제거되어 심각한 사고력이 저하되고 본능이 행동으로 표출되는 상태라고 할 수 있다.

게다가 레드와인은 실제로 남녀 모두에게 성적 욕구를 증가시키고, 다른 술과는 달리 매혹적인 성상과 사람을 흠뻑 빠져들게 만드는 맛과 향을 가지고 있어서 로맨틱한 분위기에 음악과 함께한다면 관능적인 유혹의 수단으로 더 이상 좋은 것이 없다. 이성의 무장해제를 시키는 데는 와인만큼 좋은 것이 없다는 말이다. 와인애호가라고 자처하는 남자들 중에 와인을 여자를 유혹하는 수단으로 사용하는 사람들이 많고, 와인동호회 중에서도 와인을 핑계 삼아 남녀 간 만남의 수단으로 변질된 곳이 많은 이유도 바로 와인의 이런 점 때문이다. 그래서 와인을 1급 '바람물질'이라고 하는 것이다. 심지어 조선시대에 와인이 있었더라면 '열녀문' 세울 일이 없었을 것이라고 이야기한 사람도 있을 정도다.

- 부르고뉴 와인을 마시면 그것을 생각하게 되고, 보르도 와인을 마시면 그것을 이야기하게 되고, 샴페인을 마시면 그것을 하게 된다. – 장 앙텔름 브리야 사바랭(Jean Anthelme Brillat-Savarin, 프랑스 법률가 및 정치가)
- 여인을 유혹하는 데 와인 한 병만 있으면 된다. – 카사노바(Casanova, 이탈리아 바람둥이)

카사노바(Giacomo Girolamo Casanova, 1725~1798)

카사노바는 일반적으로 유명한 바람둥이 정도로만 알려졌지만, 라틴어 · 그리스어 · 프랑스어 · 히브리어 · 스페인어 · 영어를 배우고, 고전문학 · 신학 · 법학 · 자연과학 · 예능 등 다양한 언어와 지식을 소유하고, 댄스 · 펜싱 · 승마 · 카드 등 사교술까지 두루 갖춘 이탈리아의 문학가 · 모험가 · 외교관 · 재무관 · 스파이 등 여러 가지 직업을 가진 사람이다. 그의 자서전 『불멸의 유혹』에 따르면, 여성이 자신을 사랑하도록 만드는 방법은 '여성에게 자신이 매우 사랑받고 있으며 매우 소중한 존재'라는 사실을 일깨워주는 것이라고 말한다.

또 수감생활을 하면서 "나는 남에게 잘못한 적이 없다. 사회 안정을 위협한 적도 없고 남의 일에 간섭한 일도 없다. 사적인 일에 간섭하지 않았다"라고 이야기했다고 한다. 여러 가지 말썽을 일으키기는 했지만, 수많은 여성을 행복하게 만들어준 것은 확실하다.

[
- "플레이보이란 여자를 좋아하는 남자가 아니고, 여자들이 좋아하는 남자다" 플레이보이는 우선 외모도 그럴싸해야 하고, 문학, 음악, 미술 등 예술에 대한 깊이와 세련된 매너를 갖추고 여성을 위할 줄 아는 사람이다. 일방적으로 여자를 좋아하는 사람은 플레이보이가 아니고 스토커나 치한에 가깝다고 할 수 있다. - JCK
]

냄새는 성적 신호

"일주일만 지나면 당신을 볼 수 있소. 그때까지 목욕을 하지 마시오. 당신의 냄새가 그립소" 전쟁터에 있던 나폴레옹이 조세핀에게 보낸 편지의 일부다. 또 나폴레옹이 자고 있을 때 부하들이 급히 보고할 사항이 있어서 나폴레옹을 깨워야 하는데, 직접 흔들어 깨울 수는 없어서 평소 나폴레옹이 좋아하는 치즈를 코 밑에 갖다 대었더니, "조세핀, 오늘밤은 안 돼~"라고 중얼거렸다는 이야기도 유명하다. 나폴레옹은 조세핀의 몸 냄새를 좋아했었. 남녀 간의 사랑에서 냄새가 결정적인 작용을 한다고 최근의 연구는 밝히고 있다. 처음에는 시각일지 몰라도 사랑의 완성은 후각이 결정한다. 그래서 냄새를 못 맡는 사람은 성에 대한 욕구가 남보다 더 낮다고 한다.

특정한 냄새는 남녀 모두의 성욕을 자극하는데, '와인 폴리(Wine Folly)'의 기사를 보면, 여성을 자극하는 향은 머스크, 흙냄새, 나무냄새, 감초, 체리 등으로, 와인은 바르베라, 산조베제, 진판델, 오래된 피노 누아가 여기에 해당되고, 남성을 자극하는 향은 라벤더, 캐러멜, 버터, 오렌지, 감초, 빵 냄새, 바닐라 등이다. 또한 와인은 샴페인, 모스카토, 드라이 셰리, 토니 포트(Tawny Port), 그르나슈, 시라, 심지어는 로제까지 해당된다고 한다. 다소 근거가 희박하지만, 흥미를 유발하는 기사이긴 하다.

- 와인, 담배, 여자를 포기하기로 결심한다면 오래 살아도 사는 게 아니다. 단지 오래 산 것처럼 보일 뿐이다.
  – 프로이트(Sigmund Freud, 오스트리아 정신병리학자)

몸 냄새란?

몸 냄새는 땀에서 나오는데, 인체에는 두 가지 종류의 땀샘이 있다. 체온 조절에 중요한 '에크린샘(Eccrine gland)'에서 나오는 땀은 액체만을 분비하기 때문에 별 냄새가 없지만, 털이 많은 곳에 있는 '아포크린샘(Apocrine gland)'에서 분비되는 땀은 샘세포체 일부가 떨어져 나와 처음에는 냄새가 없다가 한 시간 정도 지나면 피부의 박테리아가 땀 성분을 분해하면서 냄새를 풍기고, 주변에 있는 분비선에서 나오는 분비물과 함께 특유의 냄새를 만든다. 사람의 몸 냄새는 바로 이 아포크린샘에서 나오는 땀이 분해되어 나오는 냄새라고 할 수 있다. 암퇘지는 수퇘지 침에서 분비되는 트러플이나 머스크(사향)와 유사한 향에 끌리게 되어 있다. 그래서 트러플을 채취할 때 암퇘지를 몰고 가야 한다.

최근의 연구를 보면, 사람도 동물처럼 페로몬을 방출하며 이를 냄새로 알아볼 수 있다고 한다. 남성호르몬인 테스토스테론이 많은 남자는 땀에서 처음 나오는 물질이 안드로스테놀(Androstenol)이고 15분 정도 있으면서 산소와 접촉하면 안드로스테논(Androstenone)이 형성된다. 안드로스테놀은 사향이나 백단향나무 향기와 비슷한 냄새를 발산하는데, 여성들은 이 냄새를 맡으면 성적 흥분을 일으킨다. 반면, 안드로스테논은 보통의 여성들은 악취로 느끼지만, 어떤 여성은 이를 꽃 향이나 바닐라 냄새로 느끼기 때문에 남성들의 향수성분으로 쓰이기도 한다. 물론 여자도 이 호르몬을 분비하지만, 남자에 비해 그 양이 훨씬 적다. 단, 여성은 생리 때 이 몸 냄새가 강해진다.

더 결정적인 것은 여성은 질을 통해 분비되는 '코풀린(Copulin)'이라는 지방산의 일종인 호르몬인데, 여기서 나오는 향이 여성들을 더욱 섹시하고 매력적으로 느껴지도록 해 남성의 마음을 사로잡는다고 한다. 여성이 자기의 가슴에 코풀린이 함유된 향수를 발랐을 때 자신과 상대자의 성적 행동이 20% 이상 혹은 150% 증가했다는 연구 결과가 있을 정도로, 남자는 이 냄새를 맡으면 테스토스테론(Testosterone)수치가 급속히 올라가 성욕을 자극받기 때문에 무의식적으로 그 여성에게 끌리게 된다는 것이다. 와인에도 이런 냄새와 비슷한 머스크(사향) 향이 들어 있기 때문에 와인을 '사랑의 묘약'이라고 한다.

> **머스크(Musk, 사향)**
> 머스크 즉 사향은 수컷 사향노루의 배와 배꼽의 뒤쪽 피하에 있는 향낭 속에 있으며,

생식기에 딸려 있고, 이것을 잘라서 건조시키면 머스크 향이 나온다. 수컷 사향은 번식기가 되면 암컷을 유인하기 위해 방사하는 물질로 그대로 맡으면 역겨울 정도로 고린내가 나지만, 농도가 낮으면 노린내 비슷하게 풍기면서 상대를 끌리게 만든다. 그래서 옛날부터 사향은 사랑의 묘약으로 사용되어, "사람이 이것을 먹으면 밤을 새워도 쓰러지지 않고, 새벽이 되어도 아직 철근과 같도다"라고 말하고 있다. 그리고 사향은 호흡기능과 혈액순환을 도와 뇌의 활동을 활발하게 만들기 때문에 우황청심환의 원료로 사용되기도 한다. 참고로, 현재 사향노루는 천연기념물로 보호받고 있다.

와인과 초콜릿을 최음제로 사용한 이유

옛날부터 와인과 초콜릿은 최음제로 사용된 적이 많다. 그래서 초콜릿 냄새가 많이 나는 메를로가 여성들의 성적 욕구를 증가시키며, 피노 누아를 마시는 여성이 더 개방적이라는 보고도 있다. 과학적인 이유는 와인과 초콜릿에 있는 '아민(Amine)'이라는 성분 때문인데, 이 아민 중에서 '히스타민(Histamine)'이 가장 효과적인 것으로 알려졌다. 히스타민은 면역반응에 관여하는 물질이기 때문에 알레르기 반응을 일으키는 것으로 잘 알려져 있지만, 혈관확장작용을 통하여 모세혈관의 투과성을 증진시키며 기관지근, 장관, 자궁 등을 수축하는 기능을 가지고 있으며, 위액의 생산과 분비를 촉진하고 약하지만 심장흥분작용도 가지고 있다.

최근의 연구를 보면, 히스타민수치가 떨어지면 성욕감퇴, 발기부전, 고혈압, 의기소침 등의 문제가 일어나는데, 히스타민은 신경계를 조절하여 뇌하수체를 활성화시켜 테스토스테론의 분비를 개선한다고 한다. 즉 남녀 모두의 성기능과 성욕을 증진시킨다. 그래서 보통 최음제라고 하는 것들은 히스타민 함량이 높다. 히스타민은 부작용이 있어서 나라에 따라 규제하기도 하지만, 와인에는 3~6mg/ℓ 정도 있으며, 화이트와인보다 레드와인에 더 많이 들어 있다. 와인에서 히스타민은 메를로, 카베르네 프랑에 많이 있으며, 이들은 알코올발효, 오크통 숙성, 말로락트발효 중에도 생성된다. 그러나 히스타민에 예민한 사람에게는 염증이나 두통을 일으킬 수 있으므로 적당량을 섭취해야 한다.

뉴욕의 바텐더가 보는 마시는 술과 성격

일곱 명의 뉴욕의 바텐더들에게 어떤 술을 마시는지를 토대로 그 사람의 성격을 딱 맞출 수 있느냐고 질문해 보았다. 인터뷰가 일곱 명 각각 따로 진행되었음에도 불구하고 바텐더들은 거의 모든 항목에서 다음과 같이 의견일치를 보였다.

[여자 손님]
- 맥주: 자유롭고 겉치레 없는 건전한 성격의 소유자다. 포켓볼이나 한 게임하자고 신청해 보라.
- 칵테일: 변덕이 심하고 잘 울고 귀찮은 성격이다. 그 여자의 시종이 되고 싶은 것이 아니라면 피하는 게 상책이다.
- 리큐르: 나이가 좀 들고, 세련되었으며, 입맛이 까다로우니까 취향을 잘 파악해야 한다. 접근하고 싶지 않겠지만, 여자가 관심이 있으면 당신에게 한 잔 보내줄 수 있다.
- 와인: 보수적이고 품위가 있으며, 세련미가 있으면서 재미있기도 하다. 여행을 좋아하고 친구들과 조용하게 저녁시간 보내는 것을 좋아한다고 말하라.
- 화이트 진판델: 쉬운 여자로 품위 있고 세련된 척한다. 그러니까 자신을 품위 있고 세련되었다고 믿게 해주면 그냥 넘어온다.

[남자 손님]
- 국산 맥주: 돈은 많지 않지만, 여자와 하룻밤 지내기를 원한다.
- 수입 맥주: 비싸고 좋은 맥주를 마시면서, 여자와 하룻밤 지내기를 원한다.
- 와인: 와인으로 세련된 이미지를 부각시켜, 여자와 하룻밤 지내기를 원한다.
- 위스키: 군말 없는 성격으로, 여자와 하룻밤 지내기를 원한다.
- 테킬라: 야한 옷을 입은 웨이트리스와 하룻밤 지내기를 원한다.
- 화이트 진판델: 게이가 분명하다.

화이트 진판델(White Zinfandel)

1972년 '셔터 홈 와이너리(Sutter Home Winery)'에서 진판델로 레드와인을 담그면서 타닌과 색깔을 더 추출하고자 주스의 일부를 제거하였는데, 이 제거된 색깔 옅은 주스로 드라이 와인을 만들어 판매하면서 '외이 드 페르드리(Oeil de Perdrix, 프랑스어로 '자고새의 눈'이란 뜻이지만, 색깔이 옅은 레드와인을 말함)'라는 이름으로 판매하였다. 그러자 알코올·담배·화기국(BATF)에서 영어 이름을 고집하여 할 수 없이 '화이트 진판델(White Zinfandel)'이라고 한 것이다. 당시는 화이트와인의 수요가 많아서 적포도를 이용하여 화이트와인을 만들던 때였다.

1975년에는 같은 그룹인 '트린체로(Trinchero Family Estate)'에서 알코올발효가 끝나기 전에 이스트가 사멸하여 발효가 중단되는 심각한 사태가 발생하였다. 2주 동안 고민하다가 맛을 보니, 달고 색깔이 옅은 로제가 되어 있어서 이를 팔기로 결정하였다. 이 화이트 진판델은 달콤하고 알코올농도가 낮고 색깔이 매혹적이어서 폭발적인 인기를 얻어서 아주 잘 팔렸다. 재앙이 최고의 찬스가 된 것이다. 현재도 화이트 진판델은 미국 와인의 10%를 차지할 정도로 인기가 좋다.

로제는 '작업용'

와인 수업시간에 교수가 졸고 있는 학생들에게 물었다. "로제와 어울리는 것은?" 학생은 바로 일어나 간단하게 "데이트"라고 이야기했다. 나머지 학생들은 '돼지고기'나 '닭고기' 등의 요리가 대답으로 나올 줄 알았는데, 데이트라고 대답을 하니까 박장대소를 했다. 그러나 교수는 "맞아요"라고 이야기했다. 그렇다. 로제는 '작업용'이다. 정식 만찬에서 나오는 경우는 드물고, 야외 파티나 피크닉 그리고 특별한 날에 마신다. 로제는 깊은 맛이 필요 없고, 색깔만 예쁘면 그만이다. 만드는 방법은 레드와인을 담그면서 색소추출을 조금만 하여 바로 꺼내는 방법이나, 적포도를 으깨어 화이트와인 만드는 방법을 사용할 수도 있으며, 나라에 따라 금지된 곳도 있지만, 레드와인과 화이트와인을 섞어서 만들 수도 있다. 사용하는 원료포도의 색깔은 옅어도 된다.

진짜

"여자 친구가 오늘 저녁 집에 아무도 없다고 오라고 했다. 기회는 찬스다 생각하고 가서 벨을 눌렀는데, 진짜 아무도 없었다."

알코올은 기억력을 증가시킨다?

알코올이 기억력을 저하시키기도 하지만, 최근 연구(Waggoner Center for Alcohol and Addiction Research)에 의하면, 음주는 뇌의 특정 부분을 자극하여 더 명확하게 배우고 기억하게 만든다고 한다. 2011년 4월 12일 『사이언스 데일리(Science Daily)』에 기고한 오스틴의 텍사스대학 신경학자 '히토시 모리카와(森川均)' 박사는 알코올은 동료 이름이나 특정 단어와 같은 정보를 기억하는 능력을 감소시키지만, 우리의 잠재의식은 이를 배우고 기억하는 데 우리가 미처 알지 못할 뿐이라고 한다. 그래서 특정 식품, 어떤 음악, 어떤 사람이나 그 상황 등이 잠재의식 속에 형성되어 나중에 그와 비슷한 상황에 처했을 때, 그때 형성된 기억을 끄집어낼 수 있다고 한다. 그래서 잊으려고 술을 마셔봐야 그 기억이 오히려 더 살아날 수 있다고 한다.

• 지난 일을 잊으려면 맥주를 마시고, 아름다운 추억을 불러오려면 와인을 마셔야 한다. – 미상

음악이 와인에 미치는 영향

와인은 시각, 미각, 후각 그리고 촉각으로 마신다고 하지만, 청각으로 마시는 술이기도 하다. BBC 뉴스(2008. 5.)에 음악은 와인의 맛을 최대 60%까지 더 높여줄 수 있다는 기사가 나왔다. 영국 '해리엇와트대학(Heriot Watt University)'의 심리학과 '에이드리언 노스(Adrian North)' 교수팀은 와인의 맛이 듣는 음악에 따라 달라진다는 실험 결과를 발표했다. 이들은 250명의 남녀를 25명씩 열 그룹으로 나누어 와인은 '몬테스 알파' 2005년산으로 레드와인은 카베르네 소비뇽, 화이트와인은 샤르도네로 1인당 125㎖를 제공하고, 음악을 다섯 종류로 나누어, 힘차고 묵직한 음악(Carmina Burana-Orff), 맑고 깨끗한 음악(Waltz of the Flower-Tchaikovsky), 활기차고 신선한 음악(Just Can't Get Enough-Nouvelle Vague), 달콤하고 부드러운 음악(Slow Breakdown-Michael Brook)을 들려주면서 와인을 마시고 평가(10점 만점)하도록 하고, 대조군은 음악 없이 와인을 마시면서 평가하였다. 결과는 다음과 같았다.

음악	화이트와인 점수			레드와인 점수		
	음악 X	음악 O	증가폭	음악 X	음악 O	증가폭
힘차고 묵직한 음악	4.28	5.64	32%	4.32	6.92	60%
맑고 깨끗한 음악	5.24	6.84	31%	4.52	6.36	41%
활기차고 신선한 음악	5.00	7.00	40%	4.76	6.80	43%
달콤하고 부드러운 음악	5.72	7.20	26%	5.40	6.76	25%

어떤 음악을 들려주든지 음악을 듣고 마시면 와인에 대한 평가가 높아진다는 것을 알 수 있다. 그리고 음악도 그 와인에 어울리는 음악을 들려줄 때 더욱 효과가 커진다. 묵직한 레드와인에는 힘차고 묵직한 음악이 가장 효과적(60% 상승)이다.

또 노스 교수는 슈퍼마켓에서 들려주는 음악에 따라 팔리는 와인의 종류도 달라진다고 이야기하면서, 독일 음악을 들려주면 소비자는 무의식적으로 독일 와인을 고르게 되고, 프랑스 음악을 들려주면 프랑스 와인을 찾는다고 이야기한다. 아무튼 음악이 와인에 미치는 영향력은 대단하다.

와인 전문가와 결혼하면 숫처녀로 산다

* 와인양조업자: 지근지근 밟기만 하고, 좋은 빈티지가 올 거라고 계속 기다린다.
* 와인평론가: 입만 살아서 이야기는 잘 하지만, 행동은 하지 않는다.
* 와인 수집가: 행여 다칠까 조심스럽게 위해 주지만, 구경만 한다.
* 와인 판매상: 좋은 물건을 가지고 있지만, 그걸 언제 어떻게 할 줄 모른다.

맥주는 음악소리가 시끄러울수록 매출 증가

2008년 『알코올중독(Alcoholism)』지에 '니콜라스 게귀앵(Nicolas Guéguen)' 교수 등은 술집의 음악소리가 클수록 손님은 많은 양의 맥주를 마신다는 실험결과를 발표했다. 18세부터 25세의 남자를 대상으로 관찰한 결과, 시끄러운 음악이 나오면 더 많이 그리고 더 빨리 마시는 것으로 나타났다. 시끄러운 음악이 나오면 각성되어 잘 취하지 않고, 친구와 대화가 불가능하여 더 마시는 것으로 보고 있다. 한마디로 술집의 음악소리가 클수록 매출이 더 오른다는 말이다.

• 노래방이란 술을 마시지 말아야 할 사람과 노래를 부르지 말아야 할 사람들이 함께 어우러지는 곳이다.
    – 톰 드리센(Tom Dreesen, 미국 코미디언)

음주가무(飮酒歌舞)

우리는 술을 마시면 노래를 부르고 춤을 추어야 직성이 풀릴 정도다. 그래도 노래방이란 것이 나왔기에 다행이지, 그렇지 않았으면 지금도 많은 사람들이 길거리에서 큰 소리로 노래를 부르며 돌아다니다가 '고성방가' 죄로 잡혀갈지 모른다. 사실 이런 관습은 조상 때부터 우리 몸에 밴 것으로 요즈음 새로 생긴 놀이문화는 아니다. 옛날부터 '음주가무(飮酒歌舞)'라는 말이 전해 내려오는 것만 봐도 우리 민족이 얼마나 술 마시고 노래 부르고 춤추는 것을 좋아했는지 짐작할 수 있다.

와인 노래

우리나라에는 옛날부터 술을 주제로 한 노래가 많지만, 서양에서 와인을 주제로 한 노래 중에서는 베르디의 오페라 '라 트라비아타(La Traviata, 1853년)'에서 나오는 '축배의 노래(Brindisi)'와 팝송으로는 '서머 와인(Summer wine, 1967년)' 정도가 가장 많이 알려져 있다. 슈베르트 가곡이나 국내 가수들의 노래가 몇 개 있지만, 잘 알려진 것은 없다. 그리고 와인을 마시면서 꼭 와인 관련 노래를 부르거나 들을 필요는 없고, 그 분위기에 맞는 노래나 연주가 있으면 그만이다. 와인애호가라면 와인과 어울리는 음악과 어우러진 채 취하는 것도 또 다른 즐거움이 될 수 있을 것이다.

> **춘희(椿姬)는 '동백 아가씨'**
>
> 베르디의 오페라 '라 트라비아타'를 우리는 '춘희(椿姬)'라고 하지만, 이 춘희란 제목은 일본에서 번역한 것을 그대로 옮겨와서 잘못 쓰이고 있는데, 일본에서도 잘못되었다고 이를 문제 삼고 있다. 여기서 '춘(椿)'이란 우리도 잘 모르는 '참죽나무'이기 때문이다. 이 참죽나무는 어린잎을 나물로 먹고, 시집 갈 딸에게 장롱을 만들어 주기 위해 심는 나무이기도 하다.
>
> 원제목 'La Traviata'는 이탈리아 말로 '길을 잘못 든 여자' 혹은 '길을 잃은 여자'라

는 뜻이고, 원작은 『삼총사』, 『몬테크리스토 백작』을 쓴 '알렉상드르 뒤마'의 아들이 쓴 소설 『La Dame aux Camélias』이다. 여기서 Camélias는 동백꽃이며, 동백꽃 학명도 Camellia이다. 그러니까 춘희(椿姬)란 '동백 아가씨'를 말한다. 요즈음은 '동백꽃을 든 여인'이라는 제목으로도 잘 나온다.

참고로, 우리 조상들은 딸이 태어나면 오동나무를 심었다고 하지만, 이는 일본의 풍습이다. 우리 조상들은 '죽나무'를 심었다. 오동나무는 재질이 가볍지만 죽나무는 그렇게 가볍지 않고 조직이 치밀하다. 그러면서 가구의 수명을 길게 만드는 도료, 즉 옻을 얻기 위해 옻나무까지 같이 심었던 것이다. 일제강점기 때 일본 관리들은 오동나무 잎과 꽃으로 도안된 휘장을 쓸 만큼 일본과 오동나무는 깊은 관련이 있다.

- 『잘못 전해지고 있는 것들』(미승우, 범문사)

Wine Episodes 14

술은 와인과 와인 아닌 것으로 나눈다

14 술은 와인과 와인 아닌 것으로 나눈다

 책에는 먼지가 쌓이지만, 맥주잔은 우리를 신나게 만든다.
책은 우리를 골치 아프게 만들지만, 맥주는 우리에게 즐거움을 준다.
– 괴테(Johann Wolfgang von Goethe, 독일의 작가, 철학자)

맥주의 원료는 '보리'가 아닌 '맥아'

맥주의 원료는 엄밀하게 이야기하면 보리가 아니고 싹이 튼 보리 즉 '맥아'로 만든다. 우리나라에서는 싹이 튼 보리를 '엿기름'이라고 하여 식혜나 엿을 만드는 데 사용했다. 영어로는 이를 '몰트(Malt)'라고 하며, '몰트위스키'라고 할 때 몰트가 바로 맥아를 말한다. 모든 곡류가 그렇듯이, 보리알갱이도 씨눈만이 생명체가 되고, 나머지 부분은 씨눈이 자라는 데 영양분으로 공급된다. 보리는 적당한 온도와 습도 그리고 산소가 있는 조건에서 싹이 트고 뿌리가 나는데, 이때 보리알갱이 속에서는 당화효소가 활발하게 분비되어 녹말을 분해시켜 당분을 만들고, 이 당분은 씨눈이 자라는 데 에너지원으로 공급된다. 그러므로 이렇게 보리에 싹이 트고 뿌리가 날 때 성장을 중지시키면, 이 싹이 튼 보리, 즉 맥아에는 왕성한 당화효소가 많이 들어 있기 때문에, 다른 녹말질 원료를 쉽게 분해시켜 당분으로 변화시킬 수 있다. 이 엿기름을 이용하여 식혜를 만들 수 있으며, 이 식혜를 발효시킨 것을 맥주라고 할 수 있다.

가난의 상징, 보리

우리나라 사람들에게 보리는 가난의 상징이었다. 없었던 시절에 겨우 배를 채우는 궁여지책의 양식으로 인식되어 있다. 그래서 "꿔다 놓은 보릿자루 같다"라는 말이나, "겉보리 서 말만 있어도 처갓집 신세 안 진다"라는 속담이 생긴 것이다. 또 생긴 모양에 따라 아들은 쌀밥을 먹여야 튼튼하고, 딸은 보리밥을 먹여야 예뻐지고 애도 잘 낳는다는 등으로 보리가 천대를 많이 받았던 것은 부정할 수 없다. 그러나 서양에서는 보리가 남자의 힘을 상징했고 여자에게는 미모와 다산의 상징이었을 정도로 대접을 받았던 곡식이었다.

맥주용 보리는 따로 있다. 맥주용 보리는 두 줄 보리이며, 우리가 먹는 여섯 줄 보리와는 다르다. 식용으로 사용되는 네 줄 보리나 여섯 줄 보리는 알이 고르지 않아서 발아가 균일하지 못하여 양질의 맥아가 되기 힘들기 때문에 사용하지 않는다. 맥주보리는 껍질이 얇고 입자가 크고 둥글며, 균일한 무게를 지녀야 한다. 그리고 성분상으로는 녹말함량이 많아야 하고, 단백질 함량은 적어야 하며, 무엇보다도 중요한 것은 발아력이 왕성해야 한다.

맥주의 색깔은 맥아를 건조시킬 때 결정

맥아를 만들 때 보리에 싹이 트고 어느 정도 자라면, 이를 건조시켜야 한다. 효소가 파괴되지 않을 정도의 온도와 습도를 유지하도록 가열해야 하는데, 이때 건조를 강하게 시켜 맥아의 당분이 갈색이 될 때까지 건조시키면, 색깔이 진한 농색맥주가 되고, 약하게 하면 색깔이 엷은 담색맥주가 된다. 흑색 맥아는 아주 높은 온도에서 가열하기 때문에 효소 활성이 파괴되므로 당화 때 일반 맥아를 일부 혼합하여 사용한다. 대체로 색깔이 진한 맥아로는 이미지에 맞게 알코올농도가 높은 맥주를 만든다.

Hof & Coffee

요즈음 길거리에서 흔히 볼 수 있는 생맥주 집 간판을 보면 'Hof & Coffee'라고 쓰면서, 호프(Hof)라는 단어를 즐겨 쓰고 있다. 얼마 전까지만 해도 '생맥주 집'이라고 부르다가 이제는 전부 '호프집'이라고 한다. 이 호프(Hof)라는 단어는 맥주의 맛에 중요한 영향을 끼치는 식물성 첨가제인 '홉(Hop)'이 아니고, 마당, 혹은 정원을 뜻하는 독일어다. 사람들이 모여서 맥주를 마시고 이야기할 수 있는 장소를 뜻하는 것으로, 원래는 독일 바이에른 지방에 있는 '호프브로이하우스(Hofbräuhaus)'라는 옛 궁정 양조장에서 유래된 말이다. 그러니까 Hof & Coffee란 말은 맥주와 커피란 뜻이 아니고 '마당과 커피'란 뜻이 된다.

우리나라 어떤 맥주업체가 일정 규모 이상의 시설을 갖춘 맥주 집에 '호프(Hof)'라는 명칭을 사용하도록 했는데, 요즈음 그 의도가 변질되어 너도나도 맥주만 취급하면 호프라는 간판을 내걸기 때문에 유행하게 된 것이다. 그러나 사람들은 대부분 이 호프가 맥주를 만들 때 들어가는 홉(Hop)으로 잘못 알고 있다. 심지어는 방송 퀴즈에도 이렇게 출제된 적이 있을 정도다.

홉의 사용은 맥주의 맛을 획기적으로 변화시킨 것

홉(Hop)을 사용한 맥주는 12~14세기부터 나오기 시작했는데, 그전의 맥주는 우리의 막걸리보다 못한 밋밋한 술이었을 것이다. 왜냐면 막걸리는 누룩에서 나오는 다양한 맛과 향을 가지고 있지만, 옛날 맥주는 맥아(엿기름)만 사용하여 만들기 때문에 무덤덤한 맛에 알코올농도도 낮은 소박한 술이 될 수밖에 없다. 그래서 옛날부터 맥주에 계수나무 껍질이나 대추야자 그리고 꿀 등을 넣어 맛을 개선해 보려는 노력을 많이 했지만, 홉이 나오기 전까지 뚜렷한 첨가제를 찾지 못했다. 이 홉은 맥주에 은은한 향과 상쾌한 쓴맛도 주지만 불순물을 침전시켜 맥주를 맑게 만들며 잡균의 번식을 방지하여 저장성을 높여주는 등 여러 가지 효능을 가지고 있다. 맥주역사에서 홉을 사용한 것은 맥주의 질을 한 단계 올려놓은 획기적인 사건이라고 할 수 있다.

홉의 가장 중요한 조건은 처녀성

홉은 암, 수 그루가 따로 있는 덩굴성 식물의 꽃으로, 맥주에 사용하는 홉은 암그루의 성숙한 꽃을 따서 말린 것이다. 만약 암그루와 수그루를 같은 장소에서 재배하면, 암꽃이 수정 되어 향기나 중요성분이 감소되기 때문에 항상 암그루만 재배한다. 그러니까 홉의 가장 중요한 조건은 처녀성이라 할 수 있다. 그리고 이 홉에는 여성호르몬이 많아서 중세 때부터 여자들의 생리불순에 홉을 끓여 마셨다고 하며, 또 홉 밭에서 일을 하면 생리불순이 없어진다고 한다. 홉을 수확하는 여자들이 작업 중 잠이 오는 데서 조사한 결과, 홉에는 부작용이 없는 최면작용이 있음이 밝혀졌다. 현대 여성들이 맥주를 즐겨 마시는 이유도 은연중 이러한 점이 작용하는지도 모른다.

이 홉은 늦여름에 수확하여 건조시키는데 건조하지 않으면 중요성분이 산화되기 때문이다. 그리고 일정량씩 압축 포장하여 낮은 온도에서 보관하여 휘발성 성분의 손실을 방지한다. 보리, 물, 홉 등 맥주의 세 가지 원료 중에서 홉은 맥주의 맛과 향에 직접 작용하는 가장 민감한 원료라고 할 수 있다. 이렇게 맥주는 홉 덕분에 적절한 쓴맛과 그에 어울리는 신선한 향을 갖게 되었으며, 게다가 알코올농도가 낮고 탄산가스가 들어 있어서 알코올에 의한 부작용이 적고 탄산가스에 의한 독특한 청량감으로 세계인의 입맛을 사로잡게 되었다. 특히 맥주는 여성이나 술을 처음 마셔보는 사람에게도 거부감을 주지 않기 때문에 세계에서 가장 넓은 수요층을 확보하고 있다.

홉을 사용한 맥주는 독일에서 시작하여 유럽 전역으로 퍼지게 되었는데, 고집스런 영국만이 '에일(Ale)'이라는 자기들 고유의 맥주에 홉을 넣는 것을 금지시키는 법안을 제정(1484년)할 정도로 보수적이었지만, 한번 홉이 들어간 맥주를 맛본 영국인들은 18세기 초부터 에일을 홉이 가장 많이 들어가는 타입으로 바꿔버렸다. 맥주의 원료로써 홉을 사용하기 시작한 것은 8세기 후반부터로 보이며, 독일에서는 14세기 후반에 홉 재배지역이 널리 퍼지면서 맥주에 보편적으로 사용한 것으로 보고 있다. 우리나라에서는 1933년 맥주 제조회사가 설립되면서 1934년 함남 혜산(惠山) 지방에서 처음으로 재배되었다.

• 즐거움, 그것은 맥주. 불안감, 그것은 여행이다. –메소포타미아 속담(기원전 2000년)

맥주는 물이 좋아야 한다?

와인을 제외한 모든 술은 물이 좋아야 한다고 하지만, 이는 옛날이야기다. 요즈음은 정수장치가 잘 되어 있어서 사용하는 물의 차이는 거의 없다. 현대적인 의미에서 맥주를 만드는 데 물은 질보다 양이 중요하다. 맥주 1ℓ를 만드는 데 물이 15~20ℓ 사용되므로, 맥주공장은 풍부한 양질의 수원을 확보하고 있어야 한다. 이 물 때문에 오비맥주와 하이트맥주의 운명이 뒤바뀐 사건이 일어난다.

일제강점기 때부터 영등포에 자리 잡은 '오비(OB)'와 '크라운(CROWN)'은 해방 후 시장점유 비율을 7 : 3이나 8 : 2 정도로 유지하면서 항상 오비가 앞서 있었다. 맘만 먹으면 오비는 크라운을 없앨 수 있었지만, 독점을 피하기 위해 시장의 일정 부분을 할애할 정도로 오비는 여유가 있었다. 그러다가 1991년 두산전자 구미공장에서 무단으로 방류한 페놀 원액이 낙동강 상수원으로 흘러들어간 사건을 계기로 '오비맥주 불매운동'이 일어나서 창사 이래 최대의 위기를 맞게 된다. 그리고 1993년에는 주류업체의 라이벌인 진로에서 미국의 '쿠어스(Coors)'와 합작으로 '카스(Cass)'를 출시하여 맥주시장이 셋으로 나누어졌고, 만년 2위에 머물던 조선맥주는 위기감 속에서 '하이트(HITE)'를 출시하면서 "지하 150미터 천연 암반수"라는 캐치프레이즈를 내세워 획기적인 마케팅을 하기 시작했다. 그러면서 가열살균을 하지 않은 '비열처리 맥주'라는 점을 부각시켜 오비의 시장을 잠식하기 시작했다.

오비는 맥주를 만들 때는 어차피 물을 끓이기 때문에 물의 차이는 별로 없다는 광고를 내놓기도 하고, 진짜로 지하 150미터인지 알아보자고 시비도 붙었지만, 맑은 물의 이미지를 붙인 하이트 맥주가 1996년부터 업계 1위를 차지해 버린다. 거의 독점할 수 있도록 만들어 주는 주류업계에서 물 때문에 처음으로 앞뒤가 바뀌는 사건이 일어난 것이다. 그래서 맥주는 물이 좋아야 한다는 말이 새삼 실감난다.

하이트(HITE)맥주

1933년 8월에 일본의 '대일본맥주(아사히, 삿포로 맥주의 전신)'가 경기도 시흥(현재 영등포)에 '조선맥주(주)'를 설립하면서 우리나라 맥주 제조의 역사가 시작된다. 해방 후에는 적산관리 공장으로 지정되어 미군정 관리로 있다가 1951년 민간에 불하되었고, '크라운(CROWN)'맥주라는 상표로 알려진다. 1973년 기업공개를 하고, 1977년에는 신생 '한독맥주(이젠벡)' 마산공장을 매수하여 시설을 확장하였다. 1986년 덴마크 '유나이티드 브루어리'와 '칼스버그' 맥주가 제조판매 계약을 맺어 판매하기 시작했고, 1993년 5월 '하이트맥주'를 개발하여 시판하였다. 1998년에 상호를 '하이트맥주(주)'로 변경하였고, 현재는 진로를 인수하여 '하이트진로'가 되었다.

오비(OB)맥주

조선맥주 설립과 거의 같은 시기인 1933년 12월에 일본의 '기린맥주(미쓰비시 그룹)'가 '쇼와기린(昭和麒麟)'맥주를 '조선맥주' 바로 옆에 설립한다. 이 역시 해방 후 적산관리 공장으로 지정되어 미군정 관리로 있다가 1951년에 민간에 불하되었다. 당시 두산그룹의 모태인 '박승직상점'이 주주로 참여하여 두산그룹의 모기업으로 발전한다. 1952년 동양맥주(주)로 상호를 바꾸고, '오비(OB)'맥주라는 상표로 생산을 시작하여, 1973년 4월에 주식을 공개하고, 국내에서 거의 독점적인 위치를 확보하였으나, 하이트에게 밀리기 시작하면서 1995년 회사 명칭을 '오비맥주'로 변경한다. 오비는 1998년, 세계 4위의 맥주회사인 벨기에 '인터브루(Interbrew Corporate)'와 합작하고, 1999년에는 망해가는 진로의 '카스'까지 인수하지만, 2001년, 두산그룹의 구조조정 정책으로 맥주사업을 포기하고, 이를 '인터브루'에 넘겨버린다.

상면발효와 하면발효

맥주는 발효를 어떻게 하느냐에 따라 상면발효(上面醱酵) 맥주와 하면발효(下面醱酵) 맥주로 나눌 수 있다. 즉 발효가 끝나고 이스트가 떠오르느냐, 가라앉느냐에 따라서 붙여진 이름이다. 독일은 낮은 온도에서 하면발효를 시키고, 영국은 약간 높은 온도에서 상면발효를 시키기 때문에 하면발효를 독일식, 상면발효를 영국식이라고 부르기도 한다. 그런데 '상면', '하면'이란 단어는 우리말에 없는 것으로 일본식 한자를 그대로 사용하고 있어 상당히 어색하다. 차라리 '상층', '하층'이라는 표현이 더 자연스럽다.

독일식 하면발효는 7~12℃에서 이스트를 넣고 발효탱크로 옮기면 이스트의 작용으로 당분이 알코올과 탄산가스로 분해된다. 이 발효를 일주일 정도 진행시키면 거친 맥주가 되고, 다시 0~4℃ 정도의 낮은 온도에서 2개월 동안 저장하면, 서서히 후발효가 진행되면서 숙성되고, 탄산가스도 맥주에 용해되어 조화된 맛과 향을 갖게 된다. 또 이 기간 중에 이스트 찌꺼기도 가라앉아 맑은 맥주가 된다. 한편 영국식 상층발효는 맥아즙을 15~24℃로 발효시키므로 와인과 같이 복합적인 향미를 갖게 된다.

• 영국에는 맥주만 한 게 없고, 프랑스에는 부르고뉴 와인만 한 게 없다. – 미상

라거 비어(Lager beer)

'라거 비어'의 뜻에는 두 가지가 있다. 우리가 잘 아는 생맥주가 아닌 '병맥주'란 뜻이 있고, '독일식(하면발효) 맥주'라는 뜻도 있는데, 사실은 동일한 방법에서 유래된 것이다. 최초의 저장맥주는 13세기 독일에서 시작되었는데, 파스퇴르의 가열살균법이 나오기 훨씬

이전의 일이다. 이때는 저장을 목적으로 가을에 색이 진한 맥아즙을 사용하여 발효시킨 후, 저장탱크에 넣고 밀폐시킨 채 숙성시키면서 겨울을 넘기고, 다음 해 봄에 출하시키는 방법을 사용하였다. 이때는 주발효가 완벽하지 않으므로, 저장 중에도 서서히 발효가 일어나 탄산가스가 액 중에 함유되어 강한 발포성을 갖게 되었다. 이런 맥주를 '저장하는 맥주'라는 뜻으로 '라거 비어(Lager beer)'라고 부른 것이다. 오늘날에는 연중 저온으로 저장하기란 별로 어려운 일이 아니지만, 냉장장치가 없었던 시대의 겨울 동안 오랜 시일에 걸쳐서 저장하여 숙성시키던 시절에 생긴 말이다.

'생맥주(Draught beer)'는 통에 붓는다는 뜻으로, 통 속의 맥주, 즉 살균하지 않은 맥주를 의미한다. 우리나라에는 생맥주보다 병맥주가 먼저 소개됐지만, 사실 옛날에는 겨울에 저장한 맥주를 제외하면 생맥주밖에 없었다. 즉 우리나라 막걸리 식으로 담아서 바로바로 소비했던 것이다. 그러던 것이 근래에 와서 생맥주를 보존하여 판매하기 위해서 가열하여 이스트를 죽이고, 병에 넣어서 판매하게 된 것이다. 생맥주는 살균하지 않은 맥주이기 때문에 신선한 풍미가 살아 있지만 살균하지 않은 것이므로, 저온에서 운반·저장해야 하며 빨리 소비해야 한다. 오늘날 우리가 마시는 생맥주는 처음부터 따로 만들어 저장기간을 단축하기 때문에 본래의 저장맥주와는 풍미가 다르지만, 요즈음은 병에 넣은 생맥주도 시장에 나오고, 살균이나 여과방법이 발달하여 저장맥주의 풍미도 생맥주에 근접하고 있으며, 생맥주와 저장맥주(병맥주)의 구분도 확실치 않게 되었다.

필스너(Pilseners/Pilsners)

세계적으로 유행하고 있는 필스너 타입의 맥주는 1842년 보헤미아 서부에 있는 도시인 '플젠(Plzeň, 독일어는 Pilsen)'에서 유래된 타입으로, 황금색의 옅은 색깔이며 맥아의 향미가 강하고 맛이 담백하다. 우리나라를 포함하여 세계적으로 이 타입의 맥주가 대세를 이루고 있다. 참고로, 'Pilsener, Pilsner'에 복수형으로 s가 붙으면 필젠 사람이나 필젠산 맥주를 뜻한다.

옛날 물의 경도를 조절할 수 없었던 시대에는 경수(센물)가 나오는 뮌헨은 농색맥주, 연수(단물)가 나오는 필스너는 담색맥주가 발달하였고, 담색맥주가 세계적으로 유행하자 이곳의 지명이 유명해져, 미국과 같은 나라에서는 이 나라의 지명을 상표로 쓰고 있다. 미국의 '버드와이저(Budweiser)'도 체코의 지명(České Budějovice, 독일어 Böhmisch Budweis)에서 따온 이름이다. 체코의 국민 1인당 맥주 소비량은 세계 1위로 500㎖ 병으로 연간 300병 이상을 마신다.

비열처리 맥주

병맥주는 마지막 공정에서 가열살균이라는 단계를 거쳐, 맥주에 남아 있는 이스트를 비롯한 미생물을 살균하여 보존성을 높인다. 이 가열살균법은 가장 확실한 살균방법이지만 가열에 의해 맛과 향이 일부 파괴되는 단점이 있다. '비열처리 맥주'는 이러한 단점을 보완하기 위해 정밀 여과기(Micro filter)를 통과하여 불순물은 물론 이스트, 곰팡이, 그리고 세균까지 완전히 걸러내는 새로운 여과기술을 적용시킨 것이다. 지금까지 여과의 목적은 불순물을 제거하여 맑게 하는 것이었지만, 이 여과방법을 적용함으로써 본래의 맛과 향에 변화를 일으키지 않고 맥주 보존에 영향을 끼치는 미생물만 선별적으로 제거할 수 있게 되었다. 시설투자 비용과 운전비용이 많이 소모되며, 무균적인 작업환경 조성 등 상당히 까다로운 공정을 거쳐야 되지만, 맥주회사마다 경쟁적으로 이 시설을 갖추어 제품을 생산하고 있다.

옥토버페스트(Oktoberfest)

옥토버페스트는 뮌헨의 맥주축제로서 매년 9월 하순에서 10월 첫째 주 일요일까지 16~18일 동안 열린다. 1810년 10월 바이에른 황태자 루드비히와 작센의 테레사 공주의 결혼식 축하연에서 이 축제가 시작되었다. 원래는 결혼식을 위한 1회성 행사였으나 이 축제를 농민단체가 이어받아 매년 지속하면서 그 규모가 커지고 있다. 세계 3대 축제 중 하나로 해마다 600~700만 명의 사람들이 모이기 때문에 축제기간 동안에 소비되는 맥주는 700만 ℓ, 닭은 70만 마리, 돼지 수천 마리, 소 90~100마리, 소시지 110만 개가 소비된다고 한다.

맥주 순수령(Reinheitsgebot)

맥주 순수령은 1487년 바이에른에서 맥주를 만들 때는 물, 보리, 홉의 세 가지 원료만을 사용해야 한다는 규정으로 이를 1516년 빌헬름 4세가 정리하여 다시 발표한 것이다. 처음에는 독일 남부지방에서 적용되는 것으로 출발하여 독일 전체로 확대되었다. 가장 오래된 소비자 보호법이라고 할 수 있는 것으로, 터무니없는 맥주의 가격 규제, 맥주에는 보리만 사용하고 밀과 호밀은 빵을 만드는 데 사용하도록 하는 용도의 설정, 첨가물 사용 금지 등의 규정을 담고 있다.

독일의 맥주업자들은 순수령에 대해 자부심을 갖고 다른 나라와 다르다는 점을 자랑스럽게 여기고 있다. 그러나 1993년 맥주 순수령이 수정되어 임시 독일맥주법으로 바뀌면서, 하면발효 맥주에는 물, 맥아, 홉, 이스트만 사용하도록 하고, 상면발효 맥주에는 밀 맥아나 설탕 등을 첨가할 수 있게 되었다. 일종의 보호무역주의 장벽으로서 다른 재료가 들어간 외국산 맥주의 수입을 봉쇄한다는 비난도 있지만, 맥주 순수령은 그 근본 취지는 그대로 이어오고 있어서 독일 맥주의 상징적인 존재로 남게 되었다.

- 맥주는 인간이 만든 것이고 와인은 신이 만든 것이다. – 마틴 루터(Martin Luther, 독일의 종교개혁자)

에일(Ale)

영국에서는 보리로 만든 술, 즉 맥주를 '에일(Ale)'이라 했다. 그러다가 16세기 말부터 독일에서 홉이 들어간 맥주가 들어오자 홉을 넣은 독일식 맥주를 '비어(Bier)'라고 했고, 홉을 넣지 않은 자기 나라 맥주는 그대로 에일(Ale)이라고 구분했다. 처음에는 홉이 들어간 맥주를 별로 달갑지 않게 생각했으나, 홉이 들어간 맥주의 맛을 알고 난 후, 영국의 맥주는 전부 홉을 사용하게 되었다.

영국 맥주는 에일(Ale)

영국에서는 로마시대부터 맥주 파는 곳을 '에일하우스(Alehouse)'라고 했을 정도로 '비어(Beer)'라는 단어보다 '에일(Ale)'이 더 보편적이다. 또 중세에는 결혼식 때 에일이 반드시 따라다니기 때문에 결혼식을 교회에서 올리고 신부 집에 모여 에일로 축배를 들었다. 영어의 '브라이들(Bridal, 결혼식)'이라는 말은 Bryd(신부 집)와 Ealo(에일 파티)가 합쳐져서 생긴 'Brydealo(신부 집의 맥주 파티)'라는 단어에서 유래된 것이다.

스타우트(Stout)와 포터(Porter)

영국의 전통적인 맥주는 '페일 에일(Pale ale)'이었으나, 19세기부터 '포터(Porter)'가 주종을 이룬다. 이 포터는 맥아를 높은 온도에서 건조시키다 보니 당화작용이 약해져서 알코올 농도는 낮았지만, 영양분은 많은 술이 되어 항만 노동자들이 고된 노동 뒤에 마시는 술로 적합했다. 이름에서도 나타나듯이 '포터(Porter)'란 짐 나르는 사람이란 뜻이기도 하다. 이렇게 포터는 대중적인 인기에 힘입어 대량생산체제를 갖추기 시작하면서 값도 저렴해졌다. 그러다가 맥주업자들은 더욱 강한 이미지를 주고자 '스타우트(Stout, 독한)'라는 명칭을 붙이기 시작했다. 즉 '스타우트 포터(Stout Poter)'가 된 것이다. 그러면서 더욱 진한 색깔에 알코올농도도 높여서 '포터'라는 단어를 떼고 '스타우트'란 명칭으로 변하기 시작한다. 예를 들면, 『기네스북』으로 유명한 세계적인 맥주회사인 기네스도 1820년대부터 '스타우트 포터'라는 제품을 생산하다가, 나중에는 '엑스트라 스타우트 포터(Extra Stout Porter)'가 되고, 이 명칭을 다시 '엑스트라 스타우트(Extra Stout)'로 바꾸고, 스타우트 맥주의 대명사로 성장하게 된다. 현재의 스타우트는 색깔이 진하고 알코올함량이 높으며(8~11%), 맥아의 향미가 강하고 약간의 감미를 느낄 수 있는 맥주이다.

기네스북(The Guinness Book of Records)

기네스사는 1955년 『기네스북』을 펴냈는데, 이 책은 술집에서 심심풀이 논쟁을 돕기 위한 책이었으나 현재는 기록 갱신의 등록을 공식적으로 인정해 주는 책이 되었다. 기네스사의 직원이 술자리에서 누가 가장 빠르냐, 누가 최초냐 등의 문제로 논쟁이 자주 일어나는 것을 보고 이를 해결하는 공식기록을 작성하기로 한 것이다. 1955년에 출판되어 영국 최고의 베스트셀러가 되었고, 1959년에는 미국판도 나와, 현재는 세계 여러 나라에서 번역되어 팔리고 있다.

와인은 맥주 때문에 할 말이 없다

우리나라에서 와인 값이 비싸다고 불평하면서 주세를 내려야 한다고 주장하는 사람이 많지만, 맥주에 비하면 와인은 양반이다. 와인은 주세법상 과실주로 분류되어 주세가 30%이지만, 맥주는 72%이다. 이것도 그동안 많이 내려서 그렇지, 1990년대만 하더라도 맥주의 주세는 150%였다. 그러던 것이 1995년에는 130%, 1999년에 100%, 2003년부터 72%가 되었다. 수입와인은 관세, 주세, 교육세, 부가세를 합치면 총 세금이 68%이지만, 맥주는 180%가 된다. 수입맥주는 수입원가(그것도 운반비와 보험료 포함)가 100원이라면 수입하는 순간 280원이 되니까, 수입맥주 가격은 말 그대로 거품이며, 수입맥주를 마시는 것은 국가에 세금을 엄청나게 납부하는 셈이다. 이런 맥주를 두고 와인의 세금이 비싸다니 말도 안 된다.

> ### 스피릿(Spirits)
>
> 스피릿(Spirit)은 원래 정신, 신경, 기분 등을 의미하는 말이지만, 복수형(Spirits)은 술과 관련시킨 뜻으로 주정, 알코올, 독한 술을 의미한다. 옛날 사람들은 증류를 거쳐 만든 고농도의 술을 신비스럽게 생각하여 정신, 영혼, 참뜻이란 의미로 '스피릿(Spirits)'이라고 부르게 된 것이다. 그러니까 위스키, 브랜디, 그리고 진, 보드카, 럼 등 모든 증류주는 스피릿의 범주에 든다. 그러나 위스키와 브랜디는 술의 분류상 그 양이나 질을 고려하여 따로 분류하고, 일반적으로 스피릿이라고 하면, 위스키와 브랜디를 제외한 진, 보드카, 럼 등을 말한다. 우리나라 주세법에는 이런 술들을 '일반증류주', 그리고 증류주에 향미성분을 가해서 고형물질(불휘발분)이 많은 것을 '리큐르(Liqueur)'로 구분하고 있다.

증류(Distillation)

증류(Distillation)의 'Distill'이란 말은 액이 한 방울씩 뚝뚝 떨어진다는 뜻으로, 증류장치를 '스틸(Still)'이라고 한다. 이러한 증류장치는 인류문명이 상당히 진전된 후에 출현한 과학의 산물로서 위스키나 브랜디 등의 증류주가 나오기 시작한 것은 비교적 최근의 일이다. 고대 이집트나 그리스의 철학자 등도 증류에 대해서 알고 있었지만, 증류에 의해 얻어진 것을 술로써 소비하는 단계까지는 이르지 못했다. 기원전 1500년 이집트에서는 숯을 만들면서 나무의 휘발성 성분을 모으는 데 증류기술을 사용하였으며, 고대 페르시아에서도 장미 향기를 추출하기 위해 증류기술을 사용하였다. 또 아리스토텔레스는 기원전 320년에 바닷물을 증류하면 먹는 물을 만들 수 있다고 주장하였고, 그리스 선원들은 바닷물을 끓여서 발생하는 증기를 스펀지 같은 것으로 흡수하여, 먹는 물을 만들었다는 기록도 있다.

그러나 증류장치가 본격적으로 사용된 것은, 아라비아의 연금술사가 일반금속으로 금이나 은을 만들려는 노력에서 비롯되었다. 이 연금술사(Alchemist)의 Al은 아랍어의 관사이며, '케미스트(Chemist)'는 그리스어의 '녹이다', '추출하다'의 뜻에서 나온 것이다. 이렇게 아라비아의 연금술사는 중세 유럽에서 화학의 기초를 확립하였고, 알코올이란 단어도 아라비아어 Koh'l에서 유래된 것으로, 원래는 눈썹 화장용 숯가루였다. 와인을 처음 증류한 때도 비슷한 과정에서 만들어졌다고 하여 Al-kohl이라 부르게 되었고, 이것이 오늘날 Alcohol이 되었다.

스카치(Scotch)

스카치란 단어는 형용사로 '스코틀랜드(사람, 말)의'란 뜻이지만, '인색한'이란 뜻도 가지고 있어서 '스카치 맨(Scotch man)' 역시 구두쇠를 말한다. 척박한 토양에서 천 년 이상 잉글랜드와 투쟁하면서 살기 위한 방법으로 인색한 사람들이 되었는지 모르지만, 앙숙인 잉글랜드 사람들이 '스카치(Scotch)'란 단어에 부정적인 이미지를 심어주었을 것이 뻔하다. 그래서 Scotch blessing(심한 꾸중)이나 Scotch coffee(태운 비스킷을 우려낸 물, 커피 대용품), Scotch cousin(먼 친척) 등과 같이 단어 앞에 스카치가 붙으면 부정적인 의미가 되는 것이 많다.

스카치테이프(Scotch tape)

스카치테이프는 미국 3M의 제품 이름이지만, 접착용 셀로판테이프를 총칭하는 일반 명사처럼 쓰이고 있다. 이 테이프는 1925년 미네소타주의 세인트폴에 있는 3M에서 일하던 '리처드 드류(Richard Drew)'가 발명한 것이다. 그는 시제품을 테스트할 때 폭을 5cm 정도로 만들고 접착제를 가운데는 바르지 않고 가장자리에만 접착제를 발랐다. 이 테이프는 자동차 페인트칠하는 사람들이 서로 다른 색을 칠할 때 한쪽을 마스킹(Masking)하는 용도로 사용하였는데, 칠을 완성하기 전에 테이프가 떨어지니까, 화가 나서 "야! 이거 구두쇠 같은 네 사장(Scotch bosses) 도로 갖다 주고, 접착제 좀 더 바르라고 해!"라고 외쳤는데, 이 때문에 이 접착제 이름이 '스카치테이프'가 된 것이다.

스코틀랜드(Scotland)

스코틀랜드는 영국의 한 지방이라기보다는, 오랜 세월 동안 독립된 왕국으로 지내왔기 때문에, 민족·종교 그리고 문화 등에 있어서 영국의 남부지방과는 상당한 차이가 있으며, 아직도 그들의 전통을 유지하고 있다. 우리가 사용하는 '영국'이란 단어는 옛날 영국의 네 개 왕국, 즉 잉글랜드, 스코틀랜드, 웨일스, 아일랜드 중 가장 융성했던 잉글랜드를 한자음에 맞추어 만든 말이다. 그러므로 잉글랜드는 우리말로 영국이라 할 수 있지만, 영어로서 잉글랜드는 스코틀랜드와 마찬가지로 영국의 한 지방을 나타낸 말이다.

원래 이 섬나라에는 2400년 전부터 유럽 대륙에서 목축을 하던 켈트족이 건너가 살고 있었다. 이들은 나름대로 상당한 수준의 문화를 갖고 있었는데, 로마사람들이 들어오기 전부터 오크통에 들어 있는 맥주를 마시고 있었다고 전한다. 로마지배를 벗어난 후, 유럽 대륙에서 게르만족의 하나인 색슨족과 앵글로족이 쳐들어와, 대부분의 켈트족들은 북부의 험한 산악지대인 스코틀랜드와 서부 산악지방인 웨일스, 그리고 또 하나의 섬인 아일랜드로 이주하였다. 이때부터 오랜 세월 동안 켈트족과 앵글로색슨족은 계속 투쟁하면서 지내게 된다.

잉글랜드는 세계적인 강대국이 되면서 웨일스·스코틀랜드·아일랜드 등을 합병하지만, 서로의 독립성을 인정한다는 조건이 붙어 있어서, 지금도 월드컵 축구대회 등에는 선수단을 따로따로 보내고 있다. 스코틀랜드 사람은 아직도 고유의 언어와 풍습을 유지하고 있으며, 잉글랜드에 대한 뿌리 깊은 민족적 감정은 아직도 이어지고 있다. 잉글랜드와 프랑스가 축구를 한다면, 스코틀랜드 사람들은 프랑스를 응원할 정도다. 이런 역사 때문에 'Scotch and English'라는 단어는 영국에서 '땅 따먹기 놀이'를 말한다.

스카치위스키는 그 역사나 상표 등에 스코틀랜드의 기질, 즉 켈트족 특유의 냄새를 짙게 풍기고 있으며, 스코틀랜드 사람의 집념도 엿볼 수 있다. 그래서 '스카치(Scotch)'라는 단어는 스코틀랜드 사람을 뜻하기도 하지만, 스카치위스키를 의미하는 단어로도 쓰인다. 그리스, 로마의 라틴문화가 와인과 브랜디를 만들었다면, 위스키는 켈트문화가 독창적으로 만들어낸 술이라고 할 수 있다.

> **박세리, 박찬호, 엘리자베스 여왕의 공통점**
> - 다리가 굵다.
> - 공주 출신이다.
> - 셋 다 공 가지고 논다.

유럽의 민족과 그 이동

유럽 대륙에 먼저 정착한 '켈트(Celts)'족은 청동기시대에 라인강이나 다뉴브강 유역에서 목축을 하던 민족으로 흰 피부에 금발이 많고 키가 큰 인도아리아 계통의 민족이다. 기원전 8세기 무렵부터 서쪽으로 이동하여 현재의 프랑스와 영국에 정착하였고, 기원전 4세기 무렵에는 이탈리아반도를 넘어 흑해 연안까지 진출하였다. 그러나 기원전 1세기부터는 라틴족인 로마제국의 침범으로 로마 지배하에 들어간다. 로마사람들은 이들을 갈리아(골)인이라고 불렀다. 현재 유럽에서 켈트족의 풍습 및 언어는 아일랜드, 영국의 웨일스, 프랑스의 브르타뉴 등에 그 흔적이 남아 있다

5세기부터는 유럽 대륙 북쪽에서 게르만족(Germanic peoples)이 이동하기 시작하는데, 게르만족은 원래 북유럽 발트해 연안에서 수렵·목축·농경 생활을 하며 살다가, 인구가 늘면서 따뜻하고 기름진 땅을 찾아 남쪽으로 이동한다. 일부는 영국으로 이동하여 앵글로색슨(Anglo-Saxon)족이 되고, 유럽 대륙에서는 프랑크 왕국, 부르군트 왕국, 서고트 왕국, 동고트 왕국, 롬바르드 왕국, 반달 왕국 등을 세우면서 유럽 대륙을 거의 차지하게 된다.

이 게르만족 중에서 바이킹으로 더 잘 알려진 노르만(Norman)족은 원래 8세기경 유럽의 북부 해안지방을 주로 습격하여 약탈을 일삼은 스칸디나비아 출신의 야만족을 부르는 말이었다. 이들은 바이킹답게 항해술이 발달했고, 무자비할 정도로 용맹하여 영국부터 남부 유럽까지 침범하여 프랑스에는 노르망디 공국을 세우고, 영국에서는 노르만 왕조를 열고, 이탈리아에 진출하여 시칠리아 왕국을 건설할 정도로 유럽 정치나 문화에 상당한 영향력을 발휘하였다.

> **머리털과 눈동자 색깔은 아무도 모른다**
> 우리는 애가 태어나면 아들인지 딸인지를 가장 궁금해 하지만, 서양에서는 여러 민족

이 섞이다 보니 애가 태어나면 어떤 머리털 색깔과 눈동자 색깔을 가졌는지를 먼저 살펴본다. 만약에 금발에 푸른 눈동자를 가진 여자애가 태어나면 아버지는 온 동네에 자랑하고 다니고, 모든 사람의 축복을 받는다.

위스키(Whisky/Whiskey) 어원

철자법이 Whisky, Whiskey 두 가지가 쓰이는데, 스코틀랜드와 캐나다, 일본은 -ky로 끝나고, 아일랜드와 미국은 -key로 끝난다. 이 차이는 세월이 지남에 따라 관습적으로 변한 것으로 큰 의미는 없다. 연금술사들은 와인을 증류하여 만든 독한 술을, 라틴어로 'Aqua vitae(생명의 물)'라고 불렀다. 이 증류기술은 유럽 대륙에서 아일랜드를 거쳐 스코틀랜드로 전해져 각 지방별로 맥주를 증류하여 독한 술을 만들기 시작하였다. 이때부터 생명을 물이라는 'Aqua vitae'를 켈트어로 직역하여 'Uisage-beatha'라고 불렀다. 이것이 위스키 최초의 명칭이지만, 어느 시대부터 시작되었는지 명확하지는 않다. 그 후 시대의 변화에 따라 'Uisagebaugh'로 되었고, 다시 앞부분만 따서 'Usky'로 변했다. 여기서 'Whisky', 'Whiskey'로 쓰면서 19세기 후반 영어를 사용하는 나라에서 이 두 가지가 혼용되기 시작했다.

글렌(Glen)

스카치위스키의 이름에 '글렌파클라스(Glenfarclas)', '글렌피딕(Glenfiddich)' 등과 같이 '글렌(Glen)'이라는 어두로 시작되는 명칭이 많은데, '글렌(Glen)'이란 켈트어로 좁은 계곡이란 뜻이다. 즉 맑은 물이 흐르는 곳으로, 생명의 물이라는 위스키를 만드는 데 최고의 장소라는 뜻이다. 우리에게 아일랜드 민요로 잘 알려진 '대니 보이(Danny Boy)' 가사에도 골짜기란 뜻으로 'Glen'이란 단어가 나온다. "From glen to glen, and down the mountain side."

대니 보이(Danny Boy)

아일랜드 민요로 알려져 있지만, 아일랜드 곡에 잉글랜드 사람이 가사를 붙인 것이다. 아일랜드 사람 역시 스코틀랜드 사람과 마찬가지로 잉글랜드 사람을 아주 싫어하니까 아일랜드 입장에서 썩 좋은 감정을 가진 노래는 아니다. 그리고 우리에게는 '아 목동아'라는 제목으로 알려져 목가적인 풍경에서 양치는 목동의 노래인 것 같지만, 전쟁터로 아들을 보내는 어버이의 노래다.

> Oh Danny boy, the pipes, the pipes are calling
> (오, 대니 보이, 여기저기 피리 소리가 들려오고 있다.)
> From glen to glen, and down the mountain side
> (골짜기와 골짜기에서 산등성 아래까지 들려오네.)
> The summer's gone, and all the roses falling
> (여름은 가고 장미꽃도 다 떨어지고,)
> It's you, it's you must go and I must bide.
> (너는 가야 하고, 나는 기다려야 한다.)
> But come here back when summer's in the meadow
> (그러나 목장에 여름이 오면 너는 돌아오겠지.)
> Or when the valley's hushed and white with snow
> (아니면 골짜기가 고요해지고 흰 눈이 덮일 때일까.)
> Yes I'll be here in sunshine or in shadow
> (나는 갠 날이나 흐린 날에도 여기서 너를 기다릴 것이다.)
> Oh Danny boy, oh Danny boy, I love you so.
> (오, 대니 보이, 너를 사랑한다.)

미국 위스키

"프랑스에는 브랜디, 네덜란드에는 진, 아일랜드에는 위스키, 영국에는 흑맥주가 있는데, 왜 우리나라에는 국민주가 없는가?"라는 카피가 미국 위스키의 붐을 일으켰다.

워싱턴 대통령과 위스키

미국 위스키는 1789년 켄터키주에서 '엘라이저 크레이그(Elijah Craig)'라는 침례교 목사가 처음으로 시도한 것으로 알려져 있다. 이때부터 옥수수로 만든 위스키가 '버번위스키(Bourbon whiskey)'라는 꽃을 피우게 되는데, 마침 1789년은 조지 워싱턴이 미국의 초대 대통령으로 취임한 해로써, 버번위스키는 미국의 역사와 함께 출발한 술이라고 할 수 있다. 아이러니하게도 1789년은 프랑스대혁명이 일어나 부르봉 왕조가 무너진 해이기도 하다. 버번위스키는 켄터키주 '버번(Bourbon)'이 특산지가 되어 이 이름이 붙게 되었는데, 이 이름은 1850년부터 사람들 사이에서 불리던 것으로, 프랑스에서 이민 온 사람들이 부르봉(Bourbon) 왕조를 생각하는 데서 유래된 것이기도 하고, 독립전쟁에 자금을 많이 지원해 준 부르봉 왕조를 기리기 위한 이름이기도 하다. 버번은 영국의 스카치와 같이 미국 위스키의 대명사가 되었으며, 개성 있는 위스키로서 미국 내에서 그리고 해외에서도 인기를 얻고 있다.

워싱턴 대통령은 건국 초기에 가장 유명한 호밀위스키 제조업자였다. 두 번째 임기를 1년 남기고 양조장을 건설하였는데, 워싱턴은 이미 농장을 경영하면서 생산물을 팔 수 있는 거래처를 확보하고 있었고, 게다가 정미소까지 가지고 있어서 위스키공장을 차릴 수 있는 조건이 아주 좋았다. 주로 호밀을 사용하여 다른 곡류를 혼합하여 위스키를 만들어 병에 넣어서 판매하기보다는 나무통째로 팔았다. 매년 4만 리터 정도를 생산할 수 있는 것으로 당시 미국에서 가장 규모가 컸다고 한다. 워싱턴이 죽은 후 화재로 전소되었지만, 미국 증류주협회에서 사적으로 삼기 위해 복원하여 오늘날도 가동하고 있다.

> **포켓용 위스키 병**
>
> 둥글게 휘어진 납작한 타입의 금속제 병을 '힙 플라스크(Hip flask)'라고 한다. 미국 금주령 때 '알 카포네(Al Capone)'가 주머니 속에 넣기 위해서 만든 것이라는 설도 있지만, 18세기 상류계급 사람들이 애용하던 물건으로 특히, 여성들이 배에 승선할 때 치마 속에 몰래 술을 숨긴 채 타기 위해서 사용했다고 한다.

일본 위스키(Japanese whisky)

일본 위스키는 최근에 세계무대에서 가장 각광받는 위스키가 되었다. 100년 가까운 세월 동안 꾸준한 노력으로 각종 세계위스키대회에서 상을 휩쓸고 있으며, 세계위스키업계의 충격으로 묘사되고 있다. 일본은 몰트위스키와 블렌디드위스키를 생산하며, 블렌디드위스키는 몰트위스키의 풍미를 중심으로 향미를 결정하기 때문에 스카치위스키와 성격이 비슷하지만, 피트 향이 많지 않거나 없는 경우가 많아서 향미는 발효, 증류, 숙성 과정에서 유래되는 방향성분 위주로 부드럽고 델리케이트한 것이 특징이다.

일본의 상업적인 위스키 생산은 1929년에 나온 산토리(당시는 고토부키야)의 '白札(시로후다)'를 최초로 꼽는다. 그 후 1937년 동경양조(주)에서 '토미위스키', 1940년 대일본과즙(주)에서 '니카위스키 가쿠빙(角瓶)'을 출하하였고, 제2차 세계대전 후에는 1945년 동양양조(아사히가세이), 1946년 대흑포도주(메르시안), 1974년 기린 시그램(기린디스틸러리) 등이 설립되면서 활발한 생산을 하고 있다.

21세기에 들어서, 일본 위스키는 그 품질을 국제적으로 인정받아, 2001년 니카의 '요이치(余市)'가 위스키매거진(Whisky Magazine's) 최고상을 수상하였으며, 2003년에는 산토리의 '야마자키(山崎)'가 국제증류주대회(International Spirits Challenge)에서 금메달을 수상한 다음부터 매년 상을 휩쓸고 있다. 2015년판 '짐 머레이 위스키바이블(Jim Murray's Whisky Bible)'에서는 '야마자키(山崎) 싱글몰트 셰리캐스크 23'을 세계 최고의 위스키로 명명할 정도로 괄목할 만한 성장을 하고 있다. 생산량에 있어서도 스코틀랜드와 미국에 이어 세계 3위의 위스키 대국이 되었다.

산토리(Suntory)

일본 최초의 위스키업체인 산토리는 '도리이 신지로(鳥井信治郎)'가 교토 근처 '야마자키(山崎)'에 증류공장을 건설하면서 시작된다. 그는 약품도매상을 하다가, 1899년 와인제조와 판매를 하는 도리이(鳥井)상점을 오사카에 차려 '아카다마 포트와인'이라는 브랜드를 개발하여 큰 성공을 거둔다. 그는 여기에 만족하지 않고, 1922년 산토리의 전신인 (주)고토부키야(寿屋)를 설립하면서 위스키사업에 진출한다. 야마자키(山崎)에서 1924년 말부터 증류를 시작하여, 1929년 일본 제1호의 위스키 '白札(시로후다)'를 발매한다. 야마자키는 일본에서 물이 좋기로 유명한 곳으로 차 명산지이기도 하다. 그러나 일본인의 취향에 맞지 않아 실패하고, 1937년 부드러운 맛의 '가쿠빈(角瓶)'을 출시하여 성공을 거둔다.

이때 일본 위스키의 아버지라고 할 수 있는 '다케쓰루 마사타카(竹鶴正孝)'가 합류하는데, 그는 1918년 글래스고대학에서 화학과 위스키를 공부하고 1920년 귀국한 후, 1923년 고토부키야에 입사하여 도리이 신지로와 함께 야마자키 증류공장을 설립한다. 그는 10년

계약이 끝나고 퇴사한 후 1934년에 독자적으로 대일본과즙(주)을 설립하고 이것이 후에 '니카위스키'가 된다. 1963년 고토부키야는 회사 명칭을 산토리로 변경한다. 산토리는 야마자키 외에도 야마니시, 아이치 등에도 증류공장을 가지고 있다. 제품은 '야마자키(山崎)' 외에도 '하쿠주(白州)', '로열(ROYAL)', '히비키(響)' 등 다양한 시리즈를 가지고 있다.

다케쓰루 마사타카(竹鶴正孝, 1894~1979)

히로시마의 양조장집(竹鶴酒造) 아들로 태어나서, 오사카 공업학교(현재 오사카대학)에서 양조학과를 졸업하고, 1916년 '세쓰(摂津)양조장'에 입사한다. 그는 맡은 일에 열정적이었고, 당시 비위생적인 처리로 제품의 재발효가 자주 일어나던 시절에 철저한 위생관리로, 하자 없는 제품을 생산하여 회사에서 인정을 받는다. 일본에는 19세기부터 위스키가 있긴 했지만 전부 모조 위스키만 있을 뿐, 나무통에서 장기간 숙성시켜 만든 것은 없었다. 그래서 이 양조장에서 진짜 위스키를 만들 계획을 세우고, 1918년 착실한 마사타카를 스코틀랜드로 보내기로 한다. 그는 글래스고대학에서 유기화학과 응용화학을 배우고 위스키 공장에서 실습을 하면서 이론과 실무를 갖추게 된다. 그리고 1920년 스코틀랜드 여자(리타)와 당시는 드문 국제결혼을 하고 같이 귀국한다.

그러나 귀국 후 세쓰양조장은 자금문제로 위스키공장을 건설할 수 없게 되어, 퇴사하고 중학교에서 화학을 가르친다. 1923년 산토리의 전신인 '고토부키야'가 본격적인 위스키를 생산하고자 스코틀랜드에 적임자를 문의하던 중 마사타카를 알게 되어 파격적인 조건으로 스카우트를 한다. 마사다카는 위스키산지로 스코틀랜드와 비슷한 조건을 갖춘 홋카이도를 추천하지만, 사장은 홋카이도는 너무 거리가 멀어서 수송에 문제가 있고, 또 위스키공장은 많은 사람이 견학할 수 있어야 한다고 해서, 후보지를 물색하던 중 '야마자키(山崎)'가 선택된다.

1924년 공장을 준공하고 생산을 시작하여, 제품이 나올 때까지 상당한 세월이 필요하지만, 사장은 하루빨리 제품을 내놓고 싶어 해서 5년 후인 1929년에 첫 제품인 '白札(시로후다)'를 내놓는다. 그러나 모조 위스키에 익숙한 일본 소비자들은 진짜 위스키를 별로 반기지 않는데다, 이런저런 이유로 사장과 사이가 좋지 않게 된 마사타카는 1934년에 퇴사하고, 증권사의 투자를 받아 대일본과즙(주)을 설립하고, 동시에 그가 원하던 홋카이도의 '요이치(余市)'에 위스키공장도 설립한다. 그는 장기간 투자하는 위스키를 만들려면 단기적으로 자금을 회수할 수 있는 사업이 필요해서 사과주스공장부터 시작했다. 이윽고 1940년 대망의 홋카이도 요이치에서 제조한 최초의 위스키 '니카'를 발매하게 된다.

마사타카는 '일본 위스키의 아버지'로서 니카위스키 설립자인 동시에 산토리위스키의 시조가 되며, 그의 선구자적인 정신과 품질 위주의 고집스런 태도에 힘입어 일본 위스키는 21세기부터 세계 최고의 위스키라는 명예를 얻게 된다. 1962년 영국의 외무장관이 방일했을 때, "일본의 한 청년이 만년필과 노트에 위스키 제조 비밀기술을 전부 훔쳐 갔다"라고 말했을 정도로 본토인 영국에서도 알아주는 사람이다.

우리나라 위스키

우리나라에 위스키가 처음 들어온 때는 한말에 나라가 기울어지기 시작할 무렵이라 위스키를 '유사길(惟斯吉)'이라고 표기했다는 기록만 남기고, 누가·언제·어디서·어떻게 들여와서 어떻게 마셨는지 자세한 기록은 없다. 보편적으로 우리나라 사람들이 위스키 맛을 본 것은 해방 후에 미군매점(PX)을 통해서 나온 것들이었다. 그리고 국산 위스키라고 정식으로 1956년에 허가를 받아서 나온 것이 부산에 있었던 국제양조의 '도리스위스키'였다. 출하 후 상당한 인기를 얻어 재무부 장관상까지 받았는데, 일본 산토리의 '토리스위스키' 이름을 사용했다고 해서 나중에 '도라지위스키'라는 이름을 붙인다. 그 외에도 '쌍마위스키', '화성위스키', '오스카위스키', '백양위스키', '아리랑위스키' 등 상당히 많은 위스키가 있었다. 어떤 방법으로 만들었는지 알려진 것은 없지만(당시는 기타 재제주로 분류), 당시에는 고급 수요층을 확보하고, 상당한 시장을 가지고 있었던 것으로 판단된다.

경제규모가 커지면서 고급술에 대한 수요가 증가하자, 1970년대에 정부에서는 외국의 위스키 원액을 가져와 적절하게 희석시켜 몇 가지 재료를 첨가하여 위스키를 만들 수 있도록 허가해 주었다. 이에 1975년 말에 백화양조에서 '조지 드레이크'를 시판하였고, 1976년에는 진로에서 '제이알(JR)', 1977년에는 백화양조에서 '베리나인', 1978년에는 진로에서 '길벗로얄', 1981년 OB씨그램에서 '블랙스톤'이 판매되기 시작하였다. 그리고 몇 년 후, 아시안 게임을 앞두고 고급 위스키를 선보이고자 원액 100%가 들어간 썸싱스페셜(베리나인), 패스포트(OB씨그램), VIP(진로) 등 외국의 유명 브랜드가 재포장되어 팔리다가, 1988년 올림픽을 기해서 주류시장이 완전히 개방되면서 위스키 완제품이 들어오게 된다.

> **술이름 한자 표기**
> 구한 말 우리나라에 유입된 외국 술도 한자로 표현할 때 다음과 같이 적었다.
> * 레드와인 - 적포도주(赤葡萄酒)
> * 셰리 - 사리(瀉哩)
> * 샴페인 - 상백윤(上伯允)
> * 보르도 - 복이탈(卜爾脫)
> * 사이다 - 사과주(蘋果酒)
> * 포트 - 박덕(博德)
> * 브랜디 - 발란덕(撥蘭德)
> * 럼 - 당주(糖酒)
> * 진 - 두송자주(杜松子酒)
> * 위스키 - 유사길(惟斯吉)

코냑과 브랜디

코냑이라는 술을 모르는 사람은 별로 없지만, 브랜디가 어떤 술인지 아는 사람은 의외로 많지 않다. 코냑은 프랑스 코냐크 지방에서 생산되는 브랜디를 말하는데, 우리에게는 브랜디라는 이름보다 코냑이라는 이름이 더 알려져 있다. 이 점에 대해서는 서양 사람들도 혼동하기 때문에 다음과 같은 말이 있다. All brandy is not cognac, but all cognac is brandy(모든 브랜디가 코냑은 아니지만, 코냑은 모두 브랜디이다.) 똑같은 스파클링와인이라 하더라도, 프랑스의 샹파뉴 지방에서 생산되는 것만을 샴페인이라 부를 수 있는 이치와 똑같다.

• 좋은 코냑은 여자와 같다. 거칠게 다뤄서는 안 된다. 두 손으로 부드럽고 따뜻하게 감싸면서 마셔야 한다.
　　　　　　　　　　　　　　　　　　　　　　　　　　– 윈스턴 처칠(Sir Winston Churchill, 영국의 정치가)

코냑의 유래

코냐크 지방은 처음부터 품종을 잘못 선택했다. 주품종이 이탈리아에서 들어온 '트레비아노(프랑스에서는 위니 블랑, 코냐크에서는 생테밀리옹이라고 함)'로 남쪽인 이탈리아에서는 괜찮은 화이트와인을 만들지만, 북쪽인 코냐크 지방에서는 당도가 낮아서 알코올함량이 낮고, 산도가 높아서 그냥 마시기에는 부적합했다. 그래서 옛날부터 싼 맛에 네덜란드나 영국 상인들이 사가는 정도였는데, 증류를 시작한 후 브랜디로써 각광받기 시작했다. 와인의 산도가 높으면 산과 알코올이 반응하여 여러 가지 향기성분을 만드는 에스테르가 많이 나오고, 알코올농도가 낮으면 일정량의 브랜디를 만드는 데, 다량의 와인이 사용되므로, 와인의 향이 농축되어 더욱 품질 좋은 브랜디를 만들 수 있다.

코냐크 지방에서는 1630년대 초부터 와인의 세금부과 방식이 오크통을 기준으로 바뀌고, 마침 네덜란드 사람들이 증류방법을 가르쳐주자, 코냐크 사람들은 생산량이 줄어들어서 세금을 적게 내고, 네덜란드 상인들은 화물의 부피가 줄어들어서 좋아했다. 이들은 처음 본국에 도착하여 물을 타서 제 농도로 만들어서 팔았으나, 점점 독한 술로 팔기 시작하였다. 그리고 오랜 항해기간 중 증류한 이 술을 식수통에 첨가하면 물이 변질되지 않았고, 추운 지방을 여행할 때는 선원들의 몸을 데우는 역할을 했으므로 아주 좋아했다. 코냐크 지방에서도 두 번씩 증류하여 약 70% 정도의 고농도 알코올로 수출하였다.

지금의 '브랜디(Brandy)'라는 명칭도 이 시대에 생긴 것이다. 네덜란드 사람들은 이 술을 자기나라 말로 '브란데베인(Brandewijin, 타는 와인)'이라 불렀고, 이 말이 그대로 런던으로 전달되어 '브랜디와인(Brandywine)'이 되었다. 후에 이 단어를 '브랜디(Brandy)'라고 줄여서 부르게 되었다. 이어서 지리상의 발견 덕분에 브랜디는 세계적인 술이 될 수 있었다. 장기간 항해 때 항상 싣고 다녔던 와인은 변질되기 쉬웠으나, 고농도 알코올을 지닌 브랜디를 발견한 선원들은 와인 대신 브랜디를 싣기 시작하였다.

> **Fine Champagne?**
>
> 영어로 해석한다면 '고급 샴페인'이 되겠지만, 코냐크에서는 원산지명칭(AO)이다. 즉 'Appellation Fine Champagne Contrôlée'라고 표시된다. 코냑도 AOC 규정이 있으니까 각 지역별로 원산지명칭을 가지고 있다. 코냐크 지방에서 묵직하고 강렬한 맛의 브랜디가

나오는 곳이 '그랑드 샹파뉴(Grande Champagne)', 가볍고 은은한 브랜디가 나오는 곳이 '프티트 샹파뉴(Petite Champagne)' 그리고 몇 가지 더 원산지명칭(AO)이 있지만, 이 두 곳이 가장 고급으로 유명하다. 묵직한 '그랑드 샹파뉴' 것과 부드러운 '프티트 샹파뉴'의 것을 섞으면 상호보완으로 환상적인 조화를 이루는데, 이렇게 블렌딩한 코냑의 상표에는 '핀 샹파뉴(Fine Champagne)'라는 원산지명칭(AO)이 붙게 된다. 그래서 가끔은 잘 모르는 사람들이 '고급 샴페인'이란 뜻으로 오해하기도 한다. 그러면 왜 이곳을 샹파뉴라고 할까? 그 이유는 프랑스에서 백악질 또는 석회질 평원을 '샹파뉴(Champagne)'라고 하기 때문이다. 스파클링와인이 나오는 샹파뉴 지역과는 전혀 관계가 없다.

코냑의 증류장치는 구리로

코냑의 증류기는 구리나 청동을 사용하여 만드는데, 구리성분이 코냑을 제조하는 데 중요한 역할을 한다. 증류장치의 부품 중 밸브나 냉각탱크 등에는 실용적인 스테인리스 스틸을 사용하지만, 액과 직접 닿는 부분은 아직도 구리로 만들고 있다. 구리는 증류장치에서 가장 효율적인 금속으로 중요한 위치를 차지하고 있다. 구리는 가공이 쉽고, 열전도율이 높고, 내열성이 양호하고, 쉽게 부식되지 않는다는 물리적인 측면의 장점도 있지만, 방향성분을 생성한다는 측면에서 아주 중요한 역할을 한다. 예를 들면, 구리는 브랜디에 자극적인 향을 내놓는 와인의 성분 중 하나인 황 화합물과 반응하여, 다른 물질로 변화시키고, 브랜디 향미에 중요한 지방산 에스테르 반응이나 가수분해 반응, 카로티노이드 화합물의 산화적 열분해반응을 촉진하는 촉매 역할을 함으로써 브랜디의 향미를 개선한다.

구리는 단맛을 강화

하모니카를 분 직후 담배를 피우면 입안에서 설탕이 도는 것같이 단맛이 강하게 느껴진다. 이는 하모니카를 불 때 음판에서 적은 양의 구리이온이 용출되어 담배연기 속의 성분과 결합하여 단맛을 내기 때문이다. 하모니카가 아니더라도 담배 피우기 전에 구리 조각이나 동전을 입에 넣어도 마찬가지 효과를 볼 수 있다. 이렇게 구리가 향미를 개선하는 효과가 있어서 요즈음 한식집도 슬슬 놋쇠그릇으로 바꾸고 있다.

코냑의 숙성기간 표시

코냑은 숙성기간을 표시하는 것으로 유명하지만, 회사별로 그 의미가 같지 않다. 정직하지 못한 업자의 숙성기간 조작을 방지하기 위해, 1983년 코냑 동업자사무국(Bureau National Interprofessionnel du Cognac)에서는 다음과 같은 부호를 개정하였다. 가을부터 시작하여 증류가 갓 끝난 새 술을 공식적으로 콩트(Compte) 00이라고 한다. 4월 1일이 되면 공식적인 증류를 끝내야 하는데 이때는 콩트 0이 된다. 그리고 다음 해 4월 1일이 되면 콩트 1이 되고, 매년 공식적인 나이가 하나씩 더해진다.

코냑으로 판매가 가능한 것은 최소 콩트 2 이상 숙성된 것이며, V.S.나 스리스타(★★★)로 표시한다. 레세르브(Réserve), 혹은 V.S.O.P.는 콩트 4 이상이며, 더 오래된 코냑은 콩트 6이 넘어야 한다. 콩트 6 이상이면 엑스트라(Extra), 나폴레옹(Napoléon), 비요(Vieux), 비예이 레세르브(Vieille Réserve) 등으로 어떤 문구든 표시할 수 있다.

65% 이상의 코냑이 V.S.O.P.가 되기 전에 팔리며, 그 양이 워낙 많아서 코냑 사무국에서는 콩트 6 이상만 관리가 가능하다. 이에 대한 규정과 품질관리, 숙성에 대한 정직성 등은 회사의 책임이며, 그 명성과 긍지 등의 문제도 회사 스스로 관리할 수밖에 없다. 관련법규에 의하면, 코냑의 숙성연도 표시는 의무규정이 아니므로, V.S.O.P., 엑스트라(Extra), 나폴레옹(Napoléon) 등에 대한 정해진 규정은 없고, 최소 숙성기간만 만족시키면 된다. 그러니까 A 사의 나폴레옹과 B사의 나폴레옹이 동일한 숙성기간일 수는 없다.

- 남자가 여자에게 오늘 저녁에 코냑 한잔을 하자고 했을 때, 이에 응하는 여성과는 같이 잘 수 있다. – 프랑스에서 떠도는 말

코냑과 나폴레옹

프랑스에서는 코냑을 비롯한 브랜디에 나폴레옹이라는 명칭을 사용하는 경우가 많다. 업체마다 비교적 고급품이라는 표시로 사용하지만 꼭 최고의 제품이란 뜻은 아니다. 물론 나폴레옹은 우리에게 잘 알려진 보나파르트 나폴레옹이다. 이 명칭을 사용하는 데는 다음과 같은 이야기가 있다.

나폴레옹의 부인인 조세핀은 아이를 낳지 못해서, 나폴레옹은 조카를 양자로 삼았으나 그는 일찍 죽고 말았다. 1810년 4월 나폴레옹은 오스트리아 왕녀인 마리아 루이스와 재혼

하고 1811년 3월 대망의 아들을 얻었는데, 그해는 혜성이 자주 나타났다. 혜성이 많으면 풍년이 든다는 전설이 있기도 하지만, 그해의 포도 농사는 대풍년으로 그때 만든 브랜디는 최고의 품질이었다. 이때부터 각 업자들은 황태자의 탄생과 풍년을 기념하는 뜻에서 나폴레옹을 상표에 표시하기 시작하였으며, 현재도 각 업자가 비교적 자신 있는 제품에 나폴레옹이라는 명칭을 붙이고 있다.

유명한 코냑 메이커인 '쿠르부아지에(Courvoisier)'는 나폴레옹과 자신이 잘 아는 사이였고 나폴레옹이 엘바섬으로 귀양 갈 때도 자기 코냑을 가지고 갔다고 주장하면서, 쿠르부아지에의 코냑은 나폴레옹의 브랜디라는 점을 강조하고 심벌마크로써 나폴레옹의 위상을 사용하기 시작했다. 또 1805년 나폴레옹이 진지를 순찰하는 중에 어떤 병사가 물통에 들어 있는 술을 전우에게 주는 것을 목격하고, 나폴레옹이 물어보니 이 술은 '크루아제(Croizet)' 집안에서 만든 브랜디로 나폴레옹이라는 이름이 붙어 있다고 전하니까, 나폴레옹이 이를 마셔보고 자기 이름에 손색이 없는 술이라고 칭찬했다고 전하면서, '쿠르아제'는 창립연도를 1805년으로 정했다고 하는 이야기도 있다. 카뮈(Camus)도 1963년 '카뮈 나폴레옹'이란 코냑을 개발하여 나폴레옹 탄생 200주년이 되는 1969년에 출하하여 세계시장에서 인기를 끌어 모아 나폴레옹 하면 카뮈라는 정평이 나오게 되었다. 그러나 많은 세월이 흐른 요즈음은 장기 숙성 제품이 많아져서 옛날에 이름 붙인 '나폴레옹' 코냑은 중간 제품밖에 안 된다.

이렇게 업체마다 앞다투어 나폴레옹이란 표시를 강조하지만, 프랑스에서는 나폴레옹에 대한 인식이 그렇게 좋지는 않다. 시민들이 피를 흘려서 이룩한 혁명의 열매를 자유, 평등, 박애라는 이름을 빌려 독차지하려 했기 때문이다. 그렇지만 외국에서는 나폴레옹이 영웅으로 알려져 있어서, 프랑스 메이커가 나폴레옹이라는 명칭을 지금도 사용하는 이유는 그를 추앙해서라기보다는 외국인에게 판매하기 위한 상업적 전략이라 생각한다.

루이 13세(Louis XIII) 병 모양

레미 마르탱(REMY MARTIN)의 최고급품 '루이 13세(Louis XIII)'는 '그랑드 샹파뉴'의 것만을 100년 이상 숙성시켜 화려한 바카라사의 크리스털 병에 넣은 것이다. 루이 13세의 독특한 병은 1569년 자르나크 전투지역에서 발견된 16세기 궁중용 병을 '레미 마르탱'이 소장하고 있다가 나중에 재생하여 만든 것이다. 여기에는 루이 왕조를 상징하는 백합 모양의 디캔터로 바카라 크리스털 유리로 만들어진 것이다. 병목 부분에 14k 금을 장식하여 그 가치를 더욱 높이고 있다. 우리나라에서 루이 13세 빈 병이 십만 원 이상 가는 가격으로 팔리고 있다.

물이 좋은 곳(-ac)

브랜디의 주산지는 '코냐크(Cognac)'와 '아르마냐크(Armagnac)'이고, 코냐크란 도시에는 마르텔, 헤네시, 레미 마르탱 등 세계 유수의 기업이 있으며, 그 옆에 있는 도시인 자르나크(Jarnac)에는 쿠르부아지에, 비스키 등의 회사가 자리 잡고 있다. 이렇게 브랜디의 명산지는 어미가 -ac로 끝나는 곳이 많다. 잘 알려지지 않은 조그만 마을도 존작(Jonzac), 스공작(Segonzac) 등 -ac로 끝나는 지명이 100여 개 정도 된다. '-ac'는 라틴어의 Aqua(물)에서 유래된 말로, 깨끗한 물이 흐르는 곳이거나, 맑은 샘이 있는 곳에 이러한 이름이 붙어 있다. 스카치위스키의 고장에 Glen-(맑은 물이 흐르는 계곡)으로 시작하는 지명이 많은 곳과 같은 이치이다. 와인을 제외한 모든 술은 물맛에 의해서 품질이 좌우되므로, 명산지에는 반드시 좋은 물이 있어야 한다.

해적의 술, 럼(Rum)

사탕수수즙을 농축시켜 설탕결정을 분리하고 남은 액을 '당밀(Sugar cane molasses)'이라 하는데, 이것이 럼의 원료가 된다. 이 당밀은 고농도의 당분을 함유하고 있고, 싼값으로 손쉽게 구할 수 있기 때문에 술의 원료로는 더할 나위 없이 좋은 것이다. 그래서 설탕이 많이 생산되는 중남미에서 '해적의 술'로 알려지게 된 것이다. 그러나 해적 이전에 영국 해군에서 공식적으로 지급된다. 처음에는 고급 장교들에게는 브랜디, 병사들에게는 맥주를 공급했지만, 맥주는 장기 보존이 어려운데다 부피를 많이 차지하여, 값싼 럼이 나온 후부터는 럼을 일괄 지급하였다. 트라팔가르 해전에서 전사한 넬슨의 시체를 영국으로 운반할 때 관에 럼을 채웠는데, 영국에 도착할 때까지 관 속의 럼을 부하들이 '넬슨의 피'라고 하면서 마셨다는 이야기는 유명하다. 이들은 존경하는 제독의 혼이 담긴 술을 마신 것이다.

그로기(Groggy)상태

1740년 해군제독 '버넌(Edward Vernon)'은 부하들에게 럼을 물로 4배 희석시켜 지급하도록 명령을 내렸다. 그러나 독한 술에 익숙해진 사병들은 불만이 많을 수밖에 없었다. 분개한 사병들은 제독이 그로그램(Grogram)이란 조잡한 천으로 만든 외투를 입고 있는 것을 야유해서 늙어빠져 구깃구깃하다는 뜻으로 제독을 '올드 그로그(Old grog)'라고 별명을 붙였다. 그러면서 물을 탄 럼을 그로그(Grog)라 했고, 권투에서 자주 사용하는 '그로기(Groggy)'라는 말 역시 럼을 과하게 마신 상태를 가리키는 말에서 유래된 것이다.

카샤사(Cachaça)

브라질에서 사탕수수를 압착하여 나온 즙을 발효하여 증류한 술을 '카샤사'라고 하는데, 설탕을 만들고 남은 찌꺼기인 당밀로 만든 럼하고는 원료가 다르다. 나무통에서 숙성시킨 것이 많은데 나무통 숙성은 1년 이상 되어야 하며, 2년에서 12년까지 다양한 제품이 있지만, 보통은 1~2년 숙성한 것이 잘 팔린다. 1550년대부터 포르투갈 사람들이 만들기 시작하여 이어서 네덜란드 사람들이 발달된 증류기술을 도입하여 품질을 향상시켰다. 브라질에서는 맥주 다음으로 소비량이 많고, 세계적으로 보드카, 소주 다음으로 많은 양이 생산된다. 알코올농도는 40~48도이며, '카이피리냐(Caipirinha)'라는 칵테일은 숙성시키지 않은 카샤사에 신선한 라임과 설탕을 섞어서 얼음과 함께 내놓은 것이다. 리우에서는 '카샤사'라고 하지만, 상파울루에서는 '핑가(Pinga)', 포르타레자는 '카나(Cana)'라고 한다.

해적에 애꾸눈이 많은 이유

해적은 배 위에서 칼로 싸우다가 손목이 잘리거나, 바다에 빠져 상어가 다리를 물어갈 수는 있어도, 애꾸눈이 왜 많은지 이해가 안 된다. 여기엔 그만한 사연이 있다. 손목이 잘리고 난 다음에 갈고리를 단지 얼마 안 된 해적이 갑판에서 자고 있는데, 지나가던 갈매기가 눈 위에 배설물을 떨어뜨리고 갔다. 화들짝 놀란 해적은 눈을 손으로 닦았는데, 아뿔싸! 손이 아니고 갈고리였다.

세계 어디서나 바다가 있는 곳에는 해적이 있었다. 우리에게 영화나 만화를 통해 잘 알려진 해적은 카리브해의 해적으로 대체로 탈영한 해군들이 많았다. 이들은 유럽과 아메리카를 오가는 상선에 무엇이 실려 있는지 잘 알고, 그 동선을 잘 파악하고 있어서 중간에 이를 인터셉트했던 것이다. 그러나 해적에 대한 긍정적인 평가도 많다. 선주를 위해 일하는 선원이 아니고, 계급사회인 해군에 근무하는 것과 달리, 해적은 이익을 비교적 평등하게 나누어 가졌고, 유능한 사람을 대장으로 삼아야 하기 때문에 인종차별도 없었다고 한다. 엘리자베스 여왕 때 스페인의 무적함대를 화공으로 격파한 '드레이크(Francis Drake) 선장'은 스페인 입장에서는 카리브해에서 활동한 해적이었다.

풀케(Pulque), 메스칼(Mezcal), 테킬라(Tequila)의 차이

보리로 맥주를 만들어 이를 증류하여 숙성시킨 것이 위스키, 이 위스키 중에서 유명한 것이 스카치라고 하듯이, 아가베(Agave) 밑둥치의 수액을 발효시킨 것이 풀케, 이를 증류한 것이 메스칼, 이 메스칼 중에 유명한 것이 테킬라라고 보면 대략 맞는 말이다. 그러나 증류를 목적으로 만든 보리술이 맥주와 사뭇 다르듯이, 마시기 위한 풀케는 아가베의 종류나 만드는 방법이 아주 다르다. 풀케는 아가베의 수액을 장기간에 걸쳐 받아서 발효시켜 알코올 4~6% 정도로 만들어 우리 막걸리 식으로 바로 마신다. 메스칼은 아가베 밑둥치를 가열하여 훈제한 다음에 짓이겨 즙을 짜내고, 여기에 아가베의 으깬 과육까지 집어넣어 발효시키기도 한다. 원산지명칭으로서 테킬라는 할리스코주의 테킬라나 도시 주변지역에서 나온 아가베를 사용하고, 이것을 직접 가열하지 않고 증기로 가열하여 액을 추출하며, 아가베 외에 다른 당분을 첨가해도 된다. 아가베만 사용한 테킬라는 100% 아가베라고 표시되어 있다.

테킬라의 벌레

테킬라에는 벌레를 넣지 못하지만, 가끔 메스칼에는 '구사노(Gusano)'라는 아가베 나방의 애벌레를 넣기도 한다. 이는 마케팅 수단일 뿐 고급품에는 들어가지 않는다. 심지어 전갈을 넣기도 했지만, 요즈음은 법으로 금지되어 있다.

마르가리타(Margarita)

테킬라는 미국에서 '마르가리타(Margarita)'라는 칵테일이 유행하면서 그 수요가 급증하게 되었다. 이 칵테일은 1949년 로스앤젤레스 바텐더가 만든 것인데, 사냥 중에 사고로 죽은 그의 애인 이름이라고 한다. 이는 테킬라와 라임주스를 얼음과 흔들어 내놓지만 글라스 테두리에 소금을 발라놓는다는 점이 특이하다. 그래서 글라스를 입에 대면 우선 소금의 짜릿한 맛이 미각을 자극한다. 이 짜릿한 맛이 키스할 때 남자의 콧수염이 여자의 입술에 닿은 감촉과 같다고 한다. 그래서 멕시코 남자들이 콧수염을 기른다는 이야기가 전해진다.

> **소금과 레몬 한 조각**
>
> 테킬라에는 소금과 라임주스가 잘 어울린다고 정평이 나 있지만, 사실은 냄새가 고약한 저급 메스칼을 마실 때 그 향미를 감추기 위해 사용되었던 방법이다. 전문가들은 질 좋은 테킬라는 레몬즙과 소금으로 맛을 망칠 필요가 없다고 주장한다.

압생트(Absinthe)

압생트는 쑥의 일종인 웜우드(Wormwood, *Artemisia absinthium*)와 여러 가지 약초를 배합하여 만든 독한 술로서, 환각제 성분이 있어서 사람의 정신을 해치며, 심지어는 죽음에 이르게 하는 좋지 않은 술로 알려져 있었다. 프랑스에서는 1860년대 이후 필록세라 때문에 포도밭이 황폐되어 와인 값이 폭등할 때 압생트가 유행하였지만, 제1차 세계대전 전부터 판매를 금지시켰다. 그 이유는 이 술이 출산율을 저하시킨다는 믿음 때문이었지만, 이 술에 첨가한 웜우드가 위험한 것이 아니고, 높은 알코올농도(보통 68%)가 문제가 된 것이다. 모파상, 마네, 피카소, 고흐 등 낭만주의 시인과 화가, 소설가들이 압생트를 즐겨 마시면서 유명한 작품을 남기기도 했지만, 이 술이 생겨난 스위스를 비롯하여 프랑스, 미국 등 대부분의 나라에서 판매가 금지되었다가 20세기 말부터 환각제 성분이 기준치 이하라는 것이 증명되어 슬슬 판매가 허용되고 있다.

• 술에 따라서 법을 만들어야지, 법에 따라 술을 만들면 술을 죽이는 것이다. - 사카구치 긴이치로(坂口謹一郎, 도쿄대학 교수)

우리나라 주세법

우리나라 주세법은 1909년 일제가 시작하여 그 근간을 그대로 유지한 채 현재까지 이어오고 있다. 국민의 건강과 위생을 앞세우지만, 실질적인 목적은 세금을 보다 많이 쉽게 거두는 것이다. 그래서 될 수 있으면 군소업체를 없애고 독과점을 행사하도록 유도하였다. 막걸리는 생산지역의 시나 군에서만 판매할 수 있고, 소주는 각 도에 업체 하나만 있는 '1도 1사' 원칙을 목표로 통폐합하였고, 맥주 역시 '오비(OB)'와 '크라운(CROWN)' 두 업체만 두고 허가를 내주지 않았다. 그러니까 양조장은 정부에서 정해준 시장이 있어서 망하고 싶어도 망해지지 않는 구조가 되었다. 이렇게 시장이 정해져 있으니 품질을 개선한다든지 신제품을 개발한다든지 하는 노력은 있을 수가 없었다.

1980년대부터 대규모 국제행사를 유치하면서 주류 수입이 개방되고, 동시에 전통주를 발굴하고 보호하는 법령이 마련되면서 이제야 우리나라 술도 자유경쟁체제로 시장이 바뀌고, 품질에 대한 개념도 생기게 되었다. 우리도 프랑스를 비롯한 유럽제국과 같이 주류산업을 육성하여 수출도 하고, 일자리도 창출하고, 버젓한 하나의 산업으로 자리를 잡아야 한다.

- 한 고을의 정치는 술에서 보고, 한 집의 일은 양념 맛에서 본다. – 이수광(조선시대 실학자)의 『지봉유설(芝峯類說)』

전통주와 와인

전통주와 와인은 공존해야지, 어느 하나가 없어질 수는 없다. 서로의 존재가치를 인정하고 배울 것은 배워야 한다. 그래야 우리 술이 세계적으로 발전할 수 있다. 전통주를 한국사에 비유한다면, 와인은 세계사가 될 수 있다. 한국사만 알아서도 안 되고, 세계사만 알아서도 안 된다. 둘 다 알아야 하고, 어느 것이 보다 더 중요하다고 말할 수는 없다.

와인 이야기를 하면, 왜 우리 전통주를 개발하거나 보급하지 않고 서양 술인 와인을 앞장서서 소개하느냐고 안타까운 듯이 이야기하는 사람이 많다. 맞는 말이다. 그러나 술이란 문화적인 배경을 지니고 있기 때문에, 서구문화의 홍수 속에서 서양에서 온 술이 우리가 마시는 술의 주종을 이루는 것은 어쩔 수가 없다. 의식주 모두 서구식으로 변했다. 한복 입고 출퇴근하는 사람은 없으며, 초가집이나 기와집이란 단어도 이제는 생소하게 되었다.

술은 이 모든 것을 반영한다. '우리 술의 세계화'라고 떠들지만, 우리 문화를 세계 사람들이 우러러 볼 때 가능하다.

> **술시는 따로 있다**
> 옛날부터 중국 술의 시조인 '두강(杜康)'이 죽은 날을 기리며, 두강이 죽은 유일(酉日)에는 술을 만들지도 않고 마시지도 않는다고 한다. 이를 '유불회객 유시불부연(酉不會客 酉時不赴宴)'이라고 하는데, 유일(酉日)에는 모여서 술을 마시지 말고, 유시(酉時)에는 연회에 가지 말라는 말이다. 만약 유시에 연회장으로 가면 반드시 살생을 보게 된다는 것이다. 그러니까 오후 5시부터 7시까지는 절대 술을 마시지 말라는 얘기고, 오후 7시부터는 말 그대로 술시(戌時)가 된다.

고량주(高粱酒)와 배갈의 차이

고량주는 고량(高粱) 즉 수수를 주원료로 술을 만들어 증류한 것으로 중국을 대표하는 술이다. 이렇게 증류하여 맑고 투명한 술을 중국에서는 '백주(白酒)'라고 하는데, 대부분 쌀보다는 수수나 옥수수, 콩 등을 사용하여 발효시키고, 이것을 증류하여 알코올농도를 높게 만들어 흙으로 만든 그릇에서 숙성시키므로 곡주 특유의 독특한 맛을 지니게 된다.

배갈은 '백주(白酒, 바이주)'의 별명으로 중국의 무색투명한 증류주를 아우르는 말인데, 이를 중국 동북부나 사천성에서는 '빠이갈(白乾兒/白干儿)'이라고 한다. 중국집에서 배갈을 시켰더니 고량주를 주더라고 투덜거리는 사람도 있지만, 한말에 우리나라에 화교가 유입되면서 이들이 자기들 고유의 방법으로 조금씩 만들어 음식점에서 팔면서 '빼갈'이라고 했고, 이를 순화하여 '배갈'이 된 것이다. '배갈 한 도쿠리'라는 표현은, 술은 중국어, 수사는 한국어, 그 용기는 일본식으로 일제강점기 때 삼국의 언어가 합쳐진 이름이다. 도쿠리(德利)는 일본어로 '가늘고 길며 아가리가 좁은 술병'을 말한다.

> 주객(酒客)이 청탁(清濁)을 가리랴 다나 쓰나 마구 걸러
> 잡거니 권하거니 양(量)대로 먹으리라
> 취하고 초당(草堂) 밝은 달에 누어신들 어떠리
> - 김유기(金裕器, 조선 후기 가인)

청주(清酒)와 탁주(濁酒)

옛날부터 우리나라에서는 누룩으로 빚은 술을 처음부터 청탁(清濁)을 구별하여 만들지 않고, 술을 거르면서 청주(清酒)와 탁주(濁酒) 두 가지로 구분했다. 발효된 술에 '용수'를 박아 용수 속에 괸 맑은 술을 청주라 하여 높은 사람들이 마셨고, 나머지를 체에 밭쳐놓고 물을 주물러 걸러낸 것을 탁주라고 하여 아랫사람들이 마셨다. 막걸리란 말은 이렇게 윗물을 안 뜨고 막 걸러내기 때문에 그런 이름이 붙은 것이다.

> 술이 몇 가지요 청주와 탁주로다
> 먹고 취할진대 청탁을 관계하랴
> 달 밝고 풍청(風清)한 밤이거니 아니 깬들 어떠리
> - 신흠(申欽, 조선 중기 문신)

약주(藥酒)란?

술을 점잖은 말로 약주(藥酒)라고 하는데, 이 말은 조선시대부터 청주나 술의 높임말로 쓰이게 된 것으로 원래는 약효가 있는 약용주를 말한다. 그러나 약재가 들어가지 않은 술을 약주라고 부르게 된 이유는 나라에 흉년이 들어 금주령을 내릴 때 높은 사람들이 몰래 청주를 마시면서 약용주를 마시는 척했기 때문에, 점잖은 이가 마시는 술을 약주라 하고 더 나아가 청주를 약주라고 한 것이다. 또 조선시대 서울의 약현(藥峴: 지금의 중림동)에 서성(徐渻, 1558~1631)의 어머니가 남편을 잃고 가난하여 술장사를 하게 되었는데, 그 집의 청주가 매우 좋았고, 서성의 호가 약봉(藥峰)이며 또 약현(藥峴)에 살았기 때문에 청주를 약주라 부르게 되었다는 설도 있다.

주모(酒母)란?

'술청에서 술을 파는 여자'란 뜻이어서, 술집에서 "주모! 막걸리 한 되 더!"라고 외칠 수 있었다. 그러나 양조학적으로는 '이스트를 배양 증식시킨 것'이란 뜻이다. 본 술을 담그기 전에 작은 항아리에 지에밥과 누룩 그리고 물을 섞어서 일정한 온도를 유지시키면 밥이 분해되어 단맛이 생기고, 여기에 공기 속의 젖산균이 들어가서 젖산발효가 일부 진행되면,

알코올발효에 해를 끼치는 미생물은 자라지 못하고, 산성의 환경을 좋아하는 이스트만 잘 번식하여 이스트만의 독무대가 된다. 이렇게 이스트가 왕성하게 발효를 진행하는 소규모의 것을 '주모(酒母)'라고 하며, 이 주모를 본 발효에 첨가하여 술을 빚으면 이상발효를 막을 수 있다. 서양에서도 '스타터(Starter)'라고 해서 본 배양 전에 소량으로 이스트를 증식시켜 발효가 가장 왕성할 때 본 배양에 첨가한다.

고주망태

"술을 많이 마셔서 정신을 차리지 못하는 상태"라는 뜻이지만, 원래는 고주 위에 올려놓은 망태처럼 술에 잔뜩 전 상태를 말한다. 고주는 술을 거르는 틀이고, 여기에 망태를 올려놓으면 망태에 술기운이 배어들어 망태 전체에서 술 냄새가 난다.

모주(母酒)

모주에도 여러 가지 뜻이 있다. 주모와 같은 뜻으로 덧술하기 전에 먼저 담근 술, 즉 밑술을 모주라고도 한다. 잘 사용하지는 않지만, '모주망태'의 줄인 말로 술을 늘 대중없이 많이 마시는 사람을 놀림조로 이르는 말로 '모주꾼'이라고도 한다. 다음은 왕비의 어머니가 만든 술이라 하여 모주라 하였는데, 『대동야승(大東野乘)』에 의하면, 인목대비의 어머니 노씨부인이 광해군 때 제주도에 귀향 가서 술지게미를 재탕한 막걸리를 만들어 섬사람에게 값싸게 팔았는데 왕비의 어머니가 만든 술이라 하여 '대비모주(大妃母酒)'라 부르다가 모주(母酒)가 되었다고 한다. 그래서 지금도 제주도에서는 막걸리를 모주라 부른다. 다음은 술을 거르고 남은 찌꺼기 즉 '재강'을 뜻하는데, 한말에 서울에서 이 술지게미에 물을 타서 뜨끈뜨끈하게 끓여서 판 것을 모주라고 했다. 이 모주는 알코올농도가 매우 낮아 맹물을 겨우 면하는 정도의 것으로, 겨울 새벽에 날품팔이 노동자들이 해장 겸 아침 겸으로 먹었던 술이다. 지금도 한식집에서 내놓고 파는 곳이 있다.

조강지처(糟糠之妻)의 원래 뜻은?

흔히 조강지처를 버리면 천벌을 받는다고 이야기하는데, 여기서 '조강(糟糠)'이란 술지게미와 쌀겨를 일컫는 말이다. 못살던 시절 부잣집에 가서 일하면서 술을 거르고 남

> 은 찌꺼기와 벼를 도정하고 남은 쌀겨를 얻어다가 공부하는 남편을 먹여 살리던 그야말
> 로 '어여쁠 것도 없이 사철 발 벗은 아내'의 모습을 나타낸 말이다. 그런데 과거에 합격하
> 더니 고생한 아내를 버리고 젊고 예쁜 각시를 새로 얻으니, 필시 본인보다는 동네사람이
> 더 분통이 터져 갖다 붙인 이야기일 것이다.

밑술

옛 문헌에는 '주모(酒母)'의 뜻으로 되어 있고, 현행 주세법에서도 "효모를 배양 증식한 것으로서 당분이 함유된 물질을 알코올발효시킬 수 있는 물료를 말한다"라고 정의 내리고 있다. 그러나 다음과 같이 여러 가지 뜻으로 쓰이고 있어서 명확한 선을 긋기는 힘들다. 첫째는 덧술의 상대적인 뜻으로 덧술하기 전에 발효가 진행된 먼저 담근 술을 말한다. 단양주(單釀酒)의 경우는 밑술이나 덧술의 구분이 없지만, 이양주(二釀酒), 삼양주(三釀酒) 등은 밑술에 덧술을 몇 번 했느냐에 따라 그 이름이 붙여진다. 두 번째는 술이 빨리 발효하도록 술덧에 조금 넣는 술을 말하고, 약주를 뜨고 난 뒤에 남는 찌끼를 뜻하기도 한다.

> ### 주전자(酒煎子)는 술 데우는 그릇
>
> 우리가 일상생활에서 흔히 사용하는 말 중에 술에서 나온 말인지 모르고 쓰는 것도 많
> 다. 그 대표적인 것이 주전자다. 주전자(酒煎子)는 글자 그대로 술을 데우는 그릇이란
> 뜻이다. 옛날에는 술을 데워서 많이 마셨고, 막걸리도 주로 주전자에서 따라 마셨고 주
> 전자 단위로 한 되, 두 되 팔았기 때문에 술과 주전자는 바로 한 몸인데 요즈음 그 뜻이
> 바뀌어 주전자는 단순히 물을 담아서 끓이는 그릇이 되었다.

감주(甘酒)

술을 좋아한다는 뜻도 있고, 사람에 따라 식혜를 '감주'라 부르기도 하지만, 감주는 엄연히 술이다. 쌀과 누룩으로 빚은 감미가 있는 술을 통칭하여 일컫는다. 감주(甘酒) 즉 '단술'은 알코올발효가 불완전하여 알코올농도가 낮고 단맛이 있는 술을 말한다. 쌀을 밥이나 죽과 같은 정도로 쪄서 60도 정도로 식힌 후, 누룩을 빻아 넣고 물을 조금 부어 묽게 하여 솥에 붓고, 60도가 되도록 가열하면 몇 시간 안에 당화되어 감주가 된다. 식혜는 알코올발효

가 되지 않은 음료를 가리킨다. 찹쌀을 쪄서 엿기름을 붓고 식힌 다음 밥알을 냉수에 헹구어 건져놓고 그 물에 설탕과 생강을 넣고 끓여 식힌 밥알을 띄워 만든 고유의 음료다.

- 술이 입술과 혀를 적시지 않고 곧바로 목구멍으로 넘어가니 무슨 맛이 있겠느냐? – 다산 정약용(조선 후기 실학자)

동동주는 탁주? 청주?

밥알이 그대로 동동 떠 있는 술을 '동동주'라고 하는데, 정부에서 쌀로 막걸리를 못 만들게 하자, 밀주를 만들어 팔면서 쌀로 만들었다는 것을 증명하기 위해 밥알을 일부러 띄우면서 동동주라는 술이 널리 알려지게 되었지만, 옛날 문헌에는 '부의주(浮蟻酒)'라고 나온다. 발효가 꽤 진행되면 술 위에 개미가 뜨는 것처럼 술 찌꺼기가 떠오르기 때문에 붙여진 이름으로, 부아주(浮蛾酒)나 녹의주(綠蟻酒)라고도 한다. 흔히 '술구더기'라고 하는 것은 술에 생긴 구더기가 아니고 이렇게 떠 있는 밥알을 말한다. 문헌상으로 고려시대부터 전해 온 것으로 보이며, 찹쌀로 삼 일 만에 빚을 수 있는 속성 약주이기 때문에 밥알이 위에 뜰 수 있어서 이런 명칭이 붙은 것이다. 그러니까 동동주는 엄밀하게 청주에 속하지만, 청주를 떠내지 않고 밥알이 그대로 떠 있는 막걸리를 말하기도 한다.

고희(古稀)라는 말도 술에서

사람의 나이가 칠십이 되면 칠순이라고 큰 잔치를 벌인다. 이 칠십의 나이를 우리는 '고희(古稀)'라고 하는데, 이 말이 술과 관련이 있다는 사실을 아는 사람은 별로 없을 것이다. 이 말은 두보(杜甫)의 시『곡강이수기이(曲江二首其二)』의 "주채심상행처유(酒債尋常行處有) 인생칠십고래희(人生七十古來稀)"라는 구절에서 나온 말이다. 즉 "술 외상값은 어차피 가는 곳마다 있는 것이지만, 인생 칠십은 옛날부터 드문 일이다"라는 뜻이다. 현대에는 '고희'란 말만 보기 드문 나이에 달한 것을 축하하는 뜻으로 쓰이게 되었지만, 술과 외상은 이렇듯 그 옛날부터 뿌리가 깊은 것으로 그 전통은 오늘날 룸살롱까지 끈질기게 이어지고 있다. 그러니까 외상술을 안 주는 술집은 인간지사를 무시하는 곳으로 술꾼들은 구태여 그쪽에 발을 들여놓을 필요가 없다.

짐작(斟酌), 수작(酬酌), 참작(參酌)

위 세 단어에서 공통으로 사용되는 '작(酌)'이란 '잔질할 작', '참작할 작', '술 작'이란 한자다. 그래서 '작부(酌婦)'란 술집에서 손님에게 술을 따라주는 여자를 말한다.

'짐작(斟酌)'은 사전에 '술을 따라서 서로 주고받음', '사물을 헤아리고 사정을 참작하여 잘 처리함', '어림으로 헤아림'. 이 정도의 뜻으로 나온다. 더 자세히 따지면, '짐(斟)'은 술잔에 넘치지 않게 따르는 것을 말하고, '작(酌)'은 흘러넘치도록 많이 따른 것을 가리키는 말이라고 한다. 원래는 침작(斟酌)이라고 했지만 후에 짐작(斟酌)으로 바뀐 것이다. 그러니까 상대의 잔이 비었는지 어느 정도 마셨는지 잘 헤아린다는 뜻이다. - 박영수의 『우리말 뉘앙스 사전』

또 '수작(酬酌)'이란 말도 원래는 주객이 서로 술을 권한다는 뜻에서, 말을 서로 주고받는다는 뜻으로 변하고, 다시 더 좋지 않은 뜻으로 쓰이게 된다. 중국에서는 '수작(酬酌)'이라고 쓰지 않고 '수작(酬酢)'이라고 쓰는데, '수(酬)'는 주인이 손님에게 술을 따라주는 것이고, '작(酢)'은 답례로 손님이 주인에게 따르는 것이다. '작(酢)'은 '초(醋)'와 같은 뜻으로 식초를 뜻하기도 하지만, '손님이 주인이 준 술잔을 마시고 술을 따라 주인에게 되돌려주다'라는 뜻이라서 수작은 중국어 사전에 '주객(主客)이 서로 술을 권하다,' '술잔을 주고받다'라고 되어 있다. '참작(參酌)' 역시 참고하여 알맞게 헤아린다는 뜻이다. "정상(情狀)을 참작한다"라는 말을 자주 듣게 되는데, 이는 술을 넘치지도 모자라지도 않도록 알맞게 따라 준다는 데서 나온 것이다.

그 외에도, '작정(酌定)'은 따르는 "술의 양을 정한다"라는 데서 나온 말로, 무작정(無酌定) 술을 따르다 보면 잔이 넘치는 실례를 범할 수 있다. 그리고 '보수(報酬)' 역시 일에 대한 보답으로 술을 대접한다는 뜻에서 나온 말이다.

대포

대포는 선술집에서 별다른 안주 없이 큰 잔으로 파는 술, 큰 잔 또는 큰 잔으로 마시는 술을 가리킨다. 커다란 탄환을 멀리 내쏘는 화기(火器)를 뜻하는 대포에서 크다는 뜻을 빌려와서 다른 뜻으로 쓰게 되었다는 설이 있지만, 큰 바가지란 뜻의 '대포(大匏)'가 더 타당성이 있어 보인다. 프랑스어도 '카농(Canon)'은 대포(大砲)란 뜻이지만, 불한사전에는 옛날

말로 포도주 되(1/16파인트, 500㎖), 그리고 술병, 술잔의 뜻도 나온다. 한 잔에 500㎖면 상당히 많은 양이다. 우리는 크다는 것을 강조해서 왕대포라는 말을 쓰기도 한다.

술잔 돌리는 습관은 옛날부터 있었던 것

옛날에는 '주주객반(主酒客飯)'이라고 해서 주인은 손에게 술을 권하고 손은 주인에게 밥을 권하는 예절로 손님을 대접하는 풍습이 있어, 잔을 주고받는 일을 하나의 예로써 행했다. 술을 권하는 맛으로 마신다는 우리의 주도는 '행배(行杯)' 혹은 '행주(行酒)'라는 것으로 잔에 술을 부어 돌린다는 데 그 뿌리를 두고 있다. 이 행주는 한나라 유장(劉章)이 오태후(吳太后)에게 술을 올리는 데서 비롯되었으며, 당나라 때는 초기부터 무신들이나 궁중의 연회에는 으레 이 행주가 따르게 되었다고 한다. 그리고 권주 잔은 반드시 비우고 되돌려 주는 반배(返杯)라는 화답도 따라야 한다. 요즈음은 B형 간염 어쩌고저쩌고 해서 이 풍습이 한때 사라지나 싶었는데, 다시 술잔을 주고받는 일이 흔해지기는 했다. 참고로 알아둘 것은 B형 간염은 술잔으로 절대 전염되지 않는다는 사실이다.

- 소주를 마시면서 소주 이야기를 하는 경우는 없지만, 와인을 마실 때는 와인 이야기를 하지 않을 수 없다.
– 미상

소주는 화학주가 아니다

우리가 가장 즐겨 마시는 소주는 '희석식 소주'로 알코올 95도인 주정(酒精)을 40~50도로 희석하여 활성탄소로 나쁜 맛과 냄새를 제거한 뒤에 법률로 허가된 첨가물을 넣고 물로 희석하여 알코올도수를 맞추어 제품으로 한다. 이를 '화학주'라고 하는 사람이 많지만, 화학적 합성방법으로 만든 알코올은 아무리 순수하다 하더라도 술로 사용할 수 없게 되어 있다.

그러므로 희석식 소주는 희석시킨 물과 조미료에 따라 그 맛이 달라진다. 그리고 증류하는 과정에서 알데히드, 메틸알코올, 퓨젤유 등 불순물이 완벽하게 제거되므로 가장 깨끗한 술이라고 할 수 있다. 소주가 골치 아프게 만들고 금방 취한다고 하지만 이는 값이 싸다고 많이 마셔서 그렇게 되는 것이다. 여기서 '희석'이란 알코올도수가 높은 주정에 물을 타서 도수를 낮춘다는 말로 위스키, 브랜디, 증류식 소주 모두 물 타는 과정을 거칠 수밖에 없다.

위스키나 브랜디는 오크통에 있는 알코올 70도짜리를 희석하여 40도로 만든다.

- 희석식 소주나 보드카는 비슷한 술인데, 보드카는 세계적인 명주로 이름이 나 있고, 기품 있는 자리에서 소주를 주문하는 것이 주눅이 드는 듯한 느낌을 받는 것은 도대체 어떤 사고에서 생겨난 것일까? – 사카구치 긴이치로(坂口謹一郎, 도쿄대학 교수)

주정(酒精)이란?

주세법에서 "주정이란 85도 이상의 알코올로 희석하여 음료로 할 수 있는 것을 말하며, 불순물이 포함되어 있어서 직접 음료로 할 수는 없으나 정제하면 음료로 할 수 있는 조주정을 포함한 것을 말한다"라고 되어 있다. 주정은 '발효주정'과 '정제주정' 둘로 나눌 수 있는데, 현재 전체 주정 생산량 중에서 발효주정과 정제주정은 1:1로 거의 비슷한 비율을 보이고 있다. 발효주정의 원료는 고구마, 감자, 타피오카 등의 서류와 국내 잉여 농산물인 쌀, 보리, 쌀보리, 밀 등의 곡류가 사용되며, 전분질 원료는 국산 정책원료를 먼저 배정하고, 부족분은 수입 타피오카를 사용한다. 2015년 통계를 보면, 정부미가 48%, 타피오카가 47% 사용되었다. 타피오카는 1973년부터 사용하였고, 1980년대부터는 국산 당밀을 사용하였으나 당밀은 가격이 높고 에탄올 수득량은 적은데다 환경문제가 심각하여 1987년부터 주정 원료로의 사용이 중지되었다. 정제주정은 브라질 등에서 전분질 원료를 발효하여 증류한 것으로 알코올함량 95% 이상이지만, 불순물을 분리하지 않은 반제품인 조주정(Crude alcohol)을 수입하여 재증류한 것이다.

주정은 희석식 소주에 90% 이상이 사용되며, 그 외 청주요 첨가용, 리큐르, 일반증류주, 기타 주류, 또 식용·의약·공업용으로도 사용되고 있다.

소주(燒酒? 燒酎?)

소주를 한자로 '燒酒' 혹은 '燒酎'라고 쓰는데 '酎'자는 세 번 빚은 술이란 뜻이다. 이를 일본사람들은 알코올농도가 높다는 뜻에서 이 '酎'자를 사용하였지만, 원래 이 글자의 뜻은 세 번 빚은 술이란 뜻이지 세 번 증류했다는 뜻은 아니다. 현재 우리나라 소주에는 '燒酎'라고 표시되어 있는데, 이는 일본의 영향을 받아서 그렇게 된 것이다. 우리나라 옛 문헌을 보면 모두 '燒酒'라고 되어 있다.

타피오카(Tapioca)

남미가 원산인 열대작물 '카사바(Cassava)'의 덩이뿌리에서 채취한 식용 녹말을 말한다. 이 덩이뿌리에는 20~25%의 녹말이 들어 있고 칼슘과 비타민 C가 풍부하다. 이것을 짓이겨 녹말을 물로 씻어내 침전시킨 후 건조시켜서 타피오카를 만든다. 덩이뿌리는 맛이 쓴 것과 쓰지 않은 것 두 종류가 있는데, 쓴 계통의 덩이뿌리에는 시안산이라는 독성이 있어 오랫동안 물에 넣어둔 후에 갈아서 죽을 만들거나, 즙을 끓여서 탄성을 가진 반죽처럼 만든 후에 부수어 말리면 젤리 모양의 타피오카가 된다. 원주민은 카사바 뿌리를 그대로 쪄서 식용하지만 보통은 건조된 타피오카를 분말로 만들어 매매한다. 타피오카는 신이 내린 식용작물이라고 할 정도로 재배가 쉽고 다수확 농작물로 평가받고 있으며, 동남아시아에서 식량 및 에너지 작물로 널리 재배되고 있다.

> **어떤 술 광고에 나왔던 이야기는 여기서**
>
> 옛날 하서(河西)에 가던 사신이 길에서 한 여인을 만났는데, 나이는 16~17세가량이었다. 그 여인이 흰 머리가 난 80~90세 되어 보이는 늙은이를 때리고 있었다. 사신이 묻기를, "너는 어린 여자로서 어찌해서 늙은이를 때리느냐"라고 했다. 그 여인은 대답하기를, "이 아이는 내 셋째 자식인데 약을 먹을 줄을 몰라서 나보다 먼저 머리가 희어졌소" 하였다. 여인의 나이를 물었더니 395세라는 것이다. 이에 사신은 말에서 내려 그 여인에게 절한 다음 오래 살고 늙지 않는 약이 무엇이냐고 물으니, 그 여인은 '구기주(枸杞酒)' 만드는 법을 가르쳐주었다. 사신이 돌아와서 그 법대로 만들어 먹었더니 300년을 살아도 늙지 않았다고 한다. - 이수광(조선시대 실학자)의 『지봉유설(芝峯類說)』

보리술

술을 소재로 한 한국 속담에 관한 연구(심상국, 동남대학 식품가공과, 2002 산업식품학회지)에 나오는 글이다. "술 속담에 나타난 술의 종류의 빈도를 보면 보리술(13), 술지게미(9), 막걸리(8) 순이었다. 속담에 보리술이 많이 나오는 것은 예전에는 식량이 부족하여 여름에 쌀이 없기 때문에 보리막걸리를 만들어 농주로 음용한 것을 알 수 있다. 술 속담내용으로 보아 보리술이 쌀을 원료로 한 막걸리보다 주질이나 저장성이 낮은 것으로 나타나고 있다"고 밝히고 있다.

> **속담의 현대화**
> - 호랑이 담배 피우던 시절 → 비행기에서 담배 피우던 시절
> - 소 잃고 외양간 고친다. → 차 잃고 차고 고친다.
> - 낫 놓고 기역자도 모른다. → 빨래집게 놓고 A자도 모른다.
> - 가는 날이 장날이다. → 가는 날이 세일이다.
> - 남의 떡이 더 커 보인다. → 남의 잔디가 더 푸르게 보인다.
> - 아는 길도 물어가라. → 아는 길도 내비 켜고 가라.
> - 등잔 밑이 어둡다. → CCTV 밑은 안 찍힌다.
> - 무자식이 상팔자 → 무차가 상팔자

우리나라 술집

- **주막(酒幕)**: 주막은 시골의 길목에서 술과 밥을 팔거나 나그네를 재우는 집이다. 글자 그대로 막을 쳐놓고 술을 파는 정도의 간단한 차림이지만, 술손님을 끌기 위하여 시장이나 큰길 등 사람의 내왕이 빈번한 곳에서 주막이 성하였다. 『고려사』의 기록을 보면 주막은 고려 성종 때부터 있었던 술집으로 사교장이었으며 밥과 술을 팔았던 곳이다. 한말의 풍속에 의하면 탁주를 담은 술항아리와 항시 물이 끓고 있는 부뚜막의 검은 큰 가마솥, 그 곁에 앉아서 술을 떠주는 주파(酒婆, 술집 할머니) 등의 모습이 전형적인 것이다. 어느 때든 편하게 부담 없이 술과 음식을 먹으면서 정답게 이야기할 수 있는 지금의 술집은 술과 음식을 팔면서 사교장 역할을 했던 옛날 주막(酒幕)에서 발전한 것이다.
- **목로주점(木爐酒店)**: 도시 뒷골목이나 노변에서 목로를 놓고 큰 막걸리 사발로 의자도 없이 서서 술을 마시던 곳으로 서서 술을 마신다고 해서 '선술집', 혹은 '사발막걸리집'이나 '대폿집'이라고도 하였다. 포장마차는 미국 개척시대의 포장이 씌워진 마차를 이르는 말이 분명하지만, 요즈음은 의자를 두고 소주를 주로 파는 길거리 노점이 되어버렸고, 외국 명칭으로 실내에 있는 '스탠드바'라는 것이 글자 그대로는 '선술집'이 된다.
- **색주가(色酒家)**: 옛날부터 색주가에는 젊은 여자가 술상에 나와 앉아서 아양도 부리고

노래도 하며 술을 파는 집이었다. 본래 서울에는 여자가 나와서 접대하는 술집이 없었으나, 세종 때 중국에 가는 사신들의 수행원을 위로하기 위하여 홍제원(弘濟院)에 집단으로 색주가가 생겼는데, 조선 후기에는 값비싼 기생집에 가지 못하는 사내들이 주로 이용하는 싸구려 술집이 되었다.

- **내외주점(內外酒店)**: 남녀 내외를 철저히 가리던 구한말에 잘 나가던 집 여자가 과부가 되어 생계가 어려워지자 건넌방이나 뒷방을 치우고 넌지시 술집을 차렸는데, 문간방에 손님이 들면 과부는 중문을 열고 술상을 디밀어 얼굴은 보여주지 않고 팔뚝만 보게 했다 하여 '팔뚝집'이라고도 했다는 곳인데, 나중에 색주가로 전락하여 그 풍습은 없어졌다고 한다.
- **룸살롱**: 이러한 전통 위에서 해방 후 미군을 상대로 여자를 두는 술집이 발전하여 오늘날 룸살롱이란 이름으로 기업형태를 갖춘 술집이 된 것이다. 요즈음 크게 발전한 룸살롱이란 곳은 명칭만 영어일 뿐 우리나라에서 독특하게 발전한 술집형태이다.
- **요정(料亭)**: 요정은 '요릿집'이란 뜻으로 한말에 궁중에서 일했던 요리사들이 퇴출되어 하나둘씩 차린 음식점에서 시작되었다. 일제강점기에 '조선 요릿집'이라는 곳으로 알려지기 시작하여 해방 후까지 이어온 곳이다. 고급 요정은 넓은 대지에 화려한 정원과 호화스러운 한식 건물에서 고급요리와 유흥을 즐길 수 있는 곳이었다. 군사정권이 들어서면서 밀실정치의 산실로 사용되다가 1980년대부터 쇠퇴의 길로 접어들기 시작하였다. 유명한 '삼청각'이 대표적인 곳이었다.

> 짚방석 내지 마라 낙엽엔들 못 앉으랴
> 솔불 켜지 마라 어제 진 달 돋아온다.
> 아해야 박주산채일망정 없다 말고 내어라.
> - 한호(석봉, 조선 중기 서예가)

음주문화가 문화수준

술은 음으로 양으로 사회에 끼친 영향력이 크며, 그 전통의 형태는 다소 바뀔지언정 면면히 이어오고 있다. 아직까지 이어오는 술집과 술에 관련된 단어를 살펴보면 술이 우리 사회에 미치는 영향력이 적지 않다는 것을 알 수 있다. 우리의 술문화는 아직도 부탁의 수단으로 이용되면서 상대를 술통에 빠뜨려야 성공했다는 분위기다. 술을 마시면서 대화를 안주 삼아서 술 그 자체의 맛과 멋을 즐기는 사람은 드물다. 외국의 살롱이나 카페와 같이 술집이 대화나 토론의 장소로 이용되었더라면 우리 사회가 좀 더 성숙하지 않았을까? 음주문화가 그 사회의 문화수준을 가늠한다고 볼 수 있다.

Wine Episodes 15

현실이란 알코올 결핍이 빚어낸 환상이다

15 현실이란 알코올 결핍이 빚어낸 환상이다

노르웨이 금주협회 할폰손 회장은 부주의로 바다에 빠졌으나, 다행히 구조되어 배의 식당으로 옮겨져 급히 코냑을 주입시켜 기적적으로 살아났다. 그러니까 결국 그를 구한 것은 평소 앙숙으로 지냈던 술인 셈이다. 처음으로 술의 효과를 안 그는 회장직을 사임한 후 그 생명의 은인이며 옛날의 적인 술과 사이좋게 지냈다고 한다.

음주문화의 비교

사회학자의 연구에 의하면, 적당량의 음주를 즐기는 사회가 금주하는 사회보다 실질적인 장점이 더 많다고 한다. 즉 음주가 하나의 생활의 양식이 되면서 책임이 따르는 음주를 허용하는 사회가 알코올을 금단시하고 비난하는 사회보다, 알코올의 과용이 더 적고 음주에 대해 안정적인 태도를 보이고 있다. 알코올 문제에 대해서는 금주법 등 법률적인 규제나 고율의 세금부과 등을 통한 인위적인 규제보다는, 책임 있고 건강하게 마시는 문화를 가진 사회적 분위기가 이루어져야 알코올의 폐해를 더 줄일 수 있다는 말이다.

- 와인을 값싸게 구할 수 있는 나라의 국민들은 술에 취하는 법이 없고, 독한 증류주가 값비싼 와인을 대신하게 된 나라의 국민들은 깨어 있는 법이 없다. 위스키의 해독제는 와인뿐이다. - 토머스 제퍼슨(Thomas Jefferson, 미국 3대 대통령)

많이 마시는 것이 문제가 아니다

음주의 영향력은 술 그 자체보다는 그 사회의 문화적 관습에 의해 좌우된다는 것이 인류·사회학자의 주장이다. 즉 알코올의 양과 질이 사회의 도덕이나 질서 그리고 건강까지 영향력을 끼치는 것이 아니고, 사람들이 마시는 양식이나 취했을 때의 행동방식을 그 사회가 어떻게 받아들이느냐에 따라서 결정된다는 말이다. 예를 들면, 1인당 알코올 소비량이 많은 지중해 연안 국가에서는 주로 와인을 많이 마시며, 알코올 중독이나 사회질서의 파괴 등 음주문제가 별로 일어나지 않지만, 1인당 알코올 소비량이 많지 않고, 주로 독한 술을 마시는 미국이나 북유럽 국가 등에서는 음주에 대해 부정적인 전통을 가지고 있지만, 오히려 알코올중독자가 훨씬 더 많고, 음주의 폐해가 더 심각하다는 점을 들 수 있다.

이렇듯 술은 어떻게 각인하느냐에 따라 그 힘과 의미가 달라진다. 프랑스인은 자녀에게 술을 많이 마시는 것은 허용하지 않지만, 샴페인 잔에 과자를 넣어 어릴 때부터 술을 경험시킨다. 와인이 음식 맛을 돋운다는 사실과 알코올도수가 높지 않은 숙성된 와인이 좋다는 사실을 자녀들에게 교육시킨다. 미국은 어릴 때 술 마시는 것이 금지되고 '술은 몸에 나쁘다'는 사실을 각인시킨다. 이들이 성인이 되었을 때 술의 맛이나 향은 중요하지 않다. 취하기 위해 마시기 때문이다.

- 어떤 일이 발생할지 전혀 알 수 없는 두 가지가 있다. 하나는 남자가 처음으로 술을 마셨을 때이고, 또 하나는 여자가 마지막으로 술을 마실 때이다. – 오 헨리(O. Henry, 미국의 작가)

음주형태의 문화적 차이

알코올 섭취가 보편적이며, 음주가 사회적 관습의 지배를 받는 문화권의 사람들은 음주에 대해 건전한 기준을 배우게 된다. 이들은 알코올이 개인의 통제력을 없앤다고 보지 않고, 음주에 대한 좋은 습관과 나쁜 습관, 책임이 따르는 음주를 명확하게 가르치기 때문에, 주정에 의한 비정상적인 행동은 용납되지 않는다. 그러나 음주를 나쁘다고 보는 문화권은 음주가 사회적 합의에 의한 기준의 지배를 받지 않으므로 자신이나 동료들의 행동이 기준이 된다. 그렇기 때문에 과음하기 쉽고, 또 알코올이 개인의 통제력을 잃게 만든다는 믿음으로 과음에 대한 변명을 자신이 아니라 알코올 그 자체에 있다고 미루게 된다.

스페인과 미국의 음주태도를 비교해 보면, 스페인에서는 어린 나이에 가족을 통해서 음주습관을 익히며, 맥주는 18세(법적인 알코올 구입연령은 16세) 이하의 청소년도 구입할 수 있다. 그러나 만취되는 일은 드물고, 주정에 의한 반사회적 행동도 드물다. 반면, 미국은 21세를 넘어야 술을 구입할 수 있지만 보통 음주시작은 14~17세로 보고 있다. 그리고 첫 번째 음주는 가족의 눈을 피해 친구들끼리 어울려 시작하면서 절제를 익히지 못하고, 과음을 남자다움의 상징으로 여기기까지 한다. 즉 '금단의 열매'를 맛보는 셈이 된다. 알코올 문제를 해결하기 위해서는 규제보다는 사회적 관습으로 다스려야 한다.

- 나는 열다섯 살 때부터 술을 마셨다. 술보다 더 큰 기쁨을 주는 것은 없었다. 하루 종일 머리를 쓰면서 일하다가 위스키, 럼, 와인을 마셨다. – 헤밍웨이(Ernest Miller Hemingway, 미국의 소설가)

장비의 술버릇

『삼국지』에 나오는 장비는 술버릇이 전쟁의 승패를 좌우할 만큼 심각한 상태였다. 한번은 유비가 장비한테 성을 맡기고 떠나면서 하도 안심이 안 되어, 절대 술을 마시면 안 된다는 규율을 정해놓았지만 장비는 어려운 사람이 없어지자 긴장이 풀어져 술을 마시기 시작한다. 그것도 술을 마시지 않겠다는 부하 조포에게 억지로 술을 권하고 이를 거절하자 곤장을 때려 원한을 사고, 급기야 조포는 견디다 못해 몰래 여포에게 편지를 보내 성을 치라고 연락한다. 술 취한 장비는 여포에게 대항 한번 못해 보고 성을 빼앗기고 만다. 이러한 장비의 술버릇은 끝까지 버리지 못하고, 나중에 관운장이 죽은 후 슬픔을 못 이겨 날마다 술로 보내다가 비참한 최후를 맞게 된다.

- 술고래들은 오만하고 무례하다. 반면, 금주자들은 까다롭기 때문에 파티를 주관하기보다는 아이들을 돌보는 일에 더 적합하다. – 플루타르크(Plutarch, 그리스 시인)

소주도(燒酒徒)

원나라를 통하여 이 땅에 소주가 보급되면서 이를 즐기는 무리가 생겼는데, 왜구를 막겠다고 원사가 되어 경상도에 와 있던 '김진'은 기생을 모아 소주를 마시고 밤낮으로 취해 있었다. 술만 마시면 부하들을 못살게 굴었기 때문에, 부하들은 김진의 무리를 '소주도(燒酒徒)'라며 비꼬고 있었다. 마침 왜구가 들어오자 부하들은 "가히 소주도를 시켜 적을 치게 할 것이다. 우리 무리야 어찌 능히 싸우리요." 하고 물러서서 나아가지 않으니 김진이 홀로 달아났다는 것이다.

- 까닭이 있어서 술을 마시고, 까닭이 없어도 술을 마신다. 그래서 오늘도 마시고 있다. – 세르반테스의 『돈키호테(Don Quixote)』

계주교서(誡酒敎書)

삼국시대부터 고려를 거쳐 조선조 역사, 사회, 문화를 연구하는 데 중요한 자료집인 『동문선(東文選)』(1487)의 「계주교서(誡酒敎書)」에는 "옛적에 신라가 포석정에서 무너졌고, 백제가 낙화암에서 망한 것이 모두 술 때문이었고, 고려의 말세에 위와 아래가 서로 본떠서 술에 빠져 스스로 방자하다가 마침내 망하는데 이르렀으니… 경계 않을 수 있으랴"라는 말로 꾸짖고 있다.

- 술을 마시면 취하게 되고, 취하면 잠을 잔다. 자는 동안은 죄를 짓지 않는다. 죄를 짓지 않으면 천국에 간다. 고로 술을 마시면 천국에 간다? – 브라이언 오루크(Brian O'Rourke, 아일랜드 왕)

소크라테스와 와인

플라톤은 소크라테스를 이상적인 음주가로 묘사하고 있다. 그는 진실을 추구하는 과정에서 와인을 마셨지만, 스스로를 철저하게 통제하여 와인으로부터 어떤 나쁜 영향도 받지 않았다고 한다.

- 술을 마시되 취하지 말고, 사랑을 하되 감정에 매몰되지 말고, 훔치되 부자의 것들만 건드려라. – 판초 비야 (Pancho Villa, 멕시코의 전설적인 혁명가)

폭탄주의 알코올농도

폭탄주의 알코올농도는 얼마나 될까? 그렇게 어려운 계산도 아닌데 의외로 계산해 본 사람은 많지 않다. 맥주 200㎖(알코올농도 5%)와 위스키 50㎖(알코올농도 40%)를 섞는다고 가정하자.

그러면 맥주에 있는 알코올의 양은 $200 \times 0.05 = 10$㎖, 위스키에 있는 알코올의 양은 $50 \times 0.4 = 20$㎖, 전체 알코올의 양은 $10 + 20 = 30$㎖, 전체 술의 양은 $200 + 50 = 250$㎖가 된다. 이 폭탄주의 알코올농도는 $30 \div 250 \times 100 = 12\%$밖에 안 된다.

그렇다면 웬만한 와인보다 알코올농도가 더 낮은데 왜 빨리 취할까? 이는 빨리 마시기 때문이다. 맥주 한 잔이나 위스키 한 잔을 놓고 천천히 이야기해 가면서 20~30분 정도에 마시는 데 반해, 폭탄주는 이를 동시에 2~3초 만에 마시기 때문에 빨리 취하는 것이다. 그러니까 술은 얼마나 마셨느냐가 취하는 지표가 아니고, 정해진 시간에 얼마나 마셨느냐가 취하는 기준이 된다. 즉 속도 개념으로 풀어야 한다. 참고로, 우리나라 폭탄주(Poktanju)는 이제 위키피디아(Wikipedia)에 소개될 만큼 유명해졌다.

지나친 음주로 인한 사고
1. 자신을 유단자라고 생각하고 겁이 없어진다.
2. 주변 사람에겐 큰 소음으로 들리는데, 자신은 평상시 목소리로 이야기한다고 착각한다.
3. 자신을 누구보다 잘 생기고, 머리도 좋은데, 운이 없을 뿐이라고 착각하게 만들 수 있다.
4. 옆에 있는 친구가 머리를 후려칠 때까지 재미없고 똑같은 이야기를 계속 지껄이게 만든다.
5. 주변 사람이 자신의 노래를 듣고 잘 부른다고 칭찬할 것이라는 환상을 심어줄 수 있다.
6. 옛 애인이 새벽 4시에도 내 전화를 애타게 기다리고 있을 것으로 착각하게 만든다.
7. 얼굴에 빨간 자국이 왜 생겼는지 알 수 없도록 만들 수 있다.
8. 아침에 침대에서 몸을 돌릴 때, 모르는 사람이 옆에서 자고 있다는 사실을 깨달을 수도 있도록 만든다.
9. 임신 가능성을 높여준다.
10. 엊저녁에 무엇을 했는지 잊어버리고 싶고, 잊어버릴 수도 있다.

술꾼(1)
한 방송국에서 주류회사 사장님을 인터뷰했다.
"술로 인한 사회문제가 심각합니다. 술이 사람을 죽인다는 말도 있는데 어떻게 생각하십니까?"
사장님 왈 "술이 사람을 죽일 수 있죠. 하지만 술 때문에 태어난 사람이 얼마나 많은지는 생각 안 해보셨소?"

술꾼(2)

여: 당신은 정말 술주정뱅이예요.

남: 내가 술주정뱅이라서 당신 얼굴을 보고 있지, 술이 깨면 그 못생긴 당신 얼굴도 못 쳐다볼 거야.

술꾼(3)

난파당한 사나이가 몇 년 동안 무인도에서 혼자 살아가고 있었다. 태풍이 있던 다음날 아침, 예쁜 아가씨가 술통을 타고 표류해 왔다. 그리고 큰 소리로 자기소개를 했다. "당신이 오랫동안 맛보지 못한 그 맛이 여기 왔어요!" 고독한 사나이는 환성을 올렸다. "정말 그 술통에는 진짜 술이 들어 있단 말이오?"

술꾼(4)

하루만 술을 마시지 않아도 목구멍에 가시가 돋는다고 생각하는 술꾼이 있었다. 어느 날 그는 존경하는 은사로부터 책 한 권을 선물로 받았다. 그는 밤을 새워 그 책을 모두 읽었다. 그 책에는 술이 인체에 얼마나 해로운 극약인가가 상세히 기술되어 있었다. 그는 깊은 충격을 받고, 단단히 결심하게 되었다. "앞으로는 절대로 책을 읽지 않겠노라"고…

음주단속 피하는 방법(1)

한 경찰관이 와인 동호회 회원들이 고주망태가 될 때까지 마신다는 소문을 듣고, 가장 취한 사람을 반드시 체포하겠다고 결심했다. 와인 동호회가 열리는 밤 이 경찰관은 레스토랑 길 건너편에 숨어서 긴장한 채 감시하고 있었다.

모임이 끝나고 한 사람이 술집에서 비틀거리면서 나오더니 계단에서 넘어졌다. 간신히 일어선 그는 주차장의 나무에 키를 꽂으려고 더듬거렸다. 두 번째로 나온 사람은 다소 취한 것 같았지만, 차를 몰고 갔고, 다음에 나온 사람들도 하나씩 차를 몰고 가는 동안, 첫 번째로 나온 사람은 보도를 따라 차들이 있는 데로 가서는 수십 대의 차 문을 일일이 열려고 하다가 결국 자기 차를 찾고, 앞좌석에 털썩 주저앉은 다음에 꼼짝도 하지 않았다.

그가 그 자리에서 미동도 하지 않는 사이에 시간은 흘러갔고 다른 손님들은 술집을 나와 차의 시동을 걸고 떠나버렸다. 마침내 주차장이 거의 텅 비게 되자, 아까 그 사람이 몸을 바로 세우더니 차의 시동을 걸고 주차장을 빠져나가려 했다. 기회를 놓치지 않고 쏜살같이 달려든 경관이 그 운전자를 차에서 끌어냈고, 곧바로 음주 측정기 검사를 실시했다. 그런데 결과는 혈중알코올농도가 0%였다. 영문을 몰라 의아해진 경관이 어떻게 이런 일이 있을 수 있냐고 물었다. 그러자 그 운전자 왈, "별것 아닙니다. 제가 오늘밤의 경찰 유인 당번이니까요."

음주단속 피하는 방법(2)

어떤 부부가 일곱 살 난 딸을 데리고 차를 타고 가다 음주단속을 당하는데, 경찰이 "부시죠." 운전하던 남편이 "후" 하고 불자, "삐이익" 소리가 났다. 경찰이 "한계치를 초과했습니다. 내리시죠."

그러자 남편은 술을 안 마셨다면서 기계에 문제가 있다고 우기면서, 옆에 있는 부인에게 "당신이 한번 불어봐." 했다. 부인도 불자 "삐이익" 하고 소리가 났다. 경찰이 "부부가 모두 술을 마셨군요. 내리세요." 그러자 남편은 다시 옆에 있던 딸아이에게 "야, 너도 한번 불어봐!" 딸이 불자 또 "삐이익" 하고 소리가 났다. "이거 보세요. 나 참." 그때서야 경찰이 "죄송합니다. 실례했습니다. 안녕히 가십시오." 한참을 가다 남편 왈, ------ "거봐. 쟤도 먹이길 잘했지!"

음주운전 유도하는 법

시골길에서 농부의 트럭과 승용차가 접촉사고가 났다. 그러나 천만다행으로 양쪽 다 부상은 없었기 때문에 서로 실랑이는 벌이지 않기로 했다. 이때 농부가 "우리가 이렇게 사고는 났지만, 전혀 다치지 않은 것은 정말 기가 막힌 축복입니다"라고 하면서 트럭에 마침 막걸리가 무사한지 봐야겠다고 하면서 트럭으로 올라갔다. 막걸리는 흐트러지지 않고 무사하게 있었다. 이에 농부는 신사에게 "막걸리 병이 무사히 있는데 한잔 하시죠." 하면서 막걸리 병을 건네주었다. 신사는 받아드는 순간 긴장 후 목이 마르는지라

벌컥벌컥 마셨다. 이어서 농부에게 막걸리 병을 건네면서 한잔 하라니까 "내가 왜 마십니까? 조금 있으면 경찰이 올 텐데…"

금주령의 기원

술은 태어날 때부터 말썽의 소지를 안고 있어서, 중국 하나라 때 처음으로 '의적(儀狄)'이 술을 맛있게 만들어 우왕에게 올렸더니, 우왕이 이를 맛보고 그 감칠맛에 놀랐으나, "후세에 이 술로 나라를 망치게 하는 자가 있을 것(日後世必有而酒亡基國者)이다"라고 말하고, 술을 마시지 않고 의적을 가까이하지 않았다고 한다. 술의 부작용을 없애기 위한 가장 확실하고 간단한 방법은 사회 전체가 금주하는 것이지만, 동서고금을 막론하고 강제적인 금주령이 성공을 거둔 적은 없다.

역사적으로 금주를 위한 시도는 멀리 아즈텍 문명, 고대 중국과 우리나라는 물론, 아이슬란드, 스칸디나비아 국가, 러시아, 캐나다, 인도 등지에도 있었지만, 전국적으로 전면적인 금주를 지속적으로 시행한 나라는 없었다. 최근 들어 아이슬란드, 핀란드, 미국 등이 전면 금주령을 몇 년간 실시하다가 그 부작용으로 이를 철회하였다. 이들의 목표는 술을 끊게 만들거나 술을 완전히 금지하는 교육과 법령 제정이었지만 부분적인 효과를 거둘 뿐이었다.

• 한 잔의 술은 재판관보다 더 빨리 분쟁을 해결해 준다. – 에우리피데스(Euripides, 그리스 3대 비극 시인)

미국 금주법의 배경

청교도 정신에 기초한 미국은 식민지 시절부터 음주에 대한 거부감이 어느 정도 잠재해 있다가, 독립 초기에 이민자가 대거 유입되면서 술 소비량이 급증하기 시작했다. 1826년 보스턴에서 미국금주협회(American Temperance Society)가 결성되면서 '술과의 전쟁'을 선포하였고, 10년 후 회원은 150만 명에 이르렀다. 이때의 금주운동은 감정적인 표현을 적대시하는 중산층의 지지를 널리 받았기 때문에, 소도시나 시골에서 금주단체의 회원자격은 사회활동을 하는 데 중요한 신분의 상징이기도 했다. 1851년 메인주가 미국 최초의 금주법을 시행하였고, 1881년에는 캔자스주, 1886년에는 조지아주에서 금주법을 시행하였다. 그리고 1873년에는 기독교여성금주회(Women's Christian Temperance Union)가 발족하여 금주에 대한 사회적 분위기가 형성되고 있었다. 특히, 여성운동가이면서 금주운동에 적극적으로 뛰어든 '도끼의 여왕, 캐리 네이션(Carrie Nation)'의 등장은 금주운동의 대중적인 확산에 상당한 기여를 하게 된다.

1920년대 미국의 보수적인 신교도 단체에서 '근본주의(Fundamentalism)'를 외치며 금주를 주장했지만, 사실은 미국의 주도권을 잡고 있는 앵글로색슨계 사람들이 폭음을 일삼는 아일랜드나 이탈리아계 노동자들을 규제하는 인종차별적인 성격을 띠고 있었다. 특히, 독일에 반감을 가진 일부 인사들은 독일계가 잡고 있는 맥주산업을 고사시키는 금주법에 절대적인 환영의 뜻을 표하기도 했다. 초기 미국의 금주운동은 인종과 민족 문제가 결부된 종교전쟁의 성격을 띠고 있었다.

> **'도끼의 여왕' 캐리 네이션(Carrie Nation, 1846~1911)**
> 캐리 네이션은 역사학 학위를 취득하고 그리스 철학이 미국정치에 미치는 영향에 대해서 공부하였고, 한때 학교에서 학생들을 가르치기도 했던 인텔리 여성이었다. 첫 남편이 알코올중독과 도박으로 사망하여, 이에 극단적인 금주, 금연, 도박금지의 운동가가 되어, 실제로 도끼를 들고 술집, 도박장, 경마장, 오락실 등을 때려 부수기까지 했다. 그는 이런 일로 30번 이상 체포되었고 벌금도 많이 냈다. 당시 여성으로는 드물게 키 180cm, 체중 80kg의 거구인 캐리 네이션은 바에 들어가 찬송가를 부르고 기도하고 나서 도끼로 부수기 시작했으니 웬만한 남자들도 말릴 수가 없었다고 한다.

미국 금주법 통과

미국에서는 제1차 세계대전 중에 전시 금주법을 상정하여 1919년 7월 1일부터 실시될 예정이었지만, 좀 더 영구적이며 실효성 있게 만들 수정헌법 제18조를 통과시키고자 1919년 1월 16일 수정헌법 통과에 필요한 36개 주가 수정안을 비준하여, 이 법안의 주창자인 미네소타주의 공화당 하원의원인 앤드류 볼스테드(Andrew Volstead)의 이름을 따서 '볼스테드법(Volstead Act)'으로 명명하였다. 당시 윌슨 대통령은 거부권을 행사했지만, 의회를 통과하여 1920년 1월 16일부터 0.5% 이상의 알코올이 포함된 음료를 제조하거나 판매하는 행위를 불법행위로 정하였다. 단, 미사용 와인, 가정에서 제한된 양의 와인을 담그는 것, 의약용 알코올은 예외로 허용되었다.

> **금주법 무시한 대통령**
>
> 미국의 금주기간(1920~1932) 동안, 대통령을 비롯한 권력자들도 금주법을 무시한 사례가 많다. 금주법에 거부권을 행사했던 '윌슨' 대통령(재임기간 1913~1921)은 임기가 끝난 다음에 가져갈 수 있는 조건으로 백악관 내에 셀러를 두고 와인을 마셨고, 윌슨 대통령 다음으로 대통령을 지낸 '하딩(Warren Gamaliel Harding, 재임기간 1921-1923)'은 일주일에 두 번씩 친구들과 백악관에서 위스키 파티를 벌였다. 또 당시 뉴욕의 시장이었던 지미 워커(Jimmy Walker, 재임 1926~1932)는 금주법을 무시하고 무허가 술집의 단골로 알려져 있었다. 이렇게 권력자들이 국가시책에 대한 신뢰도를 하락시키는 데 상당한 기여(?)를 하게 된다.

금주법 결과

- **음주량 증가**: 자가 소비용 와인은 허용되기 때문에 포도 값이 상승하고 와인 소비량뿐 아니라 전반적으로 음주량이 증가하였다. 1919년 금주령 이전에는 미국 국민 1인당 17불을 주류 소비에 사용하였지만, 금주령 기간인 1930년에는 35불로 증가(당시 인플레는 없었음)하였으며, 당시 밀주산업은 세금을 내지 않고 연평균 30억 불의 불법매출을 올린 것으로 보고 있다. 그리고 금주법 이전에 워싱턴 D.C.의 허가된 술집은 300개였지만 금주법 이후에는 무허가 술집이 700개로 증가하였고, 뉴욕은 1만 5천 곳에서 3만 5천 곳으로 증가하였다. 시카고에서는 음주운전이 금주령 이전보다 476% 증가하였고, 전체적으로 알코올중독으로 인한 사망사고는 600% 증가하였다.
- **밀주, 밀수, 불법거래 등 활개**: 불법적 주류 생산과 판매가 증가하면서 주류 밀매점이 생기고, 대규모 밀주와 밀수를 독점하려는 범죄단체의 세력다툼으로 알 카포네와 같은 갱단이 사회의 한 세력을 형성(마피아)하게 되었다. 알 카포네의 연간 수입은 약 6,000만 불로 추정되고 있으며, 금주기간 중 밀주와 밀수로 거래된 술은 총 360억 불로 보고 있다.

- **단속비용의 증가**: 불법행위 방지에 연간 10억 불이 소요되었는데, 1920년대에 금주령 사무국의 연간 예산은 440만 불에서 1,300만 불로 증가하였고, 미국 연방경비대는 금주 단속 비용으로 연간 1,300만 불(지방정부 경비 제외)을 사용하였다. 금주법 단속요원은 1920년에 1,520명, 1930년에도 2,836명으로 증가하였지만, 업무량에 비해 인력이 턱없이 부족하고, 급료도 낮아서 매수되기 쉬웠고, 적발비율은 밀수입되는 술의 5%에 불과했다.
- **보수집단의 활개**: 금주법의 통과와 시행으로 날개를 단 보수집단은 이민법을 통과시켜 아시아계 이민을 완전히 금지시켰고, 유럽인의 이민도 일부 제한하는 인종차별정책을 시행하여, 우리에게 백인우월주의자로 알려진 KKK단의 세력 또한 급속히 확대되었다. 기독교 근본주의자들은 교육까지 관여하여 1925년 테네시주 의회는 공립학교에서 진화론 교육을 금지하는 법령도 채택하였다. 결국 이러한 사건을 통해 시민들은 비합리적인 신앙의 한계를 깨닫게 되었고 이때부터 금주법을 비롯한 보수주의 활동에 서서히 제동이 걸리기 시작했다.

> **교회의 금주**
>
> 교회 신도들에게 금주를 실천하자고 설교하던 목사가 마무리를 하면서 눈을 감고 외쳤다.
> "이 세상의 모든 맥주를 모아서 강에다 버리겠나이다."
> 그러자 신도들이 외쳤다.
> "아멘~"
> 더욱 열정적으로 목사는 외쳤다.
> "이 세상의 모든 와인을 모아서 강에다 버리겠습니다."
> 신도들이 또 외쳤다.
> "할렐루야!"
> 신도들의 반응에 더욱 신이 난 목사는 마지막으로 외쳤다.
> "그리고 이 세상의 모든 위스키도 모아서 강에다 버리겠습니다."
> 목사가 설교를 마치고 자리에 앉자 성가대 지휘자가 미소를 띠며 조심스럽게 말했다.
> "찬송가 365장 '우리 모두 강가에서 만납시다.'를 부르겠습니다."

금주법의 부작용

- **인근 국가의 주류산업 발전**: 미국의 주류산업이 붕괴되자 밀수가 엄청나게 증가하여 캐나다의 '시그램'이나 '하이램 워커(Hiram Walker)' 등이 급격하게 성장하였다. 게다가 시그램은 금주법이 오래 가지 못할 것을 예측하고 미국인을 대상으로 제품을 개발하여, 금주법이 폐기되자마자(1934년) '시그램 세븐 크라운(Seagram's Seven Crown)'이란 라이트 타입의 위스키를 미국에 판매하였고, 알코올에 굶주린 미국인들이 위스키에 빠지게 된다. 영국의 스카치도 가만히 있지 않았다. '베리 브라더스 앤 루드'사 역시 미국의 금주법이 조만간 해제될 것으로 믿고, 금주법 해제 후 미국시장을 겨냥하여 새로운 제품을 개발하였다. 이 신제품은 미국인의 취향에 맞게 약하게 만들었는데, 이것이 유명한 '커티 샥(Cutty Sark)'이다. 더 재미있는 것은 술 마시는 여행상품을 개발하여, 플로리다에서 카리브해 인근으로 가서 술을 마시고 돌아오는 선박이나 항공노선도 발전하게 된다.

- **불량 주류 유행**: 밀수는 정상적인 제품이라서 안전했지만, 밀주는 어떤 원료를 사용하여 어떻게 만들었는지 알 수 없었다. 돈 있는 사람들은 밀수한 술을 마시고, 가난한 사람들은 밀주를 마시고 사망하는 사람들이 많았다. 금주령 13년 동안 3만 5천 명이 불량 주류를 마시고 사망한 것으로 집계되고 있다. 사람에 따라서는 부동액, 향수, 페인트, 의약품 등 합법적인 상품에서 알코올을 추출하여 마시는 사람까지 생기기 시작하여 사망에 이르는 사건이 종종 일어나기도 했으며, 의사들은 합법적으로 환자에게 알코올을 처방하여 4,000만 불의 소득을 올린 것으로 추측하고 있다.

- **총격 사망 증가**: 1920년대에 경찰은 밀주업자를 2천 명 이상 사살하였고, 경찰도 500명 정도 사망하였다. 기간 중 연평균 12,000명이 총격으로 사망한 것이다. 가장 유명한 사건은 시카고에서 갱단끼리 시가전(성 발렌타인데이의 대학살)을 벌여 1929년에만 갱단의 암투로 인해 500명 정도가 목숨을 잃은 것이다.

- **국가 신뢰도 실추**: 조직범죄집단의 상습적인 공직자 매수로 국가 신뢰도가 추락하고, 실현가능성이 없는 금주법은 있으나마나 술을 마시고 싶은 사람은 언제든지 마실 수 있는 분위기였다. 오히려 이 기간 중 범죄조직이 더 극성을 부리는 시대가 되어, 국민들은 국가시책에 대해 우습게 생각하는 풍토가 유행하게 되었다.

- **재즈의 유행**: 노예시대 흑인들의 영가 수준이었던 재즈가 술 마시고 싶은 백인들이 흑인

들이 운영하는 무허가 술집에서 같이 어울리면서 백인들도 좋아하는 음악이 된다. 즉 주류 밀매점은 인종과 종교를 초월하여 모두가 하나가 되는 장소를 마련한 것이다. '루이 암스트롱'과 같은 흑인 연예인들은 이때부터 등장하여 세계적인 스타가 되었다.

- 와인을 마신 사람은 말을 삼가지 않고, 자신의 속마음뿐 아니라 모든 것을 털어놓는다. - 필로코루스 (Philochorus, 그리스 역사가)

금주법 폐지

국민들은 해가 갈수록 금주법의 효과에 대해 의문을 갖게 되고, 법안 자체를 무시하면서 국가권위에 도전하는 기류가 형성되었다. 또 개인의 자유에 미치는 제약의 증대를 예로 들면서, 금주법에 비판을 가하기 시작하였다. 이에 1928년 대선에서 민주당이 금주법 폐기를 주장했으나 집권에 실패하고, 다시 대공황의 혼돈 속에서 1932년 대선에서 프랭클린 루스벨트가 당선되어 1933년 12월 5일 수정헌법 제21조를 가결하여 금주법을 폐기하기에 이른다. 명분은 유럽에서 대두되고 있는 파시즘의 위협에 대비하기 위한 것으로 경제 활성화와 세수 확보 때문에 금주법 철폐가 불가피했다고 한다. 어쨌든 13년 10개월 19일간의 금주시대가 종말을 고한 것이다.

- 1931년 알 카포네가 구속된 다음에, 그의 방탄차를 정부에서 압수하였는데, 1941년 12월 일본의 진주만 공격 다음날, 루스벨트 대통령이 의회연설차 백악관에서 의회까지 이동할 때 알 카포네의 방탄차를 탔다는 소문이 있지만, 신빙성 없는 이야기다.

금주법의 교훈

가장 최근에 가장 파급효과가 컸던 미국의 금주법은 세계적인 관심을 불러일으킨 유명한 사건이었다. 미국 국민들은 금주법을 '고상한 실험(Noble experiment)'이라고 했지만, 나중에는 실현 불가능한 발상을 빗대는 뜻으로 이야기하게 되었다. 그렇지만 이 고상한 실험이 우리에게 주는 교훈을 깊이 생각해 볼 필요가 있다. 미국의 금주시대는 "음주는 강력한 법안이나 규제로 다스릴 수는 없으며, 음주는 사회적인 약속과 문화적인 태도로써 다스려야 한다"라는 점을 깨닫게 해주는 큰 사건이었다.

내가 돌봐줘야 할 사람

알 카포네가 기자와의 면담 중에 다음과 같이 이야기했다. "언론의 갱들은 내가 이 나라 모든 범죄에 책임이 있는 것같이 나를 영원히 팔아먹을 겁니다. 당신도 내가 무한한 권력과 재력을 가졌다고 생각합니까? 내가 권력을 가진 건 사실이지만, 이 어려운 시기에 내 재정형편도 다른 사람 못지않게 어려운 상태입니다. 내가 지불해야 할 돈은 언제나 엄청납니다. 그리고 이익금도 계속 줄어들고 있습니다. 아마도 내가 돌봐줘야 하는 사람들을 이야기한다면 그중에 당신이 깜짝 놀랄 이름도 많을 겁니다."

알 카포네(Alphonse Gabriel Capone, 1899~1947)

스무 살 때 시카고 갱단의 중심 세력으로 자리 잡고, 1925년에는 시카고에서 갱의 일인자가 된 알 카포네는 매춘과 밀주, 밀수, 도박장 등의 사업 다각화를 통해 1927년에는 1억 달러에 이르는 재산을 축적한 것으로 추정하고 있다. 그의 사업은 금주시대의 분위기에 편승하여 이룬 것으로 그는 '금주법의 최대 수혜자'라고 할 수 있다.

본명은 '알폰소 카포네'지만 스스로 이탈리아계 출신임을 꺼려, 앵글로색슨계 냄새가 나는 이름인 '앨 브라운'이라고 부르게 했지만, 통상 '알 카포네'라고 알려져 있다. 그의 부모는 1893년 나폴리에서 미국으로 이주하여, 알 카포네는 1899년 뉴욕의 브루클린에서 태어나 빈민가에서 어린 시절을 보낸다. 어렸을 때부터 갱단에 들어가 활동하였으며, 금주법이 발효된 1920년 21세 때부터 시카고로 무대를 옮겨, 암흑가의 두목인 '조니 토리오(Johnny Torrio)'의 보디가드로 출발하여, 1925년부터 토리오의 후계자가 되어 수많은 부하를 거느리며 시카고에서 '밤의 대통령' 노릇을 했다.

그러나 그는 부모나 형제, 아내에 대한 생각이 지극했고, 무료 급식소를 차려 하루 세 끼의 식사를 제공하였는데 하루에 약 3,500명이 이용했다고 한다. 또 가난한 사람들을 위해 파티도 열어주고, 병원비도 내주는 등 자선사업도 많이 하였다. 그래서 일반 시민들은 그에게 현대판 '로빈 후드'라는 별명을 붙이고, 젊은이들 사이에서 존경받는 인물로 꼽히기도 했다. 당시 사회 분위기는 폭력이 난무하고 정부를 믿지 못하는 시대라서, 오히려 알 카포네 갱단에게 보호를 요청하여 안전을 지키는 사례도 많았다.

엄청난 밀주와 밀수의 이권을 놓고 마피아들 사이에선 주도권 다툼이 자주 벌어졌는데,

당시 시카고의 암흑가에서는 '벅스 모런(Bugs Moran)'이 이끄는 아일랜드계 갱단에 알 카포네의 이탈리아계 갱단이 도전하는 형태였다. 이윽고 1929년 알 카포네가 이끈 갱단은 벅스 모런 휘하 갱단 7명을 살해하고 암흑가의 주도권을 잡게 된다. 알 카포네 갱단은 이렇게 수많은 사람을 살해했지만, 그는 항상 건재했다. 검찰과 경찰 심지어는 시카고 시장까지 그의 영향력 아래 있었고, 치밀하게 근거를 남기지 않고 항상 배후에서 범죄를 지휘하였기 때문에 뚜렷한 구속 사유가 없었던 것이다. 나중에 그가 체포되어 기소된 죄명은 살인죄나 밀주, 밀수가 아니고 우습게도 '연방소득세법 위반'이었다. 그는 이 혐의로 1931년 기소되어 8년간 옥살이를 하다가 석방되었고, 그 후 플로리다에 있는 자신의 농장에서 은둔생활을 하며 암살에 대한 공포와 매독에 시달리다 사망한다.

> **알 카포네 효과**
> 더욱 흥미로운 것은 카포네가 구속된 1931년에만 전년의 두 배가 넘는 체납세금이 들어왔다는 점이다. 탈세범에 대한 강력한 처벌에 놀란 범죄자와 시민이 체납된 세금을 납부하기 시작한 것인데, 이를 가리켜 '알 카포네 효과'라고 한다.

밤의 대통령이 나설 때는

국가도 사실은 마피아와 같은 조직폭력배와 출발은 비슷하다. "우리가 너희들을 보호할 테니 돈(세금)을 내라"는 식으로 출발한 것이다. 그러니까 현대 국가에서 이런 조직폭력단체는 국가가 국민을 돌보는 역할을 제대로 하지 못할 때 그 세력을 확장하게 된다. 공직자들이 직분에 충실하지 않을 때 범죄조직이 설치고, 무능하고 부패한 국가조직은 오히려 경제적 기생충이 된다. 실제로 미국의 금주법 시기는 국가가 '밤의 대통령'에게 사회적 역할을 맡겨왔다고 볼 수 있다. 쉽게 이야기하면, 마피아조직이 그 지역을 다스릴 때는 힘없는 사람이라도 거리에서 강도를 당하지 않았다는 얘기다. 1995년 1월 고베 대지진 직후에 야쿠자들은 일본 정부보다 더 빠르고 효과적으로 식량과 담요들을 전달했다고 한다. 이렇게 범죄조직이 대중의 지지를 얻는 현상은 오늘날에도 전 세계적으로 일어나고 있다.

알 카포네는 이런 점을 익히 알았는지 모르지만, 다음과 같은 이야기를 했다. "상류사회란 사회적 지위를 잃지 않고, 이익을 만끽하려는 뻔뻔한 놈들로 이 '훌륭한 사람들'은 합법적인 공갈을 일삼고 있다. 나는 시민이 바라는 것을 공급했을 뿐이다. 내가 범죄자라면 선량한 시카고 시민들 역시 유죄다" 현재도 감옥에 있는 범죄자는 대부분 불우한 환경에서 태어나서 도덕적 관념이 없고, 참을성이 없어서 섣부르게 범죄를 저지른 사람들이고, 더 큰 범죄자들은 저 위에서 국가를 위해서 일한답시고 군림하고 있다고도 볼 수 있다.

• 술 마신다고 문제가 해결되는 것은 아니지만, 물을 마신다고 나아지는 것도 없다. –스코틀랜드 속담

조선시대 금주령

우리나라도 조선시대 기록을 보면 술의 폐해로 인해 주금(酒禁)을 주장하는 상소가 많이 발견되고, 특히 흉년이 들었을 때는 임금이 나서서 온 나라에 금주령을 내리는 일이 많았다. 우리나라는 곡식을 술의 원료로 많이 사용하였기 때문에 주식을 축내는 경우가 많아서 최근까지 심각한 식량문제를 불러일으켜 쌀막걸리, 약주, 증류식 소주와 같은 우리 전통주가 사라지는 원인을 제공하게 된다.

조선시대에 실제 단속에 걸려 처벌받은 사람들은 탁주(濁酒)를 마시는 가난하고 힘없는 백성들이 대부분이었고, 고급술인 청주(淸酒)를 마신 높은 사람이나 부자들은 처벌받지 않았다고 한다. 그러나 아무리 위세가 당당한 권력가문이라 하더라도 소주를 마시는 경우에는 단속 대상이 되었다. 소주는 탁주나 청주보다 훨씬 많은 곡물이 소비되었기 때문이다.

조선시대에 가장 오랜 기간 금주령을 내렸던 국왕은 조선 왕조에서 가장 오래 재위하였던 영조로 재위기간 내내 금주령을 강력히 시행하였다. 원래 금주령은 흉년이 들면 시행했다가 식량 사정이 좋아지면 해제하는 것이 일반적이었지만, 영조는 그렇지 않았다. 영조는 종묘제례에도 술을 사용하지 않고 감주(甘酒, 식혜)를 올릴 정도였다. 반면, 정조는 금주령이 일반 백성들만 괴롭히고 식량 소비를 억제하는 데 효과가 없다고 생각하고, 음주에 대해 관대한 정책을 시행하였다. 미국과 마찬가지로 정조 역시 금주령의 한계를 느꼈던 것이다.

• 청동이 겉모습을 비추는 거울이라면, 와인은 영혼을 비추는 거울이다. – 아이스킬로스(Aischylos, 그리스 비극 시인)

Wine Episodes 16

건강이란 쓰러지기 직전까지 술 마실 수 있는 상태를 말한다

16. 건강이란 쓰러지기 직전까지 술 마실 수 있는 상태를 말한다

와인이 건강에 좋은 술이라는 인식을 갖게 된 것은 와인의 색깔이 피를 연상시키기 때문이었다. 그래서 옛날 사람들은 와인을 마시면 피가 좋아진다고 믿을 수밖에 없었다. 게다가 포도를 으깨어 두면 부글부글 거품을 내면서 다시 살아나기 때문에 새로운 생명이 태어나는 부활을 볼 수 있었고, 불을 대지 않아도 열이 발생하는 현상을 보고 물과 불의 결합을 생각한 것이다. 그래서 와인에는 '피', '생명', '부활' 등의 이미지를 연결시켜 건강에 도움이 되는 술로 인식하게 된 것이다.

건강이란?

우리나라 사람들은 몸에 좋다면 물불을 가리지 않고 먹지만, 건강이란 먹는 식품으로만 유지되는 것이 아니고, 적절한 운동으로 몸을 만들고, 긍정적인 사고방식을 가지고 있어야 한다. 그리고 결정적인 것은 유전이다. 건강하게 태어난 사람은 그렇지 않은 사람보다 훨씬 더 유리하다. 의학계에서도 고혈압에 가장 위험한 사람은 40세 이상의 남자로서 아버지나 형제가 고혈압인 사람으로 되어 있다. 타고난 유전자에 20년 이상을 동일한 환경에서 먹고 자고 함께 지내니까 부모의 유전적 성향과 습관을 그대로 받을 수밖에 없다. 그래서 가장 조심해야 할 것은 부모님이 걸린 병이라고 한다. 즉 자신의 신체에 대한 강점과 약점을 잘 파악하고 있어야 한다는 말이다. 와인이 건강에 좋다지만, 개인에 따라 이로울 수도 있고 해로울 수도 있으며, 뛰어난 건강식품이나 보약은 아니다.

[• 정력에 좋다는 음식을 좋아하는 사람은 "저는 현재 정력이 부족합니다"라고 외치는 사람이다. – JCK]

술은 술이요, 물은 물이로다

몇 년 전 우리나라 직업별 평균수명이 통계수치로 나온 적이 있다. 가장 오래 사는 직업군은 종교인이다. 종교인은 평소에도 절제된 생활을 하고 무엇보다도 "산은 산이요, 물은 물이로다"라고 외치는 사람이기 때문일 것이다. 그 다음 오래 사는 직업군은 정치인이다.

별로 달갑지 않게 생각되겠지만, 개별적으로 보면 정치인들은 어렸을 때부터 공부도 잘 했고, 자제력이 있으며, 하루 세 끼를 오찬모임이니 정찬모임이니 해서 잘 먹고, 표밭인 헬스센터나 골프장을 자주 들락거리며 운동 또한 게을리하지 않는다. 그러나 무엇보다도 마음을 잘 다스리는 사람이 정치인이기도 하다. 모든 돈과 노력을 동원하여 출마했으나 낙선하면 보통사람들은 자살할 지경이지만, 4년 뒤에 마음을 털고 다시 출마하는 사람들이다. 결정적으로는 자기 말에 책임을 지지 않으니까 마음이 편한 사람이기도 하다.

반대로 평균수명이 짧은 직업군은 언론인이나 작가들로 항상 글 쓰는 시간에 쫓기고, 하루세 끼가 불규칙하며, 밤낮이 뒤바뀌는 생활이라 바른 식생활 및 운동과는 담을 쌓을 수밖에 없다. 그 다음은 연예인과 체육인인데, 이들 역시 한때의 인기로 평생을 먹고살아야 하는 직업이라 항상 불안하기 마련이다. 특히, 체육인은 유전적으로 건강하게 태어났고, 잘 먹고 운동을 잘 하지만, 너무 과도한 운동, 즉 죽을 힘(死力)을 다해야 금메달을 딸 수 있기 때문에 젊었을 때 모든 체력이 바닥이 나고 만다. 그리고 유명한 운동선수는 은퇴하면 코치나 감독이라도 하지만, 어중간한 선수는 운동을 관두면 지식이나 사회경험이 없어서 무얼 할지 고민할 수밖에 없다. 즉 마음이 평온하지 못하다.

- 와인을 마시고 있는 시간을 쓸데없는 시간이라고 생각하지 마라. 그 사이에 당신의 마음은 쉬고 있는 것이다.
  – 이스라엘 속담

몸에 좋은 식품과 나쁜 식품

어떤 식품이 몸에 좋다, 나쁘다는 것은 시대와 상황에 따라 변한다. 못살던 시절에 구황식품으로 먹던 칡이나 개구리가 요즈음은 보약으로 둔갑하고, 쌀보다는 보리나 밀이 영양가가 더 많다고 학자들을 앞세워 광고를 하더니 요즈음은 보리농사는 짓지도 않는다. 돼지고기가 남아돌면 돼지고기는 콜레스테롤도 없어지고, 양파가 남아돌면 양파는 최고의 보약이 된다. 고추농사가 안 되어 고추가 모자라면 고추는 위장장애를 일으키는 식품이 된다. 모두 거짓은 아니다. 어떤 성분을 강조하여 어떻게 나타내느냐에 따라 다르게 해석될 수 있기 때문이다. 즉 식품에는 항암제도 있고, 발암제도 있을 수 있으니까 어떻게 이야기하든 틀렸다고 할 수는 없다.

- 프랑스인들은 영국인이나 미국인보다 심장병 발병률이 낮다. 이는 레드와인을 많이 마시기 때문이다. 그러나 일본인은 레드와인을 많이 마시지 않는데도 심장병 발병률이 낮다. 고로, 영어를 사용하는 나라는 심장병 발병률이 높다. – 미상

콜라, 커피, 녹차 중에서

어떤 사람이 콜라, 커피(+크림, 설탕), 녹차를 컵에 각각 넣고 하얀 장미를 하나씩 꽂았더니, 커피에 있던 장미는 금방 시들고 커피의 수면이 하얗게 썩어 들어가고, 콜라에 있던 장미는 꽃잎이 타들어 가고, 녹차에 있는 장미는 하루가 지나도 싱싱하게 있으니까, 녹차가 우리 몸에 가장 좋고 콜라나 커피는 몸에 나쁘다고 주장을 했다. 과연 그럴까? 이 실험의 문제점은 동일한 조건에서 하지 않았다는 점이다. 즉 콜라, 커피, 녹차를 장미에 실험하려면 식물체에 미칠 수 있는 성분의 영향력을 고려하여 동일한 조건에서 실험을 해야 한다.

첫째, 당분의 농도가 일정하지 못했다. 녹차에는 설탕이 안 들어 있고 콜라와 커피에는 설탕이 들어 있으니까 동일한 조건이라고 할 수 없다. 아마 몸에 좋다는 꿀물을 사이다 정도로 달게 만들어서 장미를 꽂으면 어떻게 될까? 당분이 있으면 식물체에 흡수될 때 삼투압 때문에 문제를 일으킨다. 그리고 장미가 타들어가는 것은 콜라의 색소가 장미 잎으로 흡수되어 갈색으로 나타나기 때문이지 타들어가는 것은 아니다.

둘째, 커피에 있는 크림이 문제다. 이 크림은 지방성분이 많기 때문에 쉽게 부패되고 식물체에서 그 상태로 흡수되지 못한다. 커피의 수면이 하얗게 된 것은 크림이 썩어서 그렇게 된 것이다. 몸에 좋은 우유에 장미를 꽂으면 얼마 가지 않아 시들게 된다. 그러면 우유도 나쁜 것이 된다.

셋째, 인체에 유해하느냐 그렇지 않느냐의 실험을 식물체 그것도 절화(자른 꽃)를 대상으로 했다는 것에 결정적인 잘못이 있다. 적어도 쥐나 개를 대상으로 먹여보고 그 결과를 측정해야 한다. 그러면 크림과 설탕이 들어 있는 커피를 먹은 동물이 가장 오래 버틸 것이다. 위 실험은 식물체에 좋다는 비료를 사람에게 먹여보고 그 영향력을 테스트한 것과 다를 바가 없다.

그리고 어떤 식품이 몸에 해롭다는 것이 밝혀진다면 소문나게 까다로운 미국의 FDA에서 당장 생산을 중단시킬 것이고, 식품이 인체에 미치는 영향은 아직도 완벽하게 밝혀지지 않았기 때문에 하룻밤 자고 나면 학설이 바뀌고 있다. 식품은 영양이나 위생을 따지는 것

보다는 즐겁고 맛있게 먹는 것이 최고다.

- 와인은 마시는 양에 따라 식품이 되기도 하고, 약이 되기도 하고, 독이 되기도 한다. – 파라셀수스 (Paracelsus, 16세기 스위스 의사)

식품으로 병을 치료한다고?

식품으로는 병을 예방할 수 있을지 모르지만, 치료는 불가능하다. 어떤 식품의 특별한 물질이 어떤 병에 치료효과가 있다면 그 물질을 추출하여 치료약으로 만드는 제약회사가 가만히 있을 리가 없다. 병은 약으로 치료한다. 그리고 식품과 약 사이를 왔다 갔다 하는 건강식품도 한때 유행하다 사라지는 것이 대부분이며, 일시적인 '플라시보효과(위약효과)'를 보이면서 치료효과에 대한 정확한 자료를 제시하면서 판매할 수도 없고 그렇게 할 의무도 없다.

시중에는 '어떤 식품으로 불치병을 정복했다'는 책도 많고, 소문으로 떠도는 불치병 치료 방법도 많다. 이 방법도 생수, 녹즙, 현미, 생식 등 일일이 열거하기 힘들 정도로 갖가지 속설이 난무하고 있다. 심지어는 제도권 종교이든 아니든 종교단체에서 병을 고쳤다는 사람도 많다. 물론 이 사람들의 말이 거짓은 아니다. 그리고 실제로 이런 방법으로 불치병을 치료한 사람이 있는 것은 사실이다. 그러나 우리가 주의 깊게 관찰할 것은 그 방법으로 과연 몇 사람이 치료를 받아서 그중 몇 사람이 그 병을 고쳤는지를 알아봐야 한다. 백 명이 치료를 받아 한두 사람이 낫고, 나머지 사람은 아무런 효과도 못 얻고 병이 더 심해지거나 죽어서 아무 말이 없는데, 치료효과를 본 한두 사람이 여기저기 떠들고 돌아다니기 때문에 소문은 그럴싸하게 나기 마련이다. "나는 그것을 먹었는데도 죽었다"라고 이야기해 줄 사람이 없기 때문이다.

- 적당한 알코올의 소비는 건강에 도움이 된다는 근거를 얻어낸 연구자들의 상당수는 알코올음료의 해악을 연구하기 위해 금주재단의 혜택을 본 사람들이다. – 카를로스 뮐러(Carlos J. Muller, 미국의 양조학자)

취한다는 것은?

술을 적당히 마시면 정신이 흥분되어 언어, 동작이 활발해지고 기분이 좋아져서 웃기를 잘하고 말이 많아진다. 그리고 치밀한 사고력, 이해력, 주의력, 판단력 등이 얼마간 저하되고, 평안하고 느긋한 기분이 되는데, 이쯤 되었을 때가 혈중알코올농도 0.03~0.05%로서, 빈속에 위스키 한두 잔 정도 마셨을 때며, 긴장감이 풀려서 안팎의 자극에 둔감해져서 가벼운 졸음이 오고, 마음의 우울기가 없어지면서 쾌활해진다.

이 정도를 지나서 술을 더 마시면 지적 활동은 점차 감퇴되고 도덕을 무시하고, 자신감 넘치는 태도가 되고 평소에는 말할 수 없었던 말도 함부로 지껄이게 되며, 세밀한 주의력을 필요로 하는 동작은 거의 불가능해진다. 이쯤 되었을 때의 혈중알코올농도는 0.05~0.10%로서 자동차 운전은 절대 하면 안 되지만, 자신이 넘치는 행동을 나타낼 때라서, 음주운전으로 단속되거나 사고를 일으키게 된다.

혈중알코올농도가 0.2%를 넘어가면 술에 못 이겨 몹시 비틀거리고, 다른 사람의 어깨에 기대게 되고 언어가 곤란해진다. 점차 피로해져서 졸거나 혼잣말을 하게 되고, 운동이나 평행에 관계하는 뇌의 동작이 둔화되어 거의 무의식적으로 길을 더듬어 집을 찾게 된다. 이때부터는 술이 술을 마시는 상태가 되는데 혈중알코올농도가 0.4~0.5%가 되면 만취상태가 되어 죽은 것같이 자고, 단순한 자극으로는 깨지 않으며, 통증도 느끼지 못하게 되는데, 보통 술꾼들은 이쯤에서 자제하거나 사람에 따라 더 마시고 싶어도 마시는 동작 자체가 불가능하게 된다.

혈중알코올농도가 0.6~0.7% 이상이 되면 호흡이 정지되고 심장이 멎어서 죽게 되지만, 술을 많이 마셔서 죽음에 이르는 경우는 극히 드물다. 왜냐하면 최후의 치명적인 한 잔은 마시는 일 자체가 불가능하기 때문이다. 가끔 술을 너무 많이 마셔서 죽게 되는 경우가 신문에 나오는데 이때는 술내기를 해서 한꺼번에 너무 많은 양의 술을 들이켜서 '급성알코올 중독'이 되거나, 술을 마시고 의식불명이 되어 추운 겨울에 길거리에서 드러눕는 경우, 토하면서 기도가 막히는 경우, 또는 취한 상태에서 교통사고나 추락 등 사고 때문에 죽는 경우가 대부분이다.

• 술, 담배, 커피가 맛이 없어지면, 본인의 건강에 문제가 있다고 생각하면 된다. – JCK

필름 끊기는 현상(Black out)이란?

술을 좋아하는 사람이라면 '필름 끊기는 현상'을 한두 번쯤은 겪어봤을 것이다. 필름 끊기는 현상은 내가 했던 일을 내가 기억하지 못한다는 사실을 깨달아 상당한 두려움을 느낄 수 있다. 뇌는 정보가 입력되면 이를 저장하여 필요할 때 출력하는 '입력→저장→출력' 세 단계를 거치는데, 이 기능을 하는 곳이 뇌의 앞쪽인 측두엽 안쪽에 있는 '해마'라는 기관이다. 과도한 음주는 이 해마의 기능을 억제하여 당시 상황이 입력되지 않는 것이다. 즉 단기 기억이 입력되지 않은 것이다. 그래서 술을 마시다 사라진 기억은 최면술로도 꺼내지 못한다고 한다.

그러나 술을 마실 때 주변에 있는 사람은 그 사람의 필름이 끊겼다는 사실을 알지 못한다. 술에 취하기는 했지만, 말이나 행동이 정상적인 상태이기 때문이다. 이미 저장돼 있는 중요한 기억은 살아 있기 때문에 카드를 긁는다든가 집을 찾는 일 등은 할 수 있지만, 그 당시 기억이 입력되지 않을 뿐이다. 필름 끊기는 현상은 보통 혈중알코올농도가 0.2% 이상 되면 일어난다고 하지만, 개인에 따라 그날의 컨디션에 따라 달라진다. 그리고 한 번 끊기기 시작하면 습관적으로 끊기기 때문에 이런 일을 한 번 겪으면 자제하는 수밖에 없다.

- 술자리에서 물만 마시는 사람이 가장 무섭다. 어젯밤 모두가 한 이야기를 오늘 아침까지 기억하고 있으니까 – 그리스 속담

술 마시면 살이 찔까?

알코올이 우리 몸에서 산화되어 나오는 열량은 그램(g)당 7칼로리나 된다. 탄수화물과 단백질은 그램당 4칼로리, 그리고 지방은 9칼로리의 열량을 내므로, 웬만한 음식물에 비하여 상당히 칼로리가 높은 편이다. 500㎖의 맥주 한 병이면 약 200칼로리, 와인 한 병(750㎖)이면 약 600칼로리의 열량을 가지고 있으며, 작은 위스키 한 병(375㎖)이면 850칼로리가 넘는 열량을 가지고 있다. 그러니까 하루에 독한 술 한 병을 마시고 식사를 적게 해도 어느 정도는 살아갈 수 있다.

그러나 음식물의 영양소는 인체의 요구에 따라 조금씩 산화되고, 나머지는 저장되어 서서히 꺼내서 사용되지만, 알코올은 인체에 저장되지 않고 계속 산화되면서 효소(비타민)나 무기질 등이 강제로 동원되어 소모되기 때문에, 이러한 물질의 부족현상이 나타나게 된다.

그래서 알코올의 에너지를 '실속 없는 칼로리(Empty Calory)'라 하고, 술 마시고 난 뒤에 허탈상태가 되는 것도 바로 이런 현상에서 비롯된 것이다.

이 실속 없는 칼로리라는 말을 잘못 이해하여 술은 살이 찌지 않는다고 알기 쉬우나, 술의 칼로리를 먼저 이용하여 활동하므로 안주의 칼로리는 고스란히 저장되니까 말짱 도루묵이다. 그러면 안주를 안 들고 술만 마시면 어떻게 되느냐고 반문하지만, 점심 때 먹었던 음식의 칼로리가 저장된다. 즉 술을 마시면 이론적으로는 살이 찌지 않지만, 실제 상황에서는 살이 찔 수밖에 없다.

술의 칼로리와 엘리베이터 닫힘 버튼

엘리베이터 닫힘 버튼을 누르면 전력이 더 소모된다고 하지만, 과학적으로 말도 안 되는 이야기다. 누르든 말든 전력 소모는 동일하다. 그러나 닫힘 버튼을 누르지 않고 기다리면, 사람이 더 탈 수 있어서 엄청난 전력 소모를 방지하니까, 닫힘 버튼을 누르면 전력이 더 소모된다고 홍보하고 있다. 술도 위와 같은 장황한 설명을 늘어놓을 수는 없으니까 간단하게 술을 마시면 살이 찐다고 하는 것이다.

혈중알코올농도란?

알코올은 간에서 분해되는데, 알코올이 간에서 분해되는 속도는 아주 느려서 체중 1kg당 한 시간에 65~128mg 정도밖에 되지 않으니까, 어림잡아 100mg 즉 0.1g 정도밖에 되지 않는다. 즉 체중이 60kg이면 한 시간에 6g을 분해할 수 있다는 계산이 나온다. 소주(알코올농도 20%)를 예로 들면, 체중 60kg인 사람은 360㎖ 소주 한 병이 몸에서 사라지는 데 10시간이 걸린다는 얘기다. 그러나 현실적으로 소주 한 병을 10시간에 걸쳐서 마실 수는 없는 거라서, 계속 들어온 알코올은 혈류를 타고 온몸을 돌아다니는데, 이를 '혈중알코올농도'라고 한다. 그러니까 혈중알코올농도는 우리 몸의 수분함량(혈액의 양)에 따라 달라지므로 체중에 반비례한다. 체중 50kg인 사람과 100kg인 사람이 동일한 양의 술을 마셨다면, 50kg인 사람의 혈중알코올농도는 100kg인 사람의 두 배가 된다.

혈중알코올농도는 혈액 속에 존재하는 알코올의 양으로 혈액 100㎖당 함유하고 있는 알코올의 양을 그램(g)으로 표시한 것이다. 내쉬는 숨에는 혈중농도 5/10,000 정도의 알코올이 함유되어 있기 때문에, 대략 2ℓ의 내쉬는 숨에는 혈액 1㎖와 거의 같은 양의 알코올이 함유되어 있다. 그렇기 때문에 혈중알코올농도는 내쉬는 숨으로도 측정할 수 있는 것이다. 그리고 섭취한 알코올은 폐로 가서 날숨에 섞여 나오기도 하며, 신장으로 가서 오줌에 섞여 나오기도 하는데, 이런 식으로 나오는 알코올은 섭취량의 10% 정도 된다. 그래서 술을 마신 뒤에 심호흡을 하거나 노래를 부르거나 격렬한 몸 운동을 하면서 땀을 내면 알코올 중 상당량이 몸 밖으로 배출될 수 있다.

혈중알코올농도 계산

혈중알코올농도는 혈액에 있는 알코올 양을 말하지만, 알코올은 우리 몸에 흡수되면 바로 온몸에 퍼지기 때문에 체내 수분함량 중 알코올의 양으로 계산하고, 이 수치가 혈중알코올농도가 된다. 우리 몸의 수분함량은 60~70%로서 남녀에 따라, 나이에 따라 다르므로 이를 고려하여 계산해야 한다.

소주 한 병(360㎖, 20%)이라면, 순수 알코올의 양은 72㎖이고, 이를 무게로 환산하면 72㎖×0.8g/㎖=57.6g이 된다. 체중이 60kg이고 체중 수분함량을 2/3라고 한다면, 체중 중 40kg이 물이 된다. 그러면 혈중알코올농도는 57.6g/40,000g×100=0.14%가 된다.

악취(惡醉)와 숙취(宿醉)

우리는 보통 술을 마시고 난 다음에 생기는 불쾌감을 숙취라는 표현으로 묶어서 이야기하지만, 숙취(宿醉)란 말 그대로 전날 마신 술이 아침에 일어난 뒤까지 계속되는 취기와 불쾌감을 말한다. 국어사전에도 숙취란 '다음날까지 깨지 않는 취기'라고 풀이하고 있다. 그러면 술을 마신 후 4~5시간 뒤에 나타나는 두통, 구토 등의 불쾌감을 적절한 우리말로 뭐라고 해야 하는지 애매하다. 일본에서는 이를 '악취(惡醉)'라는 단어로 표현하는데, 시간차에 의한 이 증상들의 원인이 각각 다르기 때문이다.

악취는 알코올이 분해될 때 생기는 중간물질인 아세트알데히드가 신경을 자극시켜 두통이나 메스꺼움, 구역질 등을 일으키는 불쾌한 증상을 말한다. 음주 후 혈중알코올농도는 한 시간 후에 최고치를 나타내지만, 아세트알데히드는 4~5시간 후에 최고 농도를 나타내며, 이때가 가장 악취로 시달릴 때다. 그리고 숙취는 말 그대로 자고 난 뒤에 나타나는 불쾌한 증상으로 이때는 이미 아세트알데히드의 영향력을 어느 정도 벗어난 상태로서, 혈당치 저하가 중요한 원인으로 생각되고 있다.

악취나 숙취를 예방하려면 적게 마시는 것이 가장 좋은 방법이지만, 그렇지 못할 경우 감이나 꿀 등으로 당분과 비타민을 보충하고, 특히 비타민 B가 많이 들어 있는 식품을 섭취해야 한다. 술을 많이 마시면 위의 부담, 감각의 흥분 내지는 마비, 체액 전해질의 불균형, 탈수증상, 호르몬 분비장애 등 여러 가지 증상이 한꺼번에 일어나 허탈상태에 빠지게 된다. 이를 방지하기 위해서는 충분한 휴식과 영양보충이 필요하다.

• 숙면과 목욕 그리고 한 잔의 와인이 당신의 슬픔을 덜어줄 수 있다. – 토마스 아퀴나스(Thomas Aquinas, 중세 신학자)

숙취해소음료의 효과는?

시중에 나와 있는 숙취해소음료는 그 효과가 얼마나 되는지도 의심스럽지만, 악취와 숙취의 구분을 하지 않고 즉 아세트알데히드에 의한 악취에 효과가 있는지, 혈당치 저하가 주원인인 숙취에 효과가 있는지 아니면 모두 통용되는지 확실하지가 않다. 술이란 정기적으로 일정량을 섭취하는 식사와는 달리 그 섭취량이 시간과 장소에 따라 엄청나게 차이가 나므로, 숙취해소음료라는 것이 효과를 어느 정도 나타낸다 해도 얼마를 마셨느냐가 더 취하는 지표가 된다. 즉 소주 한 병을 마시고 난 후 숙취해소음료 한 병을 마시면 반 병 마시는 것과 동일한 효과를 낸다고 가정했을 때, 소주 두 병을 마시고 숙취해소음료 한 병을 마셨다면 한 병 반의 효과를 나타낼 것이다. 결국 숙취해소음료도 적은 양을 마셨을 때 효과를 보는 것이지 과음에는 대책이 없다.

아주 효과가 좋은 숙취해소음료가 있다면, 술과 이 음료를 번갈아 복용하면서 술 소비량이 엄청나게 증가할 것이다. 그러면 다시 술로 인한 인체의 해독은 더 커질 것이며, 병원은 더 많은 환자로 붐비게 될 것이다. 이러한 약제는 만들기도 힘들 뿐 아니라 세상에 나와서도 안 된다. 숙취해소음료의 효과가 확실하고 바르다면 의사의 처방을 받아 복용하거나 적어도 약효가 있는 약품으로 취급하여 약국에서 판매해야 한다. 법적으로도 숙취해소음료는 '의약품'이 아니고 '혼합음료'로서 사이다, 콜라 같은 청량음료에 몸에 좋다는 성분을 넣은 것이다. 약국에서만 팔지 않고 아무 데서나 판매되는 것만 봐도 그 효과를 짐작할 수 있을 것이다.

> **어떤 술이든 한 잔의 알코올 양은 거의 비슷하다**
>
> 잔이라 하면 그 종류가 너무 많아 그 용량의 차이가 심할 것으로 생각하겠지만, 그 술에 맞는 그 술잔이라고 생각하면 된다. 하루 세 잔이 건강에 좋다고 한다면, 소주의 경우 소주잔으로 세 잔, 맥주는 맥주잔으로 세 잔, 위스키는 조그만 위스키 잔으로 세 잔을 마시게 되니까, 술의 종류에 따라 상당히 차이가 날 것 같아도 섭취한 알코올의 양은 거의 비슷하게 된다. 순수 알코올 약 8~10g을 한 잔으로 환산할 수 있으며, 외국문헌에는 이 양을 "1 drink"라고 한다.

과음(Overdrinking), 과식(Overeating)

식사를 하고 나서 술을 마시면 술이 많이 들어가지 않는다. 위에 음식물이 가득 찬 상태에서 술을 많이 마시면 소화가 안 될 수밖에 없다. 반대로 술을 마시고 난 후에 밥을 먹는 것은 술로 인하여 위장의 기능이 상실되었다면 마찬가지로 소화가 안 된다. 말 그대로 과음, 과식, 소화불량이 된다. 영양보충을 위하여 안주를 드는 것도 위의 부담을 고려하여 적절히 조절해야 한다.

- 첫 잔을 비우면 건강에 좋고, 두 번째 잔을 비우면 사랑을 나누기에 좋고, 세 번째 잔을 비우면 잠들기에 좋다. 현명한 사람은 이때 집으로 간다. 네 번째 잔 이상을 비우면 난폭해지고, 소란스럽게 되어 타락하게 된다. – 에우불루스(Eubulus, 고대 그리스 시인)

해장술의 효과

알코올은 포도당 대사에 영향을 미치므로 술을 마신 후에는 영양상태와 알코올 섭취 정도에 따라 혈당이 오르기도 하고 내리기도 한다. 단식이나 심한 근육활동으로 간의 글리코겐이 소모되어 혈당이 낮아진 상태에서 과량의 알코올이 들어오면 알코올이 간의 포도당 합성을 억제하기 때문에 저혈당이 된다. 뇌의 활동에 필요한 에너지는 포도당에서 나오기 때문에 혈당치가 낮아지면 뇌의 작용이 둔해질 수밖에 없다. 저혈당에 의한 혼수는 위험한 상태이며, 내버려두면 뇌가 심하게 손상되어 죽는 경우도 있다. 그러나 알코올은 일시적으로 세포막에 작용하여 포도당이 세포 내로 이동하는 경로를 차단하여 포도당의 소비를 방지하기도 하기 때문에 일시적으로 혈당이 높아질 수도 있는데, 해장술의 효과가 바로 이런 것이다. 그러나 바로 저혈당이 오기 때문에 다시 섭취해야 하는 부작용이 생긴다.

그리고 해장술의 또 다른 효과는 중추신경 마비작용으로 고통에 둔감해지는 것이고, 심리적인 효과로써 지난밤의 행동에 대한 후회나 자기혐오, 열등감 등이 소멸되어 다시 기분이 좋아지면서 해방감을 되찾기 때문에 일시적으로 기분이 좋아진다. 그러니까 해장술은 알코올중독으로 가는 지름길이 될 수 있다. 적당량의 알코올을 섭취하면 포도당 합성과 분해가 균형을 이루어 혈당치의 변화가 적어지게 된다.

내가 컸다고 느낄 때
- 커피가 맛있어진다.
- 짜장면이 맛이 없어진다.
- 외국 노래가 좋아진다.

내가 늙었다고 느낄 때
- 커피보다는 인삼차를 찾는다.
- 다시 짜장면이 맛있어진다.
- 외국 노래보다는 트로트가 좋아진다.

간을 보호하는 음주법

술을 마시더라도 간에 무리를 주지 않으려면 조금씩 마시고, 많이 마시더라도 간이 회복할 수 있는 충분한 기간 동안 금주하는 것이 최상의 방법이다. 독일 본대학 연구팀의 발표와 일본 문부성 연구팀의 발표를 보면, 하루에 섭취한 알코올의 양이 80g 이하인 경우는 동양인과 서양인을 막론하고 수년 동안 매일 마셔도 간에 해가 되지 않는다고 한다. 알코올 80g 이하라면 소주 1병 반(20%, 360㎖), 와인 1병(750㎖), 위스키 200㎖ 정도의 양이다. 그러나 하루 섭취량이 150g 이상인 경우에는 거의 대부분 알코올성 간질환을 유발한다. 그리고 술을 안심하고 마시려면 우선 자신의 바이러스성 간염 여부를 체크해 보는 것이 가장 중요하다.

　술 마실 때 안주를 많이 먹으면 간이 상하지 않는다고 생각하는 사람이 많지만, 안주는 위벽을 보호하고, 흡수를 느리게 하는 효과와 영양보충을 해줄 수는 있어도 간에는 아무런 작용을 하지 않는다. 또 술이 세다고 많이 마셔도 간이 건강하고, 약하다고 조금만 마셔도 간에 나쁘다는 생각도 잘못이다. 술이 세다는 것은 알코올에 대한 자율신경계 반응의 민감 여부를 의미하는 것이고 분해능력이 조금 더 강하다는 의미이지, 간에 끼치는 영향은 누구에게나 마찬가지이다.

- 나는 와인을 마실 때마다 포도밭에서 땀 흘리며 일하는 농부들을 떠올리며 그들의 꿈과 희망을 생각하지 않을 수 없다. 내가 만일 와인을 마시지 않는다면 그들은 일자리를 잃고 그들의 꿈과 희망도 사라지게 된다. 그래서 내 간이 손상될지라도 그들의 꿈이 이루어지도록 와인을 마시는 것이 더 좋다고 생각한다. - 잭 핸디(Jack Handy, 미국의 유머 작가)

짬뽕 술이 더 취할까?

　서로 다른 종류의 술을 짬뽕하면 많이 취한다고 믿는 사람이 의외로 많다. 술이 섞이면 위장에서 해로운 물질이 발생하지 않느냐고 걱정하는 사람도 있는데, 그렇다면 짬뽕 술의 대표인 칵테일은 모두 독이 되고 말 것이다. 그리고 칵테일을 마셔서 더 취했다는 사람도 없다. 왜냐하면 칵테일은 많이 마시지 않고 천천히 즐기면서 마시기 때문에 문제가 생기지 않는 것이다. 짬뽕 술이 더 취하는 이유는 간단하다. 즉 알코올농도가 다른 술을 빠른 속도로 마셨으니까 취기가 더 느껴질 수밖에 없다. 그러므로 짬뽕 술이라도 천천히 적게 들면 문제가 생길 수 없다. 문제가 되는 것은 1차, 2차, 3차로 다른 술을 많이 마셨기 때문인데, 1차로 그쳐야 할 것을 2, 3차로 마셨으니 얼마나 많이 마셨겠는가? 그러므로 때와 장소를 생각하여 한 장소에서 한 가지 주류를 천천히 마시는 것이 현명한 음주방식이다.

- 술이 내게서 앗아간 것보다 내가 술에서 얻은 것이 많다. - 윈스턴 처칠(Sir Winston Churchill, 영국의 정치가)

얼굴 빨개지는 사람은 술 못 마시는 사람

술을 마시고 난 후 얼굴이 빨개지는 사람이 건강하다는 속설이 있는데, 이 현상은 건강과는 아무런 관련이 없는 체질상의 문제이다. 즉 아세트알데히드 분해효소의 능력이 부족하기 때문에 혈중아세트알데히드농도가 높아서 생기는 현상이다. 동양인의 50~80%가 술을 마시면 얼굴이 빨개지며, 서양인은 3~12% 정도이다. 이 현상은 물론 아세트알데히드 분해효소가 결핍되어 있기 때문에 나타나는 유전적인 영향 때문이다. 여기서 서양 사람 체질은 유럽, 중동, 인도 사람까지 포함되며, 동양 사람 체질은 미얀마부터 인도차이나 반도, 중국, 한국, 일본 사람 그리고 아메리카 인디언까지 포함된다.

얼굴이 빨개지는 현상과 관련하여 일본에서 재미있는 실험을 했는데, 1981년 1월부터 3월까지 1,646명의 남자를 대상으로 얼굴 빨개지는 현상과 음주형태 사이의 상관관계를 조사하였다. 술 마신 다음 얼굴이 빨개지는 남자는 대상자 중 50.9%였으며, 얼굴이 빨개지는 사람은 알코올 섭취량이 적고, 도수 낮은 술을 좋아하며, 취했을 때 졸음을 호소하는 것으로 나타났다. 반면 얼굴이 빨개지지 않는 사람은 알코올 섭취량이 많고, 도수 높은 술을 즐겨 마시며, 간 질환에 시달리며, 비정상적인 음주형태를 나타내며, 음주문제도 많이 일으킨다. 그리고 이들 부인들은 남편이 술을 끊거나 줄일 것을 호소했다. 그러므로 알코올로 인해 얼굴이 빨개지는 것은 술을 잘 못 마신다는 표현이며, 이로 인해 술을 적게 마신다면 알코올 과용과 그 부작용에 대한 방어작용으로도 볼 수 있다.

- "술을 마시던 남편이 술을 끊으면 부인의 건강상태가 안 좋아진다"라는 영국왕립보건협회의 보고가 있다. 활동적인 남편을 보호하고 싶은 타입의 여성은 술 마신 남편을 보살피는 일에도 보람을 느끼는 것인데, 술을 끊을 때 이에 따르는 부작용이 생긴다는 것이다. 그리고 "마누라의 잔소리는 남편의 건강을 지킨다"라는 말은 상당한 신빙성을 가지고 있다는 점을 명심해야 한다.

술 잘 마시는 것은 유전

한 잔 술에도 얼굴이 금방 빨개지는 사람은 술을 잘 못 마시는 사람이다. 이런 사람은 알코올을 분해하는 효소가 선천적으로 부족한 사람이므로 유전적으로 술 잘 마시는 사람과 경쟁해서는 안 된다. 물론 이 분해능력은 연습에 의해 증가할 수도 있지만 선천적으로 타고 난 사람과 비교할 수는 없다. 그러나 술은 마실수록 그 양이 늘어나고 똑같은 혈중알코올농도에서도 버틸 수 있는 내주력을 길러준다. 처음으로 술을 마셔본 사람에게 몇 잔의 술을 마시게 하면 바로 취하지만, 경험을 쌓으면 그 양이 점점 늘어나고 음주경험이 부족한 사람이라면 쓰러져버릴 농도에서도 겉으로 보기에 멀쩡한 상태를 유지할 수 있다. 거의 모든 음주가는 이러한 능력이 몸에 배어 있으며, 그들의 신체조직 또한 변화하여 자기도 모르게 알코올을 분해시키는 능력이 향상된다.

- 목욕, 와인, 섹스가 내 몸을 망쳐버렸다. 그러나 이것들 외에 내 삶을 더 가치 있게 만들어주는 것이 있을까? – 미상

아세트알데히드(Acetaldehyde)

휘발성이 강한 무색 액체로 자극적인 냄새가 나는데, 체내에서 술의 주성분인 에탄올이 분해되면서 형성된다. 이 아세트알데히드가 혈관에 직접 작용하여 이를 확장시키기 때문에 얼굴이 붉어지며, 또 강력한 약리작용 때문에 머리가 아프고, 구토가 나고, 맥박과 호흡도 빨라진다. 이러한 아세트알데히드에 의한 증상을 '아세트알데히드증후군'이라고 부르는데, 또 술이 깰 때는 안면이 창백해지거나 혈압이 올라가는 경우도 생긴다.

여자와 술

우리나라의 여성 음주인구가 폭발적으로 증가하고 있지만, 일반적으로 여성은 남성보다 술에 약하다 것이 정설이다. 그 근거로 여성은 체구가 적으므로 같은 양의 알코올을 마셨을 때, 체구가 큰 사람보다 혈중알코올농도가 높을 수밖에 없다. 체중 50kg인 여성이 100kg이 넘는 씨름선수하고 주량이 같을 수는 없다. 또 여성은 남성에 비해 체내 지방함량이 높아서 체중에서 수분이 차지하는 비율이 50%로서 남성보다 10% 정도 적기 때문에 같은 체중의 남성과 동일한 양의 술을 마셔도 혈중알코올농도가 남자보다 높을 수밖에 없다.

또 최근 의학계에서는 남성과 여성의 알코올 대사가 약간 다르다는 것이 거론되고 있다. 과거 알코올은 위와 장에서 흡수된 다음, 간에서 분해되는 것으로 알려져 있었지만, 학자들의 연구결과 위장점막에 있는 알코올 산화효소에 의해 상당량의 알코올이 분해된다는

사실이 밝혀졌으며, 이 알코올 산화효소도 여성이 남성보다 훨씬 적다(남자의 1/4)는 것도 밝혀졌다. 이 연구결과를 놓고 일부에서는 '여성이 남성보다 열등한 것처럼 보이게 하는 공공연한 성차별'이란 논쟁을 불러일으키기도 했지만, 지금은 정설로 받아들여지고 있다. 이는 후손을 잉태하는 여성들에게 주어진 2세들을 보호하기 위한 안전대책인 것이다. 임신 중에 술을 지나치게 마시면 태아에 영향을 끼치므로 임신여성의 금주는 자손을 낳아야 하는 여성에게 부여된 의무이자 절제의 미덕이라고 봐야 한다.

　게다가 동일한 양의 알코올을 남녀 모두에게 투여할 경우, 여자는 조직의 손상, 간경변 같은 질병에 남자보다 더 약하며, 피임약을 복용하는 경우나, 주부들이 항우울제를 복용하는 경우는 알코올과 이런 약물이 상승작용을 하여 또 다른 부작용을 가져올 수 있다. 그리고 장기간 과음에서 비롯되는 지방간이나 간 비대 현상도 여성에게서 더 많이 나타난다는 통계도 나오고 있다.

　이와 같이 여자의 모든 신체구조가 남자보다 술을 덜 마시게 되어 있다는 사실을 여성 애주가들이 알면 섭섭하게 생각할지 모르지만, 여자는 나이가 들 때까지 심장병 발병률이 남자의 1/3 정도로 훨씬 낮다. 이 차이는 폐경기 이전의 여자에게는 더 두드러지게 나타난다. 임신 가능한 여자들은 모든 면에서 보호작용이 남자들보다는 더 잘 되어 있는 것이다. 그러나 폐경기 이후의 여자는 이러한 보호작용이 없어지므로 위험에 노출되는 기회는 남자와 동일하게 된다. 이때부터는 적당한 음주를 하면, 심장병을 예방하고, 항산화작용에 의한 질병 예방 등의 혜택을 볼 수 있다.

　이미 출산, 수유를 마친 여성들의 적당한 음주는 긍정적인 면이 더 많다고 볼 수 있다. 이런 이유로 우리 조상들은 술, 담배를 남성의 전유물인 것처럼 여기면서도 노년기 여성들에게는 관대했던 것이다. 조상들은 경험을 토대로 태아 알코올 증후군과 같은 불행으로부터 여성과 아기를 보호하기 위해 술과 담배를 가까이하지 못하게 했으면서도, 가임기간이 끝난 여성들에게는 그다지 엄격하지 않았던 것이다. 그러니까 술 마실 기회가 많은 젊은 여성들의 음주는 신체적으로 도움 될 것이 없고, 누구 하나 눈길도 주지 않는 노년기에 이르러야 음주의 혜택을 볼 수 있다니 세상이 공평한 것인지, 불공평한 것인지 모르겠다.

> **비아그라**
>
> 비아그라 최대 수혜자는 남자가 아니고 물개라고 한다. 비아그라 덕분에 물개와 그 비슷한 동물 그리고 녹용이 나오는 사슴, 순록 등의 목숨도 지킬 수 있게 되었다. 통계적으로도 이들의 숫자가 눈에 띄게 늘어나고 있다고 하니, 비아그라 덕분에 수많은 야생동물의 목숨을 건질 수 있게 되리라 상상이나 했을까? 이렇게 비아그라는 생태계 보호에도 큰일을 하고 있다. 그래서 한편에서는 비아그라에 노벨평화상을 수여하자는 움직임이 있다고 한다. – JCK

오바이트(Vomiting, 구토)란?

장으로 들어온 알코올은 소화작용 없이 그대로 흡수되어 간으로 이동하는데, 알코올농도가 높은 술을 너무 급하게 마시거나, 한꺼번에 많은 양의 알코올이 위에 들어오면 장의 입구인 유문이 자극을 받아 문을 굳게 닫고 들어오는 음식물을 다시 돌려보내 토하게 만든다. 그래서 구토는 알코올 흡수를 방지하는 효과가 있다고 볼 수도 있지만, 온갖 음식물이 위액과 섞여 다시 나오는데 좋을 것은 없다. 단, 이때 기도가 막히지 않도록 조심해야 한다. 이 구토현상은 급성 알코올중독을 동반할 수 있는데, 급성 알코올중독이란 술을 급작스럽게 마셨을 때 오는 중독증상으로, 호흡이 얕아지고 순환기장애로 얼굴이 창백해지며 팔다리가 차가워지면서 심하면 혼수상태에 빠지는 상태를 말하는데, 심하면 죽을 수도 있다. 처음으로 술을 마시는 사람들은 구역질과 함께 어지러움을 느끼게 되는데, 바로 이 현상과 관련이 있다고 봐야 한다.

> **덜 취하게 마시는 방법**
>
> 대한민국 남자들은 술을 마실 때 어떻게 하면 많이 마시고도 안 취할까 갖은 방법과 미신을 동원하여 머리를 쓰면서 노력하는 데 최선을 다하고 있다. 그래야 상대방을 이겼다고 생각하고 남자로서 최고라고 자타가 인정해 주니까 어쩔 수 없는 상황이기도 하다. 잘못된 풍습이지만, 어떻게 하면, 피할 수 없는 술자리에서 많이 마시고도 안 취할 수 있을까?
>
> 첫째, 그 전날 충분한 수면을 취해야 한다. 알코올은 수면중추를 자극하여 잠이 오게 만들기 때문에 수면이 부족한 상태에서 버티기는 힘들다. 즉 피로감이 없는 건강한 신체

적 조건이 필수적이라고 할 수 있다.

둘째, 빈속에 마시면 빨리 취한다는 점은 경험적으로 익히 잘 알고 있을 것이다. 술을 마시면 술은 우리 입에서 식도를 지나 위에 도착하는데, 알코올은 위에서 10~20% 정도 흡수되면서 위벽에 있는 효소에 의해 분해되고, 나머지 80~90%의 알코올은 장에서 흡수된다. 그러니까 위가 비어 있으면 술은 무사통과하여 순식간에 혈류에 흡수되어 이동하게 된다. 반대로 위에 음식물이 있으면 알코올이 음식물과 섞여서 장으로 이동하는 데 시간이 상당히 걸리기 때문에 천천히 취하게 된다. 빨리 취하지 않으려면 배부르지 않을 정도의 음식물을 미리 섭취하는 것이 좋다. 그것도 약간 기름진 음식이면 그 효과는 더 크다.

셋째, 천천히 마셔야 한다. 약한 술부터 천천히 마시고 독한 술은 얼음에 타서 농도를 묽게 만들거나, 스트레이트라면 바로 이어서 물을 마시는 것이 안전하다. 첫 잔은 살짝 입에 대고 한 모금만 삼키면서 자리가 무르익기를 기다리는 소극적인 태도를 취하는 것이 좋다. 이때 다른 사람들은 이미 한 잔 혹은 두 잔을 마시게 되니까, 남들보다 덜 마시고 소화기관에도 이제부터 술이 들어간다고 신호를 보내어 적응할 준비를 시키게 된다. 그리고 항상 잔을 두 개 이상 가지고 있으면, 상대가 술잔을 권하려다가 앞에 잔이 많으니까 다른 사람에게 따르게 된다. 약간 핀잔을 받겠지만 남들보다 한 템포 늦게 술을 마시게 된다.

넷째, 좌중이 어느 정도 취하여 분위기가 산만해지면, 이때부터는 적극적으로 술을 안 마시는 속임수를 사용해야 한다. 소주를 마시는 자리라면 미리 옆에 물컵을 두고 처음에는 소주 한 잔에 물을 들이키다가, 나중에는 먹기 싫은 소주를 슬며시 부어버리는 컵으로 사용하면 된다. 어려운 손님을 모시는 자리에서 위스키를 마실 때는 보통 도우미가 동반되니까, 잘 아는 술집이라면 옆에 앉은 도우미에게 미리 이야기하여 슬며시 위스키와 우롱차를 바꿔치기하여 부지런히 우롱차를 마시는 것이 좋다. 다행히도 우롱차의 색깔은 위스키와 비슷하니까 그 농도만 잘 조절하면 얼마든지 가능한 일이다. 보통 이때쯤이면 정상적인 대화는 거의 불가능하고 집중력도 산만해져 센스 있는 도우미라면 이 일을 충분히 수행할 수 있을 것이다. 또 하나의 방법은 자신의 도우미가 상대를 집중 공격하여 상대를 취하게 만들고, 자신의 술잔은 옆에 앉은 도우미가 처리하는 방법이다.

이때는 중간에 취한 도우미를 새로운 도우미와 바꾸는 지혜와 아량도 있어야 한다.

다섯째, 그러나 1 대 1로 마실 경우는 어쩔 수가 없다. 정신력으로 버텨야 한다. 그리고 술에는 장사가 없다는 옛말이 있듯이 많은 술을 마셨을 경우는 더 이상 방법이 없다. 술을 이렇게까지 해가면서 마셔야 되는지 의아스럽게 생각하는 사람도 있겠지만, 비즈니스를 하는 입장에서는 이런 방법이 필요할 때도 많다. 요즈음은 덜 하지만 얼마 전까지만 해도 수많은 계약이 이런 자리를 통해서 이루어졌다는 사실을 무시해서는 안 된다.

이상의 조건은 일반적인 사항이므로 무조건 신봉하지 말고, 때와 장소에 따라 자신의 경우에 맞게 응용하는 지혜가 필요하다. 그래서 부어라, 마셔라 하는 모임보다는 고급 레스토랑에서 와인과 요리를 시켜놓고 우아한 분위기에서 이야기를 하는 것이 훨씬 건강에도 좋고, 돈도 더 적게 들기 때문에 와인을 마시자는 것이다.

아스피린(Aspirin)보다는 와인

아스피린은 페니실린과 더불어 인류가 발명한 아주 위대한 약이라고 알려져 있다. 아스피린은 1899년 독일의 바이엘사가 분말형태로 판매하다가, 1915년에 오늘날과 같은 정제(알약)로 나왔다. 비교적 값이 싸고, 장기간 사용해도 부작용이 심하지 않고, 해열작용, 진통작용, 항염증작용 및 항류머티즘작용 등 그 효과가 뚜렷하고 다양하다. 또 혈소판 응집을 방해하기 때문에 동맥경화 등에 효과가 탁월한 것으로 인정되어, 심장병 환자에게 아스피린이 좋다는 처방이 나오게 된 것이다. 협심증 환자의 경우 심근경색 발병률을 50~80%, 사망률을 20~30% 낮추고, 뇌졸중의 재발도 23~33% 감소시킨다는 것이 의학계에 널리 알려진 아스피린의 효능이다. 단, 아스피린은 위점막을 자극하므로 식후에 복용하는 것이 좋고, 위장장애가 있는 사람에게는 금기이다.

아스피린은 대부분 소장에서 흡수되어 살리실산과 초산으로 분해되는데, 분해산물인 살리실산이 프리 라디칼을 무력화시키고, LDL 산화를 방지하는 성질을 가지고 있다. 이 살리실산 역시 페놀화합물의 일종으로서 와인에 10~20mg/ℓ 정도 들어 있다. 그래서 아스피린을 심장병에 처방했던 존 폴츠(John D. Folts) 박사는 최근에는 심장병에 와인의 효과가 크다고 발표했다.

- 와인에 사치품과 같이 무거운 세금을 부과하는 것은 큰 잘못이다. 이는 국민의 건강에 세금을 부과하는 것과 같다. – 토머스 제퍼슨(Thomas Jefferson, 미국의 3대 대통령)

콜레스테롤(Cholesterol)이 해롭다고?

콜레스테롤은 1823년 사람의 담석에서 처음 발견되었다. 뇌나 신경조직에 많이 함유되어 있는 콜레스테롤은 호르몬을 이루는 원료가 될 뿐 아니라, 중요한 소화액인 담즙의 원료가 되기 때문에 지방질 음식을 소화시키는 데 도움을 준다. 콜레스테롤이 부족하면 성기능 장애 등 생식기능이 파괴되고, 피부가 거칠어지며, 두뇌활동이 저하되고, 면역체계가 약화돼 쉽게 암에 걸릴 수 있다. 그러므로 혈중콜레스테롤수치가 낮으면 낮을수록 좋다는 생각은 위험하다.

원래 콜레스테롤은 음식에서 섭취하는 콜레스테롤과 몸 안(주로 간과 소장)에서 만들어지는 콜레스테롤 두 가지로 나눌 수 있는데, 건강한 사람이면 이 두 가지 콜레스테롤이 양적으로 잘 균형을 이루고 있다. 즉 섭취하는 양이 많아지면 생성되는 콜레스테롤의 양이 줄어들어서 우리 몸은 스스로 콜레스테롤의 양을 잘 조절하고 있다. 이렇게 보면 식품 중 '콜레스테롤의 함량표'는 별 도움이 되지 않는다. 그러나 무언가 잘못되면 혈중콜레스테롤수치가 증가하는데, 그 원인은 첫째, 섭취하는 콜레스테롤의 양이 꾸준히 늘거나, 둘째로, 선천적으로 혈중콜레스테롤수치가 높거나, 셋째로, 당뇨, 갑상선 이상 등 다른 병의 부작용으로 콜레스테롤수치가 증가할 수 있다. 40세 이전에 동맥경화에 걸린 사람은 주로 두 번째와 세 번째 원인이 대부분이다.

- 와인은 사람의 성격을 부드럽고 점잖게 해주며, 걱정을 덜게 하고 기쁨을 증가시켜 주기 때문에 꺼져가는 인생의 불꽃에 붓는 기름과 같은 것이다. – 소크라테스(Socrates, 그리스 철학자)

좋은 콜레스테롤과 나쁜 콜레스테롤

콜레스테롤은 단백질과 함께 혈관을 순환하다가 세포에 공급되거나, 필요 없을 경우에는 간에서 제거되는데, 이때 세포에 콜레스테롤을 공급하는 역할을 맡는 지단백을 'LDL(저밀도지질단백질)'이라 하고, 콜레스테롤을 간으로 가져가 제거하는 지단백을 'HDL(고밀도지질단백질)'이라 한다. 콜레스테롤 양에 비해 신체 대사량이 적어지면 LDL의 농도가 높아지고, 소모되지 않은 콜레스테롤은 혈관에 남아 동맥경화를 유발하게 된다. 반면 대사량이 늘어나면 LDL의 농도가 낮아지고 혈중콜레스테롤수치도 줄어든다. 그래서 HDL의 농도가 높으면 분해작용이 활발해지기 때문에 혈관질환을 예방할 수 있다고 한다. 흔히 LDL은 나쁜 콜레스테롤, HDL은 좋은 콜레스테롤이라고 부르는 것은 HDL이 콜레스테롤 청소부 역할을 하고 있기 때문이다. 하지만 LDL이 제 기능을 하지 못하면 신체 곳곳의 세포는 콜레스테롤을 공급받지 못해 결핍현상을 보이고, 혈액에는 콜레스테롤이 과다한 기형적인 현상이 나타날 수 있다.

> • 비아그라는 협심증 치료제로 개발된 것이다. 와인은 협심증 치료에 효과가 있다. 고로, 와인은 발기부전 치료에 효과가 있다. – JCK

산성식품과 알칼리성 식품

'산성식품'과 '알칼리성 식품'을 구분하는 방법에는 두 가지가 있다. 첫째는 겉으로 나타나는 그 식품의 pH를 측정하여 산성, 알칼리성으로 구분하는데, 그러면 식초나 과일은 전부 산성식품이 된다. 이 측정법은 식품의 저장이나 살균 등에 유용한 데이터가 된다. 둘째 방법은 식품이 우리 몸에 들어간 다음에 분해되어 나타나는 pH를 측정하여 구분하는데, 실험실적으로 그 식품을 태워서 남은 물질의 pH를 측정하여 산성이냐 알칼리성이냐를 구분한다. 그러면 육류 등은 겉으로는 중성이나 알칼리성이지만, 우리 몸에서는 질소나 황 등이 질산이나 황산 등으로 변하니까 산성식품이 되고, 반대로 과일이나 채소는 분해되어 칼륨, 마그네슘 등을 내놓기 때문에 수산화칼륨 등 염기성이 되어 알칼리성 식품이 된다.

흔히 "산성체질을 알칼리성으로 바꿔야 한다"고 하지만 의학적인 근거가 희박한 속설이다. 우리 몸은 예외 없이 pH 7.4로서 약알칼리성이다. 이 pH가 0.3만 변해도 의식을 잃는 등 큰 위험에 처하게 된다. 따라서 우리 몸은 체액의 산도를 일정하게 유지하는 장치를 가지고 있는데 콩팥과 폐가 그 핵심 역할을 한다. 콜라의 pH가 3~4임에도 불구하고 많이 마셔도 몸에 큰 탈이 생기지 않는 것은 우리 몸의 pH가 엄격하게 유지되기 때문이다. 대표적인 알칼리성 식품은 과일이나 채소이며 육류는 산성식품이다. 고기를 많이 먹었다고 체액의 산도가 높아지는 일은 없다. 오줌의 산도가 조금 높아질 뿐이다. 오히려 알칼리성 식품만을 먹다가는 영양의 균형이 깨어질 수 있다. 그러니까 산성체질, 알칼리성 체질을 따지는 것은 이치에 맞지 않는 말이다.

물론 체액이 약알칼리성이니까 알칼리성 식품이 더 좋다는 말에 일리는 있지만, 우리 몸은 두 가지 종류 모두 필요하다. 먹는 음식을 좋다 나쁘다 흑백논리로 가를 수는 없다. 와인은 알칼리성 식품이 분명하다. 대부분의 술들이 우리 몸에서 산성으로 작용하는 데 비해 와인만이 알칼리성을 나타내는 것은 칼륨, 칼슘, 나트륨 등 무기질이 풍부하기 때문이다. 그러니까 와인은 알칼리성 식품이라서 좋다는 것보다는 무기질이 많이 들어 있기 때문에 좋다고 해야 한다.

- 이제부터는 물만 마시지 말고 네 비위와 자주 나는 병을 위해 포도주를 조금씩 쓰라(디모데전서 5:23)

한국, 알코올로 인한 '수명 손실' 세계 최고!

얼마 전에 술이 건강에 해롭다는 경고와 함께 "한국, 알코올로 인한 '수명 손실' 세계 최고"라는 기사가 나왔다. 술이 수명을 단축시킬 수 있다면, 술을 금지하는 나라들의 평균 수명이 길어야 하는데, 왜 그렇지 않을까? 알코올 소비량이 많은 프랑스, 이탈리아, 스페인의 평균수명(2011년)은 82세, 우리나라는 81세, 우리와 알코올 소비량이 비슷한 일본은 83세(1위)이다. 술을 전혀 못 마시는 부자 중동국가를 보면, 쿠웨이트 80세, 사우디아라비아 76세, 아랍에미리트 76세, 이란 73세, 내우외환에 시달리는 이라크 69세이다.

- 나는 여전히 건강하다. 몸이 좋지 않은 때를 빼고 날마다 와인 한 병 정도를 꾸준히 마셨기 때문이다. 요즘은 두 병 마신다. – 익명의 한 주교

장수

술이 장수식품이란 것을 입증한 외국의 사례를 보면, 1926년 미국의 '펄(Raymond Pearl)' 박사가 『알코올과 수명』이란 책에서 술 마시는 사람이 장수한다는 통계를 제시하였는데, 당시는 미국이 금주시대였기 때문에 음주가 아주 해롭다는 사실이 지배적인 시대임에도 불구하고, 적당량의 술이 건강에 좋고 장수식품이란 것을 통계적으로 입증하는 최초의 것이다. 그는 형제 중에 한쪽은 술을 마시고 한쪽은 금주하는 94쌍을 찾아내어 음주와 수명

의 관계를 조사하여 금주자보다 술을 마시는 쪽이 평균적으로 장수한다는 것을 발견하였다. 사실 이 조사는 술을 안 마시는 쪽이 모두 사망해서 중단할 수밖에 없었다고 전한다.

• 물만 마시는 사람의 평균수명은 59세지만, 와인을 마시는 사람의 평균수명은 65세다. 백 살 넘게 산 사람들의 87%는 와인을 즐기는 사람이다. 와인은 노인의 우유다. - 프랑스 카르트 타리드(Carte Taride) 시의 도로표지판(1933년), 『와인다이어트』(로저 코드, 김승환 옮김, 엘도라도, 2008)에서

이런! 역모기지론(Reverse Mortgage Loan)

모기지론은 집을 살 때 담보로 해당 주택을 제공하고 주택 구입자금을 빌려주는 제도이다. 역(逆)모기지론은 모기지론과는 반대로 이미 집을 가진 사람에게 이를 담보로 생활자금을 빌려준다는 개념이다.

그런데 이런 일이 있었다. 1965년 프랑스에서 90살인 할머니가 자기가 살아 있는 동안 매달 50만 원을 주는 사람이 있으면, 죽은 다음 살던 집을 주겠다고 제안했다. 집값은 1억 원이었다. 이 제안을 47살의 동네 변호사가 받아들였는데, 두 사람 다 만족할 만한 계약이었다. 별다른 소득이 없는 할머니는 죽는 순간까지 매달 일정한 현금을 받을 수 있고, 변호사는 큰 돈 안 들이고 싼값에 집을 마련할 수 있는 기회였다. 할머니 나이가 아흔 살인데, 얼마나 살까? 변호사는 쾌재를 불렀을 것이다.

그런데 변호사는 1995년 77살로 세상을 떠나고, 할머니는 120살의 나이로 여전히 살아 있었다. 변호사는 30년 동안 매달 50만 원을 꼬박꼬박 지불하여 집값의 두 배를 넘겼지만, 집주인이 될 수 없었다. 물론 그가 죽은 다음에 권리는 가족에게 넘어갔지만… 이 할머니는 그 후 2년을 더 살다가 1997년 122살로 생을 마감했는데, 기네스북에서 가장 오래 산 사람으로 기록된 '잔 칼망(Jeanne Louise Calment)'이다.

잔 칼망(Jeanne Louise Calment, 1875~1997)

잔 칼망은 1875년 프랑스 남부 아를(Arles)에서 조선업을 하는 부유하고 장수하는 집안에서 태어났다. 아버지는 93살, 어머니는 86살, 오빠는 97살까지 살았다. 1896년 21살 때 부유한 상점 주인인 육촌과 결혼하여, 젊었을 때부터 생계를 위한 돈벌이보다는 테니스, 자전거, 수영, 롤러스케이트, 피아노, 오페라 등 취미생활을 즐기며 살았다. 남편은 1942년

73살 때 식중독으로 죽었고, 딸만 하나 두었다.

잔 칼망이 세상에 알려지게 된 계기는 1988년 자기가 '빈센트 반 고흐(Vincent van Gogh)'를 직접 만나보았다는 이야기가 알려지면서부터다. 100년 전인 1888년 13살 때 아버지의 직물가게에 캔버스를 사러 온 고흐를 기억하고, 지저분한 옷차림에 아주 추하게 생겼다고 이야기한 덕분에 1990년 '빈센트와 나'라는 영화에 출연하여, 세계 최고령 배우로 기록되었다. 그 후에도 잔 칼망의 생애를 다큐멘터리 영화로 제작하여 화제가 되기도 했다.

85살에 펜싱을 시작하고, 100살까지 자전거를 타면서 건전함을 과시했지만, 건강을 위해서 특별하게 운동하거나 식단을 실천하는 것은 없었다. 그렇지만 건강한 외모를 유지하고, 114살에 넘어져 대퇴골이 부러지기 전까지는 걸어다녔다. 21살부터 담배를 피우기 시작하여 117살에 끊었는데, 하루에 몇 개비 이상 피우지는 않았다고 한다. 올리브유를 많이 먹고 피부에 바르기도 했으며, 포트와인을 즐기고, 매주 1kg 정도의 초콜릿을 먹었다고 전해지는데, 이를 장수와 젊음을 유지하는 비결로 보기도 한다. 그리고 죽는 날까지 정신상태도 별 이상이 없었다고 한다. 잔 칼망은 122년 164일을 살았다.

- 중국 사람들이 즐기는 농담 중에 다음과 같은 것이 있다.

　　술과 담배를 멀리한 임표는 62살을 살았고,
　　술을 즐기고 담배를 멀리한 주은래는 73살을 살았다.
　　술을 멀리하고 담배를 즐긴 모택동은 83살을 살았고,
　　술과 담배를 즐긴 등소평은 93살을 살았다.
　　술과 담배에 여색까지 가까이한 장학량은 103살을 살았다.

참고문헌

- 가와기타 미노루, 『설탕의 세계사』, 장미화 옮김(좋은책만들기, 2007)
- 그레이엄 하딩, 『와인 미셀러니』, 차재호 옮김(보누스, 2008)
- 김원곤, 『세계 지도자와 술』(인물과사상사, 2013)
- 김준철, 『양주개론』(백산출판사, 2016)
- 김준철, 『와인과 건강』(유림문화사, 2001)
- 김준철, 『와인』(백산출판사, 2016)
- 로더릭 필립스, 『도도한 알코올, 와인의 역사』, 이은선 옮김(시공사, 2002)
- 로저 코드, 『와인 다이어트』, 김승환 옮김(엘도라도, 2008)
- 마궬론 투생 사마, 『먹거리의 역사』, 이덕환 옮김(까치글방, 2003)
- 마야자키 마사카쓰, 『술의 세계사』, 방원기·정유경 옮김(고려대학교출판부, 2014)
- 맬컴 쿠시너, 『빈티지 와인, 빈티지 유머』, 김종현 옮김(인북스, 2008)
- 맷 크레이머, 『와인력』, 이석우·김명경 옮김(BaromWorks, 2010)
- 박영수, 『비즈니스를 위한 역사상식』(추수밭, 2011)
- 사토 신, 『술, 알고 마십시다』, 천만석 옮김(아카데미서적, 1999)
- 스즈끼 유타까, 『이상한 이야기 세계사』, 황국산 옮김(예문당, 1991)
- 심연섭, 『술, 멋, 맛-주유만방기』(효문출판사, 1977)
- 에드워드 스타인버그, 『산로렌조의 포도와 위대한 와인의 탄생』, 박원숙 옮김(시대의창, 2017)
- 에드워드 드 보노, 『수평적 사고』(한국능률협회, 1971)
- 에르베 디스, 『냄비와 시험관』, 권수경 옮김(한승, 2005)
- 엄무흠·고주희·박은주, 『설탕』(김영사, 2005)
- 이성우, 『한국식품문화사』(교문사, 1995)
- 이성우, 『한국식품사회사』(교문사, 1995)
- 이성형, 『콜럼버스가 서쪽으로 간 까닭은?』(까치, 2003)
- 장홍, 『와인, 문화를 만나다』(다홀미디어, 2010)
- 정철·박천석·여수환·조호철·노봉수, 『맥주 개론』(광문각, 2016)
- 최낙언·노중섭, 『감칠맛과 MSG이야기』(리북, 2013)
- 클로테르 라파이유, 『컬처코드』, 김상철·김정수 옮김(리더스북, 2009)
- 톰 스탠디지, 『역사 한잔하실까요?』, 차재호 옮김(세종서적, 2006)
- Benjamin Wallace, 『The Billionaire's Vinegar』(Crown Publishers, 2008)
- Edward Steinberg, 『The Vines of San Lorenzo』(Slow Food Editore, 2006)
- Émile Peynaud, 『Knowing and Making Wine』(Wiley Interscience Publication, 1984)
- Joseph Jobé, 『The Great Book of Wine』(Galahad Books, 1982)
- Karen MacNeil, 『The Wine Bible』(Workman Publishing, 2001)
- Kevin Zraly, 『Complete Wine Course』(Sterling Publishing Company, Inc., 2006)
- Leon D. Adams, 『The Commonsense Book of Wine』(McGraw-Hill Book Company, 1986)
- Ron S. Jackson, 『Wine Science』(Academic Press, 1994)

찾아보기

가

가공치즈(Processed cheese)_ 90
가야(Angelo Gaja)_ 271
가쿠빙(角甁)_ 387
갈락솔라이드(Galaxolide)_ 212
갈릴레이(Galileo Galilei)_ 136
감자_ 293
감주(甘酒)_ 403
감칠맛(Umami)_ 205
갑자생_ 260
갤로(E & J Gallo)_ 313
거위 간(Foie Gras)_ 264
검은 수탉(Gallo Nero)_ 276
게르만족(Germanic peoples)_ 383
경사도_ 141
경수(센물)_ 376
고량주(高粱酒)_ 400
고상한 실험(Noble experiment)_ 426
고슈(甲州)_ 134
고주망태_ 402
고추_ 104
고희(古稀)_ 404
골드러시(Gold rush)_ 302
골드핑거(Goldfinger)_ 346
골든아이(Golden eye)_ 347
공자_ 12
공작(公爵)_ 244
과부(Veuve)_ 333
관능검사(Sensory evaluation)_ 198
광합성_ 136
괴테(Johann Wolfgang von Goethe)_ 123, 151, 370
구사노(Gusano)_ 397
구작주(口嚼酒)_ 156
구텐베르크(Johannes Gutenberg)_ 42
굿이어(GOODYEAR)_ 214
굴_ 100
그라브(Graves)_ 249
그랑 크뤼 클라세 1855(Grands Crus Classés en 1855)_ 237, 239, 240
그랑드 샹파뉴(Grande Champagne)_ 392
그랑주아_ 320
그레인지 에르미타주(Grange Hermitage)_ 316
그레인지(Grange)_ 316
그랙 노먼(Greg Norman)_ 19
그로기(Groggy)_ 396
글라스 차지(Glass charge)_ 69
글라스_ 72
글렌(Glen)_ 384
글렌파클라스(Glenfarclas)_ 384
글렌피딕(Glenfiddich)_ 384
글루탐산(Glutamic acid)_ 205
글뤼바인(Glühwein)_ 91
금주령_ 421
금주법_ 303, 422, 423, 425, 426
기네스북(The Guinness Book of Records)_ 379
기린맥주_ 374
기사(騎士)_ 245
기술(Art)_ 116
기요틴(Guillotine)_ 343
길벗로얄_ 389
김네마 실베스트르(Gymnema sylvestre)_ 206

나

나를 사랑한 스파이(The spy who loved me)_ 347
나쁜 향_ 213
나폴레옹 3세(Napoleon Ⅲ)_ 51, 238, 262
나폴레옹(Napoleon Bonaparte)_ 9, 340, 359, 393, 394
남귤북지(南橘北枳)_ 135
남서부(Sud-Ouest) 지방_ 264
남작(男爵)_ 245
낭트칙령_ 92
내외주점(內外酒店)_ 410
냉동건조(Freeze drying)_ 295
네고시앙(Négociant)_ 235
네버 다이(Tomorrow never dies)_ 347
네비올로(Nebbiolo)_ 278
노균병(Downy mildew, Peronospora)_ 144
노르만(Norman)_ 383
노블와인_ 320
노아_ 27
노트르담(Notre-Dame)_ 45
녹비(풋거름)_ 140
눈물(Tear)_ 164
뉴턴(Isaac Newton)_ 202
니카_ 389

니카위스키_ 388
니케(Nike)_ 272

다

다르마지(Darmagi)_ 279
다반사(茶飯事)_ 100
다이아몬드는 영원히(Diamonds are forever)_ 248, 347
다케쓰루 마사타카(竹鶴正孝)_ 387, 388
단두대(Guillotine)_ 342
당밀(Sugar cane molasses)_ 395, 407
당화_ 155
대니 보이(Danny Boy)_ 384
대목(Rootstock)_ 143
대영제국 훈장_ 225
대일본맥주_ 374
대포_ 405
댄 애크로이드(Dan Aykroyd)_ 19
도널드 트럼프(Donald Jo Trump)_ 20
도리스위스키_ 389
도멘 드 라 로마네 콩티(Domaine de la Romanée-Conti, DRC)_ 118, 120
도문대작(屠門大嚼)_ 104
도쿠리(德利)_ 400
돈 후안(Don Juan)_ 344
돈(Don)_ 327
동(Dom)_ 327
동동주_ 404
동양맥주_ 375
동 페리뇽(Dom Pérignon)_ 11, 325, 326, 327, 346
두 번 산다(You only live twice)_ 347
두강(杜康)_ 400
두리랑_ 320
드라이(Dry)_ 204
드라큘라(Dracula)_ 146
드링킹(Drinking)_ 15
디드로(Denis Diderot)_ 51, 96
디오니소스(Dionysos)_ 33, 272, 297
디캔터(Decanter)_ 69, 224, 277
디캔팅(Decanting)_ 69
따라내기(Racking)_ 161, 214

라

라 그랑드 담(La Grande Dame)_ 332
라거 비어(Lager beer)_ 375, 376
라마단(Ramadan)_ 39
라부아지에(Lavoisier)_ 51
라세미산(Racemic acid)_ 262
랄루 비즈 를루아(Lalou Bize-Leroy)_ 119, 120
럼(Rum)_ 395
레스토랑(Restaurant)_ 64
레온 애덤스(Leon David Adams)_ 193
레이디 퍼스트(Ladies First)_ 66
레지옹 도뇌르(Légion d'Honneur)_ 339
레치나(Retsina)_ 298
로랑 페리에(Laurent-Perrier)_ 334
로마네 생 비방(Romanée Saint-Vivant)_ 119, 120
로마네 콩티(Romanée-Conti)_ 119
로버트 몬다비(Robert Mondavi)_ 304, 310
로버트 파커(Robert M. Parker)_ 19, 116, 223
로버트 후크(Robert Hooke)_ 94
로스차일드(Rothschild)_ 247
로열(ROYAL)_ 388
로이즈(Lloyd's)_ 95
로제_ 363
로트칠드_ 247
론(Rhône)_ 257
루비콘 에스테이트 와이너리(Rubicon Estate Winery)_ 313
루소(Jean Jacques Rousseau)_ 51, 96
루이 13세(Louis ⅩⅢ)_ 394
루이 14세_ 326
루이 로데레(Louis Roederer)_ 334, 336
루이 암스트롱_ 426
룸살롱_ 410
리델(Riedel) 글라스_ 75
리빙 데이라이트(The living daylight)_ 347
리슈부르(Richebourg)_ 120
리큐르(Liqueur)_ 380
린드먼(Lindeman)_ 315
린드먼스(Lindeman's)_ 314
릴리 볼랭제 부인(Madame Lily Bollinger)_ 335
릴케(Rainer Maria Rilke)_ 137

마

마데이라(Madeira)_ 291
마돈나(Madonna)_ 18
마디랑(Madiran)_ 265
마랑고니 효과(Marangoni effects)_ 164
마르가리타(Margarita)_ 398
마르텔(Charles Martel)_ 39
마르틴 루터(Martin Luther)_ 350, 354
마리 앙투아네트(Marie Antoinette)_ 342
마리아주(Mariage)_ 82
마릴린 먼로(Marilyn Monroe)_ 336
마스터 오브 와인(Master of Wine)_ 224, 226
마이클 브로드벤트_ 307
마주앙_ 320
마지막 수업_ 260
마크 트웨인(Mark Twain)_ 192
마티니(Martini)_ 280
마틴 루터(Martin Luther)_ 378
마피아(Mafia)_ 275, 423, 428

마호메트(Mahomet/Muhammad)_ 38
말로락트발효(Malolactic fermentation)_ 159, 183
말베크(Malbec)_ 267
말보로(Marlborough)_ 317
매너(Manner)_ 62
맥스 슈버트(Max Schubert)_ 316
맥아_ 370, 371
맥주_ 370
맥주 순수령(Reinheitsgebot)_ 377
머루_ 134
머스크(Musk)_ 216, 360
머스터드(Mustard)_ 162
머스트(Must)_ 162
머큐리(Mercury)_ 272
멈(MUMM)_ 338, 341
메르시에(Mercier)_ 327
메르캅탄(Mercaptan)_ 214
메르쿠리우스(Mercurius)_ 272
메스칼(Mezcal)_ 397
메이너드 애머린(Maynard Amerine)_ 159
메토드 샹프누아즈(Méthode Champenoise)_ 329
명품와인_ 114
모나스터리(Monastery)_ 43
모나스터리움(Monasterium)_ 43
모르(Maure)_ 38
모리스코(Morisco)_ 39
모스크(Mosque)_ 38
모엣 샹동(Moët & Chandon)_ 299, 340
목로주점(木爐酒店)_ 409
몬티첼로(Monticello)_ 246, 314
몰도바(Moldova)_ 298
몰트(Malt)_ 370
몸 냄새_ 360
몽라셰_ 11
몽테스키외(Montesquieu)_ 96
무균질우유_ 99
무수아황산_ 161
무슬림(Muslim)_ 38
무어(Moor)_ 38
무적함대(The Invincible Armada)_ 283
문레이커(Moonraker)_ 347
뮈지니(Musigny)_ 120
뮐러 투르가우(Müller-Thurgau)_ 296
미각_ 200
미각변형물질(Taste modifier)_ 206
미드(Mead)_ 157
미라쿨린(Miraculin)_ 207
미러클 프루트(Miracle fruit, *Curculigo latifolia*)_ 207
미맹(味盲, Taste blindness)_ 207
미셸린 가이드(Michelin Guides)_ 67
미스트랄(Mistral)_ 257

미인주(美人酒)_ 155
미장 부테유 오 샤토(Mis en Bouteille au Château)_ 237
밀젠코 그르기치(Miljenko Grgich)_ 309, 312
밑술_ 403

바

바(Bar)_ 78
바그다드(Baghdad)_ 39
바롱 필리프 드 로트칠드(Baron Philippe de Rothchild)_ 237, 241, 318
바롱 필리핀 드 로트칠드(Baronne Philippine de Rothschild)_ 318
바스쿠 다가마(Vasco da Gama)_ 288
바이오다이내믹(Biodynamic)_ 145
바커스(Bacchus)_ 272
바쿠스(Bacchus)_ 33, 272
바타르 몽라셰(Bâtard-Montrachet)_ 120
발레 드 라 마른(Vallée de la Marne)_ 324
발효주정_ 407
배갈_ 400
백설탕_ 107
백신(Vaccine)_ 52
백작(伯爵)_ 244
백주(白酒)_ 400
뱀파이어(Vampire)_ 146
뱅 쇼(Vin chaud)_ 91
버드와이저(Budweiser)_ 377
버번(Bourbon)_ 386
버번위스키(Bourbon whiskey)_ 385
벌컨(Vulcan)_ 272
베네딕트(Benedictine)_ 43
베누스(Venus)_ 272
베리나인_ 389
벨루가(Beluga)_ 86
변종(Variety)_ 142
병 숙성_ 181
병맥주_ 375
보드카_ 407
보디(Body)_ 216
보르도액(Bordeaux mixture, 1883)_ 144
보리_ 370, 371
보리수(菩提樹)_ 215
보몽(Beaux-Monts)_ 121
보수(報酬)_ 405
보톡스(Botox®)_ 174
보틀 쇼크(Bottle shock)_ 309
보틀 시크니스(Bottle sickness)_ 309
복합성(Complexity)_ 121, 212
볼게리 사시카이아(Bolgheri Sassicaia)_ 278
볼랭제(Bollinger)_ 335, 346
볼스테드법(Volstead Act)_ 422
볼테르(Voltaire)_ 51, 96, 325

뵈브 아 드보(Veuve a Devaux)_ 335
뵈브 클리코(Veuve Clicquot)_ 333
부쇼네(Bouchonné)_ 178
부의주(浮蟻酒)_ 404
부케_ 213
불카누스(Vulcanus)_ 272
뷰 투어 킬(A view to a kill)_ 347
브래드 피트 & 안젤리나 졸리(Brad Pitt & Angelina Jolie)_ 19
브랜디(Brandy)_ 390, 391
브리딩(Breathing)_ 70, 71
브리지트 바르도(Brigitte Bardot)_ 344
브릭스(Brix)_ 158
블랑케트 메토드 앙세스트랄(Blanquette Méthode Ancéstrale)_ 328
비너스(Venus)_ 272
비아그라_ 447, 451
비열처리 맥주_ 377
빅토르 위고(Victor-Marie Hugo)_ 46
빅토리아 여왕_ 272, 297
빈 산토(Vin Santo)_ 47
빈티지(Vintage)_ 10, 148, 150, 151
빌헬름 1세(Wilhelm Ⅰ)_ 335

사

사과주(Cider)_ 188
사드 후작(Marquis de Sade)_ 51
사시카이아(Sassicaia)_ 277
사이다(Cider)_ 188
사이드웨이(Sideways)_ 125
사이비 감정가(Snob)_ 220
사진기_ 203
사크레쾨르 대성당(Basilique du Sacré-Cœur)_ 295
사향(Musk)_ 86
산(San)_ 45
산도_ 163
산살바도르(San Salvador)_ 284
산성식품_ 451
산초(山椒)_ 103
산타 빅토리아의 비밀(The Secret of Santa Vittoria)_ 48
산타(Santa)_ 45
산토(Santo)_ 45
산토리(Suntory)_ 387
산토스(Santos)_ 45
살롱(Salon)_ 78
살인면허(Licence to kill)_ 347
살인번호(Dr. No)_ 346
상면발효(上面醱酵)_ 375
색주가(色酒家)_ 409
샘 닐(Sam Neill)_ 19
생(Saint)_ 45
생맥주(Draught beer)_ 376

생물기능농법(Biodynamic viticulture)_ 120
생물기능농법와인(Biodynamic wine)_ 146
생체역학_ 145
생테밀리옹_ 250
샤또 몽블르_ 320
샤르트뢰즈(Chartreus)_ 43
샤를 마르텔(Charles Martel)_ 40, 255
샤를마뉴 대제(Charlemagne, Charles the Great, Karl der Gross, Carolus Magnus)_ 255
샤스 스플린(Ch. Chasse Spleen)_ 249
샤토 디켐(Ch. d'Yquem, Sauternes)_ 11, 248
샤토뇌프 뒤 파프(Châteauneuf-du-Pape)_ 258
샴페인(Champagne)_ 286, 325
샹베르탱(Chambertin)_ 120
샹베르탱(Chambertin Clos de Bèze)_ 9
샹파뉴(Champagne)_ 392
서머 와인(Summer wine)_ 258, 259, 366
석회질토양_ 139
설탕_ 105
섭씨(攝氏)_ 138
성(聖)_ 45
세 황제의 만찬(Three Emperors Dinner)_ 336
세계 박람회(World's Fair)_ 239
세브루가(Sevruga)_ 86
세인트(Saint)_ 45
셰리(Sherry)_ 286
소믈리에(Sommelier)_ 57
소주(燒酒)_ 407
소크라테스(Socrates)_ 34, 417, 450
쇼와기린(昭和麒麟)_ 374
수녀원_ 46
수도사(Monk)_ 43
수도원_ 43
수작(酬酌)_ 405
숙취(宿醉)_ 439
숙취해소음료_ 440
순응(Adaptation)_ 207
술구더기_ 404
쉬라즈(Shiraz)_ 315
쉬르 리(Sur lie)_ 330
슈발 블랑(Ch. Cheval Blanc)_ 125
슈발리에 몽라셰(Chevalier-Montrachet)_ 120
슈퍼 세컨드(Super second)_ 52
슈퍼 투스칸(Super Tuscans)_ 271, 277
스카이 폴(Skyfall)_ 347
스카치(Scotch)_ 381, 382
스카치테이프(Scotch tape)_ 381
스코틀랜드(Scotland)_ 382
스크루 캡(Screw caps)_ 179
스타우트(Stout)_ 379
스타우트 포터(Stout Poter)_ 379

스타일(Style)_ 219
스택스 립 와이너리(Stags' Leap Winery)_ 308
스택스 립 와인셀러스(Stag's Leap Wine Cellars)_ 308
스테인리스스틸(Stainless still)_ 52
스테인리스스틸 탱크(Stainless steel tank)_ 160
스텔렛(Sterlet)_ 87
스티븐 스퍼리어(Steven Spurrier)_ 306
스틸(Still)_ 380
스팅(Sting)_ 19
스펙터(Spectre)_ 347
스피릿(Spirits)_ 380
시그램_ 425
白札(시로후다)_ 387, 388
시토(Cistercian)_ 44
식객_ 10
식혜_ 370, 403
실리콘_ 171
심포지엄(Symposium)_ 34
썬더볼(Thunderball)_ 346
썸씽스페셜(베리나인)_ 389

아

아가베(Agave)_ 397
아놀드 파머(Arnold Daniel Palmer)_ 19
아라라트(Ararat)_ 28
아로마_ 213
아로마 휠(Aroma wheel)_ 213
아르마냑(Armagnac)_ 264
아민(Amine)_ 361
아베이(Abbey)_ 43
아비뇽 유수_ 258
아세트알데히드(Acetaldehyde)_ 440, 444, 445
아스피린(Aspirin)_ 449
아이(Ay)_ 324
아포크린샘(Apocrine gland)_ 360
아프로디테(Aphrodite)_ 272
아황산_ 161
악취(惡臭)_ 439
안드레스 이니에스타(Andres Iniesta)_ 19
안드로스테논(Androstenone)_ 86, 212, 360
안드로스테놀(Androstenol)_ 86, 360
안토니오 반데라스(Antonio Banderas)_ 19
안토시아닌_ 168
안티노리(Antinori)_ 271
알 카포네(Alphonse Gabriel Capone)_ 423, 426, 427
알렉산드르 2세(Alexandre Ⅱ)_ 335
알렉상드르 뒤마(Alexandre Dumas)_ 253, 256
알리에노르(Aliénor/Eleanor)_ 233
알마비바(Almaviva)_ 242, 318, 319
알자스(Alsace)_ 260

알칼리성 식품_ 451
알코올발효_ 155, 164
알코올중독(Alcoholism)_ 365
알퐁스 도데(Alphonse Daudet)_ 260
암포라(Amphora)_ 36, 298
압생트(Absinthe)_ 398
앙 프리뫼르(En Primeur)_ 235
앙드레 첼리스체프(André Tchelistcheff)_ 182
앙리 4세(Henri IV)_ 92
앙리 자예(Henri Jayer)_ 121
앙젤뤼스(Ch. Angélus)_ 250
애플와인 파라다이스_ 320
앵글로색슨(Anglo-Saxon)_ 382, 383
야마자키(山崎)_ 387, 388
약주(藥酒)_ 401
얀 판 리베크(Jan Van Riebeck)_ 314, 318
어나더 데이(Die another day)_ 347
언리미티드(The world is not enough)_ 347
에로스(Eros)_ 272
에르미타주(Hermitage)_ 257, 316
에밀 페이노(Émile Peynaud)_ 132, 136, 159, 181
에밀리오 에스테베즈(Emilio Estevez)_ 19
에셰조(Echézeaux)_ 121
에일(Ale)_ 373, 378
에일하우스(Alehouse)_ 378
에크린샘(Eccrine gland)_ 360
에트루리아(Etruria)_ 271
에티켓(Etiquette)_ 62
엑스포(Expo_ 239
엔히크(Henrique)_ 102, 288, 314
엘라이저 크레이그(Elijah Craig)_ 385
여과_ 171
여왕폐하 대작전(On her Majesty's secret service)_ 347
연금술사(Alchemist)_ 381
연수(단물)_ 376
엿기름_ 370, 372
예수_ 30
예술(Art)_ 116
오고스톤 하라즈시(Agoston Haraszthy)_ 303
오바이트(Vomiting)_ 447
오베르 드 빌렌(Aubert de Villaine)_ 119, 306
오비(OB)_ 373, 375, 399
오빌레(Hautvillers)_ 327
오세루아(Auxerrois)_ 267
오세트라(Ossetra)_ 86
오스카 와일드(Oscar Wilde)_ 325
오스피스 드 본(Hospices de Beaune)_ 256
오크 숙성_ 168
오크(Oak)_ 169
오크통(Oak barrel)_ 169
오퍼스 원(Opus One)_ 242, 310, 311

옥토버페스트(Oktoberfest)_ 377
옥토퍼시(Octopussy)_ 347
올리브유(Olive oil)_ 93
올리비아 뉴턴 존(Olivia Newton-John)_ 19
올림피아_ 320
와인 스캔들_ 296
와인 애드버킷(The Wine Advocate)_ 224
와인과 여자와 노래(Wine, women and song)_ 350
와인글라스_ 73, 74
와인셀러_ 184
와인양조학(Enology, Oenology)_ 52, 158
왕(王)_ 243
왕관마개(Crown cap)_ 180
왕립학회(Royal Society of London for Improving Natural Knowledge)_ 95
왕자(王子)_ 244
요이치(余市)_ 387, 389
용안(龍眼, Longyan)_ 134
우마미(旨味, 감칠맛)_ 205
워싱턴 대통령_ 385, 386
원산지명칭 보호 와인(AOC/AOP)_ 232
원주(猿酒)_ 154
웜우드(Wormwood)_ 398
웰치(Welch's) 포도주스_ 31
위그노(Huguenot)_ 317
위기일발(From Russia with love)_ 346
위스키(Whisky/Whiskey)_ 384
위하여_ 320
위험과 혜택의 수지(Risk & Benefit Balance)_ 161
윈스턴 처칠(Sir Winston Churchill)_ 338, 390
윌리엄 페인터(William Painter)_ 180
유기농와인(Organic wine)_ 145
유노(Juno)_ 272
유리병_ 176
유사길(惟斯吉)_ 389
유어 아이즈 온리(For your eyes only)_ 347
유피테르(Jupiter)_ 272
의적(儀狄)_ 421
이수광_ 399
이슬람(Islam)_ 38
이언 플레밍(Ian Lancaster Fleming)_ 346
이케다 기쿠나에(池田菊苗)_ 205
인(Inn)_ 76
일교차_ 138
일본 위스키(Japanese whisky)_ 386
잉글누크(Inglenook)_ 312, 313

자

자가분해(Autolysis)_ 330
자연와인(Natural wine)_ 145
자외선(Ultraviolet rays, 紫外線)_ 203, 204
자유의 여신상_ 305
자작(子爵)_ 245
작부(酌婦)_ 405
작정(酌定)_ 405
잔 칼망(Jeanne Louise Calment)_ 453
장 클로드 베루에(Jean Claude Berrouet)_ 117
장 파스퇴르(Jean Pasteur)_ 263
장봉(Jambon)_ 87
장수_ 452
재즈_ 425
잰시스 로빈슨(Jancis Mary Robinson)_ 224, 307
저그 와인(Jug wine)_ 304
저온살균(Pasteurization)_ 172
적변(Pinking)_ 310
적산온도(Degree days)_ 160
적외선(Infrared rays, 赤外線)_ 203, 204
접목(Grafting)_ 143
접순(Scion)_ 143
정로환(正露丸)_ 47
정제주정_ 407
제라르 드파르디외(Gérard Depardieu)_ 18
제우스(Zeus)_ 272
제이알(JR)_ 389
제임스 본드_ 192, 248
제임스 쿡(James Cook, 1728-1779)_ 314
조강(糟糠)_ 402
조강지처(糟糠之妻)_ 402
조선맥주_ 374
조세핀_ 359, 393
조지 드레이크_ 389
존 마이클 브로드벤트(John Michael Broadbent)_ 225
종(Species)_ 141
주노(Juno)_ 272
주막(酒幕)_ 409
주모(酒母)_ 401, 402, 403
주석(酒石)_ 172
주석(朱錫, Sn, Tin)_ 172
주석산(酒石酸, Tartaric acid)_ 28, 172, 262
주전자(酒煎子)_ 403
주정(酒精)_ 407
주주객반(主酒客飯)_ 406
주피터(Jupiter)_ 272
죽느냐 사느냐(Live and let die)_ 347
중개상(Courtier)_ 235, 236
쥐라(Jura)_ 261
증류(Distillation)_ 380
지리적 표시 보호 와인(Vin de Pays/IGP)_ 232
지봉유설(芝峯類說)_ 156, 399
지정환 신부_ 92
진판델(Zinfandel)_ 279, 311

짐작(斟酌)_ 405
짝사랑_ 122
짝퉁 명품와인_ 128
짬뽕 술_ 443

차

차_ 99
차례(茶禮)_ 100
찰스 크뤼그 와이너리(Charles Krug Winery)_ 310
참작(參酌)_ 405
채플(Chapel)_ 45
처치(Church)_ 45
처칠(Sir Winston Churchill)_ 337
천사의 몫(Angel's share)_ 287
청주(淸酒)_ 401, 404, 429
청징_ 171
초(椒)_ 103
초시(椒豉)_ 104
초콜릿_ 361
초피(椒皮)_ 103
촉초(蜀椒)_ 103
최소감응농도(Threshold)_ 209
최음제_ 361
축배의 노래(Brindisi)_ 366
취맹(臭盲)_ 212
치즈_ 89

카

카디자(Khadijah)_ 38
카렘(Marie-Antoine Carême)_ 65, 343
카롤 부케(Carole Bouquet)_ 19
카르투지오(Carthusians)_ 43
카를 마르텔(Carle Martel)_ 40
카뮈(Camus)_ 394
카미유 드물랭(Camille Desmoulins)_ 96
카바레(Cabaret)_ 77
카사노바(Casanova)_ 51, 358
카사바(Cassava)_ 408
카사블랑카(Casablanca)_ 338
카스(Cass)_ 374
카오르(Cahors)_ 265
카일 맥라클란(Kyle Maclachlan)_ 19
카지노 로얄(Casino royale)_ 347
카테드랄(Cathedral)_ 45
카테리나 데 메디치(Caterina de Medici)_ 273
카트린 드 메디치(Catherine de Médicis)_ 273
카페_ 96
칼로리_ 437, 438
캐리 네이션(Carrie Nation)_ 422
캐비아(Caviar)_ 86

캠벨(Campbell Early)_ 134
커티 샥(Cutty Sark)_ 425
커피_ 93
커피하우스_ 95
케인스(John Maynard Keynes)_ 326
켈트족_ 382, 383
코(Côt)_ 267
코냑_ 390, 391
코너서(Connoisseur, 프랑스어 Connaisseur)_ 220
코도르니우(Codorníu)_ 299
코르도바(Cordoba)_ 39
코르동 루즈(Cordon Rouge)_ 339
코르크 차지(Cork charge)_ 69
코르크_ 177
코르키지(Corkage)_ 69
코르통(Corton)_ 255
코르통 샤를마뉴(Corton-Charlemagne)_ 255
코카콜라(Coca Cola)_ 195
코코뱅(Coq au vin)_ 92
코풀린(Copulin)_ 360
콘차 이 토로(Concha y Toro)_ 318
콜럼버스(Christopher Columbus)_ 284
콜레스테롤(Cholesterol)_ 433, 450
콜루멜라(Columella)_ 36
콩티 왕자(Prince de Conti)_ 119
쿠르부아지에(Courvoisier)_ 394
쿠어스(Coors)_ 374
쿠프(Coupe)_ 341
쿠피드(Cupid)_ 272
퀀텀 오브 솔러스(Quantum of solace)_ 347
퀴베(Cuvée)_ 344
큐피드(Cupid)_ 272
크라운(CROWN)_ 373, 399
크로 파랑투(Cros Parantoux)_ 121
크루아제(Croizet)_ 394
크를예나크 카스텔란스키(Crljenak Kaštelanski)_ 312
크리머(Creamer)_ 98
크리스틸(Cristal)_ 334, 335
크리스토퍼 로손 펜폴드(Christopher Rawson Penfold)_ 314
크리코바(Cricova)_ 299
크림(Cream)_ 98
크베브리(Kvevri/Qvevri)_ 28, 298
클레릿(Claret)_ 248
클로 드 라 로슈(Clos de la Roche)_ 120
클로스트리디움 보툴리눔(Clostridium botulinum)_ 174
클론(Clone)_ 142
클리코 퐁사르댕(Madame Clicquot Ponsardin)_ 332
클리프 리처드(Cliff Richard)_ 19
키안티(Chianti)_ 276
키안티 클라시코(Chianti Classico)_ 276
킹 질레트(King Camp Gillette)_ 180

타

타나(Tannat)_ 265
타락죽(駝酪粥)_ 91
타르투포(Tartufo)_ 85
타입(Type)_ 219
타피오카(Tapioca)_ 407, 408
탁주(濁酒)_ 401, 404, 429
탈레랑(Charles Maurice de Talleyrand-Périgord)_ 343
태번(Tavern)_ 77
테루아르(Terroir)_ 10, 132, 133
테스토스테론(Testosterone)_ 357, 360
테이스팅(Tasting)_ 15
테킬라(Tequila)_ 397
토르데시야스(Tordesillas)_ 290
토머스 제퍼슨(Thomas Jefferson)_ 246, 414, 450
토스트(Toast)_ 68
토카이(Tokaji)_ 296, 297
통조림_ 173
트러플(Truffle)_ 85, 264
트럼프 와이너리(Trump Winery)_ 313
트뤼프(Truffe)_ 85
티냐넬로(Tignanello)_ 277

파

파고(Pago)_ 286
파리스의 심판(The Judgment of Paris)_ 305
파리의 심판(The Judgment of Paris)_ 305, 306
파리의 재심판(The Judgment of Paris 30th Anniversary)_ 306, 307
파스퇴르(Louis Pasteur)_ 51, 172, 261
파시토(Passito)_ 352
파프리카(Paprika)_ 215
패스포트_ 389
펀칭(Punching)_ 165
펀트(Punt)_ 176
펌핑 오버(Pumping over)_ 165
펍(Pub)_ 77
페사크 레오냥(Pessac-Léognan)_ 249
페트루스(Gordon Ramsay's Petrus)_ 11, 117, 118
펜폴드(Penfold)_ 315
펜폴스(Penfolds)_ 316
포도아(蒲萄牙)_ 288
포뮬러 원(F 1, Formula One)_ 340
포므리(Pommery)_ 333
포터(Porter)_ 379
포트(Port)_ 290
포티나이너(Forty-niner, 49er)_ 302
폭탄주_ 417, 418
폴 로제(Pol Roger)_ 337
퐁뒤(Fondue)_ 90
퐁파두르 부인(Madame de Pompadour)_ 119, 297, 331
푸시업(Pushup)_ 176
푸아그라(Foie gras)_ 84
풀케(Pulque)_ 397
품종(Form)_ 142
품종(Variety)_ 141
퓌피트르(Pupitre)_ 333
퓔리니 몽라셰(Puligny-Montrachet)_ 120
프라이어리(Priory)_ 43
프란치스코(Franciscan)_ 44
프란스후크 지역(Franschhoek District)_ 318
프랜시스 포드 코폴라(Francis Ford Coppola)_ 18, 171, 312
프레더릭 튜더(Frederic Tudor)_ 329
프레사크(Pressac)_ 267
프레순투(Presunto)_ 87
프레스(Press)_ 42
프로슈토(Prosciutto)_ 87
프로이트(Sigmund Freud)_ 359
프루스트 효과_ 211
프리미티보(Primitivo)_ 279, 311
프림_ 98
프티트 샹파뉴(Petite Champagne)_ 392
플라바크 말리(Plavac Mali)_ 309, 311
플라시보효과(위약효과)_ 435
플라토닉 러브_ 122
플라톤(Plato)_ 31, 32
플레이버(Flavor)_ 208
피노 누아(Pinot Noir)_ 254
피망(Piment)_ 215
피복작물(Cover crop)_ 140
피카소_ 242
피페 에이드시크(Piper Heidsieck)_ 336
피핀(Pippin)_ 40
핀 샹파뉴(Fine Champagne)_ 392
필록세라(Phylloxera)_ 143, 302
필름 끊기는 현상(Black out)_ 437
필스너(Pilseners/Pilsners)_ 376

하

하면발효(下面醱酵)_ 375
하쿠주(白州)_ 388
호프(Hof)_ 371
화씨(華氏)_ 138
화초(花椒)_ 103
효모(酵母, Yeast)_ 157
효소(酵素, Enzyme)_ 157
후맹(嗅盲, Anosmia)_ 212
후작(侯爵)_ 244

A

AOC_ 231

L

LVMH(Louis Vuitton Moet Hennessy)_ 340
LVMH(루이비통 모엣 헤네시)_ 114

P

pH_ 163
PTC(Phenylthiocarbamide)_ 207

T

TCA(2,4,6-trichloroanisole)_ 178

V

VIP_ 389

저자소개

윤영지
경희대학교 무용과 졸업, 김준철와인스쿨 수료
대한댄스스포츠협회 이사, 댄스스포츠코리아 기자, 국립서울과학기술대학교 CADO 강사
현재, 제인스댄스스쿨 부원장, 김준철와인스쿨 이사, 한국와인협회 부회장

이경호
US 인터내셔널대학 Computer Ed 석사, 김준철와인스쿨 수료
나라셀러 상무
현재, 김준철와인스쿨 이사, 오렌지나인 대표, 한국와인협회 사무총장

천승민
한양대학교 의과대학 졸업(의학석사), 김준철와인스쿨 수료
강북삼성병원 임상교수, 한양대학교 의과대학 내과학교실 외래교수
현재, 한국와인협회 부회장

김지운
서울예술대학교 연극과, 열린사이버대학교 주얼리 디자인 비즈니스학과 졸업, 김준철와인스쿨 수료
현재, 한양대학교 공학대학원 보석학과 재학 중, 부틱주얼리 LILY K 대표, 한국와인협회 소비분과위원

장서연
국립공주대학교 자연과학대학 화학과 졸업(생화학 전공), 건국대학교 산업대학원 생물공학과 졸업(와인학 전공), 김준철와인스쿨 수료
현재, 김준철와인스쿨 홍보실장, 한국와인협회 홍보실장

이동승
연세대학교 의과대학 졸업, 건국대학교 대학원 미생물공학과 졸업(공학석사), 벤처대학원대학교 발효미생물학과 졸업(이학박사), 김준철와인스쿨 수료
현재, 연세제일정형외과 원장, 한국와인협회 부회장

김준철
고려대학교 농과대학 농화학과 졸업 및 동 대학원 식품공학과 졸업(농학석사)
동아제약 효소과·연구소 근무, 수석농산 와인메이커
현재, 김준철와인스쿨 원장 및 한국와인협회 회장

저자와의
합의하에
인지첩부
생략

Wine Episodes

2018년 1월 15일 초판 1쇄 인쇄
2018년 1월 20일 초판 1쇄 발행

지은이 윤영지 · 이경호 · 천승민 · 김지윤
　　　　　장서연 · 이동승 · 김준철
펴낸이 진욱상
펴낸곳 (주)백산출판사
교　정 성인숙
본문디자인 오정은
표지디자인 오정은

등　록 2017년 5월 29일 제406-2017-000058호
주　소 경기도 파주시 회동길 370(백산빌딩 3층)
전　화 02-914-1621(代)
팩　스 031-955-9911
이메일 edit@ibaeksan.kr
홈페이지 www.ibaeksan.kr

ISBN 979-11-88892-03-7
값 30,000원

● 파본은 구입하신 서점에서 교환해 드립니다.
● 저작권법에 의해 보호를 받는 저작물이므로 무단전재와 복제를 금합니다.
　이를 위반시 5년 이하의 징역 또는 5천만원 이하의 벌금에 처하거나 이를 병과할 수 있습니다.